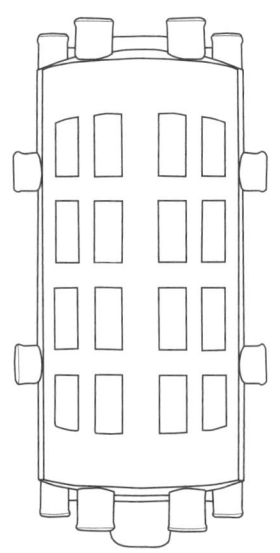

古墳時代石棺秩序の復元的研究

石橋 宏
Ishibashi Hiroshi

六一書房

目　次

序　章　墳墓における石棺研究の意義 …………………… 1

- 第1節　石棺の機能に関する研究 ………………………… 1
- 第2節　石棺と他界観に関する研究 ……………………… 6
- 第3節　木棺研究の成果と石棺研究の接点について
  　　　　－資料の定義を中心に－ ……………………… 7
- 第4節　墳墓の編年と用語について ……………………… 25

第1章　讃岐における石棺の創出と伝播 …………………… 33

- 第1節　研　究　史 ………………………………………… 33
- 第2節　石棺の分類と編年の再検討 ……………………… 42
- 第3節　讃岐における石棺の創出 ………………………… 57
- 第4節　讃岐産石棺製作技法と埋葬法の伝播 …………… 62
- まとめ ……………………………………………………… 72

第2章　竜山石製長持形石棺の石棺秩序 …………………… 74

- 第1節　研　究　史 ………………………………………… 74
- 第2節　竜山石製長持形石棺の分類 ……………………… 83
- 第3節　長持形石棺の形式と変遷 ………………………… 88
- 第4節　長持形石棺の階層構造 …………………………… 91
- 第5節　近畿圏の長持形石棺と古墳群の対応 …………… 94
- まとめ ……………………………………………………… 105

第3章　舟形石棺の石棺秩序
　　　　－長持形石棺1類の石棺秩序との比較を中心に－ …………… 108

- 第1節　丹後地域 …………………………………………… 108
- 第2節　越前地域 …………………………………………… 112
- 第3節　東北・関東地方 …………………………………… 116
- 第4節　毛野地域 …………………………………………… 120
- 第5節　出雲地域 …………………………………………… 137
- 第6節　九州地方 …………………………………………… 145
- 第7節　地域様相からみた長持形石棺と舟形石棺 ……… 164

第4章　畿内系家形石棺の成立と石棺秩序の変容 …… 170

　第1節　家形石棺の研究史 …… 170
　第2節　家形石棺研究の成果と課題 …… 175
　第3節　家形石棺の分類と編年 …… 176
　第4節　畿内における家形石棺の石棺秩序 …… 191
　第5節　山陽地方の家形石棺 …… 201
　第6節　九州地方 …… 208
　第7節　山陰地方の家形石棺 …… 210
　第8節　伊勢地域の家形石棺 …… 218
　第9節　濃尾地方の家形石棺 …… 220
　第10節　駿河・伊豆地域 …… 225
　第11節　東北・関東地方 …… 228
　第12節　羽咋地域 …… 232
　第13節　畿内系家形石棺の成立と波及 …… 233

第5章　製作技術からみた石棺の系譜 …… 242

　第1節　製作技術についての研究史 …… 242
　第2節　讃岐の石棺と長持形石棺 …… 248
　第3節　4,5世紀の舟形石棺・長持形石棺3類の製作技術 …… 251
　第4節　家形石棺の製作技術 …… 257
　第5節　課題と展望 …… 260

終　章　石棺秩序と古墳時代社会 …… 263

　参考文献 …… 275
　挿図・表出典 …… 320
　あとがき …… 327

図版目次

図版1　讃岐の割竹形石棺と長持形石棺1類の技術の共通性 …… 249
図版2　九州舟形石棺の工具痕 …… 250

挿図目次

第1図　古墳時代の石棺の推移 …… 3
第2図　木棺の事例と分類 …… 14
第3図　石棺の事例と分類 …… 17
第4図　舟形木棺2類の分類 …… 20
第5図　舟形木棺の分布図 …… 20
第6図　丸木舟の分類 …… 20
第7図　舟形木棺2類の代表例1 …… 21
第8図　舟形木棺2類の代表例2 …… 23
第9図　和田晴吾氏の石材加工技法 …… 27
第10図　北山峰生氏の棺蓋と棺身の分類 …… 37
第11図　讃岐の前期古墳・石棺出土古墳分布図 …… 39
第12図　讃岐における石棺の工具痕①～⑨ …… 40
第13図　讃岐産石棺の分類（①～⑥） …… 44
第14図　中間西井坪遺跡出土土製棺と讃岐の土製棺 …… 45
第15図　鷲の山石製石棺の棺身の変化 …… 46
第16図　駒ヶ谷宮山古墳の粘土槨 …… 46
第17図　火山石製石棺棺蓋小口の傾斜角度 …… 46
第18図　火山石製石棺の棺身の高さと平底化 …… 46
第19図　讃岐産石棺の埋設位置①～⑤ …… 48
第20図　讃岐産石棺の編年 …… 54
第21図　石棺の発生に関する埋葬施設 …… 59
第22図　古墳時代前期における大型石材の移動 …… 61
第23図　九州における讃岐産石棺伝播のパターン …… 65
第24図　北陸と九州の舟形石棺の類似例 …… 68
第25図　蛭子山古墳石棺の創出 …… 68
第26図　北陸の舟形石棺と讃岐産石棺との比較 …… 68
第27図　三池平古墳の竪穴式石槨と石棺 …… 68
第28図　豊後の舟形石棺の系譜 …… 68
第29図　出雲の舟形石棺の系譜 …… 68
第30図　陸奥の舟形石棺の系譜 …… 68

第31図	舟形石棺波及ルート	70
第32図	石製品の共通性	70
第33図	竜山石製長持形石棺の成立	81
第34図	棺蓋高幅比計測場所	85
第35図	蓋石の形態と横断面・縦断面	85
第36図	蓋石の縄掛突起付加位置	85
第37図	蓋石短辺下端の形態	85
第38図	棺蓋縄掛突起の形態	85
第39図	長側壁縄掛突起の位置と形態	85
第40図	竜山石製長持形石棺の編年	89
第41図	近畿圏の5世紀代の石棺の分布	92
第42図	畿内の長持形石棺の階層	92
第43図	古墳群と長持形石棺	93
第44図	播磨の長持形石棺の分布	102
第45図	刳抜式の長持形石棺	102
第46図	丹後の主要首長墓と石棺出土古墳	111
第47図	丹後の舟形石棺・長持形石棺	111
第48図	竹野川流域の長持形石棺の階層	111
第49図	福井平野における石棺の分布	113
第50図	排水孔の発達と棺蓋頂部平坦面の拡大	115
第51図	福井平野における石棺の変遷	115
第52図	東北・関東地方の長持形石棺・舟形石棺・家形石棺の分布	118
第53図	東北地方の石棺分布図拡大	118
第54図	東北・関東地方の長持形石棺・舟形石棺・家形石棺	118
第55図	群馬県における舟形石棺・長持形石棺の分布	122
第56図	長幅比の分類	125
第57図	棺蓋の形式	125
第58図	棺身縦断面の分類	125
第59図	棺身横断面の分類	125
第60図	縄掛突起形状の分類	125
第61図	側面縄掛突起の変化	125
第62図	棺身内面幅の差異化	125
第63図	群馬県の舟形石棺の変遷	129
第64図	墳丘と突起型式の対応	131
第65図	石棺秩序の比較	131

第 66 図	群馬県内の舟形の埋葬施設と舟形礫槨の事例	133
第 67 図	群馬県の舟形石棺の系譜	133
第 68 図	島根県における舟形石棺・長持形石棺の分布	139
第 69 図	島根県の舟形石棺・長持形石棺および関連石棺	139
第 70 図	大分県大野川中流域の舟形石棺との共通性	143
第 71 図	遠隔地の石棺規格の共通性	143
第 72 図	突起0・2型式の舟形石棺の成立	143
第 73 図	印籠構造の転化	143
第 74 図	島根県の舟形石棺の時期と突起型式	143
第 75 図	九州における石棺の分布	147
第 76 図	玄界灘沿岸周辺地域における石棺の分布	149
第 77 図	熊本県の舟形石棺・家形石棺分布図	152
第 78 図	菊池川下流域の舟形石棺の推移	153
第 79 図	北肥後Ⅱ型の石棺と長持形石棺との関連	153
第 80 図	菊池川流域の棺蓋の共通性	154
第 81 図	江田舟山古墳の石棺埋設状況	155
第 82 図	佐賀平野・筑後川流域の石棺	157
第 83 図	諏訪川周辺の舟形石棺の系譜	157
第 84 図	豊後水道の石棺	159
第 85 図	日向灘沿岸・志布志湾沿岸の舟形石棺	161
第 86 図	長持形石棺1類の型式と年代	165
第 87 図	長持形石棺2類を中心とした型式と年代	165
第 88 図	突起2・2型式の長持形石棺・舟形石棺の分布	167
第 89 図	突起1・2型式の舟形石棺・長持形石棺,箱形石棺の分布	167
第 90 図	棺蓋突起付加位置	177
第 91 図	棺蓋の突起形態	177
第 92 図	棺身の形態	177
第 93 図	棺蓋の計測位置と名称	177
第 94 図	播磨の小型棺	179
第 95 図	見瀬丸山古墳横穴式石室と家形石棺	180
第 96 図	家形石棺と石棺系横口式石槨との共通性	183
第 97 図	棺蓋垂直面の幅の拡大化	184
第 98 図	家形石棺編年表	187
第 99 図	太田宏明氏の家形石棺の系譜の理解	189
第 100 図	長持形石棺と馬門ピンク石製家形石棺	189

第101図	環状縄掛突起の穿孔省略例	189
第102図	最終段階の長持形石棺と初期の家形石棺	190
第103図	棺身に縄掛突起を持つ家形石棺	190
第104図	畿内における家形石棺の分布	192
第105図	3期における規模と構造に認められる階層構造模式図	198
第106図	和田晴吾氏の「型」と「石棺群」	199
第107図	5世紀後半以降の家形石棺・舟形石棺分布図	202
第108図	岡山県・広島県の畿内系家形石棺分布図	203
第109図	岡山県・広島県の家形石棺	203
第110図	備中の浪形石製家形石棺の秩序	205
第111図	九州における畿内系石棺の分布	209
第112図	九州地方の畿内系家形石棺	209
第113図	出雲東西における共通する埋葬施設の範囲	213
第114図	出雲西部地域の家形石棺	214
第115図	因幡地域における家形石棺分布	217
第116図	因幡・伯耆の家形石棺	217
第117図	伊勢地域の家形石棺分布図	219
第118図	伊勢地域の家形石棺	219
第119図	濃尾における家形石棺の分布	221
第120図	瀬川貴文氏の分類と編年案	222
第121図	濃尾の家形石棺の形態の変化	223
第122図	駿河・伊豆地域の家形石棺分布図	226
第123図	駿河・伊豆地域の家形石棺	226
第124図	関東地方内陸部の家形石棺分布図	229
第125図	関東地方の家形石棺	229
第126図	5世紀後半以降の家形石棺・舟形石棺分布図	229
第127図	東北・関東地方沿岸部の舟形石棺・家形石棺	229
第128図	千葉県広場一号墳石棺出土状況	231
第129図	5世紀後半以降の家形石棺・舟形石棺分布推移図	234
第130図	伊勢市御富士山古墳長持形石棺の工具痕	251
第131図	九州の舟形石棺・家形石棺・長持形石棺の工具痕	252
第132図	九州の舟形石棺工具痕模式図	253
第133図	福井県泰遠寺山古墳の工具痕	255
第134図	東京都野毛大塚古墳の工具痕	255
第135図	群馬県保渡田古墳群出土舟形石棺の工具痕	257

第 136 図	群馬県旧赤堀村 16 号墳工具痕模式図	257
第 137 図	物集女車塚古墳家形石棺の工具痕	258
第 138 図	見瀬丸山古墳奥棺の工具痕	259
第 139 図	第一次波及地域と古墳時代前期の貝の道との対応	265
第 140 図	5 世紀から 6 世紀前半の石棺の輸送と情報の伝達	268
第 141 図	畿内 4 期の家形石棺と横口式石槨の分布	271

表目次

第 1 表	和田晴吾氏の示す「据え付ける棺」と「持ち運ぶ棺」の埋葬手順	7
第 2 表	木棺と石棺の分類	16
第 3 表	棺身平面の形状	20
第 4 表	棺身縦断面の形状	20
第 5 表	古墳時代の時期区分対応表	25
第 6 表	古代の石工技術	27
第 7 表	舟形木棺集成表	30～32
第 8 表	棺蓋平面形	44
第 9 表	棺蓋横断面形	44
第 10 表	棺身横断面形	44
第 11 表	讃岐産石棺の規模の共通性	44
第 12 表	資料の分析表	49
第 13 表	蓋形式	85
第 14 表	棺蓋縄掛突起の形態	85
第 15 表	縄掛突起の付加位置	85
第 16 表	蓋石短辺下端の形態	85
第 17 表	長側壁縄掛突起の位置と形態	85
第 18 表	形式と属性の対応表	85
第 19 表	資料の分析表	87
第 20 表	長持形石棺の型式と規模	92
第 21 表	長持形石棺 1 類基礎分析表	107
第 22 表	蓋平面形式	125
第 23 表	棺身縦断面の形状	125
第 24 表	棺身横断面の形状	125
第 25 表	棺蓋縄掛突起の形状	125
第 26 表	舟形石棺の規模と突起型式	131
第 27 表	群馬県の舟形石棺分析表	136

第 28 表	棺蓋突起付加位置	177
第 29 表	棺蓋突起形態	177
第 30 表	棺身の形態	177
第 31 表	指数算出法	177
第 32 表	棺蓋長と棺蓋幅との関係	194
第 33 表	棺蓋長と家形石棺の高さとの関係	194
第 34 表	棺蓋長と棺蓋高との関係	195
第 35 表	棺身長と棺身高との関係	195
第 36 表	浪形石製家形石棺の規模と突起型式	205
第 37 表	山陽道の家形石棺の棺蓋長と棺蓋幅との関係	205
第 38 表	出雲の家形石棺の棺蓋長と棺蓋幅との関係	215
第 39 表	因幡の家形石棺の棺蓋長と棺蓋幅との関係	217
第 40 表	濃尾地方の家形石棺の棺蓋長と棺蓋幅との関係	223
第 41 表	駿河・伊豆地域の家形石棺の棺蓋長と棺蓋幅との関係	227
第 42 表	東北・関東地方の家形石棺・舟形石棺の棺蓋長と棺蓋幅との関係	229
第 43 表	各地域の代表的な家形石棺と畿内の家形石棺の規格について	235
第 44 表	畿内の刳抜式家形石棺分析表	238・239
第 45 表	畿内の組合式家形石棺分析表	240・241

序　章　墳墓における石棺研究の意義

　本書の目的は古墳時代前期後半から終末期まで使用された石棺の系譜とその秩序にみられる階層構造を明らかにすることである。

　古墳時代は国家の形成が始まる時期であり，さまざまな要素から検討が行なわれてきた。特に墳丘形態や副葬品の消長とその組成に関する研究から政治体制を言及する研究は数多くあり，一定の成果を上げている。筆者は特に古墳に埋葬される棺に着目した。古墳で執行される葬送祭祀の中で，亡き首長を棺に納め，副葬品を配置し，棺蓋を被せる「納棺儀礼」は最も重要な場面であったと推察される。亡き首長を納める棺は荘厳であるとともに，生前の首長の立場が明示されていた可能性も考慮される。墳丘や副葬品に表れない首長の立場や交流関係を棺から読み取ろうとしたものが本書である。

　分析にあたり筆者が着目したのが石棺である。古墳時代に後の畿内の範囲に形成された倭王権は前期後半から終末期古墳の時代まで，長持形石棺，家形石棺と採用し，その他の一部の地域首長は主に割竹形石棺，舟形石棺を採用している。倭王権並びに地域首長に採用された各石棺の特徴と石棺の階層構造を明確にし，比較検討を行なうことにより，どのような影響関係があるか検証できるのではないかと考えたからである。無論影響を受けた地域はどのように受容し，地域社会に施行していくか，倭王権を介さない交流も予想され，地域的な視点も必要になってくることも当然である。そのためにも石棺の系譜が畿内に求められるのか他の石棺製作地に求められるのか，系譜の整理が必要になってくることは言うまでもない。さらに政治史的観点以外にも腐朽して形態の判別しない木棺の研究に寄与することは勿論，他界観の研究にも一定の寄与をなすと考えている。

　以下では石棺研究の重要な研究を取り上げ，現状での研究成果を整理し，筆者の立場と研究視点及び問題点を明示することにしたい。

第1節　石棺の機能に関する研究

特に現在の研究視点が揃う1970年代以降の重要な研究を取り上げることにしたい。
間壁忠彦氏の研究
　間壁忠彦・葭子の両氏を中心とする石棺石材の科学的分析[1]は画期的な研究であった。岡山県下の石棺石材のX線回析法の分析を皮切りに，長持形石棺，家形石棺の石材の検討を行ない，石材が遠隔地から移動することが多々あり，近隣に石材産出地があっても必ずしも利用されるわけではないことが明らかにされた（間壁ほか 1974a・1974b・1975・1976・1977・間壁忠 1994）。同一産地，同一形態の石棺を共有するという点で，たがいに関連をもった状況が示されたのである。具体

には九州の阿蘇溶結凝灰岩，唐津湾沿岸に産出する砂岩，香川県の凝灰岩（鷲の山石・火山石），兵庫県高砂市を中心に産出する凝灰岩（広義の竜山石）などは遠隔地に運ばれ，石棺の型式と合わせて，古代豪族の動向を検討する一つの研究視点として確立させた。その後の研究成果により一部の生産地は訂正されているが，石棺の研究に石材の分析が必要不可欠であることを明らかにした記念碑的業績である。

岩崎卓也氏の研究

　岩崎卓也氏は古式古墳の研究がその外形や内部構造，副葬品の組成に至るまで共通するという点を強調し，畿内の政治中枢と地方豪族との政治的関係の成立に画一性を求めるという立場について，画一的な視点以外に地域的な「個性」が内包する問題を追及する必要性を説き，「舟形石棺」を取り上げた。舟形石棺の分布する地域の様相とその特徴を概観し，単純に割竹形→舟形→家形という型式変遷が各地域で一様に変化したとは捉えられない点や，舟形石棺の分布が限定された地域に分布していて，さらに一部の地域をのぞけば，海岸沿いかそれに続く海岸平野に分布圏があるという特徴を指摘した。さらに舟形石棺を埋設する古墳の規模や墳形が地域により多様であり，舟形石棺の分布と古代豪族，職能集団との対応を問題にした。舟形石棺は多くの地域差があるものの，小異をのこしつつ舟形石棺としてくくることは可能であり，小異と大同の意味をもたらしたものを検討する必要性を説いた（岩崎1976）。岩崎氏の研究は地域的視点と汎日本列島的視点の両者が必要であり，特に地域側の視点の重要性を説いたものとして注目される。

和田晴吾氏の研究

　さて，現在まで石棺研究をリードしている和田晴吾氏の研究についてその成果を明らかにしておきたい。まず1976年に畿内の家形石棺を検討し，型式（製品）・石材（素材）・分布（需要地）の3点の各要素が一つに結びついた，他と区別されるべき石棺群を「型」と認定し，畿内の家形石棺に五つの「型」と三つの石棺群が存在することを明らかにし，それぞれの消長（3つの画期）と豪族層の動向を結びつけて考察した（和田1976）。その後，氏は「型」の設定により有機的な石棺群を抽出する方法論を駆使し，近畿圏における刳抜式石棺群の特徴を説明した。さらに各地の石棺群を下記のように類型化し，「型」や「群」の成立背景の検討を行なった（和田1994a）。氏の見解が一つの到達点を示しており詳述する。

　　在地型　特定の「型」や「群」が特定の地域圏に分布する。
　　　　a類　特定の地域圏に分布し，遠方へは特に運ばれない。
　　　　b類　特定の地域圏に分布し，一部は遠方に運ばれる。
　　広域型　特定の型や群が地域圏をはるかに越えた範囲に分布する。
　　　　a類　畿内圏に分布し，一部は遠方に持ち運ばれる。
　　　　b類　畿内圏に分布し，かなりの数が遠方に持ち運ばれ，時には特定の地域圏の中心的な棺となる。
　　模倣a型　元の『型』や『群』の製作工人が他地域に出向いて元に合わせて作る場合。
　　模倣b型　持ち運ばれた石棺がその地で真似て作られる場合。

模倣 c 型　情報のみが伝わって，それをもとに作られる場合。

　割竹形石棺・舟形石棺は特定の地域圏に分布する在地型であるのに対し，竜山石製長持形石棺，竜山石製家形石棺（播磨型）はいくつもの地域圏を含む畿内と製作地の播磨を覆う広域圏（畿内圏）に分布する広域型であり，地域圏と畿内圏の違いがそれぞれの石棺の「型」や「石棺群」を成り立たせている政治社会集団の規模や質の差を表すと考えた。

　古墳時代は血縁関係や婚姻関係といった同族関係が集団と集団との結合の基本原理を示した社会であり，棺は特定の同族ないしは，特定の同族を中心とした地域集団によりその形態や素材が習慣的に定まっており，葬送の場において，同族関係を端的に示すものとして有効に機能し，首長専用の棺が作り出され，階層による棺，槨の使い分けが進むと一層の政治色を強めつつ，複数の地域首長間の同族的結合を保障する制度的習慣として行なわれるようになると推察した。

　分布が在地型を示す「型」や「石棺群」は在地首長層の同属的結合を紐帯とした政治的結合を想定し，このまとまりが他の在地首長を巻き込んだ形で地域圏を覆う政治的まとまりを「地域首長連合」と捉えた。畿内圏ではいくつもの地域首長連合を包括するかたちで「畿内首長連合」が形成され，「地域首長連合」を基盤とした「首長連合体制」の中枢を担った。「畿内首長連合」では同族的結合を基礎としつつも一部擬制的同族関係や君臣関係を含んだ政治的同族結合を取り結び，段階的に発展したと推定した。

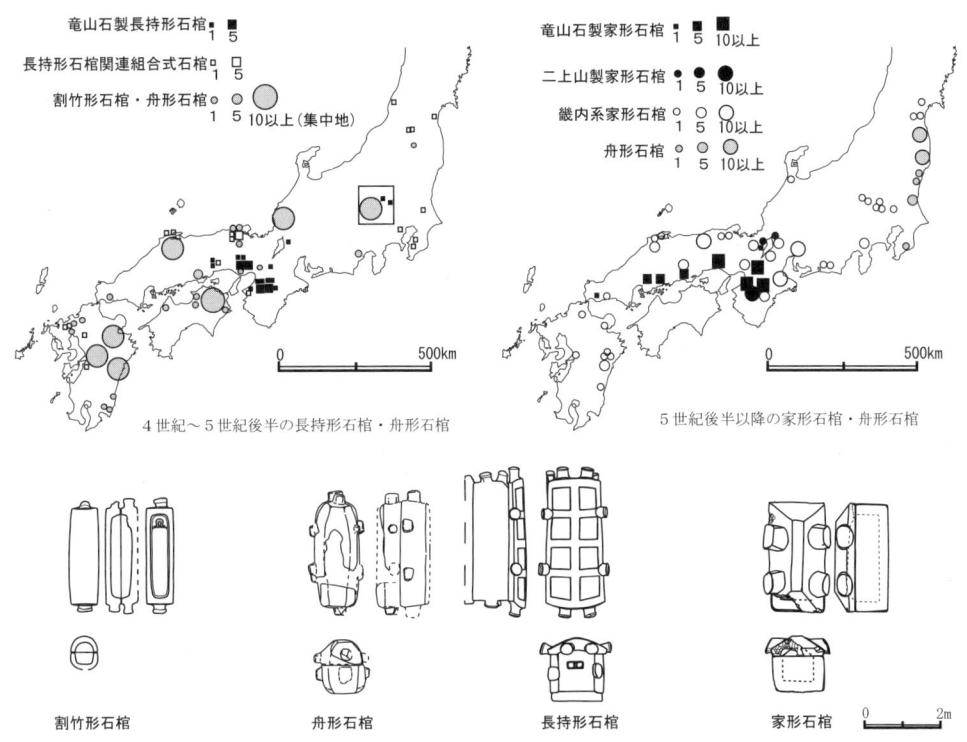

第1図　古墳時代の石棺の推移

古墳時代中期は「首長連合体制」の一定の完成を見，「畿内首長連合」の有力者及び政権と密接な地方有力首長には広域型である竜山石製長持形石棺（広域型a類）が使用され，「畿内首長連合」の周辺には前期以来木棺を用いる地域，さらにその外側には舟形石棺（在地型）を用いる地域連合が位置すると結論づけた（第1図左）。石棺の製作から古墳への移動そのものが一種の政治的デモンストレーションであり，特に「首長連合」の地域圏外に運ばれる場合は婚姻などさまざまな要因が推察されている。

　古墳時代後期は中期的な体制が崩壊し，直接的に民衆や家父長層を支配し，各首長層を在地官人とする中央集権的な体制に向う。古墳時代後葉から飛鳥時代には畿内圏を中心に播磨型家形石棺（広域型b類）が地域的にも階層的にも広範囲に採用され（第1図右），同族的色彩が薄れ，より擬制的で政治制度的な性格が強まると指摘する（和田1994a・1994b・1998a）。

　和田氏の検討により石棺の役割が明確にされ，石棺の移動[2]と形態の変化が政治的画期と密接な関係があることが明らかにされた。氏の研究成果は現状での到達点として理解される。和田氏の古墳時代観や石棺の機能については筆者も基本的に賛同している。ただし氏の理解について，割竹形石棺・舟形石棺については検討の余地があるのではないかと考えている。また，長持形石棺・家形石棺については氏の成果に沿ってより具体的な検討が必要なのではないかと考えている。

小　結　石棺の機能に関する視点

　間壁氏，岩崎氏，和田氏の研究成果を基本として以下の点について検討を加え，発展させていくことがねらいである。

　① **割竹形石棺の創出と技術の拡散**　割竹形石棺についてはその発生は讃岐で自生的に成立したとする見解（渡部1990・1994・1995）と，倭王権あるいは大阪府柏原市玉手山古墳群の被葬者など河内の勢力や近畿圏の勢力が創出を主導したとする見解（北山2006，細川2006）に別れている。讃岐産石棺が畿内に運ばれていることと，讃岐が前期中頃にいち早く石棺を製作し九州や北陸の石棺の製作に影響を与えたと考えられており，どちらの見解を採用するかによりその歴史的評価に重大な影響を及ぼす。つまり讃岐の首長層により創出されたとするならば，畿内に輸送される背景や特定地域に技術伝播あるいは交流を行なう背景を説明しなければならない。倭王権あるいは河内などの近畿地方の勢力が主導したとするならば，讃岐の石材を選択した理由と同様に割竹形石棺・舟形石棺の特定地域への技術伝播についての歴史的背景について考察する必要性があると考えられる。

　② **長持形石棺と舟形石棺との関係**　5世紀代の倭王権側を代表する棺である広義の竜山石製の長持形石棺と，他の特定地域の首長層に採用される舟形石棺との関係である。竜山石製長持形石棺は墳形・墳丘規模と棺蓋縄掛突起の数，石棺の規模が対応し，大型古墳に縄掛突起の数が多く，石棺の規模も相対的に大きく，小型墳には総じて縄掛突起の数が少なく，石棺の規模が相対的に小さくなることが明らかにされており，端的に棺蓋縄掛突起の数と位置に表される階層構造が確認できる（北原1999，和田1996a）。竜山石製長持形石棺は棺制に近い制度的萌芽が認められるのである。

ところで，舟形石棺は倭王権と関係の薄い地域の首長連合の棺と理解されてきた（和田1998b）。これは畿内を中心と見立てると，舟形石棺は遠隔地の地域首長に採用されること，長持形石棺と異なり刳抜式であること，割竹形石棺が形骸化したものと理解されてきたことなどがその背景にあると推察されるが，実は長持形石棺の棺蓋縄掛突起の位置と数が，舟形石棺の棺蓋縄掛突起の位置・数と一致するものも複数確認できるのであり，長持形石棺が影響を与えた可能性を推測しなければならない。「在地型」である舟形石棺の性格も多様であり一部では倭王権と密接な関係を持っていたことを考慮したい。視点として形態は勿論，製作技術，石棺の階層構造を分析の手掛かりとして長持形石棺と舟形石棺の比較検討を行ない，特に舟形石棺の性格について新しい見解を導き出したい。

　③　**畿内系家形石棺の創出と拡散**　6世紀以後採用される畿内系の家形石棺についての視点である。筆者が注目したのは2点である。一つは中期の竜山石製長持形石棺の石棺秩序がどのように変容し，整備されて受け継がれたのかという視点である。長持形石棺から家形石棺への変化は形態的なものだけではないのであるが，特に長持形石棺と対比することにより家形石棺の石棺秩序を明らかにできるのではないかと考えた。

　二つ目は家形石棺は広域で製作され，中期的な同族的色彩が薄れ，より擬制的で政治制度的な性格が強まることが明らかにされている（和田1976）。6世紀中葉以降国造制や屯倉の設置，部民制の整備など倭王権の施策により地域経営が本格化する時期にあたる。家形石棺の広域の分布もこうした施策に関連する可能性を考慮するべきで，地域的な視点からその受容のあり方や背景を検討することが必要であろう。

　さて①は古墳時代前期から中期初頭の問題に該当し，②は中期全般，③は古墳時代後期から終末期の問題に該当し，石棺形式の変化が政治的画期に対応すると考えられ，一貫した視点での検討が可能である。筆者は汎日本列島的視点と地域性を追及する視点を忘れず上記の問題について検討を行ないたい。

註
1) 間壁忠彦・葭子の両氏の科学的分析法は，両氏の師事した逸見吉之助氏の解説に詳しい（逸見1974）。
2) さらに和田氏は棺が特定の範囲を越えて模倣され，持ち運ばれる現象を整理し，第1に同族結合を核とした地縁的まとまりのなかで共通の棺が用いられ，時に婚姻等の人の移動に伴い棺が外側に持ち運ばれる段階。第2に政治的社会が発展し，首長間の政治的結合が同族結合のちには擬制的同族関係を軸に展開するなかで，首長層固有の棺型式が生み出され，それが特定範囲を超えて持ち運ばれたり，模倣されたりする段階。第3に官僚機構が整い，棺が王族や功臣らに国家から下賜される段階に区別した。
　そして特定の家形石棺の持ち運びや模倣を第2段階の最終から第3段階の萌芽の段階に位置付け，6世紀後半から7世紀前葉にかけての時期は白石太一郎氏の指摘するように擬制的な同族関係が広範囲に広がる画期となしたと推定され（白石1973b），大王を頂点とした広範な擬制的同族関係の成立を背景に，特定の棺の配布がある種の制度的きまりのもとに行なわれたものと推測している（和田1992a）。

第2節　石棺と他界観に関する研究

上述した政治史的，地域交流的視点に対し，石棺から他界観に迫る研究も蓄積されている。

後藤守一氏の研究

戦前から戦後においては主に後藤守一氏が棺を舟に見立て，死者を舟に埋葬する舟葬論を展開し，遺存の良くない木棺に代わり舟形埴輪や舟形石棺をその根拠の一つとした。さらには家形石棺の発生は舟葬から家葬の観念に変化したことにより棺形式が生み出されたと推定した（後藤1932・1935a・1935b・1958）。後藤氏の研究は舟形石棺が一系的なもので，古墳時代中期に盛行し，古墳時代後期に思想の変化とともに家形石棺に変化すると考えたのである。

小林行雄氏の研究

小林行雄氏はこうした「舟葬」や「家葬」あるいは前者から後者への変化については，その根拠が不十分であることを指摘し，特に「舟葬」については厳しく批判された（小林行1941，1944）。さらに家形石棺を体系的に検討し，家形埴輪を母体として家形石棺が成立したものの，畿内では蓋の平坦面を広げ，家ならざる方向で推移し，九州では屋根形の棺蓋は変わらないものの，棺身が発達することを明らかにして，家葬観念の発達が地域によって異なることを示した（小林1951）。

和田晴吾氏の研究

和田氏は上記の問題も含め，古墳における葬送儀礼と棺との相関性を明らかにし，古墳の機能にまで及ぶ体系的な整理を行なった。

氏は「棺」を遺体を納める容器，「槨」を棺を保護する施設，「室」を独自の内部空間とそこにいたる通路を持つものと規定した。特に古墳時代の棺を「据え付ける棺」と「持ち運ぶ棺」として，古墳祭祀の手順を埋葬施設（竪穴式石槨，横穴式石室）の構築と性格を比較しつつ，殯儀礼－納棺儀礼－埋納儀礼－墓上・墓前儀礼という一連の葬送儀礼を復元的に考察し，「据え付ける棺」が古墳の埋納儀礼と納棺儀礼と一体化し，前・中期古墳の葬送祭祀の中で古墳築造と不可分に結びつき，古墳という場を葬送祭祀の拠点としたのに対し（第1表上），飛鳥時代以後に採用される「持ち運ぶ棺」では古墳の築造と葬送祭祀の場が完全に切り離され，「据え付ける棺」で最も重要な「納棺儀礼」が古墳から切り離され（第1表下），祭祀の場としての古墳の意義が失われていったことを指摘し，「棺」の用法が古墳祭祀のみならず，葬送祭祀の手順とも深く結びついていたことを明らかにされた。

なお重さ数トンもある石棺の出現は荘厳な棺への願望，邪悪なものから遺体を守ろうとする辟邪の思想，大型石材を加工する技術の伝来，弥生時代以来の「据え付ける棺」という用法が結びついて，初めて実現したことを指摘する（和田1989a・1995・2002・2003a）。

さらに「据え付ける棺」について考察を続け，竪穴式石槨と畿内系の横穴式石室に採用される棺は密封を基準とした「閉ざされた棺」であり，九州では仕切石（A1類），石障（A2類），石屋形（A3類），石枕（A4類）など棺の内部空間が玄室空間に開かれ連続したもの（開かれた棺A類）や，横穴式石室に組合式で妻入の横口式家形石棺（開かれた棺B類）を納めるもので，安置した

第1表　和田晴吾氏の示す「据え付ける棺」と「持ち運ぶ棺」の埋葬手順

```
「据え付ける棺」
┌─────────────────────────────────────────────────────────────┐
│ [モガリ儀礼]                                                │
│                                                              │
│   首長の死 ─── 喪屋 ─── 遺体の運搬                          │
│                              │                               │
│   選地 ─── 墳丘の築造 ─── 墓坑の掘削 ─── 墓坑の埋め戻し ─── 葺石・埴輪の整備 │
│                     石槨の構築                               │
│                     棺の設置                                 │
│                     遺体の納棺                               │
│                     副葬品の配置                             │
│                                                              │
│   [地鎮儀礼] ─────── [納棺・埋納儀礼] ─────── [墓上儀礼]    │
│                                              [墓前儀礼]      │
└─────────────────────────────────────────────────────────────┘
                                                      和田2009

「持ち運ぶ棺」
┌─────────────────────────────────────────────────────────────┐
│ [モガリ儀礼・納棺儀礼・棺に副葬品の納入]                    │
│                                                              │
│   首長の死 ─── 喪屋 ─── 棺の運搬                            │
│                                                              │
│   選地 ─── 墳丘の築造 ─── 石室の閉塞 ─── 2次墳丘・葺石・外護列石の整備 │
│              石室の構築                                      │
│              棺の設置                                        │
│              土器類の配置                                    │
│                                                              │
│   [地鎮儀礼] ─────── [埋納儀礼] ─────── [墓前儀礼]          │
└─────────────────────────────────────────────────────────────┘
```
*持ち運ぶ棺は筆者が和田1995, 2009などを参考に作成

石棺自体が複数埋葬に対応した「室化した棺」が認められることから，九州の横穴式石室では「開かれた棺」が採用されたことを指摘した。すなわち畿内系と九州系と区別されてきた横穴式石室の系統差は単なる形態や構造状の差異に止まらず，棺の機能差や石室空間の機能差も内包していたことを明らかにした（和田2003a・2008）。続けて「開かれた石室の系譜」はさらに中国の北朝系の石棺床や横口式家形石棺を持つ塼室墓や土洞墓に行き着くことを明らかにした（和田2007）。

最後に上述した一連の研究は古墳で行なわれた行為の一部，古墳を構成するいくつかの要素の個々の検討であって，背景にある他界観についてはほとんど触れていないことから，古墳の築造と埋葬手順の各段階を整理し，古墳に遺体を埋葬した「墓」としての機能と遺体埋葬後に仕上げられた模造の世界としての「他界の擬えもの」としての機能，の二つを認め，前・中期古墳の他界観と横穴式石室採用後の他界について考察した（和田2009）。

筆者の考察は残念ながら和田晴吾氏の研究まで深化した体系的なものではないが，常に他界観や古墳築造と「納棺儀礼」についての視点を忘れずに検討課題としたい。

第3節　木棺研究の成果と石棺研究の接点について
――資料の定義を中心に――

古墳時代の石棺を検討する前に前・中期古墳の長大な木棺について検討しておきたい。たとえ

ば割竹形石棺は木棺の形態を写したものである。しかし近年刳抜式木棺の形態が多様であることが事例の増加とともに判明し，木棺の形態と石棺の形態の比較検討が急務となっているからである。石棺の系譜を理解するには古墳時代の木棺研究の現状を把握することが重要と考えた。本章では特に古墳時代前・中期の長大な木棺の研究史[1]を整理し，木棺の定義を確認した上で，本稿で扱う石棺の定義を明確にしておきたい。

（1）研 究 史

舟葬の展開 比較的早くから古墳から遺存状態のよい木棺が出土していたが，1912年に大仙古墳の陪塚と予想される塚廻古墳を発掘した大道弘雄氏が出土した木棺を『北史』[2]の記事や「御舟代」[3]を引用して古墳時代に舟を模した棺を埋葬する「舟葬」があったことを説き，当時の考古学会に強い影響を与えた（大道1912a・1912b）。その後1929年に後藤守一氏は群馬県赤堀茶臼山古墳の発掘において木炭槨を発掘したが，その報告において，木炭槨の両端が幅を狭めることから舟の形を呈し，木棺を用いず，この舟の形を呈した木炭槨に直接遺体を埋葬したと推測した（後藤1933）。さらに後藤氏は西都原古墳群110号墳出土舟形埴輪を紹介し，形象埴輪の一種になることを初めて明らかにした（後藤1935a・1935b）。

さらに粘土槨や木炭槨には本来棺はなく，これに直接遺体を埋葬したと捉え，粘土棺，木炭棺とすべきで，これらが舟の形をしていること，舟形石棺も蓋や縄掛突起があることから，舟そのものと考えるに躊躇するとしたもののやはり舟の形と認め，古墳時代に舟葬があったことを積極的に展開した（後藤1932・1935a・1935b・1958）。

舟形石棺の名称は早く石棺を体系的に整理した高橋健自氏が整理したもので，割竹形石棺・舟形石棺が木棺を写したもので，舟の形に似ているものの，「フネ」の語源が容器の意味を持つことを注意して，舟葬とは区別しているが（高橋1915a），後藤氏により，積極的に舟葬の根拠の一つとなった。舟形石棺と家形石棺から上古の時代に舟葬と家葬の二様式があり，舟葬が古く，家葬が新しいと捉えたのである（後藤1932）。

既に後藤氏が舟葬について論じる前に，長谷部言人氏が石棺の突起に注目して，舟に突起が認められないことから，棺が舟に起原があるのではなく，単に蓋のある容器と捉えた。突起については死者を畏れ，憑鬼の乗ずるのを防護するために，縄で密閉する封鎖用と指摘した（長谷部1924）。伊東信雄氏は，後藤氏が舟葬論を展開すると，舟形石棺が舟形木棺を写したものであるならば，棺身と同形同大の蓋を持ち，丸木舟にはない突起を備えていること（長谷部1924），舟形石棺と丸木舟の平面形が異なることなどから，舟とみなさず，当時青森でも用いられていた「キッチ槽」と呼ばれる突起を有する入れ物に類似することに着目し，突起は運搬に関わるもので，古代の棺は単に遺体を納める容器であると指摘し「ふね」は単に海の上を航海するためだけのものではなく，容器を表す用例が複数あることから，後藤氏の論拠では「舟葬」の存在を立証するものではないことを指摘した（伊東1935）。

しかし，古墳の埋葬施設の推移を考察した梅原末治氏は，筒形を呈する木棺とそれを模倣して粘土で棺を作った粘土棺があり，当然木棺から粘土棺へと推移し，さらに簡単なものから複雑な

ものへと変化すると考え，木棺，粘土棺の後に竪穴式石室が成立すると考察した。長大な筒形の木棺は現在の割竹形木棺であるが，これを舟形木棺と呼称し，刳舟との密接な関係を認め，舟葬を肯定した記述となっている（梅原 1940b）。八幡一郎氏は梅原氏の見解を受け，舟葬について肯定的に捉えた。後藤氏と梅原氏が死者を海の彼方の死後の世界に送る為，舟に遺体を納める思想は日本が四周を海に囲まれる地理的な要因から自然発生すると考えたのに対し，稲作などの弥生文化を受けいれる際にもたらされたものと考え，その候補地を考察した（八幡 1943）。

このように舟葬についてはいくつかの反論が認められるものの，学会では広く認められていたようであるが，考古学的手法で舟葬を強く批判したのは小林行雄氏である。氏はまず竪穴式石室の構造を分析し，石室の底部構造において氏がB群とした長大なものには粘土に緩いU字の凹みがあることが注意され，筒型の丸太状の木棺が復元でき，小口部が筒を切ったように作られており，丸木舟のようなものは復元できないことを説き，竪穴式石室に限らず，粘土槨に直接遺体を納めることはなく，コウヤマキ製の割竹形木棺が納められていたことを指摘し，一般に粘土槨が竪穴式石室に先行すると認識されてきたが，遺物の年代観から，竪穴式石室が先行することを明らかにした（小林 1941）。

続いて舟葬について，舟葬論者が挙げる根拠として①隋書の記事，②「御舟代」「御舟入」という2つの言葉，③古墳に認められる木舟（木棺）粘土舟形（粘土槨）の3点を取り上げ，①では運搬の方法を述べたもので，②では神社の御神体の容器としての「御舟代」について，「フネ」の用語が容器を示すことについて説明し，③では舟の形をした木棺として取り上げられているものが本来蓋を有し，割竹形に復元できるものが多数あり，粘土舟形（粘土槨）も本来は遺体を直接納めるものではなく，先学が指摘するように（今西 1915，高橋 1915a），木棺を保護する施設であることを詳細に指摘し，「舟葬」の根拠が薄弱であることを明らかにした（小林 1944）。

この小林氏の一連の仕事によって「舟葬」は強く否定され，戦後の考古学界の主流となった[4]。下津谷達夫氏は明らかに舟形になる木棺が関東で確認され，関東の地域的様相を示す墓制である可能性を指摘し，舟形棺は舟葬説と結びつくような普遍的なものではなく，地域的なもので，分布範囲の広い舟形石棺は舟形木棺から生じたものではないことが指摘された（下津谷 1960）。

舟葬の再構築　その後 1969 年に栃木県で七廻り鏡塚古墳から遺存の良い木棺が宅地造成工事中に見つかり，発掘調査と保存が図られた。報告書の中で，大和久震平氏は2基の木棺の内，刳抜式の1号木棺は身の前後端が舟の舳先と艫に類似していることを指摘して，同様な棺身が付近の弁財天社前の溜池から出土していることを紹介している。なお群馬県の保渡田薬師塚古墳と二子山古墳（岩鼻二子山古墳か）から出土した舟形石棺にも舳先と艫の表現があることを指摘している（大和久 1974）。

その後しばらく舟葬についての見解は認められず，1980 年代の磯部武雄氏の研究によって，再び舟葬が注目されるようになる。氏は自身の調査した静岡県若王子 12 号墳，19 号墳の木棺の痕跡が舟形になることを確認し，小林氏の指摘を踏まえた上で確実に舟形となる資料を収集し，古代の舟との比較，他国の舟葬を紹介した上で，古墳時代に舟葬があったことを指摘した。その

後積極的に舟葬を展開したのは辰巳和弘氏と岡本東三氏である。辰巳氏は千葉県館山市大寺山洞穴から出土した舟形木棺など洞穴遺跡における丸木舟そのものか，舟形の木棺を棺として使用した事実に加え，埴輪に描かれた舟や舟形埴輪，装飾古墳の検討，古典の検討から舟葬を肯定的に捉える（辰巳 1996・1999・2011）。全国の舟形木棺の集成を行ない，群馬県や島根県の舟形石棺は舟形木棺の形態に類似するものがあることを指摘している点は重要と考えられる。

岡本氏は大寺山洞穴の発掘の担当者であり，民俗学や古典の成果を援用し，舟にかかわる資料と舟棺の検討から海上他界観あるいは死者の思想（天鳥舟）[5] が普遍的に認められる時代であり，割竹形木棺を含め，長大な刳抜式木棺は天鳥舟の思想を反映させるために用意された舟と想定した（岡本 2000）。

舟葬にかかる木棺については石崎善久氏の重要な研究がある。氏は丹後の弥生時代から古墳時代の木棺の痕跡を丹念に検討し，舟の形を呈する木棺を「舟底状木棺」と呼称した。丸木舟との比較から，丸木舟の転用か丸木舟あるいは準構造舟の下部構造を模倣[6] したもので，両小口の平面形が丸みを持つものの，左右対称にならず，一方の小口が鋭角に弧状を呈する A 類（筆者の C 形式），A 類同様両小口が丸みを持ち，左右対称となる B 類（筆者の D 形式），小口が隅丸方形となる C 類（筆者の E 形式）という 3 形式に分類した。丹後における舟底状木棺の集中から，舟葬という他界観念を共通とする集団の存在を指摘した。特に小口部が垂直ではなく立ち上がりを有することを重視し，古墳時代前期の舟形木棺（典型的な割竹形木棺にならない舟底状の木棺）とは区別している（石崎 2001）。

なお北條芳隆氏は割竹形木棺と舟形木棺の関係性について 3 つの作業課題を設定し検討を行なった。結論として，割竹形木棺と丹後の舟底状木棺に密接な関係を認め，弥生時代終末期の丹後の舟底状木棺は上位階層の木棺型式として変容し，前方後円墳創出時に各地の墳墓様式が収斂した際に，前方後円墳に採用された木棺に丹後の舟底状木棺を祖形とするものが含まれると推測した（北條 2004）。北條氏は，小林氏の見解が畿内の実例を踏まえて舟葬を否定したことが学会に認知されて舟葬が否定され，その後東海や関東の舟形木棺の実例増加から再び畿内地方に問題を投げかける現状を問題にし，畿内地方を基準に据えた斉一性概念の枠組みが根底にあることを指摘する。戦後の古墳研究が文化の一元的理解であり，今後文化の多元的理解や動態的把握を行なうための文化の把握法に関する理論的枠組みが必要であることを説く（北條 2004）。

現状では大寺山洞穴の丸木舟転用棺の存在から（館山市立博物館 2010），舟を棺として利用した事例があることや，舟を模したと予想される棺（舟形木棺）が存在することは明らかである。しかし海上他界観を伴う舟葬としての習俗が普遍的であったかについては問題が多い。この点を整理したのは和田晴吾氏である。氏は古墳で行なわれた人々の行為を具体的に復元し，前・中期古墳には遺体は密閉性の高い「閉ざされた棺」に埋葬され，念入りに遺体の保護，密封が行なわれたことを指摘し，長大な割竹形木棺や石棺は棺の密封性や荘厳性のために創出されたと指摘する。前・中期には中国から魂魄の思想がなんらかの形で列島にも伝わり，遺体（形魄）は墳丘に密封され，魂気は天（他界）に赴きそこで永遠の命を生きることになるとする。古墳を「墓」として

の機能と「他界の据えもの」としての機能の2者を認め，舟形埴輪と家形埴輪の機能を「他界への据えもの」としての古墳に象徴される遺物として，舟形埴輪を天（他界）に魂気を運ぶ装置，家形埴輪を他界での居館としての装置として捉えた。舟葬については現時点では，下記のように整理する。

　第一の舟として死者の魂を乗せて他界へと運ぶ船（船形木製品，船形埴輪，ヘラ描きの船）

　第二の舟として，死者の遺体を入れて埋葬する棺としての舟（舟あるいは舟形の棺）

　このように2つの舟の機能の内，第二の舟の機能を認めるならば，古墳を「他界の据えもの」とする必要はなくなるため，地域的な習俗ではないかと指摘し，今後丹念に時期的，地域的に識別していく必要性を説く（和田 2009）。

　木棺研究の進展　古墳出土の木棺は発見当初から舟葬が議論され，小林行雄氏の正確な木棺構造の復元がその否定に傾いたことは上述したが，戦前においても極めて重要な木棺の報告がなされている。山形県衛守塚2号墳からはほぼ完形の刳抜式木棺が出土した（羽柴 1890）。この木棺はその後高橋健自氏により割竹形木棺の典型例とされる（高橋 1915a）。梅原末治氏は1916年に大阪府万年山古墳の木棺を報告し，同年に奈良県佐味田宝塚古墳の内部にも木棺の一部が出土したことを聞き及び，報告している（梅原 1916a，1916b）。1918年には兵庫県丹波市の方形墳からほぼ完存した組合式の木棺が出土している（梅原 1918a）。奈良県三倉堂遺跡から出土した6基の木棺は遺存状態が良好で，異なる構造の木棺の詳細が報告され，一部復元された（岸熊 1934）。詳細な木棺の観察と使用された木材の特定，木棺の復元は現在の報告と比肩するものである。

　木棺の研究が特に進展するのは戦後である。前期古墳の木棺の観察を行なった勝部明生氏は畿内の木棺がコウヤマキ製であり，コウヤマキの生態分布や花粉分布の分析から石棺材に比較して容易に入手しやすいとみられがちな木棺材もその生育と運搬にかなりの労力が必要であったことを指摘する（勝部 1967）。松田隆嗣氏の分析により，近畿・瀬戸内ではコウヤマキは弥生時代の方形周溝墓の木棺材から使用されており（松田 1981），コウヤマキの選択的使用が弥生時代から連続するものであることが明らかにされた。なお韓国で未盗掘古墳として調査された武寧王陵では買地券の存在から埋葬の年代が判明するなど重要な成果が報告されているが，棺に日本産のコウヤマキが利用されていることは，当時の倭王権との関係を考察する上でも重要である（吉井 2007）。

　都出比呂志氏は前期古墳の竪穴式石室の全国的な集成を行ない，検討を行なった。古墳時代の前期後半には列島各地における首長層の拡大に伴い，埋葬施設の型式や規模によって各地の首長層の地位を区別する「棺制」のようなシステムが確立した可能性を示唆する（都出 1986）。

　吉留秀敏氏は九州の割竹形木棺を集成し，その痕跡から舟形木棺や箱形木棺を含め木棺の復元とその検討を行なった。特に九州外の割竹形木棺も含め割竹形木棺の全長に複数の規格性があり，九州の木棺の規模は畿内のものを超えるものはなく，大和政権が木棺規模をある程度序列化したことを指摘する。九州では特に津屋崎・宗像地域，福岡平野，筑紫平野では木棺の最大規模から最小規模まで，規格の種類が多く，他の地域に二次配布した可能性があり，前方後円墳という墳

形に比して割竹形木棺は地域ごとに異なる導入様相が認められることを明らかにした（吉留1989）。都出氏の見解を推し進めたものと見られる。

なお近藤義郎氏は積極的な弥生墳丘墓と古墳の発掘を行ない，古墳の画一性を説き，前方後円墳という墳形に割竹形木棺が伴うことを指摘した（近藤1977・1983・1986）。しかし岩崎卓也氏は東日本の古式古墳には主として組合式木棺や箱型木棺などの割竹形木棺を使用しない長大な埋葬施設を使用していたことを指摘し，割竹形木棺の使用が一段階遅れることを明らかにした。東日本の埋葬施設は伊勢湾地方の首長を介したもので，王権の連合も同様であったと想定した。岩崎氏の検討により東日本の埋葬施設ひいては使用された木棺の地域性が説かれた（岩崎1987）。

事例の増加と多様性　すでに吉留氏の論考によって刳抜式木棺の多様性が指摘されていた。90年代以降は木棺の痕跡を含め丹念な調査が行なわれた結果，畿内周縁地域においても刳抜式木棺の多様性が確認されるにいたった。たとえば，滋賀県雪野山古墳の竪穴式石室の粘土棺床では，木棺棺身の小口に円環状の突起の痕跡が確認され，棺床の横断面の形態から，正しく半円を描く割竹形木棺ではなく舟底状のもの，あるいは円形の3分の1程を利用したものと推察された。類似した事例として佐賀県熊本山古墳出土舟形石棺を挙げ，従来粘土棺床の形態から割竹形木棺とした事例にも再検討が必要であることを指摘した（福永1996）。熊本山古墳出土の舟形石棺が木棺の形態を写したものであることが証明されたと同時に，石棺の研究に木棺の研究が改めて重要であることが認識された。

古墳時代開始期の事例も増加し，奈良県中山大塚古墳では後世の盗掘を受けていたものの，粘土棺床の痕跡から扁平かつ幅広の木棺が推定された（豊岡・卜部1996）。奈良県ホケノ山古墳の調査では木棺の痕跡は棺床が緩いU字を描くことから，舟底状の木棺であり，典型的な割竹形木棺と区別して舟形木棺として報告された（岡林2008c）。

なお奈良県桜井茶臼古墳の木棺は当初の発掘では刳抜式の木棺と考えられていた（奈良県教育委員会1961）が，石野博信氏は組合式木棺の可能性も考慮していた（石野1995）。近年の再発掘により，割竹形木棺であることが確定した（奈良県立橿原考古学研究所2009）。再調査により後円部の石榔上に方形壇を築き，丸太垣をめぐらせたことや，鏡鑑が最低81面程あることが確実となり，前期中頃の大王陵級の古墳の内部構造を窺う上で重要な事例である。さらに前期後半の事例であるが，木棺の棺身が浅く，あまりカーブを描かず，わずかにU字状になる板状の棺身が奈良県鴨都波1号墳で確認された（藤田和2001）。

近年では丸木舟を模倣したと推察される木棺の発見も相次ぎ，愛知県平手町遺跡では，弥生時代中期後半の方形周溝墓群から最古の舟形木棺が確認された（名古屋市健康福祉局2010）。九州の出現期古墳である佐賀県久里双水古墳で検出された木棺は丹後の舟底状木棺（舟形木棺）と類似し，該期の多様なネットワークの中でもたらされた可能性を指摘している（宮本2009）。関東では埼玉県大河原遺跡の5世紀後半の群集墳中の1号墳には，木棺を固定した粘土が遺存しており，舳先と艫の形態が明瞭で舟形木棺と考えて問題ない（藤野2011）。東北地方でも古墳時代前期の前方後方墳である森北1号墳の埋葬施設が木棺の痕跡から舟形木棺とされ，民俗学・文化人類学か

らは竹田亘氏が，考古学からは工藤伸正氏が検討を行なった（竹田1999，工藤1999）。また，縄掛突起を持つ事例が増加し，石川県雨の宮1号墳，富山県阿尾島田A1号墳，熊本県江津湖遺跡群6号方形集溝墓，奈良県下池山古墳から縄掛突起の痕跡が確認されている。

　前期古墳の木棺が判明するなかで，今尾文昭氏は石棺では割竹形石棺と舟形石棺は前後の関係であるのに対し，刳抜式木棺ではまず舟形木棺が出現し，割竹形木棺が後出することから，前後が逆点することに注目し，刳抜式石棺の編年についても再検討を要することを指摘した（今尾1995）。岡林孝作氏も前期にまず棺身の横断面が緩いカーブを描き，舟形石棺に類似した長大な舟形木棺が中部瀬戸内から畿内の木槨を主体部とする最古級の前方後円墳に採用され，まもなく割竹形木棺が入れ替わるように採用され，分布を拡大し舟形木棺は減少するとした。長大な木棺形式の採用と葬礼方式の独占は首長の地位の体現と首長間の連携を内外に示すもので，棺の形式差を秩序つけ，身分的，政治的諸関係を表すものを「棺制」とするならば，古墳時代前期に成立すると指摘した（岡林2005）。

　岡林孝作氏の研究　刳抜式木棺の多様性が認識されるにいたり，割竹形木棺の構造や定義がしだいに研究者間であいまいになった。現状では「…大きな樹木をたてに2つに割り，それぞれ内部を刳りぬいて，蓋および身とした円筒形の木棺」で，端から他端に向けて幅が狭まり，小口を垂直に仕上げたものを割竹形木棺（小林1959b）とし，この木棺型式に合わないものを舟形木棺と呼称しているとの指摘がある（岡林他2008b）。

　こうした現状の中で岡林孝作氏は割竹形木棺については小口部に着目し，木棺の痕跡から端部が直線的なA型，平面「コ」の字形になるB型，外側から板で抑えられるため，「H字」状になるC型に分けた。A・B型は粘土に残された圧痕から，C型は板をあてることからすべて端部が垂直に仕上げられていることが判明する。B型とC型の差異は木棺の小口構造の差異ではなく，B型が粘土を詰めて小口を押さえるのに対し，C型は外から板を抑えたもので，使用された素材の違いであることを明らかにし，C型がより丁寧な技法で，中心埋葬で用いられる例が多いことを明らかにした。さらに小口部が筒を垂直に切り落としたような外観を呈することから定式的で，細部に小口板の位置の違いがあることだけとする（岡林2008a）。

　さらに岡林氏は全国の木棺を丹念に集成し，その構造と材質の分析に着手した。岡林氏は古墳時代の木棺材が遺存した事例の材質を検討し，コウヤマキを使用する地域としない地域が明確に別れ，使用する地域は京都府南部，大阪府，奈良県，兵庫県南部の近畿中央部を中心として，愛知，岐阜，三重，滋賀，和歌山，岡山の各県に渡り，木棺材として良材であるコウヤマキが階層的上位の墓に使用され，格差をもって使用されていたこと，6世紀に入り，他の材を混ぜることもあることから，コウヤマキの不足と材の節約が認められることを指摘した（岡林2006b）。

　さらに木材の加工が削る技術（除去加工）と組み合わせる技術（集成加工）に集約される（山田2003）ことに着目し，構造と形態から木棺の分類を行なった。刳抜式木棺は樹木を半裁し，外側を削り，内側を刳り抜いて棺体の主要部分が製作されるもので，製作技法が除去加工のみで製作したものを刳抜式A類，一部に集成加工を応用したものを刳抜式B類とする。組合式木棺は一

部に除去加工を利用したものを組合式A類，板材のみで組み合わせた（集成加工）ものを組合式B類とした。さらに従来組合式木棺に含まれていた釘で連結する木棺を，横穴式石室同様外部から導入されたことを意識し（岡林1994），釘付式箱形木棺として分離した。木棺を構造で区分したなかで，下記のように各類型を設定した。

刳　抜　式（第2図）

　舟形木棺1類　棺底が全体に緩やかな舟底状で，横断面の曲率が緩い。全体に扁平な形状。幅は一端が狭く他端が広いが，舳先と艫の区別がない。

　舟形木棺2類　棺底が舟底状で一方の端部が舳先状に，他端が艫状に加工される木棺。

　割竹形木棺A類　蓋と身を合わせた状態での外形全体は一端が大きく，他端が小さな円筒形。縄掛突起を除けば小口を垂直に落とす。内面が貫通しないで，除去加工によって空間を作る。氏が当初A型としたもの（岡林2008a）。

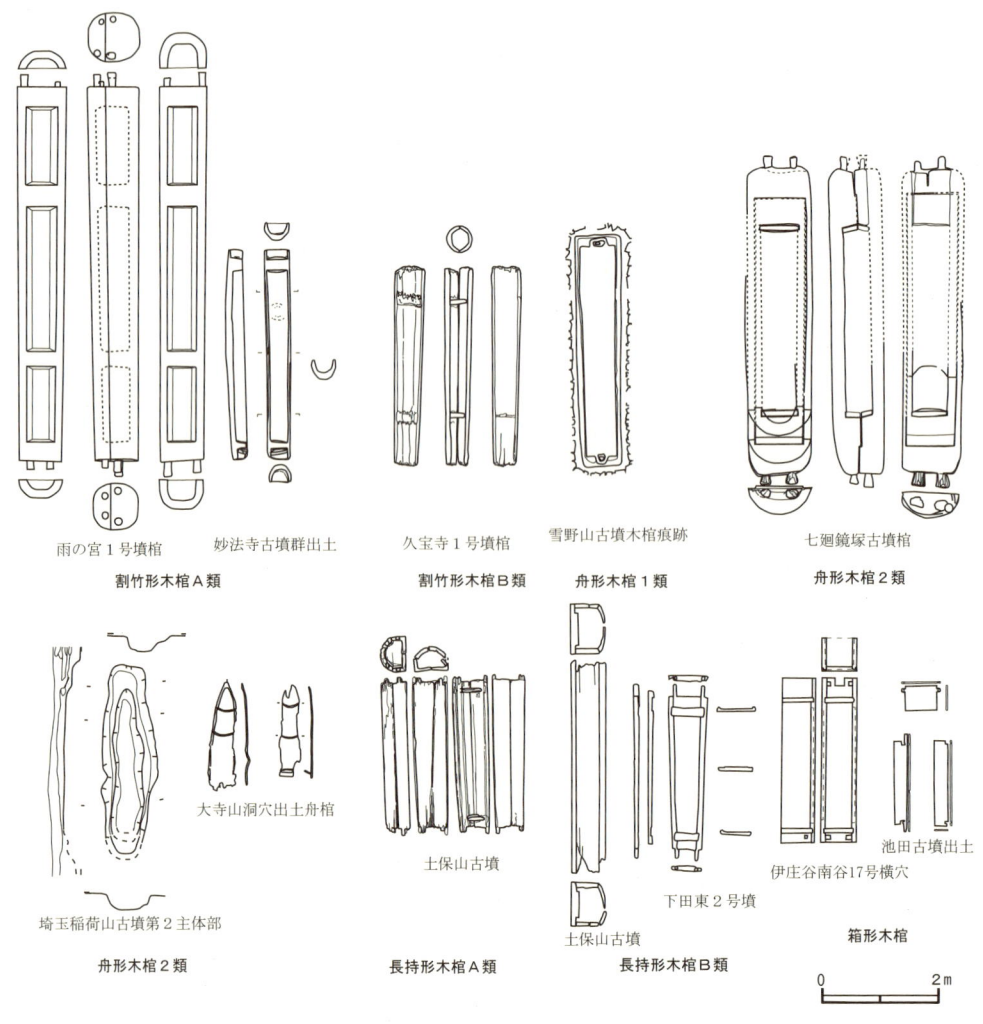

第2図　木棺の事例と分類

割竹形木棺B類　蓋と身を合わせた状態での外形全体は一端が大きく，他端が小さな円筒形。縄掛突起を除けば小口を垂直に落とす。内面が貫通しており，端部や内面に別財を当て，空間を遮断する。B型とC型を含む（岡林2008a）。

組 合 式（第2図）
長持形木棺A類　長持形石棺との共通性から長持形とする。側縁部と底部をL字に加工して合わせるなど一部除去加工を使用する
長持形木棺B類　長持形石棺との共通性から長持形とする。全て集成加工の板材を使用する。
組合式箱形木棺　蓋は平らな板材で，身は側板2枚，小口板2枚，底板1枚を組み合わせたもの。

刳抜式A類に舟形木棺1類，同2類，割竹形木棺A類が該当する。刳抜式B類に割竹形木棺B類が該当する。

組合式A類に長持形木棺A類。組合式B類に長持形木棺B類，組合式箱形木棺が該当する。

用材の観点からは刳抜式A類→同B類→組合式A類→同B類の順に大径材の贅沢な利用前提としたもの→比較的径の小さな材を主体とした小資源な利用が可能なものと段階的に該当し，大雑把な傾向として上記の順に時間的経過とともに主流を占める木棺構造が変化することが指摘された（岡林2009）。

石棺との形態の比較では特に滋賀県八日市市雪野山古墳の木棺と佐賀県佐賀市熊本山古墳舟形石棺を比較し，類似点を認めるが，地域と時期が離れていることから直接的な関係が認められるのではなく，この種の木棺が前期後葉で九州で使用されており，熊本山古墳棺はそれを石に移したものとした。舟底状の棺底形状と身上部の稜線や突帯によって区画された平坦な縁帯といった特徴は各地域（九州や丹後・越前）の出現期の石棺に共通して認められ，こうした形態的特長が木棺によって媒介してよいなら，その起源は舟形木棺1類に求められることを指摘した（岡林2010）。

岡林氏の一連の研究により棺形式，木材，加工度合の対応が図られ，研究が飛躍的に進められた。

（2）成果と課題

① **多様性と普遍性**　刳抜式木棺遺存例やその痕跡を詳細に検討した結果，刳抜式木棺の多様性が認識されるにいたった。岡林氏の分析は一つの到達点であるが，特に棺蓋については遺存例が少なく，今後も多様な形態や装飾が判明する可能性は依然として高いと考えている。ただし岡林氏の指摘する通り割竹形木棺は定形的であり，多様性のなかでもその出現と拡散の意義については今後も追及しなければならない。

② **舟形木棺の系譜**　舟形木棺は形態が多様であるが，特に丸木舟を再利用したものや舟を模った舟形木棺（岡林氏の2類）の事例は全国的にも増加した。和田晴吾氏の指摘により，事例を収集し地域的な習俗なのか，古墳を他界の据物としたときにどのように木棺（あるいは石棺を）を位置付けていくかという課題が明確になった。現状では舟形木棺2類は丹後や東海地方に弥生時代から認められ，古墳時代には東北・関東地方に事例が多い。過去の調査で舟形木棺と認識さ

れないまま調査報告されている可能性が高く，今後再検討を行なわなければならないが，古墳の時期や立地を考慮しながら分布の意味や系譜について検討を行なわなければならない。

　③　**石棺研究との関わり**　古墳時代の長大な木棺はまず岡林氏の舟形木棺1類が先行し，割竹形木棺が後出し，かつ分布が増加すると指摘されている。石棺では割竹形石棺が出現し，舟形石棺が後出するという石棺研究の理解についてどのような影響を与えるか検討をしなければならない。さらに舟形木棺1類・2類と舟形石棺との関係についても検討が必要である。

　本書は研究史の成果を踏まえ，①と②の問題を意識しつつも，特に③の検討課題について，舟形木棺2類と舟形石棺との関係について考慮することが必要であると考えている。

　なおこの問題を整理するには木棺の分類と石棺の分類の対応を明らかにしておく必要があろう。したがってまず木棺の分類と石棺の分類について触れておきたい。

（3）　木棺の分類と石棺の分類について（第3図，第2表）

　まず，木棺の分類については岡林氏の分類を援用する。筆者なりにまとめたものが第2表上である。この分類と比較検討できるように本稿で扱う石棺の定義をしておきたい。

割竹形石棺　刳抜式石棺である。木棺同様小口側を垂直に落とし，蓋と身を合わせた形態は円筒形をなす。一端が他端より幅広となる典型的なものと，両端の幅に差はなく，中央に最大幅がくるものを含める。割竹形木棺A類と対応する。事例として香川県快天山古墳の1号棺，同2号棺，同3号棺，同県磨臼山古墳棺，同県岩崎山4号墳棺，大阪府安福寺所在棺が該当する。

舟形石棺　刳抜式石棺である。現在舟形石棺とされるものは割竹形石棺と家形石棺以外の刳抜式石棺を指すことが多い。ここでは木棺の分類との対応を図り，下記のように3つに分けるが，基本的に3類の資料が多いので，分類は必要な時に触れることにする。

第2表　木棺と石棺の分類

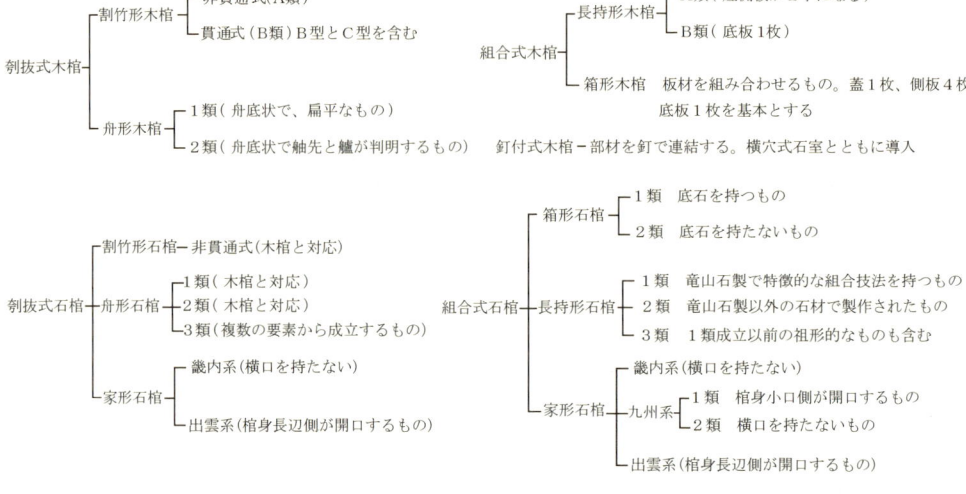

序章　墳墓における石棺研究の意義　17

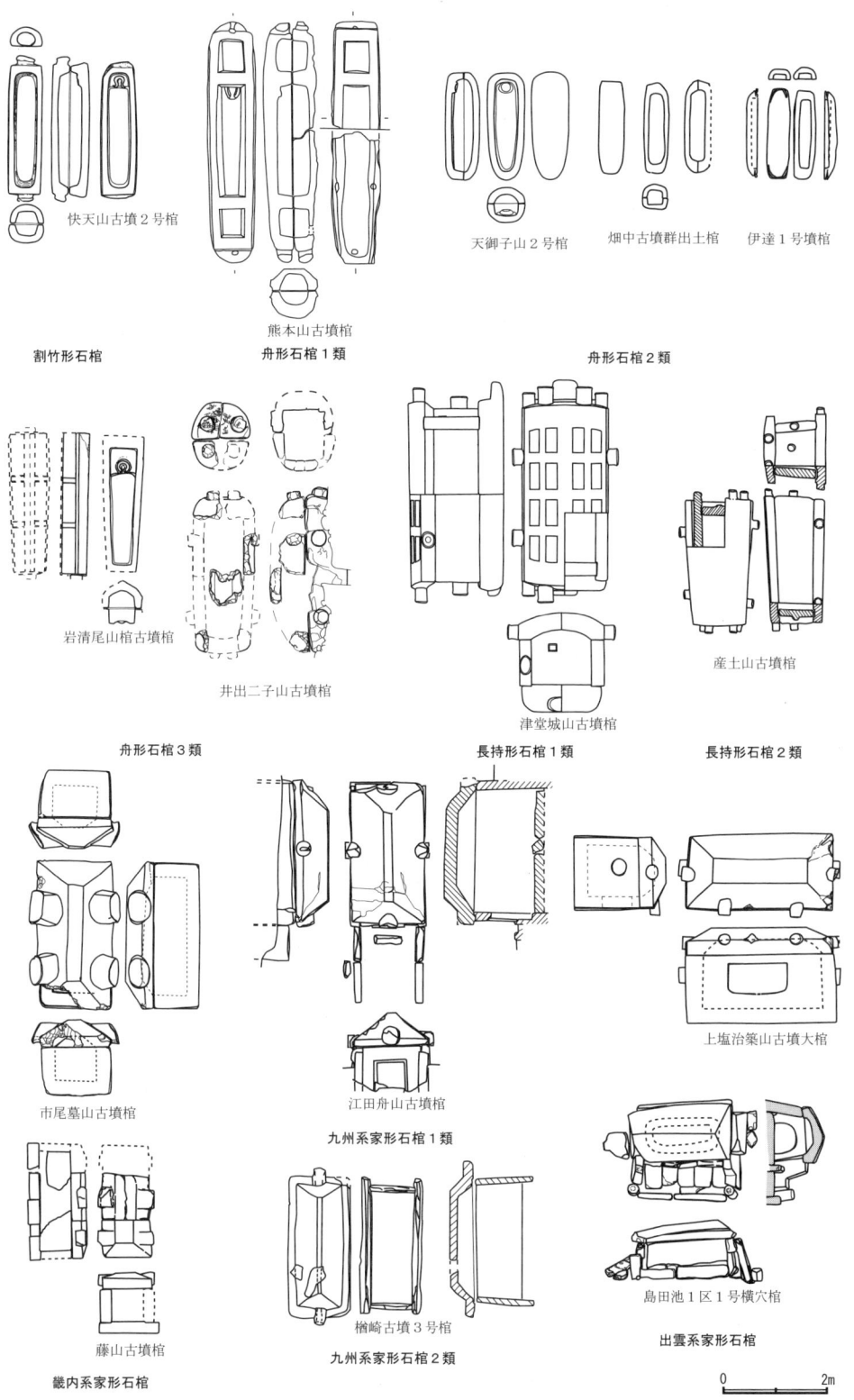

第3図　石棺の事例と分類

舟形石棺1類　舟形木棺1類に対応するもので，扁平で横断面の円の曲率が緩く，舳先と艫の区分がないもの。佐賀県熊本山古墳棺が該当する。
舟形石棺2類　舟形木棺2類と対応するもので，舳先（舟首）と艫（舟尾）が明瞭で，丸木舟の形態に類するものである。後述する舟形木棺2類の分類と対応する。
舟形石棺3類　刳抜式という要素に舟形木棺や土製棺，割竹形石棺，長持形石棺など複数の要素が融合したもので，系譜を一つにしぼれないもの。舟形石棺の大部分がこれに該当する。本書では必要な時に舟形石棺3類と記述するが，基本的には舟形石棺と省略する。

　これらの分類にあてはまらない資料が数例存在する。すなわち初期の火山石製の石棺である。香川県さぬき市赤山古墳1号棺，2号棺，同市一つ山古墳棺の事例は小口に斜面が認められる以外は割竹形石棺と変わらない。祖形となった木棺は割竹形木棺に類似するものの，小口に斜面を造るような木棺が示唆されるが，現時点では確認できていない。今後変更の余地があるが，現時点では便宜的に舟形石棺3類に当てはめておきたい。

長持形石棺　組合式石棺である。津堂城山古墳以後の竜山石製長持形石棺は明確な石棺秩序を有し，特徴的な部材組合技を保持する（北原1999）。津堂城山古墳以前のものと模倣棺を含め，3類に分ける。
長持形石棺1類　津堂城山古墳以後の広義の竜山石製長持形石棺
長持形石棺2類　一部の例外をのぞき，竜山石以外の石材で製作されたものは特徴的な組合技法が確認できず，形態も異なる点がある。長持形石棺1類の成立以後，1類の情報を本に在地の技術で製作したものを長持形石棺2類とする。事例に山形県菱津古墳棺，宮城県経塚古墳棺，島根県丹花庵古墳棺などが該当する。
長持形石棺3類　2類と区別するのに躊躇する事例はあるものの，津堂城山古墳棺以前に成立した長持形石棺や祖形の石棺に近いものを3類とする。
　2類と3類は箱形石棺の中で理解できるかも知れないが，ここでは区分しておく。なお長持形木棺は長持形石棺の祖形となったものではなく，長持形石棺1類成立以後，影響を受けて成立したものと考えられ，特に対応ははからない。

家形石棺　多くの研究があり，現在畿内系，九州系，出雲系に区分可能と考えている。
畿内系　筆者は阿蘇馬門ピンク石製で，突起0・2型式の石棺（高木氏の中肥後型）から家形石棺とする。突起0・2型式の竜山石製長持形石棺を阿蘇馬門ピンク石で刳抜式で製作し，これが近畿圏を中心に運ばれ，以後これを祖形に二上山白石や竜山石でも製作が行なわれる。棺身に横口と縄掛突起を持たないことが特徴である。刳抜式と組合式がある。
九州系　屋根形の棺蓋を採用し，組合式のもの。江田舟山古墳のように棺身の短辺側の一方が開口する1類と，横口を持たず，棺蓋の形態以外が底石を持たない箱形石棺と変わら

ない2類が存在する。なお横穴式石室の奥壁に沿って置かれ，棺身の長辺側一方が開口するものは「石屋形」として扱い，区別する。また，単に舟形石棺と共通する棺蓋を使用した箱形石棺については含めない。

出雲系　刳抜式と組合式の2者がある。刳抜式，組合式共に棺身長辺の一方が開口する。特に組合式は九州系家形石棺2類と石屋形の情報により成立したもので，時期的にも形態的にも九州の「石屋形」と関係が深いものであるが，本稿では研究史を加味して便宜的に家形石棺として扱う。

箱形石棺　箱形木棺の全形が分かる事例が少なく，木棺と対応させるのは難しい。今後の対応を加味して底石を持つものを1類とし底石を持たないシスト的なものを2類とする。

以上のように木棺の分類と石棺の分類について定義した。次に特に舟形石棺との関連が予想される舟形木棺2類の事例について研究の現状を確認し，具体的に石棺との比較を行ないたい。

(4) 舟形木棺2類研究の現状と分類 (第4図〜第6図，第3表・第4表・第7表)

特に古墳時代の木棺の中でその認識が遅れ，最も類例の把握が進んでいないのは舟形木棺2類である。筆者が各地の舟形石棺を実見するにしたがい，先学が指摘するように，舟形木棺2類との関係が認められる資料があると考えるにいたった。ここではまず舟形木棺2類についてもう少し詳しく検討を行ないたい。

研究者でも若干の認識の差が認められるのは，舟形木棺2類の定義についてである。磯部氏は特に清水潤三氏の丸木舟に関する研究成果[7]を参考に (第6図)，実際に日本に出土事例のある丸木舟の形態と対応するもののみ舟棺と呼称した。実際には平面形では両端が細く尖るもの (鰹節形) か，一端のみ端部が細く尖るもの (折衷形) で，底部から端部 (小口部) にかけて斜めに立ち上がるものを舟棺としている。したがって栃木県七廻り鏡塚古墳出土木棺のように端部が尖らず，隅丸方形の事例については除外し，「舟形石棺タイプ」としている。

岡林氏は七廻り鏡塚古墳例など，端部が極端に尖る事例ではなくとも，舳先と艫の表現が確認でき，底部から端部への斜めの立ち上がりが認められる事例は，舟形木棺2類に含めている。丹後の舟形木棺2類 (氏の舟底状木棺) の検討を行なった石崎氏は端部の平面形が逆U字で，丸みをもつB類と隅丸方形となるC類の事例の存在を指摘している。筆者も七廻り鏡塚古墳例などを観察するかぎり，舳先側の底部の斜めの立ち上がりなど，丸木舟など舟を模倣していると判断した。

本書では端部が極端に細くならず，丸みを持つか隅丸方形のものでも，舳先と艫の表現があり，端部が斜めに立ち上がる事例を舟形木棺2類として認める立場に立つ。また，岡本東三氏は舟の形を呈するものを舟形木棺，丸木舟を転用したものを舟棺と呼び分けている。丸木舟や準構造舟の下部の刳舟を転用したものは一応転用棺として分けたいと考えているが，舟形木棺2類を使用する思想を検討する上で重要な事例であり，分布図 (第5図) には反映させている。

まず石崎氏，稲葉氏，大谷氏，岡林氏，辰巳氏らの集成と筆者が集成したものを総合すると，100例程度確認できる。舟形木棺の識別は舳先と艫が表現される平面形と，棺身小口部の立ち上

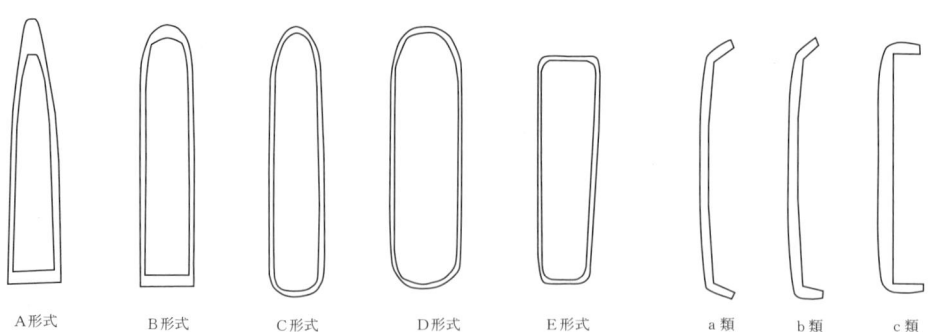

第4図　舟形木棺2類の分類

第3表　棺身平面の形状

A形式	一端が鋭角に尖り、他端は四角形のもの。
B形式	一端がU時状に丸みを持ち、他端は四角形のもの。
C形式	両端がU時上に丸みを持つが、特に一端が他端より鋭角で舳先を表現するもの。
D形式	両端がU時上に丸みを持つもの。
E形式	隅丸方形のもの。

第4表　棺身縦断面の形状

a類	棺身縦断面の小口側が外反するか、外反してから端部がやや内湾するもの。底部は平坦なものと中央部に向って下がるものあり。
b類	棺身縦断面の小口側の一端が垂直か、わずかに外反し、他端は一端より外反が強いもの。底部は平坦なものと中央部に向って下がるものあり。
c類	棺身底部が小口側付近で立ち上がり、斜めになり、小口部は垂直かやや内湾するもの。

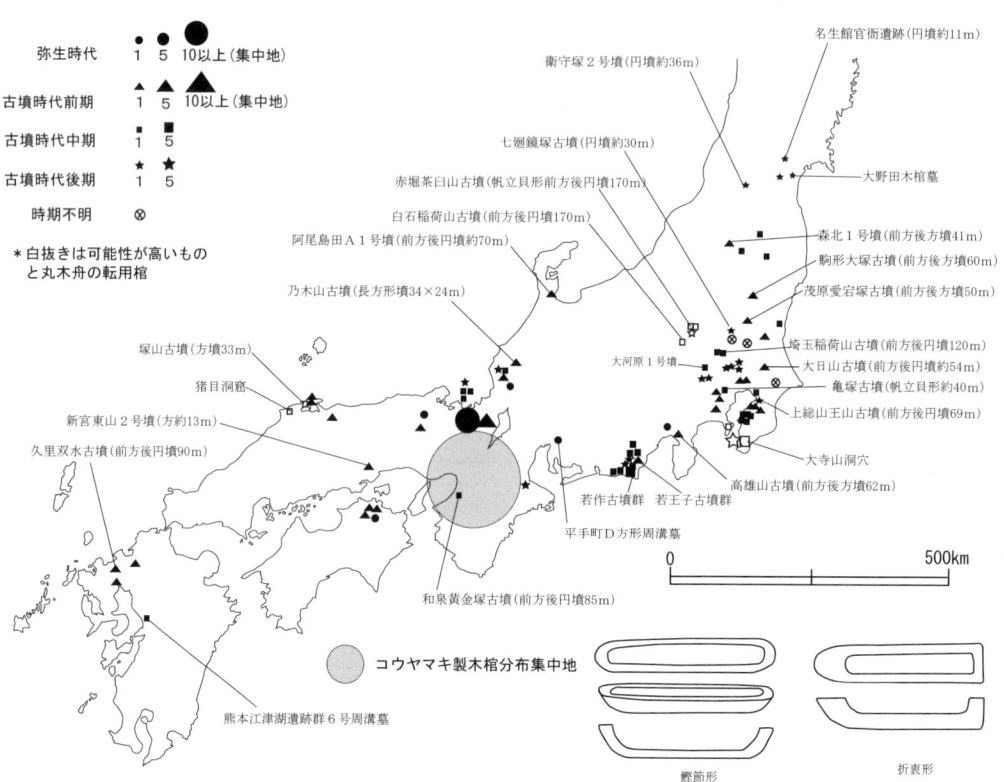

第5図　舟形木棺の分布図

第6図　丸木舟の分類

清水潤三氏の分類の内、日本では明確に認められない割竹形と箱形は図示していない。清水1975より作成。

序章 墳墓における石棺研究の意義　21

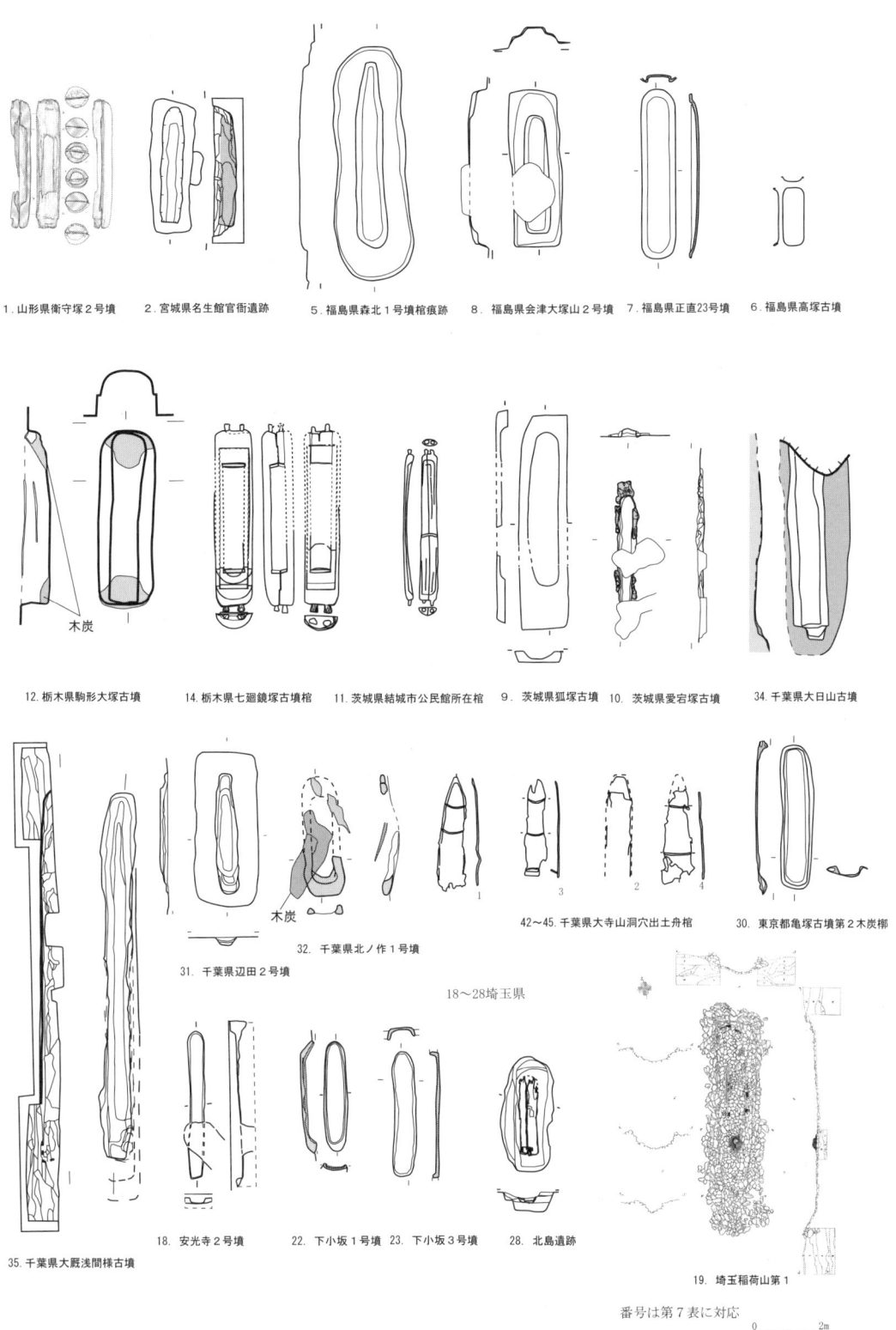

第7図　舟形木棺2類の代表例1

がりが最も重要と判断している。筆者は平面形をA～Eの5形式，縦断面をa～cの3類に分け（第4図，第3表・第4表），その組合せを考慮した（第7表）。横断面は底部が平底で，長側板が外反するもの，底部が平底で，長側板がやや丸みを持ち，内湾するもの，割竹形木棺同様弧状を呈するものなどに分類可能であるが，木取り法とも密接に関連する。ここでは前2者が舟形木棺2類に多いことだけを指摘しておきたい。古代の丸木舟を分類した清水潤三氏の成果と対応させるならば，A形式とB形式が折衷形に，C形式とD形式は鰹節形に該当する。E形式の評価は難しいが，小口に縄掛突起を造るため，なるべく小口を垂直にしていると判断することも可能で，折衷形の変容の可能性を想定し，出土例のない割竹形との関連は控えておきたい。また，福岡県沖ノ島の1号遺跡出土滑石製舟形形代，並びに銅製舟形形代の形態が舟形木棺2類の形態に類似することを確認しておきたい（第8図下）。

　第5図は時期を考慮した分布図である。現在のところ最古の事例[8]は愛知県平手町方形周溝墓D出土の折衷形を呈するもので，弥生時代中期後半に位置付けられている。事例が増加するのは弥生時代後期以降で，特に丹後に分布が集中する。辰巳和弘氏の指摘するように日本海沿岸と太平洋沿岸に分布する傾向があるが，関東地方では内陸部にも事例が確認できる。日本海側は丹後，太平洋沿岸は東海地方に比較的早い時期の類例が多く，海を介した交流による伝播の可能性が指摘できるが，今後は伝播時期やその経路，どのような情報や物資とともに伝達したのか，詳しく検討を行なう必要があろう。

　採用されている古墳を見る[9]と，特に古墳時代では東日本を中心に大型古墳に少なからず採用されている。富山県阿尾島田A1号墳（前方後方墳約70m），静岡県高雄山古墳（前方後方墳約50m），栃木県茂原愛宕塚古墳（前方後方墳約50m），埼玉稲荷山古墳（前方後円墳120m），千葉県山王山古墳（前方後円墳約69m），福島県森北1号墳（前方後方墳約41m）と前期から後期の事例が確認できる。西日本ではむしろ弥生時代後期から古墳時代前期を中心に分布が散見するが，中期には減少することが確認できる。

　石崎氏によれば，丹後では弥生時代後期後半から後期末には弥生墳丘墓の中心埋葬として採用されていたのに対し，前方後円墳の出現を前後して首長墳の中心主体に採用されることはなくなり，群小古墳の主体部もしくは，大型墳の副次的埋葬施設になることが指摘されている（石崎2001p74）。東日本の様相と明確な差異が確認できる。こうした様相は倭王権との地理的・政治的距離や他界観の差異を反映していると捉えることも可能で，特に畿内を中心に分布が認められないことは，コウヤマキ製の定形的な舟形木棺1類・割竹木棺の分布範囲であることと関連すると思われる。

　また，舟形木棺2類は他形式の棺と排他的ではなく，同一古墳，同一地域で，他形式の木棺や石棺と一緒に採用されている。こうした点については清家章氏の指摘するように垂直原理（階層差・年齢差）と水平原理（婚入・職掌・政治的交流関係）がどのように反映するか（清家2010），検討を行なっていく必要がある。

序章　墳墓における石棺研究の意義　23

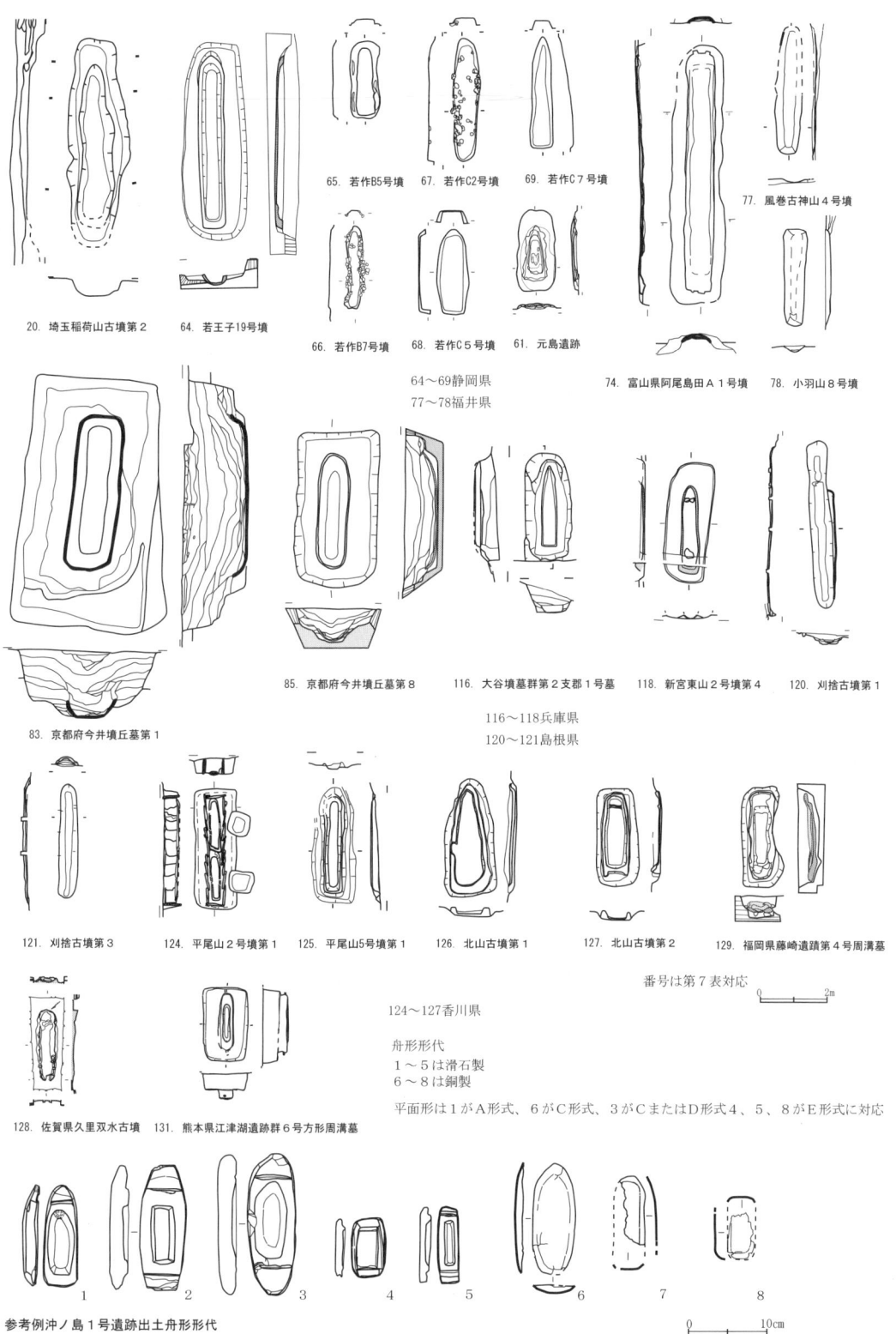

第8図　舟形木棺2類の代表例2

(5) 舟形木棺2類と舟形石棺との対応について

具体的には舟形石棺の章で検討するが，舟形木棺2類と対応する舟形石棺は古墳時代前期に遡る事例として，熊本県の天御子山2号石棺と同3号石棺は石枕を持つという点と，やや棺身の底部からの立ち上がりが垂直に近いものの，一端が細く，他端が丸みを帯びる平面形は折衷形に良く似ている。同県馬出山古墳3号棺も石枕を除けば，C形式に類似する。舟形木棺2類に対応させて舟形石棺2類と考えておきたい。その他，いわゆる舟べり状突帯を持つものの，熊本県山下古墳1号棺の形態は隅丸方形で，底部の舳先側の立ち上がりなど，E形式に類似するので，同様に舟形石棺2類で捉えておきたい。熊本県ではいまだ舟形木棺2類の出土は1例のみで小数であるが，すでに辰巳和弘氏が指摘するように，横穴墓に舟形の屍床を持つものが認められ，舟の線刻や，装飾古墳に舟が表現される事例は多い。今後も小数であるが，舟形木棺2類が確認される可能性は高いと考えている。

さて東北・関東地方の太平洋沿岸部は6世紀代に舟形石棺が分布する地域である。茨城県伊達1号墳の石棺は，棺身の舟底状の形態，端部は鋭角に尖るものではないが，両端がやや細くなり隅丸方形となるもので，D形式に類似する資料である。同県畑中古墳群出土石棺は伊達1号墳棺に類似するが，端部の一端が他端より丸みがあり，舳先を表現していると捉えられ，C形式に近い形態である。福島県竹の下古墳からは2基の石棺が出土しているが，特に2号棺の棺身は一端が明確に細くなり，底部の立ち上がりもこちら側が斜めに立ち上がる。棺蓋は板状であるが，棺身はまさに折衷形に分類される事例である。このように東北・関東地方の太平洋沿岸の舟形石棺は丸木舟の形態に一致する事例が多い。舟形木棺2類は茨城県で確認でき，千葉県では後期に至っても山王山古墳のように大型前方後円墳に確認でき，宮城県でも後期に複数の事例が確認できることが明らかにされている（大谷2004）。現在では福島県の沿岸部側に確認できていないが，今後検出される可能性は高いと考えている。おおむね舟形木棺2類の分布の時期と形態が一致し，舟形石棺2類と捉えて問題ないと思われる。

その他には辰巳氏が指摘するように群馬県と島根県の舟形石棺は形態に舟形木棺2類の要素が確認でき，舟形木棺との比較が重要課題である。このように舟形木棺2類の分布と形態を考慮し，舟形石棺の系譜を考察する必要性がある。次章以後石棺の検討に常に木棺の形態を考慮したい。

註
1) 古墳時代の木棺の研究史は岡林孝作氏の論考に詳細に論述されており（岡林2009），舟葬の研究史は辰巳和弘氏の論考に詳しい（辰巳2011）。筆者もこれらの論考を参考にしている。
2) 巻94倭国伝の「死者斂以 ₋棺槨₋，親賓就₋屍歌舞，妻子兄弟以 ₋白布 ₋制 ₌服，貴人三年殯，庶人卜 ₋日而瘞，及 ₋葬，置 ₋屍船上 ₋陸地牽 ₋之，或以 ₋小輿 ₋」の一節。隋書倭国伝に所収されている（石原道弘編訳1985）。
3) 大道弘雄氏は「御舟代」という言葉が，三種の神器などの宝器を舟の中に納めることから成立したのではないかと推測している。
4) 特に当時の状況については岡本2000に詳しい。

5) 岡本氏は記紀に表れる舟を検討し，神代の舟はカミが天下る，あるいは常世へ渡る他界へ行き交う舟として描かれており，これを総称して「天鳥舟」と呼び，ただの舟でないことに注意している。
6) 石崎氏は大部分は丸木舟を模倣した木棺と捉えており，筆者も同様に考えている。
7) 清水潤三氏は丸木舟を形式分類し，「鰹節形」「割竹形」「折衷形」「箱形」に分ける。特に日本では「折衷形」が多いと指摘している。
8) 辰巳和弘氏は弥生時代早・前期の集落遺跡である福岡県江辻遺跡の墓壙群から，舳先と箱形の艫をもつと推定される木棺が発掘されたことを紹介し，弥生文化誕生の当初から，死者を他界に導く舟形木棺が存在し，その習俗の震源が朝鮮半島や中国にあることを示唆している（辰巳2011 250～254頁）。
9) なお舟形木棺2類の可能性がある古墳は他に，千葉県新皇塚古墳（前方後方墳か）や静岡県金山4号（円墳9m）などがあり，畿内以東（特に東海と関東・東北）を中心に相当数に上ると思われる。特に木棺を納める土壙墓などにも舟形木棺2類かと思われる痕跡があり，習俗として7世紀以降も残存している可能性がある。

第4節　墳墓の編年と用語について

古墳時代の時期区分と暦年代について（第5表）

墳墓の年代については副葬品組成から11期に区分した和田晴吾氏の編年を機軸とする（和田1987）。1期から4期を前期，5期から9期を中期，10期から11期を後期とする。氏は9期から後期と認定するが，筆者は10期から後期と認定している。なお各研究者が広瀬和雄氏の『前方後円墳集成編年』を使用している場合は（　）付けで対応を図ることとする。

和田氏の時期区分案には田辺昭三氏の陶邑の須恵器編年と，川西宏幸氏の円筒埴輪の編年の対応が図られており，基本的に本文中の須恵器の編年は田辺氏の成果（田辺1981）に，円筒埴輪の編年の編年については川西氏の成果（川西1987）に依拠する。なお円筒埴輪については川西氏の成果を基に検討を進めて編年を細分した埴輪検討会の成果（埴輪検討会2003a・2003b）と廣瀬覚氏の成果（廣瀬2010）についても援用している。

暦年代については，まず古墳時代は奈良県箸墓古墳出現以後とし，3世紀中葉の年代を推定する。古墳時代中期の始まりは古市・百舌鳥古墳群の成立と長持形石棺1類の出現に求める。中期では特に埼玉稲荷山古墳礫槨から出土した鉄剣の辛亥年を471年とし，須恵器ではTK47型式が対応すると考える。奈良県香芝市下東2号棺出土木棺は年輪年代が449から450年で，伐採年代が

第5表　古墳時代の時期区分対応表

	前期				中期					後期		終末期
和田編年	1期	2期	3期	4期	5期	6期	7期	8期	9期	10期	11期	
広瀬編年	1期	2期	3期	4期	5期	6期	7期	8期	9期	10期		
川西編年	（特）	Ⅰ		Ⅱ		Ⅲ	Ⅳ			Ⅴ		
田辺編年					---　TK73	TK216 TK208	TK23 TK47	MT15 TK10(古)	TK10(新) TK43	TK209 TK217		

450年代から460年代とされ，木棺下から出土した須恵器蓋坏はTK23型式に対応するので，おおよその推移は矛盾しないと考える。中期末は5世紀後半と推定する。

後期の開始は横穴式石室と家形石棺のセット関係が確立する10期に求める。須恵器の型式ではMT15型式が対応する。近年群馬県渋川市榛名山二ツ岳の山腹から榛名山の噴火活動に伴う榛名渋川テフラ（Hr-FA）の下から多数の倒木が出土し，倒木三本を資料として^{14}C年代測定とウイグルマッチング法が行なわれ，Hr-FAの年代が5世紀末頃に位置付けられること，さらにHr-FA下から出土した遺物がMT15型式の新段階の遺物が含まれることが指摘され，5世紀末にMT15型式の開始時期があることが推測されている（藤野2009）。後期の終わりは畿内における前方後円墳消滅を画期と認定し，以後およそTK209型式から終末期古墳の時代と認定する[1]。

石棺の階層構造

ある一定の領域において分布の集中する特定の棺形式の石棺に着目すると，石棺の規模[2]や縄掛突起の数によって同じ形式の石棺でも階層差が表現され，墳形や墳丘規模[3]，その他埴輪，葺石など他の墳墓要素の格式と対応する場合がある。この石棺自身の持つ階層構造を「石棺秩序」と呼称する。ただし一つの棺形式の石棺が創出された時に，当初から完成されている場合と，ある時期に整備され，石棺秩序が構築される場合を想定しておく必要がある。

一定の領域から離れた遠隔地に輸送，あるいは模倣された石棺が確認できるとき，本来の分布圏の石棺秩序を参考に，分布圏側（分布の核となる地域の首長連合）の視点からの分析が可能である。この手法により，墳丘や副葬品で指摘された2つの地域間の首長連合ないしは首長間の関係について別の視点からも分析できると考えた。さらにこのような石棺秩序を他地域で模倣し，導入するような様相を確認できるとき，どのように石棺秩序が導入されるのか分析することにより，導入する側の首長連合の階層構造について考察が可能となる。

なお所属する国家ないしはそれに準じる連合体により，階層あるいは階級ごとに使用される棺が規定され，支給されるような「棺制」とは区別している。より緩やかな秩序で首長層との相互承認によって採用される認識で「石棺秩序」としたが，和田氏が棺の遠隔地に輸送される状況を段階ごとに整理したように，特に竜山石製家形石棺はより「棺制」に近づく様相が看取される。

地名と名称について

古墳時代に大型古墳が築造された近畿中枢（大阪・奈良・京都南部）を便宜的に「畿内」とし，古墳時代の開始とともに形成された首長連合について特に和田晴吾氏の指摘する「畿内首長連合」及びその相対的権力の名称を本書では「倭王権」と呼称している。政治的画期や体制の整備をもとに名称を呼び分けるべきであろうが，本書では一貫して使用する。なお墳墓における埋葬施設の名称と定義は和田晴吾氏に従い，「棺」，「槨」，「室」の用語を利用する[4]。

石棺の名称は上述した通りであるが，石棺の種類を越えて棺蓋縄掛突起の数や位置が共通することと，その社会背景を重要視し，石棺の「型式名」は棺蓋縄掛突起の数と位置で表したものを共通して用いている。棺蓋の小口に1個，長辺側に2個の縄掛突起がそれぞれ造られている場合は小口側から数えて突起1・1・2・2型式となるが，各辺で数が対応するので省略して突起1・2

型式と呼ぶ。この型式名は和田晴吾氏が畿内の家形石棺を検討する際に用いたものを援用している。

なお舟形木棺や讃岐産石棺，長持形石棺などの分類において，筆者は棺形式の中の基本的形態のまとまりとして「形式」を使用している。概念としては系統に近い[5]。平面形を中心に系統を抽出し，年代的変化を示す要素と系譜を示す要素を識別し，その組合わせから系譜と年代について言及している。

石材加工技術（第9図，第6表）

石材を加工する道具と技法の名称については和田晴吾氏の成果を援用する。和田晴吾氏の研究によれば，古墳時代の石造物加工技術には古墳時代初頭と飛鳥時代初頭の2回の技術波及が確認できるとされている（和田 1983a・1991・2006）。以下和田晴吾氏の成果を簡単にまとめておきたい。

第1次波及の技術

① 仕上げの技法

ノミの小叩き技法（a類）　先端の尖った工具による細かな叩きの痕跡で，ノミ（先端が尖ったもの）をセット（金槌）で細かく打つもの。柄付きノミ（一種のツルハシ）の痕跡は認められない。花崗岩や竜山石のみ。（第9図2）

チョウナ削り技法（b類）　刃のある工具による削り痕でチョウナ（刃のある頭を横斧風に柄付けたもの）によるもの。削りの方向に向って浅い匙面が形成され，削

第6表　古代の石工技術

系統	石質	作業工程 粗作り	仕上げ
第1次波及の技術	硬質	自然石（ノミ叩き技法）	ノミ小叩き技法
	軟質	自然石（掘割技法）チョウナ削り技法（刃付ノミ削り技法）	ノミ小叩き技法 チョウナ叩き・削り技法
第2次波及の技術	硬質	自然石（ノミ叩き技法）ノミ連打技法 溝切技法	ノミ小叩き技法 チョウナ叩き・削り技法
	軟質	掘割技法 チョウナ削り技法（刃付ノミ削り技法）	ノミ小叩き技法 チョウナ叩き・削り技法

和田1991より引用

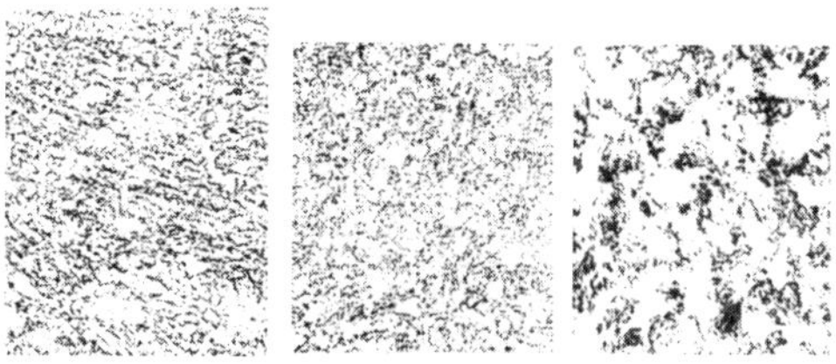

1．仕上げ チョウナ叩き技法
2．仕上げ ノミ小叩き技法
3．粗作り ノミ叩き技法
（技法a）

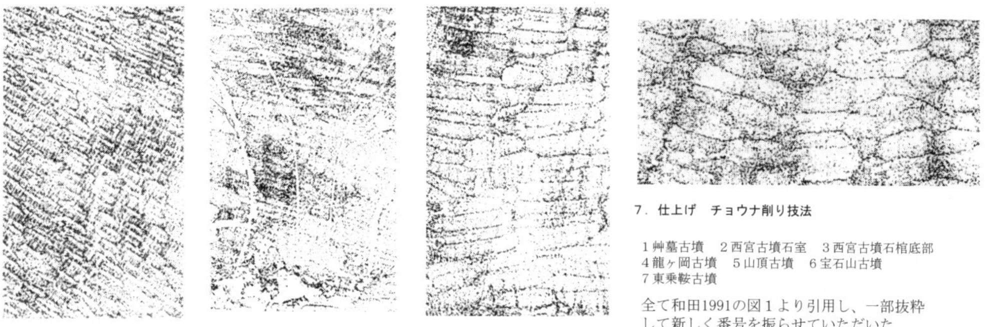

4．仕上げ チョウナ叩き技法
（技法c）
5．仕上げ チョウナ叩き技法
6．仕上げ チョウナ削り技法
（技法b）
7．仕上げ チョウナ削り技法

1 岬墓古墳　2 西宮古墳石室　3 西宮古墳石棺底部
4 龍ヶ岡古墳　5 山頂古墳　6 宝石山古墳
7 東乗鞍古墳

全て和田1991の図1より引用し，一部抜粋して新しく番号を振らせていただいた．

第9図　和田晴吾氏の石材加工技法

りの跡に工具が浮き上がるように用いられる。先端は直線状のものと円弧状のものあり。刃付きのみをセットで叩いた場合も不定できない。古いものは丁寧。（第9図5・6・7）

チョウナ叩き技法（c類）　チョウナの刃を立てて叩いた痕跡。他にヨキ（刃のある工具を縦斧風に付けたもの）の可能性もある。（第9図1・4・5）

みがき技法　「ナラシの技法」と水磨き技法。

② 粗造りの技法

チョウナ削り技法　軟質石材では粗削りから一貫してチョウナ削りで仕上げるものあり。棺内部を刳り抜くときは刃付きノミの可能性もある。仕上げの精粗が認められる。

ノミ叩き技法　機械化以前は最も基本的な技法。花崗岩や竜山石。（第9図3）

③ 石材採取（山取り）

硬質石材は自然石。軟質石材は横堀りの掘割技法。

第一の波及技術の特色　石材の硬軟を問わずに加工しえた一つの体系をなす技術。対象が古墳時代の石棺を中心としたもので，後期には叩きの技法を有していたのは竜山石の集団のみ。

第2次波及の技術

① 仕上げの技法

ノミ小叩き技法，チョウナ削り技法，チョウナ叩き技法。硬質石材は全てノミ小叩き技法。水磨きあり。

② 粗作りの技法

ノミ連打法　硬質石材には粗作り段階にもノミの小叩き技法が使用される。竜山石には凹凸が連続し，不整形な溝を作る技法。ノミ小叩き技法の習熟したもので，仕上げの一段階前。

溝切技法　花崗岩製品に残された格子状の溝に代表される技法。大型石材から比較的おおきなブロックを剥離したり，内部を刳り抜いたりする技法。まずノミの小叩き技法で石材の処理面に格子状の溝を彫り，溝に彫りこまれた方形ブロックを打ち割り，最後はノミ小叩き技法で平滑に仕上げる技法。

線引き　採取された石材を粗作りする段階で，所定の形にするため，線引き。

③ 石材採取の技法

掘割技法　必要とする石材の四周を大きく掘り取り，岩盤に繋がっている最後の一面を割り取る方法。類例は多くないが，軟質石材を連続して取り出す方法。古墳時代から後世に連続。

自然石の利用　花崗岩についてはいずれも自然石の利用で，岩盤から切り出す技法はない。

第2次技術波及の特色　第2次技術波及の特色はノミ叩き技法の発達。特に花崗岩製品の粗作り

段階に新たにノミ連打技法や溝切技法が出現し，仕上段階のノミ小叩き技法とともに利用する。

註
1) 7世紀代は須恵器の編年に付け加え，西弘海氏の飛鳥地域の土器編年の成果に触れる場合がある（西1978）。その場合飛鳥Ⅰが590～630年代，飛鳥Ⅱが640～650年代，飛鳥Ⅲが660～670年代，飛鳥Ⅳが680～690年代，飛鳥Ⅴを藤原宮期とする。
2) 石棺の規模は縄掛突起を含まない値である。各計測項目の最大値となる箇所を計測した数値である。なお数値は各報告書の石棺の図面を再トレースし，10分の1または20分の1に拡大して計測した。報告書のないものは，紹介されている論文や集成図面（日本考古学協会2010年度兵庫大会実行委員会2010など）の図を同様に拡大して計測した。
3) 本書中の墳丘の規模は，前方後円墳では墳丘長，円墳では墳丘径，方墳または長方形墳では1辺の規模を基本としている。本書の表の墳丘規模も同様である。
4) 横穴式石室については，奥壁から見て玄室袖部の位置を判断している。
5) 本来ならば最初に石棺研究で使用される「形式」,「型」や「系」を整理し，用語の統一を図るべきであったが，本書でははたせなかった。方法論と用語の整理については重要な課題と認識しており，近く整理を行ないたい。

補記
　本稿執筆中に赤星直忠博士文化財資料館臼井　敦氏から神奈川県横須賀市八幡神社遺跡について御教授を得た。古久里浜湾内に形成された砂堆に立地する複合遺跡で，泥岩を組んだ1号石棺墓は，平面形は足先側が狭まる舟状で，あたかも舟を逆さまにしたような状態を示し，人骨の足先側から碇石が出土した。その他の土壙墓にも舟形を思わせる形状のものが確認されている（中三川2012）。沿岸部には舟そのものか舟を意識した埋葬施設が多く確認されているが，八幡神社遺跡は極めて遺存状況の良い事例として注目される。
中三川　昇2012「横須賀市　八幡神社遺跡」『第17回　三浦半島地区遺跡調査会　発表要旨』，横須賀考古学会

第7表　舟形木棺集成表

番号	古墳名	出土県	時期	墳形・規模	平面形	断面	備考
1	衛守塚古墳	山形県	10期	円墳約36m	E	c	−
2	名館官衙遺跡	宮城県	10期か	円墳約11m	A	b	−
3	大野田1号木棺墓	宮城県	9〜10期	−	A	b	−
4	諏訪古墳	宮城県	10〜11期	円墳26.3m	A	−	−
5	森北1号墳	福島県	3期	前方後方墳41m	A	b	−
6	高塚古墳群	福島県		円墳	E	a	−
7	正直23号墳	福島県	7期	円墳23m	D	a	−
8	会津大塚山2号墳	福島県	8期	円墳19m	B	a	−
9	狐塚古墳	茨城県	3期	前方後方墳36m	D	a	−
10	愛宕山古墳第2主体部	茨城県	7期	円墳約25m	D	−	棺を固定した粘土残存
11	結城作出土木棺	茨城県	−	−	E	c	突起2・0型式
12	駒形大塚古墳	栃木県	2期	前方後方墳約60m	E	a	−
13	茂原愛宕塚古墳	栃木県	3期	前方後方墳50m	E	a	−
14	七廻り鏡塚古墳	栃木県	10期	円墳約30m	E	c	突起2・0型式
15	藤岡出土木棺	栃木県	−	−	E	−	突起2・0型式
16	白石稲荷山古墳	群馬県	5期	前方後円墳170m	−	−	礫槨の形態が舟形
17	赤堀茶臼山古墳	群馬県	8期	帆立貝形古墳45.2m	Bか	−	木炭槨の形態が舟形
18	安光寺2号墳	埼玉県	6期	円墳27m	B	b	−
19	埼玉稲荷山古墳1号棺	埼玉県	9期	前方後円墳120m	A	a	−
20	埼玉稲荷山古墳2号棺	埼玉県	9期	前方後円墳120m	A	a	−
21	大河原1号墳	埼玉県	9期	円墳約20m	A	−	−
22	下小坂1号墳	埼玉県	10期	円墳約30m	C	b	−
23	下小坂3号墳	埼玉県	10期	円墳約30m	C	c	−
24	塚内4号墳第4主体部	埼玉県	10期	円墳約20m	C	a	−
25	目沼8号墳第1主体部	埼玉県	10期から11期	円墳約23m	C	a	−
26	目沼8号墳第2主体部	埼玉県	10期から11期	円墳約23m	B	a	−
27	目沼9号墳第	埼玉県	10期	円墳約24m	−	b	Ebか
28	北島遺跡木棺墓	埼玉県	−	−	A	−	−
29	砧中学校7号墳	東京都	4期	前方後円墳69m	CかD	−	−
30	亀塚古墳第2主体部	東京都	9期	帆立貝形墳40m	E	a	−
31	辺田2号墳	千葉県	1期	方墳19.6m	C	a	−
32	北ノ作1号墳	千葉県	2期	前方後方墳21.5m	−	−	Daか
33	北ノ作2号墳	千葉県	2期	前方後方墳33.5m	−	−	Ebか
34	大日山古墳	千葉県	3期	前方後円墳約54m	−	−	縄掛突起あり
35	大腰浅間様古墳第1主体部	千葉県	4期	円墳約50m	A	b	−
36	大腰浅間様古墳第2主体部	千葉県	4期	円墳50m	C	a	−
37	西谷11号墳	千葉県	中期前半	−	C	a	−
38	愛宕山3号墳	千葉県	中期	円墳約15.5m	E	a	−
39	塚原22号墳	千葉県	9期	円墳約17.5m	E	b	−
40	後田4号墳	千葉県	後期	−	C	a	−
41	山王山古墳	千葉県	11期	前方後円墳69m	C	b	−
42	大寺山洞穴1号	千葉県	中期〜終末期	洞穴遺跡	Aか	−	丸木舟の再利用
43	大寺山洞穴2号	千葉県	中期〜終末期	洞穴遺跡	Aか	−	丸木舟の再利用
44	大寺山洞穴3号	千葉県	中期〜終末期	洞穴遺跡	Aか	−	丸木舟の再利用
45	大寺山洞穴4号	千葉県	中期〜終末期	洞穴遺跡	−	−	丸木舟の再利用
46	大寺山洞穴5号	千葉県	中期〜終末期	洞穴遺跡	−	−	丸木舟の再利用
47	大寺山洞穴6号	千葉県	中期〜終末期	洞穴遺跡	−	−	丸木舟の再利用
48	大寺山洞穴7号	千葉県	中期〜終末期	洞穴遺跡	−	−	丸木舟の再利用
49	大寺山洞穴8号	千葉県	中期〜終末期	洞穴遺跡	−	−	丸木舟の再利用

番号	古墳名	出土県	時期	墳形・規模	平面形	断面	備考
50	大寺山洞穴9号	千葉県	中期〜終末期	洞穴遺跡	−	−	丸木舟の再利用
51	大寺山洞穴10号	千葉県	中期〜終末期	洞穴遺跡	−	−	丸木舟の再利用
52	大寺山洞穴11号	千葉県	中期〜終末期	洞穴遺跡	−	−	丸木舟の再利用
53	大寺山洞穴12号	千葉県	中期〜終末期	洞穴遺跡	−	−	丸木舟の再利用
54	久地伊屋之免古墳第2	神奈川県	4期	円墳約17m	A	b	−
55	虚空蔵山古墳第2	神奈川県	4期	円墳35m	B	−	−
56	雨崎洞窟	神奈川県	中期	洞穴遺跡	−	−	舟形と思われる木棺の出土。岩石を舟形に並べた埋葬施設も確認される。
57	植出1号方形周溝墓	静岡県	弥生終末〜	方形約13m	A	b	舟状の炭化材
58	辻畑古墳	静岡県	1期	前方後方墳62m	−	−	Caか
59	小深田西1号墳	静岡県	4期	方墳11m	Cか	−	−
60	五鬼面1号墳	静岡県	4期	円墳20m	A	−	床面礫の形態が舟
61	元島遺跡2号墳	静岡県	中期か	円墳約5m	A	−	舟形の粘土棺
62	安久路3号墳北棺	静岡県	6期	円墳27.2m	C	−	−
63	若王子12号墳	静岡県	4期	長方形墳18×11m	A	a	−
64	若王子19号墳	静岡県	6期	長方形墳10×12m	A	a	−
65	若作B5号墳	静岡県	中期	楕円形約8m	B	b	−
66	若作B7号墳	静岡県	10期	楕円形約8m	C	a	−
67	若作C2号墳	静岡県	中期	楕円形約9m	D	b	−
68	若作C5号墳	静岡県	中期前半	楕円形約9m	B	a	−
69	若作C7号墳	静岡県	9期	楕円形約9m	A	a	−
70	金山4号墳	静岡県	11期	円墳9m	D	a	−
71	半田山E4号墳	静岡県	11期	円墳12.5m	−	−	横穴式木芯粘土室に舟の痕跡
72	平手町D方形周溝墓	愛知県	弥生中期	方形9×7m	A	b	−
73	浅間古墳群8号墳	三重県	10期	円墳17m	B	bか	−
74	阿尾島田A1号墳第1主体部	富山県	古墳前期	前方後円墳約70m	B	a	−
75	西山1号墳	福井県	弥生後半〜	円墳12〜13m	D	a	−
76	乃木山古墳第2主体部	福井県	弥生終末〜	長方形墳34×24m	A	a	−
77	風巻神山4号墳	福井県	1期	方形墳16.6×15.1m	C	a	−
78	小羽山古墳群8号墳	福井県	8期	円墳10.2×9.8m	E	a	−
79	小羽山古墳群4号墳	福井県	9〜10期	円墳7.4×7.2m	C	a	−
80	古天王5号墓	京都府	弥生後期後半〜終末	台状墓9.8×7m	C	a	−
81	太田南2号墓	京都府	1期	台状墓	C	b	−
82	奈具岡北1号墳第2主体部	京都府	6期	前方後円墳	D	a	−
83	赤坂今井墳丘墓第1主体部	京都府	弥生後期後半〜終末	台状墓25×27m	D	a	−
83	赤坂今井墳丘墓第2主体部	京都府	弥生後期後半〜終末	台状墓25×27m	C	a	−
84	赤坂今井墳丘墓第4主体部	京都府	弥生後期後半〜終末	台状墓25×27m	E	a	−
85	赤坂今井墳丘墓第8主体部	京都府	弥生後期後半〜終末	台状墓25×27m	D	a	−
86	左坂B1号墳	京都府	2期から3期	円墳15m	D	a	−
87	左坂B2号墳第2主体部	京都府	前期	円墳18m	C	b	−
88	左坂B7号墳	京都府	中期	−	Cか	a	−
89	左坂C15	京都府	7〜8期	方墳11×10.5m	D	a	−
90	左坂C17	京都府	中期か	方墳5×3m	D	−	−
91	左坂E9号墳第2主体部	京都府	10期	円墳10m	D	a	−
92	左坂E9号墳第3主体部	京都府	10期	円墳10m	E	a	−
93	金谷1号墓第1主体部	京都府	弥生後期後半〜終末	台状墓15×10m	C	b	−
94	金谷1号墓第4主体部	京都府	弥生後期後半〜終末	台状墓15×10m	D	a	−
95	金谷1号墓第6主体部	京都府	弥生後期後半〜終末	台状墓15×10m	C	a	−
96	金谷1号墓第12主体部	京都府	弥生後期後半〜終末	台状墓15×10m	D	a	−
97	金谷1号墓第13主体部	京都府	弥生後期後半〜終末	台状墓15×10m	D	−	−

番号	古墳名	出土県	時期	墳形・規模	平面形	断面	備考
98	金谷1号墓第14主体部	京都府	弥生後期後半〜終末	台状墓15×10m	D	a	−
99	浅後谷南墳墓第1主体部	京都府	弥生後期後半〜終末	台状墓20×20m	D	a	−
100	浅後谷南墳墓第2主体部	京都府	弥生後期後半〜終末	台状墓20×20m	E	a	−
101	浅後谷南墳墓第3主体部	京都府	弥生後期後半〜終末	台状墓20×20m	E	a	−
102	浅後谷南墳墓第8主体部	京都府	弥生後期後半〜終末	台状墓20×20m	E	a	−
103	茶臼ヶ岳5号墳第1主体部	京都府	3期	台上墓14.5×6.5	A	b	−
104	茶臼ヶ岳5号墳第2主体部	京都府	3期	台上墓14.5×6.5	C	b	−
105	茶臼ヶ岳8号墳第1主体部	京都府	弥生後期〜	台上墓8×7	A	b	−
106	茶臼ヶ岳8号墳第2主体部	京都府	弥生後期〜	台上墓8×7	A	a	−
107	茶臼ヶ岳8号墳第3主体部	京都府	弥生後期〜	台上墓8×7	E	a	−
108	大風呂南1号墳第1主体部	京都府	弥生後期後半〜終末	台状墓27×18m	D	a	−
109	大風呂南1号墳第2主体部	京都府	弥生後期後半〜終末	台状墓27×18m	C	−	
110	大風呂南1号墳第3主体部	京都府	弥生後期後半〜終末	台状墓27×18m	E	a	−
111	大風呂南1号墳第4主体部	京都府	弥生後期後半〜終末	台状墓27×18m	D	−	
112	入谷西A20号墳第1主体部	京都府	弥生後期後半〜終末	台状墓20.6×14.8m	D	a	−
113	入谷西A20号墳第2主体部	京都府	弥生後期後半〜終末	台状墓20.6×14.8m	C	a	−
114	入谷西A20号墳第3主体部	京都府	弥生後期後半〜終末	台状墓20.6×14.8m	D	−	
115	和泉黄金塚古墳西粘土槨	大阪府	5期	前方後円墳85m	B	b	
116	大谷墳墓群第2支群1号墓第1主体部	兵庫県	弥生終末〜	−	A	b	
117	梅田東10号墳第1主体部	兵庫県	1期	長方形23×24m	C	a	−
118	新宮東山古墳群2号墳2号棺	兵庫県	5期	長方形12.5×14.5m	A	b	−
119	塩津山4号墳第2主体部	島根県	1期	盛土流出	A	−	棺を固定した粘土より推測
120	苅捨古墳第1主体部	島根県	4期	円墳約22m	C	a	−
121	苅捨古墳第3主体部	島根県	4期	円墳約22m	C	a	−
122	猪目洞穴	島根県	中期	洞穴遺跡		−	準構造舟の舷側板再利用
123	塚山古墳	島根県	8期	方墳33m	A	−	礫床が平面舟形（A）
124	平尾2号墳第1主体部	香川県	弥生後期	前方後円形28m	A	a	箱形石棺内の粘土床が舟形。
125	平尾5号墳第1主体部	香川県	3期	円墳10m	B	b	−
126	北山古墳第1主体部	香川県	前期	円墳約14m	A	a	粘土槨が舟形
127	北山古墳第2主体部	香川県	前期	円墳約14m	Cか	a	粘土槨が舟形
128	久里双水古墳	佐賀県	1期	前方後円墳90m	D	−	粘土棺床が舟形
129	藤崎第4号方形周溝墓	福岡県	前期	方形周溝墓約6m	C	a	−
130	西一本杉ST009古墳	佐賀県	前期	墳丘は削平	C	a	−
131	江津湖遺跡群6号方形周溝墓	熊本県	中期	円形周溝墓約8m	D	c	突起1・0型式

弥生時代の事例は時期の項の頭に弥生とつける。古墳時代で時期がおおまかなものは前期等省略する。

第1章 讃岐における石棺の創出と伝播

　讃岐では古墳時代前期中頃に他の地域に先んじて石棺を製作し，近畿圏に石棺を輸送するとともに，他の石棺製作地に対する技術提供をしたことが推測されてきた（白石1985，渡部1994，高木2010a）。石棺の輸送や技術者の派遣が単なるモノやヒトの移動を意味しないことは多くの研究で明らかにされている。古墳時代前期の社会で讃岐が果たした役割を石棺から追求することは重要な課題である。ところが現在讃岐で製作された石棺の研究は増加したものの，編年研究，製作者集団，石棺創出の母体をめぐって，研究者の見解が分かれている状況である。たとえば編年的研究では，前期古墳の木棺の類例が増加し，底部形態の多様性が明らかにされる（吉留1989）と，正円形の木棺形骸化（直線化・石棺化）を基準とする編年案（渡部1990・1994）は再検討が必要なのではないかと指摘されるようになった（今尾1995，北山2006）。さらに石棺に造り付けられた枕の分析から，讃岐の地域首長層ではなく輸送先の玉手山古墳群の被葬者，ひいては倭王権の主導により石棺が創出されるのではないかという見解も提出された（北山2005，細川2006）。

　このような見解は石棺の創出・各地への技術伝播に関する歴史的背景に密接に関わる問題であり，重要な検討課題といえよう。また，讃岐での石棺製作の終焉頃倭王権で採用される竜山石製長持形石棺は讃岐産石棺との関わりを推測する意見もある（間壁ほか1975）。

　そこで本章では，讃岐で製作された石棺の編年の再構築と讃岐産石棺の特徴を抽出し，石棺出現の背景と技術伝播の具体的様相を明らかにしたい。

第1節　研　究　史

　黎明期　讃岐の古墳は石棺と積石塚古墳という特徴的な要素があり，早くから注目された（若林1891・1892，長町1918・1919・1928）。昭和に入り香川県史蹟名勝天然記念物調査会による岩清尾山古墳群，赤山古墳，岩崎山古墳群の現状調査が行なわれた（香川県1928・1930）。続いて高松市岩清尾山の積石塚古墳について京都帝國大学考古学教室の調査が入り，その成果が刊行された（濱田編1933）。学史上著名な調査であり，積石塚の構築方法や墓制における位置づけが検討された。石棺については梅原末治氏により各地の枕を造りつける石棺と比較され，枕を中心に置いた石棺の編年的検討が行なわれた（梅原1933）。戦後には墳頂に石棺が露出していた快天山古墳の調査が行なわれた（香川県教育委員会1951）。さらに埋葬施設の情報や図面を補足する形で，京都大学が1951年に快天山古墳と岩崎山4号墳の埋葬施設の調査を行なった。近年墳丘測量図と副葬品の実測図を付け加えた報告書が刊行され，精度の高い図面と埋葬施設の構造に対する重要な知見が報告された（津田町教育委員会・綾歌町教育委員会2002）。

　海上交通と橋頭堡　1950年代に入り，近藤義郎氏が農業生産に不適合な牛窓湾に前方後円墳

を含む古墳群が立地する点に着目し，倭製権の大陸諸国への瀬戸内海の航路上の政治的拠点としての役割を推測した（近藤1956）。近藤氏の指摘後，同様に瀬戸内海の航路上の湾岸に所在する古墳が注目を集めた。香川県では津田湾付近に所在する前期古墳が注目され（六車1965，西川・今井・是川・高橋・六車・潮見1966），高松湾沿岸に程近い岩清尾山古墳群も含め，朝鮮半島進出に対する内海の拠点としての役割が推測された（西川1970，間壁1970）。

石材研究の進展　1970年代半ば以降，まず石材の研究について，重要な見解が報告された。間壁忠彦・葭子両氏による岩石のX線回折法による石材産出地と石棺石材の対応が検討され，特に讃岐の石棺については鷲の山と火山に産出する石材が石棺に使用されたことが裏付けられ，讃岐以外に大阪府松岳山古墳の組合式石棺側壁と，安福寺所在棺（以下安福寺棺）が鷲の山石製であることが指摘された（間壁ほか1974a）。また，藤田憲司氏によって火山石製の石棺は蓋石小口に斜面が形成されており，九州の阿蘇石製舟形石棺との類似が説かれた。鷲の山石製の石棺は，断面円形の割竹形を呈するA類と断面が割竹形にならず，突帯が表現されるB類があり，基本的にはA類が前出すること，輸送された安福寺棺と松岳山古墳石棺側壁の所在する河内の勢力との関連が指摘された（藤田1977）。

編年研究の多様化　石棺の基礎情報が増加した中で讃岐の石棺の型式学的検討を行ない，編年を行なったのは渡部明夫氏である。鷲の山石製の3基の石棺が確認された快天山古墳に着目し，埋葬施設の構造と位置，石棺の形態差から変化の方向性を確認した。すなわち横断面正円形の割竹形木棺からの形骸化という視点で，平面形の変化，棺蓋の高さの増加，縦断面と横断面の刳り込みの直線化（矩形化），棺身の底部平底化，側縁部の直立化を指標に鷲の山石製石棺群[1]を編年し，類例の少ない火山石製石棺群も前者の編年を参考に同様な視点で編年した。渡部氏は鷲の山石製石棺の製作集団と火山石製石棺の製作集団が別集団で，それぞれの石材を使用した最古の石棺をもつ快天山古墳と赤山古墳の被葬者によってその製作が始まり，技術者を管理したと推定し，製作背景に前段階における積石塚に認められる石材の使用，加工技術の高さ，平野の開発における森林（コウヤマキ）の枯渇に求めた（渡部1990・1994・1995）。

吉留秀敏氏は，すでに九州で割竹形木棺に複数の形態があることを指摘していたが（吉留1989），今尾文昭氏も前期初頭から前半の前方後円墳で使用された木棺が多様なものであったことを確認した。刳抜式石棺では，横断面が正円形に近い形態（割竹形石棺）から曲率の緩い形態（主に舟形石棺）へ変化すると考えられてきたが，刳抜式木棺では前後関係と考えられてきた二者の棺形態は前期初頭から並存しており，刳抜式石棺の編年研究にも再検討の必要性を示唆した（今尾1995）。

2000年代に入り，讃岐の石棺に関する論文が増加する。2006年に香川考古第10号において香川県の前期古墳の特集が行なわれ，県内の前期古墳の資料が集成された（香川考古刊行会2006）。北山峰生氏は渡部氏が鷲の山石製石棺群と火山石製石棺群がそれぞれ別個の技術者集団で製作されたとする前提に疑問を呈し，石材をひとまず置いて，棺蓋と棺身の横断面の分析と長幅比からA群とB群の二つの石棺群を抽出できるとした。それぞれ鷲の山石と火山石を含み，渡部氏の想定した「鷲の山石石棺群」と「火山石石棺群」という製作単位は認定できず，むしろ複数の石

材産地を選択的に利用できる製作者集団が存在する可能性を指摘し（北山 2005），前期古墳出土木棺形態の多様性から，石棺の横断面が円に近いものを起点として，そこから形態変化が始まるという変遷観には問題があり，鷲の山石製，火山石製の石棺で共通する要素として石枕をとりあげ，型式学的検討を行なった。理論的には枕の型式学的検討の序列が構築可能であることを示唆するが，他の要素との整合性が必要として結論としての石棺自身の編年については避けている（北山 2006）。ただし磨臼山古墳棺の造り付け枕の型式学的検討から，他の事例に先行し，磨臼山古墳棺と形態的共通する安福寺棺は讃岐産の石棺で初現的位置にあり，その創出に河内に基盤のある勢力がかかわることを推測する。その後も検討を加え，讃岐の地域的特性は，外的要因で石棺の製作を開始した後，その後地域に定着した点に求められると指摘する。讃岐とほぼ同時期に石棺が造られる阿蘇石製石棺の検討も踏まえ，讃岐や肥後など特定の地域で舟形石棺が創出され，他地域に波及したのではなく，複数の生産地から近畿に石棺が運ばれる傾向があることから，石棺を要請する主体者を近畿地方に基盤を置く勢力と想定している（北山 2011a，2011b）。

　細川晋太郎氏は奈良県伝渋谷向山古墳出土石枕と燈籠山古墳出土埴製枕の文様表現に共通性を認め，岩崎山 4 号墳の石棺造り付け枕の表現が伝渋谷向山古墳出土石枕と燈籠山古墳出土土製枕の各要素を元に成立したと推定した。枕の表現から讃岐では岩崎山 4 号墳の石棺造り付け枕が最古であり，それより古く位置付けられてきた快天山古墳棺や赤山古墳棺については再検討の余地があることを指摘した（細川 2006）。

　横田明日香氏は鷲の山石製石棺と火山石製石棺の分布に明確な差は認められるものの，この点が渡部氏の指摘する石棺製作集団差に直接結びつくという点に疑義を呈した。それは火山石製の赤山古墳 1 号棺と同 2 号棺が鷲の山石製の快天山古墳 1 号棺，同 2 号棺と近似し，鷲の山石と火山石という石材を超えて石棺の共通性があり，石材の差が石棺製作集団の差であるとは明確に言えないことである。埋葬頭位も讃岐の前期古墳が東西を志向するのに対し，石棺出土古墳が北頭位を志向するという共通性があり（玉城 1985），火山石製と鷲の山石製の石棺を使用する古墳に，畿内地域側からの関与があったことを改めて指摘した（横田 2006）。

　北山氏と横田氏は個別の石棺を再実測し，詳細な図面を作成し検討を行なっている。北山氏の指摘する通り，個別事例の評価に基づく基礎的な検討は非常に遅れており，今後は氏らが行なったように個別事例の詳細な検討を経て，認識を改めながら，型式，系統，付帯要素を整理し，全体像を把握していく作業が必要と思われる。

　2010 年日本考古学協会兵庫大会で石棺が特集された。高上拓氏は四国の石棺研究を総括した（高上 2010）。渡部氏の研究に対し，近年の研究は祖形となった木棺が多様で，複数の系統が存在する可能性が示唆され，（北山 2005・2006），石枕の形態や埋葬頭位の方向から畿内政権からの外的要因を考慮する見解（細川 2006，横田 2006）があり，墳丘（盛土墳）や葺石，埴輪の要素を加味して石棺の創出を検討すべきとする。さらに編年についても再検討を促す研究（北山 2006，細川 2006）を紹介しつつも，編年をめぐり研究者間で重複する属性で齟齬をきたしていることを指摘した。

また，岡林孝作氏は石棺との形態比較において，当初割竹形木棺の形態的特長に忠実なものが製作されたと考え，最初期に快天山古墳1・2号棺，岩崎山4号墳棺が製作され，竪穴式石槨の構造から岩崎山4号墳棺が先行するとした。当初割竹形木棺の形態の模倣によって出現したものが，全体として蓋頂部の稜が発達し，身の丸みを失う方向で変化するが，赤山古墳で確認される蓋小口の斜めに切り落とす形態は割竹形木棺では未確認で，岩崎山4号墳棺以後付加された要素と考えている（岡林2010）。

津田湾沿岸の古墳調査の進展　平成16年からさぬき市教育委員会が国庫補助事業として，津田湾沿岸の古墳群の内容確認調査を行なっている。発掘調査により火山石製石棺を納める赤山古墳，岩崎山4号墳，けぼ山古墳，一つ山古墳に関する情報が増加し，さらに石棺をもたないものの，近接する重要な古墳の調査成果が公表された（さぬき市教育委員会2007, 2008, 2010a, 2010b, 2011）。石棺は古く掘り出されるものが多く，古墳の内容について不明な部分が多かったが，一連の調査により，津田湾沿岸の古墳群内での位置付けが可能となった。

地域間交流　近年の讃岐産石棺の論考が増えた理由は，畿内及び周辺地域の首長層との交流が石材，墳丘，埴輪，土器と多岐に渡り，讃岐や阿波などの東四国地域との密接な交流が判明してきたことが背景にある[2]。すでに石棺石材は間壁氏が指摘し，石室石材については宇垣匡雅氏が畿内の前期古墳に白色円礫・結晶片岩が確認され，徳島県吉野川下流域産である可能性を指摘する（宇垣1987）。

畿内で結晶片岩を使用する古墳では埋葬頭位が東西優位となり，石材が提供される四国の埋葬頭位との共通性が都出比呂志氏により説かれた（都出1986）。近年蔵本晋司氏が石材の産出地である讃岐と阿波の岩石学的検討，古墳での石室石材・円礫を使用する儀礼について検討し，遠隔地へ石材を搬出する勢力，物資輸送ルートの整理を行なった（蔵本2003）。東四国と他地域との総括的な検討は橋本達也氏が行ない，特に集成編年3期から4期にかけて東四国と畿内の大型古墳とは密接な交流が認められ，東四国では独自性の強い古墳を築造していることから，倭王権の一元的な支配は認められず，相互地域間交流であったことを指摘した（橋本達2000）。

讃岐との関係が濃厚である玉手山古墳群・松岳山古墳群では再検討が進み，その成果が報告された（柏原市教育委員会2000・2001・2003・2004）。玉手山古墳群や関連古墳の調査と報告も進み（吉井1998，大阪市立大学日本史研究室2004・2010a・2010b・2010c，㈶徳島県埋蔵文化財センター2005），基礎資料と研究成果が増加した。こうした畿内との交流を示す諸要素の中で石棺の占める役割を位置づけることも必要であろう。

讃岐産石棺が他の石棺製作地域よりいち早く讃岐の前期古墳の埋葬施設に採用されていることから，石棺製作技術は讃岐から派生したと考える見解は多い。九州の阿蘇石製石棺と讃岐産の石棺の共通性を指摘した論考は多く（藤田憲1977，白石1985，高木1987・1994，柳沢1987，神田1990，渡部1994，若杉1997），北陸の笏谷石製の石棺についても，渡部氏は福井市小山谷棺と快天山古墳棺や安福寺棺との形態の共通性を指摘し（渡部1994），青木豊昭氏は足羽山山頂古墳棺身の直弧文と安福寺棺の直弧文との共通性から，安福寺棺が所在する玉手山古墳群の被葬者を介して讃岐

産石棺から影響を受けていると指摘する（青木豊1994）。

　割竹形石棺・舟形石棺を総括した高木恭二氏は讃岐で割竹形石棺が考案され，その地で舟形石棺が生まれ，各地に舟形石棺が広まったと考察した。舟形石棺は多元的に出現するわけではなく，讃岐から広まったとする立場である（高木2010a）。なお技術的派生の問題については，形態や直弧文から交流を指摘されるが，技術者集団は石棺のみ製作したのではなく竪穴式石槨の蓋石など埋葬に深く関わる集団である（和田2006）。近年北陸で復元的に考察された石棺の埋葬法と工具痕跡の対応についても注意が必要であろう（田邊2008）。

　以上が讃岐の石棺に関するこれまでの研究史である。特に渡部氏の研究とその後の研究に大きな相違があり，製作集団と生産体制，編年の視点，石棺の創出に関して見解が分かれている。上記の問題はそれぞれが密接に関連しているが，特に製作集団をどのように理解するかが問題を整理する鍵であると思われる。そこで渡部氏と北山氏の見解について筆者の意見を述べ，製作集団の問題を整理しておきたい。

北山氏の見解について（第10図）

　横断面の形態から棺蓋を次のように分類する。

a群：横断面の内面刳り込みが弧状への指向性が強い棺蓋厚18cm以上のもの。合せ口直上に突帯や稜を造り，側縁部に明確な縁を形成するもの。

b群：a群とc群の中間となる棺蓋厚16cmの一群。側縁部に突帯を持たず，端部をわずかに内湾させて縁部を表現するもの。

c群：直線状への指向性が強い棺蓋厚13cm以下のもの。a群，b群の両方に通じるもの。

　各棺蓋に対応する棺身をA群，B群，C群として検討し，A群とB群の棺身の横断面形態にまとまりがあり，棺蓋同様C群はA群かB群に帰属すると考えられるとし，棺蓋と棺身で別個の特徴的なまとまりを持つA群・B群を抽出した（第10図）。この両群は長幅比が長：幅＝3：1

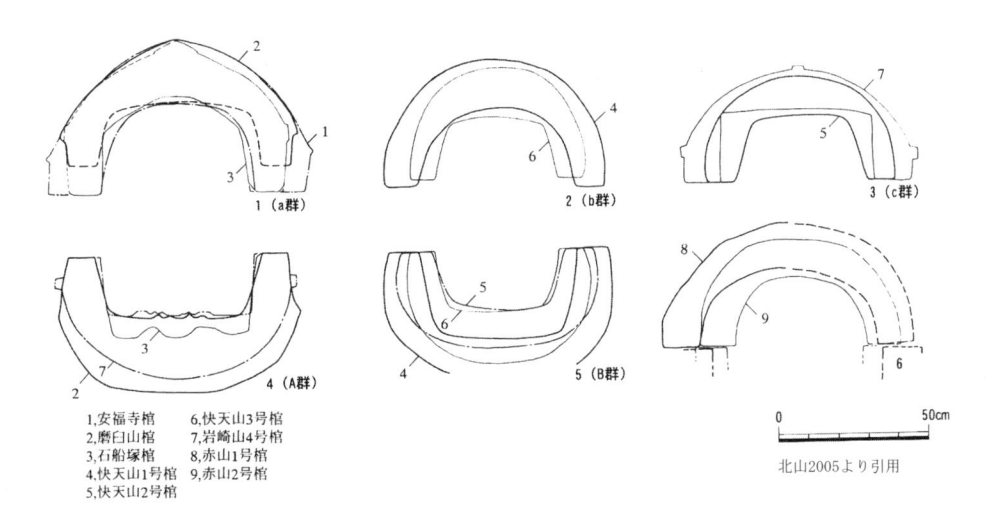

1.安福寺棺　6.快天山3号棺
2.磨臼山棺　7.岩崎山4号棺
3.石船塚棺　8.赤山1号棺
4.快天山1号棺　9.赤山2号棺
5.快天山2号棺

北山2005より引用

第10図　北山峰生氏の棺蓋と棺身の分類

（Y＝3X）を境にA群が（Y＜3X）の相対的に幅広の一群で，B群が（Y＞3X）の相対的に幅狭な一群となり，A群とB群は成形の指向に基づく二つの石棺群と認定した。下記ようにA群B群共に鷲の山石製，火山石製を含み，両石材を選択できる生産者が存在したことを考察する。

A群：安福寺棺・磨臼山古墳棺・石舟塚古墳棺（鷲の山石製），岩崎山4号墳棺（火山石製）

B群：快天山古墳1号棺・同2号棺・同3号棺（鷲の山石製），赤山古墳1号棺・同2号棺（火山石製）。

　筆者の疑問点を記せば，石舟塚古墳棺蓋は，内面を直線的に多角的に仕上げており，相対的とするものの，内面が弧状を呈する一群に入れることはできない。さらに第10図を検討すれば，a群は安福寺棺・磨臼山古墳棺→石舟塚古墳棺の順で内面の刳り抜きが長方形化，つまり直線化し，b群では快天山古墳1号棺より快天山古墳3号棺の方が内面の刳り込みが直線的である。渡部氏は木棺の形骸化という視点から，内面隅丸方形（弧状）の刳り込みから長方形（直線的）に変化することを指摘し，編年の一助としている。刳抜式木棺では部材の厚さを揃えるため，内面も弧状に刳り抜く事例が多く，筆者も棺蓋の内面刳り込みからは成形の指向性ではなく，年代差を読み取れるのではないかと考えている。

　A群とB群の最大の相違点は内面の刳り込みではなく，側縁部の突帯の有無と長幅比の差であろう。北山氏の指摘通り幅広で突帯を持つ一群（A群）と細身で突帯を持たない一群（B群）を抽出することは可能である。一方で渡部氏も火山石製石棺を除けば，快天山系列（北山氏のB群）と安福寺系列（北山氏のA群）を抽出し，快天山古墳棺と赤山古墳棺の類似を指摘し，火山石製石棺群に鷲の山石製石棺群の影響を考えている。つまり北山氏が製作者集団と理解したのに対し，渡部氏はまず鷲の山石製石棺内での系列と考え，製作者集団とは区別した。その上で火山石製に鷲の山石製の影響を考えたのである。

　筆者は渡部氏の見解に近い立場であり，氏の系列あるいは北山氏の2群の祖形となった木棺や影響を与えた石棺を考慮する必要性を痛感するとともに，製作者集団の実態を最も直接的に示す工具痕の分析が必要なのではないかと考えている。筆者は製作者集団については石棺に残された工具痕，石材産出地，石棺の分布を重要視する立場を採りたい。

製作者集団の実態（第11図〜第12図）

　上記の理由から鷲の山石製石棺群と火山石製石棺群の分布と工具痕について検討したい。

　まず分布について触れておきたい。高松市鷲の山周辺から産出する石英安山岩質凝灰岩（鷲の山石）を加工した石棺は，東西約30kmの広範囲に分布し，丸亀平野と高松平野の首長層に採用されている。鷲の山石製石棺群は時期によって分布範囲は変動するものの，各水系の墳丘長約50m以上の前方後円墳に認められる。一方さぬき市火山周辺から産出する非晶質凝灰岩（火山石）製の石棺は，津田湾沿岸に位置する首長墓に明確に分布の中心があり，火山石製石棺群の生産と流通を担ったのは津田湾沿岸の首長層と考えてよい。鷲の山石製の石棺が広域に分布し，複数の水系の首長に共有される状況とは明確に差異があり，基本的なことであるが分布範囲に重なりが認められないことはやはり重要である。

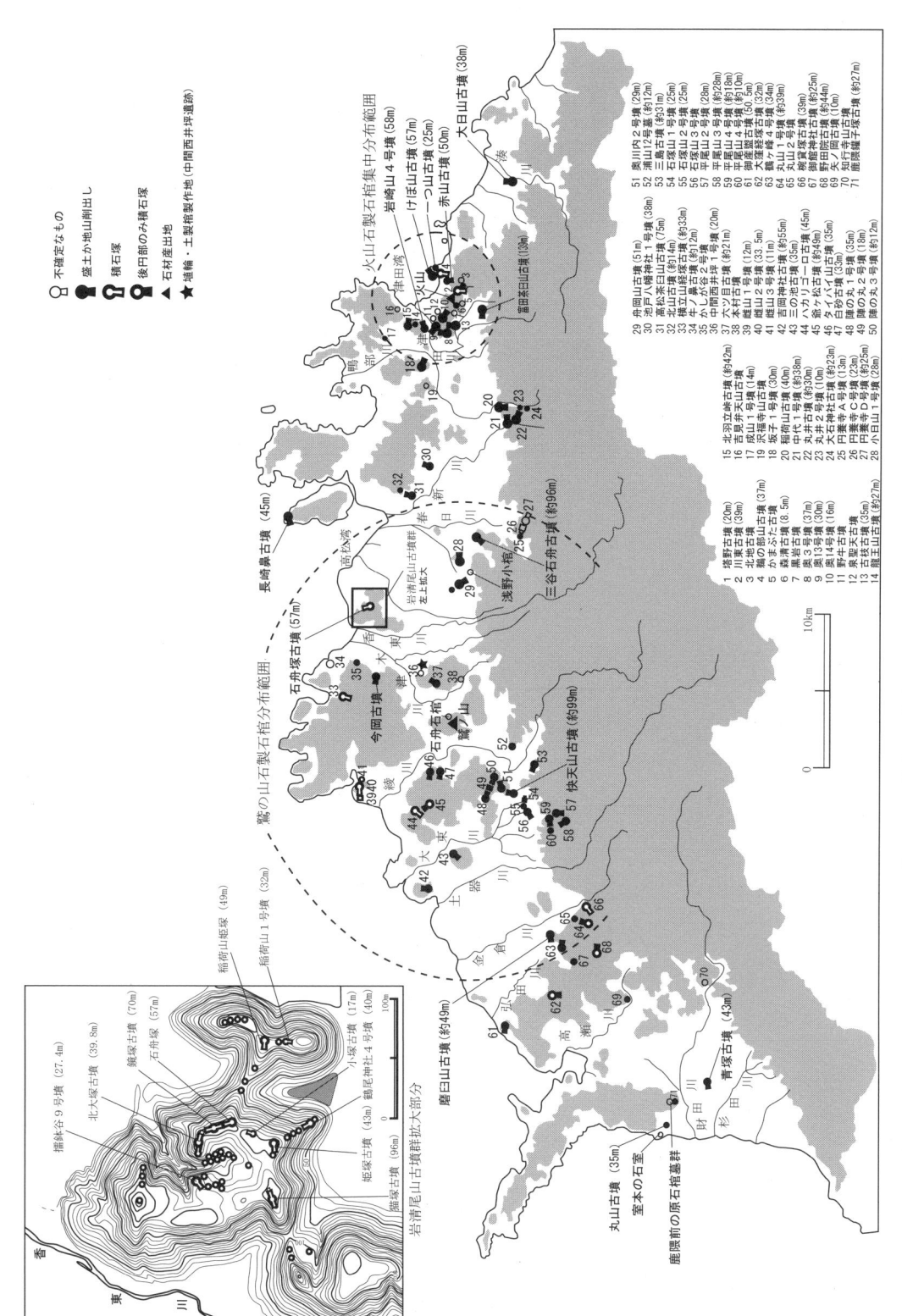

第1章 讃岐における石棺の創出と伝播　39

第11図　讃岐の前期古墳・石棺出土古墳分布図

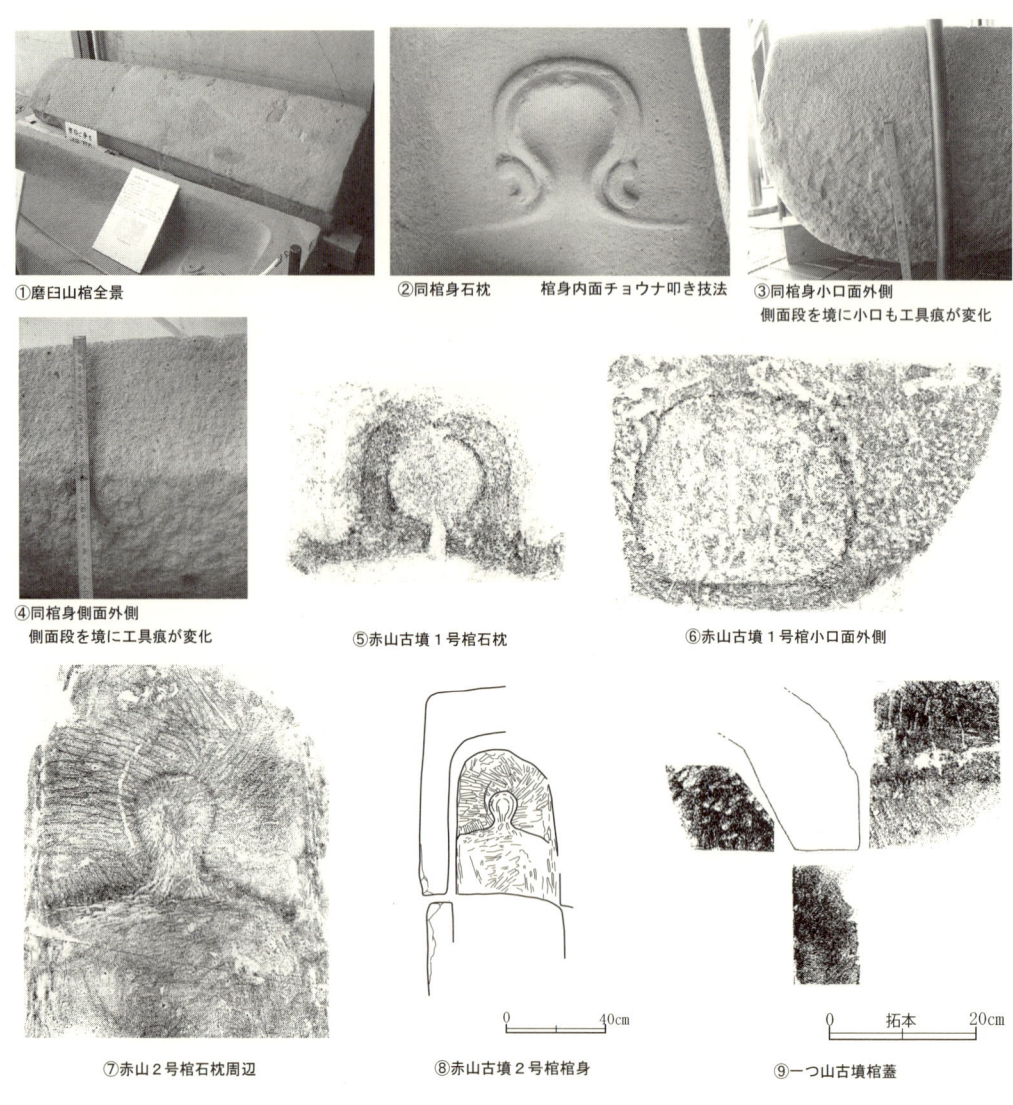

①磨臼山棺全景　　　　　　　②同棺身石枕　　棺身内面チョウナ叩き技法　③同棺身小口面外側
　　　　　　　　　　　　　　　　　　　　　　　　　　　　　　　　　　側面段を境に小口も工具痕が変化

④同棺身側面外側　　　　　　⑤赤山古墳1号棺石枕　　　　⑥赤山古墳1号棺小口面外側
　側面段を境に工具痕が変化

⑦赤山2号棺石枕周辺　　　　⑧赤山古墳2号棺棺身　　　　⑨一つ山古墳棺蓋

第12図　讃岐における石棺の工具痕①〜⑨

　では，石材の製作技術について触れたい。石棺に残る最終調整痕は鷲の山石製は非常に丁寧である。全体を観察できる資料に磨臼山古墳棺がある。磨臼山古墳棺の棺身外面では，側面の突帯より上は幅3〜4cm程の刃先によるチョウナ叩き技法，突帯より下は粗い凹凸と一部幅2〜3cm，長さ2〜3cmのU字の削り痕があり，ノミ叩き技法後にチョウナ削り技法を行なっていると判断した（第12図③）。蓋の合目と枕は特に丁寧なチョウナ叩き技法で仕上げる（第12図①〜④）。一方三谷石舟古墳出土棺身は，長側辺突帯の周辺は細かな凹凸が確認でき，突帯下部も丁寧であるが，上部より粗い凹凸が確認できる面がある。底部の平坦面も丁寧な仕上げである。ノミ小叩き技法や叩き技法と推察される。磨臼山古墳（前方後円墳49.2m）と三谷石舟古墳（前方後円墳100m）では，棺身突帯より下の底部の仕上げに差があるが，これは墳丘長でも認められるように階層差であろう。鷲の山石製石棺は一貫して丁寧で，硬軟の石材を加工できる体系的な技術が用

いられている[3]。

　さて，火山石製の石棺について近年再報告や発掘調査から，岩崎山4号墳，赤山古墳，一つ山古墳，けぼ山古墳，大代古墳の石棺の形態や工具痕が報告された（津田町教育委員会2002，(財)徳島県埋蔵文化財センター編2005，さぬき市教育委員会2007・2008・2010b・2011）。赤山古墳1号棺など初期の事例と推定されるものには，一部チョウナ叩き技法や棺身小口右側にノミ小叩き技法かと思われる痕跡が確認されるが（第12図⑤〜⑥），大部分がチョウナ削り技法である。赤山古墳2号棺では棺身石枕周辺に放射状のチョウナ削りが確認できる（第12図⑦〜⑧）。一つ山古墳棺の棺蓋は，蓋内面，合口，蓋外面，全てチョウナ削り技法である（第12図⑨）。けぼ山古墳棺棺身や大代古墳棺でも同様にチョウナ削り技法で最終調整され，大代古墳棺では，内面を刳り抜く際の叩き痕がわずかに残ると指摘される（(財)徳島県埋蔵文化財センター編2005）。火山石製の石棺の最終加工痕は，当初赤山古墳1号棺に一部叩き技法が確認できるものの，他の事例はチョウナ削り技法が主体的であることが判明した。

　さて鷲の山石製石棺と火山石製石棺の最終調整の工具痕跡は異なることが指摘できる。解釈として生産地を超えて共通する石材加工集団が，特に火山石が鷲の山石より軟質であるという性質に適した製作技法としてチョウナ削り技法を使用したという解釈は成立の余地はあるものの，明確に分布の差がある点と，鷲の山石製の石材加工技術が保持されるのに対し，火山石製では次第に削り技法に変化する点を踏まえれば，石材加工地ごとに製作集団が存在したと考えるほうが解釈として素直である。筆者は鷲の山石製と火山石製の石棺は異なる製作者集団により加工されたと考えて論を進めたい[4]。

編年の視点

　最後に編年の問題について整理したい。渡部氏が快天山古墳の3基の石棺の考察から，祖形となった割竹形木棺から次第に形骸化していく点を編年の基準とした。しかし，横断面円形からの形態変化を疑問視する見解が提出された（北山2005）。筆者の見解を述べれば，鷲の山石製石棺群は小口を垂直に造ることを墨守し，定式的な割竹形木棺の特徴の一つを一貫して保持しており，祖形が割竹形木棺であったことを示している。火山石製石棺は棺蓋小口に斜面が造られるので，舟形木棺を祖形としたものであろう。この両者は刳抜式木棺である。刳抜式木棺は木材を最大限利用しようとすれば円柱形という当初の形態に規定されるが，石棺はその点の問題が解消され，形態変化がおきやすい。特に棺身は埋設の際安定させるために接地面がしだいに増加し，側縁部の垂直化が進行すると推測される。さらに上述したように，刳抜式木棺では部材の厚さをそろえるため横断面の内面も弧状に仕上げる。石棺では横断面が弧状から直線的に変化すると思われる。木棺の形態から石棺に適した形態への変化は，編年を考慮する際の一定の基準となると判断している。

　石棺に造りだされた枕については，岩崎山4号墳棺では1棺の両端に石枕が造りだされており，北側枕は鋸歯文が省略されていた。南側枕の被葬者と区別したもので，階層差と推察される。つまり枕の装飾や形態については，時間的変化と階層差の両者を視野にいれなければならない。後

述するが，讃岐産の石棺の規模は墳形・墳丘長などの階層により規格があり，石枕も同様な視点が必要ではないかと考えている。北山氏の見解は詳細なものでおおよその変化の推移を示していると思われるが，筆者はそうした立場から，石棺本体の変化，つまり木棺からの形骸化を指摘した渡部氏の見解を基に編年を追及したい。

註
1) 和田晴吾氏は石材（素材）・型式（製作物の形態）・分布（需要のありかた）などの諸要素が結びついた一つの石棺群を『型』と捉える。讃岐では鷲の山石製と火山石製で分布が異なり，『型』の成立要素を確認できるが，まだ全体の形態が判明するものが少なく課題も多いので，鷲の山石製を鷲の山石製石棺群，火山石製を火山石製石棺群と呼称する。
2) 北條芳隆氏は古墳時代成立期に四国北東部を中心とした古墳の埋葬儀礼様式の刷新の自立性を強調し，前方後円墳様式の成立に主体的な役割を果たしたことを想定した（北條1999・2000）。これに対し大久保徹也氏は古墳時代初頭に大和盆地の首長層結合体が中核的な担い手として広域的結集体の形成が始まり，日本列島内外の埋葬儀礼要素を選択的に採用・改変・統合を見て埋葬儀礼様式（前方後円墳様式）が形成され，逆に讃岐では鶴尾神社4号墳段階に大和で創出されつつある前方後円墳様式の影響を受け，新たな埋葬儀礼様式が刷新されることを指摘し，北條氏の見解を批判する（大久保2000・2002）。氏らの見解が前方後円墳様式の創出に関わる重要な問題のため，四国北東部が注目されたことも関連すると思われる。
3) 和田晴吾氏は鷲の山石製の加工技術について，快天山古墳に叩技法，安福寺棺にチョウナ叩き技法，あるいは細かいチョウナ削り技法，磨臼山古墳棺にチョウナ削り技法が認められることを指摘する（和田1983a 515頁表3）。快天山古墳棺は2002年の報告書（図版3・5・6）を詳細に観察すると，やや粗い凹凸を認めることができ，1号棺から3号棺までノミ叩き技法の痕跡を確認できる。
4) なお本書第5章にも鷲の山石製と火山石製の石棺の製作技術について触れている。

第2節　石棺の分類と編年の再検討

　讃岐製の石棺の特徴と変化を確認するために分類を行ない，編年の再検討を行なう。

(1)　讃岐製石棺の分類と資料

　鷲の山石製と火山石製の石棺を分けて検討する。分類については蓋の形態に着目した。藤田氏，渡部氏，北山氏の見解を踏まえ，蓋の小口を垂直に仕上げるものをⅠ形式，蓋の小口に斜面を設けるものをⅡ形式と大別し，突帯の有無で細分する。編年については主に石棺の形態を中心に，木棺からの形骸化の視点で行なう。形態的特長と変化の方向を探るために，①棺蓋の形態（平面形・横断面形・内面割り込み），②棺身の形態（平面形・横断面形・内面割り込み），③棺蓋高幅比・棺身高幅比から分析を行なう。蓋の形式と属性についての分類は第13図・第8表～第10表を参照されたい。石棺の型式名は蓋の縄掛突起の位置と数に着目し，前後（小口），左右（長側辺）の順に突起の数を数えて型式名とした。讃岐製の石棺は基本的に突起1・0型式である。分析資料は鷲の山石製と火山石製に限定し，九州から讃岐に輸送された石棺は除外した。

(2) 鷲の山石製棺群の分析

① 蓋の形態 (第13図②, 第8表〜第9表)

全てⅠ形式である。横断面について検討すると, 鷲の山石製石棺群にはA1類, B類, C類が確認できる。突帯をもたないA1類は, 快天山古墳1号棺, 同2号棺, 同3号石棺が該当する。内面の割り込みが1号棺→2号棺→3号棺の順で直線化が進んでいることを確認しておきたい。突帯を持つ一群は, B類に磨臼山古墳棺・大阪府安福寺棺, C類に石舟塚古墳棺が該当する。B類は棺蓋の合口上面の突帯が1条で, 木棺の形態を留めているのに対し, C類は突帯の装飾が増え屋根形化が進むことから, B類→C類へと変化することが推測できる。横断面の割り込みは安福寺棺・磨臼山古墳棺→石舟塚古墳棺の順で直線化が進んでおり, 上記の予想と一致する。

平面形についても検討したい。突帯をもたない一群 (A1類) は, 平面形が中央に最大幅をもつのに対し, 突帯を持つ一群 (B類・C類) は, 平面形がおおむね頭部側の端部に最大幅をもつことを確認でき, 平面形にも差異が確認できる。注目されるのはB類の安福寺棺である。蓋の側縁部の四周を廻る突帯をもつのは, 讃岐産の石棺では唯一である。蓋の合口と突帯の間に直弧文が線刻されている。つまり突帯は直弧文を画する役割が認められ, 石棺の突帯の機能を考察する上で手がかりとなる。同じB類の磨臼山古墳棺蓋では, 断面三角形状の段を長側辺に設けているが, 小口側に段は造らない。段と蓋の合口との間には特に装飾が認められないことを考慮すれば, 安福寺棺で成立した突帯が讃岐では長側面に遺存したものと推測できる。小口に突帯が造られないのは, 小口を垂直に造るという割竹形木棺の原則を保持したものと, 直弧文など線刻が受容されなかったことに関連すると推測できる。快天山古墳棺は平面形が紡錘状 (中膨らみ) で, 中央に最大高がくることは, 在地の変容した割竹形木棺を基に石に写した可能性があるのに対し, 安福寺棺は頭部側に最大幅を持つ畿内の割竹形木棺を基に突帯と装飾を加えたものと推測される。この安福寺棺が端緒となって讃岐で突帯をもつ一群が成立したと考えたい。

最後にC類の屋根状の棺蓋について触れたい。C類の出現は埴輪焼成遺構が確認された香川県中間西井坪遺跡が注目される (第14図)。中間西井坪遺跡は高松市中間町に位置し, 六ッ目山北麓の斜面部から扇状地に展開する複合遺跡である。特に古墳時代では埴輪焼成遺構, 埴輪製作工房あるいは保管場と推定される大型竪穴建物, 谷に廃棄された多量の古墳時代前期の土器群など, 注目すべき遺構・遺物が報告された ((財)香川県埋蔵文化財センター編1997)。埴輪焼成土坑から出土した箱形土製棺[1]の蓋は, 幅広の突帯や形状などC類の棺蓋と共通点があり, C類の棺蓋は土製棺の影響を受けて成立するものであろう[2]。中間西井坪遺跡の大型竪穴建物からは, 割竹形の棺蓋を持つ土製棺に家形埴輪や盾形埴輪など形象・器財埴輪が供伴する。大型の土製棺は家形埴輪を製作する技術と共通性が認められ (大久保1997), C類の出現は讃岐における形象・器財埴輪出現以降と判断できる。

② 棺身の形態 (第13図〜第19図, 第10表)

渡部氏の指摘した棺身の側縁部の直線化, 底部の平底化を指標とすると, a類→b類→c類と変化すると推定される。突帯をもたない一群については, a1類に快天山古墳2号棺, a2類に快

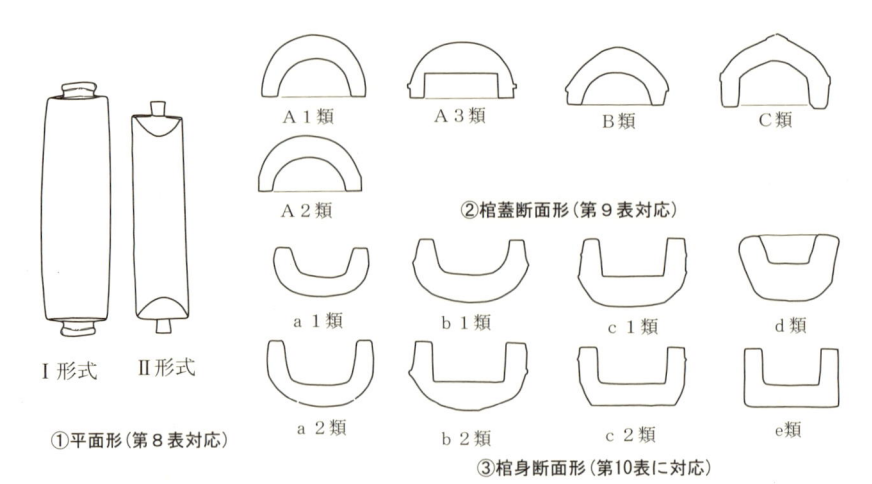

第8表 棺蓋平面形

I形式	小口が垂直に仕上げられるもの。
II形式	小口に斜面を設けるもの。

第9表 棺蓋横断面形

A類	横断面が半円形を呈するもの。
A1類	側縁部と斜面の境界が明確でないもの。
A2類	側縁部と斜面の境界に明瞭な垂直面を持つもの。
A3類	側縁部と斜面の境界に突帯を持つもの。
B類	頂部の幅が狭まり、断面形が山形になるもの。側縁部が垂直か内斜し、段あるいは突帯を持つもの
C類	屋根状の棺蓋で、側縁部と頂部に突帯を持つもの。

第10表 棺身横断面形

a類	横断面が半円形を呈するもの。側縁部が不明瞭かわずかに上端が内傾するものをa1類。側縁部が明確に形成されるものをa2類。
b類	横断面は半円形を指向するものの段や突帯により、側縁部と底部の境が明瞭になるもの。側縁部が短いb1類と側縁部がb1類より伸び、内面の割り込みが垂直なものをb2類。
c類	横断面が方形を指向し、側縁部と底部の境が明瞭なもの。b類との相違は、側縁部と底部の境が降下し、突帯より下位に位置する。突帯が1条のものをc1類、2条のものをc2類
d類	横断面が逆台形を呈するもの。
e類	側縁部が垂直で、横断面長方形を呈するもの。

第11表　讃岐産石棺の規模の共通性

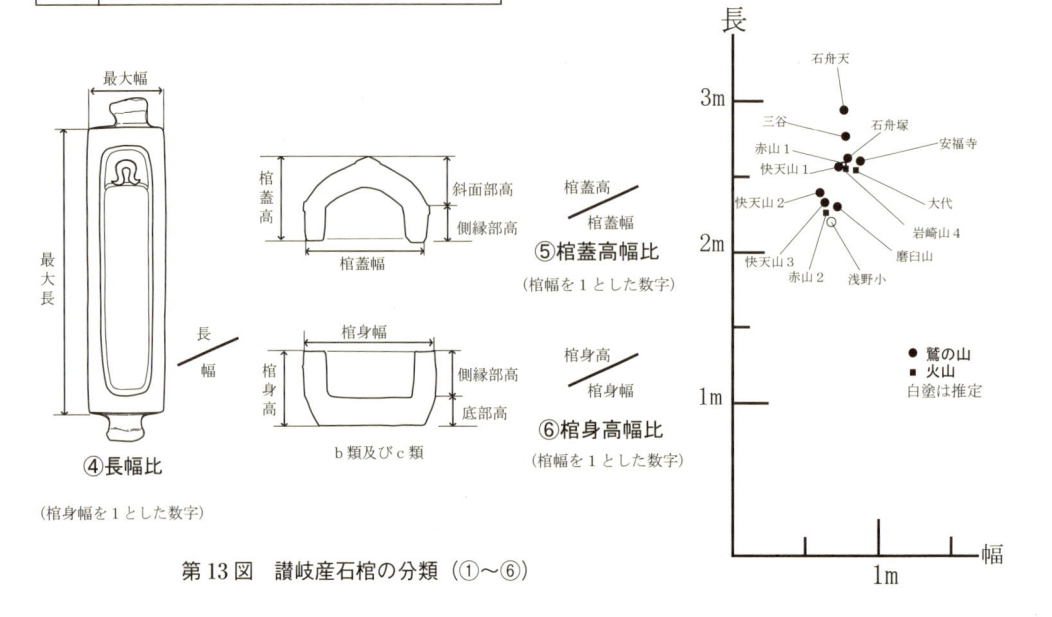

第13図　讃岐産石棺の分類（①〜⑥）

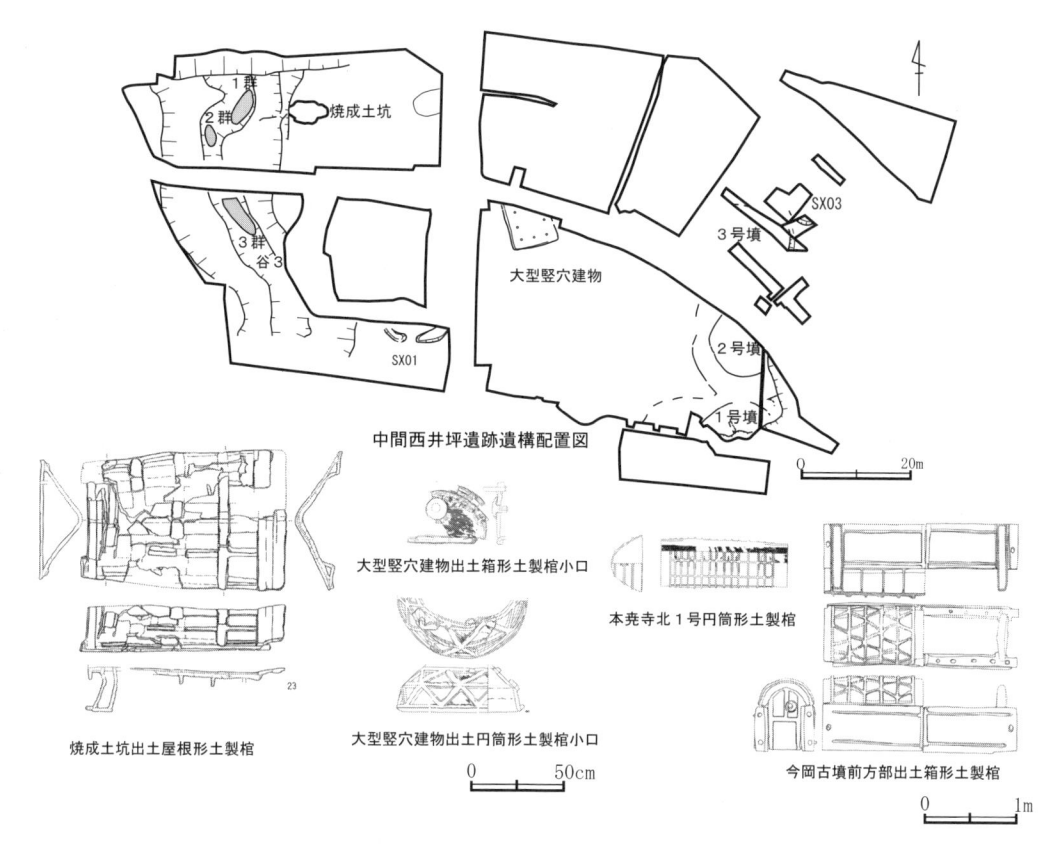

第1章　讃岐における石棺の創出と伝播　45

第14図　中間西井坪遺跡出土土製棺と讃岐の土製棺

天山古墳1号棺・同3号棺が該当する。a1類の快天山古墳2号棺棺身は，蓋との合口に近いところに屈曲点があり，ここから内湾ぎみに立ち上がる。大阪府駒ヶ谷宮山古墳の前方部2号粘土槨には棺蓋と棺身境の木質が遺存しており，上部からの土圧を考慮しても棺身側縁部の上部がやや内湾していた可能性が高い（第16図）。a1類の側縁部上部の内湾は，割竹形木棺の形態を正確に模倣したものであろう。a2類は側縁部と底部が明確になり，その境である屈曲点は棺身の中央，内面の刳込の底面よりわずかに上である。

　側縁部はやや内斜しつつ垂直に近い立ち上がりである。側縁部の垂直化・屈曲点の降下から，a1類→a2類へと変化したと考えられる。

　突帯を持つ一群では，b1類は磨臼山古墳棺，b2類は石舟塚古墳棺[3]，c1類は浅野小棺[4]，c2類は三谷石舟古墳棺が該当する。b1類は棺身の横断面の形態はa1類に近いが，側縁部に段が形成され，側縁部と底部との境の屈曲点となる。段すなわち屈曲点の位置はa1類より下であるが，a2類のように棺身中央近くまで降下しない。b1類はa1類の情報をもとに派生したと推察される。b2類の石舟塚古墳棺は，突帯と屈曲点が一致し，a2類と同様棺身中央近くに認められる。側面部はわずかに内斜しながら立ち上がる。c1類の浅野小棺は，棺身に2つの突帯が認められる。側縁部と底部との境である屈曲点は上から2つ目の突帯に対応する。屈曲点は内面の刳抜の底面

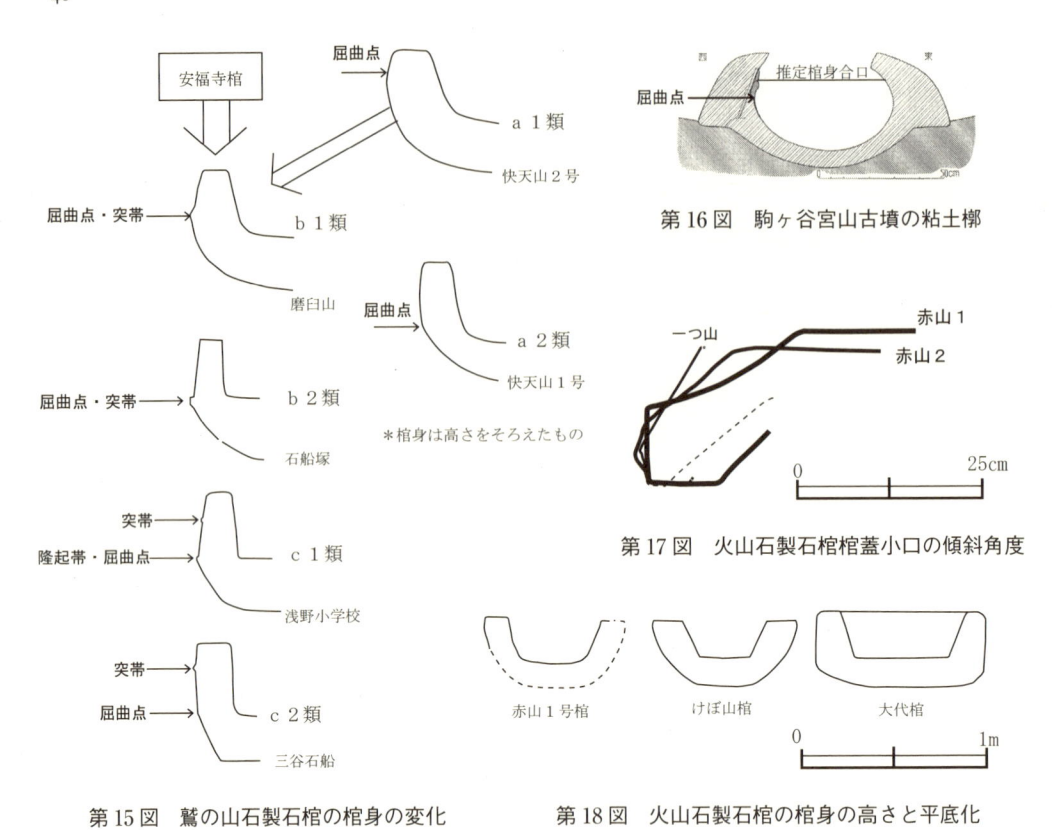

第15図　鷲の山石製石棺の棺身の変化　　第18図　火山石製石棺の棺身の高さと平底化

と一致し，棺身中央まで降下する。側面部はb2類同様内斜しながら立ち上がる。c2類の三谷石舟古墳棺は突帯と屈曲点が明確に分離するが，屈曲点の位置はc1類と同様棺身の中央である。底部が明確に平坦になり，側縁部も内斜の度合いが弱く垂直に近い。この様相をまとめたものが図15である。棺身は側縁部が形成され，次第に底部との境である屈曲点の位置が降下し，平底化することを基準に変化の方向性を確認できる。突帯の有無を考慮し，a1類→a2類への変化とa1類→b1類→b2類→c1類→c2類と変化すると推察される。

　さてこの変化の延長上に位置づけるのが難しいのがd類である。石舟神社所在棺（以下石舟神社棺）が該当する。この棺身は渡部氏により未完成品の可能性を指摘され（渡部1994），同様に蔵本氏も詳細な観察により，ほぼ完成間近の未完成品の可能性が指摘された（蔵本2005）。筆者も観察した結果，幅2〜3cm前後の細かいチョウナ削りの痕跡を確認できた。製作遺跡での最終調整と考えられ，大きく形態が変化することはないと判断した。蔵本氏の見解に賛成であり，完成品と同様の検討が可能である。棺身横断面は側縁部がやや外斜する逆台形を呈し，底部は丸みを残すものの，屈曲点は底面に近い。側縁部に垂直に近い部分もあり，突帯をもたないこと，細身の形態で快天山古墳3号棺にもっとも近い形態であることを考慮し，a2類の延長上に位置付け，側縁部の形態と底部の形態からc類と同時期の所産と推測しておきたい。

　さらに上述した棺身の変化についての理解を補強するため，突帯・屈曲点と対応する埋葬法に

ついて考察しておきたい。既に前期古墳の埋葬施設の構築手順については，検討された例が増加し，埋葬と儀礼の関係性を追及した論考も蓄積している（今尾 1983，和田 1989a・1995）。筆者もこの点を念頭に石棺の埋葬法に着目した（石橋 2011a）。3 基の埋葬施設が確認された快天山古墳の 1 号棺では，石棺の四周を板石で積んだ石槨が確認されている。棺身の西側に接して築かれた板石が，棺身の合口から 3cm 下がったところで積み上げるのを一旦やめ，平坦面が造りだされており（第 19 図②），2 号棺の石槨でも同様であったことが指摘されている（樋口 2002）。この平坦面から出土した副葬品は棺外副葬品として元の位置を保っていたか疑問が呈されているが，この平坦面が床面として機能したと評価されている（樋口 2002）。なお 3 号棺は据付坑を掘り込んで石棺を設置したが，棺身側縁部の上部が墓坑より上に突出することが確認できる。据付坑の掘り込み面から鉄鉾が出土している。明らかに棺身の上部が露出した状態で棺外副葬が行なわれたことが分かり，掘り込み面は棺身の側縁部と底部を画する屈曲点と一致し，計画的な高さで棺身が設置されたのである。

　快天山古墳 3 号棺と同様な構造は，赤山古墳 1 号棺でも確認でき（第 19 図③），石棺を設置する据付坑の掘り込み面より，棺身の上部が上に位置する。掘り込み面及びその面に敷かれた赤色粘土の位置は棺身の屈曲点と一致し，計画的な設置面である。典型例は岩崎山 4 号墳である。竪穴式石槨に石棺を納めるが，墓坑底面に U 字状に掘り込み，石棺を安置する。石棺は突帯の下面まで埋設され，側縁部は露出する（図 19 ④）。棺外副葬品は棺身と壁面の間，突帯と同じレベルに敷かれた砂利敷きの面に武器・農工具を中心に置かれていた。さらに石棺を直葬したと思われる磨臼山古墳の石棺棺身を観察すると，側縁部の段を境に工具痕跡が 2 分され，底部に向かい工具痕跡が明瞭なのに対し，側縁部から内面は丁寧なチョウナ叩き技法で調整され，工具痕跡があまり残されない（第 12 図③〜④）。

　つまり石棺の製作も古墳における石棺設置後の可視範囲を丁寧に調整していることが判明する。快天山古墳例，赤山古墳例，岩崎山 4 号墳例，磨臼山古墳例から，棺身を設置するさいに棺身全体を埋設するのではなく，側縁部上部は残され，蓋をして棺外副葬品を配置するまで可視領域にあったことが判明し，石棺の製作段階から意識されていたことは疑いない。以上の事例から讃岐の石棺埋設法を復元したのが第 19 図⑤である。

　さらに推察すれば，棺蓋でも指摘したように突帯の発生は安福寺棺の突帯と密接な関係があると思われ，本来安福寺棺棺身にも突帯と直弧文が表現され，突帯と合口の間は直弧文を刻んだカンバスとしても利用され，蓋と身の合わさる部分は厳重に封印されたと思われるが（第 19 図①），讃岐では幅広の平面形態と突帯の影響を受けるものの，直弧文は採用されず，突帯は棺蓋・棺身共に長側辺のみで小口には展開しない。石棺埋設面の可視領域の境界として機能したのである。ただし突帯をもたない快天山古墳の 3 基の石棺や赤山古墳の 2 基の石棺も同様埋葬法を行なっており，装飾としての機能あるいは形骸化という理解もできよう。

③　棺蓋高幅比・棺身高幅比（第 12 表）

　これは渡部氏が棺蓋・棺身が高さを加えると指摘した点について検討を行なうため，棺蓋，棺

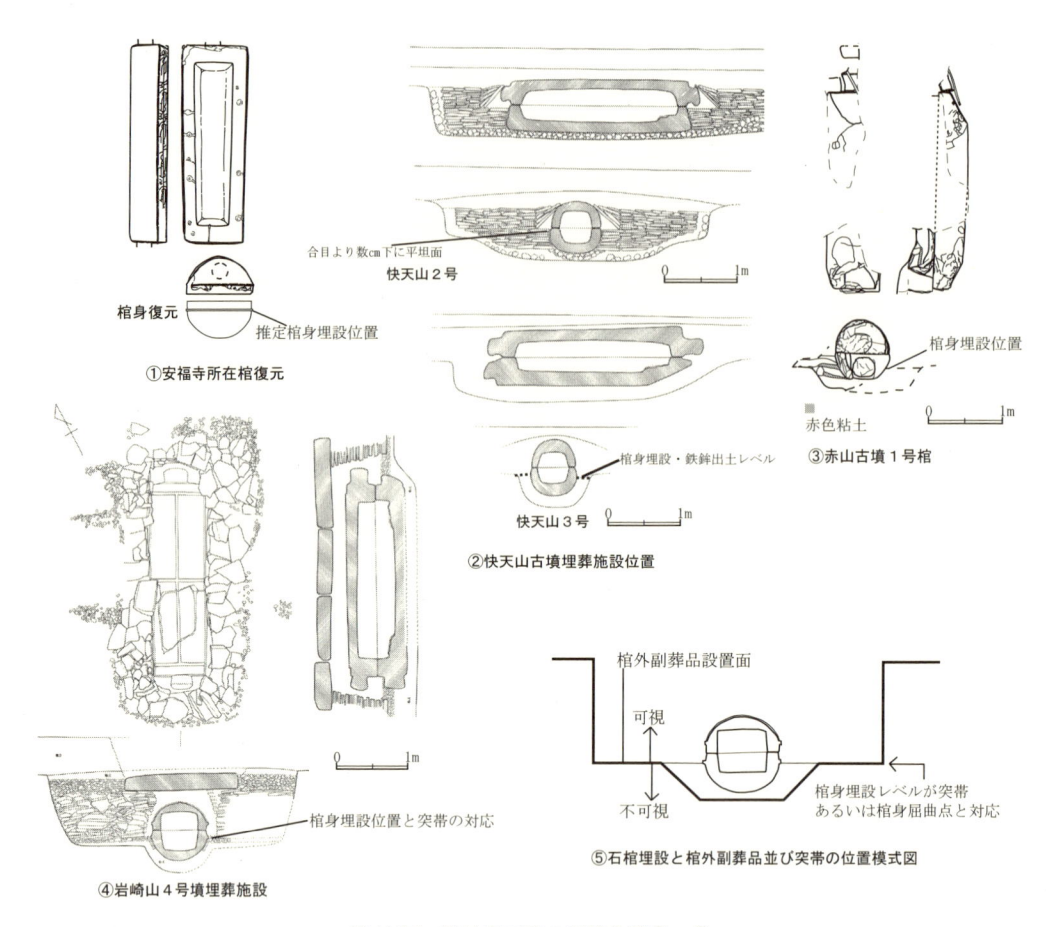

①安福寺所在棺復元
　棺身復元
　推定棺身埋設位置

合目より数cm下に平坦面
快天山2号
快天山3号
　棺身埋設・鉄鉾出土レベル
②快天山古墳埋葬施設位置

③赤山古墳1号棺
　棺身埋設位置
　赤色粘土

④岩崎山4号墳埋葬施設
　棺身埋設位置と突帯の対応

⑤石棺埋設と棺外副葬品並び突帯の位置模式図
　棺外副葬品設置面
　可視
　不可視
　棺身埋設レベルが突帯あるいは棺身屈曲点と対応

第19図　讃岐産石棺の埋設位置①〜⑤

身の幅を基準として高さの数値化（棺蓋高幅比，棺身高幅比）を行なった。棺蓋は0.55未満が快天山古墳2号棺と磨臼山古墳棺，0.55以上0.6未満は快天山古墳1号棺と安福寺棺，0.6以上は快天山古墳3号棺と石舟塚古墳棺がそれぞれ該当する。棺身は棺蓋に比べ若干のばらつきが認められる。0.5未満に快天山古墳2号棺と三谷石舟古墳棺，0.55以上0.6未満に磨臼山古墳棺，0.6以上に快天山古墳1号棺，同3号棺，浅野小所在棺，石舟神社棺が該当する。棺蓋高と同様に，棺身高も増加する傾向を認めてよい。おおよそ棺身の横断面で示した変遷と一致する。ただし三谷石舟古墳棺の数値は上述した横断面の変化とは合わないものとなっている。これはむしろ棺身高を増加していく傾向が終わり，完全に底部が平底化し，石棺に適した棺身が成立したものと捉えることが可能で，数値をそのまま受け取ることはできない。より後出したものと考えたい。

（3）鷲の山石製石棺群の編年（第20図）

①〜③の検討の成果を利用し，鷲の山石製石棺群の編年を行ないたい。特に棺身の変化が最も時間的な変化を反映している。これは石棺を埋葬施設に設置し，棺外副葬品を配置するまでの間，側縁部の上部を残して埋設されるからである。埋設される部分は工具痕も含め省略化が進み，本来丸みを帯びた底部はより安定して埋設できるよう側縁部の屈曲点が降下し，平底化が進む。可

第12表　資料の分析表

番号	古墳名	墳形墳丘長	石棺長	石材	蓋形式	突起型式	蓋断面	棺身断面	割り込み	長幅比	蓋高幅比	身高幅比
1	快天山2号棺	前方後円墳100m	2.42m	鷲の山	I	1・0	A1	a1	隅丸方形	3.86	0.53	0.52
2	快天山1号棺	前方後円墳100m	2.62m	鷲の山	I	1・0		a2	隅丸方形	3.52	0.58	0.61
3	快天山3号棺	前方後円墳100m	2.39m	鷲の山	I	1・0	A1	a2	矩形	4.13	0.65	0.65
4	石舟神社棺	―	2.94m	鷲の山	―	―	―	d	矩形	3.47	―	0.65
5	安福寺所在	―	2.60m	鷲の山	I	1・0	B	―	矩形	2.88	0.58	―
6	磨臼山古墳棺	前方後円墳49.2m	2.30m	鷲の山	I	1・0	B	b1	矩形	3.19	0.53	0.57
7	石舟塚棺	前方後円墳57m	2.62m	鷲の山	I	1・0	C	b2	矩形	3.17	0.63	―
8	浅野小所在	―	(2.20m)	鷲の山	―	―	―	c1	―	(3.28)	―	0.67
9	三谷石舟棺	前方後円墳88m	2.76m	鷲の山	―	―	―	c2	矩形	3.74	―	0.53
10	岩崎山4号棺	前方後円墳61.8m	2.55m	火山	I	1・0	A3	b1	矩形	3.35	0.5	0.52
11	赤山1号棺	前方後円墳45m	2.60m	火山	II	1・0	A1	a1	矩形	3.36	0.55	0.47
12	赤山2号棺	前方後円墳45m	2.26m	火山	II	1・0	A2	a2	隅丸方形	3.53	0.54	(0.59)
13	一つ山古墳棺	円墳25m	―	火山	II	1・0	A2	―	矩形	―	―	―
14	けほ山古墳棺	前方後円墳57m	―	火山	―	―	―	a1	矩形	―	―	0.44
15	大代古墳棺	前方後円墳54m	2.54m	火山	―	―	―	e	矩形	2.95	―	0.46
16	鶴山丸山棺	円墳約50m	4.20m	火山	II	1・0	C	e		7.5	0.69	
17	貝吹山棺	前方後円墳130m	―	火山								
18	佐紀陵山棺	前方後円墳203m	2.66m	火山	II	0・0				2.6	0.32	

（　）は復元値

視範囲にある棺身上部は内斜が強調され，木棺の形態の痕跡が後まで強調される。この点と他の検討視点も含め，蓋の形式内での変遷に触れる。

I形式の出現と変遷

　I形式は蓋の小口を垂直に落としたもので，石棺の祖形が割竹形木棺であったことを示している。まず突帯をもたない1群は快天山古墳2号石棺を初出とする。棺蓋はA1類，棺身がa1類で，合わせた形はやや扁平な円形で，割竹形木棺の特色を良く表現している。後続するのは快天山古墳1号棺である。棺蓋，棺身ともに高さを増し，棺身の側縁部と底部との境が明瞭なa2類へと変化する。棺蓋内面の割り込みでは同2号棺より丸みを持つが，棺身の変化と棺蓋長幅比を重視した。2号棺と1号棺は最大幅と最大高が中央にあり，内面の割り込みは隅丸方形である。快天山古墳3号棺は棺身はa2類であるが，頭部側端部は側縁部の上端がわずかに内斜し，快天山古墳2号棺に近い。しかし棺蓋・棺身の割り込みの平面形が長方形になり，頭部側が最大幅をもつようになる。棺蓋高幅比と棺身高幅比の数値が共に0.65と1号棺より増しており1号石棺に後続すると理解できる。棺身しか残されていない石舟神社棺は，突帯をもたない細身の形態で，棺身がd類に該当することから，快天山古墳3号棺に後出すると判断した。

　したがって突帯をもたない一群は快天山古墳2号棺→快天山古墳1号棺→快天山古墳3号棺→石舟神社棺と編年できる。この一群を渡部氏の指摘に従い快天山系列とする。

　突帯をもつ一群について編年したい。さて磨臼山古墳棺は，棺蓋がB類の断面山形で，棺蓋，棺身共に側縁部に段が造りだされる。棺身はb1類，棺蓋高幅比0.53，棺身高幅比0.57と快天山2号石棺に後出するものの，ほぼ同時期に制作されたと理解される。棺蓋と棺身の項で考察した

ように，安福寺棺が影響を与えて突帯をもつ幅広の一群が成立したと推察されるので，棺蓋高幅比では逆転するものの，安福寺棺を磨臼山古墳棺に前出するものと考える。磨臼山古墳に続いて製作されたのは石舟塚古墳棺である。棺身の突帯の位置はさらに降下したb2類，棺蓋は横断面が屋根形を呈するB2類である。棺蓋の側面の突帯は太さを増し，棺蓋には横方向以外に2本の縦の突帯が造りだされる。蓋の頂部も太い突帯が造りだされる。土製棺の影響を受けており，当初の木棺の形態から大きく崩れる。後続するのは浅野小学校所在棺・三谷石舟古墳棺で，棺身の屈曲点は2棺とも棺中央に位置し，当初屈曲点は突帯と同位置であったが，三谷石舟古墳棺では分離している。浅野小棺では側面に突帯が2本認められる。今岡古墳出土箱形土製棺の棺身側壁に，2本の突帯が表現されており（第14図），土製棺の意匠を取り入れたものであろう。浅野小棺は，棺身側縁部の上部が内斜し，棺身高幅比が0.67と前段階の発展の延長上に位置付けられるのに対し，三谷石舟古墳棺は，側縁部は垂直で，底部が水平となり，棺身高幅比が0.53と低い数値を示す。石棺を安置するのに最も適した形態であり，浅野小棺より後出すると考える。

したがって突帯をもつ石棺群は，安福寺棺を祖形に以後磨臼山古墳棺→石舟塚古墳棺→浅野小所在棺→三谷石舟古墳棺と編年しておきたい。この一群は安福寺棺が快天山古墳棺に影響を与え発生したものと考えているが，安福寺棺は輸送された棺であることを考慮し，磨臼山系列とする。

さて両系列の併行関係については，快天山古墳2号棺と磨臼山古墳棺はさほどの時期差がなく，快天山古墳2号棺と快天山古墳1号棺の間に位置付けられる。安福寺棺は磨臼山古墳棺に前出するので，快天山2号棺と同時期か，前出する時期と位置付けておきたい。快天山3号棺は棺身の平面形が石舟塚古墳棺に類似し，ほぼ同時期の製作であろう。石舟神社棺は，棺身の形態から浅野小棺か三谷石舟古墳棺に近い時期と予想される。

(4) 火山石製石棺群の分析

火山石製石棺は，近年さぬき市教育委員会による津田湾周辺古墳群の内容確認調査により資料が増加し，古墳の内容も判明してきている。ただ現状では鷲の山石製石棺群ほど全体の形状が判明する事例は少ない[5]。渡部氏の検討同様に，筆者も鷲の山石製石棺群の変化を参考に検討を行ないたい。

検討に移る前に，一つ山古墳とけほ山古墳の石棺について触れたい。各々石棺の一部が確認されたのみで，どのような形態か，棺蓋か棺身か判断に迷うのでその点について筆者の立場を示しておきたい。一つ山古墳では，墳頂の限られたトレンチ内から竪穴式石槨の石材と石棺蓋石が確認できた。棺蓋は小口に斜面を持ち，棺蓋側縁部が垂直に仕上げられる。報告者の阿河鋭二氏・松田朝由氏により赤山古墳2号棺との比較がなされ，その類似点が指摘されている（阿河・松田2008）。筆者も同様に赤山古墳2号棺と一つ山古墳棺の横断面を重ねて見たところ，その立ち上がりが良く類似していることを確認した。横断面で高さの異なる破片があり，これをもって2基の石棺が存在したか判断するのは難しい。たとえば赤山古墳2号棺では頭部側が高く，脚部側を低く製作しており，同一棺での部位の違いとも認識できる。ひとまず1基として考えておきたい。

けほ山古墳では前方後円墳の後円部に竪穴式石槨の蓋が露出し，前方部の石仏の横には石棺の

破片が確認された。現地説明会の折に観察し，当初Ⅰ形式の蓋の破片と考えた。しかしその後他の石棺の図と比較したところ，棺身の可能性が高いのではないかと考えるにいたった[6]。蓋の場合同じⅠ形式の岩崎山4号墳の棺蓋と比較すると，外面は類似するものの，岩崎山4号墳は横断面の内面割り込みが長方形状になるのに対し，けぼ山古墳棺は横断面が逆台形状で，側面の石材幅が厚い。さらに側縁部に突帯を造らない。棺身とした場合は，赤山古墳1号棺の横幅，棺身高がほぼ一致し，内面の割り込み方も含め，非常に類似している。最も後出すると予想される大代古墳棺も棺身高が変わらず，横断面の内面の割り込みが逆台形状になるなど共通点を認めることができる（第18図）。赤山古墳1号棺，大代古墳棺も突帯を造り出さないことが共通し，筆者は本書では，けぼ山古墳出土石棺片は棺身として扱う。なお報告者の松田朝由氏も棺蓋と棺身の可能性を考慮し，断定はできないものの棺身の可能性が強いと判断している（松田2011）。

① **棺蓋の形態**（第13図，第17図，第8表～第9表）

火山石製の石棺は，蓋石の形態が判明するものは少ないが，Ⅰ形式とⅡ形式の両者がある。横断面形を確認すると，Ⅰ形式にA3類の岩崎山4号墳，Ⅱ形式にA1類の赤山古墳1号棺，A2類に赤山古墳2号棺，一つ山古墳棺，C類の鶴山丸山古墳棺が該当する。

まずⅠ形式の棺蓋について検討する。A3類の岩崎山4号墳棺の棺蓋の形態は，他の火山石製石棺の中では独立した様相を示す。側面の突帯は火山石製では唯一である。棺蓋の内面の割り込みは長方形で直線的である。蓋上面に十字の突帯が認められる。今尾氏が指摘するように，奈良県灯籠山古墳出土とされる割竹形土製棺の方形区画と類似し（今尾1994），時期は後出するが，香川県本㚴寺北1号円筒棺に突帯の方形区画が認められ，土製棺の方形区画が表現されている可能性が高い。岩崎山4号墳棺は，石舟塚古墳棺と同様に土製棺の影響を受けており，比較的近接した時期に製作されたと思われる。

Ⅱ形式のA1類とA2類の棺蓋は共通点が多い。全体の形態が判明する事例が赤山古墳の2基の石棺しかないため変化の方向性について検討は難しいが，報告者の松田氏によれば，1号棺の平面形は円柱形であるのに対し，2号棺は頭部側の端部が幅広で，脚部側がすぼまる。さらに1号棺は棺蓋の中央が最も高く製作されるのに対し，2号棺は頭部側の端部が最も高く，脚部側が低く製作される。棺蓋長軸側面は1号棺が緩やかに傾斜するのに対し，2号棺の側面には平坦面が形成される。ただ内面割り込みは1号棺の方が直線的で，2号棺が弧状を呈する。渡部氏の指摘した快天山古墳の石棺の変遷と照らして内面の割り込みに矛盾があるものの1号棺から2号棺への形態変化を想定できるとする（松田朝2007）。

筆者も同様の意見である。棺蓋横断面ではA1類→A2類に変化すると考えたい。A2類の一つ山古墳棺は，棺蓋の一部が判明している。赤山2号棺と近似し同時期の所産と推察されるが，小口部の縦断面の傾斜角度が赤山古墳1号墳棺→赤山古墳2号棺→一つ山古墳棺の順に高くなることから（第17図），赤山古墳2号棺に後出する可能性を想定しておきたい。C類の鶴山丸山古墳棺の棺蓋は，鷲の山石製の石舟塚古墳棺に類似する。石舟塚古墳棺は長辺に突帯をもつのに対し，鶴山丸山古墳棺はA2類の棺蓋同様垂直面を持つ点で，厳密にはC類と区別すべきであるが，

類似点が多いのでC類に所属させた。頂部の突帯が大きくなり装飾化が進んだ点で，石舟塚古墳棺より後出すると予測される。鶴山丸山古墳棺も火山石製の中では孤立した様相を示す。

② **棺身の形態**（第13図，第18図，第10表）

鷲の山石製と同様，棺身の形態変化が編年の指標となると推察される。基本的にはa類，b類，e類の順で出現したと考えられる。a1類に赤山古墳1号棺，けほ山古墳棺，a2類に赤山古墳2号棺，b1類に岩崎山4号墳棺，e類に大代古墳棺と鶴山丸山古墳棺が該当する。棺身に突帯をもたないものが多く，鷲の山石製とは相違する。

赤山古墳では，1号棺がa1類，2号棺がa2類と快天山古墳棺と同様の変遷を示し，a1類→a2類へと変化すると理解できる。一方で赤山古墳1号棺棺身高は35cm，けほ山古墳棺の棺身高34cm，大代山古墳棺身の棺身高は38cmと近似した数値を示し，棺身高のあまり変化しない一群が存在すると推察される。大代古墳では側縁部がわずかに内斜するもののほぼ垂直で，底部はやや丸みを残すが，平坦に仕上げられる。上述の2棺より幅広であるが，a1類→e類へ直接推移したと推測される（第18図）。

岩崎山4号墳棺と鶴山丸山古墳棺は孤立した様相を示す。棺身に突帯をもつ岩崎山4号墳棺の棺身はb1類で，内面の刳り込みが長方形である。鷲の山石製の磨臼山古墳棺より後出するものであろう。

鶴山丸山古墳棺は側縁部が垂直な棺身で，縦方向のやや幅のある突帯が確認でき，火山石製では唯一側縁部に縄掛突起を造り出す。棺身がe類と推測され，底部が平底化する時期と判断できる。上記の2例を除き，赤山古墳内での様相からa1類→a2類への変化と，赤山古墳1号棺，けほ山古墳棺，大代古墳棺の棺身高の低い一群のなかでa1類→e類へと変化すると考えておきたい。

③ **棺蓋・棺身高幅比**（第12表）

棺蓋は鶴山丸山古墳の0.69を除けば，判明する事例は0.55前後で，棺蓋高にさほどの変化はない。棺身は赤山古墳1号棺が0.47，同2号棺が0.59と2号棺の棺身の高さが増加する傾向を読み取れる。けほ山古墳棺は0.44，大代古墳棺は0.46と総じて赤山1号棺に近い数値で，棺身高の変化しない様相を読み取れる。

鷲の山石製で認められた棺蓋高と棺身高の増加という変化を，火山石製で認めるのは困難である。

（5） 火山石製石棺群の編年（第20図）

さて①～③の検討の結果，鷲の山石製と同様な変化を認めることは難しく，渡部氏の指摘するように個体差が大きい。それでも棺身の平底化・直線化を中心に編年を組むことが可能である。

Ⅰ形式の石棺は現状では岩崎山4号墳棺のみである。蓋頂部の十字の突帯は割竹形の土製棺の影響を受けている。蓋の平面形の中央に最大幅がある点は快天山古墳1号棺，同2号棺に類似し，突帯が側縁部のみで，棺身がb1類であることは磨臼山古墳の棺身に近い。鷲の山石製の石棺との形態の共通点が認められ，その点を参考にすると同様に土製棺の影響を受ける石舟塚古墳棺と近い時期に位置付けられる。なおⅡ形式の鶴山古墳棺も棺蓋の形態が石舟塚古墳棺に類似し，棺

身がe類であることを考慮し，石舟塚古墳棺に後出する時期と考えたい。

　鶴山丸山古墳棺を除いたⅡ形式の石棺は突帯をもたず，棺蓋，棺身に共通点が確認される。火山石製石棺の初出の例は赤山古墳1号棺である。棺蓋がA類，棺身がa1類で，横断面が円柱形に近く，木棺の特徴を良く残している。棺蓋小口縦断面の傾斜角度が最も緩い。後続する赤山古墳2号棺は棺蓋がA2類，棺身がa2類と，棺蓋，棺身共に長辺に垂直面が形成される。1号棺に比べ小口の傾斜角度が高くなる。棺蓋の一部が確認できた一つ山古墳は，形態や規格が赤山古墳2号棺に類似し，小口の傾斜角度が2号棺より高いので，2号棺に後出する時期に位置付けたい。大代古墳の棺身は平底化したe類で最も後出するものである。けぼ山古墳棺は棺身がa1類と赤山古墳1号棺に近い。赤山古墳1号棺，けぼ山古墳棺，大代古墳棺の棺身高がほぼ同一で，大代古墳棺の底部にやや丸みが残り，横断面の内面割り込みも逆台形で，古い要素が確認できるので，棺身の高さが変化しない一群を考慮し，赤山1号棺と大代古墳棺の間にけぼ山古墳棺を位置付けたい。まとめるとⅡ形式の石棺は，赤山古墳1号棺→赤山古墳2号棺→一つ山古墳棺への変遷と，赤山古墳1号棺→けぼ山古墳棺→大代古墳棺という変遷が推測される。

（6）　鷲の山石製石棺群と火山石製石棺群の併行関係と他の要素との組合せ

　さてそれぞれの石棺群についての併行関係の問題がある。渡部氏が指摘した通り，鷲の山石製石棺群は火山石製石棺群に影響を与えており，ある程度の並行関係をつかむことが可能である。重複する部分もあるが説明すると，快天山古墳棺と赤山古墳棺は石棺の規模がほぼ一致し，変化の方向性も同一であることが指摘されている（渡部1994，松田朝2007，横田2006）。筆者は石棺長は階層と密接な関係があると考える立場のため，石棺の規模については差し引いて考えているが，赤山古墳1号棺と快天山古墳2号棺の横断面，赤山古墳2号棺と快天山古墳3号棺の平面形など共通点が多く，筆者も同様に快天山古墳棺の影響を考慮し，ほぼ同時期に製作されたと考えている。

　石舟塚古墳棺，鶴山古墳棺，岩崎山4号墳棺，浅野小棺は土製棺の影響を受けており，讃岐における形象・器財埴輪の導入と土製棺成立後の所産である。岩崎山4号墳棺は長側辺に突帯をもち，平面形の中央に最大幅があるなど，鷲の山石製の快天山系列と磨臼山系列の両者の特徴が認められる。棺身の横断面形態と突帯の位置を考慮し，石舟塚古墳棺よりやや前出するものとしておきたい。石舟塚古墳棺に鶴山丸山古墳棺が類似し，装飾の増加や底部の平底化の進行具合から，鶴山丸山古墳棺が後出する。

　つぎに，石棺で確認された編年と石棺群の並行関係が墳丘や埴輪など他の要素と対応するか確認したい。

　墳丘についてはさぬき市教育委員会の調査により墳丘の形態に対する知見が増加した（さぬき市教育委員会2007・2008・2010a・2010b）。さぬき市周辺の前方後円墳では，積石を使用する鵜の部山古墳から前方部幅が増し，側面観を重視した富田茶臼山古墳の成立までに，鵜の部山古墳→岩崎山4号墳→けぼ山古墳→富田茶臼山古墳という変化を推測できる。讃岐の墳丘の立地を検討した蔵本氏により，三谷石舟古墳の墳丘は，側面観を重視した富田茶臼山古墳の成立直前の過度的

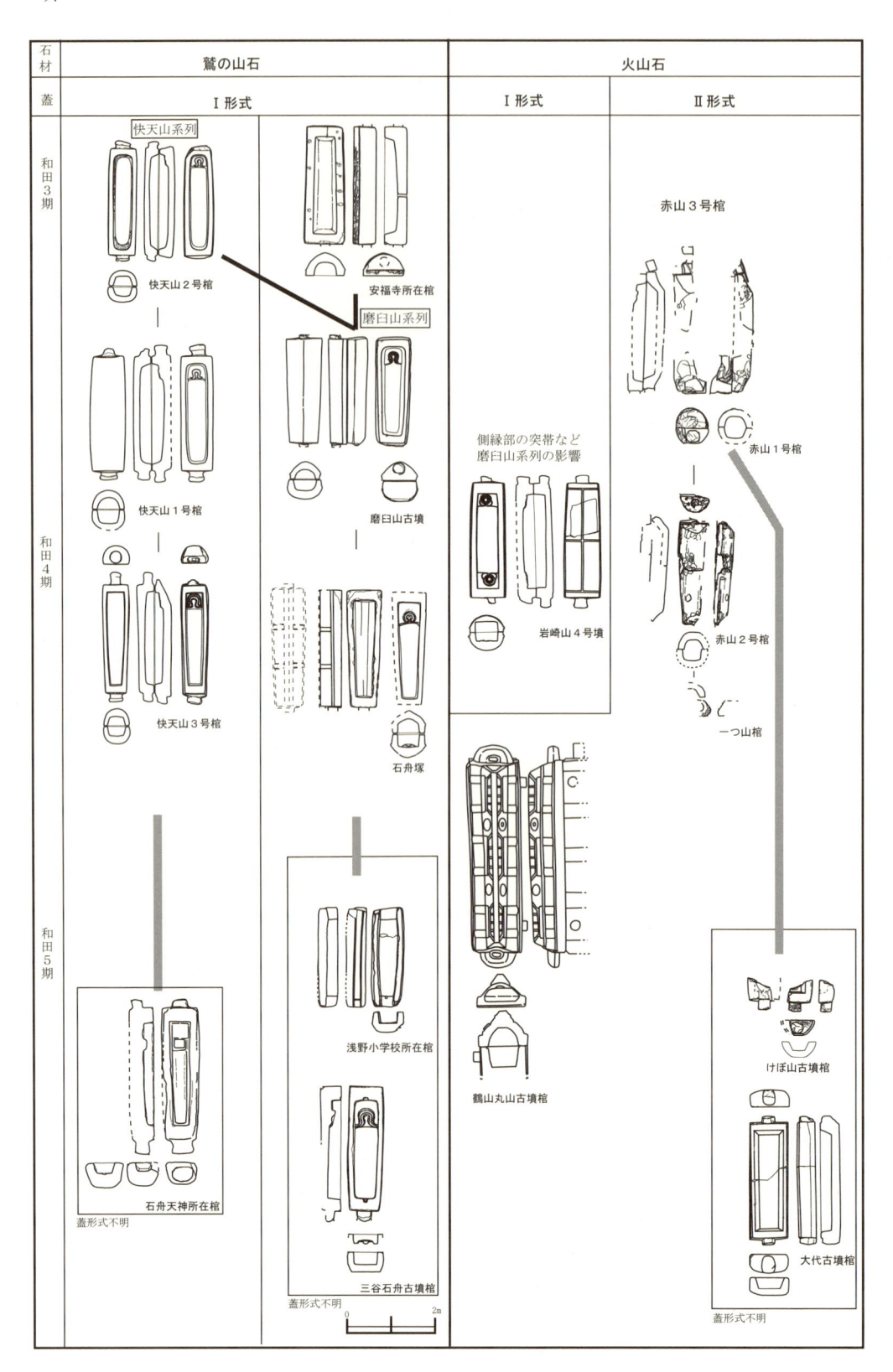

第20図　讃岐産石棺の編年

様相を示すことが指摘されている（蔵本1995）。

　竪穴式石槨については岡林孝作氏が岩崎山4号墳の石槨が先行し，快天山古墳1・2号棺の石槨がより石棺に適した形態になっており，後出すると指摘している（岡林2010）。しかし快天山古墳に近接し，和田編年2期に位置付けられる六ツ目山古墳の段階で，粘土槨に近い竪穴式石槨が構築されていることが報告者の森下英治氏に指摘されており，後出する快天山古墳の竪穴式石槨はこの伝統を引き継いだものと考察されている（森下1997）。つまり岩崎山4号墳はより畿内的，快天山古墳はより在地的な竪穴式石槨を構築したと判断することが可能で，年代の指標と見なさなくても良いと考えられる。

　埴輪については調査成果と論考が蓄積しつつある。大久保徹也氏，松本和彦氏の検討を確認すれば，大久保氏はまず埴輪以外の要素で，高松茶臼山（和田編年2期）→快天山（同編年3期）→石舟塚（同編年4期）→岩崎山4号（同編年4期）→富田茶臼山（同編年5期）という変遷を確認し，埴輪の様相から今岡古墳を岩崎山4号墳と富田茶臼山の間に位置付ける。さらに器財埴輪と朝顔形円筒埴輪の出現を境に，前期古墳の埴輪を前半期（高松茶臼山古墳，快天山古墳など）と後半期（石舟塚古墳，岩崎山4号墳，今岡古墳）に分ける（大久保1997）。

　松本和彦氏は集成編年2期（和田編年2期）における器台形埴輪の導入，集成編年3期（同編年3期）における円筒埴輪の囲繞配置の達成，集成編年4期前半（同編年4期）における朝顔形埴輪と家形埴輪の導入と指摘し，時間的変化を示す属性の整理を行なった。快天山古墳を集成編年3期（同編年3期），岩崎山4号墳と石舟塚古墳を集成編年4期前半（同編年4期），今岡古墳を集成編年4期後半（同編年5期），富田茶臼山古墳を集成編年5期（同編年6期）としている（松本2010）。

　在地の様相を示す壺形埴輪については川部浩二氏，松本氏の検討があり，快天山古墳・一つ山古墳例を集成編年3期，石舟塚古墳例を集成編年4期前半（和田編年4期），けぼ山古墳例を集成編年4期後半（同編年5期）とする（川部2008，松本2010）。近年の発掘調査成果によれば，岩崎山4号墳出土円筒埴輪は口縁部形態と調整技法に快天山古墳との共通性が確認されるものの，ストロークの長い横ハケ，突帯端部のナデと突帯高の退化から快天山古墳に後出することが指摘され（阿河・松田2008），出土した壺形埴輪の形態から一つ山古墳→龍王山古墳→けぼ山古墳と整理する（松田2010）。

　副葬品については，ほとんどの古墳が盗掘されるか，既に石棺が露出していたり，不明な点が多く，組合を考慮できない。ただ岩崎山4号墳からは滑石製斧形模造品が確認され，和田編年4期と考えておきたい。鶴山丸山古墳からは鏡鑑が18面確認でき，三角縁神獣鏡は福永伸哉氏の舶載C段階から倣製II段階まで供伴し（福永1994），倭製鏡は下垣仁志氏のII段階からV段階までの資料が確認される（下垣2003a）。さらに合子形石製品は赤塚次郎氏のIc類に該当する（赤塚1999）。概ね前期末に位置付けて矛盾がなく，和田編年4期と考えておきたい。大代古墳からは最古段階の長方板革綴短甲が出土し，和田編年5期に位置付けられる。

　大久保氏は讃岐の古墳を概括する中で，集成編年3期（和田編年3期）に快天山古墳，赤山古墳，集成編年4期の前半（同編年4期）に磨臼山古墳，石舟塚古墳，岩崎山4号墳，集成編年4期後

半（同編年5期）に今岡古墳，三谷石舟古墳，けぼ山古墳を位置付けている（大久保2004）。

　基本的には筆者の推測した石棺の編年と他の古墳を構成する要素は矛盾しないことを確認した。一つ山古墳の壺形埴輪が古相を呈することは石棺の編年と一部異なるものの，上記の要素を考慮し，鷲の山石製石棺群と火山石製石棺群の並行関係を示したのが第20図である。渡部氏の見解を追認したが，筆者の見解は安福寺棺を快天山古墳棺から派生したものと捉えていない点と，それに関連し安福寺棺と磨臼山古墳棺の年代を引き上げている点が渡部氏の見解と異なる点である。

　鷲の山石製石棺群は変化の方向性が一貫し，製作技術も共通することから，同一の製作集団と捉えることができる。火山石製石棺群は地元讃岐ではⅡ形式の石棺がある程度連続した生産を示すが，岩崎山4号墳棺や，鶴山丸山古墳棺など個体差が大きい資料もある。ただし快天山古墳棺と赤山古墳棺には形態に共通点があり，製作時期も同時期と考えられ，讃岐において石棺の採用にあたり，当初は石材を越えて形態や埋葬法の情報などの共有が計られていたことは疑いない。これは工人レベルの問題ではなく，首長同士の関係を反映したものであろう。

　さらに気づいた点を記せば，大阪府の安福寺棺は側縁部を一周する突帯が確認できるが，地元讃岐では長辺側縁部のみで，輸送された石棺は地元の石棺と形態に若干ながら差異があるようである。地元では線刻は確認されておらず，火山石製では突帯は岩崎山4号墳のみである。こうした点は輸送先の首長の注文が反映することは明らかであるが，さらに石棺の創出にも関わる問題と判断している。次節では石棺の創出について検討を加えたい。

註
1) 大久保徹也氏は名称の整理を行ない，粘土帯を外表に装飾的に貼り付ける土製の棺を木棺・石棺と対置する意味で土製棺と呼称した（大久保1997）。本書もこれに従う。
2) 渡部氏は，中間西井坪遺跡出土屋根形土製棺は同様に屋根形棺蓋である石舟塚古墳の影響を考える。筆者はむしろ土製棺の製作が石棺に影響を与え，棺蓋の屋根形化や突帯の増加につながると考えている。石舟塚古墳や岩崎山4号墳の突帯は幅広で，土製棺の屋根に貼り付けられる粘土帯と類似する。中間西井坪遺跡の土師器・埴輪生産の開始は和田編年4期後半頃と推定されるが（大久保1997），より前出する生産遺跡での土製棺の生産を想定しておきたい。
3) 石舟塚古墳の石棺の棺身の図面は，1928年の香川県史蹟名勝天然記念物調査報告会の図面と梅原末治氏の図面（梅原1933）と藤田憲司氏の図面（藤田1977）で棺身の突帯の位置と形態が若干異なる。香川県史蹟名勝天然記念物調査報告会の図は磨臼山古墳の棺身に近いものである。突帯の位置については香川県史蹟名勝天然記念物調査報告会の計測値が棺身合口から突帯まで0.91尺とあり，約27cm程である。他の棺身の計測値は正確なので，この数値はある程度反映していると考えた。第15図・第20図の棺身の図は北山氏の図面を基に梅原氏の図面と香川県史蹟名勝天然記念物調査報告会の数値に加え，筆者の観察を加味したものである。
4) 浅野小学校に置かれている棺身は，当初舟岡山古墳から出土した可能性を指摘された（香川県教育委員会1980）。その後高松市教育委員会・徳島文理大学文学部文化財学科の調査により，舟岡山古墳群が古墳時代前期前半に築造されたことが判明した（大久保徹也編2010）。したがって浅野小所在棺が舟岡山古墳群から出土した可能性は低い。

5) 東香川市大日山古墳からは，石枕造り付けの石棺があったことが伝わっており（大川郡誌編集委員会 1926），火山石製と推測される。岸和田市貝吹山古墳からは火山石製の石棺の小破片が調査により確認された（吉井1998）。岡山県備前市鶴山丸山古墳の石棺は既に埋設されて実見できないが，鶴山丸山古墳の石棺の小破片を間壁氏が検討し，火山石製と位置づけた（間壁1974b）。筆者も鶴山丸山古墳棺は火山石製として扱いたい。
6) 棺身としたときに，埋設面より下位の底部の調整が丁寧である点が問題になるが，鷲の山石製の三谷石舟古墳棺でも指摘したように，上位の首長墳では埋設時の不可視範囲の部位も丁寧に製作していると判断できる。

第3節　讃岐における石棺の創出

　結論から述べると，筆者は讃岐産石棺の発生は河内の勢力か，それを内包する倭王権主導のものと考えている。その具体的根拠として1）石材加工技術，2）割竹形木棺，3）埋葬法，4）安福寺棺の型式学的位置，5）枕，6）石棺秩序，7）石材の開発を挙げることができる。

　1）については硬軟の石材を加工する体系的な技術は和田晴吾氏の検討により古墳時代の初頭と飛鳥時代の初頭の2回に大陸あるいは韓半島からの技術移入があったことが明らかにされている。畿内の前期古墳では，京都府椿井大塚山古墳や奈良県桜井茶臼山古墳の竪穴式石槨の安山岩製や花崗岩製の天井石側面を丁寧に加工していることが指摘されている（和田1983・2006, 奈良県立橿原考古学研究所2009）。つまり畿内では遅くとも和田編年2期には高度な石材加工技術者集団が存在していたことは推測できる。讃岐の首長が独自に高度な石材加工集団を保持していた可能性はあるが，讃岐産石棺で確認されたノミ叩き技法，チョウナ叩き技法，チョウナ削り技法といった体系的な技術は積石塚古墳の構築技術の延長と捉えるべきではないと考えている[1]。

　2）〜4）について，特に鷲の山石製石棺群が割竹形木棺を祖形としていることはすでに述べた。畿内で調査された前期古墳で，割竹形木棺の遺存状態が良い事例として奈良県下池山古墳がある。下池山古墳の木棺は特に棺身の大部分が遺存し，長さ629cm，頭部幅は最大で104cm，脚側幅74cmを測る。筆者が注目するのは安福寺棺との共通点である。安福寺棺は頭部幅92cm，脚部幅82cmを測り，下池山古墳棺の棺幅と10cm前後の差異で納まり，頭部側と脚部側の幅が明瞭である。すなわち安福寺棺は下池山古墳木棺のような頭部幅と脚部幅が明瞭で，棺幅が100cm前後の大型の幅広の割竹形木棺の長さを縮小して石に写したと考えることができる。さらに下池山古墳の竪穴式石槨では，調査の結果棺身の粘土棺床の据え付け後，棺身側縁部の上部は露出しており，復元案（奈良県立橿原考古学研究所編2008）からも（第21図①），棺床に設置された木棺棺身の側縁部の上部は埋設されないため，石槨の構築から棺蓋を被せ，石槨を積み上げるまで，可視領域にあったと考えられる。安福寺棺棺蓋の直弧文と突帯が，棺身にも存在したと考えられ，安福寺棺の突帯と装飾は，畿内の割竹形木棺と竪穴式石槨の埋葬法を基に考案され，蓋と身の合目を上下に直弧文で飾り，より厳重に封印することを指向したと考えられる。

　安福寺棺は近接する玉手山7号墳か，出土地と伝わる玉手山3号墳の埋葬施設[2]であった可能

性が高い。特に玉手山3号墳は調査の結果，後円部の盗掘坑中央に4.0m×1.5mの赤彩された礫面があり，粘土棺床などの構造物がなく，石棺が納められた可能性が指摘された。埴輪は都月型埴輪の名残を残し，朝顔形埴輪の成立間もない段階で，副葬品などの情報も加味して4世紀前葉頃に位置付けられている（大阪市立大学日本史研究室編2010b）。廣瀬覚氏によれば，玉手山3号墳の埴輪は氏のⅠ期中相に，快天山古墳の埴輪は氏のⅠ期新相に盛行する極狭口縁を主体とするもので，突帯設定技法が確認できることから，近畿からの直接波及を想定できることを指摘する（廣瀬2010）。松本氏によれば快天山古墳の埴輪は玉手山1号墳と共通する要素が多いことが指摘されている（松本2010）。玉手山古墳群は埴輪の特徴・生産体制と大王墓との墳丘規格などから玉手山9号墳→玉手山3号墳→玉手山7号墳→玉手山1号墳の推移が示されており（城倉2004・岸本2010），玉手山3号墳が石棺を採用したとするならば，讃岐と同時期かやや先行する可能性も推定しておかねばならない。安福寺棺は前節で指摘したように，鷲の山石製石棺群では最古段階の位置付けが可能であり，玉手山3号墳，7号墳の棺としても矛盾は生じない。

5）について細川氏は渋谷村（現 天理市柳本町渋谷）出土とされる滑石製石枕を渋谷向山古墳出土と捉え，これに加え燈籠山古墳出土土製枕（第21図②）の文様の要素が伝達して岩崎山4号墳の石棺造り付け枕が成立し，文様の簡略化の方向で讃岐製の石棺の編年を行なう（細川2006）。畿内の事例が2例と限定されるため，枕の初現，型式と材質との関連など言及できない多くの問題が蓄積しており，編年案に関しては検討が必要と思われるが，細川氏や藤田氏，今尾氏が指摘するように，畿内の枕の事例と讃岐の石棺造り付け枕の文様や外形に共通点があることは明らかである（藤田1977，今尾1994，細川2006）。

6）について讃岐産石棺の石棺長を確認すると，250cm～260cmと230cm～240cmにまとまりが確認でき，250cmを境に二分される（第11表）。墳形・墳丘規模との対応を検討すれば，鷲の山石製，火山石製共に墳丘長50m以上の前方後円墳の埋葬施設（蔵本2005）に250cmを超える石棺を利用し，墳丘長50m以下の前方後円墳や大型円墳，墳丘長50m以上の前方後円墳でも2次的な埋葬であれば，250cmを超えることはない。石棺の規模は地域首長連合内あるいは古墳での被葬者の階層を明示している。讃岐における石棺の採用には明確な石棺秩序が確認できる。安福寺棺は玉手山古墳群中の7号墳と3号墳の可能性があるが，100m級の前方後円墳に採用されていたことは確実である。石棺長は260cmと讃岐の石棺秩序に対応する。さて，佐紀陵山古墳の屋根形石も触れておきたい（第21図③）。屋根形石は元禄から明治12年頃まで露出しており，復元の際に天井石直上の粘土層の上に置かれたものか，舟形石棺かで評価が分かれている（石田1967）。間壁氏は屋根形の形態から舟形石棺の蓋と捉え，鶴山丸山古墳の石棺棺蓋の文様との共通性，鶴山古墳，けほ山古墳，佐紀陵山古墳の竪穴式石槨天井石の縄掛突起の造作（第21図③④），鶴山古墳と佐紀陵山古墳の副葬品の類似をもって，火山石製の舟形石棺の蓋と想定した（間壁1994）。小口の斜面や側縁部を垂直に仕上げるなど火山石製の石棺の特徴を認めることもでき，火山石製石棺の蓋石の可能性はやはり高いと考える。仮に石棺の蓋とするならば石棺長266cm，幅100cmと，安福寺棺の規模と類似する。讃岐と畿内において石棺の規格に共通性が確認でき，安福寺棺が出

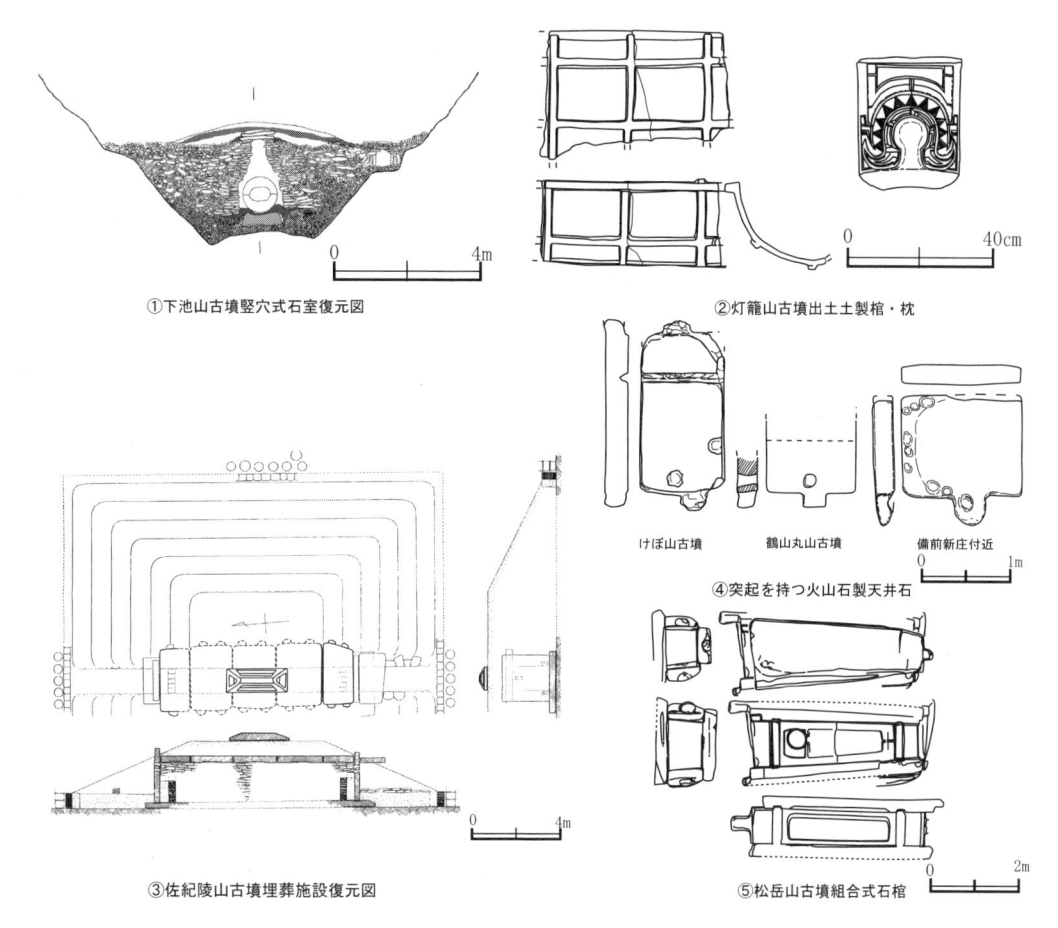

①下池山古墳竪穴式石室復元図　②灯籠山古墳出土土製棺・枕

③佐紀陵山古墳埋葬施設復元図　④突起を持つ火山石製天井石　⑤松岳山古墳組合式石棺

第21図　石棺の発生に関する埋葬施設

現期の事例であることから，規格の模範となった可能性が考えられる。

　7)については研究史で指摘したように，宇垣氏，蔵本氏，橋本氏の研究によって和田編年3期から5期にかけて，阿波の結晶片岩や讃岐産の石棺が畿内に輸送されることが明らかにされている。さらにメスリ山古墳の竪穴式石槨の天井石に竜山石製のものが一部確認でき，竜山石の開発に王権の関与の可能性も指摘されている（和田2006）。該期の畿内では，外部からの石材の輸送と古墳祭式への導入が試行された時期とも窺がえる（第22図）。松岳山古墳の大型組合式石棺（第21図⑤）には側壁に鷲の山石が使用されるが，石材産出地ではこのような大型の組合式石棺は確認できず，長持形石棺の祖形と評価できるこの石棺は河内の勢力の発案であろう[3]。外部の石材を選択し，産出地とは異なった使用あるいは形態を創出[4]することは竜山石製長持形石棺で確認されており，讃岐産石棺の発案も同様な視点で検討できるのではないかと考えている。

　1)～7)を総合的に判断すれば，讃岐産の石棺は河内の勢力など，倭王権側で発案されたと考えるのが妥当である。石棺の発生は荘厳な棺を目指し，中国の魂魄を基にした死生観を背景に発達した辟邪の思想のもと，棺の用材に不朽[5]である石が選択されたことが指摘されている（和田

2002・2006)。石棺の創出にあたって讃岐の石材が選択された背景について筆者は腹案を用意できないが，古墳時代開始期から讃岐とは密接な交流が確認でき[6]，そのような交流が背景となって讃岐の石材が開発されたと考えたい。

なお河内の勢力あるいは倭王権が石棺の創出に関与していたとしても，その評価は難しい。大王墓や大型前方後円墳の調査が限定されている現状では，畿内の前期中頃から後半の大型前方後円墳の埋葬施設は部分的にか判明しないからである。奈良盆地東南部では墳丘長155mを測る櫛山古墳が注目され，竪穴式石槨に縄掛突起を持つ組合式石棺の一部が確認された（奈良県教育委員会1961）。出土した滑石製品や土器・埴輪の様相から（伊藤・豊岡2001，関川2011），和田編年4期の築造と考えられる。長持形石棺に類似した組合式石棺は，現在黒塚古墳展示館脇に所在する縄掛突起を持つ棺蓋も含めてよいと思われる。盆地北部の佐紀古墳群は次章で詳しく触れるが，和田編年4期から5期にかけて築造された五社神古墳，宝来山古墳，石塚山古墳など200m級の墳丘を持つ古墳には，盗掘記事から長持形石棺かそれに近い組合式石棺が採用されていたと考えられる。従って舟形石棺を使用した可能性のある佐紀陵山古墳を除けば，畿内中枢では組合式石棺が多いようである。このように組合式石棺と割竹形石棺との関係[7]，組合式石棺の母体となった組合式木棺の形態と系譜など，なお解明を要する問題が多く，その評価は今後の課題としたい。

一方河内の勢力あるいは倭王権により創出された石棺は製作地である讃岐にも波及し[8]，和田晴吾氏の指摘するように地域首長連合の同族関係の結合を示す装置として機能する（和田1998a）。讃岐の石棺分布地域は弥生時代終末から古墳時代にかけて積石塚古墳や土器様式で交流が確認される地域であり（第22図），比較的まとまりのある地域である[9]。鷲の山石製石棺群は丸亀平野から高松平野の複数の首長グループの結合を示し，火山石製石棺群は津田湾から雨滝山周辺の寒川地域周辺の狭い範囲の首長層に共有されたのである。畿内に石棺を搬出するという特殊性はあるが，基本的に讃岐では在地型として機能している。

國木建二氏によれば，讃岐では埋葬施設に舟形木棺や箱式木棺を採用し，墳丘主軸に対して斜交して主体部を構築する地域が多いのに対し，特に丸亀平野南部と雨滝山周辺地域の古墳はいち早く割竹形木棺と墳丘主軸と直行・平行する主体部構築法を導入し，畿内的な古墳の築造を行なう地域で，丸亀平野南部には快天山古墳，雨滝山周辺地域では津田湾側に赤山古墳が成立し，この石材産出地の近接する両地域で出現期の石棺が採用されていることが指摘されている（國木1993）。筆者も國木氏や渡部氏の指摘するように，快天山古墳や赤山古墳の被葬者が石棺の製作に深く関与したと考えている。両地域の割竹形木棺の規模を確認すれば長さ250〜350cm，幅40〜60cmに納まり，頭部幅と脚部幅の差が顕著に認められないものである。鷲の山石製石棺群の快天山系列が安福寺系列に対し細身で，平面形と高さが中央で最大幅・高となる理由は在地の木棺の形態や規模[10]に系譜を求めることができると思われる。火山石製石棺では赤山古墳棺が細身であることは同様な理由と考えたい。

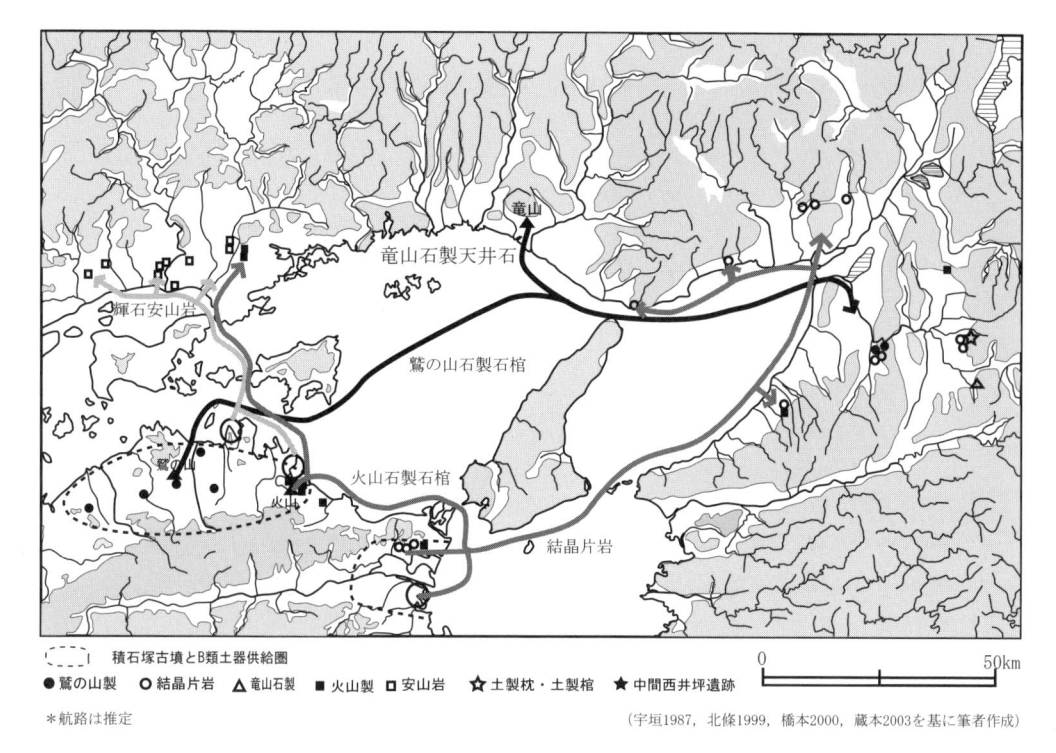

第22図　古墳時代前期にける大型石材の移動

註
1) 同様な見解はすでに蔵本氏の指摘がある（蔵本2005）。また，古瀬清秀氏も讃岐の古墳文化を述べる際に石棺の製作は畿内地方からの工人の移入があって可能と見なしている（古瀬1988）。
2) 梅原末治氏が安福寺に聞き取り調査を行なったところ，現在の3号墳から出土したという伝承があることが判明した（梅原1914）。
3) 小林行雄氏は松岳山古墳の石棺の石材に花崗岩と凝灰岩（その後鷲の山石と判明）が使用されることについて複数の要因を考察した（小林1957）。凝灰岩使用期の前に各種石材を試用したのではないかという指摘については今後も検討の余地を残している。
4) たとえば青木敬氏は古墳から出土する白色円礫の出土状況を整理し5つのパターンに整理し，時期的変遷と機能を検討した。埋葬施設に使用する氏のCパターンは長持形石棺との供伴率が高く，四国東部から輸送された白色円礫を用いる儀礼がほかの進出文物とともに新たな儀礼として近畿地方で成立したことを指摘している（青木敬2010a）。
5) 土曜考古学研究会の発表の際に，高野槙が耐湿性に優れ（小林1959b），乾燥すると硬質化するので，古墳時代の人びとには高野槙がすぐに腐食するという認識はなかったのではないかと笹森健一氏にご指摘された。和田編年3期～5期は近畿圏の外から多様な石材が畿内に運ばれるので，特色ある石材そのものを重要視した動向も加味しなければならない。
6) 讃岐は画文帯神獣鏡と上方作系獣帯鏡の存在が顕著な地域で，邪馬台国政権との関係が指摘されている（福永2005）。また，畿内の古墳の葺石の整備に讃岐の積石塚との関わりが指摘されている（高橋克2002）。
7) 組合式石棺を上位とし，刳抜式石棺を下位とするような階層構造への兆しがあったとすれば理解しやすい。

しかし，割竹形木棺などの木棺との階層性を含めた関係についても十分に説明できる段階ではない。
8）蔵本氏は四国北東部地域の石材の供給を通じて，本地域が畿内社会システムの環の中に自らの社会を置きつつ，地域内においても地域社会を代表する中心を確立し，それとの関係性の中で小地域内の単位の相対的な自立性や地域社会の枠組みが取り結ばれたことを指摘した。本地域で採用された讃岐産石棺の役割・共有背景は蔵本氏の見解の中で理解可能である。
9）蔵本氏は独自の土器様式を保有しつつも一部あるいは大半の下川津B類土器様式（大久保1990）を受け入れた地域をB類土器共有圏と呼び，積石塚古墳や丘陵下方に墳墓を選地する墳墓祭祀，住居の構造など，上部構造が密接な関係を持つことを指摘し，このまとまりを「阿讃連合体」と呼称し，東四国系土器群を生み出した母体と考えている（蔵本1999）。石棺はこの地域圏に分布する。
10）割竹木棺の規模を確認すると，丸亀平野南部では平尾山3号墳（前方後円墳約28m　和田編年2期）0.4m × 2.3m，六ッ目古墳（前方後円墳21m　和田編年2期）0.4m × 2.97m，寒川地域周辺では奥3号墳（前方後円墳37m　和田編年1期）0.55m × 3.5m，古枝古墳（前方後円墳35m　和田編年2期）0.8m × 4.7mである。頭部幅と脚部幅がさほどないと思われる。付け加えて図5で示したように，高松市周辺には平尾山墳墓群第2号墳，第5号墳，北山古墳のように，弥生終末から古墳時代前期に舟形木棺2類を埋葬する事例がある。快天山古墳1号棺や2号棺の棺幅が中央で最大幅となる点など，舟形木棺の影響の可能性を考慮するべきかもしれない。快天山古墳3号棺についても，棺身の一端が底部から端部にかけ斜めに造られるのは舳先を表現した可能性がある。

第4節　讃岐産石棺製作技術と埋葬法の伝播

　最後に讃岐産石棺製作技術の伝播の様相[1]についての見通しを述べておきたい。北山氏は前期の石棺の移動について近畿地方の求心性に注目する必要性を指摘し，石棺を要請した主体者が近畿地方に基盤を置く勢力で，讃岐や肥後などの地域が外部地域の働きをきっかけとして，その生産が始まるとする（北山2011a・2011b）。讃岐の様相は整理したが，他の地域についての様相を検討する必要がある。特に青木氏，高木氏，柳沢氏，渡部氏が九州，丹後，北陸と讃岐産石棺との関連を指摘（柳沢1987，青木豊1994，渡部1994ほか）しており，これらの地域の出現期の石棺が，讃岐産石棺とどのように関連するか具体的な検討を行ないたい。讃岐と他地域の石棺の検討を行なう上で特に①形態と縄掛突起の位置，②突帯と直弧文，③製作技術，④埋葬法に着目した。

　筑　　前　遠賀川流域（第23図）
　福岡県沖出古墳は墳丘長67mの前方後円墳である。盗掘を受けており，副葬品の一部に鍬形石・車輪石・石釧を含み，鉄刀の破片等が確認された。特に墳丘から壺形埴輪・円筒埴輪・朝顔形埴輪・家形埴輪に小型丸底壺，甕など埴輪・土器類が出土した（稲築町教育委員会1989）。壺形埴輪・円筒埴輪の様相から和田編年5期に位置付けられる。石棺は小口に斜面を設ける突起1・0型式で，棺身高40cm，棺身幅73cm，破壊されているものの石棺を据え付ける溝から棺身長240cm程と復元される。小口の斜面が短い点など相違点があるものの，火山石製の赤山古墳棺と共通点が多い。棺蓋の長辺側縁部に平坦面が造られるようで，共通するA2類棺蓋の赤山古墳2号棺の時期が参考となる。

棺蓋・棺身はチョウナ削り技法が一部確認できるようであるが、長さ5cm前後のチョウナ叩き技法を長軸に沿って右上がり、右下がりというように列ごとに向きを変える丁寧な仕上げである。製作技術は火山石製と比べればむしろ沖出古墳棺のほうが丁寧な印象を受けるが、技術的には共通する。石棺を埋設する浅い溝が確認でき、棺身の側縁部は露出する。平面形・製作技術・埋葬法に火山石製の赤山古墳棺と共通することを確認できる。

肥前南部　佐賀平野（第23図）

佐賀県熊本山古墳は径約30m前後の円墳である。舟形石棺が直葬され、副葬品に四獣鏡、紡錘車形石製品、勾玉、管玉、方形板革綴短甲、鉄剣、鉄刀、鉋、鉄針などが確認された（佐賀県教育委員会1967）。和田編年4期に位置付けられる。舟形石棺は石棺長約400cm、幅約90cmを測る大型棺で、棺蓋・棺身の小口に環状の縄掛突起が造りだされる突起1・0型式である。棺蓋・棺身の長辺の側縁部に短い段上の突帯が確認でき、棺蓋では一部穿孔される。石棺内部は3区に別れ、中央の区画に石枕が造りだされている。同様に小口に環状の縄掛突起を持ち、棺内部を3区画に区分した木棺が滋賀県雪野山古墳で確認され、熊本山古墳との類似が指摘されている（福永1996）。

熊本山古墳棺は舟形木棺1類を石棺に写したものと判断でき、舟形石棺1類の確実な事例である。しかし変形しながらも長辺側縁部に突帯や段を造りだす点や、棺身側縁部の段を境に下が粗いチョウナ削り技法、上が丁寧なチョウナ叩き技法と恐らく埋設面を境に製作技術を変えているような点は讃岐の石棺の形態・製作技術や埋葬法に共通点が確認できる（写真図版2）。

肥後北部　菊池川下流域（第23図・第24図）

熊本県山下古墳は墳丘長59mの前方後円墳である。前方部の主軸線沿いに第1号石棺、後円部の主軸沿いに第2号石棺と壼棺2基が確認された（三島ほか1977）。2基の石棺は直葬である。出土遺物に鉋、袋状鉄斧、鉄鏃がある。壼棺が古墳築造の時期に近いと考えると、和田編年3期に位置付けられる。2号石棺は棺身内部の両端に枕が造り出される。棺蓋・棺身共に長辺側縁部にのみ突帯を造る。棺蓋の両端に小振りの縄掛突起を造る突起1・0型式である。突起型式や長辺側縁部の突帯、造り付け枕など特に鷲の山石製石棺群の特徴を確認できるが、棺蓋小口に斜面が確認される。さらに棺身小口縦断面の立ち上がりが外反し、舟形木棺2類の影響も考えられる。1号石棺は2号石棺に比べ扁平で、縄掛突起は造らない。棺身小口の立ち上がりが外反し、より舟形木棺2類（E形式b類）の形態に近いものである。棺蓋・棺身ともに側縁部と小口に短い段状の突帯が造り出される。1号棺の棺身内面刳り込みの平面形は隅丸方形で、側縁部に比して底部は短く扁平で、院塚古墳3号棺の棺身に類似する。

熊本県院塚古墳は、墳丘長79mの前方後円墳である。埋葬施設は早くから盗掘され、3基の舟形石棺が露出し、副葬品なども知られていたが、昭和39年の工場誘致の際に調査され、4基目の石棺と副葬品の一部が確認された（熊本県教育委員会1965）。副葬品は3号棺から出土した画文帯同行式神獣鏡や袋状鉄斧を除けば細片で、その詳細は不明である。墳頂部や墳裾から出土した壼形埴輪を参考に和田編年4期に位置付けたい。

後円部に4基の石棺が確認されたが、1号棺～3号棺は熊本市立熊本博物館に運ばれたものの、4号石棺は破壊が著しく原形は不明である。3基の石棺はそれぞれ特徴があり、3号棺は棺身・棺蓋に突帯を造らない。棺蓋縄掛突起は頭部側に2個、脚部側に1個造る。対して2号棺は棺身の四周に厚さ8cm前後の突帯が廻るが、突帯の上部に印籠構造の蓋が組み合うように製作されている。1号棺は棺身のみである。棺身の側面部四周に突帯が造られる。突帯の位置が低く、印籠構造には適さないので、蓋との組合せは平坦合せであろう。2号棺と1号棺は突起1・0型式である。3基の石棺を実見したところ、3号棺では棺身側縁部の平坦面より下位、2号棺と1号棺では棺身の突帯より下位は粗いチョウナ削りで、側縁部の平坦面や突帯より上部は丁寧で、あまり工具痕を残さないが、チョウナ削り技法とチョウナ叩き技法を確認できる。突帯が棺身の据え付け位置に対応すると考えられ、棺身埋設位置により工具痕が変化すると判断できる。突起型式・製作技術や突帯に合わせた埋葬法に讃岐産石棺との共通点を読み取れる。ただ3号棺は棺身長辺側縁部が垂直で突帯を造らない。幅に比して棺身高が低く、底部が扁平である。棺身内部の割り込みの平面形が隅丸方形で、棺蓋縄掛突起の数など、福井県の足羽山山頂古墳棺や小山谷古墳の石棺に共通する様相を確認できる（第24図）。

　熊本県天水大塚古墳と経塚古墳は丘陵上に近接して築かれている。大塚古墳は前方部の改変が著しいが、後円部径54mの前方後円墳で、経塚古墳は墳丘径50mを測る円墳である。天水大塚古墳は後円部の第一主体部は破壊されており、調査前に舟形石棺の棺身と玉砂利が散在していた（天水町教育委員会2001）。第1主体部からは棺材の破片に加え鉄製品が出土しているが、他の主体部のからの混入品の可能性もあるようである。墳丘から出土した壺形埴輪の様相も含め、和田編年4期の築造と考えたい。棺身は幅76cm、高さ54cm、現存長約139cmである。突起は1・0型式である。棺身の四周に幅11cm、厚さ3cmの突帯が確認できる。突帯の位置が棺蓋との合口より16cm下で、厚さ（突出度）3cmであることから、印籠構造と考える必要はない。この突帯を境に下部が粗い造りで、上部が丁寧な造りであることが指摘され（天水町教育委員会2001）、この境界が埋設面と判断できる。突起型式や製作技術、突帯と合わせた埋葬法に讃岐産石棺の影響を読み取れる。

　経塚古墳は蜜柑畑の開墾中に石棺が発見され、1967年に調査された（帆足1967）。石棺は直葬され、棺内から、鉄剣や珠文鏡、管玉が出土した。墳丘からは壺形埴輪も出土している。和田編年4期から5期の築造と考えたい。石棺は頂部の形態や棺蓋の方形の割り込み、長辺の突帯など、やや変容しているものの、鷲の山石製の岩清尾山石舟塚古墳棺と近似している。

　その他、古墳から遊離し、副葬品などは判明しないが、同じ菊地川流域の古相を呈する舟形石棺として、熊本県の天御子山2号石棺と同3号石棺、馬出山古墳3号棺は注目される。天御子山2号石棺と同3号石棺は、石枕を持つという点と、やや棺身の底部からの立ち上がりが垂直に近いものの、一端が細く、他端が丸みを帯びる平面形は舟形木棺の形態（C形式c類）に良く似ている。馬出山古墳3号棺も突起や石枕を除けば、舟形木棺2類に類似する。舟形木棺2類に対応させて舟形石棺2類と捉えることも可能である。讃岐産石棺との関連は不明であるが、石棺製作

第1章　讃岐における石棺の創出と伝播　65

沖出古墳棺　八幡茶臼山古墳棺　赤山古墳1号棺　経塚古墳　石舟塚古墳

Aパターン

院塚古墳2号棺　院塚古墳1号棺　天水大塚古墳　山下古墳2号棺　大王山3号墳棺

石槨の積石開始ライン

Bパターン

熊本山古墳棺　雪野山古墳木棺痕跡　向野田古墳棺

石槨の積石開始ライン

向野田古墳竪穴式石槨

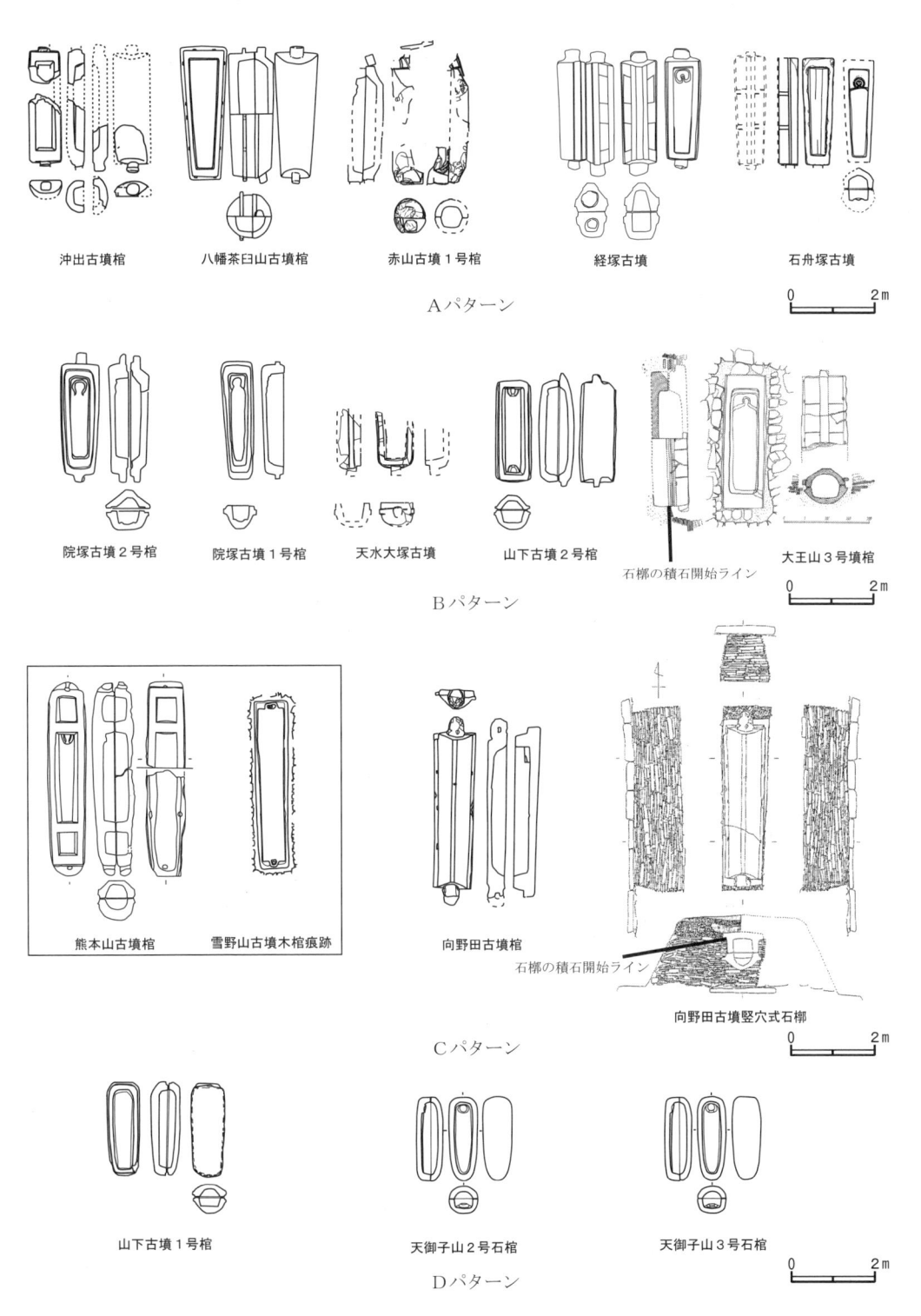

Cパターン

山下古墳1号棺　天御子山2号石棺　天御子山3号石棺

Dパターン

第23図　九州における讃岐産石棺伝播のパターン

技術を導入した際に，より在地の木棺の形態に近づけた可能性が想起される。

　熊本県ではいまだ舟形木棺2類の出土は古墳時代中期の江津湖遺跡群方形周溝墓1例のみで，小数であるが，序章でも触れたように舟に関連する埋葬施設は多いので，今後舟形木棺2類が確認される可能性は高いと考えている。

肥後中部・南部　宇土半島基部・氷川流域（第23図）

　熊本県向野田古墳は宇土半島基部に位置する墳丘長86mの前方後円墳である。竪穴式石槨に舟形石棺が埋設される。未盗掘古墳であり，方格規矩鏡，内行花文鏡，鳥獣鏡，車輪石，イモガイ貝釧，鉄剣，鉄槍，鉄刀，管玉，ガラス小玉など，多数の副葬品が確認された（宇土市教育委員会1978）。和田編年3期の築造と考えたい。石棺長約3.5m，幅約90cmを測る突起1・0型式の大型の石棺であるが，棺蓋側面に突帯があり，棺身底部の底面に幅広の段が造り出される。この段を基準に竪穴式石槨の側壁を構築しており，変容しているものの讃岐産石棺の埋葬法との関連が示唆される。長大な木棺と讃岐産石棺の特徴と埋葬法が加わった可能性が考えられる。この推測を裏付ける資料に大王山3号墳の突起1・0型式の石棺がある。大王山3号墳は氷川下流域に築造された径30mの円墳で，おおよそ向野田古墳と同時期の築造と見られる。石棺は棺蓋側縁部に突帯を造り，穿孔する点が向野田古墳棺と共通する。一方で棺蓋・棺身の長辺側縁部にのみ突帯を造り，棺身側縁部の突帯から竪穴式石槨の構築を始める点や，棺蓋上面の方形の区画など，讃岐産石棺の共通点を確認できるのである。

　またこれらの舟形石棺は氷川下流域で製作されたが，ここで製作された舟形石棺が，桂川・木津川・宇治川が合流して淀川となる重要な地点に築造された墳丘長約50mの前方後方墳である八幡茶臼山古墳に運ばれている。和田編年3期に位置付けられ，石棺は棺身突帯に穿孔を施す点は肥後中部・南部と共通するものの平面形は棺蓋小口に斜面を持つ赤山古墳棺に類似し，火山石製石棺群の製作集団の関与が指摘されている（高木2008）。

　このように九州の出現期の石棺を確認したところ，突帯の付加位置や工具痕と対応する埋葬法，突起型式，形態，さらに石棺造り付け枕も含めてよければ，讃岐産石棺との共通点を指摘できる。おおよそであるが九州における石棺の受容について4パターンに整理できる。

A：祖形となった讃岐産石棺と近似するもの（沖出古墳棺・経塚古墳棺・八幡茶臼山古墳棺）。

B：地域的変容や舟形木棺2類の影響は認められるものの突起型式や形態・製作技術や突帯に対応する埋葬法など讃岐産石棺との共通性が明確なもの（山下古墳2号棺・院塚古墳2号棺・同3号棺・大王山古墳3号棺など）。

C：舟形木棺1類・2類の形態を基本として一部讃岐産石棺の特徴（製作技術・突帯とそれに対応する埋葬法）が加わったもの（熊本山古墳棺，向野田古墳棺，馬出山古墳3号棺など）。

D：舟形木棺1類・2類の形態を基本とし，形態からは讃岐産石棺の特徴・影響が見え難いもの（山下古墳1号棺，天御子山2号棺・同3号棺）。

　各パターンとも製作技術や突帯と対応する埋葬法は共通している。A→Dパターンの順で在地の木棺の要素が表出しているようである。程度の差があれ，在地の木棺の情報がある程度反映

していることは注目され[2]，外来の石棺という埋葬施設を受け入れる際に，各地域の首長層の主体性が反映していると捉えることが可能である[3]。

特に突帯に着目すれば，長側辺側のみに造られるものと，一周廻るものが確認できる。讃岐では長辺側のみに造られ，四周に廻るのは安福寺棺や八幡東車塚古墳棺など近畿地方の事例であり，地域差と捉えるべきである。したがって形態とともに，突帯の位置は系譜を考察する上で極めて重要な要素となりえるのである[4]。特に肥後には長辺側縁部にのみ突帯をもつものが多く，形態も含め鷺の山石製石棺でも特に磨臼山系列の影響が確認できる。天水経塚古墳棺が磨臼山系列の石舟塚古墳棺と類似するのはこの問題を考える上で重要であろう。また，院塚古墳3号棺は突帯を持たず他の2号棺や1号棺と相違し，北陸の小山谷古墳棺に近い形態であり，一古墳でも複雑な様相であることを示しており，複数地域の情報が交錯しているようである。

以上の点を踏まえ他の地域を検討したい。

丹　後（第25図）

蛭子山古墳は墳丘長145mの大型前方後円墳である。昭和4（1929）年に第1主体部の舟形石棺が確認された。その後も継続して調査が行なわれ，古墳の内容が判明している。舟形石棺や石棺を設置した礫上から，内行花文鏡，鉄鏃，鉄刀，鉄槍が出土し，墓壙埋土からは土器が出土し，墳丘各所から埴輪が確認されている（辻川2007）。和田編年4期の築造と判断した。

石棺は花崗岩を加工したもので，ノミ小叩き技法の痕跡を確認できる。棺蓋の小口にそれぞれ突起が二つ造りだされる突起2・0型式で，棺身には小口に突起が1個ずつ確認できる（第25図）。石棺長約240cm，幅約100cmを測り，棺身と棺蓋の高さがそれぞれ約40cmと，幅に対し，高さが低く扁平な印象を受ける。棺身には造り付けの枕が確認できる。

近年棺蓋に縄掛突起を持つ木棺の事例が増加し，近畿地方では前述した下池山古墳の棺床の圧痕から棺身小口に突起が2個ずつ造りだされていたことが推測され，北陸では石川県鹿西町雨宮1号墳の粘土槨に明瞭な突起の痕跡があり，棺蓋と棺身の小口にそれぞれ2個ずつ突起が存在した割竹形木棺であったことがことが明らかにされている（鹿西町教育委員会2005）。また富山県氷見市阿尾島田A1号墳から，棺身の小口に2個ずつ突起を持つ舟形木棺2類の痕跡が確認されている（富山大学人文学部考古学研究室2007）。さらに蛭子山古墳周辺には入谷西A20号墳など，弥生時代終末期頃から舟形木棺2類が確認されている（加悦町史編纂委員会編2007）。蛭子山古墳棺の棺身横断面上部が内斜することも木棺に起因すると推察され，蛭子山古墳棺は突起を持つ扁平な舟形木棺の情報と讃岐の石棺製作技術が基になって成立したと推察される。Cパターンと考えられる。

越　前（第26図）

越前では長期間一定の古墳群に舟形石棺の築造が続く地域である（青木1994）。福井県足羽山山頂古墳は，墳丘径60mの円墳である。明治16（1883）年に石棺が発見されたが，すでに盗掘されていた（斉藤1960）。年代については前期後半と考えたい。舟形石棺は竪穴式石槨に埋設されていた。横長隅丸の縄掛突起を1個ずつ造る突起1・0型式である（第26図）。縦断面が棺蓋中

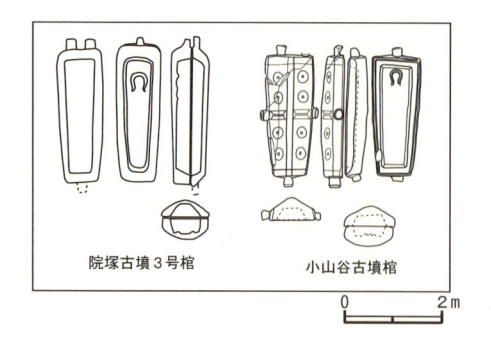

第 24 図　北陸と九州の舟形石棺の類似例　　第 25 図　蛭子山古墳石棺の創出

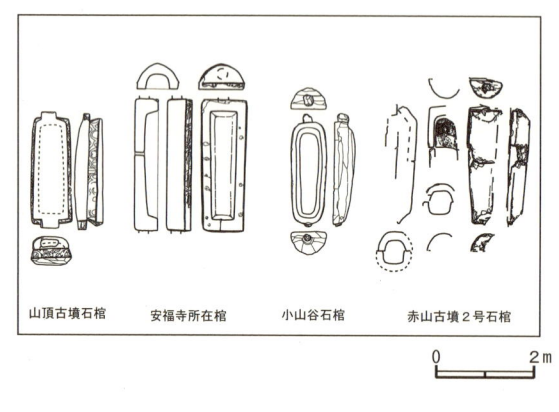

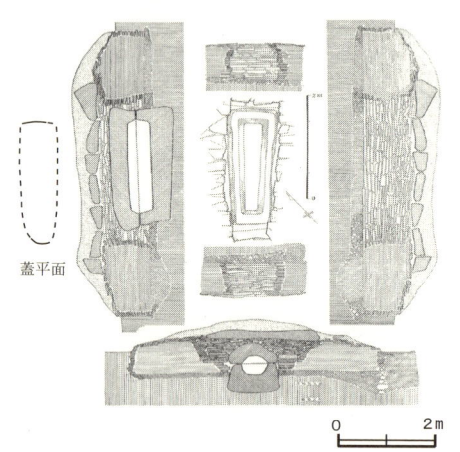

第 26 図　北陸の舟形石棺と讃岐産石棺との比較　　第 27 図　三池平古墳の竪穴式石槨と石棺

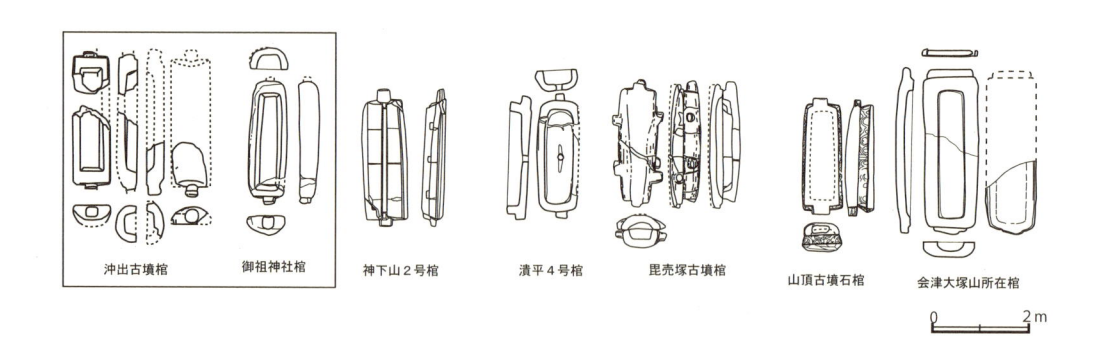

第 28 図　豊後の舟形石棺の系譜　　第 29 図　出雲の舟形石棺の系譜　第 30 図　陸奥の舟形石棺の系譜

央にむかって次第に高さを増し，中央部よりやや頭部側でもっとも高い。石棺長205cm，棺身は側縁部が内斜し，約18cmの幅広の面に直弧文が線刻される。棺身内面の刳り抜きは平面隅丸方形で，造り付けの枕が確認できる。棺身幅81cmに対し棺身高約27cmと幅に対し扁平な印象を受ける。製作技術はチョウナ削り技法を主体とするが，棺身の直弧文を刻む側縁部と合口は丁寧に

工具痕が消され，底部は側縁部より粗いチョウナ削り技法である。幅広で側縁部の上部内斜する棺身は丹後の蛭子山古墳棺との類似が，棺身側縁部を四周する直弧文からは安福寺棺との類似が指摘されている（青木 1994）。筆者も賛同するが，棺蓋縦断面の緩やかなカーブや棺身側縁部の内斜は祖形が舟形木棺 1 類であることを示している。木棺の情報を基に讃岐産石棺の製作技術を加えたものであろう。D パターンと考えたい。

　福井県小山谷石棺は突起 1・0 型式の棺身である（青木 1994）。渡部氏は棺蓋の可能性を考慮し，棺蓋内面割り込みが平面隅丸方形である点や，棺蓋の頂部が狭くて，尖り気味になる点から快天山古墳 1・2 号棺や安福寺棺との類似を指摘する（渡部 1994）。田邊氏は合口側面の下方幅 6cm は工具痕を磨いて丁寧に消すのに対し，それより下は粗い整形で，調整の境を埋設面と考え棺身とした。讃岐の影響で北陸の石棺が成立するならば，プロトタイプ的なものとして最古に位置付けられる可能性を示唆する。田邊氏の指摘する通り棺身の可能性が高いが，小口が垂直ではなくやや傾斜がある点や山頂古墳同様中央よりやや頭部側に最大高がある点などから棺蓋の可能性も残しておきたい。その場合は安福寺棺や赤山古墳 2 号棺の形態に類似する。（第 26 図）。

　また，田邊氏は北陸では盛土を掘り込んだ墓坑に棺身を据え付けるが，棺身の上部まで埋設しないで平坦面を造り，棺内に副葬品と遺体を納め，蓋をして最後に墓坑を埋め戻すという一連の埋葬儀礼が確認できることを明らかにした（田邊 2008）。墓坑の棺身埋設面より上面は埋葬儀礼が行なわれるため，石棺の工具痕は丁寧である。一方埋設面は上面に比べ粗い工具痕が残ることを，石棺の工具痕と墓壙の調査から追求したのである。筆者は同様の状況を讃岐で確認しており，北陸の舟形石棺の製作技術や埋葬法は讃岐や九州と共通していることを指摘しておきたい。

　駿　　河（第 27 図）

　静岡県三池平古墳は墳丘長約 65m の前方後円墳である。未盗掘古墳であり，詳細な調査がなされている。竪穴式石槨に舟形石棺が埋設されており，棺内・棺外から多種の副葬品が確認された。石槨の北側から変形方格規矩四神鏡，変形四獣鏡，筒形銅器，帆立貝形石製品，紡錘車形石製品，石槨南側から，鉄剣や鉄刀，鉄鏃などの武器類と鉄鎌，鉄斧，鑿などの農工具が出土した。棺内からは車輪石や石釧，ガラス製勾玉などが出土している（庵原村教育委員会 1961）。和田編年 4 期に位置付けられる。東海では唯一の事例である。棺蓋平面形は脚部側がより丸みをもち，舳先と艫の区別が可能で，舟形木棺 2 類（C 形式）の影響が認められる。棺蓋横断面は山形で磨臼山古墳などの割竹形石棺の断面に類似する。棺身は箱形で石棺の埋設に適した形態である。竪穴式石槨の埋葬法は棺身下半を埋め，その面から石室を構築する（第 27 図）。特に棺蓋も含め石棺に沿って板石を積み石棺を埋める手法は快天山古墳の竪穴式石槨に類似する。石棺の製作技術にノミ小叩き技法が確認できる[5]。製作技術と埋葬法・竪穴式石槨に鷲の山石製石棺群との共通点を認めることができる。

　備　　前

　火山石製の鶴山丸山古墳棺にも触れておきたい。岡山県鶴山丸山古墳は墳丘径約 50m 程の大型円墳である。筆者は讃岐産石棺は畿内と共通する石棺秩序のもと製作されていたと考えている

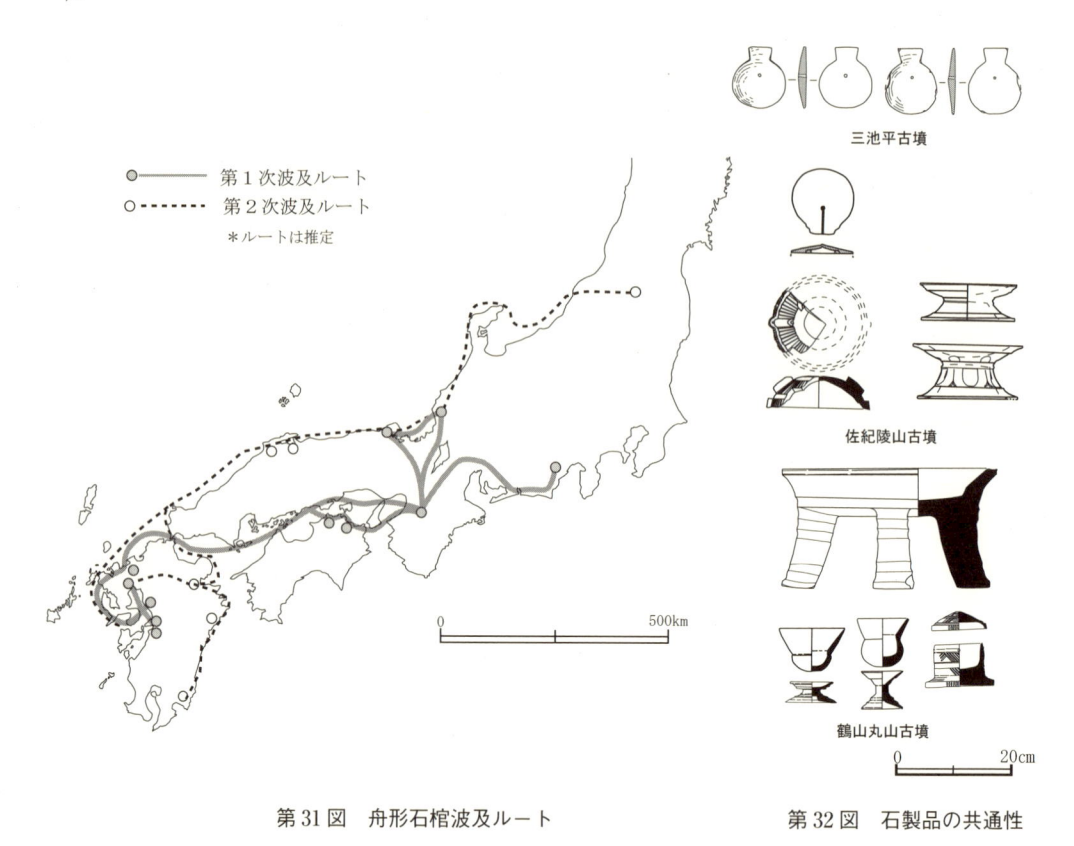

第31図　舟形石棺波及ルート　　　第32図　石製品の共通性

が，鶴山丸山古墳棺は讃岐産の石棺では唯一400cmを超えるもので，他の事例とは同一に扱えないと考えている。環状縄掛突起を持つ長大な舟形木棺1類と岩清尾山石舟塚古墳棺の形態を本に鶴山丸山古墳棺が成立したと考えたい。

その他の地域

上述した地域以外に舟形石棺が集中する地域として九州東部（豊後・日向）と出雲を挙げることができる。これらの地域は検討した地域より石棺の導入が若干遅れ，和田編年6期を前後する時期に舟形石棺の導入が進むようである。豊後・日向・出雲・陸奥の導入期の石棺を確認すると，豊後では大分県石舟古墳棺と同県御祖神社棺が筑前沖出古墳棺との類似が指摘され（神田1990，林田1995），大分県臼杵市神下山2号石棺は，棺蓋の穿孔と方形区画から南肥後地域の石棺との共通性が指摘されている（林田1995）。複数地域との交流が認められるようである（第28図）。なお短甲形石製品は逆に豊後から筑後に波及するとされる（柳沢1987）。日向の石棺は豊後の石棺との共通性が高いことが指摘されている（神田1990，林田1995）。

出雲[6]では島根県毘売塚古墳棺は棺身小口の縄掛突起が底面に造りだされる特徴があり（第29図），同様な特徴を持つ大分県潰平4号棺など豊後との交流が指摘されている（林田1995）。

陸奥の出現期の石棺として注目される福島県石佛古墳棺（会津大塚山古墳墳頂所在）は越前の足羽山山頂古墳棺と類似した蓋の形態である（第30図）。つまり讃岐の石棺製作情報が直接導入さ

れるというよりは，筑前・肥前・肥後・越前などの地域を介して製作技術が導入されると考えた
ほうが妥当である。

　このように考えてよければ，讃岐から石棺の製作情報が直接伝播した段階・地域を1次波及（筑前・肥前・肥後・丹後・越前・駿河），さらに波及した地域からの技術提供により石棺の製作を行なわれた段階・地域を2次波及（豊後・日向・出雲・陸奥など）と捉えることが可能である。1次波及は和田編年3～4期を中心とする時期，2次波及は和田編年5～6期を中心とする時期である。伝播経路を整理したものが第31図である。1次波及地域は特に九州西部や丹後など韓半島の窓口や瀬戸内海の航路上の地域が多く，倭王権の韓半島進出に関わる地域，あるいは前段階から韓半島との交流が認められる地域と推察される。丹後の蛭子山古墳や和泉貝吹山古墳では，墳丘が佐紀陵山古墳に類似することが岸本直文氏に指摘されており（岸本直2005），前段階に大型古墳の築造が活発ではない和泉や丹後に大型古墳が出現する背景を韓半島への派兵との関わりで理解している。備前鶴山丸山古墳は副葬鏡が18面（本来30面程か）確認され，その組成は沖ノ島17号遺跡や佐味田宝塚古墳と共通し，王権との密接な関係が指摘されている（下垣2003b）。三池平古墳からは佐紀陵山古墳にしか確認されていない帆立貝形石製品[7]（第32図）が出土していることなどを考慮するならば，1次波及は韓半島と倭王権との活発な交流において醸成されたネットワークを介して，石棺製作工人が移動したと考えられる。倭王権が主導して関与した可能性も含め，今後検討しなければならない。ただ石棺の製作技術・埋葬法を検討するかぎり，倭王権が直接工人を組織し，各地に派遣されるというよりは，讃岐で石棺を製作した工人が石棺の伝播に重要な役割を果たしていると考えられる。このように捉える場合，讃岐の地域首長連合と石棺製作工人の組織の様相が重要な問題となるが，讃岐の，特に鷲の山石製群の地域首長連合への安定的な供給と，九州の初期の舟形石棺に鷲の山石製石棺群の特徴が認められることを思量し，讃岐の首長層が工人を管理し，要請があれば派遣に応じたような様相をイメージしている。筆者の意見は讃岐の地域首長連合に特殊な役割を認めることになる。

　2次波及地域については倭王権や讃岐との関係や地域首長同士の交流の両者を視野にいれ，今後検討を進めていきたい。

註
1）技術的様相については第5章でやや詳しく検討する。
2）上述した事例以外では福岡県倉永茶臼塚古墳1号墳（和田編年6期）の石棺は棺身の突帯まで埋設され，この位置より上が丁寧に製作され，下は粗いチョウナ削りであることが判明する（大牟田市教育委員会1981）。後出する石櫃山古墳の直葬された石棺も墓壙上面が棺身突帯位置に対応する（大牟田市教育委員会1983）。上記の石棺は菊池川流域から輸送されたことが指摘されている（高木2010a）。熊本県楢崎古墳でも同様の埋葬法を確認でき，埋葬法も含め石棺が定着していく様相を窺がえる。大分県七つ森古墳群中のA号墳は径20mの円墳で，安山岩質の扁平な舟形石棺が出土した（大分県教育委員会1967）。墓壙上面から側縁部が見えるように埋設される特徴が確認できる。この石棺は讃岐経由の可能性もあるが，付近には沖出古墳棺から影響を受けたと思われる石棺があり，評価が難しい。七つ森古墳群は前期に納

まる可能性があり，豊後の出現期の事例として今後も検討を行ないたい。
3) なお外来系の埋葬施設である竪穴式石槨の北部九州における導入期の様相を整理した辻田淳一郎氏の研究が参考になる。竪穴式石槨は相互に異なる特徴が多く認められ，複数の系譜が想定され，各地域に独自に選択され，複合した結果と捉えられ，隣接地域の伝播ではなく，遠隔地との直接交渉の複合的な積み重ねの結果と考察した（辻田 2009）。同じ外来系の石棺の導入は比較的系譜が検討でき，その導入背景などは前代とは異なるが，比較検討することにより，その異同が明確になると思われる。
4) なお 1992 年に古代学協会四国支部により開催された『刳抜式石棺研究の現状と課題』のシンポジウムでは讃岐の突帯と九州のいわゆる舟縁状突帯は無関係であり，突帯は讃岐の地域文化と結論されことが本田奈都子氏の論考により判明する（本田 1999 註 21）。筆者は突帯の位置と工具痕の変化に対応する埋葬法が共通するので，両者の密接な関係を想定し，系譜は讃岐の突帯であることを論じている。九州の突帯は讃岐のものに比べ大型化し，穿孔する事例も確認できる。この穿孔する事例や環状縄掛突起については準構造舟と木棺の穿孔例とを検討した高木恭二氏の見解がある（高木 2010b）。筆者の見解は高木氏の見解と相反するものではなく，讃岐の石棺情報が九州で導入された際に，突帯が運搬や古墳への埋地に適するように穿孔がなされたり，大型化した可能性を推測している。
5) 三池平古墳の石棺は埋め戻されており実見できないが，報告書の図版 31, 34, 35, 36 の石棺の拡大写真にやや粗い凹凸が確認でき，ノミ小叩き技法と判断した。
6) 出雲地域の舟形石棺を検討した大谷晃二氏は島根県大塚荒神古墳（方墳 14m　和田編年 6 期）の石棺を割竹形石棺と捉え，讃岐系譜とする（大谷 2010a）。筆者は蓋と身が印籠構造である点や長持形石棺を埋設する丹花庵古墳と近接することを考慮し，長持形石棺を意識した舟形石棺と捉えた（石橋 2010b）。丹花庵古墳の長持形石棺との階層差が突起 1・0 型式の刳抜式で表現されたと考えたからである。本書でもこの立場である。筆者は出雲地域は比較的長持形石棺の影響を強く受ける地域ではないかと考えている。この点については第 2 章の長持形石棺 1 類の検討を踏まえ，第 3 章で触れたい。
7) 田中大輔氏御教示。その他，氏には石製品について御教示いただいた。

まとめ

　本章では近年研究成果や報告が増加した讃岐産石棺について先学の成果を基に検討した。分布と工具痕跡から鷲の山石製と火山石製の石棺がそれぞれ別の工人組織により製作されたことを確認し，木棺からの形骸化を視点に讃岐産石棺の編年の再整理を行ない，讃岐産石棺が河内の勢力など倭王権側により創出され，製作地である讃岐でも採用されたことを論じた。北山氏も指摘するように外部地域からの働きをきっかけとして石棺の製作が開始されると筆者も理解しているが，肥後など他の地域は讃岐産石棺の形態や製作技術・埋葬法の特徴が確認され，讃岐の地域首長連合を介して石棺の情報が伝わったとする先学の見解（藤田憲 1977, 高木 1987・1994・2010a, 白石 1985, 柳沢 1987, 神田 1990, 青木豊 1994, 渡部 1994, 若杉 1997）を追認した[1]。今後各地の導入期の石棺を比較しより細かな検討を行なっていく必要があるが，舟形石棺が定着する地域と，一回性の地域があり，この点についても地域側の視点で検討を進める必要があろう。
　最後に讃岐産石棺の終焉について触れておきたい。讃岐の古墳は和田編年 6 期に四国最大の富田茶臼山古墳（前方後円墳 139m）の築造以後大型古墳が減少し，一定の階層秩序の強化と編成が

完成をみることが指摘されている（大久保2004）。讃岐産石棺も三谷石舟古墳や大代古墳が築造された和田編年5期に終焉を迎えているようである。古市・百舌鳥古墳群の成立と讃岐の地域社会の再編がほぼ同時期であり，舟形石棺の終焉が対応することを改めて確認しておきたい。

津堂城山古墳の定型化した竜山石製長持形石棺の成立が同時期に認められることや，文献の記事から長持形石棺の創出と讃岐の石棺製作集団に関連があることを指摘する見解は比較的多く（西川1970，間壁ほか1975），この問題については次章で検討することにする。

註

1) 肥後や越前など他の地域も讃岐同様外部地域の働きにより石棺の製作が始まるのは，北山氏の指摘通りである。ただし氏の想定するように石棺を要請した主体者を近畿地方に基盤をおく集団と理解しても，その情報や技術が讃岐を経由したと考えている。

第2章　竜山石製長持形石棺の石棺秩序

　古墳時代中期には定型的な竜山石製長持形石棺が成立し，近畿首長連合の上位層の棺として収斂される。さらに石棺の規模や棺蓋の突起の数による階層構造が確認できる。本章では長持形石棺の成立の様相を整理し，畿内の大型古墳群にどのように採用されているか明らかにする。そのために長持形石棺の形態と変化の方向性を把握する必要がある。まず，長持形石棺の研究を整理し，現状の問題点を明らかにした上で長持形石棺の分類と編年を行ない，長持形石棺が確認できる古墳群の様相を整理したい。

第1節　研　究　史

　研究の黎明期　明治の後半には石棺の報告が散見されるが，石棺へ強く関心を示したのは和田千吉氏である。氏は素朴ながら石棺の定義や，全国集成，石棺の報告を行なった（和田1900a・1900b・1900c・1900d・1900e・1901・1909）。長持形石棺の名称が提起されるのは大正期である。大正初めにおける喜田貞吉と高橋健自の論争の中で喜田貞吉は石棺を「槨」と捉えた。遺体を石棺に直接納めるのではなく，木棺に遺体を納めた上で石棺に埋葬したことを主張し，中国の棺・槨・壙の区別では「槨」に相当すると理解したのである（喜田1914a・1914b・1914・1915c）。この見解に対し，高橋健自氏は石棺の棺身に枕が造りだされていることを根拠に，石棺の中に木棺を入れることを否定した（高橋1914a，1914b）。さらに氏は石棺を刳抜式と組合式の2大別7類に分類し，石棺の名称と定義を説明し，進化の方向を示した。つまり割竹形石棺が最も原始的形態を示し，舟形石棺への進化を示唆し，刳抜式家形石棺は最も発達したものとした。この分類により長持形石棺も名称が定まり，石棺の祖形は木棺であることが説かれた（高橋1915a・1924）。

　明治期から大正にかけて，長持形石棺の重要な報告が数多くなされている。明治5（1872）年には大阪府堺市大仙古墳の前方部が崩れ，長持形石棺が露出し，その際に描かれた絵図により，石棺と副葬品の概要が判明する。明治30（1897）年には坪井正五郎氏と和田千吉氏が兵庫県山之越古墳の調査を行なっており，石棺の見取図が報告されている（和田1900d）。なお和田千吉氏が編集した日本遺跡遺物図譜には大阪府津堂城山古墳棺と山形県菱津出土棺の鮮明な写真があり，貴重である（和田1916）。

　明治29（1896）年には兵庫県雲部車塚古墳が村民に発掘され，明治34年に八木奘三郎氏により，古墳の石槨，石棺及び副葬品の報告がなされている（八木1901）。明治45年には津堂城山古墳から長持形石棺が出土した。坪井正五郎氏・大道弘雄氏・梅原末治氏らが調査・報告されている（坪井正1912，大道1912a・1912b，梅原1920）。明治27（1894）年には京都府久津川車塚古墳が鉄道工事の土取りで鏡が注意されたが，内部構造については梅原末治氏が大正4（1915）年に再調査し，

学会に報告された（梅原 1920）。久津川車塚古墳の報告では長持形石棺の図面や写真が集成され，久津川車塚古墳出土例と対比されている。石棺は研究者の目に留まり，精力的に報告されるが，特に梅原氏は長持形石棺に限らず，石棺出土古墳の報告を精力的に行なっており，石棺の構造，副葬品の位置など詳細に報告されている（梅原 1917a・b・1918・1920a・b・1922・1923・1924a・b・c・1930・1931・1932a・b・c・1933・1935a・b・c・1937a・b・1938a・b・1940a・b・1953・1955a・b・1956・1957 など）。現在の石棺研究の基礎情報は梅原末治氏の業績に負う所が大きい。

資料増加・再報告　梅原氏の報告以後も少数ながら資料が増加し，再報告や集成が行なわれた。1959 年には奈良県室宮山古墳，1975 年には同県屋敷山古墳で長持形石棺が報告された（橿原考古学研究所編 1959，奈良県新庄町 1975）。特に屋敷山古墳の報告では長持形石棺の地名表とその報告文の対応が図られている。近年では兵庫県時光寺古墳から長持形石棺が出土している（高砂市教育委員会 2009）。長持形石棺は大型古墳から出土することが多いため，古墳からの報告例は増加し難い。ただし資料の重要性が高いことから，古墳，石棺及び古墳から遊離した事例の報告や再検討は比較的多い（泉森 1973，原田・久貝・島田 1976，但馬考古学研究会 1985，土生田 1987，大谷・林・松本・宮本 1998，北原 1998，伊藤・豊岡 2001，十河 2004，瀬戸谷 2005）。

竜山石に代表される播磨産石棺は，播磨考古学研究会により総合的な検討が行なわれ，討論の内容と，兵庫県内の詳細な分布図，石棺図面，集成表が公表された（第 7 回播磨考古学研究集会実行委員会 2006，2007）。今後竜山石製の石棺を検討する上で欠かせない資料である。

長持形石棺の祖形　早く和田千吉氏により，山之越古墳の長持形石棺と台湾の当時の木棺が類似することが指摘されていたが（和田 1900d），台湾漢族所蔵当時の木棺の事例を引用し，この種の湾曲した木棺が広く大陸で使用されていたと捉え，古墳時代にもこのような木棺が存在し，長持形石棺の祖形に木棺を推定した高橋健自氏の研究がその後強い影響を与えている（高橋 1915a）。小林行雄氏は河内松岳山古墳の報告において松岳山古墳の組合式石棺を長持形石棺と比較し，蓋石の下面と身の短辺側石の上縁部の関係，蓋の平面形，蓋石の横断面と縦断面の形態の 2 点から長持形石棺の新古を導き，松岳山古墳の石棺が定型化した長持形石棺に先行することを指摘した。祖形の中国風の木棺から石に転写した段階で，扁平で自然面を残す石棺がまず先行したことを明らかにした（小林 1957）。

なお古墳時代の組合式木棺を検討した藤原光輝氏は，小数ながら判明している事例から構造や葬法の検討を行ない，蒲鉾形の蓋や組合構造など，長持形石棺との共通性が認められることを指摘し，古墳時代に長持形石棺の祖形となった組合式木棺の存在を想定した（藤原 1962）。長持形石棺の祖形となった木棺についてはその後，荻田昭次氏が弥生時代に大陸から伝わった木棺や箱形石棺に系譜を求める見解を提出されたが（荻田 1973），西谷真治氏は弥生時代の木棺とのある種の共通性を認めつつも，弥生時代の木棺は画一性がなく，長持形石棺が成立するまで 1 世紀近くあることから，むしろ前期古墳に箱形の木棺の痕跡があることから，前期に長持形石棺の祖形となった在来の「長持形木棺」が存在したことを想定した。弥生時代の木棺に縄掛突起が認められないことを古墳時代における棺の大型化と埋納との関連を示唆し，短側壁に認められる方形の

突起は玉岡古墳の石棺の検討から祖形となった木棺の短側壁に木栓が存在したことを想定した（西谷 1982）。

　長持形石棺に類似した木棺は新潟県保内三王山古墳でその存在が復元され（小林隆 1989），長側壁に縄掛突起を持ち，短側壁を長側壁で挟む点は注目されるが，底板の上に側壁が乗らない点や，短側壁の奥にそれぞれ仕切り板が存在するなど，相違点も認められる。

　前期古墳の木棺の類例が着実に増加し，割竹形木棺の棺形態にさまざまな型式が存在し（吉留 1989），近畿地方においても狭長な割竹形木棺を必ずしも採用したとは限らない状況が指摘されている（今尾 1995）。石野博信氏は滋賀県雪野山古墳や奈良県中山大塚古墳の検討から，木材の湾曲面を板材4枚使用した「長持型木棺」が存在し，割竹形木棺とは別系統の棺と捉えている（石野 1995）。雪野山古墳では木棺小口に環状縄掛突起の痕跡が粘土床に残り（八日市市教育委員会 1996），下池山古墳でも木棺小口側の粘土遺存状況から小口に2個ずつ縄掛突起が付加される可能性が指摘され（岡林 2008b），石棺に縄掛突起が採用される以前に木棺に縄掛突起を付加するものがあることが分かりつつある。

　今尾文昭氏は伝中山大塚古墳出土埴質棺が灯籠山古墳出土例であることを検証し，割竹形埴質棺に復元され，埴質棺外面に認められる突帯の区画が，長持形石棺の要素に受け継がれる可能性を指摘し，長大な組合式木棺に香川や九州の石棺の要素など，複数の要素が収斂し，長持形石棺が誕生した可能性を指摘した（今尾 1994・1997）。今尾氏の指摘は前期古墳の複数形式の棺が中期古墳では上位層は長持形石棺に統一されることを意識したものであり，重要な指摘と思われる。高橋克壽氏は定型化した長持形石棺はそれまでの伝統的な木棺や他地域の石棺には系譜が辿れないこと，短側壁に見られる方形の突起が中国の戦国時代から漢代にかけて棺や椁に観られる装飾窓に対比すべきものと捉え，霊魂の通る道という意味（黄暁芬 1995）があり，非常に不十分ながら，今のところは長持形石棺が大陸に起源を持つ可能性を説く（高橋克 1997）。

　しかし大陸系の木棺が伝わったとしても，長持形石棺への飛躍は大きく，そこに複数の要素が付加されたと思われる。加えて前章で検討した讃岐産石棺との関係についても考察する必要がある。讃岐産石棺の終焉と津堂城山古墳の長持形石棺1類の成立が同時期に認められることや，『播磨風土記』印南郡大国里の条に息長帯日女が石作連大来を率いて讃岐国の羽若石を求めたという有名な記事があり，羽若の地名は阿野郡羽床とし，羽若石は鷲の山石を指すと考え，長持形石棺1類の創出と讃岐の石棺製作集団に関連があることを指摘する見解は比較的多い（西川 1970，間壁ほか 1975）。

　石材・技術　石棺は石材産出地の付近に分布することは注意されてきたが，石棺石材を肉眼観察とX線回析により，石棺が遠隔地まで輸送することを明らかにしたのは間壁忠彦・間壁葭子両氏の石棺石材に関する一連の分析による（間壁ほか 1974a・1974b・1975）。長持形石棺の大半が加古川下流域で産出する竜山石であることが明らかにされ，大和政権の身分表彰の一貫として長持形石棺が生み出され，葛城氏との関わりを推定した。

　すでに間壁氏は加古川流域で高砂市竜山，加古川市池尻，加西市長，高室などの石切場があり，

これらの石切場において石材に微妙な差異があり，この差異を包括して加古川下流域の石材を代表する意味で竜山石と呼称した。その後，兵庫県考古化学談話会の『竜山石』研究グループにより丹念な石切場の所在地，採石時期，石材の調査が行なわれ，竜山石製の加工物の石材産出地が高砂市周辺の竜山石（火山礫凝灰岩）及び同等の岩石，加西市高室付近の高室石（細粒凝灰岩），加西市長付近の長石（流紋岩質火山礫凝灰岩）に細分され，石材の特徴が明らかにされた。

肉眼的観察と岩石の帯磁率により加古川下流域の石材産出地と石棺石材の対応が指摘され，古墳時代の竜山石製の製品がどの採石場でどの時期に運ばれたか明らかにされた（兵庫県考古学談話会『竜山石』研究グループ2003）。同グループの藤原清尚氏は6世紀後半を境に石材の利用が加西系の石材（高室石・長石及び同等の石材）から高砂系（竜山石）に変化したことを指摘し，大和西方や南部における竜山石の集中的な分布の中で大半が加西系の石材であり，葛城氏が朝鮮系石工集団を採用し，加西系の石材を加工し使用した可能性を想定した（藤原清2003）。

石材の加工技術では小林行雄氏が5世紀に硬質石材を加工しうる技術が韓半島からもたらされたことを指摘したが（小林1965），石材の加工技術を体系化したのは和田晴吾氏である（和田1983a・1991・2006）。本格的に大型石材を加工する技術は古墳時代の前期と後期末の2回の技術波及があったことを指摘した。特に1次波及の技術は硬質石材の加工以外にも，軟質石材を用いる舟形石棺にも利用されたため，急速に技術が退化し，「ノミ小叩き技法」や「チョウナ叩き技法」など硬質石材加工技術が認められなくなるが，唯一例外として竜山石を用いる石工集団では硬質石材を加工する技術が保持され，その理由として，凝灰岩であるが花崗岩に次ぐ硬さを持つ竜山石の特性ではなく，長持形石棺が当時の大王をはじめとする政権の中枢の有力者に用いられた特別な型式の棺であったことが，安定した技術保持に繋がったことを指摘している。

組合せ技法については，小林行雄氏は長持形石棺は長側辺の内側の溝に短側辺を落とし込むのに対し，家形石棺は短側辺に長側辺が当てることから時代差が認められることを指摘し，石棺や木棺の組合方法を詳述した（小林1964）。特に長持形石棺については北原治氏が，竜山石製長持形石棺（1類）は固有の組合せ技法を持ち，他の在地凝灰岩製長持形石棺（2類）には構造上の技法が伝播していないことを明らかにしている（北原1999）。

分類と編年　長持形石棺の分類と変遷は小林行雄氏の研究がその後の研究に強く影響を与えており，いささか長くなるが，まとめる。氏は松岳山古墳の石棺の検討において，①長持形石棺の蓋石の下面と身の短側辺の上面の形態，②蓋石の断面形の2点に着目し，①の点では蓋石下面及び短側辺上面が「弧状を呈するもの」はそのほとんどが，短側辺に突起を持ち，蓋の短辺が外方に張り出した平面形を呈するのに対し，「直線を呈するもの」は短側辺の突起を持たないか変則的で，蓋石の平面形は四辺が直線的なものが多いことを指摘した。ただし蓋石の下面が弧形を呈するものでも蓋石の四辺が直線的な石棺（大仙古墳前方部石棺，雲部車塚古墳棺）があり，副葬品の検討から蓋石の下面が弧状を呈するものにおいては，平面形において短辺が弧形を呈し，縄掛突起を8個持つものが古く，短辺が直線化したものが新しく，縄掛突起が減少する。ただし谷口古墳棺や松岳山古墳棺は副葬品が古相を呈することから，蓋石の平面形，蓋石下面及び短側辺上面

が「直線を呈するもの」には前者の変化の方向は当てはまらない。②の点では横断面において弧形に盛りあがった上面の曲線が端から端まで続き, 縦断面は上面がほぼ一直線になるものと, 横断面において両端部に傾斜面が形成され, 縦断面が梯形を呈するものの2種があり, 前者の蓋石が比較的薄く作られ, 後者の蓋石が厚く高く作られることを指摘した。特に縦断面の形状では上面が直線状で薄いものが古く, 梯形で厚い作りのもが新しくなるとした。①と②を踏まえ組合式木棺を祖形に長持形石棺が製作され始める時に蓋石が三味線胴形の平面形でその下面が弧形を描き, 8個の縄掛突起を備えた型式(津堂城山古墳棺)以外に蓋石の下面が直線的に作られ, 蓋の平面が直線的で2個の縄掛突起を備えた型式(谷口古墳・松岳山古墳)を認めてよければ, 古墳の立地条件からも後者が古く, 松岳山古墳の長持形石棺は両型式の先行形態になることを指摘した(小林1957)。

小林の示した分類基準と編年の指標は西谷真治氏に引き継がれた。氏は小林氏の指摘した「蓋石が三味線胴形の平面形を持ち, その下面が弧形を描き, 周辺に8個の縄掛突起を持つもの」をA型式, 蓋石の下面が直線的で横断面において弧形に盛り上がった上面の曲線が長軸の一端から他端まで一様に続き, 縦断面では上面がほぼ一直線を呈するものをB型式とした。A型式を主流とする長持形石棺は短側辺に突起を持つことを原則とし, 畿内とその西辺に分布するのに対し, B型式は短側辺に突起を持たないものも多く, 変則的で, 分布域もA型式の分布範囲外であることが指摘された。変遷に関しては蓋石の彫文の消失, 蓋石の縄掛突起の減少, 蓋石縄掛突起の位置の上方への移動, 蓋石上面の稜の創出の5点をあげ, 3期区分する(西谷1982)。

田中英夫氏も小林行雄氏の分類を受け継ぎ, 棺身を側壁の上縁が平らなA形態, 短側辺の上縁が弧状を呈するものをB形態の2類, 蓋石の形態をⅠ:蓋石の横断面, 縦断面とも上縁が直線状で, 全体が平板状のもの, Ⅱ:板状石の縁端を削り落とし, 横断面で薄い蒲鉾形, 縦断面で, 大部分が直線的で, 両端で緩く下降するもの, Ⅲ:横断面が蒲鉾形で, 縦断面が直線をなすもの, Ⅳ:横断面が蒲鉾形で, 縦断面では中央が僅かに高く, 両端に向って緩やかに下降するものⅤ:四柱屋根状を呈するものの5類に分類し, 棺身と蓋の分類の組合せから3期に区分する。基本的に蓋石の形態がⅡ類からⅤ類にかけて変化することを論じている(田中1975)。

やや先行して広瀬和雄氏は丹後の古式古墳を検討する上で, 長持形石棺を埋設する古墳を6つに類型化し, 小林の石棺の変遷観を基に「棺」に「槨」が伴うものから「槨」が消滅して石棺を直葬するという, 「槨」の省略化を加味して長持形石棺の編年を行なっている(広瀬1973)。

広瀬氏・西谷氏・田中氏の見解は石材の分析が始まる直前のもので, 竜山石製と在地の凝灰岩製のものが同一の俎上で検討されたため, 長持形石棺の祖形となる石棺の発生期, 精巧で規格的な長持形石棺(津堂城山古墳など)の出現期, 蓋石の縦断面に梯子形を呈するものが認められる成盛期, 在地で模倣されるようになる衰退期という類似した見解となっている。

長持形石棺の性格と年代を窺う上で重要な研究が90年代後半に相次いでいる。和田晴吾氏は長持形石棺は全て同格ではなく, 棺蓋の突起2・2型式は相対的に大型で, 突起数が減るに従い, 小型になること, 突起2・2型式は墳丘長200m以上の大王墓級の大型前方後円墳の竪穴式石槨

に納められるのに対し，それ以外の型式は100m未満の墳丘規模で直葬されることから，長持形石棺の階層は突起型式に端的に現れることを明らかにした。縄掛突起の減少を年代の根拠としてきた従来の見解を階層差であることを明らかにした。全体的に精巧なものから粗雑化するが，階層の低いもののほうがその進行が早いことを指摘している（和田 1996a）。

　北原治氏は竜山石製長持形石棺の蓋石の縦断面の形態から，直線を呈するもの（Ⅰ形式），上面が緩やかに弧状を呈するもの（Ⅱ形式），上面の両端部に傾斜面を持つもの（Ⅲ形式）の3形式に分け，従来の変遷観を再検討し，編年を行なっている（北原1999）。年代差と捉えられてきた蓋の変化を系統差に求める点で重要である。ただし津堂城山古墳棺の写真を観察した岸本一宏氏は中央部が僅かに張り，縦断面が弧状を呈すことを確認し[1]，実測図のように直線的ではないことを指摘しており（岸本一 2008），北原氏のⅡ形式はⅠ形式に収斂されると思われる。

　全体的に精巧なものから粗雑なものへの変化という観点は変わらないが，なぜ粗雑化するかが問題である。田中英夫氏は特に3段階（5世紀後半）に長持形石棺の蓋石が四柱式屋根形の傾向を持ち，九州の舟形石棺や九州型家形石棺の蓋石の影響を受けた可能性を指摘する。近年家形石棺が長持形石棺を祖形に九州馬門ピンク石で刳抜式棺として製作され，畿内に運ばれることが明らかにされ（高木 1983b・1994・2003），長持形石棺の衰退・消滅と家形石棺の発生は避けて通れない問題となっている。特に高木恭二氏は大王墓では5世紀中葉を境に九州製の石棺に切り替わることを推定しており，注目される（渡辺・高木 2002）。

　長持形石棺の分布と機能　さて，長持形石棺については研究の初期段階から，その分布が畿内周辺地域に偏り，大和政権を代表する棺として注目されてきた（高橋1922）が，東国の事例では白石太一郎・杉山晋作・車崎正彦の諸氏は群馬県伊勢崎市御富士山古墳の長持形石棺は畿内から工人が派遣されて製作されたもので，当時の畿内と地域大首長の関係が同盟に近いことを指摘した（白石・杉山・車崎 1984）。

　石棺の役割を明確にしたのは和田晴吾氏である。詳述すると，氏は南山城の古墳の構成から，同一の墓域に一基の大首長墳（大型前方後円墳）と中小首長墳（帆立貝形古墳・円墳・方墳）が築かれる複数系列階層構成型の古墳群と帆立貝形古墳や円墳の形態をとりながら独自の墓域に単一系列型古墳群がピラミッド構成（B型）をとることを明らかにした。そして，B型を基本に大王墓が築かれるA型，A型の縮小型の類A型，B型から大首長墳が除かれるC型，B型からC型に変わる地域をBC型として，古墳構成の類型化を行なった。古墳の構成はA型を基本とし，他の型がA型から派生するもので，中期古墳の築造には極めて統一的な規制が働いており，政権の規制が地域首長の内部まで貫徹されていることを指摘した。このような大王家や地域大首長を中心とした体制を「首長連合体制」と呼び，旧国の二分の一から四分の一程度の結合の基本単位を「地域首長連合」，畿内から吉備にかけて，畿内中枢大首長や地域大首長に長持形石棺が共通の棺として採用され，この範囲ではいくつもの地域首長連合を包括する形で「畿内首長連合」が存在し，政権の基盤を担ったと推定した。長持形石棺は「首長連合体制」の中枢である「畿内首長連合」の有力者および政権と密接な地方有力首長に認められた特別な棺で，「畿内首長連合」

の周辺には前期以来木棺を用いる地域，さらにその外側には舟形石棺を用いる地域連合が位置すると結論づけた（和田 1994a・1994b・1998a）。

なお古墳時代のような血縁関係や婚姻関係が社会を律する同族社会では，棺は特定の同族ないしは，特定の同族を中心とした地域集団によりその形態や素材が習慣的に定まっており，葬送の場において，同族関係を端的に示すものとして有効に機能したと推定している。和田氏の古墳時代観は古墳群の分析と石棺の総合的な検討から導きだされており理解できる点が多い。

ただし，大久保徹也氏は割竹形石棺・舟形石棺・長持形石棺の棺型式と墳丘規模の対応を検討し，石棺型式の共有には強い地域的制約があり，型式の選択は状況に応じて可変的で，階層基準も厳密差に欠けることを指摘し，石棺型式の共有の背景に特定の石棺型式＝特定の同族とする和田晴吾氏の理解に再検討の余地があるとする。同一型式の石棺でも異なる基準を持つことから，石棺から政治秩序の分節的性格が読み取れるとする（大久保 2005）。

改めて，石棺に内包される階層性，墳丘規模との対応，受容される側の基準など多くの問題が問われることになった。筆者も群馬県の舟形石棺を検討したところ，石棺の規模が縄掛突起の型式により作り分けられており，大型のものが大型前方後円墳に，小型のものが帆立貝形古墳・円墳に使用されている状況を確認した。長持形石棺1類の石棺秩序[2]が導入され，刳抜式で表現されているのである（石橋 2009a・2009b）。同じ5世紀代に使用される長持形石棺と舟形石棺の差異を構造面の差異のみでなく，その表象する意味まで検討が必要である。なお少数ながらも散見される長持形石棺を模倣したと思われる木棺についても同様な検討を行なわなければならない。奈良県香芝市下田東古墳から出土した木棺底板や（石野 2009），大阪府高槻市土保山古墳の木棺（高槻市教育委員会 1960）と事例は少ないが，静岡県静岡市杉ノ暇古墳の木棺も大型の組合式木棺として注目される（岡林・日高・奥山・鈴木 2008a）。

葬制に関わるもの　和田晴吾氏は棺を後に遺体を搬入が可能な「据え付ける棺」と遺体を入れて運ぶ「持ち運ぶ棺」に分け，棺の用法が古墳祭祀のみならず，葬送祭祀全体に密接に結びつくか，そのあり方を規定することを明らかにした（和田 1989a・1995）。こうした視点を踏まえ岡林孝作氏は石棺に認められる排水溝・孔が遺体の腐敗液の処理に伴う造作である可能性を指摘し，遺体が腐敗する前に納棺されたとする場合，長大な刳抜式木棺や長持形石棺などの「据え付ける棺」にいつ納棺儀礼が執行されたかが問題となることを指摘し，被葬者の遺体が死後所定の儀礼をへた後，ただちに納棺された可能性も検討すべきで，排水溝・孔の意味もこの場合において理解されるとしている（岡林 2003）。棺身を据え付け，遺体を搬入し，副葬品を配置した後に蓋をするという従来の見解に再検討をせまるものである。

近年奈良県巣山古墳の調査において周濠北東隅から多くの木製品が出土し，その中に準構造舟の部材が含まれていたことが明らかにされた。準構造舟は復元長8m以上のもので，葬送儀礼の後，解体され埋められたことが指摘された（井上・名倉 2007）。河上邦彦氏はこの木製品を舟形の山車の可能性を韓国の民俗事例から説明し，殯の宮から葬送の場所まで遺体を運んだ可能性を指摘する（河上 2008）。改めて大阪府津堂城山古墳の長持形石棺から出土した木材（大道 1912a），兵

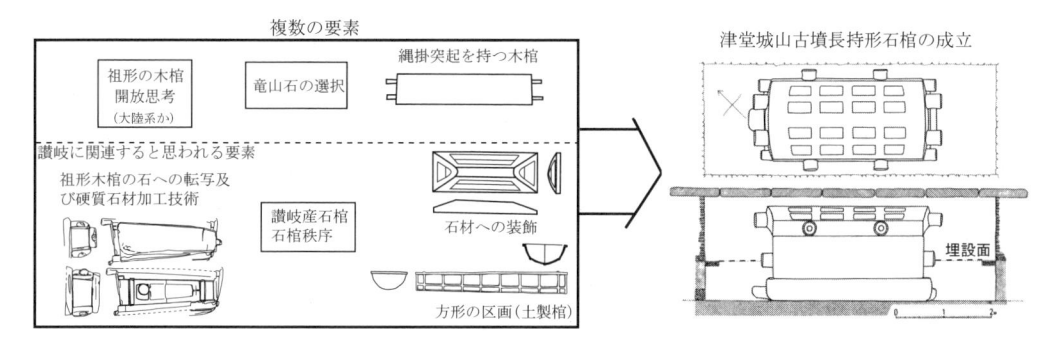

第33図　竜山石製長持形石棺の成立

庫県池田古墳の周溝から出土した組合式木棺の部材[3]（和田山町・和田山町教育委員会1972）などが注目される。

その他に竜山石製長持形石棺を採用する前方後円墳では頭位が後円部後方側に統一されていることから，頭位や埋葬方向が畿内王権により規格化されたとする見解がある（岸本一1998）。

研究成果と課題　さてこのように研究史を概観したところ，少なくない問題点が認められる。

祖形の問題に関しては高橋健自氏以来の外来系の長持形石棺の祖形となるような木棺の存在を推定する説に加え，複数の要素の集合体として長持形石棺が出現するという今尾氏の見解がある（今尾1994・1997）。前期古墳の木棺で全体の構造が判明する事例は少ないものの，少なくとも畿内では，長大な刳抜式木棺が主流であるとともに，複数の形式が予想される。新潟県保内三王山古墳の木棺がもっとも類似する事例である。しかし，相違点も少なくない。筆者は基本的に高橋氏の見解と今尾氏の見解に賛成であり，大陸系の組合式木棺に複数の要素が付加して長持形石棺1類が成立したと考えている。

では個別の要素とはどのようなものであろうか。すでに前期の段階で櫛山古墳や松岳山古墳のような祖形的な組合式石棺（長持形石棺3類）に突起があり，組合式木棺を本に石棺を製作したことが分かる。ただ長持形石棺1類の棺蓋は蒲鉾形を呈し，横断面の湾曲に対応し，蓋下面もそれに合わせたカーブを描き，木棺の形態の痕跡が色濃く反映している。前段階の長持形石棺3類が扁平である点は看過できず，本になった組合式木棺の形態が同一のものなのか，異なるものなのか，より木棺の形態に近づけることになった要因は何なのか今後も検討が必要である。縄掛突起は割竹形木棺でも確認でき，保内三王山古墳棺のような組合式木棺にも確認でき，木棺の付帯要素と判断できる。蓋上面の方形の割り込みについては，すでに讃岐や九州の割竹形石棺・舟形石棺に認められる棺蓋の突帯や刳り込みによる方形区画に関連する可能性が指摘されており（今尾1994，本田1999），筆者も同様に考えている。短側辺小口に造りだされた方形突起は，西谷氏と高橋氏の指摘するように木栓や窓状の造作と考えられ（西谷1982，高橋克1997），大陸系の組合式木棺に当初から造られていた可能がある。

このように要素を整理し，筆者は大陸系の組合式木棺を祖形とし，すでに前段階に認められた縄掛突起，蓋外面の方形区画，棺身短側壁の突起（開放思考），竜山石の選択など，複数の要素が

収斂して長持形石棺1類が成立したとする立場を取りたい（第33図）。竜山石製長持形石棺（1類）と祖形的な組合式石棺（3類）では蓋の平面形・断面形にヒアタスが認められ，祖形となった木棺により近づけることが重視されたと考えられる。

　さらに前章との関係で，長持形石棺1類の成立に讃岐産石棺を製作した技術者との関連はどの程度認めることができるであろうか。従来の指摘では，風土記の記事，蓋上面の方形区画，長持形石棺1類の祖形と評価された松岳山古墳棺の側壁に鷲の山石が使用されていること，讃岐産石棺の終焉と，長持形石棺1類の成立時期がほぼ同時期であることなどがその根拠として考えられてきた。風土記の成立は8世紀まで下ること，蓋上面の方形区画は讃岐の石棺の要素[4]が選択された可能性は十分にあるものの，これは製作者の問題ではなく，デザインを選択した上位の被葬者に関わる問題である。讃岐産石棺の畿内への輸送や，松岳山古墳棺のように現地での組み立てなど，工人が移動したと想定されるが，これは相互の交流の一端である。メスリ山古墳の竪穴式石槨の天井石に竜山石が使用されるなど，前期に遡って竜山石が開発されていたと考えられ，讃岐産石棺の終焉と長持形石棺1類の成立がほぼ同時期であることはたしかであるが，それだけでは不十分である。現状ではまだ確定とすることはできないが，前章で指摘したように，讃岐の石棺製作工人が，各地に派遣されるような状況にあり，倭王権が関与していた可能性があることを考慮するならば，讃岐産石棺の終焉とともに既に開発が始まっていた竜山石の石棺製作組織に組み込まれた可能性は高いと考える。

　近年石材の研究が飛躍的に進み，加古川下流域の石材産出地の特徴が明らかにされ，加古川下流域の石材として総称されてきた「竜山石」が細分された。こうした検討を踏まえ，播磨の石材を搬出した勢力と搬入先の勢力との関わりを追及する検討は必要性が高い。なお筆者は必要に応じて個別事例の石材に「竜山石」，「高室石」，「長石」との関係を示すが，基本的には総称として竜山石と呼称する。

　分類と編年については，石材の観察が進み，畿内周辺地域に竜山石製長持形石棺（1類）が集中し，他の地域に在地の凝灰岩製長持形石棺（2類）が分布することが明らかにされて以降，本格的な検討は少ない。北原氏の指摘するように蓋の形式が並行関係にあり，蓋石短辺側に斜面を設けないⅠ形式と斜面を設けるⅡ形式に分け検討を行ないたい。また，5世紀中葉以降，長持形石棺が減少し，九州製の石棺が近畿圏に運ばれるため，長持形石棺の消滅と家形石棺の発生及び両者の影響関係については整理が必要である。

　石棺の総合的な研究と古墳群構成の研究から和田晴吾氏は畿内首長連合の有力者と政権に密接な地域首長の棺に長持形石棺，地域連合に舟形石棺が使用されたことを指摘している。大局的には和田氏の見解に賛成である。しかし，近畿圏においても長持形石棺と墳丘規模・墳丘形の対応は詳細には検討されていない。たとえば古市・百舌鳥古墳群では竜山石製長持形石棺は200m以上の大型前方後円墳にのみ限定されるが，馬見古墳群や三島古墳群では100m以下の古墳でも長持形石棺は採用されている。畿内の古墳群でも採用基準は一定しないようである。

　あらためて縄掛突起の型式に表される石棺の階層と墳丘規模・墳丘形の対応を検討し，その意

義を追及する必要性が認められる。舟形石棺は地方王者の棺として認定されているが、その役割と意義については地域研究が欠かせないが、群馬県の舟形石棺は長持形石棺1類の階層構造と密接な関係にあり、その役割は長持形石棺と同様なものが予想される。従来長持形石棺、刳抜式石棺（割竹形石棺・舟形石棺）、木棺など同時期の棺を包括的に扱った論考は少ないが、互いに影響を及ぼしていることは疑いない。長持形石棺の地方への受容と刳抜式石棺との影響関係についても検討することにより、大久保氏の石棺の分節的秩序を認めつつも、和田氏の大局的理解と整合性を図ることが可能であると判断している。

　最後の葬制に関わる問題であるが、巣山古墳の木製品の出土から、遺体が舟で運ばれ、古墳に据え付けられた棺に納められる可能性が想起される。石棺の排水溝・孔の存在から、死後直ちに棺に納棺された可能性もあるが（岡林2003）、棺蓋の縄掛突起は基本的に配置位置は全国的に共通し左右対称で規格性が高く、変化し難い。この点は遺骸を石棺に納め、石棺の蓋をする行為（納棺儀礼）が古墳祭式でも極めて重要な位置付けにあったことに起因すると思われ、筆者は古墳に棺（石棺）を据え付けた後納棺され、蓋をしたとする立場をとりたい。

　以上研究史を整理した。本書ではここで取り上げた全ての問題を取り扱うことはできないが、本章の目的である長持形石棺の石棺秩序の様相を確認するため、まず長持形石棺1類の分類と編年を行ない、畿内の古墳群ごとに石棺秩序を詳しく確認したい。

註
1) 前稿では舟形石棺にも棺蓋縦断面が弧状を呈するものがあり、その点も考慮していた（石橋2010a註1）。本書では祖形となった組合式木棺の形態を正確に写したものと考えるにいたった。
2) 都出比呂志氏は古墳時代前期後半以降棺の型式は墳丘の型式や規模の差とともに、社会的、政治的な身分差を示すものとなり、「棺制」とでも呼ぶべきものが成立したとする（都出1986）。岡林孝作氏は棺の形式差を秩序づけ、身分的、政治的諸関係を表示するシステムを「棺制」と呼び、古墳時代前期には成立していたとする（岡林2005）。筆者は古墳時代前期には棺にある程度の身分差は表象されるものの、棺の種類や型式で表わされる階層は不完全なものと考える。この問題については特に前期古墳の木棺の種類・型式と規模との相関性についての詳細な検討が必要であるが、「棺制」と捉えるには問題があると考えている。
3) ただし報告段階では不明木製品という位置付けであったが、木棺であることを明らかにしたのは岡林孝作氏である（岡林2009）。
4) 長谷部言人氏が、突起を利用して蓋と身を縄で緊縛した痕跡が象徴的に紋様化することを指摘している（長谷部1924）。石棺の方形区画や、土製棺の突帯による紋様の系譜を考える上で重要な指摘である。

第2節　竜山石製長持形石棺の分類

(1) 長持形石棺の分類と資料

　長持形石棺の分類については蓋の形態から3形式に分類した北原氏の見解が有効と判断しているが、上述したように氏のⅡ形式は成立しないので、2形式とした（第35図、第13表）。分析に

当たり①蓋石縄掛突起の形態，②縄掛突起の付加位置，③長側辺縄掛突起の形態，④蓋石短辺下端の形態，⑤厚と幅の比率から石棺の諸属性を取り上げ，各形式内での変化と特徴に言及する。蓋の形式と諸属性の分類については第34図～第39図，第13表～第19表を参照されたい。なお石棺の型式名については序章でも触れたが，棺蓋縄掛突起の数に着目し，前後（小口面），左右（長足側辺）の順に縄掛突起の数を数えて型式名とした。突起型式は時間差を示すものではないが，階層構造を示す歴史的背景を重視したものである。なお分析資料は長持形石棺1類でも特に蓋の形式が分かるものに限定した。

(2) 編年の視点

長持形石棺の変遷を示す属性は，北原氏の整理があり，蓋石の厚さの増大に伴う短辺側両端の斜面の形成（小林1957），蓋の文様の消失（小林1959a），長側辺内面の刳り込みの省略（和田1996a），蓋石縄掛突起の上方への移動（西谷1982），精美なものから粗雑なものへ変化（和田1996a）することなどが指摘されている（北原1999）。近年十河氏により長側壁縄掛突起が精美なものから正面形が方形化していくことが指摘されている（十河2004）。これらの指摘の中で，筆者は蓋石短辺側の斜面の形成は蓋の形式差に起因すると考えており，年代差とはみなさない。蓋石の厚さの増大についても，蓋の形式差によるものと考えている。上述した中で蓋石縄掛突起の形態（粗雑化），縄掛突起の付加位置，長側辺縄掛突起の形態，蓋石の彫刻文の消失，側壁の刳り込みの消失が年代的な変化を示すと考えている。また，蓋石の短辺下端の形態についてもある程度の年代的な変化が認められる。

したがって①蓋石縄掛突起の形態，②縄掛突起の付加位置，③長側辺縄掛突起の形態，④蓋石短辺下端の形態について検討を行ない，これに蓋石の文様の消失，側壁の刳り込みの消失などを加味して長持形石棺の編年を行ないたい。しかし長持形石棺は全形が判明するものは限られている。また，長持形石棺を有する古墳は副葬品が不明なものが多く，調査が及んでいる事例も少ない。そのため細分の進んだ円筒埴輪の編年と須恵器編年[1]，副葬品の年代を加味して，石棺の形態変遷に検討を加えたい。

① 縄掛突起の形態（第38図，第14表）　津堂城山古墳の棺蓋縄掛突起は1類であるが，あまり時期差がない玉丘古墳では2類，玉丘古墳の蓋石の短い斜面に比べ，斜面が明確に造りだされた久津川車塚古墳は3類が出現している。1類は5世紀中頃に位置付けられる新庄屋敷山古墳棺の棺蓋縄掛突起に確認され，2類，3類との並行期間は比較的長期に及ぶようである。4類，5類は朱千駄古墳棺，狐井城山古墳付近出土棺[2]で確認され，長持形石棺の最終段階に認められるものである。埴輪の編年では津堂城山古墳がⅡ期後半，玉丘古墳がⅢ期2段階，久津川車塚古墳がⅣ期1段階であることを考慮すれば，棺蓋縄掛突起の形態は精巧品（1類）とやや省略したもの（2類・3類）があまり時期差を経ず出現し，長期間並存することが分かる。

4類と5類は1類から3類の延長上に位置するものではなく，TK208型式期新段階から増加する九州製の石棺の影響を受けて出現するもので，5世紀後半に位置付けられる朱千駄古墳棺の棺蓋縄掛突起は短辺と長辺で大きさや形が異なっており，長辺，短辺ともに同じ大きさの円柱形の

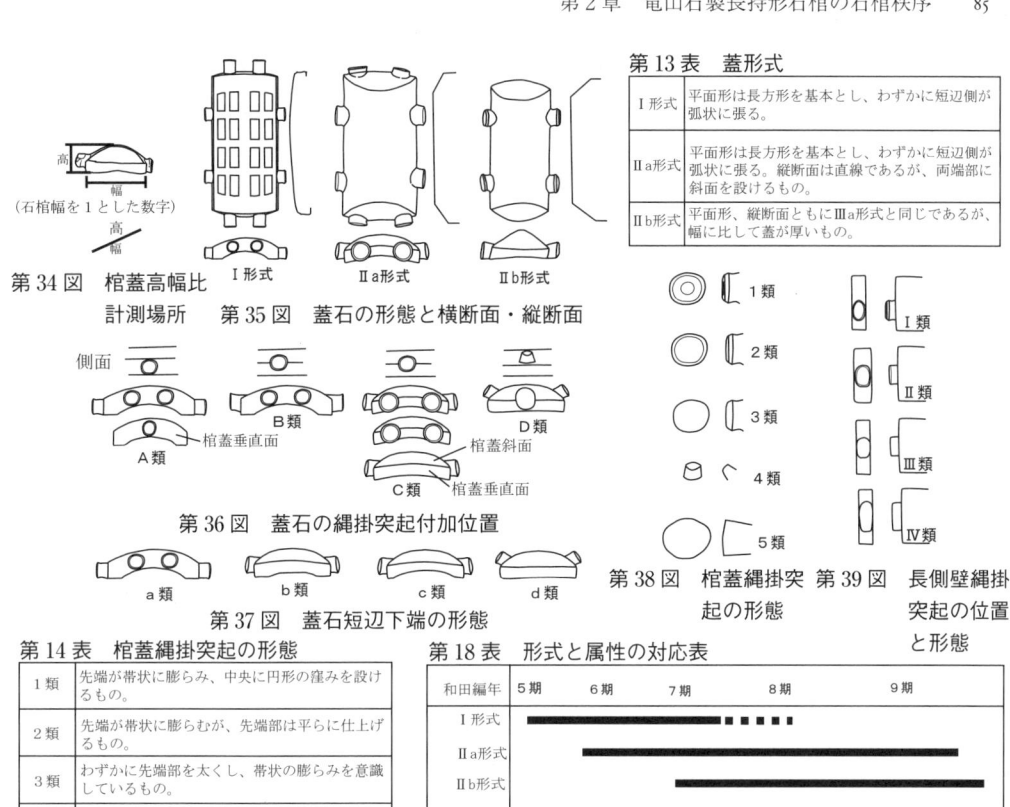

第2章　竜山石製長持形石棺の石棺秩序　85

第34図　棺蓋高幅比計測場所
第35図　蓋石の形態と横断面・縦断面
第36図　蓋石の縄掛突起付加位置
第37図　蓋石短辺下端の形態
第38図　棺蓋縄掛突起の形態
第39図　長側壁縄掛突起の位置と形態

第13表　蓋形式

I 形式	平面形は長方形を基本とし、わずかに短辺側が弧状に張る。
IIa形式	平面形は長方形を基本とし、わずかに短辺側が弧状に張る。縦断面は直線であるが、両端部に斜面を設けるもの。
IIb形式	平面形、縦断面ともにIIa形式と同じであるが、幅に比して蓋が厚いもの。

第14表　棺蓋縄掛突起の形態

1類	先端が帯状に膨らみ、中央に円形の窪みを設けるもの。
2類	先端が帯状に膨らむが、先端部は平らに仕上げるもの。
3類	わずかに先端部を太くし、帯状の膨らみを意識しているもの。
4類	先端が細くなる、小突起。
5類	形のくずれた円形で、先端部を太くする。他の突起より大型。

第15表　縄掛突起の付加位置

A類	縄掛突起が短辺・長辺ともに棺蓋垂直面に付く。短辺のみ縄掛突起をつけるものを含む。
B類	縄掛突起が短辺は垂直面、長辺は上半分が斜面に及ぶもの。
C類	縄掛突起が短辺、長辺ともに上半分が棺蓋斜面に及ぶもの。短辺のみ、長辺のみ突起をつけるものを含む。
D類	短辺の縄掛突起は上半分が垂直面に及び、長辺の縄掛突起は完全に棺蓋斜面に造られるもの。

第16表　蓋石短辺下端の形態

a類	長側壁を受ける部分は平坦かやや斜上に向くが、短側壁を受ける部分は強く弧状に膨らむもの。
b類	a類程ではないが、短側壁を受ける部分が弧状を呈すもの。
c類	緩やかな弧状を呈すもの
d類	直線を呈すか、僅かに中央部が膨らむもの。

第17表　長側壁縄掛突起の位置と形態

I類	中央より下にやや縦長の縄掛突起を設ける。突起の先端は帯状に膨らみ、精巧なもの。
II類	I類に比べ、突起の位置が中央に移動し、突起もやや大型になり、円形か楕円形を呈す。先端部に帯状の膨らみをつくる。
III類	II類の突起と位置は同じであるが、形がくずれ、楕円形か隅丸方形となり、帯状の表現はなくなる。
IV類	突起の大きさが長側壁の2/3を占め、長楕円形、長方形を呈するもの。

第18表　形式と属性の対応表

和田編年	5期	6期	7期	8期	9期
I形式					
IIa形式					
IIb形式					
蓋突起形状 1類					
2類					
3類					
4類					
5類					
突起位置 A類					
B類					
C類					
D類					
蓋下端 a類					
b類					
c類					
d類					
長側辺突起位置 I類					
II類					
III類					
IV類					
蓋彫刻					
側壁内面刳り込み					

縄掛突起を造り出すという約束事が崩れている。

　② **縄掛突起の付加位置**（第36図，第15表）　津堂城山古墳の棺蓋では縄掛突起は棺蓋垂直面に造りだされるが，室宮山古墳棺では短辺側は垂直面に納まるものの，長辺側の縄掛突起は垂直面をまたいで，斜面側に約半分ほど及んでいる。雲部車塚古墳では短辺側と長辺側の縄掛突起が棺蓋斜面に及ぶことから，縄掛突起の付加位置が長側辺，短側辺の順に棺蓋斜面にまで及ぶようになると予想される。埴輪の編年では津堂城山古墳に室宮山古墳（Ⅳ期1段階）が後続し，三角板鋲留異形冑，小札鋲留衝角付甲など鋲留甲冑を副葬する雲部車塚古墳（京都大学総合博物館編1997，池田正2002）は室宮山古墳より後出することから，A類→B類→C類へと変化すると考えるのが妥当である。なおA類は埴輪編年Ⅳ期2段階，ON46型式の須恵器が出土した大仙古墳（一瀬2009）の前方部出土石棺まで認められる。

　長側辺の縄掛突起が斜面上に位置するようになる理由はB類の初現である室宮山古墳の長持形石棺と竪穴式石槨の対応関係から考察すれば，棺蓋の横幅と石室の横幅がほぼ同じであり，長軸に比べ，スペースがほとんどない。従って長辺側には短辺側に比べ短めの縄掛突起が造りだされるが，長辺側の縄掛突起を見かけより長くする方法として，縄掛突起上半分を棺蓋斜面から造り出すことが考案されたと予測できる。蓋石上面に亀甲文が彫刻されるように，上面からの視覚効果が強く意識されている。また，縄掛突起の径が棺蓋垂直面に規定されなくなり，やや大型化することも重要である。当初棺蓋長辺のみに用いられたこの方法は棺蓋短辺側の縄掛突起にも及び，主流となるが，絵図が正しいとすれば，大仙古墳前方部棺では棺蓋垂直面に縄掛突起を造り出すことを保守したため，やや大型の縄掛突起に対応して棺蓋垂直面の幅が長くなっている。棺蓋長辺側の縄掛突起が全て棺蓋斜面に移動しているD類は5世紀後半以降製作され，畿内周辺域に運ばれる馬門ピンク石製家形石棺の縄掛突起が棺蓋斜面から斜上方に突出するものがあり，この影響を受けたものである。D類の出現がもっとも後出するものの，段階的に縄掛突起が上方に移動した結果ではない。

　③ **長側壁縄掛突起の形態と位置**（第39図，第17表）　十河氏の検討があり，長側壁の縄掛突起が円形で，丁寧な面取りがされ，中央に円形の窪みがあるものから，円柱状，楕円形状さらには，長側壁が延長しただけのような隅丸方形の正面観を持つものに変化することが指摘されている（十河2004）。筆者もほぼ同じ見解でⅠ類→Ⅱ類・Ⅲ類→Ⅳ類の順に変化すると考える。初期の事例である津堂城山古墳と玉丘古墳の長持形石棺長側壁の縄掛突起はⅠ類で，中央より下に位置し，縦長であるものの，円形の縄掛突起を造りだす。後続する室宮山古墳では縄掛突起がやや大型化し，正面形がやや楕円形になり，長側壁の中央に位置する。室宮山古墳とほぼ同時期の久津川車塚古墳ではⅢ類が認められ，ほぼ同時期に出現している。Ⅳ類は十河氏の指摘する長側壁が延長しただけのような隅丸方形の正面観を持つもので，大きさが長側壁の2／3を占めるものである。5世紀後半～末に築造された朱千駄古墳や長持形石棺を模倣した大谷古墳に確認できる（和歌山市教育委員会1959）。

　④ **蓋石短辺下端の形態**（第37図，第16表）　基本的にa類→b類・c類と変化するが，d類は

第2章　竜山石製長持形石棺の石棺秩序　87

第19表　資料の分析表

番号	古墳名	時期	蓋形式	突起型式	蓋突起形状	蓋突起位置	蓋下端	長側壁突起	高幅比	蓋彫文
1	津堂城山棺	5期	I	2・2	1	A	a	I	0.30	16区画
2	室宮山棺	6期	I	2・2	2	B	a	II	0.27	8区画
3	壇場山棺	6期	I	2・2	3	AかB	a	—	0.33	無
4	前塚棺	6期	I	1・0	3	A	c	III	0.37	無
5	山之越棺	7期	I	0・2	3	C	b	IIIか	0.22	無
6	山伏峠棺	7期〜8期	I	0・2	3	C	d	—	0.2	無
7	出石町所在	5期	I	2・2か	—	A	—	—	—	16区画か
8	玉丘棺	5〜6期	IIa	2・2か	1	A	d	I	(0.24)	16区画か
9	西陵棺	—	IIaか	2・2	3	BかC	—	—	—	無
10	四天王寺棺	7期〜8期	IIa	2・2	3	C	b	—	0.37	無
11	法華寺付近	7期〜8期	IIa	2・0か	3	C	d	—	0.32	無
12	朱千駄塚棺	9期	IIa	1・2	4と5	D	d	IV	0.31	無
13	久津川車塚	7期	IIb	2・0	3	C	b	III	0.46	無
14	時光寺古墳	7期	IIb	0・2	2	C	—	—	0.61	無
15	仁徳陵前方部	8期か	IIb	2・2	1	Aか	a	—	(0.62)	無
16	雲部車塚棺	8期	IIb	2・1	3か	C	c	IV	(0.45)	無
17	屋敷山	8期	IIb	0・2	1	C	—	—	0.48	無
18	小池寺所在	7期〜8期	IIb	0・2	2	C	d	—	0.57	無
19	狐井城山棺1	10期	IIb	2・2	3と4か	C	—	—	(0.50)	無
20	狐井城山棺2	10期	IIb	2・0	3	C	—	—	(0.48)	無
21	狐井城山棺3	10期	I	2・0を志向	3	A	d	—	0.38	無

（　）は復元値

初期の事例である玉丘古墳棺で認められ，a類に影響を与えて徐々に直線化するとも考えられる。埴輪編年IV期1段階の久津川車塚古墳棺はd類で，わずかに割り込みが認められるのみで，蓋石短辺下端の形態は個体差が認められる。a類は埴輪編年のII期後半の津堂城山古墳からIV期2段階の大仙古墳前方部石棺まで存続する。現状の資料では5世紀前半までの資料はa類，b類，c類が多く，以後はd類のみとなり直線化への傾向は読みとれそうである。5世紀中頃の新庄屋敷山古墳では短辺下端にわずかに上部への割り込みが認められるもののd類である。縦ハケ主体の埴輪もあり，TK23〜47型式の須恵器が表採される朱千駄古墳は5世紀後半に位置付けられ，下端は直線化している。なお横浜市三渓園に所在する長持形石棺は蓋石短辺下端が直線化している。この資料は縄掛突起が左右で大きさが異なり，他の資料に比して縄掛突起が長大化している。5世紀中葉以降に縄掛突起の形態が崩れ大型化の傾向があるので，この時期の所産と考えられる[3]。

　①〜④の分類は和田氏が指摘したように精巧品と粗雑品があることから重複期間が長いものの大きくは時期を限定できる。①〜④のそれぞれの変化と重複期間をまとめたのが第18表である。特に長側壁縄掛突起の変化が他の部位より時期差を反映している。その理由を津堂城山古墳や室宮山古墳から考察すれば，長持形石棺を設置する際に長側壁縄掛突起の下半分まで埋めて，棺を安定させることから，蓋の縄掛突起ほど精美でなくともよかったと予想される。蓋の縄掛突起は階層などさまざまなものを表象するので，形が崩れにくいが，その役割のない長側壁の縄掛突起は変化しやすい。最も後出するIV類はわずかに長側壁の端を削り落としたもので，省略が著しい。なお棺の設置の際に埋められて見えなくなる底石の縄掛突起は省略されるか，底石の両端を台形状にして突起のように表現したりと，より省略化が激しい。長側壁縄掛突起に次いで時期の目安となるのが棺蓋の突起位置であり，個体差があるのが蓋石下端と縄掛突起の形態である。さて，

これらの変化はⅠ形式，Ⅱ形式の棺蓋を持つ長持形石棺1類の共通の変化であり，以下形式内での変遷に触れたい。

註
1) 円筒埴輪の編年は川西編年を細分した埴輪検討会の円筒埴輪共通編年案の年代と各地域の執筆者の論考を参考にした（小浜2003，安村2003，上田2003，小栗2003，十河2003，梅本2003）。須恵器は陶邑の田辺昭三氏の編年に拠るが（田辺1981），暦年代と円筒埴輪の編年及び須恵器編年の並行関係は序章第4節及び第5表を参照されたい。
2) 狐井城山古墳及びその付近から計4基の石棺が認められる。これを狐井城山1号石棺〜4号石棺とした。その内訳は第43図を参照されたい。狐井城山古墳1号棺と同2号棺は遺存状況が悪く，蓋小口下端が削られているようで，復元が難しい。一応d類の可能性を考えている。
3) 近年奈良市法華寺垣内古墳が発掘され，わずかに残った盛土や葺石から中期初頭の107mの前方後円墳であることが判明した。法華寺付近出土棺の出土地が外堤付近にあたることから，三渓園に運ばれたこの石棺は法華寺垣内古墳の棺として有力視されているが（奈良市埋蔵文化財センター2006），筆者は石棺はもう少し後の年代を考えており，この古墳に伴わないと考える。

第3節　長持形石棺の形式と変遷

Ⅰ形式の出現と変遷（第40図，第18表，第19表）

　Ⅰ形式は蓋石短辺に斜面を設けず，棺蓋高幅比（第34図，第19表）が0.3〜0.4前後のものである。津堂城山古墳の長持形石棺を初出とする。蓋の亀甲文や蓋や長側壁の縄掛突起長側壁内面の長方形の刳り込みなど細部にいたるまで丁寧な造りで，完成された形で出現する。津堂城山古墳の石棺に次いで製作されたのが室宮山古墳棺で，亀甲文の区画が大型化し，蓋の縄掛突起の位置が斜面に及ぶB類となり，長側壁縄掛突起もやや形が崩れたⅡ類となる。長側壁内面の長方形の刳り込みが変形し，下端が開いた「コ」の字状になっている。縄掛突起の付加位置がA類かB類で室宮山古墳棺と比べ細身の形態である壇場山古墳棺は同時期のものであろう。同様に細身で，長側壁縄掛突起がⅢ類で，短側壁にも刳り込みが及ぶ前塚古墳棺が後続する。山之越古墳棺は和田千吉氏の見取り図があり，蓋石に円柱形の縄掛突起，長側壁に方柱形の縄掛突起が描かれている（和田1900d）。長側壁縄掛突起はⅢ類である。棺蓋縄掛突起付加位置はC類であることを考慮すると，前塚古墳棺より後出すると考えられる。山伏峠の石棺は情報が少ないため，年代の位置付けは困難であるが，形態の類似と突起付加位置がC類であることから山之越古墳棺と同時期の所産と思われる。
　石棺からは津堂城山古墳棺→室宮山古墳棺・壇場山古墳棺→前塚古墳棺→山之越古墳棺・山伏峠棺と編年が可能である。埴輪の編年も津堂城山古墳がⅡ期後半，室宮山古墳がⅣ期1段階，前塚古墳からは動物形埴輪の脚部が出土し，副葬品に鉄鉾が知られることから（森田2006），上記の2古墳より後出する可能性が高い。石棺の編年と矛盾はないようである。なお但馬の池田古墳

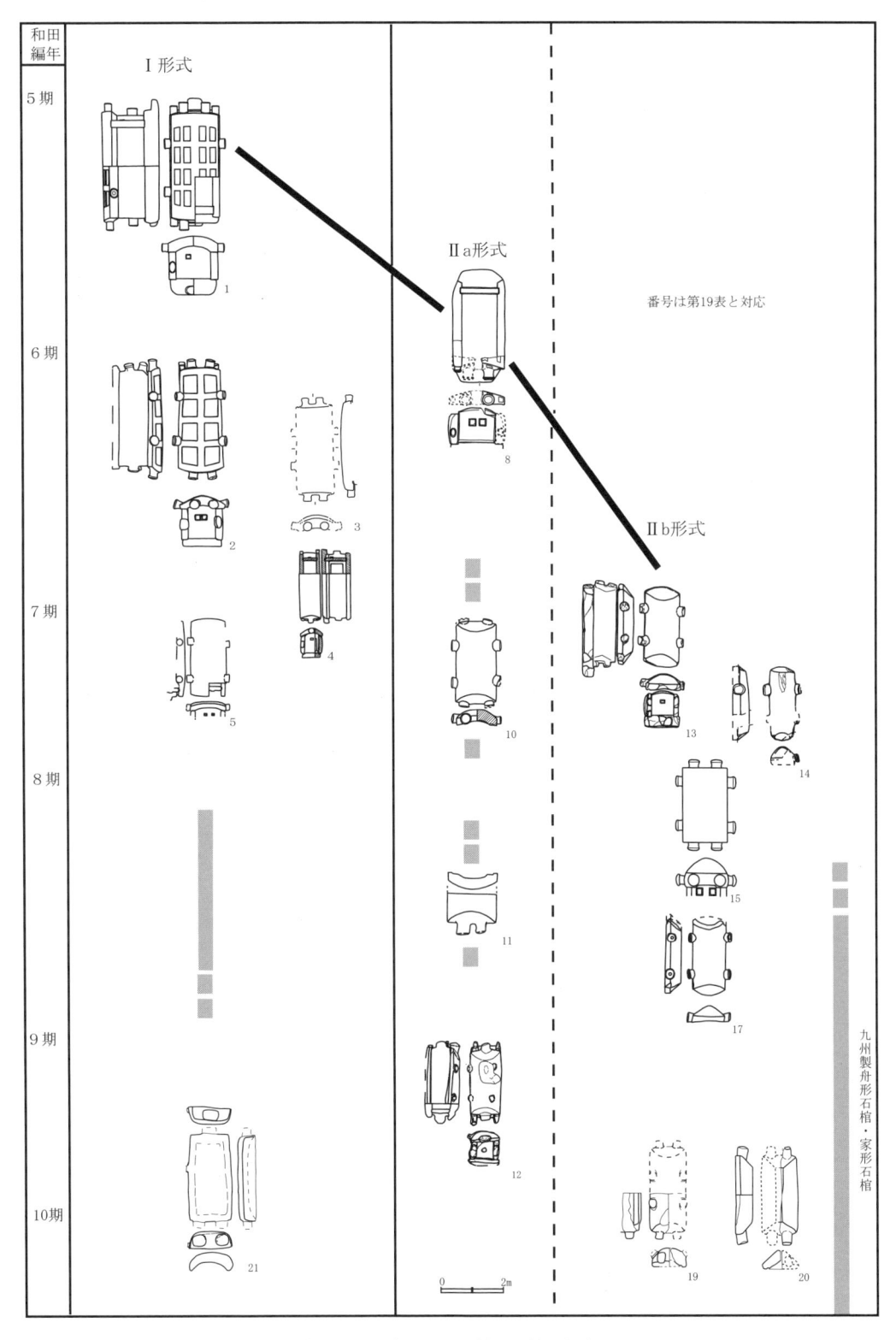

第 2 章　竜山石製長持形石棺の石棺秩序　89

第 40 図　竜山石製長持形石棺の編年

から出土したと予想されている長持形石棺の破片はⅠ形式で，棺蓋縄掛突起の剥離痕からA類で，蓋の亀甲文の区画が津堂城山古墳棺と同じ16区画と予想され，津堂城山古墳棺とほぼ同時期のものであろう。

注目される資料として狐井城山古墳の外堤付近で発見された3号石棺は棺蓋短辺側に斜面を持たず，棺蓋垂直面に縄掛突起を造りだしている。短辺側に2個，1個と対称をなさず，粗雑化が進行したもので，刳抜式石棺の蓋と考えられているが，Ⅰ形式を意識して製作されたものである。現状ではⅠ形式の資料は5世中葉以降は知られていないが，長持形石棺は大型前方後円墳に多く，調査が及んでいないため，数が限定されていることを考慮するなら，今後空白を埋めるような資料が確認される可能性がある。

Ⅱ形式の出現と変遷（第40図，第18表・第19表）

Ⅱ形式は棺蓋短辺側の両端に斜面を設けるものである。現在最も数が確認でき，生産量が多いようである。特に棺蓋高幅比が0.4以下で，棺蓋高が低く，横断面蒲鉾形を呈するものをⅡa形式，棺蓋高幅比が0.4以上で，幅に比して棺蓋が高く，横断面が緩い山形を呈するものをⅡb形式とする。

Ⅱa形式の初出は玉丘古墳棺で，蓋上面の亀甲文が16区画で，長側壁縄掛突起もⅠ類と津堂城山古墳棺と良く類似し，津堂城山古墳棺を元に製作されたものである。なぜ棺蓋短辺側両端に斜面を設けるかであるが，古墳時代前期の石棺の中で，香川県さぬき市の赤山古墳の2石棺は刳抜式であるが，蓋の短辺側両端に斜面が形成されているし，1次波及の段階で製作されたと考えられる佐賀県谷口古墳の長持形石棺には蓋の短辺側両端に短い斜面が形成され，蓋の下端の形態はd類である（佐賀県浜玉町教育委員会1991）。玉丘古墳棺は津堂城山古墳を規範としつつも火山石製など讃岐系の石棺の古い要素が表出したものと理解したい。

後続するのは四天王寺所在棺である。縄掛突起の位置がC類に変化し，棺蓋短辺側斜面の幅が広がり，明確化する。次に朱千駄古墳棺と法華寺出土棺が位置付けられる。同じ大きさの縄掛突起を造りだすという規範が崩れた時期の所産である。石棺からは玉丘古墳棺→四天王寺所在棺→朱千駄古墳棺・法華寺出土棺と編年され，埴輪の年代とも矛盾はない。朱千駄古墳棺と法華寺出土棺は前後を決められない。朱千駄古墳からは基部高が低く，縦ハケ主体の埴輪とTK23〜47型式の須恵器杯身が表採されている（宇垣2006）。

Ⅱb形式は玉丘古墳棺から派生したもので，棺蓋幅に比して蓋を高く造作することを特徴とする。側壁や底石を薄く製作していることから，蓋石を薄く製作できない製作上の理由はないと考えられるので，蓋石を重厚に製作するという発注者側の要望が反映されたものである。久津川車塚古墳棺，時光寺古墳棺が早い事例で，久津川車塚古墳棺の長側壁縄掛突起はⅢ類で，棺蓋突起付加位置はC類である。時光寺古墳棺の棺蓋は大仙古墳前方部棺と同様高幅比が0.6を超え，棺蓋垂直面が高く製作されており，類似した形態である。時光寺古墳棺は大仙古墳前方部棺と近い時期に製作されたものであろう。雲部車塚古墳棺は正確な図面は残されていないものの，複数の絵図（池田正2002）からⅡb形式と判断した。長側壁縄掛突起はⅢ類，棺蓋突起付加位置はC類

である。長側壁における縄掛突起の占める幅が大きくなっており，久津川車塚古墳より後出するものと思われる。

　新庄屋敷山古墳棺は棺蓋縄掛突起は精巧な1類，棺蓋突起付加位置はC類である。狐井城山古墳3,4号棺はやや形が崩れているとともに破壊が著しい。4号棺は蓋の頂部に明確に平坦面を造り出している。九州の舟形石棺，家形石棺は頂部に平坦面を持つので，畿内への九州製の石棺の増加とともに影響を受けたものである。縄掛突起が他の事例に比して長い。突起の形態は3類である。小池寺所在棺は縄掛突起がⅡ類で，突起付加位置がC類である。棺蓋垂直面がやや高めで，時光寺古墳棺と類似した資料である。

　石棺からは久津川車塚古墳棺・時光寺古墳棺・大仙古墳棺・小池寺所在棺→狐井城山古墳棺と編年される。埴輪と副葬品では久津川車塚古墳棺・時光寺古墳棺が埴輪編年Ⅳ期1段階，大仙古墳はⅣ期2段階，雲部車塚古墳では鋲留甲冑が副葬される。新庄屋敷山古墳からは円筒埴輪，家形埴輪，盾形埴輪，笠形埴輪が出土しており，5世紀中葉の年代が指摘される（神庭2000，坂2007）。狐井城山古墳からは縦ハケ主体の埴輪から6世紀前半に位置づけられている（坂2002）。これらを考慮し久津川車塚古墳棺・時光寺古墳棺・(小池寺所在棺)→大仙古墳棺・(小池寺所在棺)→新庄屋敷山古墳棺→狐井城山古墳棺と編年しておきたい。なお写真が残されている兵庫県加西市経塚古墳棺は蓋はⅡ形式で，縄掛突起は短辺側に2個確認される。突起2・2型式は地域最高首長墓か大王墓クラスの大型前方後円墳に限定されることから，2・1型式か2・0型式と予想される。突起の形態は3類，蓋下端の形態はd類と思われる。

　各形式間の並行関係についてはⅠ形式とⅡa形式がほぼ同時期に出現し，やや遅れてⅡb形式が製作される。上記の石棺と埴輪・副葬品の年代を考慮して並行関係を表したのが第40図である。北原氏の指摘通り（北原1999），蓋石の形態には系統差が認められ，薄いものから厚いものへ変化するのではなく，蓋の重要性が増し，重厚な蓋石が並行して製作されたのである。各石棺の変化は形式内で共通したもので，石切場に長持形石棺の意匠に対する情報の共有化が測られていると理解される。蓋石と側壁の組合せに4タイプの方法があることが明らかにされており（北原1999），技術工人に関わる情報は蓋石の裏面など石棺の意匠とは別の部分にあると判断している。

　このようなⅠ形式とⅡ形式にみられる系統差については，出土古墳が限られておりまだ明確な説明が困難であるが，竜山石とされてきた石材の細分に墳丘企画や埴輪の系譜を勘案して，その対応などを検証することが必要と思われる。この問題は第4節と関連して重要な問題であるが，今後の課題としたい。

第4節　長持形石棺の階層構造

　本節では竜山石製長持形石棺（以下1類）の階層構造を確認したい。すでに90年代に和田晴吾氏と北原治氏により重要な事実が明らかにされた。つまり長持形石棺1類は全て同格ではなく，石棺蓋側面の突起の数と石棺の大きさが対応関係にあり，突起2・2型式のものは大型で，総じて墳丘長も100mを超え，竪穴式石槨に納められるのに対し，突起の数が減少するにつれ，総じ

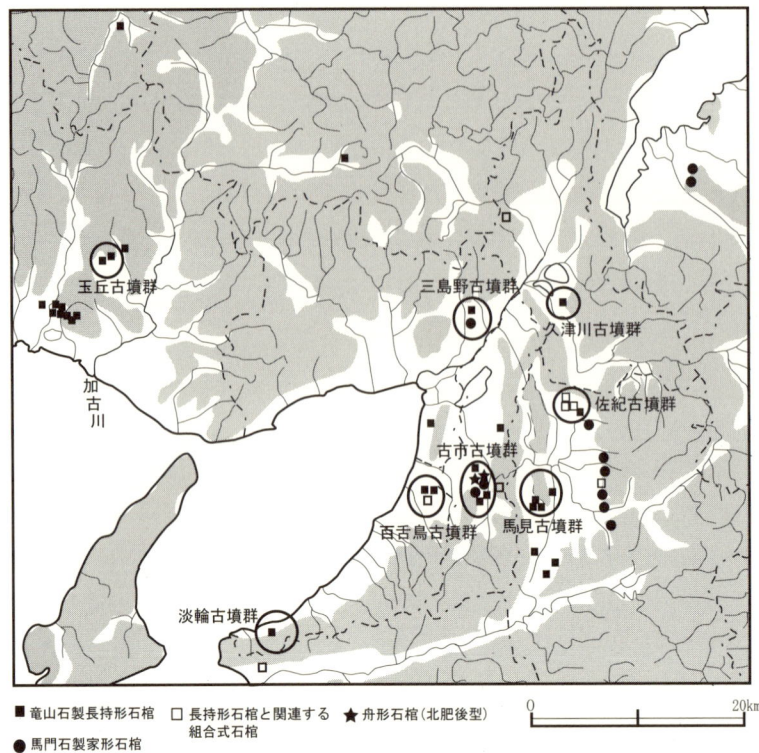

■ 竜山石製長持形石棺　□ 長持形石棺と関連する組合式石棺　★ 舟形石棺（北肥後型）
● 馬門石製家形石棺

第41図　近畿圏の5世紀代の石棺の分布

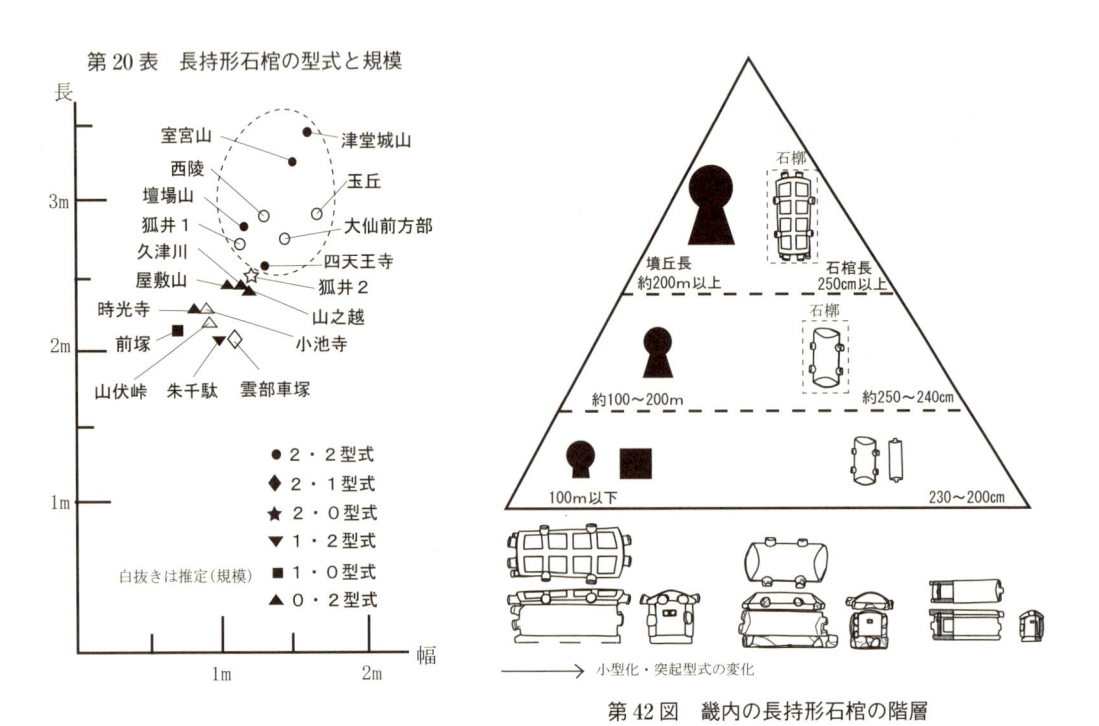

第20表　長持形石棺の型式と規模

2・2型式 ●
2・1型式 ◆
2・0型式 ★
1・2型式 ▼
1・0型式 ■
0・2型式 ▲

白抜きは推定（規模）

第42図　畿内の長持形石棺の階層

墳丘長　約200m以上　　石棺長250cm以上
約100〜200m　　約250〜240cm
100m以下　　230〜200cm

→ 小型化・突起型式の変化

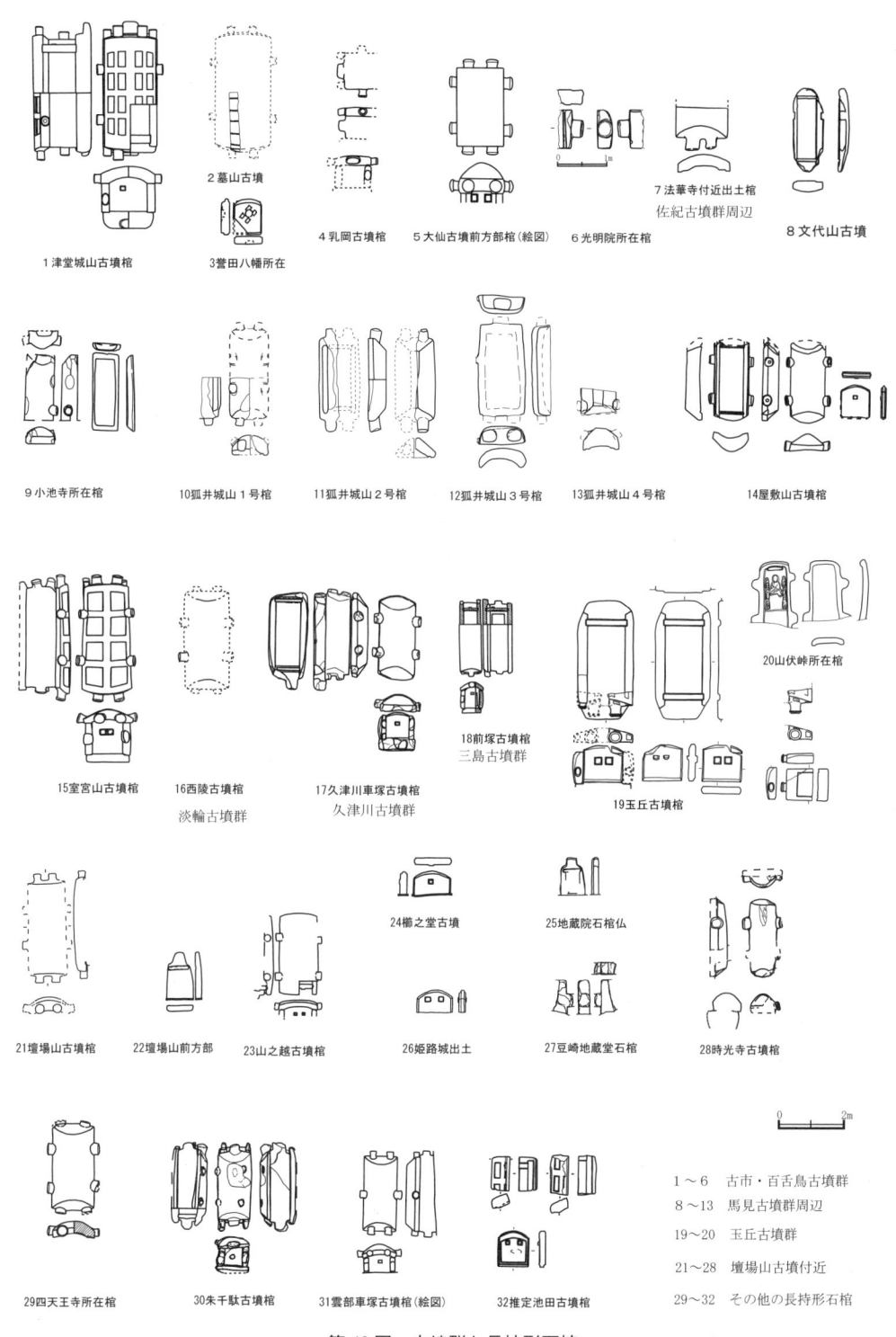

第 2 章　竜山石製長持形石棺の石棺秩序　93

1 津堂城山古墳棺　2 墓山古墳　3 誉田八幡所在　4 乳岡古墳棺　5 大仙古墳前方部棺（絵図）　6 光明院所在棺　7 法華寺付近出土棺 佐紀古墳群周辺　8 文代山古墳

9 小池寺所在棺　10 狐井城山 1 号棺　11 狐井城山 2 号棺　12 狐井城山 3 号棺　13 狐井城山 4 号棺　14 屋敷山古墳棺

15 室宮山古墳棺　16 西陵古墳棺 淡輪古墳群　17 久津川車塚古墳棺 久津川古墳群　18 前塚古墳棺 三島古墳群　19 玉丘古墳棺　20 山伏峠所在棺

21 壇場山古墳棺　22 壇場山前方部　23 山之越古墳棺　24 櫛之堂古墳　25 地蔵院石棺仏　26 姫路城出土　27 豆崎地蔵堂石棺　28 時光寺古墳棺

29 四天王寺所在棺　30 朱千駄古墳棺　31 雲部車塚古墳棺（絵図）　32 推定池田古墳棺

1〜6　古市・百舌鳥古墳群
8〜13　馬見古墳群周辺
19〜20　玉丘古墳群
21〜28　壇場山古墳付近
29〜32　その他の長持形石棺

第 43 図　古墳群と長持形石棺

て小型となり，墳丘長も100m以下で直葬となり，被葬者の身分に対応して，造り分け，使い分けされるのである（和田1996a，北原1999）。もう少し具体的に説明すると，現状で確認できる突起型式は2・2型式，2・1型式，2・0型式，1・2型式，1・0型式，0・2型式の6型式である[1]。突起型式と石棺の規模を示した第20表を見ると，全長約250cmで大きく分けられ，250cm以上のものは基本的に2・2型式である。250cm前後に2・0型式，250〜230cmに0・2型式があり，200cmから220cmの間に2・1型式，1・2型式，1・0型式があり，他の型式と比較して小型である。

　本章では250cm以上のものを大型棺，240〜250cmのものを中型棺，それ以下のものを小型棺としておく。北原氏も指摘するように墳形・墳丘規模にも対応し畿内に限れば，200m以上の大型前方後円墳に2・2型式，100m以上の大型前方後円墳に0・2型式，100m以下の帆立貝形古墳に1・0型式が対応する（北原1999）。なお忘れてはいけないのは，長持形石棺1類は規格があり，石棺長に対応し，石棺の幅や高さも変化するのである。蓋石長が250cmを越えるものは，内法幅約100cm，総高150cmを測るのに対し，前塚古墳棺や朱千駄古墳棺のように，石棺長が200cm程のものは内法幅約60cm，総高100cmに納まるのである（第21表）。

　長持形石棺は規格制の高い石棺であり，全ての部材が遺存していなくとも一部の規模が判明すれば，おおまかな石棺の規模が復元可能である。なお十河氏が光明院所在の長持形石棺の部材を検討する際に，長側壁の長さと高さが1：3（小型品で1：4）の比例関係にあることを指摘したことも，長持形石棺の規格制を証明するものである（十河2004）。

　上述の長持形石棺の階層と法量・墳丘規模は特に畿内については第42図，第20表のように整理されると判断した。なお第42図の説明については後で補足するが，5世紀後半以降の墳丘規模が縮小していく段階以前のものである。

　以上の長持形石棺1類の石棺秩序を踏まえて，近畿圏の大型古墳群における長持形石棺の位置付けを行ないたい。

註
1) 本節では岡山県長船町花光寺山古墳（前方後円墳86m）や同県津山市正仙塚古墳（前方後円墳55.5m）津山市奥ノ前1号墳（前方後円墳66m）の長持形石棺3類の突起型式を含めていない。

第5節　近畿圏の長持形石棺と古墳群の対応

　畿内の大型古墳群において長持形石棺がどの段階にどの階層に導入されるか検討しておきたい。畿内大型古墳群の構成分析については既に多くの研究があるが，ここでは田中晋作氏と小栗明彦氏の研究成果を特に参考にした。田中晋作氏は畿内大型古墳群の墳丘規模や形態，埋葬施設や副葬品から「大型主墳」・「中型主墳」・「小型主墳」と，特定の主墳に従属する「陪塚」に分け，畿内大型古墳群の構成を比較した。さらに埋葬施設・埋納施設や埋納品・副葬品の差異から古墳被葬者の性格について言及している（田中1982・1983・2001）。小栗明彦氏は畿内地域の古墳群につ

いて，前方後円墳の大きさと形，葺石，段築，造り出し，主体部の構造から中期前半（和田5・6期）は4階層5区分，中期後半（和田編年7・8期）は7階層9区分，後期前半（和田編年9・10期）は2階層4区分，後期後半（集成10期）は2階層3区分に階層構造を分け，時期により，どの階層が変化し，どの階層に集約または分化するか指摘した（小栗2006）。筆者の検討は階層構造の複雑化や区分の検討を行なうものではないが，参考にした部分が多い。

　古墳群では特に長持形石棺の製作の契機となる古市・百舌鳥古墳群，佐紀古墳群，比較的長持形石棺の多い馬見古墳群，製作地である兵庫県の状況を特に取り上げ，その他の事例については簡単に触れたい。

（1）　古市・百舌鳥古墳群（第41図，第43図）

　古墳群の概要については『新版　古市古墳群』（藤井寺市教育委員会1993），『堺の文化財－百舌鳥古墳群』（堺市教育委員会1999），『近畿地方における大型古墳群の基礎的研究』（研究代表者白石太一郎編2008）を参考にした。

　古市・百舌鳥古墳群はそれぞれ100基以上の古墳からなる大型古墳群である。「大型主墳」，「中型主墳」，「小型主墳」，「陪塚」四つの要素から成る重層的な古墳群で，大型主墳に対し，一定量の「中型主墳」，「小型主墳」，「陪塚」が存在する最も充実した古墳群であることが指摘されている（田中2001）。古墳の構成については墳形，墳丘長（径）から，300級前方後円墳，200m級前方後円墳，150m級前方後円墳，100m級前方後円墳，100m以下の前方後円墳・帆立貝形古墳・円墳・方墳が確認される。長持形石棺が認められる古墳は古市古墳群では，津堂城山古墳（前方後円墳208m），墓山古墳（前方後円墳225m），百舌鳥古墳群では乳岡古墳（前方後円墳155m），大仙古墳（前方後円墳486m）である。乳岡古墳が粘土槨に砂岩と思われる石材を使用した長持形石棺[1]であることは，階層的にやや下位に位置付けられるかもしれない。

　津堂城山古墳棺は蓋の形式がⅠ形式で，突起2・2型式である。墓山古墳も同様と思われる。大仙古墳前方部棺は古い絵図しか残されておらず，他の類似した事例から蓋の形式はⅡb形式と判断した。突起は2・2型式である。長持形石棺1類は墳丘長200m以上の前方後円墳に納められている。百舌鳥大塚山古墳（前方後円墳168m）の埋葬施設が粘土槨であることが指摘され（森2003），野中宮山古墳（前方後円墳154m）や古室山古墳（前方後円墳150m）では板石状の石材が認められることから，竪穴式石槨の存在が予測されている。

　いずれにせよ150m級から100m級の前方後円墳で内容が判明する事例は乏しいため判断が難しいが，長持形石棺1類は200m級の前方後円墳に納められたと仮定すれば，光明院所在の石棺部材と誉田八幡宮所在の石棺部材からは石棺長240～250cm前後の中型品が復元され，墳丘長200m級の前方後円墳に納められていたと推測される[2]。田中氏の「大型主墳」と一部の「中型主墳」に該当するが，極めて限定された上位の被葬者に使用されたのである。特に200mを超える前方後円墳は9基を数え，全て突起2・2型式と考察してよければ，他の古墳群とは質（型式）と量で隔絶することは間違いない。

　問題となるのは馬門ピンク石製家形石棺など九州製の石棺である。5世紀中葉，和田編年では

8期から市野山古墳（前方後円墳230m）の倍塚である唐櫃山古墳（前方後円墳53m）と長持山古墳（円墳40m）に九州製の石棺が運ばれているため，大王墓の棺に関しても5世紀中葉には九州製の棺が使用された可能性も説かれるが（高木2003），筆者は長持形石棺と九州製の刳抜式石棺が対立するものではなく，5世紀代の九州製の石棺は被葬者の性格・職掌を示すものと考えている。九州製の石棺と，大王墓において長持形石棺から家形石棺へどの段階で変化したかについて筆者の意見を明らかにしておきたい。

九州製の石棺及びその輸送関しては高木恭二氏の一連の精密な研究がある（高木1983b・1987・1994・2003・2008）。筆者の見解は基本的に高木氏の研究成果に沿ったものである。古市・百舌鳥古墳群及び九州からの航路上にはまず，熊本県菊池川流域で製作された突起1・0型式の舟形石棺（高木氏の北肥後型）が輸送され，5世紀後半に宇土半島の馬門ピンク石製の家形石棺（高木氏の中肥後型）に変化することが指摘され，このような石材及び形態の変化は倭王権と関わる九州勢力が変化することが明らかにされている（高木2003）。

筆者が注目したのはまず墳形・墳丘規模と時期である。まず菊池川流域で製作される突起1・0型式の舟形石棺は香川県観音寺丸山古墳（円墳35m），同県青塚古墳（前方後円墳43m），岡山県小山古墳（前方後円墳54m），突起0・3型式では香川県長崎花古墳（前方後円墳45m）である。墳丘長50m前後の前方後円墳または円墳が多いことが注目され，唐櫃山古（前方後円墳53m）と長持山古墳（円墳40m）の規模と同様である[3]。観音寺丸山古墳からは川西編年Ⅳ期の埴輪が出土し，小山古墳からはTK47の須恵器破片とB種横ハケの埴輪が採集され，西側約1kmの位置に築造され，長持形石棺1類を納める朱千駄古墳（前方後円墳85m）に後続して築かれたことが指摘されている（宇垣2006）。菊池川流域産の舟形石棺は5世紀後半から末まで運ばれたことが理解される。田中晋作氏は唐櫃山古墳や長持山古墳北棺（突起1・0型式）の副葬品のあり方が，鉄製農工具をのぞけば粘土槨＋割竹形木棺のあり方と類似することを指摘しており（田中2001b），「小型主墳」のなかでの新たな階層と予測される。この時期は古墳の階層構造が最も複雑化している時期であることも注意される（小栗2006）。

一方突起0・2型式の馬門ピンク石製家形石棺は菊池川流域産の舟形石棺とほぼ同時期に出現し，5世紀後半～6世紀中葉まで継続して認められる。その系譜は突起0・2型式の長持形石棺[4]に求められ，刳抜式で製作されたことが指摘されている（高木1994）。新たにデザインされた石棺であり，その分布が畿内に集中するため，倭王権の特注品とされる（高木1994）。古墳は岡山県築山古墳（前方後円墳82m），大阪府長持山古墳南側主体部（円墳40m），大阪府峯ヶ塚古墳（前方後円墳96m），大阪府今城塚古墳（前方後円墳190m），奈良県野神古墳（前方後円墳か　後円部径40m以上），奈良県別所鑵子塚古墳（前方後円墳57m），奈良県東乗鞍古墳（前方後円墳75m），奈良県兜塚古墳（前方後円墳約40m），滋賀県円山古墳（円墳28m），同県甲山古墳（円墳約30m）である。滋賀県の大岩山古墳群の円山古墳と甲山古墳を除くと，墳丘長50m級以上の前方後円墳で占められることが分かる[5]。5世紀後半～6世紀初頭（和田編年9～10期）は中期後半の古墳階層が変化し（小栗2006），墳丘規模が縮小することが知られ，その後も比較的幅がある上位の階層に継

続して馬門ピンク石製家形石棺が使用されていたと考えて間違いない。

では，長持形石棺1類と上記の九州製の石棺はどのような関係であったのであろうか。岡山県赤磐市朱千駄古墳（前方後円墳85m）からTK23～47型式の須恵器が採集され，奈良県香芝市狐井城山古墳（前方後円墳140m）の埴輪がⅤ-1段階に相当するので，この2古墳から長持形石棺は5世紀後半～末までは確実に残る。突起1・0型式の舟形石棺を納める小山古墳が朱千駄古墳に後続し，長持山古墳の南側主体部と築山古墳がTK23～47型式の時期に当たるので，菊池川流域産舟形石棺，馬門ピンク石製家形石棺，竜山石製長持形石棺の3種の石棺が一時的に並存していたと考えるのが妥当である。

菊池川流域産の舟形石棺が5世紀後半で衰退した後，どのような変化があったか。筆者はその変化を考える上で奈良県馬見古墳群中の狐井城山古墳に注目した。墳丘規模が著しく縮小する時期に古市古墳群中の岡ミサンザイ古墳（前方後円墳241m）に次ぐ140mは特筆され，馬見古墳群の南群から単独で立地することから，大王墓の可能性も指摘されている（白石2000）。この古墳の外堤に接した用水路から，刳抜式の長持形石棺の蓋と竜山石製の家形石棺の蓋が発見され，付近の阿弥陀橋の板橋に用いられていた長持形石棺の蓋石2基が狐井城山古墳に伴うものならば計4基の石棺があったことになる。阿弥陀橋には竜山石製の竪穴式石槨の天井石と思われる石材があり，竪穴式石槨に少なくとも1基は長持形石棺が納められたことになる。

重要な資料群であるが，古墳から遊離しているという点で評価が難しく，積極的に評価されてこなかった。しかし突起2・2型式に復元される1号石棺は蓋石長2.5mを超える大型のものに復元され，突起2・0型式の2号棺も蓋石長約250cmを測る。長持形石棺の秩序の中では最高位とそれに準じるもので，相当規模の墳丘長の古墳に対応するが，狐井城山古墳の付近には他に狐井稲荷山古墳（前方後円墳約60m）しか見当たらず，また石棺の年代も5世紀後半～末に編年される資料（第40図）なので，やはり狐井城山古墳に帰結する資料として扱いたい。特に3号石棺と4号石棺は刳抜式であることが注目される。3号石棺は扁平な資料であるが，Ⅰ形式を刳抜式にしたものと予想され，蓋石長約2.7mを測る大型のものである。4号石棺は家形石棺であり，欠損が激しいが，蓋石幅約100cmで，他の石棺より小型である。突起2・2型式が狐井城山古墳の主たる被葬者のものと思われ，追葬の段階で刳抜式に変化したことが窺がえる。MT15型式期に築造された奈良県市尾墓山古墳（前方後円墳66m）では二上山白石を使用した家形石棺が出現し，横穴式石室とセットとなることが注意される。この二上山白石製家形石棺は縄掛突起が大型で，棺身が箱形を呈し，馬門ピンク石製家形石棺をモデルとしつつも意匠が刷新されている。馬門ピンク石製家形石棺のデザインとは異なる家形石棺が創出され，土生田純之氏の定義した「畿内型石室」（土生田1994）が成立するMT15型式期に大王墓で長持形石棺から家形石棺に転化したと考えたい。

では大王墓における家形石棺の石材は何か。大阪府高槻市に所在する今城塚古墳の発掘において注目される成果が確認された（高槻市教育委員会2008）。6世紀前半に築造され，継体天皇の墳墓とされる今城塚古墳（前方後円墳190m）では竜山石，馬門ピンク石，二上山白石の3種の石材

が確認され，その内二上山白石は組合式であることが報告された。6世紀前半の馬門ピンク石製家形石棺を納める古墳のうち，東乗鞍古墳，円山古墳の追葬棺が二上山白石製の組合式で，別所鑵子塚古墳では後円部の竪穴式石槨に馬門ピンク石製家形石棺を納めるのに対し，前方部に二上山白石製の組合式家形石棺を直葬することが知られ，馬門ピンク石より二上山白石が相対的に下位の石材と予想される。では竜山石と馬門石のどちらか。筆者は大王墓と思われる見瀬丸山古墳（前方後円墳310m）の大型横穴式石室に竜山石製の家形石棺が利用されていることを重視し，今城塚古墳に竜山石が確認できること，狐井城山古墳で竜山石製の長持形石棺から刳抜式長持形石棺・家形石棺への転化が確認できることから，やはり竜山石と考えるのが妥当と判断している。

　長々と長持形石棺と九州製の石棺，家形石棺について述べたが，古市・百舌鳥古墳群では岡ミサンザイ古墳まで竪穴式石槨＋長持形石棺1類が使用されたと考えておきたい。馬門ピンク石製家形石棺は菊池川流域産の舟形石棺とやや重複しながらも入れ替わるように採用され，当時の長持形石棺を頂点とした埋葬施設の階層構造に組み込まれたが，その後，大王墓で新しい棺（竜山石製家形石棺）を創出する際にモデルとされ，前段階から引き続き使用されたのである。特に後期初頭には上位の階層に使用されたようで，階層構造の変革とも検証が必要である。

(2) 佐紀盾列古墳群 (第41図・第43図)

　古墳の概要については『大和前方後円墳集成』（奈良県立橿原考古学研究所編2001）を参考とした。

　大和盆地の北端に位置する平城山の南側，低丘陵上に200mを越す7基の大型前方後円墳を中心とした古墳群である。東西に広く分布し，前期後半～中期初頭を中心とする西群と中期初頭～中期後半を中心とする東群に分けることが多く，筆者も従いたい。西群では「大型主墳」に規模が劣る「主墳」，「陪塚」が存在し，前期後半に「陪塚」が明確化し，東群では「大型主墳」，「中型主墳」，「小型主墳」，「陪塚」が存在し，古市・百舌鳥古墳群の構成と類似することが指摘されている（田中2001a）。佐紀古墳群では墳丘長200m以上の前方後円墳，100～150m級の前方後円墳，100m以下の前方後円墳，大型円墳，中・小型円墳・方墳が認められるが，残念ながら埋葬施設の情報は少ないか，不確定のものが多い。出土した埴輪から西群では陵山古墳（前方後円墳207m）→宝来山古墳（前方後円墳227m）→石塚山古墳（前方後円墳218m）→五社神（前方後円墳273m），東群ではコナベ古墳（前方後円墳207m）→ウワナベ古墳（前方後円墳255m）→ヒシアゲ古墳（前方後円墳220m）の順に築造されたと考えられる。

　大型古墳では盗掘記事から埋葬施設の情報がわずかに確認される。陵山古墳は大正4年に盗掘され，その復旧工事の記録から，竪穴式石槨の上に屋根形石とも呼ばれる舟形石棺の蓋状のものが置かれていたことが知られる（石田1967）。宝来山古墳，石塚山古墳，五社神古墳は幕末の盗掘記事から，わずかに埋葬施設の内部が判明し（茂木1990），宝来山古墳では墳頂より1.8m下の所に蓋石長210cm，蓋石幅120cm，棺身長180cm，棺身幅90cm，石棺高90cmを測る石棺が確認され，蓋が亀の形をするとされている。石塚山古墳からは蓋石長240cm，蓋石幅150cm，棺身長210cm，棺身幅120cm，石棺高120cmで，蓋の形がやはり亀の形を呈するという。なお五社神古墳からは上記の2古墳と同様の石棺が出土したことが記されている。ではこれらの石棺の記載からどのよ

うな事実が判明するであろうか。

　まず第1に石棺の蓋が亀の形に似ているということから，蓋の平面形が長方形ではなく短辺がやや張り，横断面もやや膨らみがあるというように形態が亀の甲羅に類似していたと推測するか，陵山古墳の蓋石や津堂城山古墳棺のように蓋に区画文が刻り込まれていたため，亀の甲羅のように見えたと考えるか二つの推測が成り立つ。第2に蓋石の長さと幅が棺身より一回り大きいということである。蓋の縄掛突起を基準に計測している場合一回り大きくなるが，縄掛突起は長さ約20cm程あるので，両端で合わせて40cm〜50cm程大きくなるが，上記の数字を確認すると，蓋と身の差が長さ・幅ともに30cmなので，縄掛突起も含め計測したとは考え難い。素直に蓋石が短辺長辺ともに棺身より10〜15cm大きいと考え，棺身に比して蓋が大きいと考えるのが妥当である。刳抜式の石棺では蓋と身の長さと幅が異なることはないので，この2つの条件からやはり長持形石棺か類似した組合式石棺が推測される。

　仮に長持形石棺と仮定した場合に問題となるのは宝来山古墳の石棺の大きさである。墳丘長200mを超える前方後円墳にしては石棺の規模が小さい。他の200m以上の前方後円墳の長持形石棺は約300cmを測る。筆者は津堂城山古墳の長持形石棺をもって中期の石棺秩序が完成されると考えているので，石棺の規模と突起型式・墳丘規模が明確に対応する以前の成立期の長持形石棺3類と考えておくのが妥当であろうと判断している。一方石塚山古墳の石棺も規模に問題があり，石棺の幅や高さは約3m程の大型の長持形石棺に合致するが，蓋石長が240cmと中型品の大きさであり，バランスが悪い。石棺蓋が幅広な点は奈良県黒塚古墳展示館脇の組合式石棺蓋石に類似することが指摘できる。長持形石棺に類似した組合式石棺が佐紀古墳群の西群で成立した可能性はあるが，長持形石棺1類の形態や石棺秩序は成立していないと考えたい。

　その他の古墳では西群では前期後半に丸塚古墳とマエ塚古墳が2段築製の大型円墳（径50m）で，埋葬施設が粘土槨である。鉄製農工具を副葬し，西群では新しい要素を持つ塩塚古墳（前方後円墳105m）も粘土槨である。東群では埋葬施設が不明な古墳が多く，削平された古墳も多いため検討は容易ではない。また，梅原末治氏は法華寺一条街道において法華寺から約55m離れたところから長持形石棺の蓋が出土したことを報告している（梅原1920a）。石棺の蓋は幅約160cmを測る大型のもので，3分の1程遺存している。現在横浜市の三渓園に運ばれ，2・0型式か2・1型式の可能性が高いことが指摘されている（土生田1987）。その後石棺出土地点から削平された古墳が見つかり，法華寺垣内古墳と仮称された（奈良市埋蔵文化財センター2006）。墳丘長107mの前方後円墳であり，出土した埴輪から5世紀前半に位置づけられた。この古墳の石棺である可能性が説かれたが，石棺は蓋石縄掛突起位置がC類，蓋石下端がd類で5世紀中葉から後半のものと思われ，年代に齟齬が生まれる。また，石棺幅160cmは津堂城山古墳棺など大型棺と同等であり，100m程の前方後円墳に納められたとは考え難い。200m級の前方後円墳を推測するべきである。

　佐紀盾列古墳群で注目したいのは前期後半から連続して墳長200m以上の大型前方後円墳が築造されるが，その中で，大王墓クラスの古墳での石棺の推移が不完全ながら判明することである。長持形石棺が200m以上の前方後円墳に伴うことは，古市・百舌鳥古墳群の様相に類似している。

(3)　馬見古墳群（第41図・第43図）

　東西3km，南北8kmを測る馬見丘陵の東側縁辺部を中心に古墳が密集して築造されている。丘陵北部の河合大塚山古墳を中心とする北群，巣山古墳を中心とする中央群，築山古墳群を中心とする南群に分けて説明されることが多く，筆者も従いたい。なお古墳については，『大和前方後円墳集成』（奈良県立橿原考古学研究所編 2001），『馬見古墳群の基礎資料』（奈良県立橿原考古学研究所 2002c）を参考とした。

　馬見古墳群は，「大型主墳」「中型主墳」「小型主墳」が認められるものの，明確な「陪塚」がない点と，「中型主墳」「小型主墳」の占める割合が高いこと，3群の構成に差があることが指摘されている（田中 2001a）。前期末に築造された中央群の巣山古墳（前方後円墳210m）の埋葬施設は竪穴式石槨である。少なくとも馬見古墳群では長持形石棺1類に先行する長持形石棺3類は確認できない。長持形石棺1類が導入されたのは巣山古墳築造以後である。

　中央群の5世紀中葉に築造された文代山古墳（方墳約50m）から出土したとされる長持形石棺1類の底石は248cmを測るが，内方幅60cm，内方長180cmで，中型棺というより小型棺に近い。現状では方墳に長持形石棺1類を納めることは，畿内では他に例がない。また，狐井城山古墳の南方約500mのところに位置する小池寺の石棺仏は長持形石棺1類の蓋を利用している。蓋石復元長約230cm，蓋石幅約90cmである。付近の神社に組み合うと思われる底石があり，ほぼ同規模で内法幅約60cmを測る。蓋石の形式はⅡb形式で，突起0・2型式である。他の突起0・2型式は墳丘長150m級の前方後円墳に納められ，蓋石長250cm程の中型棺になる。しかし小池寺の石棺仏は明らかに小型棺である。文代山古墳のように，墳丘規模は小さいものの，長持形石棺を納められる被葬者の存在が予想され，小池寺棺の対応する古墳も他の突起0・2型式を納める150m級の前方後円墳を予想する必要はないと考えられる。

　他の長持形石棺1類を納めたと思われる古墳は，南群より西方に独立した立地をとる狐井城山古墳（前方後円墳140m）である。上述したように後期初頭に築造された古墳で，墳丘規模が著しく縮小するなかで，140mは特筆される。突起2・2型式（1号棺）と0・2型式（2号棺）の長持形石棺と，刳抜式の長持形石棺で，突起の数が短辺に2つ，反対側に1つ造り出す石棺（3号棺），家形石棺（4号棺）の計4基の石棺が外堤及び付近から検出された（第43図）。蓋の形式は1号棺と2号棺がⅡb形式，3号棺はⅠ形式である。長持形石棺から家形石棺へ，組合式から刳抜式に変化する時期を検討する上で重要な石棺群である。

　馬見古墳群では巣山古墳の築造後新木山古墳（前方後円墳200m）や河合大塚山古墳（前方後円墳193m）などの200m級の大型前方後円墳には長持形石棺1類が導入されていると予測されるが，それ以下の前方後円墳，帆立貝形古墳，大型円墳，大型方墳，小型墳の埋葬施設はほとんど判明していないが，「中型主墳」「小型主墳」は粘土槨か木棺直葬と判断される。特に注目されるのは文代山古墳棺や小池寺棺などの小型の長持形石棺の存在である。田中氏の指摘するように馬見古墳群は「中型主墳」「小型主墳」の占める割合が高く，こうした被葬者の中で，特に長持形石棺を使用できた被葬者が想定される。しかし文代山古墳は墳形・墳丘規模に対応するように小型棺

である。小池寺棺も突起0・2型式であるが小型棺であることは，相対的に上位の突起型式の石棺を使用しながらも，墳形・墳丘規模に対応した規模の石棺しか使用できないという状況が予想される。

その他葛城氏に関わる古墳群[6]として，新庄古墳群，室古墳群，国見山北東麓古墳群にも触れておきたい。新庄古墳群は火振山古墳（前方後円墳90m），屋敷山古墳（前方後円墳140m），北花内大塚古墳（前方後円墳90m），二塚古墳（前方後円墳60m）などの前方後円墳が確認される。屋敷山古墳からは須恵質の埴輪が出土し，5世紀中葉頃の年代が推測される。屋敷山古墳では突起0・2型式の中型の長持形石棺が使用されている。室古墳群は室宮山古墳（前方後円墳240m）を中心に猫塚古墳（方墳70m）が築かれており，南の丘陵には大規模な群集墳である巨勢山古墳群が築造される。室宮山古墳の2km東方に位置する国見山北東麓古墳群では掖上鑵子塚古墳（前方後円墳149m）を中心に鑵子塚南古墳（円墳40m）が築造される。室宮山古墳の埴輪がⅣ期1段階，掖上鑵子塚古墳の埴輪はⅣ期2段階頃であり，室宮山古墳の次代の首長が掖上鑵子塚古墳の被葬者と推測される。室宮山古墳からは竪穴式石槨に納められた突起2・2型式の大型の長持形石棺1類が確認された。蓋はⅠ形式である。掖上鑵子塚古墳からは帯金具が出土し，長持形石棺が存在したことが知られる。墳丘長が同規模である屋敷山古墳の長持形石棺が突起0・2型式であり，同様な長持形石棺と予想される。

以上，馬見古墳群，新庄古墳群，室古墳群，国見山北東麓古墳群の状況を概観した。馬見古墳群中の一部の小型棺が注目されるものの，長持形石棺の法量は基本的に墳丘形・墳丘長に対応しており，石棺秩序に沿ったものである。

（4） 畿内の他の古墳群（第41図・第43図）

上記以外畿内の古墳群で長持形石棺1類が認められる淡輪古墳群，久津川古墳群，三島古墳群について簡単に触れたい。淡輪古墳群は大阪府の南端，紀淡海峡を望む位置に築造された古墳群で，3段築成の西陵古墳（前方後円墳210m）と宇土墓古墳（前方後円墳180m）の2基の大型前方後円墳を中心に陪塚と小規模な古墳が認められる。

西陵古墳は埴輪はⅣ期1段階，5世紀前半の築造である。後円部に長持形石棺1類の蓋が露出していた。突起2・2型式の長持形石棺である。宇土墓古墳は西陵古墳の東方700mの位置に築造され，埴輪はⅣ期2段階，5世紀中葉の築造である。おそらく同様に長持形石棺が使用されていると思われる。両古墳の中間に築造された西小山は径40mの造り出しを付設された円墳である。竪穴式石槨に金銅装眉庇付冑や甲冑を中心とした武器・武具類が豊富に副葬されていた。宇土墓古墳と同時期である。淡輪古墳群は比較的短期間に大型前方後円墳が築造され，長持形石棺が納められる。西小山古墳が竪穴式石槨であることから大型古墳に限定的に長持形石棺1類が伴うと予想される。

久津川古墳群は宇治丘陵の西側の低台地上に築造された前・中期古墳群の総称である。特に群中で最大規模を測る3段築製の車塚古墳（前方後円墳180m）に長持形石棺が納められていた。埴輪はⅣ期1段階，5世紀前半の古墳である。石棺は蓋の形態がⅡb形式，突起0・2型式である。

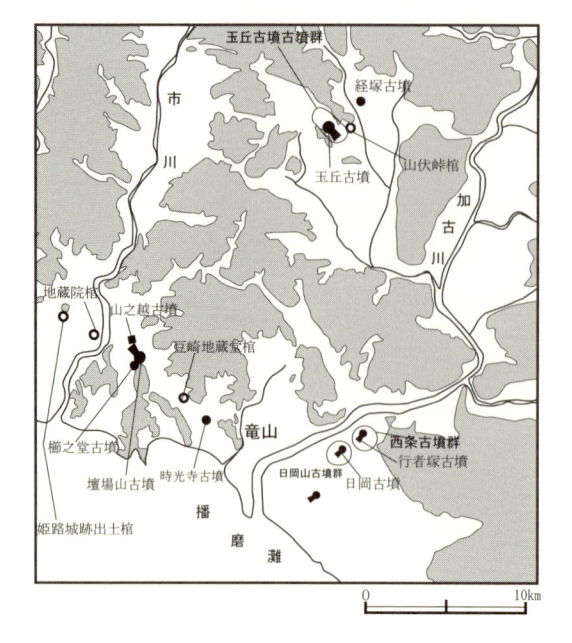

第44図　播磨の長持形石棺の分布 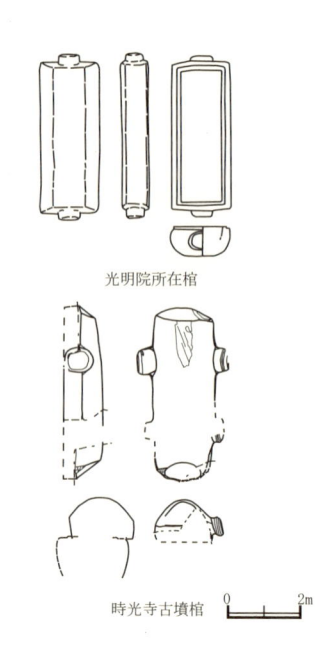　　　　第45図　刳抜式の長持形石棺

　先行して築造された青塚古墳（帆立貝形古墳80m）と車塚古墳に後続する芭蕉塚古墳（前方後円墳115m）に比して車塚古墳の墳丘は隔絶したものがある。埋葬施設の内容が分かるものが少ないため，他の古墳に長持形石棺が納められているか判断できないが，車塚古墳に限定的に伴う可能性が高い。

　三島古墳群は北摂山地の丘陵とそこから派生する平野に東西約10km範囲に営まれた古墳群の総称で，小河川ごとに纏まりがあり，7つのグループに分けられる（森田2006）。特に奈佐原グループは奈佐原丘陵上に前期初頭の岡本山古墳（前方後円墳120m）築造後，弁天山古墳（前方後円墳100m）→弁天山C1号墳（前方後円墳73m）郡家車塚古墳（前方後円墳84m）→前塚古墳（帆立貝形古墳90m）と継続的に100m級の古墳が築かれた。

　特に前期前半を中心に築造された岡本山古墳，弁天山古墳の規模は三島古墳群で突出していたものの，前期後半以後徐々に墳丘規模が縮小し，中期前半に築造された前塚古墳では墳形が前方後円墳から帆立貝形前方後円墳へと変化し，以後目立った古墳が築造されなくなるのに対し，西側土室グループでは中期中葉頃に古墳群中最大の太田茶臼山古墳（前方後円墳226m）が築造され，突出した規模を測ることが知られる。三島古墳群では前塚古墳に長持形石棺1類が認められ，太田茶臼山古墳にも伴うと予想される。前塚古墳は帆立貝形古墳であるが，三島古墳群で最初に周濠を整備した古墳であり，岡本山古墳から続く勢力に長持形石棺が採用された。石棺は蓋石長約200cm程の小型のもので，突起1・0型式と，墳形・墳丘規模に整合したものである。太田茶臼山古墳は盾形周濠と造り出しを備えた3段築成の前方後円墳で墳丘長226mは三島古墳群では規模が突出している。倭王権と密接な関係にあり，三島古墳群で唯一「陪塚」が確認される。墳丘規

模からみて突起2・2型式の大型棺が予測される。淡輪古墳群や久津川古墳群では他の古墳と隔絶した「大型主墳」に長持形石棺が限定的（一時的）に伴うと予想され、三島古墳群でも前塚古墳を除けば同様な状況を呈している。

(5) 生産地付近の古墳群 (第41図・第43図～第45図)

　従来から加古川下流域から産出する石材を総称として「竜山石」の名称が使用されてきたが、その後、兵庫県考古化学談話会の『竜山石』研究グループにより、丹念な石切場の所在地、採石時期、肉眼的観察と岩石の帯磁率による石材の調査が行なわれ、竜山石の石材産出地（石材）が細分されるようになった（兵庫県考古学談話会『竜山石』研究グループ2003）。このような石材産出地に隣接し、古墳群の内容が判明するのは玉丘古墳群である（第44図）。付近には高室石・長石が産出する。史跡整備に伴う調査により古墳群の内容が明らかにされた（菱田2008、森幸2012）。

　中期初頭の玉丘古墳が契機となり、20数基の帆立貝形古墳や円墳・方墳が築造される。玉丘古墳は墳丘長109mを測る前方後円墳であり、後円部に長持形石棺を直葬する。石材は高室石系のもので、蓋の小口側に斜面を設けるⅡa形式の初現の事例で、突起2・2型式である。付近には2基の「陪塚」が築造される。後続する小山古墳は墳丘長79mを測る前方後円墳である。TK73型式の須恵器が出土し、5世紀前半に築造される。埋葬施設は不明である。小山古墳以降は前方後円墳が築造されず、5世紀中頃には群中ではマンジュウ古墳（帆立貝形古墳約45m）や笹塚古墳（帆立貝形古墳約43m）のような帆立貝形古墳が築造される。笹塚古墳は2段築成で、墳丘長約43mを測る。後円部に竪穴式石槨が確認された。その他埋葬施設が判明するクワンス塚古墳（円墳35m）、北山古墳（円墳26m）はいずれも竪穴式石槨である。現状では玉丘古墳で長持形石棺1類が採用されているものの、以後の古墳では竪穴式石槨である。付近の山伏峠に5世紀前半に位置付けられる長持形石棺の蓋石が石棺仏に利用されているので、玉丘古墳群の古墳に対応すると予測される。蓋はⅠ形式で突起0・2型式、蓋石復元長約220cm程の小型棺で、高室石系の石材である。なお玉丘古墳群の北側の丘陵を挟んで北東約2kmの位置に築造された経塚古墳（円墳約25m）では長持形石棺1類が直葬されている。

　一方で市川下流域の左岸には壇上山古墳を中心とした壇場山古墳群が築造される（第44図）。壇場山古墳は墳丘長147mを測る3段築成の前方後円墳で、後円部には、突起2・2型式の長持形石棺1類が直葬され、一部蓋石が露出している。前方部には長側壁が遺存していた。「陪塚」の櫛之堂古墳（円墳現存径約10m）には長持形石棺の短側壁が露出している。幅110cmはかなりの大型棺に対応する可能性がある。壇場山古墳に隣接する山之越古墳は1辺60mの方墳で壇場山古墳に後続する首長墳と予測される。早くに坪井正五郎氏と和田千吉氏に発掘され、石棺の見取り図が残されている（和田1900d）。その他西方では市川を挟んで姫路城から出土した短側壁と、石棺仏（地蔵院）に使用された長側壁が認められ、さらに壇場山古墳から北東5kmの位置する直径46mの2段築成の円墳である時光寺古墳には突起0・2型式の長持形石棺が直葬されていることが判明した。山之越古墳と同時期であろう。時光寺古墳西側約500mの位置にはまさに竜山石の名称の元になった竜山が控え、石材の産出地が隣接する。付近に長持形石棺の長側壁の部材か

竪穴式石槨の蓋石か判断がむずかしい部材が2例確認できる。壇場山古墳，櫛之堂古墳，山之越古墳の長持形石棺と付近の長持形石棺の部材は竜山石（宝殿石系）で，この地域の石材を使用したものである。

　玉丘古墳群や壇場山古墳を中心とした古墳群を築いた勢力は長持形石棺の存在からも倭王権と密接な関係があったことは間違いない。しかし，玉丘古墳群の様相から判断すると，長持形石棺1類を継続して使用できた状況ではない。また石材産出地付近に築造された古墳群が長持形石棺を採用できたわけではない。

　加古川下流域左岸に築造された日岡山古墳群と西条古墳群には前期から中期にかけて前方後円墳が陸続と築かれた。日岡山古墳群が前期を中心に古墳が築造され，西条古墳群が中期から築造を開始することから，日岡山古墳群から西条古墳群に墓域を移動しながら大型古墳群が築造されたと理解できる。西条古墳群中の行者塚古墳は和田編年6期に築造された墳丘長99mの前方後円墳で，群中最大規模であるが，埋葬施設は粘土槨である。日岡山古墳群の南大塚古墳は，和田編年3期に築造された墳丘長90mの前方後円墳であるが，天井石は竜山石が使用されており，すでに早くから竜山石の使用は確認できる。

　なお加古川の河口に近い聖陵山古墳も和田編年1期から2期の前方後方墳として知られるが，やはり天井石に竜山石が使用されており，加古川流域の古墳群に当初竜山石が使用されているようである。行者塚古墳の埋葬施設が粘土槨であることは，石材の使用に規制があったことを想起させ，壇場山古墳や玉丘古墳との格差を読み取ることができる[7]。

　生産地での石棺秩序に触れておきたい。玉丘古墳と壇場山古墳の長持形石棺は突起2・2型式である。同時期の畿内では200m以上の古墳にのみ使用されるものである。しかし玉丘古墳と壇場山古墳の墳丘規模は200mを超えるものではない。当然ながら畿内とは異なった石棺秩序で長持形石棺が導入される。結論からいえば，第42図のモデルを縮小した形で，第1階層（前方後円墳約100～200m）に突起2・2型式の大型棺が，第2階層（前方後円墳・方墳100m以下）に突起0・2型式の中型棺・小型棺が使用されると推察される。生産地付近ではないが，但馬の池田古墳（前方後円墳141m）と丹波の雲部車塚古墳（前方後円墳143m）の長持形石棺も同様であろう。この2古墳のように一時的に地域最大の前方後円墳に長持形石棺が伴う様相は，久津川古墳群や淡輪古墳群での状況に類似する。

　注目されるのが時光寺古墳の石棺である。時光寺古墳の調査では埋葬施設の調査範囲が限定的であり，棺身の構造について不明な部分がある。棺身長側壁に印籠構造となる段が造られる特異なもので，同様な事例が京都府光明寺所在の竜山石製の刳抜式舟形石棺に認められ（第45図），時光寺古墳の事例も同様に刳抜式となる可能性が指摘されている（中村2011）。刳抜式とすると，竜山石製刳抜式長持形石棺を認めることになる。もし竜山石製刳抜式長持形石棺とするならば，その出現理由として2つの案が考えられる。該期に舟形石棺の影響や，情報の入手があり，刳抜式で製作した可能性と，組合式と刳抜式の構造差により階層差を表現しようとした可能性である。前者の場合，おそらく石材及び石工についても何らかの影響力を有したと予想される時光寺古墳

の被葬者が，棺構造を選択的に刳抜式にしたと考える訳である。しかし，棺蓋の形態は変えず，棺身のみ刳抜式に変えたという理由が具体的に説明できない。むしろ階層差として組合式と刳抜式の差が認識され，周辺地域で採用されていた可能性は十分にあるのではないかと考えている。時光寺古墳棺が刳抜式で，組合式と合わせて階層構造を形成するようになったと考えてよければ，光明寺棺も突起1・0型式の刳抜式長持形石棺と評価してよく，石棺長約2mという規模も評価できる。さらに舟形石棺の中に，長持形石棺を模倣したと判断できる事例があり，その系譜や階層構造についても言及できるようになる。残念ながら他の事例が調査により確認できないかぎり仮説に留まるが，竜山石製刳抜式長持形石棺が階層差として組合式長持形石棺とセットになる可能性も視野の片隅に入れておきたい。

まとめ

本章ではまず長持形石棺1類の編年を行ない，蓋の形式差が年代差と見なせないことを確認した。近年では長持形石棺1類が和田編年7期から8期には衰退すると考えられてきたが，朱千駄古墳や狐井城山古墳でも長持形石棺1類は採用されており，和田編年9期までは確実に採用されていることを再確認した。九州の舟形石棺，馬門ピンク石製家形石棺については，長持形石棺1類と入れ替わるわけではなく，並存しており，長持形石棺を頂点とした畿内の階層構造の中に新しく組み込まれたと考えるのが妥当である。馬門ピンク石製家形石棺がより上位の階層に利用されるのは和田編年10期以降である。

さらに長持形石棺は明確な石棺秩序を有しており，畿内の範囲では墳形と墳丘規模によって長持形石棺の縄掛突起の数と規模が規定されていることを確認した。畿内の周辺域では採用基準が異なることが確認でき，生産地の播磨では畿内の石棺秩序を縮小した形で採用されている。次章では長持形石棺1類の形式と石棺秩序が舟形石棺や長持形石棺2類にどのような影響をあたえるか比較検討を行ないたい。

註
1) 乳岡古墳の調査では1972年の調査で粘土に包まれた長持形石棺と碧玉製の鍬形石3点，車輪石18点が出土した（堺市教育委員会2010）。長持形石棺の石材については和泉砂岩とする説（田中英1985）と西北九州の松浦半島に産出する松浦砂岩とする説（間壁ほか1975）がある。高木氏は乳岡古墳棺には触れていないが，大阪府二本木山古墳の舟形石棺などを間壁氏の見解に従い，松浦砂岩製と考えている（高木2010a）。どちらの石材であるかによって歴史的評価が変わってくるので慎重に判断しなければならないが，和田編年3期以降から九州の舟形石棺は遠隔地に運ばれることや，佐賀県谷口古墳では松浦砂岩製の長持形石棺が製作されており，九州から運ばれた可能性は否定できない。
2) 十河良和氏は光明院の長持形石棺長側壁について，百舌鳥古墳群中の御廟山古墳（前方後円墳190m）を推定している（十河2004）。
3) 黒姫山古墳（前方後円墳114m）の後円部に凝灰岩製の刳抜式石棺があったことが報告されている。古墳の時期から菊池川流域産の突起1・0型式の可能性があるが，傾向は変わらないと判断した。

4) 太田宏明氏は馬門石製家形石棺の祖形に九州系家形石棺1類を想定するが，岡山県築山古墳棺は縄掛突起の付加位置が長持形石棺と共通し，奈良県兜塚古墳では蓋の横断面外面が蒲鉾形で，長持形石棺の特徴が認められる。氏の指摘するように縄掛突起の形態や蓋内面の刳抜方は九州の石棺と共通するものであるが，基本モデルは長持形石棺であると考えている。この点は第4章で詳説したい。

5) 馬門ピンク石製ではないが，大分県王ノ瀬天満宮所在棺は近接する辻1号墳（前方後円墳約36m）から出土した可能性が高いことが明らかになった（高畠2004）。出土した須恵器や川西編年IV期を中心とした埴輪から，TK208～23型式期，和田編年8期から9期の築造であることが判明した（大分市教育委員会2004）。また宮城県念南寺古墳出土家形石棺も馬門ピンク石製家形石棺と同形である。古墳は墳丘長約50mの前方後円墳で，出土した埴輪は縦ハケを主体とし，一部川西編年IV期の横ハケを持つ埴輪を含む（宮城県教育委員会1998）。盗掘坑から出土した石製模造品は比較的丁寧な作りである。土師器甕は長胴化の傾向が認められ，佐平林式でも前半の頃（TK23～MT15型式期）と考えている。報告書の指摘通り5世紀後半～末の年代が想定される。辻1号墳や念南寺古墳は和田編年8期の後半に位置付けられる可能性があり，当然馬門ピンク石製の家形石棺の製作も8期に遡る可能性がある。北肥後型の輸送とどの程度の年代差があるのか検証が必要である。

6) 馬見古墳群を葛城氏の勢力に含めるかどうかという点については，筆者は現時点で明確な意見を持たない。

7) 2011年1月23日に開催された『第12回播磨考古学研究集会　大型古墳からみた播磨』の討論において，壇場山古墳，玉丘古墳，行者塚古墳の墳丘規模から，壇場山古墳が他の古墳をしのいでおり，それが，長持形石棺の保有という形で埋葬施設にも現れることが高橋克壽氏により指摘されている（高橋克壽2012　63頁）。討論では播磨の大型古墳を考える上で石材産地である視点が必要なことや，石工技術との関連も含め渡来人の編成について言及されている。

第 2 章　竜山石製長持形石棺の石棺秩序　107

第 21 表　長持形石棺 1 類基礎分析表

古墳名	墳形	突起型式	総高	蓋石長	蓋石幅	蓋石高	長側壁長	長側壁高	短側壁高	短側壁幅	底石長	底石幅	底石高	第 43 図番号
津堂城山棺	前方後円墳208m	2・2型式	182cm	346cm	164cm	50cm	318cm	84cm	105cm	約116cm	352cm	151cm	50cm	1
室宮山棺	前方後円墳240m	2・2型式	約160cm	326cm	148cm	40cm	298cm	約96cm	約102cm	約92cm	318cm	128cm	34cm＋	15
壇場山棺	前方後円墳147m	2・2型式	—	281cm	約115cm	38cm	—	—	—	—	—	—	—	21
出石町所在	前方後円墳141m	2・2型式	—	—	—	—	—	—	104cm	93cm	—	—	—	32
玉丘棺	前方後円墳109m	2・2型式	約167cm＋	—	—	約43cm	—	91cm	106cm	118cm	350cm	166cm	〈18cm〉	19
西陵棺	前方後円墳210m	2・2型式	—	約290cm	約136cm	約90cm	—	—	—	—	—	—	—	16
仁徳陵前方部	前方後円墳486m	2・2型式	—	約270cm	約145cm	〈59cm〉	—	—	—	—	—	—	—	5
孤井城山棺 1	前方後円墳140m	2・2型式	—	(270cm)	(117cm)	48cm	—	—	—	—	—	—	—	10
四天王寺棺	—	2・2型式	—	255cm	130cm	51cm	—	—	—	—	—	—	—	29
久津川車塚	前方後円墳180m	0・2型式	157cm	248cm	110cm	50cm	245cm	74cm	約71cm	—	255cm	116cm	38cm	17
屋敷山	前方後円墳140m	0・2型式	—	約245cm	104cm	26cm	—	—	100cm	90cm	—	—	—	14
山ノ越棺	方墳60m	0・2型式	—	236cm	117cm	53cm	—	—	—	—	—	—	—	23
時光寺古墳	円墳40m	0・2型式	—	229cm	86cm	49.5cm	—	—	—	—	—	—	—	28
小池寺所在	—	0・2型式	—	195cm＋	86cm	約20cm	228cm	—	57cm	—	228cm	76cm	24cm	9
山伏峠棺	—	0・2型式	—	〈176cm〉	100cm	(58cm)	—	—	—	—	—	—	—	20
孤井城山棺 2	前方後円墳140m	2・0型式	—	(248cm)	(121cm)	55cm	—	—	—	—	—	—	—	11
孤井城山棺 3	前方後円墳140m	2・1型式	—	274cm	143cm	(45cm)	—	—	—	—	—	—	—	12
雲部車塚棺	前方後円墳143m	2・1型式	—	(約210cm)	(約100cm)	32cm	208cm	60cm	57cm	60cm	226cm	91cm	23cm	31
朱千駄塚棺	前方後円墳85m	1・2型式	110cm	200cm	102cm	25cm	197cm	55cm	65cm	45cm	205cm	56cm	14cm	30
前塚棺	帆立貝形90m	1・0型式	90cm	197cm	66cm	50cm	—	—	—	—	—	—	—	18
法華寺付近	—	—	—	—	158cm	—	—	—	—	—	246cm	91cm	32cm	7
文代山古墳	方墳約50m	—	—	—	—	—	—	80cm	—	—	—	—	—	8
壇場山前方部	前方後円墳147m	—	—	—	—	—	—	—	〈90cm〉	110cm	—	—	—	22
楠之堂	円墳	—	—	—	—	—	—	—	—	108cm	—	—	—	24
姫路城出土	—	—	—	—	—	—	—	—	—	—	—	—	—	26
地蔵院石棺仏	—	—	—	—	—	—	—	75cm	—	—	—	—	—	25
豆崎地蔵院	—	—	—	—	—	—	—	101cm＋	105cm	83cm	—	—	—	27
誉田八幡宮	—	—	—	—	—	—	—	—	—	—	—	—	—	3
光明院	—	—	—	—	—	—	—	75cm	—	—	—	—	—	6

( ) は復元長　〈 〉は現存長

第3章　舟形石棺の石棺秩序
― 長持形石棺1類の石棺秩序との比較を中心に ―

　前章では長持形石棺1類の規格性と石棺秩序について触れた。本章では上述した石棺秩序が長持形石棺2類と舟形石棺に及ぼす影響関係についての見通しを述べるため，舟形石棺と長持形石棺2類の分布が集中する地域について，各石棺の系譜と階層構造について整理したい。

第1節　丹後地域

　古墳の概要については報告書以外に「第2編　北近畿の主要な遺跡」『北近畿の考古学』（両丹考古学会・但馬考古学研究会編2001），『同志社考古』10号（同志社大学考古学研究会編1973）を参考とした。丹後地域は在地の凝灰岩で製作した長持形石棺模倣棺と舟形石棺が比較的まとまっている地域である。特に竹野川河口付近に集中するようである。

(1)　研　究　史

　古くから重要な調査・報告が認められるが，総合的な考察として同志社大学考古学研究会の丹後の古式古墳の集成と検討は特筆される（同志社大学考古学研究会1973）。丹後の古墳の内部構造を検討し，その中で長持形石棺，舟形石棺が集成され，埋葬施設の組合せという視点で編年的検討が行なわれた。

　その後和田晴吾氏は丹後の石棺を刳抜式石棺と組合式石棺に分け，刳抜式石棺（舟形石棺）を石材と縄掛突起の数で3類に区分し，同様に組合式石棺も石材と種類（長持形石棺，箱式石棺）により3類に区分した。蛭子山古墳の花崗岩製舟形石棺は孤立的であるが，付近は花崗岩製の箱式石棺が製作される地域であり，石材では共通性が認められること，凝灰岩製の舟形石棺については縄掛突起の数から出雲などの日本海との交流により製作されたもので，丹後固有の首長の棺とは認め難いことを指摘している。組合式石棺の内，長持形石棺については，産土山古墳出土棺は群馬県御富士山古墳や福岡県月岡古墳同様長持形石棺1類の特徴を確認でき，若干細部に差異はあるものの，竜山石製長持形石棺を製作した石工の関与のもと製作されたと推定した。ヤマト王権の最高位棺として厳しい規制のもとで造られ配布された長持形石棺が，在地の凝灰岩で製作されたことは特異な現象で，他に例はないが，いくつかの事例が約2mと小型で，長持形石棺には形態と石材の規制に加え，規模の規制があったことを推測している。この種の石棺が竹野川河口付近に集中しており，ヤマト王権との密接な関係のもと製作されたと推測する（和田2000）。

　以上のような研究成果があり，特に和田氏の研究成果は筆者の検討に密接に関連してくる。特に舟形石棺と長持形石棺が分布する竹野川河口付近の地域を中心に検討を行ないたい。

(2) 地域様相
竹野川河口付近

　竹野川河口右岸には和田編年4期に築造された3段築成の大型前方後円墳の神明山古墳(203m)が築かれている。後続する首長墓として北側500mの位置に所在する産土山古墳は和田編年6期に築造された径約55mの大型円墳で，長持形石棺を直葬している。神明山古墳から南西600mの位置に所在する願興寺古墳群では，1号墳（方墳30m），5号墳（方墳45m）に長持形石棺，3号墳（方墳25m）に舟形石棺が2基確認される。3号墳の舟形石棺は棺身の長辺に突起が2個から3個ずつ造りだされるもので，佐賀県唐津市正観寺裏山石棺，同市島田塚古墳棺，島根県竹屋岩舟古墳棺などと類似することが指摘されている（和田1994a，2000）。神明山古墳の付近の畑からは小型の舟形石棺である一本松棺が出土し，河口の左岸では墳丘が削平されたものの長持形石棺が出土した馬場の内古墳棺が確認される。このように竹野川河口付近は長持形石棺と舟形石棺の分布する特異な地域として注目される（第46～第47図）。

　さて丹後の長持形石棺は在地の凝灰岩を加工したもので，和田氏が指摘したように竜山石製長持形石棺とは異なる点が3つあり，①短側壁に円形の突起を設けること。②底石に複数の縄掛突起を対で造り出すこと。③石棺部材に溝を彫り込み，組み立てることである。竜山石製では①は方形突起であり，②では基本的に短辺側に1個ずつ造り出すのが基本である。③は特に底石は段を造り長側壁を乗せるものである。蓋の形態は確認できるものは小口に斜面を形成しない筆者のⅠ形式（第35図）で，Ⅰ形式の竜山石製長持形石棺を模倣したものである。

　Ⅰ形式は畿内では5世紀前半まで多く確認され，丹後の長持形石棺もこの時期に盛行したと考えられる。蓋の縄掛突起の付加位置は馬場の内古墳棺を除き全てA類であり，古い要素が認められる。馬場の内古墳棺の縄掛突起付加位置はB類かC類である。他の事例に比して後出するものである。③の点で指摘したように組合方法が異なり，長持形石棺1類の製作者集団の関与は確認できない。長持形石棺の模倣棺（長持形石棺2類）として捉えることができる。

　さて長持形石棺2類が倭王権との関係の中で製作されたことは間違いないが，どのような関係を築いていたのであろうか。竹野川流域では産土山古墳(円墳55m)や願興寺古墳群中の5号墳(方墳約45m)が突起2・0型式で，蓋石復元長約230cmを測り，蓋石幅100cmを超えるものである。底石から蓋石までの総高も110cmを超え，丹後の長持形石棺2類では規模が突出している。この2棺はほぼ同規模で同様な規格で造られたことは間違いない。産土山古墳棺の底石が突起2・2型式であることは，長持形石棺1類の棺蓋では最も格の高い型式であり，棺蓋の突起2・2型式の使用は倭王権の規制があると考えられ（石橋2009a），あえて規制のない底石に造りだし，在地での秩序を表象した可能性が高い。産土山古墳棺は願興寺5号墳棺と同規模であるが，より上位の棺と意識されたと推察される。

　対して馬場の内古墳棺は棺蓋突起1・2型式，蓋石長約200cm，蓋石幅70cmを測るもので，上記の2例に対して小型である。馬場の内古墳の墳丘は不明であるが，墳形や墳丘規模に対応して石棺の法量を規定するような石棺秩序が存在していた可能性が高い。

また隣接地域にも重要な古墳がある。福田川流域の離湖古墳は一辺40×30mの方墳あるいは長方形墳で，副葬品の様相と出土したB種横ハケを持つ埴輪から和田編年6期の築造と考えられる（網野町教育委員会1993）。第1主体部は盗掘されていたものの，長持形石棺の底石が残されていた。底石は総長246cmを測るが，短側壁を嵌める溝と溝の長さは220cmで，蓋石はおよそ230cm程に復元できる。幅は110cmである。短辺に突起を2個造る突起2・0型式である。産土古墳棺や願興寺5号墳棺と同様な規模に復元でき，突起の数も願興寺4号墳棺と共通する。石棺の規格や階層構造を共有しており，部材の組合方法も共通することからも，同一の石工集団に製作されたと考えることができる。

　石棺の階層構造を復元するならば，竹野川流域や福田川流域では，蓋石長約230cm，棺蓋突起2・0型式の石棺が上位に位置付けられ，下位に馬場の内古墳棺のように蓋石長約210cmの突起1・2型式の石棺を想定できる。また，丹後では蓋石長250cmを超える大型棺は製作されないことも重要である。和田氏が指摘したように，形態・石材・規模に規制があった可能性が高く，付け加えるならば，棺蓋縄掛突起の数にも強い規制があったと想定できる。

　長持形石棺1類の石棺規模と比較するならば，蓋石長約230cm，蓋石幅約110cmは兵庫県山之越古墳棺と同規模であり（第21表），石棺の規格も含め，階層構造の情報も正確に伝達している。棺蓋突起2・0型式と1・2型式は長持形石棺1類では少数で，2・0型式は奈良県法華寺付近出土例と兵庫県経塚古墳例にその可能性があるものの，現時点で畿内では事例は確認できない。長持形石棺2類では宮城県経ノ塚古墳に確認できる。突起1・2型式は長持形石棺3類の大阪府乳岡古墳棺と岡山県朱千駄古墳棺に確認できるが，やはり畿内では小数で，舟形石棺に多い突起型式であることが注目される。特に竹野川や福田川流域[1]の様相から推定できる石棺秩序を第48図のように整理したい。

　丹後の舟形石棺を考える上で願興寺古墳群は注目される。5基の方墳からなる特異な古墳群で，記述したように長持形石棺と舟形石棺が確認される。この状況について現状では明確な答えがないものの，1号墳で川西編年Ⅲ期の，4号墳，5号墳で川西編年Ⅳ期の埴輪が採集できるので，和田編年6期から8期頃まで長持形石棺2類や舟形石棺が製作されている。長持形石棺を採用する1号墳，5号墳に比べ，舟形石棺を採用する3号墳の規模が相対的に劣ることなどを考慮すると，長持形石棺の使用への規制や舟形石棺との階層差なども考慮する必要がある。特に舟形石棺については日本海を介しての交流が指摘されるが（和田1994a・2000），もう少し深くこの問題を考察するならば，筆者は丹後の長持形石棺の製作に竜山石製の製作者集団が関与しているとは上記の理由から考えておらず，舟形石棺製作者集団の技術提供のもと製作されたと判断している。舟形石棺は階層差の可能性はもちろん，丹後の長持形石棺2類を製作した技術集団の動向を窺う資料としても重要である。それが島根県や北九州など日本海沿岸地域[2]の可能性は十分考えられる。

　近年出雲の多面的な交流関係を整理した調査報告書が刊行され（島根県古代文化センター2011），仁木聡氏により枕の系譜が整理されている（仁木2011）。仁木氏によれば，「馬蹄系」の石枕はその系譜が畿内にあり，分布が丹後－出雲－九州北部に限定されることから，日本海を介して伝播

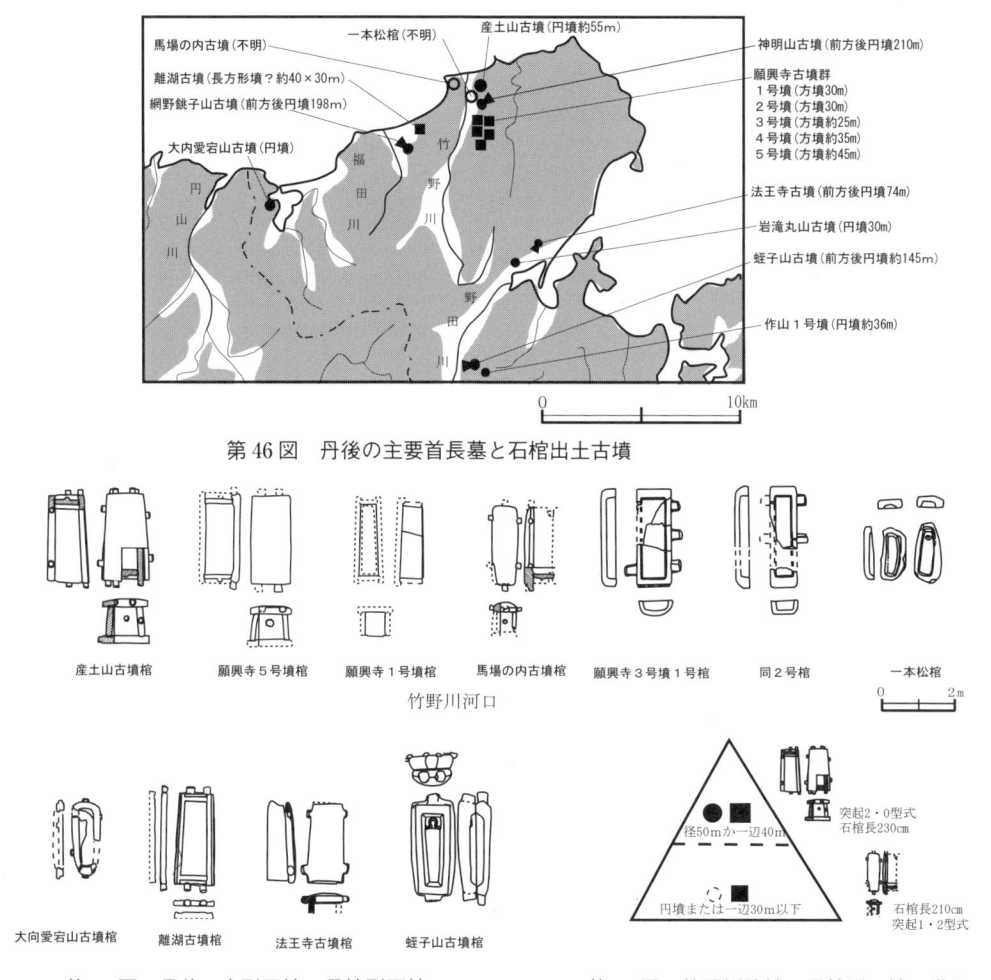

第3章　舟形石棺の石棺秩序－長持形石棺1類の石棺秩序との比較を中心に－

第46図　丹後の主要首長墓と石棺出土古墳

第47図　丹後の舟形石棺・長持形石棺　　　　第48図　竹野川流域の長持形石棺の階層

したことが指摘されている。こうした埋葬施設に関する情報の共有も考慮して舟形石棺の系譜について検討を進める必要がある。

(3)　小　結

簡単に検討した内容をまとめておきたい。丹後の竹野川河口付近の長持形石棺と舟形石棺について検討したところ、長持形石棺は竜山石製長持形石棺の製作者集団の関与は想定できず、他の舟形石棺製作地から技術者を招来して製作した長持形石棺2類と位置付けた。丹後の長持形石棺2類の様相からは長持形石棺の製作には石材や形態、石棺の規模、棺蓋縄掛突起の数に倭王権の規制があることが想定できる。つまり在地の凝灰岩を使用した模倣棺（長持形石棺2類）の製作も相当に制約があり、現在長持形石棺2類が他の地域でも限定的であることを勘案するならば、これは丹後だけの問題ではないと考える。

すでに第1章でも触れたが、古墳時代前期後半には蛭子山古墳、神明山古墳、網野銚子山古墳など丹後3大前方後円墳が築造された地域とその周辺に長持形石棺2類と舟形石棺が確認できる。

このような大型古墳の築造はすでに多くの指摘があるように日本海沿岸域への交通・航路，港湾の開設などと関連し，一地域の動向では説明できない。倭王権との関係が示唆され，その後も倭王権との継続的な関係のもと長持形石棺1類の情報が伝達され，規制を受けつつも地域に適した形で，石棺秩序を形成したと予測される。これらの地域は前段階に既に丹後型円筒埴輪を共有する地域であり，このような地域的・政治的基盤を背景に石棺を理解する必要がある。

註
1) 阿蘇海沿岸に位置する法王寺古墳からも突起0・2型式の長持形石棺の棺蓋と長側壁が確認されている。古墳は丹後型円筒埴輪を有する墳丘長74mの前方後円墳である。和田編年5期頃の築造と考えている。蓋石長210cm，蓋石幅95cm，底石を除いた高さ76cmを測る。石棺の規模は竹野川流域のものと共通するが，前方後円墳に埋設するなど他地域と異なる面もある。
2) ただし現時点では棺身長側辺に3個縄掛突起を持つ佐賀県の2例や島根県の例より，願興寺3号墳棺の方が古く位置付けられると考えており，慎重に検討が必要である。

第2節　越前地域

北陸は舟形石棺が集中して製作された地域である。筆者は後述する群馬県同様長持形石棺と密接な関係を持つ舟形石棺が製作されたと考えているので取り上げたい。

(1) 研 究 史

九頭竜川が福井平野に入り込む喉元の位置の両脇に面した丘陵上に築造された丸岡・松岡古墳群に大型前方後円墳が築造され，葺石や埴輪の外部装備が充実しており，他の地域の古墳群より突出した広域の大首長の墳墓であることが指摘されている（中司1993）。舟形石棺はまさにこの丸岡・松岡古墳群と火山礫凝灰岩（笏谷石）の産出地である足羽山から石棺を供給した足羽山古墳群の被葬者にほぼ独占されている（第49図）。

福井平野の首長墓の研究については青木豊昭氏，中司照世氏，坂靖志氏の研究があり（青木豊1980，中司1993・1997，坂1997），その位置付けについて言及されている。丸岡・松岡古墳群以外には足羽山古墳群に石棺が採用されるが，足羽山古墳群の近接地にこの規模に匹敵する古墳群は確認できるものの，石棺は採用されておらず，石棺の使用に強い規制が認められる。足羽山古墳群の首長墓は発掘が進んでいて，出土遺物が銅鏡や石釧など畿内的な様相が認められる。畿内政権と丸岡・松岡古墳群の両首長と密接な関係が認められ，対内的，対外的にも要となる古墳群であることが指摘されている（中司1993）。

近年の大首長墓の発掘も行なわれ，松岡古墳群では石舟山古墳，鳥越山古墳，二本松山古墳の調査が行なわれ，墳丘規模・形態，埋葬施設，副葬品，埴輪や須恵器など重要な知見が報告され，出土遺物から石舟山古墳→鳥越山古墳→二本松山古墳への変遷が推定された（松岡町教育委員会・永平寺教育委員会2005）。日本海に面する免鳥古墳群中の免鳥長山古墳が発掘され，墳丘長90.5mの帆立貝形古墳で，後円部の背面に2箇所の造りだしが付設すること，埋葬施設は盗掘されてい

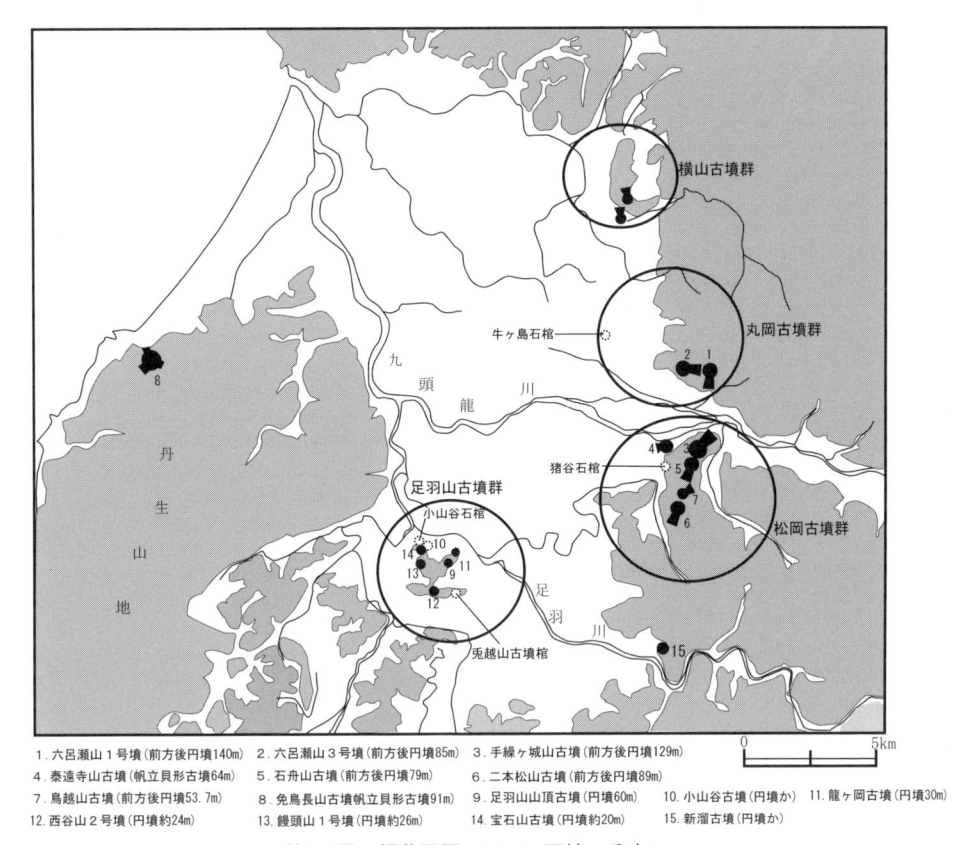

第3章　舟形石棺の石棺秩序－長持形石棺1類の石棺秩序との比較を中心に－　113

第49図　福井平野における石棺の分布

1．六呂瀬山1号墳（前方後円墳140m）　2．六呂瀬山3号墳（前方後円墳85m）　3．手繰ヶ城山古墳（前方後円墳129m）
4．泰遠寺山古墳（帆立貝形古墳64m）　5．石舟山古墳（前方後円墳79m）　6．二本松山古墳（前方後円墳89m）
7．鳥越山古墳（前方後円墳53.7m）　8．免鳥長山古墳帆立貝形古墳91m）　9．足羽山山頂古墳（円墳60m）　10．小山谷古墳（円墳か）　11．龍ヶ岡古墳（円墳30m）
12．西谷山2号墳（円墳約24m）　13．饅頭山1号墳（円墳約26m）　14．宝石山古墳（円墳約20m）　15．新溜古墳（円墳か）

るものの，棺蓋突起2・2型式の舟形石棺が埋設されていること，また環頭形石製品など一部副葬品が確認された（福井市教育委員会2007）。

　中司氏は越前の首長墓は松岡（手繰ヶ城山古墳）→丸岡（六呂瀬山古墳具群1号墳・同3号墳）→川西（免鳥長山古墳）→松岡古墳群（泰遠寺山古墳・石舟山古墳・二本松山古墳）→横山（椀貸山古墳・神奈備山古墳）と地域を移動することを推定していた（中司1997）が，調査によりそれが裏づけされた。特に5世紀代では二本松山古墳の大伽耶系の冠など（朴2007），大首長墳から渡来系の文物が出土し，大陸との交渉を行なった首長層と推察されている（中司1993，坂1997）。

　6世紀代には足羽山古墳群では石棺の製作が停止し，他の古墳群で規格性の薄い粗い造りの舟形石棺が確認され，足羽山古墳群が掌握していた石工が解体され，他の地域首長に吸収され，足羽山古墳群を要とした福井平野の首長体制が崩れたことが指摘された（坂1997）。首長層の再編が行なわれたが，これは畿内政権が大首長層から有力家長層まで，直接的な掌握を目的としたもの（和田1992a）で，極めて政治的な行動であることが推測されている（坂1997）。

　舟形石棺の研究については特に1980年代に研究が進み，青木氏，中司氏，白崎卓氏により編年的考察が進められ，工具痕が精巧なものから，粗雑なものへ，形態が舟形から次第に箱形へ，棺蓋頂部平坦面が次第に拡大すること，棺身の排水孔が次第に棺身四周を回る溝に変化すること

（第50図）が明らかにされている（青木豊1984，白崎1986，中司1986）。その後田邊朋宏により石棺の埋葬法と工具痕の変化に着目した研究がある（田邊2008）。

以上の研究成果があり，さらに第1章で越前の石棺の製作技術の系譜が讃岐にあることを指摘した。肥後と越前では石棺がそのまま定着することが指摘できるが，特に中期の福井県の舟形石棺は棺蓋縄掛突起の数と位置が長持形石棺1類の棺蓋縄掛突起と共通し，形態の系譜に変化があるのではないかと考えている。こうした長持形石棺との形態の比較やその石棺秩序を意識した研究はないので，次節で越前の舟形石棺の系譜と石棺秩序についての検討を行ないたい。

（2） 系譜と石棺秩序について

特に青木豊昭氏の石棺の編年を元に丸岡・松岡古墳群と足羽山古墳群の石棺を整理したものが第51図である。筆者が注目したいのは，古く位置付けられる（青木氏のⅠ期）牛ヶ島棺，足羽山山頂古墳棺，小山谷棺，小山谷古墳棺である。青木豊昭氏は棺蓋・棺身の横断面が半円形（割竹形石棺）から屋根形（舟形石棺）への変化に着目して，小山谷棺→牛ヶ島棺→足羽山山頂古墳棺→小山谷古墳棺へと編年した（青木豊1994）。一方で上記の4基の石棺は，棺形態に無視できない差異も認められる。

足羽山山頂古墳棺は棺蓋が半円形，棺身が舟形で，割竹形石棺から舟形石棺の過渡期の所産とされるが，縄掛突起は横長の長方形で，棺蓋の縦断面は上面が弧状を呈し，中央が張る形状である。青木氏の指摘するように丹後の蛭子山古墳の石棺に類似するもので，さらに舟形木棺1類の要素も認められる。石棺の横断面形はともかく，棺形態については牛ヶ島棺や小山谷棺から連続する棺形態の変化とは見なし難い。後続する小山谷古墳棺では縄掛突起が再び円柱形になり，棺蓋に八面の鏡が浮彫りされる。筆者としては足羽山の石棺製作工人の問題ではなく，讃岐や丹後などの複数地域の石棺の情報が導入され，かつ在地の木棺情報をも取り入れている時期で，石棺のモデルが一定していない段階なのではないかと考えている。

ところが，和田編年5期から6期の免鳥長山古墳，龍ヶ岡古墳の石棺以降（青木氏のⅡ期）は棺身が箱形を指向し，変化の方向性が一定で棺形態の共通性が高い。蓋の内面の横断面が屋根形を呈するのは小山谷古墳石棺から連続する変化であるが，蓋の小口に斜面を設けるようになるのである。

単なる時期差と思われがちなこの変化は免鳥長山古墳を考えるとき重要である。免鳥長山古墳棺は棺蓋の縄掛突起が2・2型式である。この型式は第7節で詳しく触れるが，畿内の長持形石棺1類の秩序で最も格式の高いもので，その使用に際し倭王権との相互承認が必要な型式と推察される。免鳥長山古墳[1]の石棺は長持形石棺の情報を元に在地の舟形石棺技術で製作されたものである。小口の斜面の形成は長持形石棺1類の蓋のⅡ形式に由来するもので，在地における石棺の型式変化ではない。なぜ組合式ではなく刳抜式かという点については，舟形石棺を使用してきたという伝統性は勿論，やはり長持形石棺と階層差を示したと考えるのが妥当と思われる。

縄掛突起の提起する問題について触れたい。越前の舟形石棺は築造された古墳ごとに縄掛突起の数が異なり，情報が刷新される。和田編年9期に築造された二本松山古墳で再び突起2・2型

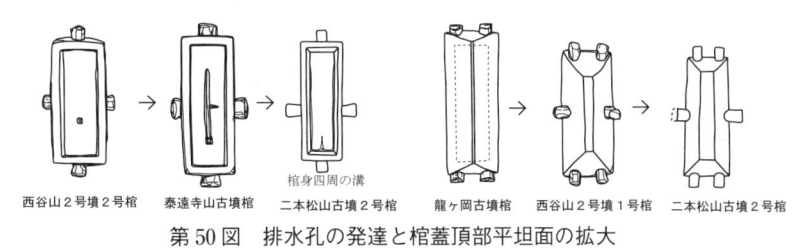

第3章　舟形石棺の石棺秩序－長持形石棺1類の石棺秩序との比較を中心に－

第50図　排水孔の発達と棺蓋頂部平坦面の拡大

第51図　福井平野における石棺の変遷

式が使用されることを勘案すれば，丸岡・松岡古墳群の被葬者については免鳥長山古墳以後継続した倭王権との相互承認のもと突起型式が変化した可能性を推測しておきたい。特に倭王権と密接な関係を結んだ時期などに突起2・2型式が採用されると予測され，免鳥長山古墳が古市・百舌鳥古墳群の成立，二本松山古墳が雄略朝の時期に対応する。足羽山古墳群の被葬者は免鳥・丸岡・松岡古墳群の被葬者との関係のなかで突起型式が決められたものと推察される。石棺の規模を確認すると，鳥越山古墳の石棺が292cmを越える大型である以外は丸岡・松岡古墳群と足羽山古墳群の石棺の規模は200cmから240cmの間に納まり，両古墳群の間に差を見出しがたい。越前では石棺の規模による差別化は認められない。石棺からは丸岡・松岡古墳群と足羽山古墳群の階層差について言及するのは難しいようである。

　舟形石棺が衰退に向う和田編年9期には足羽山古墳群中の宝石山古墳棺のように棺蓋横断面の外面が蒲鉾形となり，棺身小口部に縄掛突起を造りだすなど，突起0・2型式の長持形石棺を模倣した舟形石棺[2]が造りだされる。丸岡・松岡古墳群や足羽山古墳群からやや距離のある新溜古墳の舟形石棺は平面形が卵形を呈して，大分県大野川中流域の鉢の窪石棺群や島根県宍道湖南岸の舟形石棺と類似する突起0・2型式の舟形石棺が造りだされており，南陽寺庭園にある石棺片もこの種の石棺に復元される可能性が高い。特に和田編年9期から10期にかけて島根県や大分県の舟形石棺製作地との交流が認められるが，新溜古墳棺や南陽寺所在棺が笏谷石を使用していないことも重要である。和田編年10期には丸岡・松岡古墳の造営は途絶え，北部の横山古墳群に後期の大型古墳群が築造されるが，横穴式石室の石材には凝灰岩が使用されるもののやはり笏谷石は利用されないようである。前段階とは異なる原理で石材が選択されており，注目される。

(3) 小　結

　越前の舟形石棺について検討を行なったところ，当初讃岐から石棺の製作技術が波及し，舟形石棺の製作が始まるが，初期（青木氏の1期）は形態が一定しておらず，複数の石棺情報が認められるが，免鳥長山古墳棺以後（青木氏の2期）形態が安定し，棺蓋縄掛突起の数と位置が長持形石棺1類と共通する。免鳥長山古墳棺が突起2・2型式であることを考慮するならば，石棺の形態などの情報が長持形石棺1類に統一され，以後倭王権との相互承認のもと棺蓋の突起数が決定されたと考えられる。この体制は丸岡・松岡古墳群の首長墓の衰退とともに終焉を迎えるが，古市・百舌鳥古墳群の衰退，長持形石棺1類の終焉の時期と対応し，このことは倭王権側の政治変動とも密接な関係が想定されよう。越前における舟形石棺の推移は首長墳の画期と対応し，倭王権の動向とも対応するようである（高橋浩 2011）。

註

1) 高橋浩二氏は北陸の首長墳の動向を整理した中で，越前について前方後円墳の築造，大首長の出現，墓域の移動，立地の変化，舟形石棺の使用途絶と横穴式石室の採用，大首長墳の途絶など7つの画期を挙げ，その動向を整理した。この7つの画期は北陸の古墳で相互に連動していることを明らかにし，さらにこれらの画期の多くは都出氏や和田氏の想定した画期（都出 1988，和田 1994b）と一致することを確認した。特に氏の指摘する第3の画期に免鳥長山古墳が日本海側築造されることは，能登でも同墳形・規模・外部施設の共通する滝大塚古墳が築造されることから，同じ背景が示唆され，他の地域も含め畿内政権による首長層の再編を指摘し，大変革期と評価する（高橋浩 2011）。免鳥長山古墳の墳形と突起型式を考える上で重要な指摘である。
2) なお宝石山古墳棺は棺身短辺の一端が底部から斜めに立ち上がり，舟形木棺2類の棺身を意識していると思われる。序章第5図，第7表で示したように，越前には舟形木棺2類が弥生時代後期後半から古墳時代にかけて確認でき，今後古墳時代の事例は下位の墳墓を中心に増加すると思われる。宝石山古墳棺に舟形木棺2類の要素が確認できることは偶然ではない。

第3節　東北・関東地方

　特に5世紀代を中心に長持形石棺の影響を受けた模倣棺が大型古墳に認められる。重要な事例が多いが，研究は個別事例の報告にとどまり，まだ十分に検討が及んでない。特に長持形石棺と舟形石棺の分布する群馬県については節を改め，それ以外の石棺について言及したい。

(1)　地域の様相

東北地方

　東北方地方は長持形石棺と家形石棺・舟形石棺が分布する地域であり，関東地方とは異なる様相が見受けられる（第52図・第54図）。まず前期後半から末に製作されたのではないかと思われる事例に，福島県会津大塚古墳の後円部に置かれている硬質石材の安山岩製舟形石棺の蓋石がある。蓋石長 300cm，蓋石幅の約 110cm を測る大型の石棺で，蓋の小口に横長の隅丸長方形の縄掛突起を造り出している。石棺の形態は福井県足羽山山頂古墳の石棺の蓋石に類似する。越前は第

1次波及地域であり，体系的な石材の加工技術が伝播しており（和田1983a），越前を介して技術工人の関与などが想定される。

　山形県では菱津古墳の石棺と大師森山洞穴の2基の石棺の計3例の長持形石棺が確認されている。菱津古墳棺は日本海と庄内平野を南北に遮る高館山の丘陵の突端から出土したもので，墳丘は確認されず，副葬品も不明な点が多い（佐藤2004）。石棺は各部材が複数の石材を組み合わせて作られている。蓋石長170cm程の小型棺である。頭部側の幅が広く造られ，こちら側の蓋石短辺と長側壁に縄掛突起が造りだされており，脚部側は省略している。突起1・0型式を意識したものである。長持形石棺2類に位置付けられる。蓋石の形態は筆者のⅠ形式で，長側壁の縄掛突起はⅢ類である。全体的に古い特徴を有しており，5世紀前半（和田編年6期から7期）に納まると考える。

　米沢盆地の東北端，大師森山の岩窟に置かれた石棺は菱津古墳棺と同様な石棺であると報告されている（川崎1997）。こちらは近年の福島大学考古学研究室の調査があり，それによると蓋石長約200cm，蓋石幅約80cm，長側壁は底石の段の上に乗るように工夫されている。底石には石枕を意識しており，円形状に一段高い部分が造られる。縄掛突起は認められない（菊地2010）。菱津古墳棺の組合技法は底石に溝を彫り，側壁を嵌め込む方法で，丹後の長持形石棺2類と共通しており，丹後の製作集団の関与も想定される。大師森山古墳棺は箱形石棺とも捉えられるが，側壁の組合方が竜山石製長持形石棺（長持形石棺1類）の方法と同じで，一応長持形石棺2類として考えたい。会津大塚山所在棺や菱津古墳棺など，日本海を介した交流が推定できる。北陸の土器が会津地方まで移動することや（辻2006），菊地芳郎氏の東北に関する古墳時代の文物の移動の研究成果（菊地芳2010）でも同様に北陸との交流が示されており，その蓋然性は高いと思われる。

　宮城県ではまず鳴瀬川流域に築造された念南寺古墳を取り上げたい（第53図）。念南寺古墳は墳丘長50mの前方後円墳である（宮城県教育委員会1998）。出土した埴輪は川西編年Ⅳ期のものであるが，縦ハケが主体的であり5世紀中葉から後半，和田編年8期から9期の築造である。出土した石棺は馬門ピンク石製家形石棺と同様の形態をとり，北限の家形石棺である。蓋石長約250cm，幅約100cm，棺身の高さ約50cmである。石棺の規模は馬門ピンク石製家形石棺より若干大きい。しかし関東地方ではこの時期に家形石棺が確認できず，倭王権との直接的な関係が窺がえる資料である。

　名取市の海岸砂丘上に築造された経ノ塚古墳（円墳約36m）に片岩製の長持形石棺が確認された。石棺は蓋石長200cmの小型棺である。突起2・0型式である。蓋の横断面形は蒲鉾形を呈し，内面も逆U字状に丁寧に刳り抜かれて，側壁が倒れないように工夫されている。長持形石棺2類（模倣棺）に位置付けられる。剥離しやすい片岩を丁寧に加工した製品であるが，石材の性質状縄掛突起は板状であり，年代を石棺から考察するのは難しい。石棺の規模は高槻市の前塚古墳棺と類似し，突起型式は異なるものの，畿内の長持形石棺1類の規格を元に製作されたものと想定できる。出土した形象埴輪や鹿角装の大刀から5世紀中葉とされる（藤澤2004）。

　名取川と広瀬川に挟まれた低地には5世紀中葉から6世紀初頭にかけて裏町古墳（前方後円墳

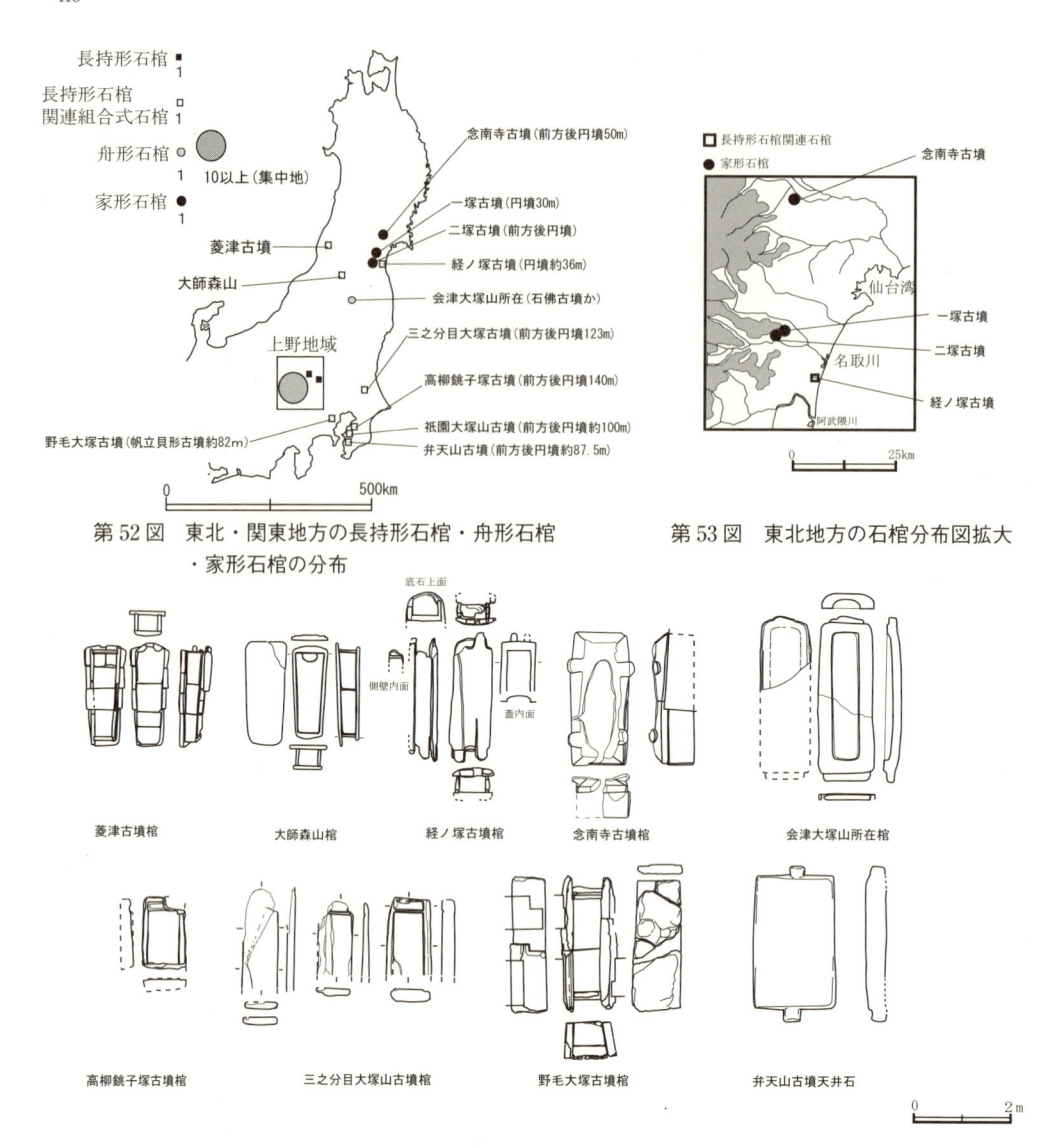

第52図　東北・関東地方の長持形石棺・舟形石棺
　　　　・家形石棺の分布

第53図　東北地方の石棺分布図拡大

第54図　東北・関東地方の長持形石棺・舟形石棺・家形石棺

約50m）→兜塚古墳（帆立貝形古墳75m）→二塚古墳（前方後円墳）→一塚古墳（円約30m）墳へと推移する（藤澤1995）。二塚古墳の石棺は棺身長約260cm，幅約100cm，高さ約70cmの大型のもので，棺身に縄掛突起を設けず，蓋の合目が印籠構造である。念南寺古墳棺同様家形石棺であろう。一塚古墳では棺蓋の長辺に2個ずつ縄掛突起をつける突起0・2型式である。棺身にも蓋石同様長辺側に2個ずつ縄掛突起を造り出している。蓋石約240cm，幅約90cm，棺身の高さ58cmを測る。蓋と身の合口は印籠構造である。一塚古墳に比して一回り小型となる。

　注目されるのは蓋石の縄掛突起の大きさである。念南寺古墳の蓋縄掛突起より一回り大きく製作されている。該期の畿内では二上山白石を加工した家形石棺の製作が開始されており，馬門石製の家形石棺より一回り大きく縄掛突起を造ることが特徴である。一塚古墳の家形石棺は二塚古

墳の石棺の情報（印籠構造）と製作技術に二上山白石製家形石棺の情報も加味され製作されている可能性がある。宮城県の石棺は沿岸部に近いことから太平洋を介した交流が想定される。

関東地方

5世紀代の関東地方では前半〜中葉（和田編年6期〜7期）にかけて長持形石棺を模倣した石棺や影響を受けた箱形石棺が散見される（第52図・第54図）。南武蔵（東京都）の多摩川流域では，野毛大塚古墳（帆立貝形古墳約82m）の第2主体部の箱形石棺は大型で，箱形木棺の形態を基礎としつつも，長持形石棺の影響が認められる。上総（千葉県南部）の小櫃川流域では祇園・長須賀古墳群中の高柳銚子塚古墳（前方後円墳約140m）の裾に砂岩製の石棺材があることが報告され（白井1995），後続する祇園大塚山古墳（前方後円墳約100m）でも棺蓋に縄掛突起を意識した抉りをもつ組合式の石棺が出土したことが知られる（白井2002）。

下総（千葉県北部）では利根川下流域に築造された豊浦古墳群中の三之分目大塚山古墳（前方後円墳123m）の墳頂に片岩製の石棺材が立てられ，長側壁に縄掛突起が認められる。常陸では5世紀中葉に築造された舟塚山古墳に長持形石棺の導入が予想され（橋本博1994），片岩系の箱形石棺の祖形が長持形石棺に求められている（石橋1995）。

毛野では東部地域に長持形石棺1類（ただし石材は在地の凝灰岩）が分布している。関東地方では大型前方後円墳の築造を契機に長持形石棺1類や長持形石棺2類もしくは影響を受けた箱形石棺が製作されている。野毛大塚古墳の箱形石棺が房州石製で，同時期に石材産出地の千葉県富津市では弁天山古墳（前方後円墳約86m）で縄掛突起を持つ竪穴式石槨の蓋石が利用されており，関連が想定される。奈良県室宮山古墳など縄掛突起を持つ竪穴式石槨と長持形石棺1類がセットになる組合せが確認でき，このような情報が弁天山古墳の石槨に反映していると推察される。総じて利根川流域や東京湾沿岸に大型の箱形石棺が多く，太平洋を介した情報の伝達が想定される。

（2）小　結

東北では舟形石棺，長持形石棺2類，初期の畿内系家形石棺が確認でき，倭王権からの石棺の情報が他の地域に比べ正確に伝播していることが注目される。倭の境界域であることも関連すると推察されるが，長持形石棺2類と判断できる経ノ塚古墳棺や菱津古墳棺は直接的か間接的か言及できないが，倭王権との関連が示唆される。総じて石棺長は約2mと小型で，やはり規格についても規制があるように思われる。

関東地方ではいまのところ倭王権から技術工人が派遣され，長持形石棺が製作されたのは群馬県に限られるが，長持形石棺の影響を受けた箱形石棺や竪穴式石槨の蓋石に縄掛突起が付くものが確認できる。現状では全形が分かるものが少なく検討が難しいため，長持形石棺2類ではなく，箱形石棺で捉えておきたい。和田編年6期から7期に太平洋側から大河川[1]を通じて情報が伝播したと考える。

註

1）白石太一郎氏が常総型石枕を分析し，その分布が，東京湾岸から香取の海をへてさらに北方の常陸を結ぶ，

古東海道ぞいの諸勢力に形成されていた首長連合と関連すると指摘した。(白石 1987)。東京湾沿岸や利根川下流にかつて存在した内海「香取海」周辺の長持形石棺 2 類の分布を理解する上で重要な指摘である。

第 4 節　毛野地域

関東では唯一長持形石棺と舟形石棺が集中する地域であり，比較検討するのに適した地域である。特に舟形石棺を中心に検討し，最後に長持形石棺の様相と合わせて考察したい。

(1)　研　究　史

まず長持形石棺については，白石太一郎氏らの御富士山古墳出土長持形石棺の報告が注目され，畿内から工人が派遣され製作されたもので，当時の畿内政権と上毛野[1]の関係は同盟のような関係と推定した（白石他 1984）。筆者も太田天神山古墳と御富士山古墳の棺蓋突起型式と石棺の規模について，長持形石棺 1 類の石棺秩序の中で位置付けを行なった（石橋 2011b）。

群馬県の舟形石棺は，大型古墳に伴うことから早くから紹介されてきた。特に石棺の類例を紹介し，古墳研究のなかで位置付けを行なったのは福島武雄氏である。氏は石棺を有する古墳が県下の一流古墳の中でも限られた古墳に認められることに注目し，有力古墳の内で比較研究を行なうことを目標としたのである。そのためにまず石棺の精密な実測図の作成を行ない，系統立てて分類し，一定の法則を見出そうとしたのである（福島武 1923a・1923b・1923c）。

梅澤重昭氏は毛野地域の東西二つの勢力圏で東毛地域が組合式長持形石棺を採用するのに対し，西毛地域では不動山古墳や岩鼻二子山古墳の石棺など刳抜式長持形石棺とその系譜を引く舟形石棺が分布することから，毛野地域における東西の伝統的政治圏において棺形態に差異が認められることを指摘し，特に西毛地域における首長層の広範囲な石棺の採用を「刳抜式石棺分布圏」と呼称した（梅澤 1990）。

同時期に右島和夫氏は 5 世紀前半に東毛と西毛の 2 大勢力が拮抗するものの，5 世紀中葉に一時的に太田地域を中心とする一大地域連合政権が確立し，大和政権から石工が派遣され，長持形石棺が製作されたものの，その後この政治的連合体が解体し，西毛地域では舟形石棺を採用した首長の緩やかな政治的連合体が成立することを指摘した。こうした政治的連合体の解体や再編には大和政権の政治的な意図と同時にそれ以上に西毛地域における首長層の経済的基盤の強化を背景とした成長を認めており，石製模造品と舟形石棺を共有した勢力範囲を「舟形石棺地域圏」と呼称した。舟形石棺は西毛地域において特定の首長層間の政治的結合関係や集団内部の階層秩序を表現するものとして機能することを明らかにした（右島 1990b，右島・徳田 1998）。右島氏の研究により長持形石棺と舟形石棺の社会的位置付けの整理が具体的に行なわれた。

福島武雄氏以後舟形石棺を集成し，検討を行なったのは徳江秀夫氏である。氏は上野地域において，資料の追加，整理を行ない，舟形石棺の形態（蓋，棺身の断面形態）と縄掛突起の個数と位置から 4 形式に分類し，副葬品と埴輪の年代から舟形石棺を古相→中相→新相の 3 段階に整理した。棺形態が直線的で古相を呈する不動山古墳や岩鼻二子山古墳については久津川車塚古墳や新

庄屋敷山古墳棺など同時期の竜山石製長持形石棺の影響が認められるものの，上野地域の石棺の系譜は一系列ではなく，複数の系譜が存在することを指摘した（徳江1992・1994・1998）。関東及び毛野地域の舟形石棺は徳江氏の一連の研究により深化しており，筆者も徳江氏の研究成果を参考に検討を行なうことにしたい。

（2） 成果と課題

群馬県の長持形石棺と舟形石棺の研究史を整理すると，以下の点に検討が必要と思われる。
・政治圏と棺形態
・棺形態とその系譜
・首長層と石棺の生産体制

すでに長持形石棺と舟形石棺の地域社会における役割については，毛野を統合するような一代地域連合の棺としての長持形石棺，「刳抜式石棺分布圏」，「舟形石棺分布圏」に代表されるように，西毛地域の首長層で共有された舟形石棺と指摘されている。こうした政治圏と棺形態との関係については特に舟形石棺に系譜の整理も含め，検討の余地が残されている。徳江氏は舟形石棺が石棺石材と形態が小地域ごとに共通性を持つこと，該期における大型前方後円墳の多出状況から，上野地域全域の石棺製作及び流通を一元的に掌握する勢力の存在は認められないことを指摘している（徳江1994）。棺の形態と石材について小地域ごとにまとまりがあることは指摘の通りであるが，石棺を覆う礫槨，縄掛突起の位置と個数など，小地域を越えて共通する面もあり，5世紀後半における舟形石棺の導入，その階層構造と埋葬施設の整備がどのように行なわれたか整理する必要がある。

舟形石棺の系譜については，岩鼻二子山古墳1号棺や不動山古墳棺を刳抜式長持形石棺と呼称し，その系譜を引く舟形石棺が分布するとする梅沢氏の見解と，岩鼻二子山古墳1号棺などの古相の石棺を除けば系譜が複数存在し，他の舟形石棺製作地との比較が必要とする徳江氏の見解がある（梅澤1990・徳江1992，1994，1998）。筆者も長持形石棺1類と他地域の舟形石棺の特徴を抽出し比較検討する必要性や，石棺が導入される以前の在地の木棺形態にも配慮が必要であると考えている。

また，群馬県は5世紀後半まで石棺を製作する地域ではないため，石工の編成と石材の確保は重要な問題である。上記の問題とも深く関わるが，石工の特徴が出る工具痕や，石材の刳抜方法からより詳細に石工集団の実態を検討し，生産体制と首長層との関わりについて検討する必要がある。

以上毛野の長持形石棺と舟形石棺の研究成果と問題点を指摘した。本節ではすべての問題について触れることが難しいため，毛野の舟形石棺の編年を整理し，その導入と埋葬施設の整備，系譜に関わる問題点を特に重視したい。

（3） 舟形石棺の分類 （第56図～第60図，第22表～第25表，第27表）

系譜について詳しく検討するために蓋の平面形を中心に3形式に区分し，さらに補足するために，棺身の縦断面・横断面形，縄掛突起の形態，長幅比に着目した。分類と形態は第56図～第

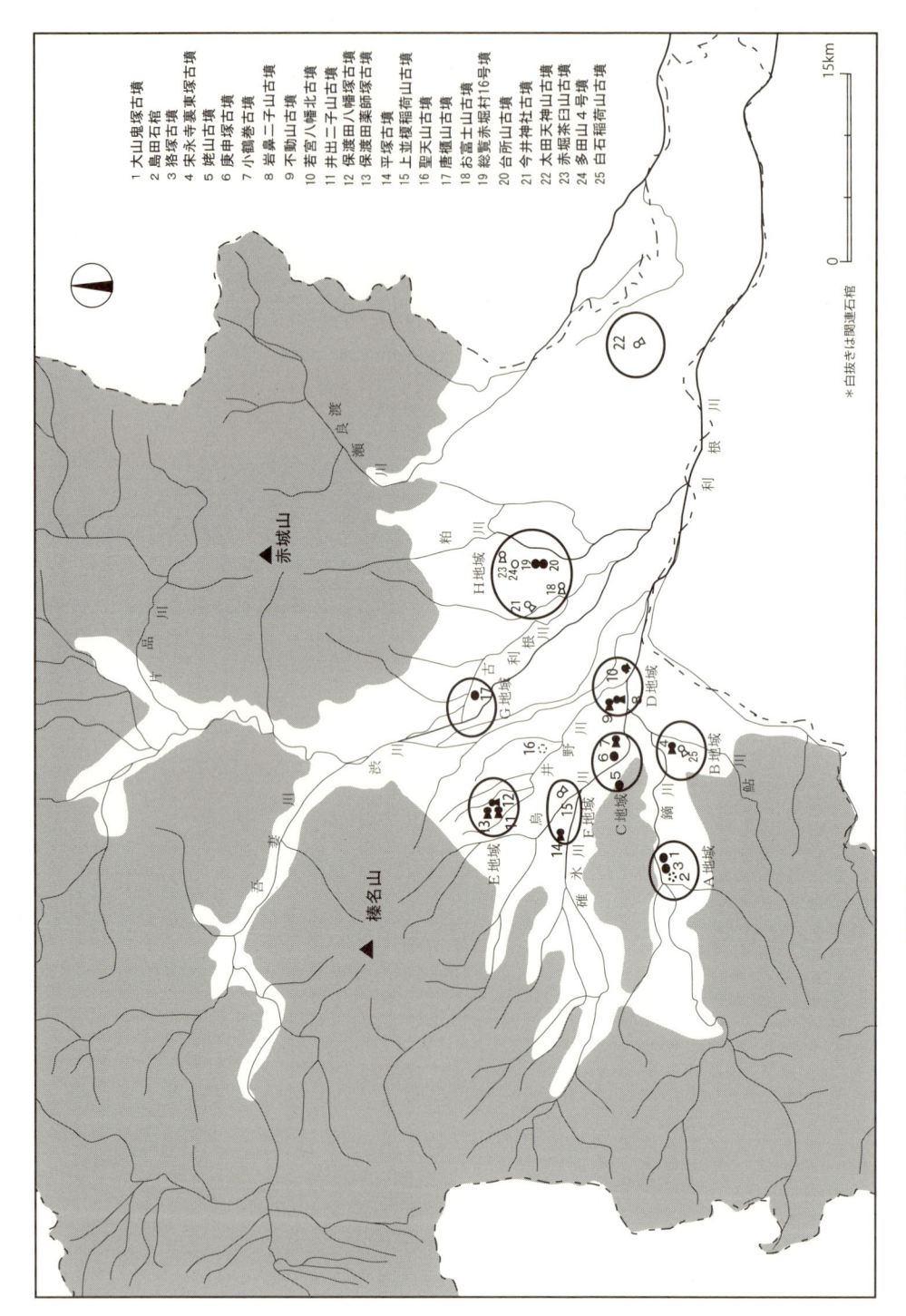

1 大山鬼塚古墳
2 島田石棺
3 猪塚古墳
4 宋永寺裏東塚古墳
5 姥山古墳
6 庚申塚古墳
7 小鶴巻古墳
8 岩鼻二子山古墳
9 不動山古墳
10 若宮八幡北古墳
11 井出二子山古墳
12 保渡田八幡塚古墳
13 保渡田薬師塚古墳
14 平塚古墳
15 上並榎稲荷山古墳
16 聖天山古墳
17 唐櫃山古墳
18 お富士山古墳
19 総覧赤堀村16号墳
20 台所山古墳
21 今井神社古墳
22 太田天神山古墳
23 赤堀茶臼山古墳
24 多田山4号墳
25 白石稲荷山古墳

第55図 群馬県における舟形石棺・長持形石棺の分布

*白抜きは関連石棺

60図，第22表〜第25表のように整理される。系譜については最後に整理したい。

(4) 編年の指標 (第61図〜第62図)

　舟形石棺の変化の方向性については，古墳の前後関係が確定している保渡田古墳群の石棺の観察を踏まえて検討したい。

　榛名山東南麓に位置する保渡田古墳群は3基の大型前方後円墳からなる古墳群である。埴輪の型式学的検討や発掘調査の見解から井出二子山古墳→八幡塚古墳→薬師塚古墳の順に築造されたことが明らかにされている（右島1988，若狭2007）。3基とも主体部は観音山丘陵から産出する軽石質凝灰岩（館凝灰岩）を加工した舟形石棺を用いており，石棺の変化の推移を観察するのに適している。観察の結果，次の2点に注目した。①棺身長辺側縄掛突起の位置の下降。②棺身内面の刳り抜きの最大幅と最小幅の差の拡大。

① 棺身側面の突起位置の下降 (第61図)

　棺蓋の縄掛突起は基本的に配置位置は全国的に共通し，突起0・0型式を除けば，左右対称で規格性が高い。その点は遺骸を石棺に納め，石棺の蓋をする納棺・埋納儀礼が古墳祭祀でも極めて重要な位置付けにあったことに起因する。翻って棺身側の縄掛突起は九州や北陸では徐々に省略されるか，棺蓋の突起の位置と数があわない場合が多数散見される。棺蓋の縄掛突起の数は規範が決められて製作されていると考えたほうが妥当であり，棺身側の縄掛突起は棺蓋の縄掛突起ほどには重要視されなかった。これは葬送儀礼の場面について遺体を搬入する重要な場面ですでに棺身が埋設され，棺身縄掛突起の大部分が埋設されるのに対し，遺体の搬入後棺蓋を降ろし，遺体を封じ込める納棺儀礼が重要な場面でかつ，棺蓋縄掛突起の数が生前の被葬者の社会的立場を反映した可能性があることも考慮しなければならない。

　九州系家形石棺1類や出雲の石棺式石室では，墳丘中に埋もれる棺蓋に縄掛突起が付加されており，棺から室に移行しても棺蓋の重要性は損なわれていない。畿内系家形石棺は突起0・2型式の長持形石棺を九州宇土半島に産出する馬門ピンク石を用いて刳抜式で製作することからはじまるが（高木1994），棺身の縄掛突起は省略されるものの，棺蓋の縄掛突起は階層差を表す装置として7世紀まで機能を有していると推察される。棺身の縄掛突起は棺蓋より重要性が低く，言葉を変えれば棺身の縄掛突起は変化しやすいのである。

　改めて保渡田古墳群の棺身の縄掛突起を観察すると，特に長辺側の縄掛突起の位置が井出二子山古墳棺・八幡塚古墳棺→薬師塚古墳棺の順で下降している。井出二子山古墳棺と八幡塚古墳棺では，蓋との合わせ口から5cm前後であるが，薬師塚古墳では30cm程離れ，棺身の中間まで下がっている。副葬された亀甲繋単鳳文象嵌円頭大刀から，6世紀前半頃に築造されたとする台所山古墳の石棺棺身の縄掛突起は，地面に接するような底面に認められ，薬師塚古墳よりさらに下降している。

② 棺身内部の最大幅と最小幅の差の拡大 (第62図)

　②の点は，石棺の内面端部で幅が広い方を頭部側と推定すると，棺身内面の頭部側幅と脚部側幅の差が井出二子山古墳棺→八幡塚古墳棺→薬師塚古墳棺の順で大きくなり，頭部側と脚部側を

明瞭に区別するために，頭部側の幅が拡大する傾向が看取される。井出二子山古墳棺の頭部側内面は68cm，脚部側は60cmと，その差が誤差を含めても10cm未満であるのに対し，八幡塚古墳棺身で12cm，薬師塚古墳棺身では20cmと徐々に拡大する。この変化に対応するように棺蓋や棺身の外形も頭部側の幅が大きくなる傾向がある。井野川下流域で保渡田古墳群の一段階前に築造されたと考えられる綿貫古墳群の岩鼻二子山古墳と不動山古墳の石棺棺身は直線的で，頭部側と脚部側で差がないことから，在地化の過程で頭部を意識し，頭部と脚部の幅に差を設けて明瞭に区別する指向性が認められる。

なおこれは甘楽地域に集中して分布する突起1・0型式の舟形石棺についても同様のことが窺え，造りの丁寧な大山鬼塚古墳の棺身内面幅の差は8cm，外面で5cm，狢塚古墳の石棺の観察所見では，外面であるものの約16cmの差が認められ（徳江1992），保渡田古墳群の石棺で確認したのと同様に年代差を表す可能性を考えたい。また，後述するが特に外面の小口の丸みなどの指向性は年代だけではなく系譜についても関連があると思われる。

群馬県の舟形石棺の生産地は小地域ごとにまとまりがある（徳江1992）。生産体制についても不明な点が多いため，単純に上記の2点を根拠に別石材の石棺の平行関係について言及するのは難しいが，小地域内での編年の構築には有効と判断した。次章では小地域内での舟形石棺の特徴の抽出と編年を行なうこととする。

(5) 群馬県の舟形石棺の分布傾向と編年（第55図・第63図，第27表）

群馬県の舟形石棺の特定古墳及び古墳群への偏在性及び，石材や型式の小地域でのまとまりは既に指摘されており（徳江1992），筆者も長持形石棺も含め分布地域をA～H地域の8地域に分け（第55図），地域様相と変遷を検討したい。

A地域　鏑川中流域

鏑川中流域の河岸段丘上に分布する古墳に数例認められる。石棺は大山鬼塚古墳（円墳か　30m前後），狢塚古墳（円墳か　約30m），古墳から遊離した島田家内棺の3例である。平面形はⅢ形式，棺身は縦断面がC類，横断面はc類，縄掛突起の形態は2類と，形態が共通する。3棺とも突起1・0型式で，石材はすべて付近で産出する凝灰質砂岩を利用している。付近には5世紀後半の大型前方後円墳は認められない。石棺の棺身の内幅と外幅を考慮すれば，大山鬼塚古墳棺→狢塚古墳棺と編年可能である。島田家内棺は大山鬼塚古墳棺より後出すると判断した。しかし，棺蓋のみで狢塚古墳との前後関係は決めがたい。大山鬼塚古墳棺のみ石棺長約250cmを測るが，他の事例は220cmから230cmと小型である。

大山鬼塚古墳は早く発掘され，墳丘は平夷されているものの，当時の状況によると墳丘下60cm下から長軸を東西方向に向けて石棺が出土し，棺の周辺は切石に包まれ，棺床を礫と砂利で付き固めていたことが指摘されている（甘楽町史編纂委員会1979，徳江1992）。副葬品の一部が東京国立博物館に納められており，珠文鏡，碧玉製管玉，滑石製臼玉，ガラス小玉，直刀，馬具（三環鈴，鈴杏葉，鉄製轡），石製模造品（鏡，斧，刀子），砥石が出土したことが分かる（東京国立博物館1983）。特に近年周辺の古墳群が調査された。円筒埴輪に横ハケが認められる古墳が確認され，特に西大

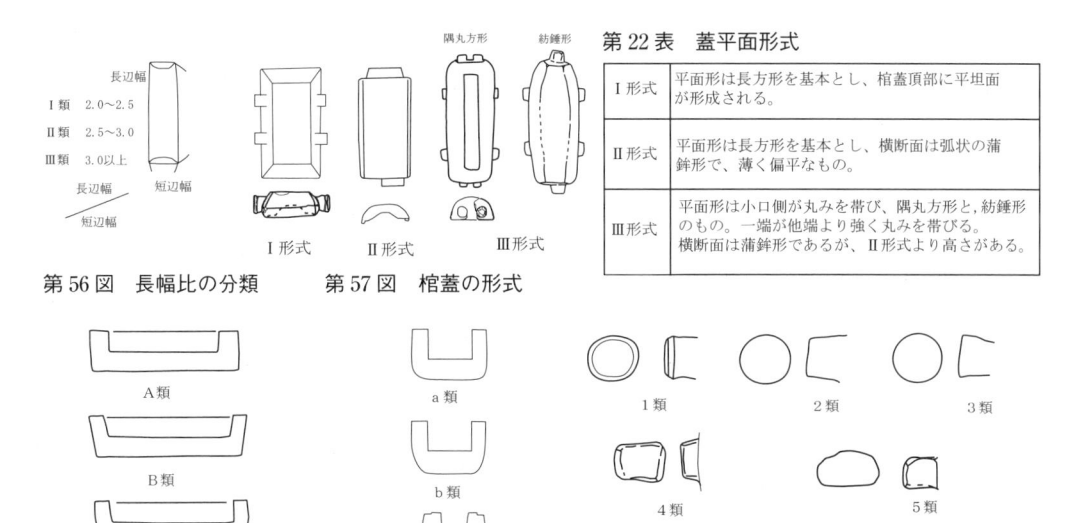

第3章　舟形石棺の石棺秩序－長持形石棺1類の石棺秩序との比較を中心に－　　125

	長辺幅
I類	2.0〜2.5
II類	2.5〜3.0
III類	3.0以上

第56図　長幅比の分類

第57図　棺蓋の形式

第22表　蓋平面形式

I形式	平面形は長方形を基本とし、棺蓋頂部に平坦面が形成される。
II形式	平面形は長方形を基本とし、横断面は弧状の蒲鉾形で、薄く偏平なもの。
III形式	平面形は小口側が丸みを帯び、隅丸方形と、紡錘形のもの。一端が他端より強く丸みを帯びる。横断面は蒲鉾形であるが、II形式より高さがある。

第58図　棺身縦断面の分類　　第59図　棺身の横断面の分類　　第60図　縄掛突起形状の分類

第23表　棺身縦断面の形状

A類	棺身縦断面外面の立ち上がりが垂直なもの
B類	棺身縦断面外面の立ち上がりが外反するもの
C類	棺身縦断面外面の立ち上がりが、一度外反した後、垂直もしくは内湾するもの。

第24表　棺身横断面の形状

a類	棺身横断面外面が直線を呈するもの。
b類	棺身横断面外面の上部が直線を呈するものの、棺身中央付近で丸みを帯び、底部へ向うもの。
c類	棺身横断面外面が中央部に向かい弧状に張るもの。

第25表　棺蓋縄掛突起の形状

1類	先端が帯状に膨らみ、長持形石棺の突起と共通するもの。
2類	平面円形を基調とし、先端に向かい細くなるもの。
3類	平面円形を基調とし、先端部が太く、根元側が細くなるもの。
4類	平面形が長方形に近い形態をとるもの。
5類	平面形が横長の楕円形を呈するもの。

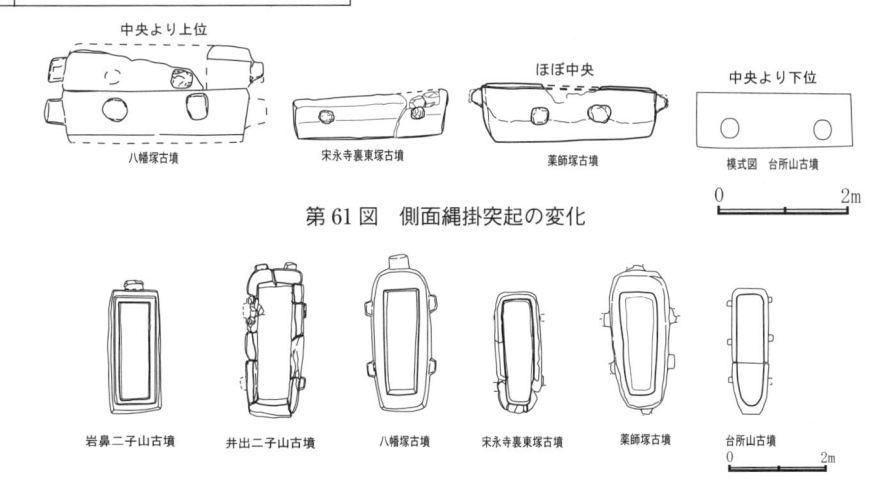

第61図　側面縄掛突起の変化

第62図　棺身内面幅の差異化

山古墳は周堀から百済系の轡が出土した（甘楽町教育委員会1996）。古墳群は5世紀第3四半期頃から造墓が開始される群集墳であり，大山鬼塚古墳が核となる盟主墓であったと判断され，石棺の規模にも階層が反映していたと推察される。

B地域　鏑川下流域

鏑川に合流する鮎川下流域の河岸段丘上に白石古墳群が分布している。古墳群中の中型前方後円墳の宋永寺裏東塚古墳（墳丘長約52m）から出土した石棺が現在境内に置かれている。石棺は棺蓋は突起0・2型式か突起1・2型式である。蓋はⅢ形式，棺身縦断面はB類，横断面はb類，縄掛突起の形態は2類である。石材は観音山丘陵の凝灰岩と判断している。蓋は完存しておらず，破片のみであるが棺身はほぼ完存している。石棺長約240cmを測る。頭部側と脚部側が明瞭に判別でき，脚部側の小口面は緩い弧状を呈する。棺蓋と棺身の断面形や全体的な形態は保渡田古墳群の八幡塚古墳棺と，薬師塚古墳棺に類似する。特に棺身の縄掛突起の位置と，頭部幅と脚部幅の差の数値から八幡塚古墳棺より後出し，薬師塚古墳棺より前出するので，八幡塚古墳棺→宋永寺裏東塚古墳棺→薬師塚古墳棺と編年が可能で，八幡塚古墳棺の影響を受けて製作されたと予測される。付近に6世紀代に築造された前方後円墳の宋永寺裏西塚古墳，七輿山古墳が認められるものの，5世紀後半の大型古墳は認められない。

C地域　烏川流域

烏川下流域の河岸段丘上に位置する倉賀野古墳群中の大型前方後円墳の小鶴巻古墳（墳丘長約87.5m），大型円墳の庚申塚古墳（墳丘径約45m）に刳抜式石棺が確認されたとの報告がある。しかし，現状では視認できない。形態は不明である。対岸に位置する岩野谷丘陵上に約35m～38mの大型円墳である姥山古墳が築造され，複数の石棺が認められる（梅澤1999a）。すでに埋め戻されているものの，1基が一部露出しており，突起1・0型式と思われる。蓋の形態はⅢ形式である。石棺の周辺には礫など認められず，直葬されたと予測される。副葬品は大刀と鈴付きf字形鏡板轡が知られる（梅澤1999a）。石材は観音山丘陵の石材で，その立地から観音山丘陵の開発に関連する集団の首長の古墳と指摘されている（若狭2008）。A地域の石棺と形態・規模が非常に類似する。

D地域　井野川下流域

井野川下流の河岸段丘上に位置する綿貫古墳群中の大型前方後円墳の岩鼻二子山古墳（墳丘長約115m）に2基，不動山古墳（墳丘長94.0m）に1基，対岸の河岸段丘上に位地する若宮古墳群中の帆立貝形古墳の若宮八幡北古墳（墳丘長約46m）に1基の計4基の石棺が認められる。

岩鼻二子山古墳は戦前の陸軍岩鼻火薬製作所の敷地拡張に伴いすでに墳丘は消失し，その際出土した副葬品と石棺1基は東京国立博物館に収蔵されている。観察可能な岩鼻二子山古墳1号棺は突起0・2型式で，平面形はⅠ形式，棺身縦断面はA類，横断面はa類，棺蓋縄掛突起は1類である。すでに新庄屋敷山古墳の長持形石棺と類似することから，長持形石棺を模倣して製作されたことが明らかにされている（梅澤1990，德江1992）。石材は凝灰質砂岩である。岩鼻二子山古墳2号棺は図で判断するかぎり，棺身の両小口にそれぞれ縄掛突起を設けていることが判明する

(時枝2001)。1号棺が石棺長約240cmであるのに対し、2号棺は約220cmと小型で、階層差が認められる。

不動山古墳の石棺は後円部の不動堂の背後に置かれている。観察すると、棺身小口に設けられた縄掛突起が大型で、中央部に位置することが注意される。岩鼻二子山古墳1号石棺の棺身縄掛突起は底部に近い位置に造り出され、長持形石棺の底石の縄掛突起を意識して製作されたものである。不動山古墳の棺身小口部の大型縄掛突起は岩鼻二子山古墳1号石棺の縄掛突起と形態、位置を別にしており、小口部の縄掛突起の数と大きさが蓋と身で共通する突起1・0型式になる可能性も残しておきたい。この場合A地域の1・0型式より幅広（長幅比1類）で、棺身縦断面がA類、横断面a類、棺身がⅠ形式と箱形であることが注目される。石材は凝灰岩である。

若宮八幡北古墳の石棺は明治44年3月15日に畑地の開墾中に出土したことが報告されている（遺蹟遺物研究会1930）。石棺は突起2・0型式で、写真で判別するかぎり、棺身は形態が直線的で、岩鼻二子山2号棺、平塚古墳1号棺に類似する。写真からは細かな形態は読み取れないが、形態はⅢ形式、棺身縦断面はC類、横断面はb類、縄掛突起は3類と思われる。石棺長約182cm、幅約76cmを測る。

岩鼻二子山古墳棺と不動山古墳棺は形態が直線的で、頭部幅と脚部幅に差がないことから他の石棺より古く位置付けられている（徳江1992）。特に岩鼻二子山古墳1号棺は祖形の長持形石棺を忠実に模倣しており、導入期の様相を示していると判断される。岩鼻二子山古墳1号棺→岩鼻二子山古墳2号棺・不動山古墳棺→若宮八幡北古墳棺の順序を想定しておきたい。綿貫古墳群の中でも使用する石材が異なり、礫槨などに覆われたような状況ではないことが注目される。

E地域　井野川上流域

榛名山東南麓、井野川左岸に位置する保渡田古墳群の3基の大型前方後円墳に石棺が認められる。石棺は井出二子山古墳（108m）の石棺が突起2・2型式、八幡塚古墳（96m）と薬師塚古墳（約100m）の石棺が突起1・2型式である。既述したように古墳は井出二子山古墳→八幡塚古墳→薬師塚古墳の順に築造され、石棺も棺身内面刳り抜きの頭部幅と脚部幅の差が明瞭になり、棺身側面の縄掛突起が下降することを明らかにした。石材はすべて観音山丘陵から産出する館凝灰岩である。井出二子山棺と八幡塚古墳棺は礫槨に埋設される。石棺の規模は全て270cmを超え、300cmに迫る。幅も100cmを超える大型棺である。

保渡田古墳群の石棺の平面形は小口側がやや窄まる隅丸方形で胴が中央付近で膨れるⅢ形式で、棺身の縦断面はB類かC類、横断面はb類である。上流域とは異なる形態であることが注意される。

F地域　烏川・碓氷川下流

碓氷川左岸段丘上に位置する大型前方後円墳の平塚古墳（105m）と烏川左岸段丘に位置する上並榎稲荷山古墳（約120m）に石棺が認められる。

平塚古墳には2基の石棺が主軸に平行して礫槨に納められる。1号棺は蓋石は残存しないが棺身が完存している。突起2・0型式である。平面形はⅢ形式、縦断面はC類。横断面はb類であ

る。内面の頭部側と脚部側は約12cmである。2号棺は棺蓋・棺身が残存し、突起2・0型式である。蓋の平面形はⅢ形式である。1号棺と2号棺は縄掛突起の位置と数は一致するが、平面形に違いが認められる。特に隅丸長方形を呈する2号棺が後出すると考え、1号棺→2号棺の順で捉えているが、礫槨における石棺の埋葬状況からは、さほど時期差はないと思われる。石材は共に凝灰岩である。2号棺が石棺長約300cmを測るのに対し、1号棺は約250cmである点は階層差と判断できる。

上並榎稲荷山古墳石棺は棺蓋のみである。棺蓋の形態はⅡ形式で、板状に近い縄掛突起を持つ1・0型式である。群馬県では他に類似した事例がない。墳丘規模に対し小型の石棺であり、主たる被葬者の石棺ではない可能性が高い。

細かく見ると、縄掛突起の位置が両小口で揃わない。縄掛突起が中央ではなく片方に拠っているが、こちらは本来小口に2個の縄掛突起を造り出す予定であった可能性も考慮される。小口の中央に縄掛突起を1個、反対側の小口に2個縄掛突起を設ける石棺としては同時期に奈良県狐井城山古墳（前方後円墳140m）の外堤付近の用水路から出土した刳抜式長持形石棺の棺蓋があり（第43図）、同様な形状であることが注目される。

G地域　広瀬側流域

総社古墳群中の遠見山古墳が竪穴系の埋葬施設である可能性はあるものの、現状では唐櫃山古墳から出土した石棺1基のみで、棺身が小学校の校庭に運ばれている。棺身は長側辺に各2個縄掛突起を設けていることが観察できるが、風化がかなり進んでいる。福島氏の観察によれば、小口にも1個縄掛突起を設けていたことが指摘されている（福島武1923c）。棺身の平面形はⅠ形式、縦断面はA類、横断面はa類である。幅40cm前後の長方形の縄掛突起や、蓋あるいは石室材とされる安山岩製の石材があり、家形石棺の可能性も指摘されている（群馬県古墳時代研究会1999）。ただし岩鼻二子山古墳2号石棺の縄掛突起が隅丸方形で、幅約40cm近い点、古相の舟形石棺の形態は直線的な点、舟形石棺の棺身の縄掛突起を合せ口から5cm前後とかなり上部に設ける例（井出二子山古墳棺・八幡塚古墳棺）がある点、徳江氏の指摘するように家形石棺に比して細身である点（徳江1994）は、舟形石棺の可能性もやはり無視できない。ここでは舟形石棺として捉えておきたい。石棺長約210cm、幅約90cmを測る。

H地域　粕川流域

長持形石棺と舟形石棺が分布する地域である。粕川右岸の小丘陵上に位置する地蔵山古墳群中の綜覧赤堀村16号墳（円墳径20m）と南方約500m、蟹沼東古墳群に近接する台所山古墳（円墳径20～30m）から舟形石棺が出土した。この地域の舟形石棺は1石を刳り抜くのではなく、蓋・棺身共に2石を刳り抜いて合わせるという点と他の地域に比して石棺の製作時期が1段階遅れる点に特徴がある。

綜覧赤堀村16号墳棺は突起0・0型式で、平面形はⅢ形式、棺身縦断面はC類、棺身横断面はb類である。調査時に墳丘の中央部から竪穴式小石槨が検出され、四獣鏡や鉄刀、鉄鏃、丸木弓などの副葬品が確認された。墳丘は榛名山二ツ岳軽石を含む層を掘りくぼめて盛土したこと

からFA降下後に構築されたことが指摘されている（赤堀村教育委員会1978）。

　台所山古墳は明治13(1924)年に採土の際に石棺が露出したことが知られる。当時の記録により，規模と形態が判断可能である。突起0・2型式で，棺身の縦断面はC類，横断面はb類かc類と思われる。棺身には計6個の縄掛突起が側面に認められるが，棺蓋には側面に各2個ずつ縄掛突起が配置されており，棺身とは数は合わない。宋永寺裏東塚古墳棺も同様に端部の一端がやや強く窄まり，U字状になることから，形態的に宋永寺裏東古墳の石棺に類似するが，先に指摘したように宋永寺裏東塚古墳棺や保渡田薬師塚古墳棺より後出する要素が確認できる。副葬品は東京国立博物棺に収蔵されており，棺内から乳文鏡，鉄製素環頭大刀，直刀，亀甲繋単鳳文象嵌円頭大刀，刀子，管玉，棺外から鉄斧，鎌，轡，辻金具，槍，鉄族が出土している（福島1926・東京国立博物館1983）。亀甲繋単鳳文象嵌円頭大刀は橋本博文氏の検討により6世紀初頭の年代が与えられている（橋本1986）。

　御富士山古墳の長持形石棺以後舟形石棺は間をおかず製作されるわけではなく，他地域では既に石棺の埋葬から横穴式石室に移行する時期に製作が始まるという特徴があり，H地域における石棺の製作を他の地域と同様に理解するのか検討する必要性がある。

（6）群馬県の石棺築造時期と展開（第63図～第67図，第26表）

　群馬県の舟形石棺が分布する地域をA～Hの8つの地域に分け，舟形石棺の地域様相と変遷

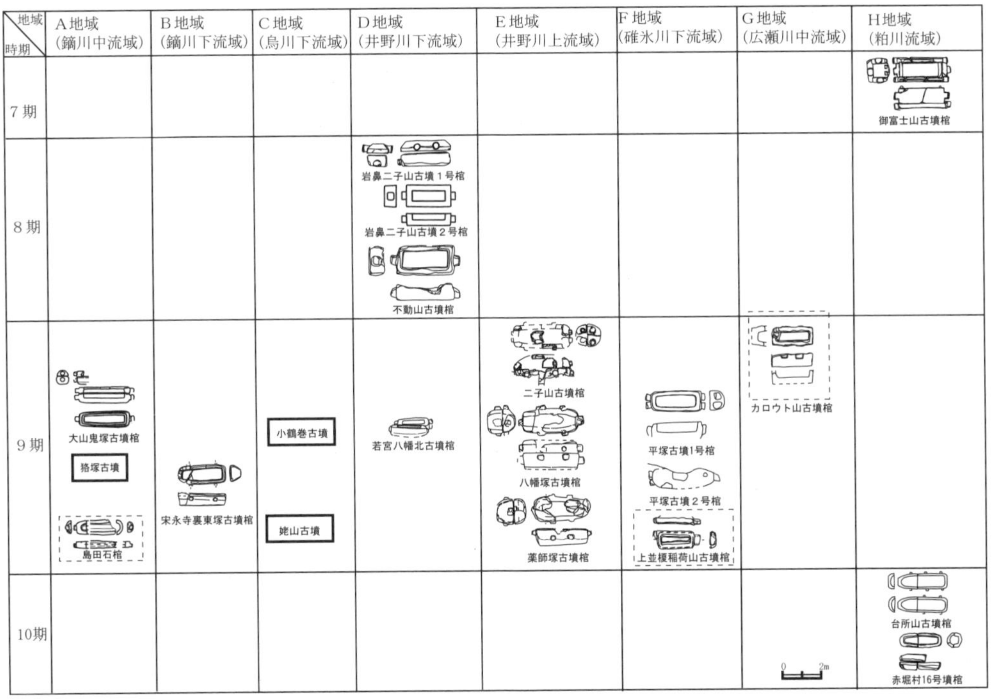

第63図　群馬県の舟形石棺の変遷

を概観した。小地域内での変化を4段階にまとめたものが第63図，墳丘規模と突起型式を表したものが第64図である。さらに主に右島和夫氏の見解を基に長持形石棺の動向も加えて各時期の様相を考察しておきたい。

1段階（和田編年7期）

5世紀前半に西毛と東毛の2大拠点の勢力を統括するような一大地域連合政権が一時的に太田地域に確立し，倭王権から石工が派遣され，長持形石棺が製作された時期を1段階（和田編年7期）とする。長持形石棺1類は固有の組合技法と製作技術を保有しており，御富士山古墳の長持形石棺は地元の石材ながらその組合技法が確認され，直接的な技術伝播が示唆されている（北原1999）。筆者も製作技術の痕跡からその後付けをおこなっており，倭王権側から工人が派遣されたのは間違いない（第5章参照）。

太田天神山古墳（前方後円墳208m）と御富士山古墳（前方後円墳125m）の長持形石棺を検討すると，天神山古墳の石棺は古く取り出され，残された記録類と一部部材が確認できる。底石は長さ273cm，幅132cmとあり，大型棺に相当する。石棺は突起2・2型式と推測される。御富士山古墳の長持形石棺も棺蓋は大部分が破損しており突起型式は不明である。石棺棺身は突起を除いた長さが約250cmで，棺身幅約110cmを測る。他の事例との比較から中型棺と判断しておきたい。副葬品などの遺物や埴輪の製作情報に比べ，竜山石製長持形石棺及び石棺を製作する石工が派遣される範囲は狭く，石棺製作技術が他地域に波及することはほとんどみられない。群馬県に石工が派遣され，長持形石棺が製作されたことは，特異なケースであり，畿内政権との同盟（白石ほか1984）など，強い結びつきが想定される。

2段階（和田編年8期）

舟形石棺が製作される時期である。平面形はⅠ形式のみで，事例が限定される。

太田地域を中心とする一大地域連合政権がその後解体し，西毛地域では石製模造品と舟形石棺を介した政治連合が成立し，前方後円墳が増大することが指摘されている（右島1990b，右島・徳田1998）。その背景に古東山道ルートの成立や馬匹生産及びそれに関わる渡来人集団の編成など，東国とヤマト政権との間に新たな交流と支配関係の枠組みの変化があったことが明らかにされている（右島・若狭・内山編2011，右島2008，右島2011a）。ただしこの段階では，井野川の下流域（E地域）に築造された綿貫古墳群の岩鼻二子山古墳と不動山古墳に石棺の製作は限定される。

岩鼻二子山古墳の1号石棺は約250cm，2号石棺は約220cmである。後円部側の1号石棺が0・2型式，2号石棺が1・0型式と予想され，岩鼻二子山古墳内では石棺の型式，規模により，階層差が見出せる。1号棺は新庄屋敷山古墳棺や久津川車塚古墳棺などの突起0・2型式の長持形石棺に良く似ており，刳抜式であるが，長持形石棺を正確に模倣したことが分かる。なお墳丘形態・規模と石棺の突起型式・規模の対応が，1号棺が中型棺，2号棺が小型棺と上述した倭王権の長持形石棺の石棺秩序（第65図上）とも一致しており，倭王権との関わりの中で製作されたと推測される。

長方形を基準としたⅠ形式の平面形，棺身縦断面（A類）と横断面（a類）が垂直で，棺蓋縄掛

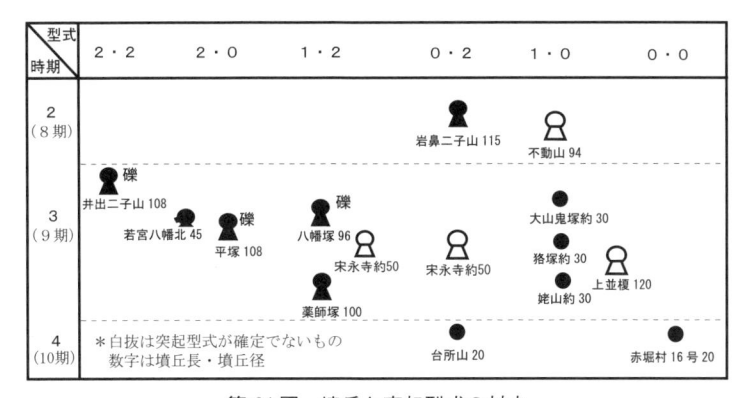

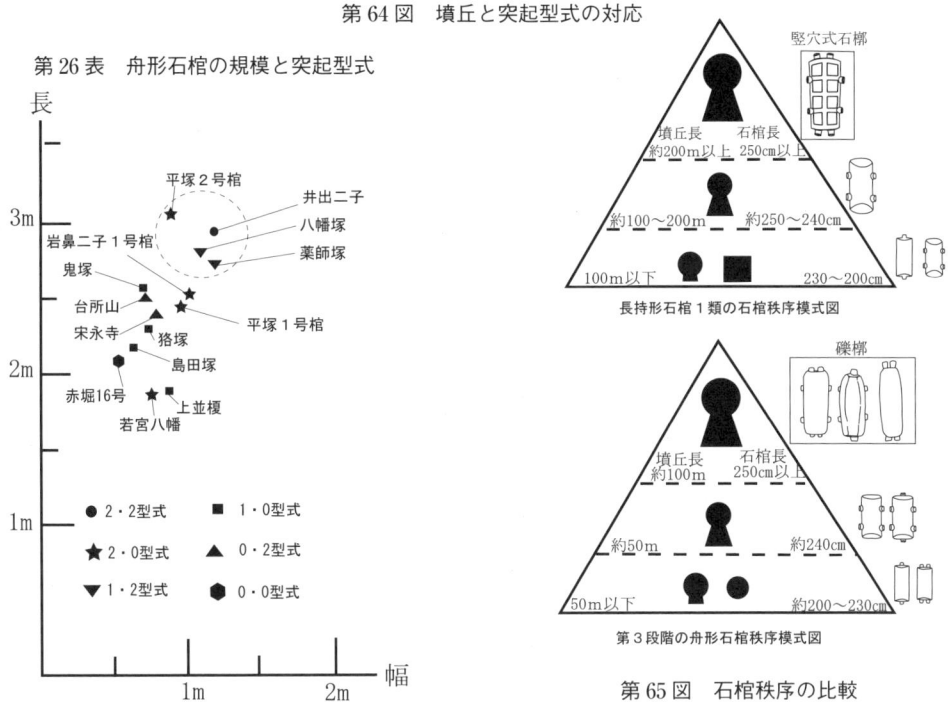

第3章　舟形石棺の石棺秩序－長持形石棺１類の石棺秩序との比較を中心に－　131

第64図　墳丘と突起型式の対応

第26表　舟形石棺の規模と突起型式

第65図　石棺秩序の比較

　突起が１類であることは竜山石製長持形石棺に系譜が求められる（第67図上）。長幅比Ｉ類と幅広になるのも同様である。ただ、該期の長持形石棺は、小口が張り出し、頂部も平坦面を持たないので、わずかに差異も確認できる。

　不動山古墳からは約290cm測る大型の石棺棺身が出土しており、同一古墳群内でも石棺の規模が一致しないことが注目される。不動山古墳棺は石棺長が約290cm、石材も凝灰岩になるなど、次の３段階の石棺秩序の萌芽を読み取れ、岩鼻二子山古墳棺より後出するものと判断できる。また、両古墳とも埋葬施設は棺を礫槨で覆うような構造は認められないようである。この段階は石棺の導入が綿貫古墳群の被葬者に限定的に伴うものと予想される。

　一方他の地域を散見すると、太田天神山古墳の後に築造された鶴山古墳（前方後円墳102m）では鋲が出土しており（右島1990a）、5世紀代の古墳では関東で唯一の出土で、畿内政権から木棺

が特別に運ばれた可能性が指摘されている(亀田2004)。H地域の今井神社古墳(前方後円墳71m)からは短辺に扶りこみを入れ縄掛突起を表現したような板状の石材が出土していて,竪穴式石槨の蓋の可能性がある。竪穴式石槨の蓋材に縄掛突起を造り出す古墳は,奈良県佐紀陵山古墳(前方後円墳206m),同県新庄屋敷山古墳(前方後円墳140m),同県野神古墳(前方後円墳約50m)など畿内に集中し,4世紀後半～6世紀前半(和田編年4期～和田編年10期)まで認められる。今井神社古墳の石材[2]にも影響が認められ,太田天神山古墳,御富士山古墳築造後も倭王権との関わりやその影響関係が認められる。

3段階(和田編年9期)

この段階の特徴は石棺の分布が拡大し,墳丘規模・墳形と埋葬施設・突起型式が対応することである。墳丘長100m前後の大型前方後円墳には約300cm程の大型の石棺を礫槨に埋設することが認められ,約30m前後の円墳や帆立貝形古墳では200～250cm前後の一回り小さい石棺が直葬される。石棺の突起型式は,100m前後の大型前方後円墳に2・2型式,1・2型式,2・0型式,中型前方後円墳には0・2型か1・2式,帆立貝形古墳や円墳には1・0型式が対応し,基本的に階層差を示していると指摘できる(第64図～第65図,第26表)。若宮八幡北古墳は帆立貝形古墳(墳丘長45m)であるが,円筒埴輪と形象埴輪が共に小規模古墳とは隔絶した内容であることが指摘され(南雲1999),前方部の他に造り出しを備え,周堀を挟んで周堤帯が全周し,前面に葺石を貼るなど,大型前方後円墳に準じる古墳である。石棺が突起2・0型式であることはむしろ妥当である。このような毛野における墳形・墳丘規模と舟形石棺の規模・棺蓋突起型式が対応する石棺秩序の系譜は,やや異なるものの同様に突起型式と石棺の規模で階層構造を構成する長持形石棺1類の石棺秩序にあると考えて間違いない。

またもう一つ無視できないのが,第2段階の石棺と変わり平面形の小口側に丸みを持つⅢ形式の棺蓋が出現し,棺身も同様に小口に丸みを持つものが認められ,3類の縄掛突起が出現し,同様に棺身縦断面もB類やC類であり,外側に開くことが注目される。これは結論から言えば舟形木棺2類の要素が認められるのではないかと考えている。第2段階の石棺が箱形を指向し,比較的長持形石棺に類似していたのに対し,第3段階には長持形石棺の情報に加え,在地の木棺の形態が取り入れられている可能性が高い。編年の指標となった棺身内部の頭部と脚部の明確化は外形の舳先と艫が明確化していくこととも関連し,時期が下るにつれて,より舟形木棺2類の形態に近づくのではないかと考えている[3]。先端が太く根元が細い棺蓋縄掛突起3類や棺身縦断面が外反するB,C類,外面が丸みを持つ横断面b,c類は舟形木棺2類の形態に確認でき,さらに宋永寺裏東塚古墳棺棺身と台所山古墳棺棺身の脚部側の強いU字状の窄まりは舳先を表現していると考えられる。内陸部でも舟形木棺2類は確認されており,群馬県でも採用されていた可能性は高い。

群馬県での舟形木棺2類の出土は(第66図),和田編年8期に築造された赤堀茶臼山古墳(帆立貝形古墳62m)の木炭槨から予想されるのみであるが(後藤1933),赤堀茶臼山古墳に近接して築造された多田山古墳群中の4号墳(円墳15.5m,9期)で木棺を据えた粘土が舟の形をしたもの

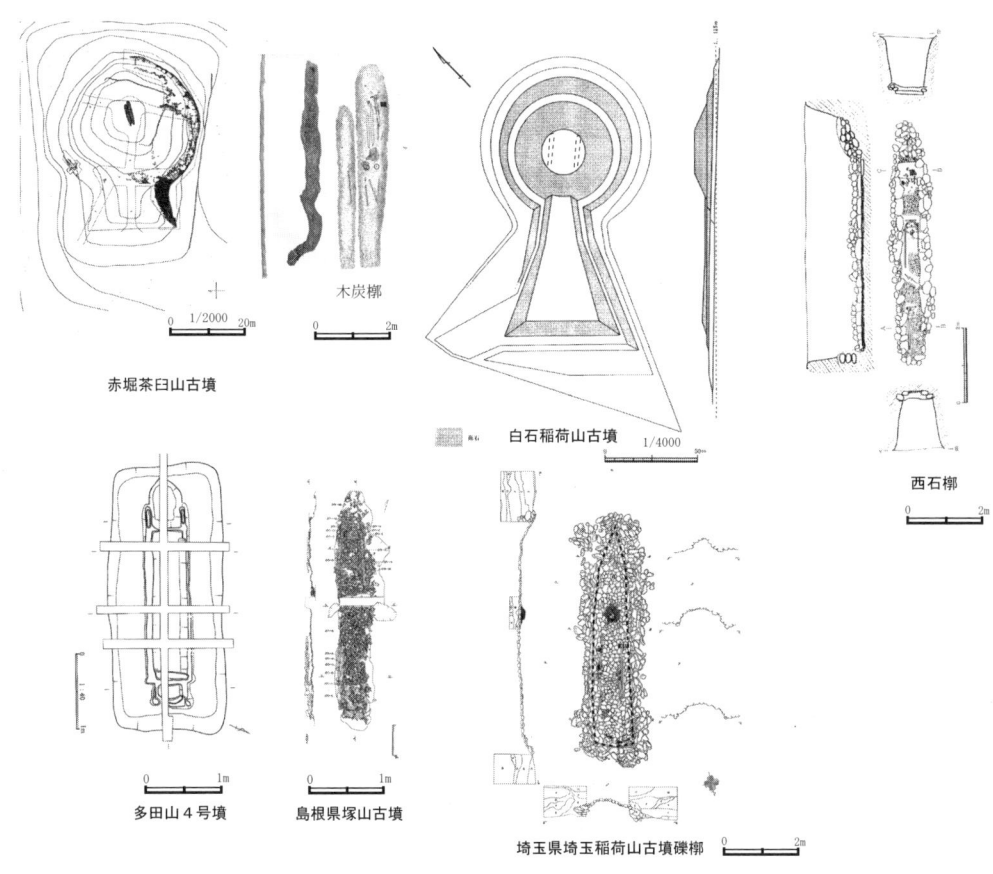

第3章　舟形石棺の石棺秩序－長持形石棺1類の石棺秩序との比較を中心に－　133

赤堀茶臼山古墳　　木炭槨　　白石稲荷山古墳　　西石槨

多田山4号墳　　島根県塚山古墳　　埼玉県埼玉稲荷山古墳礫槨

第66図　群馬県内の舟形の埋葬施設と舟形礫槨の事例

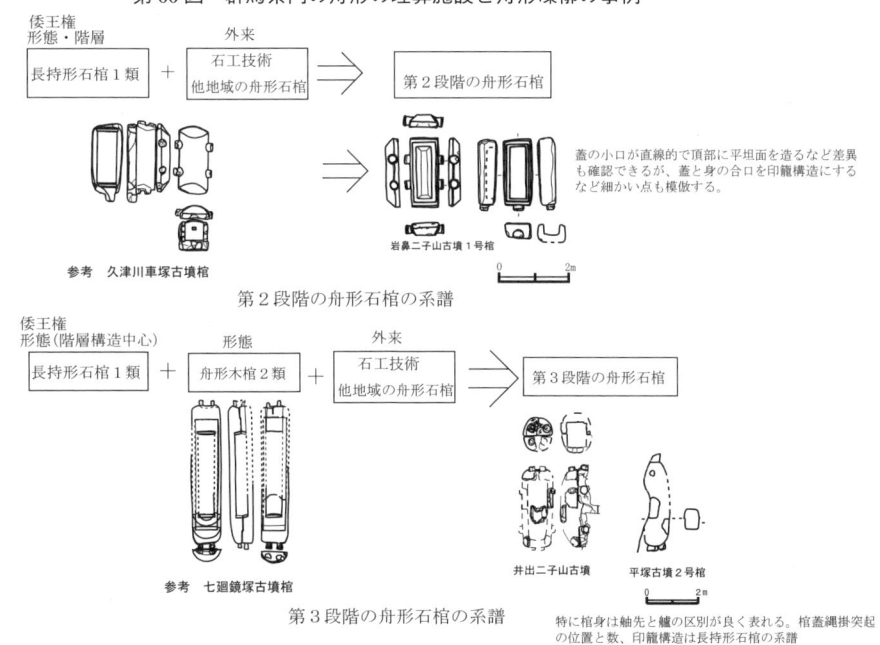

倭王権　　　　　　　外来
形態・階層
長持形石棺1類　＋　石工技術　　→　第2段階の舟形石棺
　　　　　　　　　　他地域の舟形石棺

　　　　　　　　　　　　　　　　　　　　　　　　　　蓋の小口が直線的で頂部に平坦面を造るなど差異
　　　　　　　　　　　　　　　　　　　　　　　　　　も確認できるが、蓋と身の合口を印籠構造にする
　　　　　　　　　　　　　　　　　　　　　　　　　　など細かい点も模倣する。

　　参考　久津川車塚古墳棺　　　　　岩鼻二子山古墳1号棺

第2段階の舟形石棺の系譜

倭王権　　　　　　　　　　　　　　外来
形態（階層構造中心）　形態
長持形石棺1類　＋　舟形木棺2類　＋　石工技術　　→　第3段階の舟形石棺
　　　　　　　　　　　　　　　　　他地域の舟形石棺

　　　　　　　　　　　　　　　　　　　　井出二子山古墳　平塚古墳2号棺
　　参考　七廻鏡塚古墳棺

第3段階の舟形石棺の系譜
　　　　　　　　　　　　　　　　　特に棺身は軸先と艫の区別が良く表れる。棺蓋縄掛突起
　　　　　　　　　　　　　　　　　の位置と数、印籠構造は長持形石棺の系譜

第67図　群馬県の舟形石棺の系譜

であることが判明している（深澤2004）。

さらに注目されるのが，和田編年6期に築造された白石稲荷山古墳の埋葬施設である。白石稲荷山古墳は西毛地域に築造された墳丘長140mを測る大型前方後円墳である（群馬県1936）。特に西礫槨は平面A形式，縦断面B類の舟形木棺2類に類似しており，舟形礫槨ともいうべきものである（第66図）。この礫槨に舟形木棺2類を埋設した可能性も十分考えられる。このような舟形の礫槨は，島根県塚山古墳など小数ながら確認でき，埼玉県稲荷山古墳礫槨も舟形の木棺に沿って礫槨が構築されていることが判明している。白石稲荷山古墳西礫槨をこのように解釈してよいなら，群馬県西部の前期から中期の大型古墳の埋葬施設に舟形木棺2類あるいは，舟形の礫槨・粘土床が採用されていた可能性も考慮される。特に栃木県や埼玉県など隣接地域には5～6世紀に舟形木棺2類が分布しており（第5図，第7表），今後群馬県でも確認される可能性は高いと指摘できる。

舟形木棺2類が西毛の首長層に採用されていたと仮定した場合，第3段階の舟形石棺の形態には在地の木棺の形式も取り込まれていたと考えることが可能である（第67図下）。伝統的な木棺形式を踏まえることが重要であったと考えたい。

4段階（和田編年10期）

石棺の製作は前段階の保渡田薬師塚古墳で終焉を迎えており，西毛地域の大型古墳では，横穴式石室が構築される。この時期にH地域では刳抜式石棺や石棺と石室を折衷したような埋葬施設が認められる。H地域では御富士山古墳の築造後，凝灰岩製の組合式石棺が大型古墳の埋設施設で使用され，長持形石棺の影響が強く認められる地域である。西毛地域において石棺の利用が終焉を迎えた後に製作が行なわれており，小規模古墳に埋設されることが特徴である。

おおまかに4段階に区分し，舟形石棺の展開を述べたが，特に3段階における石棺の利用は特筆され，体系的な制度の導入と施行という前段階と異なる様相が認められる。この制度は井出二子山古墳の被葬者を代表として導入と整備が図られたと考えているが，この点についてもう少し追及を行ないたい。

（7）「舟形石棺地域圏」と井出二子山古墳出土の舟形石棺とその系譜

さて上述したように第3段階では石棺の分布が拡大し，「舟形石棺地域圏」が形成される。「舟形石棺地域圏」は舟形石棺の突起型式と墳形・墳丘規模が対応する石棺秩序と一体となって形成されたのである。この地域圏の形成に主導的な役割を果たしたのは井野川上流域に三基の100m級の前方後円墳を築造した保渡田古墳群の勢力と考えられる。この点を石棺型式から検討が可能である。保渡田古墳群の端緒となった井出二子山古墳（前方後円墳108m）の舟形石棺は後世に破壊されていたものの，蓋は突起2・2型式に復元できる。この突起型式は第2章で説明したように長持形石棺1類の階層構造では最高位の型式である。極めて限定された分布を示し，長持形石棺を除けば舟形石棺では3例である（第88図）。毛野の事例も井出二子山古墳1例であり，一代限りで採用されており，倭王権の規制があったと判断され，井出二子山古墳の被葬者[4]は倭王権から承認され，この型式の石棺を製作し，かつ長持形石棺1類の石棺秩序を舟形石棺で表現し，

地域に適した形で，導入を図ったと推察される[5]。こうした石棺秩序は西毛地域に一定の政治的地域圏とその内部での階層差があったことを示し，既に五世紀代の石製模造品出土古墳の中・西部地域の偏在性から見られる石製模造品副葬システムがその基盤にあったことが指摘されている（右島・徳田1998）。

長持形石棺1類と毛野の舟形石棺の石棺秩序を比較すると（第65図），毛野西部地域では①突起2・2型式以外にも突起2・0型式や1・2型式の石棺長が3m近くあり，中型棺や小型棺にも突起1・2型式や2・0型式が認められること。②竪穴式石槨ではなく，礫槨に埋設すること。③組合式ではなく，刳抜式であることが相違点である。①は突起2・2型式に規制があること，西部地域の首長層の中で，保渡田古墳群の勢力が主導的な役割を果たしたとしても他の100m級の大型前方後円墳の存在からも突出した勢力ではないことを示していると推察される。さらに中型・小型棺の中に大型棺と同様の突起型式が認められることは，階層差以外にも上位の首長との関係を重層的に表象した可能性も考慮される。②についてはその系譜を含め筆者はいまだ明確な答えを導きだせない。③については毛野の事例に限定すれば，長持形石棺と舟形石棺の階層差に起因するものと考えている。

このようにさまざまな変更点を含みながらも，長持形石棺1類と類似した石棺秩序が形成されたことは注目される。長持形石棺と舟形石棺を検討するかぎり，倭王権とは規制を受けつつも，継続した密接な交流を読み取れるのである。

(8) 小　結

群馬県では長持形石棺1類と同等の石棺が製作された後も，長持形石棺1類に系譜を持つ舟形石棺が採用されること，特に保渡田古墳群の井出二子山古墳の被葬者が倭王権との関係の中で長持形石棺1類の石棺秩序を在地に適した形で導入・整備を図ったことを明らかにした。特に3段階から在地の舟形木棺2類の情報が舟形石棺の形態に反映されていることも地域的な展開として注目されるが，舟形石棺採用以前の木棺形態や他界観を考察する上でも有効であろう。

また，5章で検討するが，群馬県の舟形石棺には長持形石棺1類の製作技術は確認できない。その製作技術が在地化したような状況も推測できない。したがって他の舟形石棺製作地から技術者を招来した可能性を考えなければならない。縄掛突起の数は系譜の証明にならないと判断している。しかし，宮崎県持田16号墳の舟形石棺は同様に突起1・2型式で，特に方形を基調とした縄掛突起を長側面に，円形の縄掛突起を小口に用いることは，保渡田八幡塚古墳棺の縄掛突起の形態（小口2類，長辺4類）とも一致し，技術系譜を考える上で重要である。無論複数地域から石工が招来されている可能性も考慮され，製作技術の詳細な検討を進めることが必要と考えている。

註
1) 毛野地域や上毛野地域など研究者により名称や領域について見解は異なるが，統一は図らず，研究者の使用する名称をそのままにしている。なお群馬県地域を分割する「西毛」・「中毛」・「東毛」の範囲についても同様であるが，「西毛」は現広瀬川以西の地域，「中毛」は広瀬川以東・赤城山南麓の地域，「東毛」

第 27 表　群馬県の舟形石棺分析表

古墳名	墳丘形	墳丘長	地域	時期	突起型式	蓋形式	棺身縦	棺身横	縄掛突起	長幅比	全長	幅頭部	幅脚部	合口	備考
岩鼻二子山1号棺	前方後円墳	115m	D	2期	0・2型式	Ⅰ形式	A類	a類	1類	Ⅰ類	243	56	56	印籠	完存
岩鼻二子山2号棺	前方後円墳	115m	D	2期	1・0型式か	Ⅲ形式	A類	a類	—	Ⅰ類	224	—	—	平坦	石棺は不明
不動山	前方後円墳	94m	D	2期	1・0型式か	—	A類	a類	2類	Ⅰ類	290	80	80	不明	棺身は完存
大山鬼塚	円墳	約30m	A	3期	1・0型式	Ⅲ形式	C類	c類	3類	Ⅲ類	255	40	32	印籠	棺蓋は破損
島田石棺	前方後円墳	—	A	3期	1・0型式	Ⅲ形式	C類	c類	3類	Ⅲ類	(220)	—	—	平坦	棺蓋の破片のみ
狢塚	円墳か	約30m	A	3期	1・0型式	Ⅲ形式	C類	c類	3類	Ⅲ類	約230	—	—	平坦	
宋永寺裏東塚	前方後円墳	約50m	B	3期	0・2型式	Ⅲ形式	B類	b類	3類	Ⅱ類	約239	56	40	平坦	棺身はほぼ完存
姥山	円墳か	40m	C	3期	1・0型式	Ⅲ形式	—	c類	3類	—	—	—	—	平坦	石棺複数
若宮八幡北	帆立貝形	45m	D	3期	2・0型式	Ⅲ形式	C類	b類	3類	—	約182	—	—	—	石棺は不明
井出二子山	前方後円墳	108m	E	3期	2・2型式	Ⅲ形式	C類	b類	3類	Ⅱ類	292	68	60	平坦	棺身はほぼ完存、棺蓋破片あり。
保渡田八幡塚	前方後円墳	96m	E	3期	1・2型式	Ⅲ形式	B類	b類	2類4類	Ⅱ類	284	60	48	平坦	棺身はほぼ完存、棺蓋破片あり。
保渡田薬師塚	前方後円墳	約100m	E	3期	1・2型式	Ⅲ形式	C類	b類	3類	Ⅱ類	275	56	36	印籠	棺身はほぼ完存、棺蓋破片あり。
平塚1号棺	前方後円墳	約105m	F	3期	2・0型式	Ⅲ形式	C類	b類	3類	Ⅱ類	254	60	48	—	棺身は完存
平塚2号棺	前方後円墳	約105m	F	3期	2・0型式	Ⅲ形式	—	b類	3類	Ⅲ類	308	—	—	—	ほぼ完存
上並榎稲荷山	前方後円墳	約120	F	3期	1・0型式	Ⅱ形式	—	—	5類	—	190	—	—	印籠	棺蓋のみ
唐櫃山	帆立貝形？	—	G	3期	不明	—	A類	a類	—	Ⅰ類	約209	40	40	—	棺身のみ
綜覧赤堀村16号墳	円墳？	約20m	H	4期	0・0型式	Ⅲ形式	C類	b類	—	Ⅲ類	210	—	—	平坦	完存
台所山	円墳？	約20m	H	4期	0・2型式	Ⅲ形式	C類	b類	—	Ⅲ類	約252	—	—	平坦	石棺は不明

※数字の（ ）は数値が残存長であることを示す
※全長は棺身を基準。幅は棺身内面。

(単位：cm)

は利根川中流域と渡良瀬川に囲まれた地域を指す名称として使用している。

2) 今井神社古墳と同様に抉りを入れ，縄掛突起を表現した蓋石を持つ組合式石棺が千葉県祇園大塚山古墳（前方後円墳約100m）から出土していることが知られる（白井2002 159頁）。ただし今井神社例は内面に部材を結合する溝や短辺側の部材が確認できないことから，竪穴式石槨の蓋石と考えた。

3) 舟形木棺2類の形態分類を参考にすれば（第4図，第3表・第4表），井出二子山古墳棺はE形式，八幡塚古墳棺はB形式，縦断面もa類に該当する。宋永寺裏東塚古墳棺はC形式，縦断面b類，平塚古墳2号棺は中央が胴膨れするが，D形式よりE形に近い。縄掛突起の形態も含め栃木県七廻鏡塚古墳棺に類似する。台所山古墳棺は平面形がB形式で，舳先と艫が明瞭である。縦断面はa類かb類と思われる。舳先側は底部が途中から斜めに立ち上がり，平坦ではない（福島甫1924）。このように第3段階の舟形石棺は舟形木棺2類との比較が有益である。

4) 井出二子山古墳の被葬者の画期性と政治性，該期の毛野の地域社会の様相については特に若狭氏が詳しくのべている（若狭2009・2011）。

5) 特に埴輪については，TK208型式段階（筆者の2段階）には墳形や墳丘規模にかかわらず3条4段，器高約50cmの円筒埴輪を使用していたのに対し，井出二子山古墳の造営を機に本郷・猿田窯の操業が始まり，

墳形や墳丘規模に応じて，突帯数や器高の高さが決定される埴輪秩序が展開することが山田俊輔氏により明らかにされている（山田2011）。石棺秩序など埋葬施設の整備と対応するものと考えられる。

第5節　出雲地域

出雲を中心に長持形石棺と舟形石棺が小地域ごとに分布している。その様相を整理し特に系譜について検討を行ないたい。

(1)　研　究　史

早く山本清氏の網羅的な石棺の集成が行なわれ，現在の石棺研究の基礎を成している（山本1966，1967，1970，1971）。その後大谷晃二氏は平面形が胴ぶくれするもの（A型）と長側辺が直線的なもの（B型）の2者があり，蓋と身の合口が単純合わせ（Ⅰ型）と印籠口のもの（Ⅱ型）があり，その組合せからⅠA型→ⅡA型→ⅡB型と変遷することを指摘し，3期に区分した。舟形石棺1，2期（和田編年6〜8期）は小地域ごとに形態と系譜が異なる石棺を採用しており，各地の首長が多様な地域の首長と個別に交流を持っていたのに対し，舟形石棺3期（和田編年9期）には平面が矩形で印籠構造のものが出現し，「出雲型舟形石棺」というべきものが出現することが指摘されている（大谷・清野1996，大谷2010a）。

系譜については大塚荒神古墳棺が讃岐の割竹形石棺，毘売塚古墳の舟形石棺が福井県小山谷古墳棺や大分県の臼塚古墳棺に類似するとしている。なお勝部智明氏は蓋と身の合口，棺内面の刳抜方，縄掛突起の位置と数に着目し，4期に区分し，大谷氏とは若干異なる編年案を組み立てている（勝部1998）。

東九州の舟形石棺を検討した林田氏は毘売塚古墳の石棺は棺身の底部に近いところから小口部の縄掛突起を造り出しており，大分県大野川中流域の潰平4号墳棺の特徴と類似し，築山古墳棺のように丸みを持つ石棺がやはり大野川中流域の鉢ノ窪石棺群中に確認でき，大野川中流域の石棺が島根県の石棺ともっとも密接な関係があったことを指摘している（林田1995）。

以上のような研究成果があり，出雲では小地域ごとに舟形石棺が分布し，系譜が多様であると考えられている。編年案については，全体の形態が判明し副葬品や埴輪など他の様相が確認できる事例が少なく，検証を難しくしている。筆者は既に前節でも指摘しているように舟形石棺の系譜には在地の木棺や長持形石棺の検討が不可欠と考えており，この点を加味して系譜について再検討を行ないたい。出雲の石棺の分布地を7つの地域に分け（第68図〜第69図），地域ごとにその様相を整理したい（第74図）。

(2)　地域の様相（第68図〜第73図）

伯太川下流域・安来湾沿岸地域

安来湾を見下ろす丘陵上に首長墳や石棺が確認されている。毘売塚古墳は墳丘長42mの前方後円墳である。鉄鏃，鉄剣，鉄鉾，三角板革綴短甲，ヤスなどの副葬品の一部が確認されている（大谷・清野1996）。副葬品の構成から和田編年6期頃の製作と考えられる。石棺は突起1・2型式

の棺蓋を持つ舟形石棺である。蓋は棺身に比べ偏平であるが，横断面半円形である。また，横幅が棺身に比べ1回り大きい。林田氏が指摘するように棺身小口の縄掛突起が底部に近いところから造られており，大分県の大野川流域の影響が考えられる（第70図）。福井県の小山谷古墳や大分県の臼塚古墳とは，縄掛突起の数などに一致する点は見受けられるが，内面の刳抜方などに差異があり，筆者も林田氏の指摘に賛同する。

　また，沿岸部の海中に突出した半島の山頂には十勝山古墳が位置する。墳丘は楕円形状の高まりが認められるものの，戦国時代の山城として改変されており，不明な部分が多い。墳頂に石棺材があり山本氏により報告されている（山本1967）。石棺材は組合式のもので，棺蓋の横幅が約80cmを測る。棺蓋横断面は頂部に平坦面を持たない蒲鉾形で，長持形石棺を意識した箱形石棺あるいは長持形石棺2類と考えられる。毘売塚古墳の周辺には墳丘は不明なものの，客社神社の2基の箱形石棺が注目される。石棺の組合方法は，短側壁に長側壁が挟まれるもので，畿内の6世紀代の組合式家形石棺と共通するものの，棺蓋横断面は半円形で，長持形石棺の特徴も確認できる。和田編年10期頃の製作と推察される。舟形石棺以外に長持形石棺の模倣あるいは影響を受けた箱形石棺が分布していることを注意しておきたい。

飯梨川下流域

　上の谷古墳は墳丘径約16mの円墳と考えられている（山本清1971）。近年古写真が発見され，石棺の全形と棺蓋を開けた状態が判明した（舟木2004）。石棺は突起0・2型式の棺蓋を持つ組合式石棺で，構造としては九州系家形石棺2類と同様である。石棺の棺蓋横断面は屋根形を呈し，全体的に扁平な印象がある。棺蓋の小口の一方が丸くなるなど，5世紀後半頃に築造された玉造築山古墳北棺や横田古墳棺など，宍道湖南岸の石棺に類似し，同様の時期が推察される。付近の今若峠1号墳は径30m程の円墳と考えられ（本庄考古学研究室2004），石棺の形態が報告されている（山本1967）。棺蓋の横断面は蒲鉾形を呈し，長持形石棺の棺蓋に近い。長辺に1つ縄掛突起が確認でき，突起0・2型式に復元できる可能性が高い。棺蓋横断面に違いが認められるものの，棺蓋の突起型式が上の谷古墳棺と共通するようである。

大橋川南岸・意宇川下流域

　大橋川南岸の丘陵上に位置する竹矢岩舟古墳は墳丘長50mの前方後方墳である。後方部の中央から外れたところに舟形石棺の棺身のみ残されており，側面の突起が3個ずつ確認できることが指摘されている（山本1966）。棺身長約2.8mと大型で，蓋との合口が印籠構造である。やはり印籠構造である神庭岩舟古墳（宍道湖東岸）の棺身と同規模であり，同様な棺蓋が想定されており（第71図），遠隔地を越える規格性が指摘されている（大谷晃2010a）。

　意宇川下流域の山頂に位置する大草岩舟古墳は，墳丘は不明確で，前方後円墳の可能性を残している。山頂に露出した凝灰岩を加工して棺身に仕上げている。棺身と蓋の合目は印籠構造である。上記の2基の舟形石棺は長辺側が直線的で，大谷氏の舟形石棺の編年では最終段階の3期（和田編年9～10期）に位置付けられている。

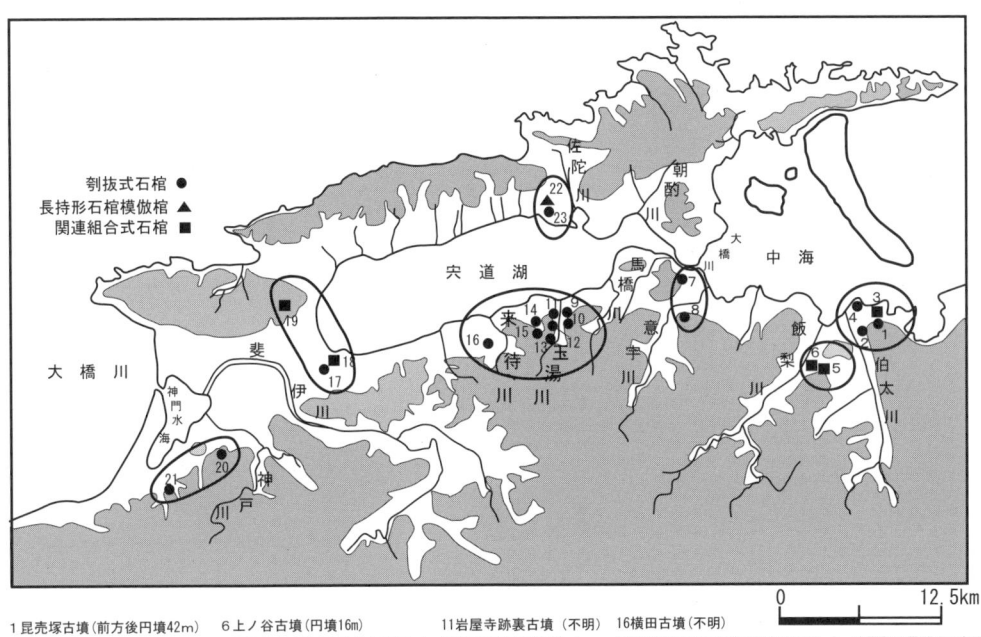

第3章　舟形石棺の石棺秩序－長持形石棺1類の石棺秩序との比較を中心に－　139

1 昆売塚古墳（前方後円墳42m）	6 上ノ谷古墳（円墳16m）	11 岩屋寺跡裏古墳（不明）	16 横田古墳（不明）	21 雲部3号墳（円墳15m）
2 三崎谷山（不明）	7 竹矢岩舟古墳（前方後方墳50m）	12 築山古墳（円墳16m）	17 神場岩舟山古墳（前方後円墳48m）	22 丹花庵古墳（方墳49m）
3 客社神社古墳（不明）	8 大草岩舟古墳（前方後方墳）	13 花立5号墳（円墳11m）	18 軍原古墳（円墳30m）	23 大塚荒神塚古墳（方墳14m）
4 十神山古墳（不明）	9 徳連場古墳棺	14 林18号墳（円墳8m）	19 徳雲寺境内所在	
5 今若峠1号墳（円墳30m）	10 青木原古墳棺（不明）	15 林30号墳（円墳）	20 北光寺古墳（前方後円墳64m）	

第68図　島根県における舟形石棺・長持形石棺の分布

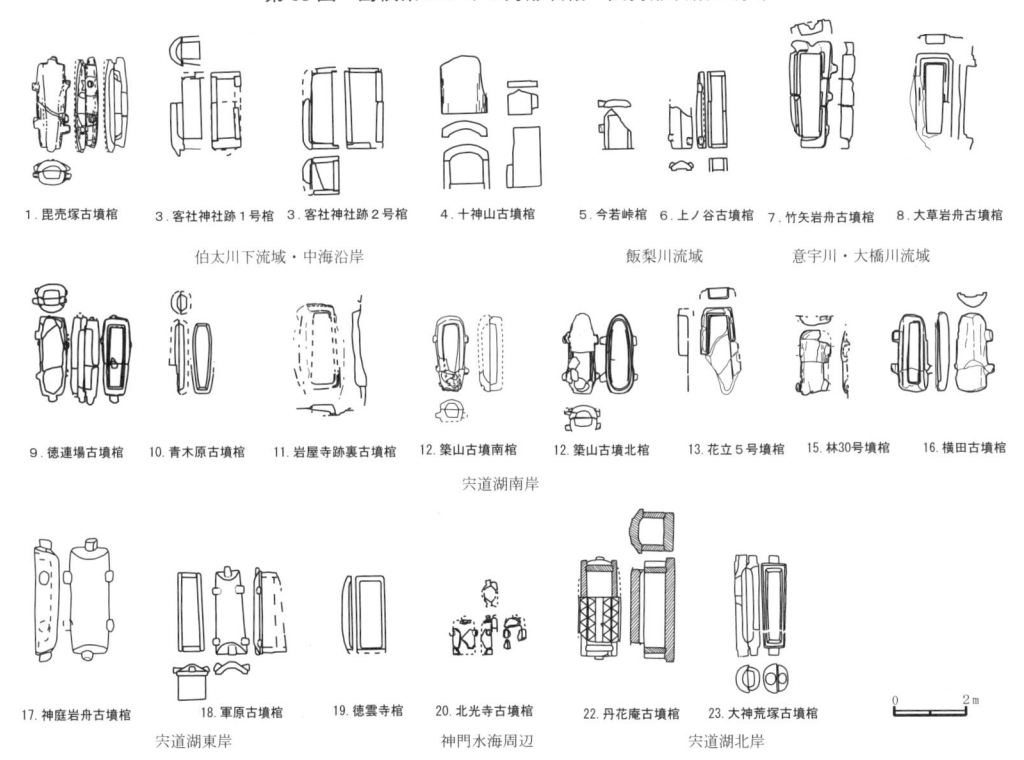

1. 昆売塚古墳棺　3. 客社神社跡1号棺　3. 客社神社跡2号棺　4. 十神山古墳棺　5. 今若峠棺　6. 上ノ谷古墳棺　7. 竹矢岩舟古墳棺　8. 大草岩舟古墳棺
伯太川下流域・中海沿岸　　　　　　　　　　　　　　　　　　飯梨川流域　　　　　　　　　意宇川・大橋川流域

9. 徳連場古墳棺　10. 青木原古墳棺　11. 岩屋寺跡裏古墳棺　12. 築山古墳南棺　12. 築山古墳北棺　13. 花立5号墳棺　15. 林30号墳棺　16. 横田古墳棺
宍道湖南岸

17. 神庭岩舟古墳棺　18. 軍原古墳棺　19. 徳雲寺棺　20. 北光寺古墳棺　22. 丹花庵古墳棺　23. 大神荒塚古墳棺
宍道湖東岸　　　　　　　　　　　　神門水海周辺　　　　　宍道湖北岸

第69図　島根県の舟形石棺・長持形石棺および関連石棺

宍道湖南岸

　玉湯川や来待川の下流，宍道湖の南岸地域は小円墳に石棺が集中する。特に棺蓋突起0・2型式で，一方の小口が特に丸みを持つ築山古墳南棺，同北棺，林30号墳棺，横田古墳棺は良く類似しており，近接した時期の所産と推察される。この地域の石棺は長辺胴部が膨らむので，多くは大谷氏の舟形石棺1・2期（和田編年6〜8期）に製作されたもので，徳連場古墳棺は棺蓋突起1・2型式で，長辺がやや直線的で，大谷氏の3期（和田編年9〜10期）に位置付けられている（大谷晃2010a）。

　しかし副葬品が判明するのは築山古墳の南棺から長頸鏃の束が出土し，北棺棺外から横矧板鋲留短甲の破片が出土したことが知られるのみで（山本1966），具体的な年代の検討が難しい。特に玉造築山古墳棺や林30号墳，横田古墳棺は大分県大野川中流域の鉢の窪石棺群や福井県新溜古墳棺とも形態的に共通し，新溜古墳棺が比較的新しく，和田編年10期に編年され（青木1994），さほど時期は上がらないのではないかと考えている。

　この問題を考える上で重要な古墳が調査された。同様に宍道湖南岸の玉湯川流域に築造された岩屋I区5号墳である（以下5号墳）。5号墳は9.2×7.2mと東西方向に長い方墳であり，3基の箱形石棺が直葬されていた（島根県教育委員会・日本道路公団中国支社2001）。うち1号棺と3号棺は棺蓋に縄掛突起を造り出すものである。注目されるのは墳丘中央近くに埋設された1号石棺である。組合式の棺身に突起0・3型式の棺蓋が組み合うのであるが，棺蓋は頂部が平坦面を持たない扁平な蒲鉾形で，小口部両端が丸みを帯びるが，一端が他端よりカーブが強い。蓋の平面形は横田古墳棺や徳連場古墳棺に類似する（第72図）。縄掛突起が板状で，内面の割り抜きが無くなる点や，蓋と身の組合せが単純な平面合わせ，工具痕が明瞭に残されている点など，粗雑な造りで，横田古墳棺や徳連場古墳より後出する要素が多い。棺内と棺外から出土した須恵器は大谷氏の出雲4期（TK43〜209型式期平行）に位置付けられており，6世紀後半以降の築造と考えてよい。宍道湖南岸の舟形石棺を5世紀後半から末に限定してしまうとかなりの時期差があり，和田編年10期（6世紀前半）までは視野にいれた方が妥当と判断している。

　大谷氏の編年の2期（中期後葉）と3期（中期末）の差は時期差の検討も重要であるが，氏の3期とされる大型古墳の舟形石棺（神庭岩舟棺，竹矢岩舟棺）は石棺長約280cmを越える大型のものに対し，宍道湖南岸の舟形石棺は小円墳に約2mと小型棺であり，階層差を視野にいれて検討を行なう必要性を感じている。

　さて，宍道湖南岸に特に集中する石棺長約200cm程のこの突起0・2型式の石棺は，一辺が他端より丸みを持ち，舳先と艫がはっきりしている。舟形木棺2類の平面C形式（第4図）に該当すると指摘できる。形態的に類似する鉢の窪1号棺や新溜古墳棺は，舟形木棺2類の平面D形式，縦断面a類に該当し，同様に舟形木棺2類の影響を読み取れる。棺蓋突起0・2型式である点と印籠構造である点は，長持形石棺1類や同時期に宇土半島で製作された中肥後型（馬門ピンク石製家形石棺）の影響と考えられる。まとめたものが第72図である。印籠構造については後で詳述する。

宍道湖東岸

　斐伊川右岸の平野部の低地に現存墳丘長約48mの前方後円墳である神庭岩舟古墳が築造された。石棺は棺蓋のみ現存し，棺身や副葬品は知られていない。棺蓋は石棺長約280cmを測る突起1・2型式で，棺身との合口は印籠構造である。大谷氏の編年では3期に位置付けられている（大谷2010a）。神庭岩舟古墳の東方約1kmの位置には軍原古墳が位置する。墳丘は径30mの円墳か約50m程の前方後円墳の可能性がある（山本1967）。石棺は棺蓋が突起1・2型式の組合式石棺を直葬したもので，埋め戻されて実見できない。特に注目されるのが，写真で判断するかぎり横断面が棟を明確に持たないことである。大谷氏は屋根形と見て九州系家形石棺2類に系譜を持つ石棺と考察している（大谷晃1995・2010a）。筆者は山本氏の指摘するように蓋外面に明確な稜が見当たらないと判断し，長持形石棺の蓋石のように横断面が蒲鉾形を呈するものと捉えておきたい。明確な時期の位置付けは困難であるが，この地域の首長墳が棺身の構造差を越えて突起1・2型式の棺蓋を利用していることを留意したい。

　宍道湖東岸から北西部の丘陵にある徳雲寺には組合式石棺の棺蓋が置かれている（山本1967）。山本氏は長持形としては堕落したものであるが，今若峠の石棺と類似するので取り上げている。構造については不明な点が多いが，横断面は扁平であるが外面蒲鉾形を呈する棺蓋が推定される。

神門水海近辺

　かつての神門水海の名残を示す神西湖を見下ろす丘陵上に北光寺古墳が築造されている。島根県教育庁古代文化センターと島根県教育庁埋蔵文化財調査センターの調査により，墳丘長64mの2段築成の前方後円墳で，前方部の小型の竪穴式石槨と考えられる埋葬施設の盗掘穴から縄掛突起を有する蓋部，舟形石棺の棺身，組合式石棺の棺身が確認された（島根県教育庁文化財課・島根県教育庁埋蔵文化財調査センター2007）。

　少なくとも3種の石棺があり，撹乱を受けて別の埋葬施設から運ばれた可能性が指摘されている。特に縄掛突起を持つ棺蓋は舟形石棺の棺身と組み合う可能性と組合式の棺身と組み合う可能性がそれぞれあり，復元を難しくしている。筆者は大谷氏が復元したように舟形石棺の棺身と組み合うと考えている（大谷2010a）。その理由は組合式の場合は側壁を受ける部分が棺蓋側の合口に段や印籠構造として工夫されるのであるが，縄掛突起を持つ棺蓋の破片は棺身とは平坦合わせであり，そのような構造が確認できないからである。ただあくまで破片のため全体の形態は不明な点が多い。縄掛突起が長持形石棺と共通する精巧なもの（筆者の1類第38図）で，あまり後出しないと予想され，和田編年6期頃と考える。

　また棺蓋は横断面外面が蒲鉾形というよりは張りが強く山形で，内面も深く刳り込むことが判明している。内面を深く刳り込み薄く仕上げるのは肥後の舟形石棺・家形石棺に多いが，棺蓋頂部に棟を持たないことや，縄掛突起の形態を考慮すると，長持形石棺1類のⅡb形式（第35図）の棺蓋が影響を与えた可能性があると考えている。大谷氏の復元案のように（第69図），棺蓋突起1・2型式で，棺身小口の底部付近に縄掛突起が造りだされるならば，その可能性は高い。

　雲部3号墳は現状で径16m程の円墳で，枕を持つ舟形石棺が出土した。このことは山本清氏

が報告されている（山本1966）。石棺は埋め戻されていて，詳細は不明である。

宍道湖北岸

　宍道湖から北に5kmの北岸域に首長墓が集中しており，長持形石棺2類を埋葬する丹花庵古墳と舟形石棺を埋設する大塚荒神古墳が確認できる。丹花庵古墳は島根県古代文化センターの調査によれば，墳丘は明確な段は確定できないが1辺49mの方墳で，長持形石棺を直葬している（大谷・林・松本・宮本1998）。石棺は蓋に下向きの鋸歯文を浮き彫り状に表現している。蓋の小口面と長側壁の端部が破壊され，縄掛突起の数は不明である。蓋の短辺側にわずかに斜面が形成されるので，蓋はⅡ形式である。底石は長さ約260cm，幅120cm，内法長200cm，内法幅80cmを測る。中型棺に属する。底石の縄掛突起は円柱形を呈し，長持形石棺1類の編年に照らし合わせても古い特徴を有している。蓋の鋸歯文の浮き彫りは福井県の免鳥長山古墳の舟形石棺と類似し，技術交流が予想される。副葬品には鉄剣，三角板革綴短甲，頸甲，肩甲などの破片が出土している。長持形石棺からは中期前半の年代が予想され，副葬品とも矛盾しないので，和田編年7期と考える。

　さて，舟形石棺と長持形石棺との関係を考える上で重要な古墳は丹花庵古墳から南方200mに位置する大塚荒神古墳である。大塚荒神古墳は1辺14mの方墳で，突起1・0型式の舟形石棺を納めていることが山本清により報告されており（山本1966），丹花庵古墳の首長を支える有力な構成員であったことが指摘されている（大谷・清野1996）。盗掘を受けているが直葬されたものであろう。丹花庵古墳が長持形石棺を志向するのに対し，大塚荒神古墳は舟形石棺である。大谷晃二氏はこの石棺を割竹形石棺と理解して，讃岐に系譜を持つものとしている（大谷2010a）。仮に讃岐系譜ならば，火山石製の赤山古墳棺などが候補になろうが，蓋と身の合口が印籠構造で，棺蓋の横幅が棺身より一回り大きいことが異質であり，単純に讃岐系譜とは考えがたい。筆者は群馬県では長持形石棺の情報を刳抜式で表現し，階層構造を形成することを確認しており，そこでは大山鬼塚古墳棺のように突起1・0型式の石棺が認められ，大型前方後円墳を築けない下位の首長層に使用されていることを前節で指摘した。大塚荒神古墳棺もこのような理解に立てば，刳式抜であるが長持形石棺を意識したもので，系譜の違いではなく丹花庵古墳の長持形石棺と階層差を示すものと理解できる。

　最後に出雲や毛野では蓋と身の合方が印籠構造となるものが多いので，この点に触れておきたい。従来印籠構造については，九州の初期の舟形石棺や九州で製作され畿内に運ばれた舟形石棺・家形石棺が印籠構造をとるものが確認でき，九州製の石棺が影響を与えたという認識も認められる（川西2004）。しかし実は製作地である九州では印籠構造をとる舟形石棺はほとんど見当たらない。基本的に平面合わせである。今城塚古墳の馬門ピンク石製家形石棺復元輸送実験航海において，石棺を復元製作した高濱英俊氏は印籠構造による蓋の合わせ作業の困難さから，1回で蓋と身を合わせたことを指摘する（高濱2007）。つまり印籠構造は刳抜式の構造をとる石棺では合理的ではないのである。最も薄く製作される部位で，破損しやすい。刳抜式家形石棺は馬門ピンク石・竜山石・二上山白色石全て初期の事例に印籠構造が認められるもののすぐに平面合わせに

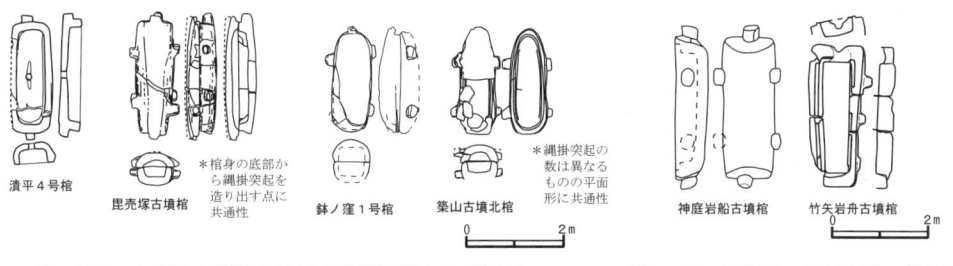

第3章　舟形石棺の石棺秩序－長持形石棺1類の石棺秩序との比較を中心に－

第70図　大分県大野川中流域の舟形石棺との共通性

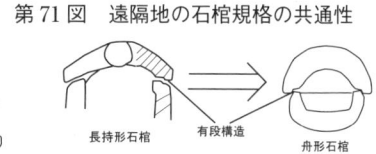

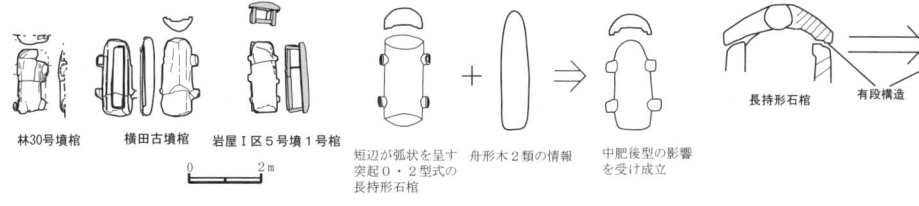

第71図　遠隔地の石棺規格の共通性

第72図　突起0・2型式の舟形石棺の成立

第73図　印籠構造の転化

第74図　島根県の舟形石棺の時期と突起型式

変化するのは合理的な事象なのである。ところで実は組合式石棺では印籠構造やそれに近い組合せ方法は多い。これは構造に由来し，底石の溝や段に側壁をはめ込み，蓋石を乗せて側壁が倒れないようにするために，蓋石の端部にストッパーが必要なのである。したがって九州系家形石棺・長持形石棺には印籠構造に似た段が確認される。刳抜式の石棺はこれを正確に模倣したとき印籠構造となって表出されると考える（第73図）。島根県や群馬県の事例は長持形石棺の組合方

法を刳抜式構造で表現したため印籠構造になると考える。なお初期の馬門ピンク石製家形石棺の印籠構造については，突起0・2型式の長持形石棺が基本モデルであることに由来すると判断される。

（3）小　結

　以上編年については検討が不十分であり，今後も検討を深めていきたいが，和田編年6期頃には舟形石棺や長持形石棺が製作され，和田編年10期頃までに小地域ごとに採用されている。型式学的検討は不十分であるが，小地域ごとの石棺の形態と突起型式を理解するためにおおよその年代ごとに石棺を並べたものが第74図である。

　島根県の舟形石棺・長持形石棺は今のところ直葬されている事例のみである。また，舟形石棺は大型古墳には突起1・2型式が多い傾向が認められ，突起1・2型式と突起0・2型式でおおよその舟形石棺棺蓋の型式がまとまるようである。なおこの棺蓋突起型式は舟形石棺以外にも組合式の箱形石棺の棺蓋にも同様のものが確認できる。軍原古墳棺が代表例であるが，九州系家形石棺2類と構造が同じため，九州系譜とも捉えられるが，九州系家形石棺2類は棺蓋が明確に傾斜の強い屋根形を呈し，庇状の縁が廻るものが多いので，無理に九州に系譜を求める必要はない。むしろ棺蓋は在地舟形石棺と共通性が高いことを重視すべきで，在地で発案したものと考えられる。

　系譜については大塚荒神古墳棺，宍道湖南岸に多い突起0・2型式の舟形石棺，北光寺古墳棺の事例でそれぞれ考察したように，長持形石棺の系譜をひく，あるいは影響を受けた石棺が多く製作されたのではないかと考えている。十神山古墳棺や今若峠1号墳棺，徳雲寺棺など長持形石棺の影響を受けた石棺が各地域に認められることも無視できない。製作技術や形態の系譜から，大分県大野川中流域など，他の舟形石棺製作地からも情報や技術が伝達しているが，そのような他地域の舟形石棺の情報に長持形石棺の情報と在地の木棺（特に舟形木棺2類）[1]の情報が加わり，特徴的な舟形石棺が成立すると予想される。その特徴とは棺蓋の横断面外面が蒲鉾形を呈する点と印籠構造になる点であるが，北陸や九州の舟形石棺の棺蓋が屋根形を指向し，蓋と身は平坦合わせになるので，上記の特徴は長持形石棺に求められると考えている。

　石棺秩序については丹花庵古墳長持形石棺と大塚荒神古墳舟形石棺の間に階層差があると考えている。特に大谷氏の2期と3期の時期についてはまだ検討が必要で，大型古墳に石棺長280cmの突起1・2型式，小円墳に石棺長約200cm程の突起0・2型式の石棺が採用され[2]，5世紀後半には広域の石棺秩序が形成されていた可能性も否定できない。突起型式の採用基準についても考察が求められよう。

　大谷氏は出雲の首長墳の動向を考察する中で，中期には前期の大型古墳の確認できない地域に大型首長墳が出現し，石棺の様相から多様な地域間交流[3]を持つ地域勢力が台頭したことを指摘する（大谷・清野 1996 49頁）。石棺の系譜については上記の通り若干の再検討が必要があると考えているが，石棺を採用する首長墳の性格を考察する上で重要な指摘である。今後地域の動向を整理して石棺を採用する首長墳の性格や石棺の系譜について多角的に考察を進めたい。

註

1) 特に宍道湖南岸の舟形石棺や箱形石棺の棺蓋に舟形木棺2類の影響が現れる。島根県では古墳時代前期を中心に舟形木棺2類が確認できるが，宍道湖北岸の塚山古墳（方墳33m）のように中期中葉にも舟形の礫床に舟形の木棺を置くと思われる事例があり，今後も事例が増加すると予想される。石棺の様相とも大きな乖離はないと判断している。

2) 突起1・2型式は地域と時期を越えて前方後円墳や前方後方墳，径30m程の比較的大型の円墳に採用されている事例が目立ち，伝統的に意識されたと予想される。宍道湖南岸の突起0・2型式の石棺が5世紀後半以降増加する現象について参考になるのが，玉作の動向である。

　米田克彦氏の整理によれば出雲の玉作りは7期に整理でき，古墳時代の中期前葉から中葉（4期）は玉作遺跡が広範囲に分布し，各地で玉の組成・製作技術が異なるが，古墳時代中期後葉から後期後葉（5期）は製作技術や玉の組成が統一され，玉作遺跡が宍道湖南岸花仙山周辺のみに見られるようになり，仮に玉作部が存在したならば，5期の可能性を指摘する。さらに出雲産の可能性のある玉製品が全国各地に流通する背景に，中小首長が各地の玉作遺跡を直接支配し，大首長の要請のもと生産された玉製品は大首長を介して大和政権に貢納，再分配されたことなどを指摘している（米田克1998）。大谷氏は米田氏の見解を受け，生産された玉製品の多くがヤマト政権への貢納品と考え，毘売塚古墳やあんもち山1号墳（円墳36m）の築造時期と，大原遺跡での玉作の生産開始と生産拡大の時期と一致し，安来平野北西部の荒島の首長権力が弱まった後に，安来平野の北東部の首長が玉生産の貢納を通じて，ヤマト政権との結びつきを強め，首長権力を成長させたとしている（大谷2011 190－191頁）。

　米田氏の玉作遺跡の動向の整理とそれを受けた大谷氏の考察は重要と考える。十神山古墳の長持形石棺の影響を受けた石棺などの出現背景の理解に加え，米田氏の5期に宍道湖南岸に突起0・2型式の小型の石棺が増加する現象は，こうした玉作を統括する小首長が身分表象として石棺を利用した可能性が考えられる。

3) 古墳時代後期に出雲東部地域に石棺式石室や屋根形棺蓋を持つ九州系家形石棺2類と判断してよい事例，さらに石屋形と関連する組合式家形石棺が出現する。これらの埋葬施設の系譜について古墳時代中期から後期に石棺式石室（九州系家形石棺1類）や石屋形，家形石棺の分布の中心であった肥後の埋葬施設に系譜を求める研究成果が蓄積されており（小田1986，角田1993・1995，高木1995など），一部筆者も言及した（石橋2006）。特に後期を中心に多様な地域間研究が明らかにされており，参考になるが，出雲の舟形石棺は大分県大野川流域など豊後や越前との関係が予測され，中期に肥後の舟形石棺や家形石棺の影響を考えられるかどうかは検討を要する。舟形石棺と形態・突起型式を共通する箱形石棺は無理に九州系家形石棺に系譜を求めなくともよいと考える。

第6節　九州地方

　九州は石棺の製作が最も盛んな地域であるが，小地域ごとに特徴があり，分布地域の様相は複雑である。

(1) 研究史

　既に多くの研究があるが特に事例の報告については，小冊子も含め入手困難なものも含め膨大なため，特に本格的な研究が始まった戦後の研究を中心に検討する。

1950年度の西日本史学会において田辺哲夫氏の発表があり、翌年のその要旨が公表された（田邊哲1951）。肥後の13基の舟形石棺について分析を行ない、舟べり状突帯の有無などから形式分類し、舟形木棺・粘土槨の存在を予想した。後藤守一氏の舟葬論を意識した内容と推察される。佐賀県熊本山古墳の報告では舟形石棺の地名表が作成され、熊本山古墳棺との比較と年代的考察が行なわれている（木下・小田1967）。乙益重隆氏も九州出土石棺の地名表と解説を行なっている（乙益1970）。こうした成果を受け松本雅明氏は舟形石棺を舟べり状突帯や石枕の形態から編年し、肥後で発生した舟形石棺が海上交通によって各地に波及したことを考察した（松本雅1973）。

　1974年に間壁忠彦・間壁葭子の両氏が岡山県下の石棺石材をX線回折によって検討し、岡山県下に九州から阿蘇溶結凝灰岩製の石棺が運ばれていることが明らかにされ、以後範囲を広げ、九州製の石棺が畿内まで運ばれたことが指摘され、その背景が考察された（間壁ほか1974a・1976）。間壁氏の研究を受け、高木恭二氏が石材の産出地と石棺の型式との対応を図り、九州外に運ばれる石棺の製作地を推定した（高木1979・1980・1983b）。1987年には九州の95例の舟形石棺を分布の集中する地域ごとに概観し、特に類例の多い肥後（熊本県）の石棺の内、菊池川流域に分布し、棺身・棺蓋の小口に1個ずつ縄掛突起を造り、屋根形棺蓋を呈するものを北肥後型、氷川下流域に分布し、環状縄掛突起と穿孔が認められる事例を南肥後型とまとめ、特にこの2つの型の石棺群がその地の首長層を介して九州外に運ばれることを改めて示した（高木1987）。

　1990年には間壁忠彦氏らが二上山ピンク石製とした家形石棺の石材を再検討し、多くがAso−4と呼称される阿蘇山の火砕流堆積物の阿蘇溶結凝灰岩製であることを明らかにし、製作地を宇土半島と考えた。肥後南部の舟形石棺の製作技術に突起0・2型式の竜山石製長持形石棺の形態を取り入れたもので、地元には確認できない特注棺と考えられ、5世紀後半から6世紀前半に肥後中部勢力との関係において近畿圏に運ばれたものと推定した（高木・渡辺1990a・1990b）。

　こうした一連の成果を昇華し、1994年の論考では玄界灘沿岸、有明海沿岸、豊後水道沿岸、日向灘沿岸の大別4地域、細別16地域に区分し、各地域ごとに石棺の特徴を抽出し、①肥前Ⅰ・Ⅱ型、②北肥後Ⅰ型、③北肥後Ⅱ型、④中肥後型、⑤南肥後型、⑥南肥後型、⑥豊後Ⅰ型、⑦豊後Ⅱ型、⑧日向型の9型式に分類した。高木氏の研究により九州各地の舟形石棺群の特徴が整理された。その後も九州の石棺についての特色を詳述して、検討を行なっている（高木2003・2008・2010b）。

　小地域ごとでは北部九州の刳抜式石棺の蓋と身を分類し、その組合から型の設定と編年を行なった新原正典氏の検討があり（新原1991）、東九州では大分県を中心にまず清水宗昭・高橋徹両氏の整理があり、豊後（大分県）の石棺は中部九州との地続き的、直接的な関係ではなく、中部九州と畿内（倭王権）との関係で開始された阿蘇溶結凝灰岩製石棺文化が畿内・中国地方を介して豊後にもたらされたと考えた（清水・高橋1982）。その後神田高士氏は大分の石棺の編年を検討する上で、菊池川流域の石棺編年をモデルケースとして検討し、その法則（長幅比の減少・舟べり状突帯の退化・石枕の退化）の内、特に長幅比の減少を大分の石棺に当てはめて、小グループごとに編年を行ない、石枕の形態から並行関係を整理し、系譜を考察した。特に沖出古墳棺と共通

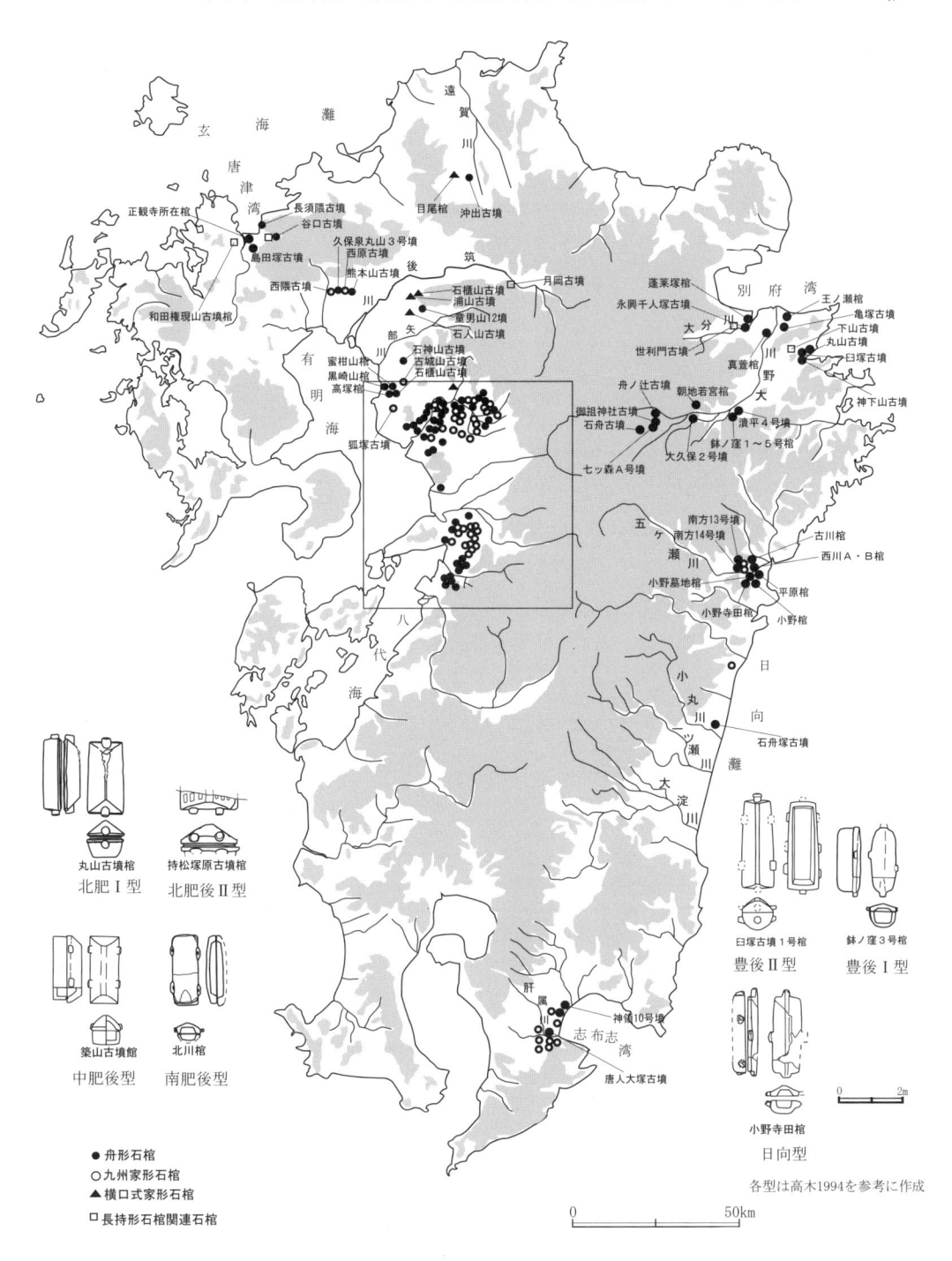

第3章　舟形石棺の石棺秩序－長持形石棺1類の石棺秩序との比較を中心に－

第75図　九州における石棺の分布

する特徴を持つ石棺が分布することを指摘している（神田1990）。高木氏の検討成果（高木1994）を受け，林田和人氏は東九州の舟形石棺を検討した。高木氏の豊後型と日向型の細分と年代・系譜と交流について詳述している。東九州の舟形石棺は当初肥前（佐賀県）唐津湾沿岸や肥後南部の影響を受けたものであるが，その後東九州独自の発展を遂げ，5世紀後半には中肥後型の影響を受けた石棺が出現することなどが指摘された（林田1995）。

　九州の舟形石棺と密接に関連する九州系家形石棺の検討も進んでいる。早く小林行雄氏が畿内と九州の家形石棺を取り上げ，家葬観念の検討を行なった（小林1951）。九州の家形石棺は舟形石棺と同時期のもので，棺身をどのように扱うかに関心を払い，箱形棺身から妻入横口，さらに石屋形に発展し，一貫して家屋の形状への接近を図ることが明らかにされた。その後佐田茂氏と高倉洋彰氏は九州の家形石棺を集成し，棺身が組合式で底石を持たないことを特徴として蓋の形態からⅤ類に分類し，形態と分布地域に密接な関係があることを指摘した。底石を持たない事例が多いことから，箱形石棺を祖形に舟形石棺の影響で出現すると考察している（佐田・高倉1972）。高木氏の舟形石棺の検討を経て，蔵富士氏は舟形石棺と九州系家形石棺の棺蓋が共通し，分布にもまとまりがあることから，両者を北肥後型石棺群，南肥後型石棺群，日向型石棺群に整理する。九州の家形石棺は舟形石棺に遅れて出現し，舟形石棺の普及と箱形石棺の棺蓋屋根形化に密接な関係があることを指摘した。九州系家形石棺はあくまで竪穴系の埋葬施設として捉えるべきで，横穴式石室に対応した石屋形と区別でき，妻入横口式家形石棺は出雲の石棺式石室に繋がっていくことなどが述べられている（蔵富士2004）。

　なお柳沢一男氏は有明海沿岸域の主要な首長墳には横口式家形石棺や石製表彰など墓制の構成要素に共通性が認められ，この共通性を政治的まとまりと見て，「有明首長連合」と呼び，肥前・筑後の横口式家形石棺（九州系家形石棺1類）は肥後南部で製作され配布されたもので，独自の「棺制」のようなものが存在したが，この首長連合は集成編年8期後半（和田編年9期後半）には大王・周辺有力首長の「棺制」となった中肥後型の製作と輸送を担った野津古墳群の勢力を軸にした肥後勢力の再編により，衰退したことなどが想定された（柳沢2000）。蔵富士氏は横口式家形石棺は分布の中心である肥後では幅広い階層に採用されており，むしろ周辺地域で首長墳に限定されるので，肥後と他地域との関係が表出したもので，連合体内の「棺制」と呼べるものではないことを明らかにした。むしろ肥後地域の南北勢力の独自性や多様な交流，精神的文化的共通性を連合体に認め，6世紀以前は政治的な序列はそれほど認められないことを指摘した（蔵富士2000）。

（2）　成果と課題

　以上の研究史から第75図・第77図で示したように九州の舟形石棺・九州系家形石棺は特定の地域に分布し，分布地域毎に特色が認められることが明らかにされており，年代的位置付けやその性格についても言及されている。本節では高木氏の指摘した分類と小地域ごとの整理を参考に，首長層にどのように石棺が受容されるか，さらに舟形地石棺・九州系家形石棺と長持形石棺との関係について検討したい。なお玄界灘沿岸地域と志布志湾沿岸地域の石棺を除き基本的に石棺材は阿蘇溶結凝灰岩であることをあらかじめ確認しておきたい。

第3章　舟形石棺の石棺秩序－長持形石棺1類の石棺秩序との比較を中心に－　　149

① **玄海灘沿岸地域**（第75図・第76図）

嘉穂盆地　遠賀川上流域に位置する福岡県沖出古墳と同県目尾石棺の2例が確認できる。沖出古墳は墳丘長約67m，後円部径39mの前方後円墳で，竪穴式石槨に舟形石棺を埋設する。盗掘されていたものの鍬形石3点，車輪石2点，石釧2点，管玉6点，ガラス玉1点，鉄刀3点，鉄剣1点，鉄族1点，刀子1点，鉄斧1点を確認できた。副葬品と壺形埴輪・円筒埴輪から和田編年5期の築造と思われる。石棺は第1章で指摘したように火山石製の赤山古墳棺と類似し，埋葬法や製作技術も共通するので，讃岐からの1次波及と捉えている。ただ縄掛突起は細身で先端が膨らみ端部を切り落したような形態は讃岐の石棺では快天山古墳棺などで確認できるが，むしろ長持形石棺の縄掛突起に近い。目尾石棺は破片のみで，対応する古墳は不明であるが，棺蓋の縄掛突起の位置と形態が，環状縄掛突起を持つ九州系家形石棺1類と類似しており，穿孔は省略されているものの，同様な環状縄掛突起を採用する肥後南部地域との交流が判明する。

唐津湾沿岸　唐津平野の北端に立地する佐賀県谷口古墳は後円部径約30m，高さ13.5m，墳丘長77mの前方後円墳である。後円部にある2基の横穴式石室に長持形石棺がそれぞれ埋設されていた。前方部には主軸に沿って舟形石棺が直葬されていた。副葬品は東石室では棺内から三角縁三神三獣獣帯鏡1面，「吾作」銘三角縁三神三獣獣帯鏡1面，変形四獣鏡1面，硬玉製勾玉51点，ガラス製勾玉3点，碧玉製管玉292点，ガラス製小玉1553点，真珠小玉1点，石釧11点，鉄剣1点，棺外から鉄剣1点，鉄刀10点以上，鉄斧1点，鉄族多数が出土し，西石室の棺内から三角縁三神三獣獣帯鏡2面，鉄刀1点が出土した。棺外から鉄剣5点，鉄族1点，鉄斧1点，鉄鉋1点，鉄鑿1点，鉄錐1点，鉄鋸1点などが出土した。

2基の長持形石棺は，東棺は石棺長約230cm，西棺は石棺長約236cmとほぼ同形同大である。長持形石棺1類では中型棺に近いが，突起1・0型式とランクの低い型式である。底石に溝を彫り，側壁を組み込む点や，蓋内面の四周の溝に側壁をはめこむ手法は定型化した長持形石棺1類の製作技法と異なるものの，全面的にチョウナ叩き技法で最終調整を行ない，一部ノミ叩き技法が確認できるなど，高度な石材加工技術が施されている。全面的にチョウナ叩き技法で最終調整を行ない，小型で先端が膨らむ縄掛突起（筆者の1類，第38図），棺蓋小口側にわずかに斜面が形成される点は，沖出古墳の石棺に類似し，技術的に関連があると思われる。

谷口古墳の長持形石棺は讃岐の石棺製作技術が拡散する第1次波及の中で捉えることが妥当と

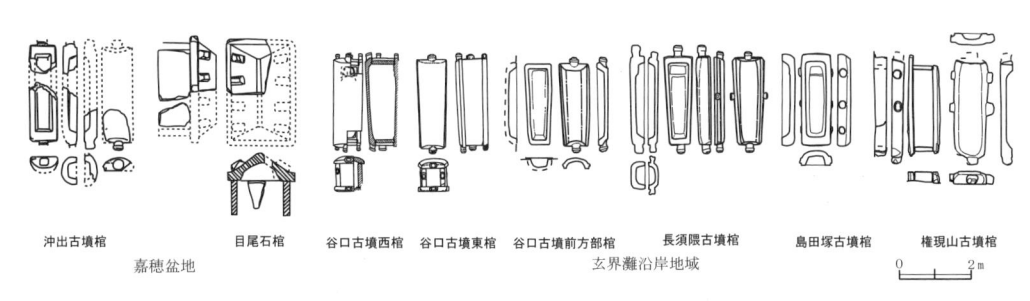

第76図　玄界灘沿岸周辺地域おける石棺の分布

思われる。定型化した長持形石棺1類の製作技術・組合技法とは異なるので，定型化前後の様相を示していると判断できる。一応長持形石棺3類に位置付けておきたい。谷口古墳前方部の舟形石棺と，唐津湾沿岸の丘陵上に位置する径30m程の2段築成の円墳である佐賀県長須隈古墳の舟形石棺は形態が類似し，刳抜式であるが蓋は谷口古墳の長持形石棺とも良く似ている。蓋の長側縁部に突帯が造りだされており，讃岐の石棺の突帯が形骸化したものと推測される。沖出古墳棺，谷口古墳棺，長須隈古墳棺の製作が同一の製作集団であった可能性が高い。舟形石棺か長持形石棺かという形態の違いは該期の倭王権との関係の中で変化したことが推察される。

　谷口古墳の埋葬施設は，調査の結果，竪穴系横口式石室と判断された（佐賀県浜玉町教育委員会1991）。棺の埋葬法は長側壁縄掛突起の上部まで埋設する長持形石棺1類の埋葬法と同じであり，倭王権側から葬制とともに伝達したものであろう。東石室棺の枕が浮き彫り状で，丁寧な製作であるが，西石室棺の枕がやや薄く窪めただけであるのは，時期差というより階層差を考えておきたい。後述するが，後円部が長持形石棺で，前方部が舟形石棺であることも階層差に起因すると判断している。

　なお谷口古墳の西側約8km，唐津湾に面した松浦川左岸に位置する和田権現山古墳は，径10〜15m前後の円墳と推測され，突起1・2型式の蓋を持つ箱形石棺が埋設されている（西谷1982）。蓋の横断面は偏平であるが面取りしており，長持形石棺を意識したものである。底石がないため九州系家形石棺の範疇に納める考えがあるが，蓋が屋根を指向していないので，無理に家形石棺とする必要はない。突起1・2型式である点には言及できないが，谷口古墳や長須隈古墳が築造された時期に近接すると考えておきたい。

　佐賀県島田塚古墳は後円部径17.4m，前方部長16m，墳丘長33.4mの前方後円墳である。横穴式石室が開口し，副葬品に方格規矩鏡1面，六獣鏡1面，勾玉3点，管玉22点，切子玉1点，冠破片，心葉形垂飾品，1点，銅釧4点，銅鋺1点，眉庇付冑1点，挂甲片，鉄鏃，鉄刀片，三輪玉などがあり，須恵器の蓋坏が出土している。副葬品，須恵器，横穴式石室の構造から6世紀前半の年代が与えられている（岡崎・本村1982）。横穴式石室の奥壁に沿って置かれた石棺は棺身のみで，蓋を持たない。棺身は扁平で，長辺側に3個ずつ縄掛突起が造られる。近接する正観寺所在棺は，蓋と思われるが同様に扁平で長辺側に縄掛突起が3つずつ造りだされる。島田塚古墳棺と類似し，島田塚古墳から持ち運ばれた可能性もあるが，詳細は不明である。ただし近接した時期に造られたと考えられる。谷口古墳の石棺が製作されて1世紀程後のものなので，関係性はないと予測されるが，この2例の石棺の系譜については保留としたい。

　まとめると，玄海灘沿岸地域は一時的に舟形地石棺，長持形石棺，九州系家形石棺が導入されるが，他の地域のように在地の墓制として定着しないことをまず確認しておきたい。特に和田編年4期から5期に集中する傾向があるがその後は単発的である。また，この地域の石棺は松浦砂岩製と考えられており（間壁他1974a，高木2010a），この石材で製作された石棺や石枕が山口県や岡山県，大阪府，奈良県の古墳に運ばれていることが示唆されている。現状では，指摘される山口県赤妻古墳棺や岡山県新庄天神山古墳出土石枕，大阪府乳岡古墳棺，同府二本木山古墳棺，奈

良県不退寺所在棺の内，実見できる3例で石材が確定していないが，もし仮に松浦砂岩が遠隔地に輸送されるならば，輸送する勢力の動向や倭王権やその他の勢力との関係を考察する上で重要であり，今後複数の方法で石材の特定が望まれよう。

② 有明海沿岸地域 （第77図～第83図）

まず先に石棺の集中する肥後地域（第77図）に触れておきたい。すでに高木恭二氏の検討により，肥後の舟形石棺は北肥後型，中肥後型，南肥後型に分類されている。すなわち菊池川流域に分布し，屋根形棺蓋で，小口側に縄掛突起を1個ずつ造り出すものを北肥後Ⅰ型，棺蓋長辺に縄掛突起を1個造り出し，また身の両小口に1箇所ないし2箇所に縄掛突起を造り出す幅広のものを北肥後Ⅱ型とした。宇土半島基部に産出する馬門ピンク石を利用し，棺身に縄掛突起を造らず，棺蓋の長辺に2個ずつ縄掛突起を造り出すもので，地元には分布せず，主に近畿圏に運ばれる特注棺である中肥後型。さらに氷川流域を中心に分布し，環状縄掛突起や矩形の穿孔がなされるものを南肥後型とした（高木1994）（第75図）。編年については①石枕の消失，②棺身平底化，③突帯（舟べり状突帯）の形骸化と消失，④平面形の正方形化（長幅比の増大）などが指摘されている（神田1990，高木1994）。特に長幅比（長辺／短辺）はⅠ類3.5以上，Ⅱ類3.0～3.5未満，Ⅲ類2.5～3.0未満，Ⅳ類2.0～2.5未満，Ⅴ類2.0以下に分類され，おおむねⅠ類→Ⅴ類に変化することが指摘されている（高木1994）。筆者も高木氏の成果を参考に，肥後地域の様相を確認したい。

肥後北部（菊池川・合志川流域） 舟形石棺は第78図のように，おおむね狭長なものから広短なものへと推移する。石棺と首長墓の分布から菊池川下流域と菊池川中流域・合志川流域に2分できる（第77図）。杉井健氏や高木氏による肥後の首長墓の研究成果を参考にすると（杉井2010，高木2003），前期古墳は沿岸部付近に立地しており，菊池川下流域・玉名湾沿岸部に舟形石棺を埋設する首長墓を確認できる。和田編年3期の熊本県山下古墳（前方後円墳59m），和田編年4期の同県院塚古墳（前方後円墳79m），同県天水大塚古墳（前方後円墳後円部径54m），和田編年5期の同県松坂古墳（前方後円墳134m）同県経塚古墳（円墳50m）である。讃岐の石棺製作技術の導入期の様相は，既に第1章で述べたので省略するが，肥後は1次波及地域であり当初は大型古墳に導入されたことは明らかである。

菊池川中流域・合志川流域の様相を確認すると，熊本県津袋大塚古墳は墳丘径32mの円墳で，舟形石棺の破片と長持形石棺を意識した箱形石棺が出土した。車輪石の破片などが出土しており，古墳の時期は和田編年4期から5期の築造であろう。同県辻古墳（円墳約30m）の1号石棺が長幅比Ⅲ類で，和田編年6期頃と推察される。墳丘規模は確定できないが，現状で約20m程の円墳である熊本県持松塚原古墳の石棺は，棺蓋小口に2個縄掛突起を造る北肥後Ⅱ型である。棺蓋にある方形区画は津堂城山古墳棺や推定池田古墳棺など，和田編年5期～6期に限定される長持形石棺1類の棺蓋上の方形区画と共通し，影響を受けたものである。

したがって和田編年5期から6期頃を目安としたい。同県慈恩寺経塚古墳は合志川流域で最初に築造された大型円墳（50m）と評価されている（西嶋2010）。石棺は棺身しか残されていないが，小口に2個縄掛突起を造り出す北肥後Ⅱ型である。和田編年6期から7期にかけてのものと推察

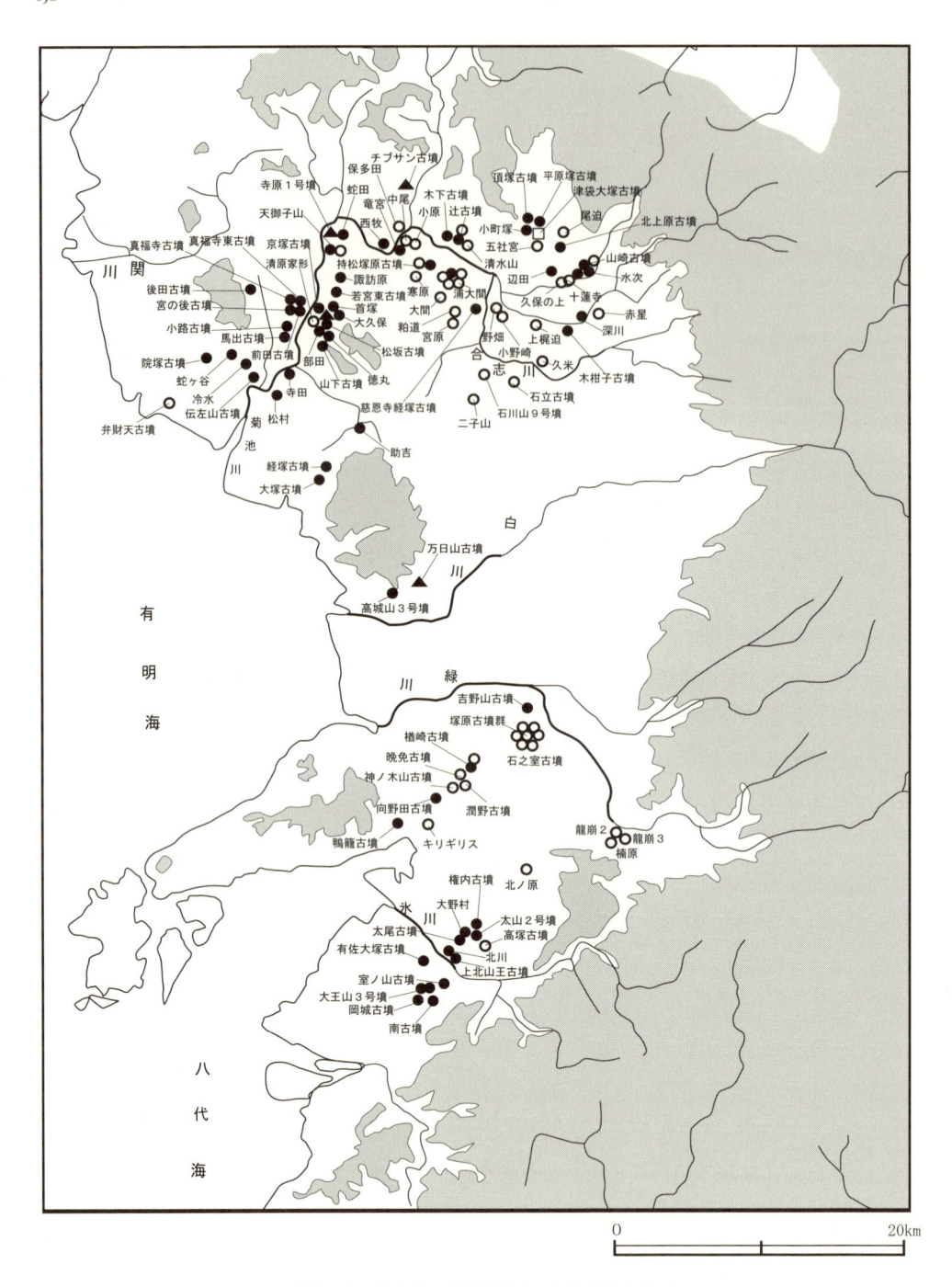

第 77 図　熊本県の舟形石棺・家形石棺分布図

される。菊池川中流域・合志川流域でも舟形石棺導入当初は大型古墳に埋設されたことは指摘できよう。

　和田編年7期から9期にかけては中小古墳にも舟形石棺が採用され，大型古墳には横穴式石室や九州系家形石棺1類が導入される。また，中小古墳の分布の拡大とともに，箱式石棺の蓋を舟

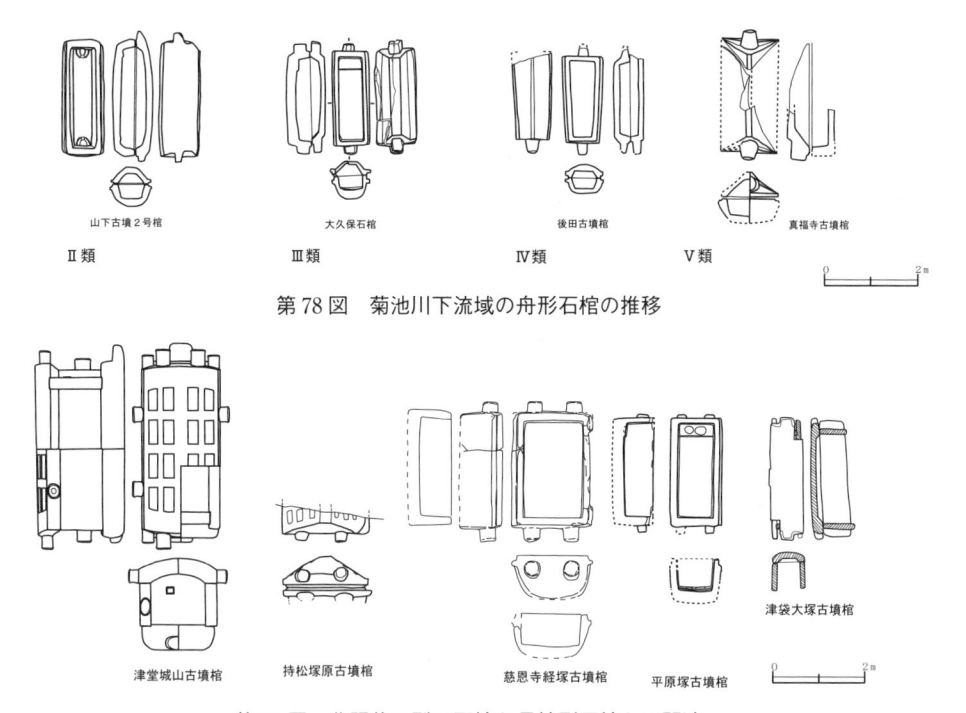

第3章　舟形石棺の石棺秩序－長持形石棺1類の石棺秩序との比較を中心に－　　153

　　　　山下古墳2号棺　　　　　大久保石棺　　　　　　後田古墳棺　　　　　　真福寺古墳棺
　　　　　　Ⅱ類　　　　　　　　　Ⅲ類　　　　　　　　　Ⅳ類　　　　　　　　　Ⅴ類

第78図　菊池川下流域の舟形石棺の推移

　　　津堂城山古墳棺　　　持松塚原古墳棺　　　　慈恩寺経塚古墳棺　　　平原塚古墳棺　　津袋大塚古墳棺

第79図　北肥後Ⅱ型の石棺と長持形石棺との関連

形石棺と共通のものにした九州形家形石棺2類や，土壙の蓋に舟形石棺と同様な棺蓋を用いるものが出現する。

　石棺秩序という視点では石棺の規模というよりは埋葬施設の種類（舟形石棺・九州系家形石棺1類・九州系家形石棺2類・横穴式石室）が墳丘規模や墳形に対応し，石棺自身から明確な石棺秩序を読み取ることは難しい。ただ北肥後Ⅱ型については，その発生と階層について触れておきたい。北肥後Ⅱ型は菊池川中流域・合志川流域を中心に分布している。棺身及び棺蓋の縄掛突起の数が北肥後Ⅰ型に比べ多いこと，棺幅が広く，棺身に二つの枕を造りだしているものも認められる（第79図）。持松塚原古墳棺の棺蓋の方形区画に認められる長持形石棺1類の影響から推定すれば，縄掛突起の数の増加も長持形石棺1類の石棺秩序の影響を受けたもので，階層差を示した可能性を考慮しておきたい。津袋大塚古墳の組合式石棺など菊地川下流域にくらべ，長持形石棺1類の影響が強いことは認めてよい（第79図）。

　この問題を理解する上で西嶋剛広氏や杉井健氏の研究が参考になる。北肥後Ⅱ型の集中する菊地川中流域・合志川流域は古墳時代中期に大型円墳など造墓が活発になり，須恵器や甲冑，馬具などの先進文物の受容の中心となること，それは地域独自の発展ではなく，中央政権との関係で進められたことを指摘する（西嶋2010）。杉井氏は肥後の首長系譜の変動を整理する中で，中期中葉以降有力な首長墳の築造が認められなかった内陸部に新たな首長墓の築造が始まり，特に顕著な地域として有明海側（菊地川下流域の玉名平野北側，合志川流域）を挙げ，内陸部における古墳の動向に関して河川伝いの内陸ルートが整備されたことをその要因とする。

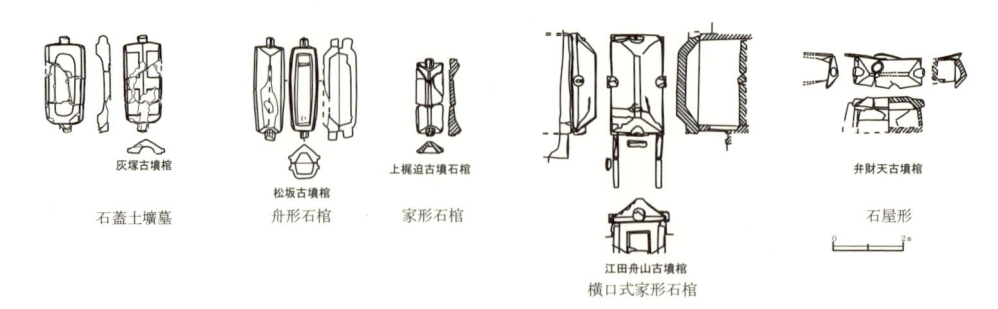

灰塚古墳棺　松坂古墳棺　上梶迫古墳石棺　　　　　　　　弁財天古墳棺
石蓋土壙墓　　舟形石棺　　家形石棺　　江田舟山古墳棺　　　石屋形
　　　　　　　　　　　　　　　　　　横口式家形石棺

第80図　菊地川流域の棺蓋の共通性

　内陸ルート沿いの要地に築造された前方後円墳や円墳に畿内と通有の円筒埴輪や帯金式甲胄がもたらされていることから，内陸ルートの整備の主体者に河内や和泉に中心をおいた中央政権の可能性が高いとする（杉井2010 141～143頁）。当然ながら西嶋氏や杉井氏の指摘する中央政権は長持形石棺1類を採用しており，当初菊地川下流域にもたらされた讃岐系譜の舟形石棺をベースとして，長持形石棺1類の情報も加わったと考えられる。

　菊池川・合志川流域は舟形石棺・九州系家形石棺が最も集中する地域である。菊池川下流域と菊池川中流域・合志川流域で若干の地域性が認められるが，江田舟山古墳など九州系家形石棺1類から，舟形石棺，九州系家形石棺2類，石蓋土壙墓と，突起を持つ阿蘇溶結凝灰岩製の蓋石を使用することで共通する（第80図）。特に江田舟山古墳の調査では，横口があるにもかかわらず，棺蓋を設置する面に朱とハマグリを散布する面（第81図）が存在することが昭和19（1944）年の梅原末治氏を中心とした発掘調査で確認されており（菊水町史編纂委員会編2007），棺蓋を設置することが葬送儀礼上で重要な場面であったことが判明する。

　舟形石棺，九州系家形石棺，石蓋土壙墓でも棺蓋を設置する場面（納棺儀礼）が重要な場面であり，形態の共通した棺蓋が利用されたことは，階層差があるとしても同様な葬送儀礼を共有した集団であった可能性が考えられる。棺蓋を設置すれば棺身構造が確認できなくなり，舟形石棺と九州系家形石棺，石蓋土壙墓では棺蓋の共通性がより際立つことになる。比較的階層の低い石蓋土壙墓の棺蓋にも舟形石棺と変わらない棺蓋がゆきわたることを含め，一体的な集団であったと推察される。特に菊池川流域・合志川流域で石棺が発達する背景は，葬送観念と阿蘇溶結凝灰岩製の製品の階層を含めた広範囲の共有・流通と理解したい。

　肥後中部・南部　氷川下流域の石切場が開発され，先ず熊本県宇土半島基部に位置する大型前方後円墳である向野田古墳に運ばれ，竪穴式石槨に埋設される。氷川流域では約30mの円墳である熊本県大王山3号墳の竪穴式石槨に納められている。ほぼ同時期に京都市八幡茶臼山古墳の舟形石棺も氷川流域で製作され，輸送されている。和田編年3期から4期に讃岐の石棺製作技術の導入が始まる一次波及地域であり，石棺の輸送も同時期に開始したことが判明している。

　石棺を埋設する古墳の状況があまり判明せず，詳しい様相は不明であるが，宇土半島基部地域に築造された墳丘長46mの前方後円墳である熊本県楢崎古墳は和田編年7期から8期頃の築造で，

まず舟形石棺を埋設し，以後九州系家形石棺2類を3基追葬している。楢崎古墳棺以後，舟形石棺は衰退し，九州系家形石棺1類，九州系家形石棺2類，横穴式石室が採用されているようである。従って肥後南部では菊池川流域（肥後北部）より早く舟形石棺が消失し，肥後でも舟形石棺の消滅は地域差が認められる。また，九州系家形石棺1類は緑川流域の熊本県塚原古墳群では中小古墳に多数確認でき，6世紀まで埋設される状況が判明している。九州系家形石棺2類も同様に，地域あるいは古墳群ごとに衰退時期が異なるようである。当初は大型古墳に舟形石棺が採用されたのは肥後北部と同様であるが，その後の推移は地域差が顕現するようである。

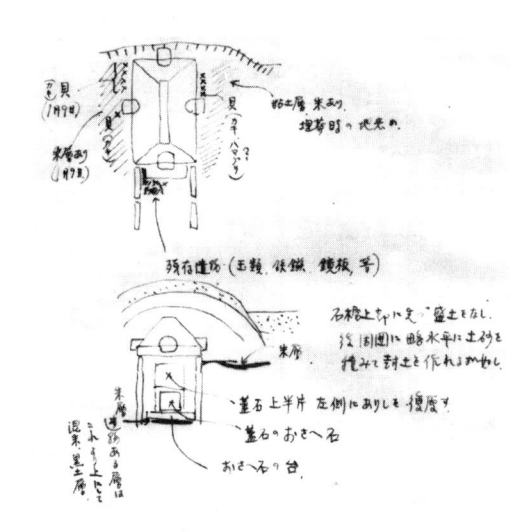

第81図　江田舟山古墳の石棺埋設状況

　宇土半島では舟形石棺衰退後，馬門の石切場から特にピンク色を呈する石材で，畿内の家形石棺の祖形となる中肥後型（馬門ピンク石製家形石棺）が製作され，遠隔地に運ばれる。和田編年9期から10期に中心があり，同時期に肥後南部で大型前方後円墳の築造を始める，野津古墳群の首長層により輸送されたと考えられている（高木2003）。中肥後型の祖形は突起0・2型式の長持形石棺であり（高木1994），氷川流域の石棺は，棺身に縄掛突起を持つ事例が少ないので，そういった特徴とともに創出されたと考えられる。中肥後型や北肥後型石棺などの九州からの石棺の輸送については終章で今一度触れたい。

　佐賀平野・筑紫平野　まず佐賀平野西部では現在確認できる舟形石棺は，和田編年4期に位置付けられる佐賀県熊本山古墳（円墳30m）と和田編年8期頃に位置付けられる同県久保泉丸山3号墳（円墳）である。九州系家形石棺1類は，和田編年7期の同県西隈古墳（円墳40m），破片のみであるが同県西原古墳（前方後円墳55m）で確認できる（第82図）。

　筑紫平野では，筑後川と矢部川に挟まれた地域に八女古墳群が形成され，首長墓が陸続と築造された。福岡県石人山古墳は和田編年7期に築造された120mの前方後円墳で，埋葬施設は横穴式石室で覆った九州系家形石棺1類が採用される。和田編年7期の同県石櫃山古墳（前方後円墳110m）や和田編年8期の同県浦山古墳（前方後円墳60m）にも九州系家形石棺1類が採用されており，大型の前方後円墳に採用されることから，九州系家形石棺1類は筑紫君の最高首長墓の埋葬施設と考えることが可能である。

　上記の地域では，上位の埋葬施設に九州系家形石棺1類を横穴式石室に埋設することで共通し，佐賀平野と筑紫平野の首長の関係性が深いことが，指摘されている（東中川1986）。加えて久保泉丸山3号墳の舟形石棺と，石人山古墳の九州系家形石棺1類の棺蓋は菊池川流域の北肥後Ⅰ型の特徴を有しており，西隈古墳・石櫃山古墳・浦山古墳の九州系家形石棺1類は棺蓋に円環状の縄

掛突起を持ち，南肥後型の特徴を指摘されている。したがって肥後南部と北部の勢力との密接な関係のもと石棺が輸送されていると判断できるのである[1]。つまり基本的には舟形石棺や九州系家形石棺が在地で生産されるようではなく，多くは肥後地域との関係により大型古墳を中心に運ばれている状況が判明するのである。

　注目されるのが筑後川中流域に築造された福岡県月岡古墳である。和田編年7期に築造された墳丘長95mの前方後円墳である。竪穴式石槨に突起2・2型式の長持形石棺を採用している。出土遺物は鏡鑑4面，金銅装眉庇付冑，金銅装脛当を含む甲冑類8セット，帯金具2セット，金銅製胡籙3セットなど豊富な武器・武具・馬具類を保有し，突出した量と，舶載品も含め一級品の副葬品を保持している。突起2・2型式は刳抜式を含め九州で唯一の事例である。蓋はⅡb形式である。蓋縄掛突起の形態は1類，付加位置はC類，蓋下端はd類，長側壁の突起はⅢ類であるが，方形化も進んでおり，石棺からは5世紀前半でも中葉に近い時期が想定され，古墳の年代と矛盾しない。蓋石長約250cmは，突起2・2型式の中では相対的に小型であるが，第2章第3節で示した畿内の石棺秩序と対応している。蓋の内面の刳抜方が舟形石棺と共通するものの，組合方法は長持形石棺1類と同様な技法が認められ，極めて正確な情報を元に製作されたと判断できる。

　長持形石棺1類と同形で，突起2・2型式という棺蓋は長持形石棺1類では最上位の型式であり，該期の倭王権と密接な関係を結んでいたことは疑いない。月岡古墳は九州北部と大分県東岸に抜けるルート沿いに築造され，さらに西側の筑紫平野には八女古墳群が築造されており，周辺地域の首長層との関係を考察する上で重要な事例である。杉井氏の指摘するように中期中葉から中期後葉の河川づたいの内陸ルートの整備に倭王権が関わったとの見解参考にすると（杉井2010），月岡古墳は該期の最重要地点に位置すると認識できる。

諏訪川周辺　矢部川と諏訪川の周辺（現福岡県大牟田市・同県みやま市域）には舟形石棺と九州系家形石棺が集中している（第83図）。その特徴は突起1・2型式の棺身である黒崎山舟形石棺と，石神山古墳の突起2・1型式の舟形石棺を除けば，突起1・0型式を基本とする北肥後型の棺蓋を採用しており，菊池川流域の首長層との密接な関係が推定される。和田編年6期頃の築造と思われる墳丘長55mの前方後円墳の福岡県石神山古墳には，3基の舟形石棺が確認でき，規模により大・中・小に分けられる。大石棺は棺身に二つの造り付け枕が確認できる。棺身に同様な二つの造り付け枕を確認できる，頂塚古墳棺や平原塚古墳棺，さらに突起2・0型式の棺身は持松塚原古墳棺や慈恩寺経塚古墳棺に確認でき，菊池川中流域や合志川流域に分布する北肥後Ⅱ型の石棺と共通する。

　さらに福岡県石櫃山古墳2号石棺の棺蓋の鋸歯文は菊池川中流域の国立家形石棺と共通する（第83図）。九州系家形石棺2類が特に菊地川中流域に多いことも勘案すれば，諏訪川周辺に分布する舟形石棺・九州系家形石棺2類は菊地川流域でも特に中流域・合志川流域の特徴を備えていると考えてよい。

　さてここで問題としたいのが，石神山古墳の大石棺である。この石棺の棺身は他の北肥後Ⅱ型

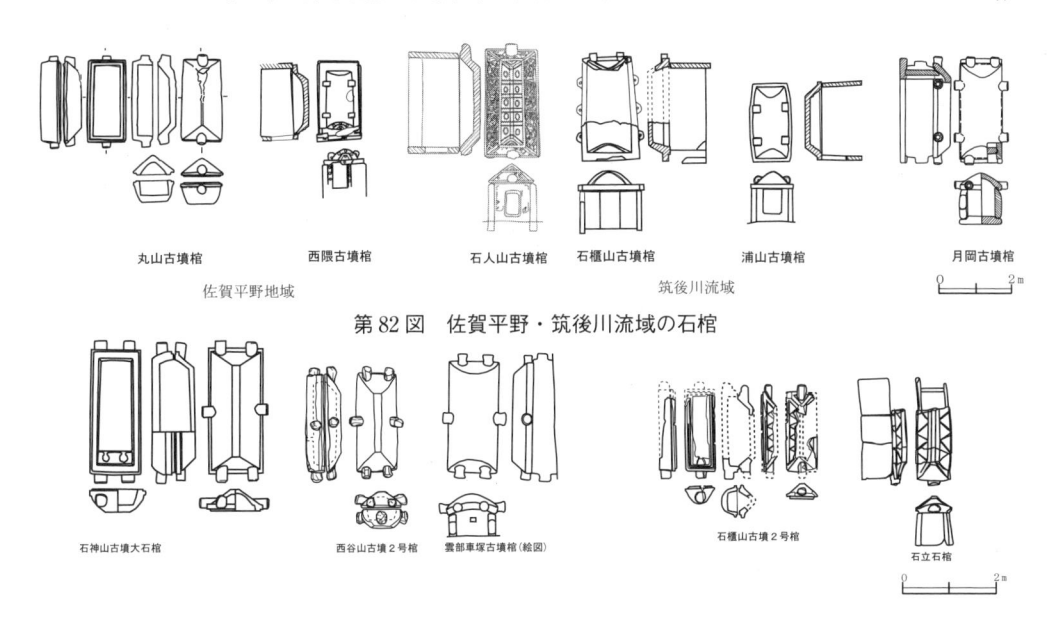

第3章　舟形石棺の石棺秩序－長持形石棺1類の石棺秩序との比較を中心に－

第82図　佐賀平野・筑後川流域の石棺

第83図　諏訪川周辺の舟形石棺の系譜

同様小口に2個ずつ縄掛突起を造り，内面には2つの石枕を造り付けている。棺蓋は突起2・1型式と九州には例がなく，福井県の西谷山2号墳1号石棺の棺蓋が，同様に突起2・1型式であることや形態の類似から北陸地方との交流を示すものと指摘されてきた（高木1998，蔵富士2004）。つまり菊池川流域と越前との交流で特徴的な2・1型式の舟形石棺が成立したと考えられているのである。

　筆者はすでに第1章第4節で菊地川下流域の院塚古墳3号棺と福井県小山谷古墳棺との共通性を指摘しており，さらに福井県松岡古墳群中の鳥越山古墳第2埋葬施設の竪穴系横口式石室（松岡町教育委員会・永平寺町教育委員会2005），福井県横山古墳群中の椀貸山古墳や神奈備山古墳の石屋形（蔵富士2010）など越前と九州，特に肥後との関係が認められることは指摘されている。石神山古墳大石棺についても同様な交流を示す可能があるが，もう一つの解釈が成り立つ余地が残されていると考えている。長持形石棺1類には雲部車塚古墳棺のように突起2・1型式の棺蓋があり，長持形石棺1類の石棺秩序の影響を受けた北肥後Ⅱ型の情報を本に製作されたか，倭王権との何らかの関係により突起型式の情報が導入され，北肥後Ⅱ型との折衷形式となった可能性である（第79図，第83図）。越前の棺蓋突起型式も元を辿れば長持形石棺1類の棺蓋突起型式と対応するので，石神山古墳の大石棺の突起型式については，越前との交流以外にも，もう少し検討が必要ではないかと考えている[2]。

　③　**豊後水道沿岸**（第75図・第84図）

　大分川流域と大野川流域，丹生川流域，臼杵湾沿岸地域に分布が確認できる。基本的に大型古墳には箱形石棺が採用される地域であり，舟形石棺や九州系家形石棺がどのように導入されるか，確認したい。

大分川流域 大分川流域では和田編年 4 期に，墳丘長 60m の前方後円墳である蓬莱山古墳，和田編年 5 期には墳丘長 78m の前方後円墳である大分県御陵古墳，中期前半には墳丘長約 50m の前方後円墳大臣塚古墳が築かれる。いずれも埋葬施設は箱形石棺である。和田編年 8 期から 9 期に築造された永興千人塚古墳は墳丘長約 47m の前方後円墳または帆立貝形前方後円墳で，後円部に舟形石棺の破片が露出しており，埋葬施設に舟形石棺が推定されている（大分市教育委員会 2002）。

同一丘陵上に築造された万寿山 1 号墳は墳丘長約 30m の前方後円墳または造り出しを持つ円墳で，蓬莱塚石棺はこの古墳から出土した可能性がある。蓬莱塚石棺は棺蓋中央に棟が造りだされ，そこに 3 箇所穿孔される。棺蓋を降ろす際の固定用のものと推察される。また径 18m の円墳とされる世利門古墳は 5 世紀後半の築造で，九州系家形石棺 2 類が直葬されていた。棺身小口は上部がＵ字状に加工されており，長持形石棺の棺身小口に類似する。棺蓋には棟が表現され，蓬莱塚棺同様横方向から穿孔される。

大分川流域の首長墓は箱形石棺を採用しているが，5 世紀後半の前方後円墳や帆立貝形前方後円墳に舟形石棺が導入されるようである。

大野川流域 上流域の石棺は数が少ないものの，比較的時期が早いものと予測される。大分県七ッ森古墳群は前方後円墳と円墳からなる古墳群で，出土遺物から前期後半から中期初頭頃に位置付けられる。七ッ森 A 号墳は径 20m の円墳である。墓壙に石棺を埋設するが，棺身側縁部が墓壙の掘り込み面より上に出るように設置されている。棺身側縁部が垂直である点から，沖出古墳との類似が指摘されている（神田 1990）。大分県石舟古墳は径 20m の円墳で，石棺が露出している。石棺は沖出古墳棺と類似しており，技術的関連が示唆される。同様に大分県御祖神社所在棺は棺身のみであるが，形態が沖出古墳棺棺身と良く類似している。大野川上流域では比較的規模の大きくない円墳にも舟形石棺が埋設されており，石棺は沖出古墳棺と形態的共通性が高いことが判明する。大野川流域は玄界灘沿岸地域から石棺製作技術が波及した，2 次波及地域と考えておきたい。出土遺物はないが，和田編年 5 期〜6 期に集中するのではないかと考えられる。

大野川中流域では出土した古墳はほぼ不明であるが，類似した舟形石棺が集中する。小口部が丸みを持つ形態で，次第に小口の丸みが強くなり，平面形が卵形を呈する 1 群である。小口がやや丸みを持つものの，長方形を基本とする潰平 4 号棺と大久保 2 号墳棺が前出し，卵形に近いが棺身が箱形の鉢の窪 3 号棺，小口及び縦断面の立ち上がりもカーブする鉢の窪 1 号棺が後出すると予測される。年代的な根拠がないが，島根県や福井県で鉢の窪 1 号棺に類似した舟形石棺は，5 世紀後半から 6 世紀初頭に位置付けられており，同様な時期と考えたい。大久保 2 号墳は前方後円墳の可能性を残すが，やや不整形な 10〜15m の円墳とされる（神田ほか 1993）。上流域・中流域では現在では前方後円墳など大型古墳から確実に出土したといえる事例はみとめられない。遊離した事例が多いのは気になるものの，大久保 2 号墳のように，円墳から出土した可能性が高い。

大野川流域では前期末から中期末まで箱形石棺と共に舟形石棺が採用される地域であることが確認でき，特に円墳を中心とするようである。三重地区に前期から中期初頭を中心に立野古墳

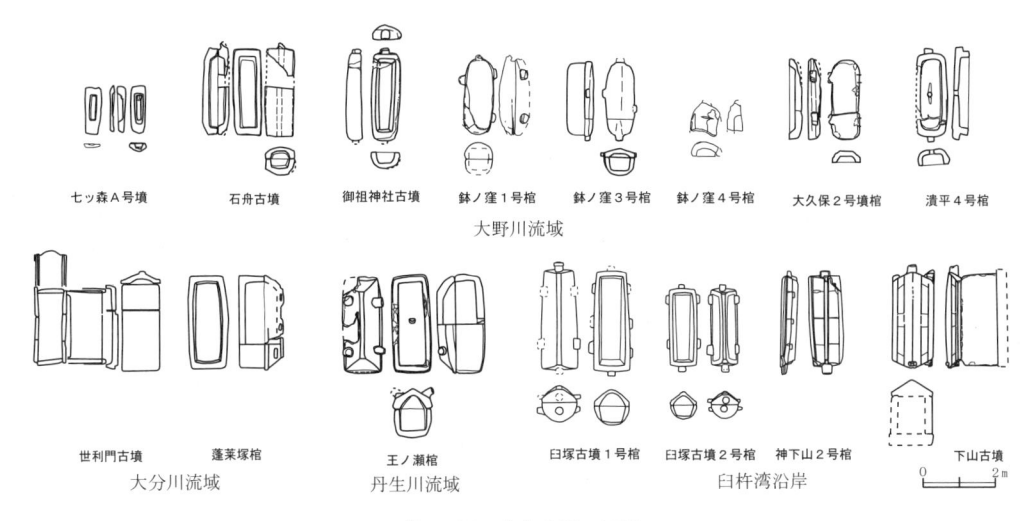

第3章　舟形石棺の石棺秩序－長持形石棺1類の石棺秩序との比較を中心に－

| 七ッ森A号墳 | 石舟古墳 | 御祖神社古墳 | 鉢ノ窪1号棺 | 鉢ノ窪3号棺 | 鉢ノ窪4号棺 | 大久保2号墳棺 | 潰平4号棺 |

大野川流域

| 世利門古墳 | 蓬莱塚棺 | 王ノ瀬棺 | 臼塚古墳1号棺 | 臼塚古墳2号棺 | 神下山2号棺 | 下山古墳 |

大分川流域　　丹生川流域　　　　臼杵湾沿岸

第84図　豊後水道の石棺

(65m)，小坂大塚古墳 (43m)，道ノ上古墳 (73m)，竜ヶ鼻古墳 (約32m)，重政古墳 (約55m)，秋葉鬼塚古墳 (約49m) と前方後円墳を築く首長系譜が確認できる。今後埋葬施設の調査が行なわれれば，位置付けに変更の余地がある。なお大野川中・上流域の石棺を，高木氏は，小口側が丸みをおび，平面形が隅丸方形で小口・長辺側に縄掛突起を持つことを特徴とする豊後Ⅰ型としている (高木1994)。

　丹生川流域　大野川に程近い丹生川下流域 (大分平野) では大型前方後円墳が築造される。前期末か中期初頭に築造された亀塚古墳は墳丘長115mを測る前方後円墳である埋葬施設は第1主体部に箱形石棺を直葬し，第2主体部には竪穴式石槨に刳抜式石棺を直葬した可能性が指摘されている (大分市教育委員会2003)。隣接する小亀塚古墳は墳丘長35m程の前方後円墳で，中期後半の築造とされ，埋葬施設は破壊されていたものの，墓壙の土層観察から刳抜式石棺が直葬されていた可能性が指摘されている (大分市教育委員会2003)。

　さて亀塚古墳から東に約500m，丹生川河口近くの王ノ瀬天満宮に1期の石棺が置かれており，突起0・2型式の棺蓋であることから高木氏の中肥後型として把握され，注目されてきた。近年大分市の発掘調査により，墳丘長約36m程の前方後円墳である辻1号墳の痕跡が確認され，川西編年Ⅳ期の埴輪が伴うこと，後世の文書資料と地籍図などの対応から，王ノ瀬棺は辻1号墳から出土した可能性が高くなった (高畠2004)。辻1号墳は埴輪を持たない小亀塚古墳より前出することが指摘されており，和田編年8期には中肥後型が採用されていることが明らかになった。

　臼杵湾沿岸　臼杵湾沿岸では，和田編年6期に築造された墳丘長87mの前方後円墳である臼塚古墳に2基の舟形石棺が直葬されていた。石棺の特徴は，やや膨らみのある山形の棺蓋に，半円形に近いか，丸みを持つ棺身がセットとなり，小口の縄掛突起は，先端が膨らみ，端部を垂直にする形態で，長持形石棺や沖出古墳棺と共通するものである。側面縄掛突起は，平板状に造られる。棺蓋は，2基とも突起1・2型式である。棺身は横断面逆台形状に刳り抜かれ，刳り抜き

の平面形は長方形である。高木氏は家形棺蓋に突起1・2型式であることを豊後Ⅱ型の特徴として，代表例に臼塚古墳棺を挙げている。特に東九州は突起1・2型式の棺蓋が多いが，時期の判別できる九州の初現の事例として重要である。

臼塚古墳に近接する円墳の丸山古墳は，棺蓋が臼塚古墳前方部に運ばれており，横断面が屋根形を呈する棺蓋で，突起1・2型式に復元できる。臼塚古墳棺の棺蓋と類似する。神下山古墳は墳丘径34mの円墳で，第1主体部に結晶片岩製の箱形石棺，墳丘中央から東側に舟形石棺が確認された。棺蓋頂部に棟を高く突出させ，そこに横方向に3箇所穿孔を行なう。棺蓋に長方形の線刻が認められる。氷川流域の大王山3号墳棺の棺蓋上面に認められる方形彫刻と，肥後南部に多い穿孔技法が認められ，棺蓋が突起1・0型式であることも含め，肥後南部との関係が推察される。

上述した大分川下流域の蓬莱塚石棺・世利門古墳棺も棺蓋棟部に穿孔を行なうことで共通し，沿岸部で情報あるいは製作工人が密接な関係にあったことが推察される。付近には別の丘陵に墳丘長68mの前方後円墳である下山古墳が築造されている。九州系家形石棺2類に位置付けられるが，棺蓋の両小口側が三角形に近い形で張るように仕上げられる。長持形石棺の棺蓋小口側の弧状の張り出しを意識したものであろう。棺蓋は横断面屋根形を呈し，棺蓋上面は方形状の刳り込みが確認できるが，この刳り込みは菊地川流域の天水経塚古墳棺の棺蓋上面の刳り込みと類似する。棺蓋の突起も1・0型式であり，菊地川流域の北肥後型との関係が認められる。

大分川流域・大野川流域・丹生川流域・臼杵湾沿岸の石棺の様相について言及してきた。大野川流上流域がいち早く石棺を導入することが確認でき，石棺の形態からは玄界灘沿岸地域との関係が示唆される。やや遅れて臼杵湾沿岸の臼塚古墳に石棺が採用される。石棺の系譜については付近の石棺の形態を視野に入れれば肥後地域との関わりが深い。ただし突起1・2型式の棺蓋や長辺の平板状の突起など肥後には確認できない要素が認められる。豊後の首長墓は箱形石棺を主要な埋葬施設としており，舟形石棺や家形石棺の導入は地域差が認められる。大分川や丹生川流域の首長墓は和田編年6期頃までは箱形石棺を採用しており，舟形石棺や九州系家形石棺，畿内系家形石棺は特に8期以降採用される。前方後円墳でも前方部が短いもの（辻1号墳）や，帆立貝形古墳（永興千人塚古墳），造り出し付円墳（万寿山1号墳）に舟形石棺や家形石棺が採用されるようである。特に中肥後型が採用されていることは重要である。宇土半島から畿内に石棺を輸送するにあたって，海浜部の首長の勢力が不可欠であることが理解されるのである[3]。この問題については第2章第5節で筆者の見解を示してあるが，墳形の変化や肥後の石棺の輸送開始の問題とも関連するのである。

④　日向灘沿岸（第75図・第85図）

五ヶ瀬川流域を中心に志布志湾沿岸域にも石棺が採用される。

五ヶ瀬川流域　宮崎県南方古墳群を中心に9基の石棺が集中している。石棺の特徴は高木氏の豊後Ⅱ型に近く，やや膨らみを持つ山形の棺蓋に棺高の低い棺身をセットとしており，全体的にやや扁平な印象がある。高木氏が日向型とする一群である（高木1994）。縄掛突起は不整円形か

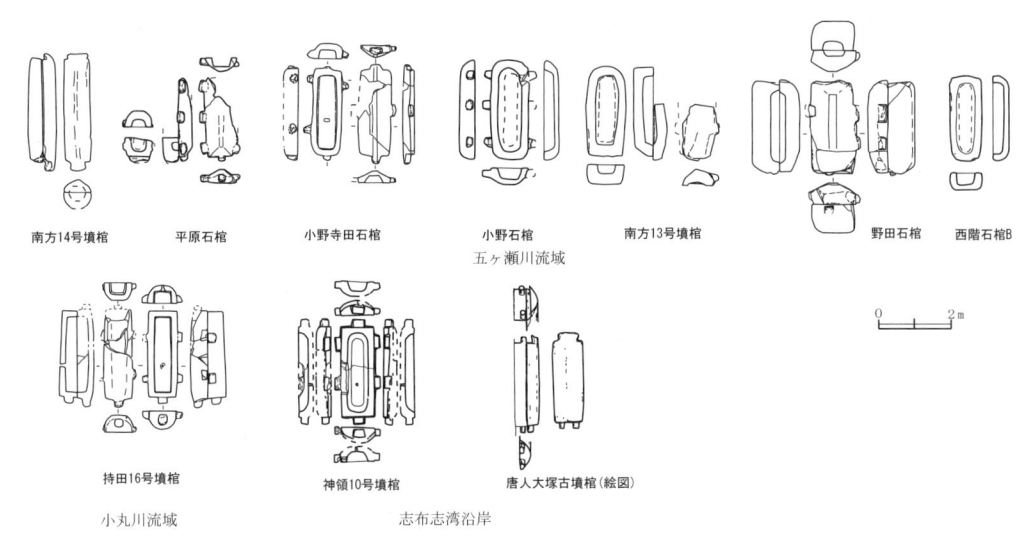

第85図　日向灘沿岸・志布志湾沿岸の舟形石棺

方形に近いもの、平板状のものがあり、豊後Ⅱ型と共通する。ただ棺蓋小口側が丸みを持ち、内部の刳り抜きは、平面形が長楕円形ものがあることや、南方13号墳棺や小野石棺、西階石棺Bは棺身小口が斜めに立ち上がるなど、舟形木棺2類の影響も読み取れる。豊後Ⅱ型の石棺製作情報に在地で使用されていた舟形木棺2類が融合した形態と推察される。

この地域の石棺は古墳から遊離したものが多く、石棺の役割を明確にし得ない。南方14号墳は径22mの円墳で、出土した鉄鏃は2段逆刺のもので、古市古墳群の盾塚古墳出土例と類似する。和田編年6期に位置付けられており、この時期以後石棺の製作が行なわれたと考えてよい。野田の石棺は長方形状の縄掛突起が確認できる突起0・2型式の棺蓋に、縄掛突起を持たない箱型の棺身が組み合う。棺身小口側に長持形石棺1類の特徴である方形の突起があり、長持形石棺の影響が認められる。肥後の中肥後型の石棺から間接的に影響を受けた可能性が指摘されている（林田1995）。棺身の高さが低い石棺が多い中で異質な石棺である。

その他に小丸川流域の宮崎県持田古墳群中の持田16号墳（石舟塚）は、墳丘長46mの前方後円墳である。棺身・棺蓋共に小口は円形を基調とし、長辺側は長方形状の縄掛突起を造り出す突起1・2型式である。五ヶ瀬川流域の舟形石棺と共通した特徴であり、五ヶ瀬川流域で製作されたか、製作工人が移動した可能性が高い。突起型式が豊後の臼塚古墳と類似することから比較的近接した時期と判断されてきたが（林田1995）、棺蓋・棺身共に横断面箱形を呈し、五ヶ瀬川流域の舟形石棺よりも棺身高が高く、後出する特徴を持っている。持田16号墳は墳丘形態や立地から5世紀後半から末葉に位置付けられており、石棺も同様の年代で矛盾しないと考える。和田編年8期から9期を推定しておきたい。持田古墳群では唯一であり、石棺を採用するような特別な被葬者と推察される。

⑤　志布志湾沿岸（第75図・第85図）

　肝属平野の沿岸部沿いに大型古墳群が形成され，首長墓に導入されるのが特徴である。鹿児島県唐人大塚古墳は墳丘長154mの前方後円墳である。橋本達也氏の検討により，墳丘が柄鏡形の前方後円墳（柳沢1995）で，出土甲冑が長方板革綴短甲である可能性が高く，類似した縄掛突起を持つ南方14号墳の舟形石棺出土鉄鏃が，中期前半の型式であることから，集成編年4期（和田編年5期）の新しい時期としている（橋本達2006）。

　竪穴式石槨に埋設された石棺は既に指摘されているように長持形石棺を模倣した刳抜式の石棺である（橋本達2006）。棺蓋は一端に2個の縄掛突起を造るのに対し，他端は横長の楕円形状の縄掛突起を造り出す。この楕円形状の縄掛突起は橋本氏の指摘するように五ヶ瀬川流域の南方14号墳棺と共通し，石工集団が約150kmを移動し，製作に携わったと推察され，橋本氏は畿内との密接な関係を持ち，近畿中枢の埋葬形態や葬送儀礼の情報を得つつも，南九州地域内の在地の政治的紐帯や地域間関係によって再生産されたと指摘された（橋本達2006）。

　鹿児島県神領10号墳は，唐人大塚古墳から北側へ約8kmに築造された，墳丘長約54mの前方後円墳である。発掘調査の結果，盗掘されていたものの後円部の礫槨に突起1・2型式の棺身があり，西側くびれ部からは愛媛県産と陶邑産の須恵器，大阪湾岸産の製塩土器が出土し，盾持人などの形象埴輪も確認された。副葬品や須恵器の型式からTK216型式段階で5世紀中葉（和田編年7期から8期）の築造とされる。また，墳丘に接して数基の地下式横穴が営まれていることも明らかになった（橋本達2009・2010）。

　舟形石棺は棺身が浅く，縄掛突起の形態が長方形など日向型の小野寺田石棺の形態に近いものである。石材は姶良カルデラ由来の凝灰岩と分析され，五ヶ瀬川流域から石工が派遣され志布志湾沿岸の石材産出地から石材を切り出し，石棺に加工したことが指摘されている（橋本達2009・2010）。

　持田16号墳や唐人大塚古墳や神領10号墳などの首長墓に五ヶ瀬川流域から石工が派遣され，石棺が製作されるが，唐人大塚古墳棺は長持形石棺を意識したものである。持田16号墳は突起1・2型式の舟形石棺で，棺蓋は不明であるが神領10号墳の石棺も突起1・2型式か突起1・1型式の舟形石棺であったと思われる[4]。突起1・2型式は九州東部を中心に出雲，北陸を中心に分布しており，関連も含め検討が不可欠である。特に志布志湾沿岸部で長持形石棺を意識した舟形石棺（唐人大塚古墳棺）から他地域と共通する突起1・2型式かと判断される舟形石棺への変化について，首長層の交流・（政治的かつ擬制的な同族の結合も含め）や職掌に関連する可能性も排除せず，可能性を考慮しておきたい。

（3）　小　結

　高木氏の整理を基礎に九州の石棺集中地域の様相を確認してきた。ここでは簡単に其の様相をまとめておきたい。

　九州各地の舟形石棺や長持形石棺，九州系家形石棺の様相を確認したところ，各地の首長墓にまず舟形石棺が導入される様子が窺えるが，継続して舟形石棺が製作され，中小首長層に採用

範囲が拡大する肥後を除くと，かならずしも舟形石棺は連続して製作されるわけではない。筆者が1次波及地域と考えた玄界灘沿岸，佐賀平野では一時的に舟形石棺や長持形石棺を採用するものの，その後は在地生産というよりは肥後の勢力との関係により舟形石棺や九州系家形石棺が製作あるいは輸送される。1次波及地域ではないが筑紫平野の首長墓に導入される九州系家形石棺1類も肥後勢力との関係により創出，輸送されており，同様に考えることができよう。

一方筆者が2次波及地域と考える豊後水道，日向灘沿岸地域では，舟形石棺の生産地と目される大野川流域や五ヶ瀬川流域では，和田編年5期頃から和田編年10期頃まで，石棺の製作が継続し，円墳を中心に埋設される。臼杵湾沿岸や志布志湾沿岸では中期前半を中心に舟形石棺が首長墓に導入されるが一時的である。中期後半になり大分川流域や丹生地域の首長墓に舟形石棺または畿内系の家形石棺が採用されるのは他地域では見られない現象である。辻1号墳から王ノ瀬棺が出土したと考えるならば，すでに指摘したように肥後から畿内への石棺の輸送に関連するものであろう。

長持形石棺については3例のみで，特に長持形石棺1類と呼べるものは月岡古墳棺1例である。九州は石棺の製作が盛んであるが，長持形石棺の影響は限定的である。舟形石棺の中には唐人大塚古墳棺のように長持形石棺を意識したものがあり，北肥後Ⅱ型の石棺についても同様のことが考えられる。

基本的に九州では石棺の規模や突起の数で表象される階層構造は確認できず，埋葬施設の種類によって階層が示されるようであるが，地域や古墳群によりその状況は異なる。熊本県では当初大型墳に受容され，次第に下位の階層[5]にも使用されるのは特徴的であり，他の地域ではやはり，限定された階層あるいは集団に利用されているのではないかと思われる。

註

1) すでに肥後の首長層から北肥後型，中肥後型，南肥後型の石棺が輸送される状況は高木氏を中心とした研究により整理されている。10km以内を近距離，10km以上100km未満を中距離，100km以上を遠距離として整理している。筑紫平野・佐賀平野を中心とした肥後の石棺は中距離輸送に該当する（高木2010a，高木・蔵富士2011）。特に菊池川下流域の石棺が福岡県大牟田市周辺（筆者の諏訪川周辺とした地域）に4世紀後半から5世紀中葉に連綿と石棺が運ばれており，長期間に渡って連綿な紐帯関係を結んでいた可能性が指摘されている（高木2008）。

2) 越前の舟形石棺は突起型式が一定しておらず，一代ごとに変化しているように見受けられる（第51図）。この点についての説明はほとんどない。

3) 菊田徹氏は大分県の南東海岸すなわち大野川河口東岸から佐賀関を経て佐伯に至る海岸線は岩が複雑に入り込むリアス式海岸を形成し，平野の少ない地域であることに着目した。この一帯が古代の律令制下の海部郡であり，日本書紀の応神紀に「海部」の設置記事があることから，5世紀代に海での生業を中心とする「部」が組織化されていた可能性が窺えるとした。海での生業は航海技術などの操船と推測し，特に海部地域の古墳を五つの地域に区分し，それぞれの地区の首長が独立して存在しつつも，海部として連合体を形成し，前代的色彩の強い貝釧を互いに所有していた点などで結び付けられることなどを指摘している（菊田1985）。首長系譜や連合体について筆者は言及できる力量はないが，豊後水道の舟形石

棺は限定された地域に分布し，かつ平野の少ない地域の海浜部に首長墓が出現すること，5世紀後半に中肥後型の石棺が存在し，畿内への石棺輸送ルート上に位置すると考えられることは，菊田氏の指摘するようにこの地域の首長墓について海上交通を抜きにして理解することは困難である。

4）五ヶ瀬川流域の小野寺田石棺（第85図）が，棺身突起1・2型式で，棺蓋突起1・1型式となるため，神領10号墳棺も棺蓋が突起1・1型式になる可能性も考慮しておきたい。

5）重藤輝行氏は福岡平野・糟屋平野・糸島半島などの北部九州や筑後川右岸・筑後の埋葬施設の階層構造について検討し，特に古墳時代中期に大きく埋葬施設が変化し，上位に取り入れられた埋葬施設が次第に階層的位置を下げ，消滅することを確認した。首長層が活発に新たな埋葬施設を取り入れており，階層間に厳然とした区別があり，階層間の移動が困難であったというより，階層間の移動がある程度許容されるような社会であったと想定し，筑前・筑後，豊前北部に共通するものとする。有明海を中心とした横口式石棺や石製表象等は，このような階層的関係の中で，首長層が地域を越えて結合・同盟し，その階層的地位を強める動きの一貫と評価している（重藤2007）。

　重藤氏の明らかにした中期における埋葬施設の変化が，氏の指摘するように肥後や豊後，日向・薩摩・大隈などの地域にあてはまるか他の地域をどのように地域区分するか今後の課題である。横穴式石室を導入した被葬者をどのように解釈するか問題があるが，肥後では舟形石棺が上位の階層に導入され，次第に階層的地位を下げ，横穴式石室や九州系家形石棺1類が出現してくる様子が窺える。豊後は整理したように比較的上位の階層に舟形石棺が一貫して採用されているように見受けられ，かつ地域ごと導入時期が異なるようである。重藤氏の指摘を念頭に今後階層間の埋葬施設の変化について検討を行ないたい。

第7節　地域様相から見た長持形石棺と舟形石棺

　最後に各地域の様相をふまえて，長持形石棺1類と長持形石棺2類・舟形石棺との関係についてまとめておきたい。

（1）長持形石棺1類と長持形石棺2類との関係（第86図～第88図）

　既に和田氏が丹後の長持形石棺に触れ，ヤマト王権の最高位棺である竜山石製長持形石棺の製作には強力な規制があり，丹後で長持形石棺が製作されたことは異例で，小型で在地の凝灰岩であることから，規模と石材に規制あった可能性を指摘されている（和田2000）。筆者も同様に考えており，列島に視野を広げても，底石の上に側壁がのり，長側壁で短側壁を挟み，蒲鉾形の棺蓋に縄掛突起が確認できる事例はほとんど例がない。宮城県経ノ塚古墳と山形県菱津古墳棺の事例は組合方法や結合技法は異なるものの，長持形石棺1類の情報を基に比較的正確に造られている。石棺長が200cm以下で，石棺の総高が50cm以下と低い点は，規制の反映と捉えることも可能である。石棺長200cmは長持形石棺1類の石棺秩序ではランクの低いものに対応するが，このような規格に合わせ製作されていると考えてよければ，長持形石棺2類を単なる模倣棺と扱うのは正しくない。

　単なる情報の伝播で製作されたとは考え難く，長持形石棺が必要とされた背景があり，畿内の長持形石棺の情報を元に製作されたのである。すなわち倭王権に政治的に組み込まれた被葬者と

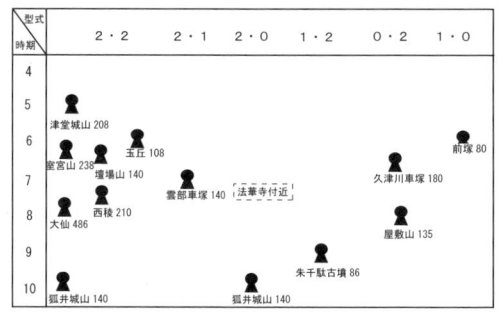

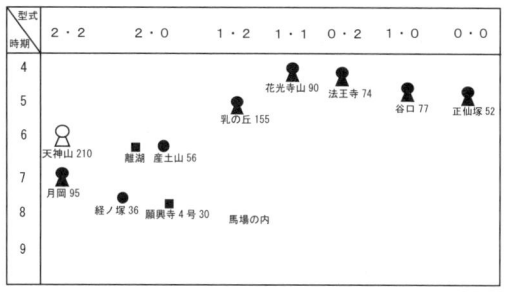

第86図　長持形石棺1類の型式と年代　　第87図　長持形石棺2類を中心とした型式と年代

判断されよう。長持形石棺2類は加工技術と組合方法から竜山石を加工した工人が派遣されていないことは確実であるが，単に畿内の影響のもと地域社会で製作されたと考えるのは危険な事例である。

　長持形石棺1類と長持形石棺2類（一部3類を含める）の突起型式と時期を表したものが第86図と第87図である。両者を比較すると，長持形石棺3類の事例を除けば，基本的に突起型式が共通する。長持形石棺を埋設するような大型古墳の発掘が限られており，特に長持形石棺1類は突起型式について見解が変わる可能性があるが，現時点では突起2・1型式や突起1・2型式を採用する古墳は少なく，畿内では確認できていない。また，長持形石棺2類の突起型式に畿内では少ない2・0型式や1・2型式が確認できる状況は，1類と2類の両者を補完して考察するならば，畿内で使用が主流となる突起型式とその他の地域で使用する突起型式などのおおまかな使い分け（階層差も含む）の可能性についても今後考慮が必要かもしれない。

(2)　**長持形石棺1類と舟形石棺との関係について**（第88図・第89図）

　和田氏は長持形石棺1類を王権を構成する畿内首長連合の棺，舟形石棺を地域首長連合の棺として，同族関係を基礎においた結合を保障し表現する役割を石棺が果たしていたと考え，さらに舟形石棺は倭王権と政治的遠い関係の地域首長連合に採用されたと想定した（和田1998a）。石棺の役割については和田氏の見解に賛成するものであるが，各地域の状況を検討するかぎり，長持形石棺1類と舟形石棺との関係については若干補足が必要なのではないかと思われる。

　まず特徴的な地域として越前と毛野の舟形石棺を挙げることができよう。越前では倭王権が長持形石棺1類を創出し，使用を開始すると越前では棺形態が統一化され，丸岡・松岡古墳群，免鳥古墳において代ごとに棺蓋突起型式が変化する。越前の舟形石棺は長持形石棺1類の棺形態を取り入れたもので，代ごとの突起型式の変化を倭王権との関係で理解できる可能性を指摘した。毛野地域では和田編年8期（群馬2段階）では岩鼻二子山古墳に採用された舟形石棺は刳抜式であるが，墳丘規模と突起型式・石棺の規模が長持形石棺1類の石棺秩序に対応し，単なる模倣棺と考え難い。和田編年9期には保渡田古墳群の井出二子山古墳の築造を端緒として，毛野西部の首長層は舟形石棺の突起型式と石棺の規模，石棺を覆う礫槨の有無で同族結合と共に階層が石棺で明示される。既に指摘したように長持形石棺1類の石棺秩序を在地の首長連合に適した形で導

入したと判断した。
　越前と毛野の事例でこの見解を補強する事象として突起2・2型式の採用が挙げられよう。長持形石棺1類と舟形石棺で突起2・2型式を採用した古墳の分布を示したものが第88図である。この突起型式は大王墓か倭王権を支えた最高首長墓の型式であり，その他では倭王権が該期に重要視したと判断される地域の最高首長墓にのみ認められる。大王墓を含む古市・百舌鳥古墳群など畿内の大型古墳群を除けば，一代限りしかこの突起型式は許されておらず，その規制の強さを窺える。長持形石棺2類の産土山古墳はこの突起型式を棺蓋に採用できず，底石に表現する。舟形石棺でも免鳥長山古墳，二本松山古墳，井出二子山古墳の三例のみで，該期の地域大首長に採用される。
　この型式は長持形石棺，舟形石棺を含め，倭王権の規制があったと判断され，各地の首長墓が情報を入手し独自に製作したような形跡は窺がえない。免鳥長山古墳の築造が北陸の首長層の墳墓の動態のなかで位置付けられることが指摘され[1]，二本松山古墳や井出二子山古墳の築造された和田編年9期はいわゆる雄略朝の時期と重なり，多くの事象で画期が認められることが指摘されている[2]。さらにこの時期を境に越前と毛野では舟形石棺を採用した首長勢力が再編され，舟形石棺が下火となる。長持形石棺1類の衰退と一致し，古市・百舌鳥古墳群の衰退と合わせて倭王権内部の政治的変動と対応したことが推察されるのである。舟形石棺の中には長持形石棺1類と密接な関連がある事例・地域があると考えたい。
　上記の2地域では長持形石棺1類の情報を舟形石棺（刳抜式）で表象していると考えらる。出雲でも丹花庵古墳の長持形石棺と大神荒塚古墳棺で同様のことが指摘できるのではないかと考えた。地域によっては長持形石棺より相対的に下位に位置付けられる棺として理解できると考える。
　地域様相を検討するかぎり，舟形石棺は分布地域ごとに受容する時期・階層が異なり，時期によっても石棺の性格や採用する階層が異なり，突起型式も偏在的である。突起型式が共通しても遠隔地の首長との交流や政治的紐帯関係（擬制的な同族関係）などですべて説明するのは危険であることを確認しておきたい。
　この問題で筆者がもっとも苦慮したのが突起1・2型式の舟形石棺である。突起1・2型式の舟形石棺と長持形石棺1類および影響を受けた石棺の分布を示したものが第89図である。
　舟形石棺の中でも分布は限られ，日本海側と東九州に多く，関東では群馬県に2例確認できる。長持形石棺1類は朱千駄古墳棺，同2類は馬場の内古墳棺，同3類は乳岡古墳棺に確認できる。備中の造山古墳（前方後円墳約350m）の前方部所在の舟形石棺は長持形石棺を模倣したもので，突起1・2型式に復元できると思われる。舟形石棺では，越前の和田編年3〜4期に位置付けられる牛ヶ島石棺，和田編年8期の築造と思われる鳥越山古墳（前方後円墳約54m），毛野では和田編年9期の保渡田八幡塚古墳（前方後円墳96m）に採用されており，他の地域では出雲で和田編年6期の毘売塚古墳（前方後円墳42m），やはり同時期と推察される北光寺古墳（前方後円墳46m）の築造後，有力古墳では突起1・2型式が棺身構造を越えて採用される。豊後の臼杵湾沿岸部で和田編年6期の臼塚古墳（前方後円墳87m），日向灘沿岸では和田編年8期から9期の築造とみられる

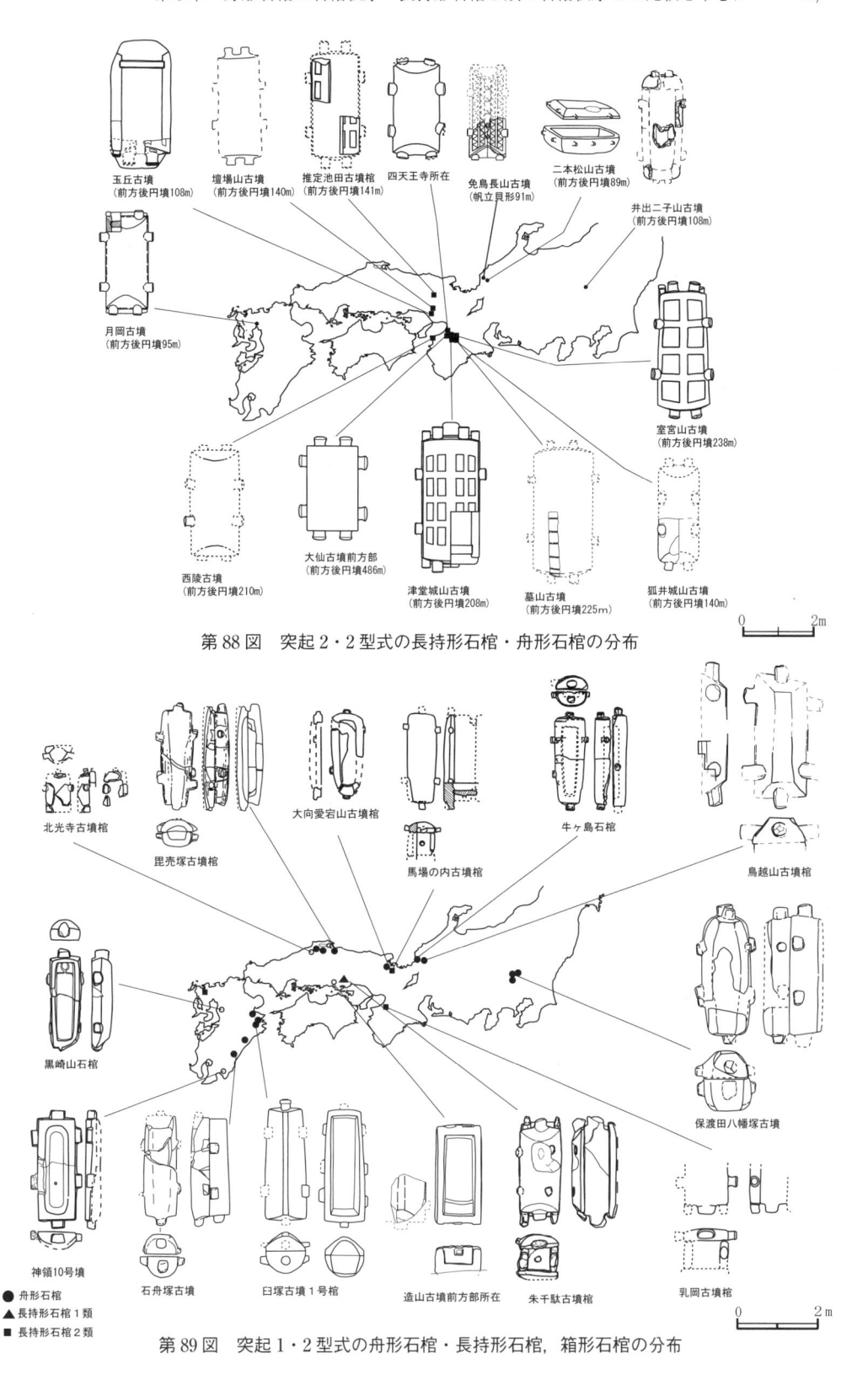

第3章　舟形石棺の石棺秩序－長持形石棺1類の石棺秩序との比較を中心に－

第88図　突起2・2型式の長持形石棺・舟形石棺の分布

● 舟形石棺
▲ 長持形石棺1類
■ 長持形石棺2類

第89図　突起1・2型式の舟形石棺・長持形石棺，箱形石棺の分布

持田 16 号墳（前方後円墳 46m），志布志湾沿岸では和田編年 7 期の神領 10 号墳（前方後円墳 54m）の石棺も突起 1・2 型式の可能性がある。

　細部の形態に細かな差があるものの，棺身も含め突起の配置位置が共通しており，形態にある程度の約束事を確認できる。基本的に 2 次波及地域に多く，かつそれらの地域の初期の事例は大型古墳に埋設される傾向がある。

　臼塚古墳の出現が地域の論理では説明が難しく，海上交通など倭王権との関係を考慮する必要があることや神領 10 号墳から出土する遺物が愛媛県産と陶邑産の須恵器，大阪湾岸産の製塩土器など複数地域の交流を示す遺物が確認できることは，同様に地域首長層を核とした海上交通網の整備が倭王権と在地の首長層との間に相互に進んだ状況が具体的に判明する。九州東岸の突起 1・2 型式は沿岸部周辺の首長層の紐帯を示す可能性は当然予想されるのであるが，出雲の毘売塚古墳など玉作りに関与する可能性を考慮すると，倭王権との関係についても視野に入れ考察する必要がやはりあると考える。

　石棺が最も製作された肥後では，時期によってその性格が異なることが注目される。導入当初は沿岸部を中心に地域の首長墓に導入され，次第に内陸部の首長墓にも採用されていく。さらに次第に階層的に下位の首長に採用される棺となり，上位の首長層は九州系家形石棺 1 類や横穴式石室を採用する。上位から下位への採用する階層への変化はあるものの，九州系家形石棺 1 類や 2 類の棺蓋と共通し，棺蓋が同族結合を象徴的に表象する。

　ところが肥後で舟形石棺が下火になる 5 世紀後半には菊地側流域，宇土半島基部で製作された舟形石棺・家形石棺が倭王権の中枢地域も含め遠隔地の輸送が活発になる。特に中肥後型が地元には採用されない倭王権の特注品と考えられ，和田編年 8 期以降の遠隔地に輸送された舟形石棺や家形石棺については，単に首長層の交流の活発化やそれに伴う擬制的な同族関係を表象するものと考えられない。陸奥の念南寺古墳で確認された中肥後型と共通する家形石棺は，西日本の状況のみでは説明できないであろう。該期の倭王権の東アジア的活動や政治状況も考慮した説明が必要となると考えている。

(3) まとめ

　各地域の舟形石棺の様相を概観すると，舟形石棺の性格は複雑であり，地域相は多様であることを再認識するにいたった観があるが，地域的検討と汎日本列島的検討は勿論，倭王権が採用した長持形石棺 1 類の検討が必要不可欠であることが示せたのではないかと思う。

　特に長持形石棺 1 類（組合式）と舟形石棺（刳抜式）の比較研究は始まったばかりであるが，長持形石棺の石棺秩序を理解した上で検討を行なえば，有益な解釈が導ける可能性があることを明らかにした。倭王権から石工が派遣されなくとも情報の提供があり，模倣棺（長持形石棺 2 類）の製作あるいは刳抜式（舟形石棺）で表現し，在地社会に適した制度として導入することが認められる。このように理解したときに長持形石棺と舟形石棺の縄掛突起の数と位置の共通性や，地域により異なる石棺型式共有の背景（大久保 2005）も理解できる可能性があると考える。

　倭王権と地域社会の動向について石棺から考察するには，長持形石棺 1 類，同 2 類，舟形石棺，

家形石棺の動向を加味する必要があり，家形石棺の検討と技術的問題を確認した上で終章にこの問題について考察を加えたい。

註
1) 本章第2節註1) を参照。
2) 雄略期の動態については，文献史側からは岸俊男氏が『万葉集』や『日本霊異記』に雄略天皇を古代の代表とみて作歌や説話を配置すること，『日本書紀』の使用暦が雄略朝を境に変わることから，古代において雄略朝が画期として認識されていたことを明らかにした（岸1984）。
　考古学からの検討は特に近年土生田純之氏の整理があり，5世紀後半を境に首長墓造営地の固定化が顕著になること，馬具や須恵器では列島各地の勢力が独自に朝鮮半島と交渉を行ない文物を入手しえた段階から，大和政権を通した間接的な文物の入手へ変化すること，『記紀』に見える吉備の反乱伝承と古墳の動態が全体的に一致し，「中央」と「地方」の関係の変化が想定できること，その他，田中良之氏の明らかにした古墳被葬者の血縁関係の変遷のうち（田中良1995），Ⅰ（一人ずつに絞られた男女ペア，弥生終末から5世紀代）→Ⅱ（成人男性とその子供の世代，5世紀後半から6世紀後半）→Ⅲ（Ⅱのモデルに家長の妻が追加される，6世紀中葉以降）という変遷の最も大きな変化と考えられるⅠからⅡへの変化，5世紀後半に近い時期，6世紀初頭には畿内型石室と執行される儀礼（それにともなう思想）が整備され，各地に横穴式石室の急速な広がり見せることなどを挙げ，5世紀後半に汎列島的な変革が生じていたことを指摘し，古墳時代を二分する大きな画期であることを示した（土生田2004・2005a・2006a・2006b・2009）。その他にも大王墓の墳丘長の隔絶化や群集墳の形成など，多くの研究者がこの時期に画期を認めている。

補記
　本稿執筆中に福島大学行政政策学類考古学研究室が調査を行なった山形県の大師森洞窟石棺と菱津古墳出土石棺の報告書が刊行された。各石棺の正確な実測図が公表され，石棺の構造や工具痕の詳細な検討が行なわれている。九州の「千崎型箱式石棺」との関連や北縁地域における石棺の導入背景など重要な問題が提起されている。東北地方は重要な石棺が分布するものの正確な実測図の作成が遅れており，本報告は基礎文献としても価値が高い。
福島大学行政政策学類考古学研究室 2012『福島大学考古学研究報告第6集　東北南部における古墳時代石棺の調査1』
金田拓也 2012「第3章　まとめ　Ⅰ　大師森石棺・菱津石棺からみた石棺製作技術」『福島大学考古学研究報告第6集　東北南部における古墳時代石棺の調査1』，福島大学行政政策学類考古学研究室
菊地芳朗 2012「第3章　まとめ　Ⅱ　古墳時代における大師森石棺・菱津石棺のもつ意義」『福島大学考古学研究報告第6集　東北南部における古墳時代石棺の調査1』，福島大学行政政策学類考古学研究室

第4章　畿内系家形石棺の成立と石棺秩序の変容

　前章まで長持形石棺1類の形態と石棺秩序が，長持形石棺2類と舟形石棺に与えた影響について考察した。本章では長持形石棺と入れ替わるように成立した畿内系家形石棺の石棺秩序について考察し，その成果を基に広範囲に拡散した畿内系家形石棺について検討を行ないたい。

第1節　家形石棺の研究史

　思想と名称　家形石棺の研究の黎明期は製作された思想についてのものである。清野謙次氏は棺蓋が家屋を模倣したと推定し，死後の生活を意識してこの種の石棺が製作されたと推測した（清野1904）。このような死後の生活に対する思想がどの程度意識されていたかは不明であるが，八木奘三郎氏は「屋根形石棺」と紹介している（八木1899）。高橋健自氏は古墳時代の石棺を刳抜式に割竹形石棺・舟形石棺・長持形石棺・家形石棺，組合式に箱形石棺・長持形石棺・家形石棺の2大別6類に分類した（高橋1915a）。現在の石棺の名称はこれに依る。「家形石棺」の名称については長谷部言人氏が家形埴輪と家形石棺を比較して，家形埴輪が切妻式に対して，家形石棺が四柱式であることから果たして家形石棺が古代の家屋を模倣したものか疑問を呈しているものの（長谷部1924），この名称は定着していった。1930年から1940年代は古墳の調査の増加により，多くの事例が調査・紹介された。

　基礎研究の確立　大平洋戦争後において家形石棺の研究は小林行雄氏により飛躍的に引き上げられる。家形石棺が家形埴輪を母体として生まれ，死後の世界における肉体の永住を具体化したものと捉え，この思念が九州と畿内に家形石棺をつくり出す基盤となり，九州では屋根形の蓋よりも棺身つまり家屋に，畿内では蓋の頂部の平坦面がしだいに広がることから箱形の容器として製作されたとし，家形石棺の編年論・生死観念論・地域論を総合的に考察した（小林1951）。ここに家形石棺の研究基盤は確立された[1]。

　1970年代は小林氏の研究を元にした多くの論考が認められる。山本清氏は，山陰地方の家形石棺を網羅的に集成し，出雲地域において九州の家形石棺の影響を受けた平入横口式家形石棺が展開し，対照的に因幡地方では畿内地域の家形石棺に影響を受けた事例が多いことを明らかにした（山本1971）。同様に佐田茂・高倉洋彰の両氏は九州の家形石棺を集成し，棺蓋の形態の変化からⅠ類～Ⅴ類に分類し，九州の家形石棺が組合構造で底石を持たないことから，祖形を箱形石棺に求め，舟形石棺の強い影響のもと発展・展開することを指摘した（佐田・高倉1972）。畿内以外で家形石棺の集中する山陰地方と九州地方の様相が明らかにされ，該地での研究の基礎となった。手工業者集団すなわち筆者のいう石工集団に着目したのは丸山竜平氏である。氏は河内・大和では刳抜式家形石棺と組合式家形石棺の分布が異なることに着目し，この分布の差を石工集

団の差異と推測した（丸山1971）。また，切石横穴式石室に利用される花崗岩が石棺石材に利用されないことから，凝灰岩を利用して石棺を製作する石工集団と，花崗岩を利用して横穴式石室を製作する石工集団が存在すると考察した。

石材研究の深化 一方で自然科学の分野から石棺石材を分析する手法を取り入れたのは間壁忠彦・間壁葭子両氏である。X線回析による石材分析法を考古学に取り入れ，遠隔地からの石棺石材の運搬を古代豪族の動向と合わせて考察した（間壁他1974a・1974b・1975・1976a・1976b・1977，間壁忠1994）。現在石棺を考える場合，石材の原産地の推定は必須の事項となり，研究史の上で記念碑的業績である。

この成果の正否については奥田尚氏が疑問点を整理し，①多量の同種鉱物は検出できるが，少量の鉱物は回析模様は表れ難い。②X線回析法の粉末試料では凝灰岩や凝灰角礫岩の一部分の特徴のみである。③黒雲母，長石，石英を多量に含む凝灰岩の回析模様は黒雲母花崗岩の回析模様と良く一致する。④風化による鉱物の変化の場合当然回析模様も鉱物の変化後のものがでる。以上の4点からX線回析法を過信せず，肉眼と顕微鏡観察も行うべきと指摘した（奥田1977）。その後も石棺の石切り場の同定という詳細な検討を行っている（奥田1979・1983・1994・2002）。

家形石棺の機能的研究の進展 このような石棺石材の研究を踏まえ，和田晴吾氏は畿内における家形石棺を型式・石材・分布の3点の各要素が一つに結びついた，他と区別されるべき石棺群を「型」と認定し，畿内の家形石棺に五つの「型」と三つの石棺群が存在することを明らかにした。そしてそれぞれの消長と豪族層の動向を結びつけて考察した。特に6世紀末から7世紀前半に周防から近江に分布する竜山石製播磨型家形石棺を，より政治制度的な公葬を思わせるシステムのなかで利用された可能性を指摘している（和田1976，1994a，1995）。この研究は現在の石棺研究の指針となるものである。また，小林行雄氏の指摘した畿内の家形石棺の棺蓋の頂部の平坦面の拡大という基礎的変遷を平坦面指数（平坦面幅÷蓋の全体幅×100）を用いて刳抜式家形石棺の編年を確立したことも重要な成果である[2]。

ほぼ同時期に増田一裕氏は小林氏の家形石棺の変遷は基本的に正しいとしたものの，大型棺と小型棺の差異を無視しかねないとして，家形石棺の系統を抽出し，数値を用いたさまざまな角度から検討した。いままで検討されることの少なかった組合式家形石棺の分類を試みたことも注目される（増田1977a・b）。さらに藤井利章氏は畿内の刳抜式家形石棺について大和型と近江型に大別し，氏族の動向との検討，大和型と殯儀礼について言及している（藤井1979）。

工人集団の動向 なお組合式家形石棺については石棺材の組合方法と結合方法に視点が集中し，小林行雄氏は石棺材の組合技法から前代の長持形石棺が長側辺の内側の溝に短側辺を落としこむのに対して，組合式家形石棺は短辺の側壁を長側辺の外側にあてるように変化すると指摘する（小林1964）。和田氏は組合式家形石の結合技法を検討し，平面技法，有段技法，有溝技法の3種の結合技法が存在し，奈良盆地に分布する二上山白色凝灰岩製組合式家形石棺が石棺の結合技法から東西に二分できる可能性を示唆している（和田1976）。その後河野一隆氏は山城地域の組合式家形石棺の棺蓋，底石，短側石，長側石を分類し，石棺部材からの石棺型式の復元を行なった（河

野 1986)。十河良和氏は播磨地域に分布する組合式家形石棺について石棺部材の検討から，加古川の中流域と下流域では石棺の組合方法が異なることを指摘している（十河 1993）。組合式家形石棺の石棺材の組合方法と結合技法の検討が特定の石工集団の検討に有効であることが理解されたのである。

1970 年代の石棺研究の著しい進展を受けた 1980 年代は優れた論考が認められる。高木恭二氏は九州の舟形石棺の集成を行い，一部の舟形石棺が九州地方から畿内を含めた各地域に輸送されたことを指摘し，輸送された石棺の分布から輸送航路を推定している（高木 1979・1980・1983b・1987）。和田氏は出雲地域における家形石棺を整理し，西部の刳抜式石棺群・組合式石棺群と中部・東部の組合式石棺群の四群に分け，その変遷を示し，西部の刳抜式石棺群が横口を設けるという九州の葬制の影響を受けながら，畿内的様相を示すのに対し，東部組合式石棺群は九州の葬制を体系的に受け入れているとした（和田 1983b）。一方で氏は古墳時代の石工技術を復元的に考察し，朝鮮半島からの 2 回の技術波及と 3 つの画期を指摘した（和田 1983a）。豪族層の石工集団の管理という問題について，組合式家形石棺から考察したのは奥田尚氏である（奥田 1983）。組合式家形石棺では同一の岩石種で同一の岩相である石材が利用される場合と岩石種が同一でも岩相が異なる場合，もしくは岩石種自身が異なる場合があり，そこに石材の供給と豪族層の石工集団の管理という問題を提起した。

馬門ピンク石製家形石棺の移動　1990 年代に入り，高木恭二・渡辺一徳の両氏は間壁氏が二上山ピンク石としたものが，熊本県宇土半島基部で産出される石材の誤認であることを明らかにして，便宜的に阿蘇ピンク石[3]の名称を提唱した（高木・渡辺 1990a・1990b）。和田晴吾氏が三輪型とした近畿地域の古式の家形石棺が九州地方で製作され，輸送されたことが明らかになった。高木氏はこの 1 群を九州の舟形石棺のなかで中肥後型とし，九州では 2 例と少なく，畿内地域に分布の拠点があることから畿内中枢地域からの特注品という見解を示した（高木 1994）。さらに氏は継体天皇陵の可能性のある今城塚古墳からも馬門ピンク石の石棺の破片が確認された（森田 1999）ことも考慮し，5 世紀後半から 6 世紀前半の大王墓や有力豪族層の棺に九州製の石棺が使用されている可能性を指摘した（高木 2003）。

一方でこうした馬門ピンク石の石棺は，二上山白色凝灰岩で製作された家形石棺と形態に差がなく，九州舟形石棺から畿内家形石棺への一連の変遷のなかで家形石棺をどう定義するかという問題を提起することになった。

見瀬丸山古墳の提起する問題　1991 年に陵墓参考地である奈良県見瀬丸山古墳の横穴式石室が陵墓を覆う柵外に開口しており，家形石棺が 2 基納められている事実が民間人の写真から明らかにされた。同年に「見瀬丸山古墳と天皇陵」と題した検討会が行われた。和田晴吾氏は石室に置かれている 2 棺を検討し，棺蓋の平坦面の幅と縄掛突起の位置，棺蓋の厚みから，奥棺を 7 世紀第 1 四半期，前棺を 6 世紀第 4 四半期に位置付けた（和田 1992b）。したがって横穴式石室の奥に置かれた石棺が新しく，前におかれた石棺が古いという状況から追葬時に奥棺と前棺が動かされた可能性が生じることになった。

その後宮内庁書陵部陵墓調査室の調査により横穴式石室と2基の家形石棺の図面が公開される（宮内庁書陵部陵墓調査室1993）と，白石太一郎氏は見瀬丸山古墳と藤ノ木古墳の家形石棺を検討し，見瀬丸山古墳の玄室奥棺の棺蓋の厚みが薄く，組合式家形石棺の棺蓋の影響を受けた可能性を指摘し，刳抜式家形石棺の一般的な変遷に当てはめ，奥棺を前棺より新しい時期のものと即断する危険性を説いた（白石1995）。また，関川尚功氏も大和東南部の大型横穴式石室の検討（関川1995）後，家形石棺の平坦面指数と棺蓋の関係に触れ，刳抜式家形石棺に棺蓋の厚いA群と薄いB群の二種が存在し，組合式家形石棺の棺蓋の厚さが刳抜式家形石棺の棺蓋の薄いB群と近似することから，B群が組合式家形石の影響を受け，棺蓋の厚い一群にたいして縄掛突起と平坦面の退化が進行したと推定した。見瀬丸山古墳の家形石棺は奥棺がB群，前棺がA群となり，それぞれの系譜のなかで検討するべきとし，頂部平坦面指数を一律に使用できないことを指摘した（関川1998）。氏は自身の大和東南部の横穴式石室の編年案と家形石棺の編年との間に齟齬が生じるのもこうしたA・B二群の違いによるものとしている。家形石棺の編年[4]の再構築と埋葬施設である横穴式石室の編年との対応の必要性が意識される。

地域研究と編年・系譜研究の進展　1980年代後半から2000年度にかけて地域報告や研究集会も相次いだ。服部哲也・奥田尚の両氏による濃尾地方の検討（服部・奥田1991），大塚初重氏による東海地方の検討（大塚1988），島田孝雄氏による上野地域の検討（島田2001），第23回山陰考古学研究集会による山陰地域の家形石棺の特集（山陰考古学研究集会1995），第1回石棺研究会の家形石棺の特集（石棺文化研究会2004）など，畿内周辺地域以外の家形石棺の分布地域の様相が判明した。また畿内地域でも棺蓋が突起1・3型式と特異な家形石棺を安置する奈良県條ウルガミ古墳（藤田和2002）や馬門ピンク石製の家形石棺が認められた奈良県植山古墳が調査されている（橿原市教育委員会2001）。

このように地域様相が明らかにされるなかで，増田一裕氏は列島に広域な分布を示す家形石棺を刳抜式と組合式の二者に大別し，さらに棺蓋の突起を保有するA種，保有しないB種に細分して列島共通の分類基準を設け，九州，山陰，近畿地方の家形石棺の系統の抽出と変遷を示した。6世紀後半に列島に広く浸透する畿内系家形石棺の系譜を整理し，ヤマト政権による設計企画の地方分配や，石工集団の派遣を想定した。ヤマト政権の石棺葬制の秩序のなかで日本列島の家形石棺を捉えたのである（増田2003a・2003b・2004）。棺蓋の形態から主系列を設定し，石棺の規模などから階層を考察するなど非常に参考になる箇所も多いが，ヤマト政権の石棺葬制がどのようなものか曖昧な部分も多く，再検討の余地が残されている。

畿内の家形石棺について単系統の変遷を推定する見解（小林1951，和田1976，関川1998）と多系統での変遷を考える見解（藤井1979，増田1977a・2003a・2003b・2004）に分かれている。太田宏明氏は当初石材（二上山白石・竜山石・馬門ピンク石）を異にする複数の形態のものが見られるが，相互に強い影響を与え合い，1つの系統に統合されることを明らかにした。突起付加位置，突起形状，上部平坦面指数・棺蓋厚指数・垂直面高指数・突起幅指数の6つの属性から検討を行ない，従来編年の指標とされた棺蓋平坦面の幅の拡大，突起付加位置の下降が，石材により変化が異なるこ

とや，各系統（石材別）の特徴の抽出や編年が示され，影響関係が整理された（太田2004）。氏の研究では馬門ピンク石製家形石棺は九州系家形石棺1類に，竜山石製家形石棺は長持形石棺1類に系譜を求めている。この点は特に馬門ピンク石製家形石棺を竜山石製長持形石棺に求める高木氏の見解と異なり，家形石棺の系譜について整理が必要である。

その後も2007年に播磨考古学研究集会が石棺を取り上げ，事例集成と石切場・石材の特徴についての検討，竜山石製家形石棺の組合の技法や特徴についての問題などさまざまな視点から検討が行なわれた（第7回播磨考古学研究集会実行委員会2007）。さらに2010年度の日本考古学協会兵庫大会で石棺の特集が組まれ，資料の収集や各地域の様相が検討された（日本考古学協会2010年度兵庫大会実行委員会2010）。今後の石棺研究の基盤となるもので，一つの到達点として評価されよう。

註
1) 小林行雄氏は1944年の1月に熊本県江田船山古墳の家形石棺の調査を行ない，1946年に横穴式石室に2基の剖抜式家形石棺が納められる大阪府の金山古墳の調査している。こうした調査が家形石棺の研究の基盤となったと推測される（大阪府教育委員会1952，菊水町史編さん委員会編2007）。
2) 石棺蓋の頂部平坦面を指数化する方法はすでに森浩一氏により指摘されている（森1972）。
3) その後阿蘇ピンク石は宇土市馬門地区の石切場から運ばれたことが推測され，調査の結果，古墳時代の建物跡や，石材の破片，5世紀後半から6世紀代の土器が出土した（藤本2007）。石棺製作の工房跡と推測され，阿蘇ピンク石は地名をとり，馬門石，あるいは馬門ピンク石と呼称されるようになった。本書でも馬門ピンク石と呼称している。
4) 畿内系の家形石棺については棺蓋短辺側の突起の位置に着目し，当初短辺側の縄掛突起と長辺側の縄掛突起の規模や形態・位置が異なるものの，次第に長辺縄掛突起の形状と規模・位置と同じものになることを年代の目安になると指摘した山本ジェームズ氏の研究がある（山本ジ2008）。ただし畿内の事例については増田一裕氏がすでに同様なことを指摘し，氏のⅡ期とⅢ期の境を縄掛突起の角度の共通性として考慮している（増田1977a・b）。大田宏明氏もその点を考慮し，3類から5類にいたる突起付加位置の分類が設定されている（太田2004）。畿内以外の地域では山本氏の指摘通り一定の目安になると判断している。

また，今西康宏氏は今城塚古墳出土家形石棺の基礎的分析を経て，6世紀前半には大和川水系には突起0・2型式が，琵琶湖・淀川水系には突起1・2型式の家形石棺が採用されており，採用にあたり地域に明確な規範があったと推定し，6世紀後半に大和川水系にも突起1・2型式が採用されるのは，単なる型式（形態）の移動ではなく，6世紀前半に突起1・2型式を使用した首長層と何らかの形で連なる首長層に採用されたと考えている。石材については，かならずしも一古墳内で石材を揃えるという意識は認められないことから，古墳被葬者及び造営主体と石工集団や石材産出地を掌握する首長との可変的な関係の中で行なわれたと推定している（今西康2011）。今西氏の見解は6世紀前半には棺蓋突起型式を首長層の系統を示すものとして理解されており，注目されるが，筆者は後述するように，6世紀中葉以降横穴式石室や家形石棺（規模・構造・突起型式）などの埋葬施設における階層構造の整備が行なわれた結果と考えている。

第2節　家形石棺研究の成果と課題

上述の研究史を通観すると，浮かび上がる問題点は以下の通りである。
・家形石棺の定義と系譜
・家形石棺の編年の再検討と横穴式石室の編年との対応関係
・石工集団の動態
・石棺秩序と多数地域を視野にいれた研究

　畿内の家形石棺が馬門ピンク石製舟形石棺からの一連の系譜のなかで成立することが明らかにされ（高木ほか1990a），どの段階から家形石棺と捉えるかが曖昧となった。つまり高木氏の中肥後型とした馬門ピンク石製舟製形石棺は畿内において竪穴式石槨にも横穴式石室にも認められるのである。高木氏や蔵富士氏は九州において刳抜式石棺が原則的には竪穴式石槨に納められ，横穴式石室には認められない点と，畿内の家形石棺が横穴式石室に対応して発展する点から，竪穴系埋葬施設に伴うものを舟形石棺，横穴系埋葬施設に伴うものを家形石棺とする見解を示した（高木・渡辺1990a，蔵富士2004）。一方で，増田氏は馬門ピンク石製石棺が畿内を中心に分布し，奈良盆地東縁部の首長層を中心に共有した石棺型式であることから，近畿の家形石棺として検討している（増田2003a・2003b・2004）。

　このように家形石棺の定義は共通の見解を得るにいたっていない。筆者は家形石棺の定義が石棺という考古資料で検討すべきであると考える。馬門ピンク石の石棺が畿内中枢地域への特注品と捉えられるならば，長側辺に各2個の縄掛突起を付ける形態は発注者側の要望であったと思われ，既に序章で説明したように馬門ピンク石製の突起0・2型式の石棺から家形石棺として扱うことにしている。なお馬門ピンク石製家形石棺の系譜について高木氏と太田氏は異なる理解を示している。この点について本章で筆者も整理を行ないたい。

　畿内の家形石棺の編年については小林行雄氏の棺蓋の平坦面の拡張という指摘を指数化した和田氏の編年が基本であった（和田1976）が，関川氏は刳抜式家形石棺を棺蓋の厚みから2群に分けて系譜の違いを指摘し，平坦面指数を一律に適用できないとした（関川1998）。こうした同一石材による棺蓋の厚さの違いは，二上山系の石材と播磨系の石材が数種の石切り場を有し，採掘される石切り場により石材の特徴が違うことに起因するとする（奥田1994・2002）。筆者は階層差の可能性も考えているが，今後は家形石棺と石材の産出地の対比を押し進め分類を行ない（関川1998），共伴する須恵器や納置される横穴式石室の編年との対応を検討するべきであると思われる。太田氏の石材ごとの検討による家形石棺の編年案は説得力があり，氏の畿内の横穴式石室編年案（太田2003）とも対応させており，参考になる。しかし関川氏の指摘した棺蓋の厚さの問題についてはまだ検討の余地が残されているのではないかと考えている。

　近年の畿内周辺地域以外の家形石棺の事例の報告が増えたことにより，多地域を視野に入れた研究の必要性が強く認識される。全国を視野に入れた研究は少なく（和田1976，増田2003a・2003b・2004），今後の課題である。筆者の視点として第2章で検討した5世紀代の長持形石棺1

類の石棺秩序がどのように家形石棺に引き継がれているのか，畿内の家形石棺の石棺秩序を考察した上で，広範囲に拡散した畿内系家形石棺について言及することも必要であると考えている。

以上家形石棺の研究の成果と課題を整理した。本書では第2章・第3章で検討したように，石棺秩序についての考察を目的としているので，特に畿内の家形石棺の石棺秩序を検討し，他地域にどのように波及するか考察したい。ただしその前提となる分類や編年と系譜について筆者の見解を明らかにしておきたい。

第3節　家形石棺の分類と編年

まず，家形石棺の編年について確認し，石材ごとの特徴と変化を確認しておきたい。

(1)　家形石棺の分類と資料（第90図～第93，第28表～第31表）

畿内の家形石棺の編年については，頂部平坦面の拡大，棺蓋縄掛突起の降下，縄掛突起の方形化，縄掛突起の型式が突起0・2型式から突起1・2型式へ変化後，縄掛突起が消失し，小型化していく点などが指摘されている（小林1951，和田1976，増田1977a）。現在でもその視点は有効であるが，太田氏の指摘通り，石材ごとに変化の方向や遅速が異なるので，石材ごとに系統を設定し，その変化と統合を考察した太田氏の見解が有効と判断した。おおむね太田氏の分類（第90図～第91図，第28表～第29表）と編年案に従うが，一部見解の異なる点もあり，分類については突起形状について一部補足した。また，棺身については増田氏の分類（増田2003a）を援用した（第92図，第30表）。

組合式家形石棺については，筆者の検討が十分に及んでいないので，系統だった分類や編年は行なえないが，増田氏が蓋の枚数でまとまりがあることを指摘しており，増田氏の指摘を参考にした（増田1977b）。

資料については特に畿内の事例について検討し，竜山石製家形石棺が集中する播磨については一応除外した。ただしその様相については必要に応じて触れることにする。

(2)　馬門ピンク石製家形石棺の特徴と編年（第98図）

太田氏の検討により，二上山白石製や竜山石製に比べ，棺蓋の刳り込みが深いこと。棺蓋頂部平坦面が狭く，あまり拡大しない点と，棺蓋縄掛突起が一貫して棺蓋斜面に留まることが特徴として指摘されている（太田2004）。太田氏は突起付加位置・突起形状・上部平坦面指数・棺蓋厚指数[1]・突起幅指数[2]を総合的に考察し，長持山古墳2号棺→野神古墳棺→東乗鞍古墳棺→円山古墳棺→甲山古墳棺→植山古墳棺と編年し，形態的特徴から，野神古墳棺と東乗鞍古墳棺の間に，兜塚古墳棺と金屋ミロク棺が納まると指摘している。筆者も基本的に同様の推移を想定している。

上述の編年案は須恵器や馬具，横穴式石室の変化とも整合し，野神古墳出土馬具がMT15型式段階に対応し（千賀1977），東乗鞍古墳は，横穴式石室の形態[3]から太田氏の5群に位置付けられTK10型式段階に，円山古墳・甲山古墳から出土した須恵器はTK10型式新段階（MT85型式）に対応し（野洲町教育委員会2001），出土した馬具も同時期のものである。植山古墳は横穴式石室

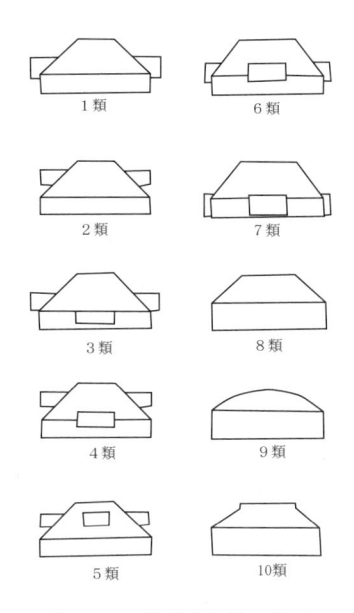

第4章　畿内系家形石棺の成立と石棺秩序の変容

第28表　棺蓋突起付加位置

1類	長側面の垂直面から斜面にかけて、各2個の突起が付加されているもの。
2類	長側面の斜面に各2個の突起が付加されているもの。
3類	長側面に各2個、小口面に各1個突起が付加され、長側面の突起は斜面に、小口面の突起は垂直面に付加されるもの。
4類	長側面に各2個、小口面に各1個突起が付加され、長側面の突起は斜面に、小口面の突起は斜面から垂直面にかけて付加されるもの。
5類	長側面に各2個、小口面に各1個突起が付加され、各突起が斜面に付加されるもの。
6類	長側面に各2個、小口面に各1個突起が付加され、各突起は斜面から垂直面にかけて付加される。
7類	長側面に各2個、小口面に各1個突起が付加され、各突起は斜面から垂直面にかけて付加される。
8類	突起が消滅したもの。
9類	天井部が丸みをおびるもの。
10類	菖蒲池型のもの。

第90図　棺蓋突起付加位置

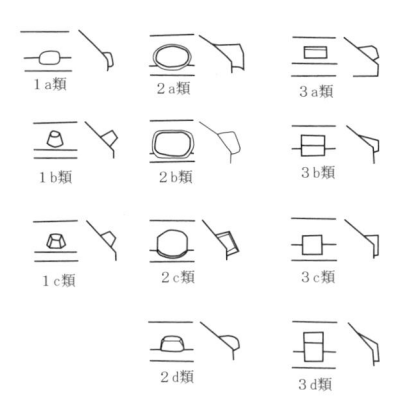

第29表　棺蓋突起形態

1a類	小型で横長の円形の突起。
1b類	小型で華奢な円形の突起。
1c類	小型で華奢な方形の突起。
2a類	大型で円形の突起。水平方向に張り出し、突起下面は湾曲している。
2b類	大型で円形の突起。突起は上方に突出している。
2c類	大型で円形の突起。突起はやや角ばっている。
2d類	大型で円形の突起。方形化が進んだもの。
3a類	横長長方形の突起。
3b類	横長長方形の突起。突起上面は斜面から伸びている。
3c類	正方形の突起。
3d類	正方形の突起。突起上面は斜面から伸びている。

第91図　棺蓋の突起形態

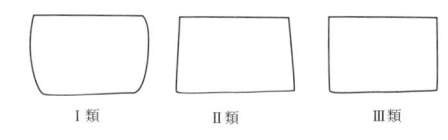

第30表　棺身の形態

I類	棺身の中央かそれより上部がやや弧状を呈し、丸みを持つもの。
II類	棺身が下部に向かいわずかにひろがり、台形状になるもの。
III類	ほぼ垂直となり、箱形を呈すもの。

第92図　棺身の形態

第31表　指数算出法

指数	算出方法
平坦面指数	頂部平坦面の幅割／棺蓋幅
高幅比指数	棺蓋高／棺蓋幅

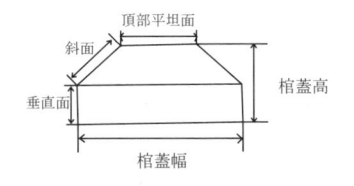

第93図　棺蓋の計測位置と名称

第90図、第91図、第28表、第29表は太田2004を引用、一部改変

の形態が太田氏の7群で, 出土須恵器は小数であるが, TK209型式に対応する (橿原市教育委員会 2001)。横穴式石室や副葬品, 出土須恵器と石棺の変化に矛盾がないことを確認できる。

細かく見ていけば, 突起付加位置が2類 (突起0・2型式) → 3類 (突起1・2型式) → 4類 (突起1・2型式) へと変化し, 突起形状が円形 (1類) から方形 (3類) に変化し, 次第に大型化する。平坦面指数も当初は0.20以下の低い数値であるが, 円山古墳 (0.22) → 甲山古墳 (0.24) → 植山古墳 (0.32) と次第に高い数値へと変化する。棺身はⅠ類棺身が遅くまで残るが, しだいに丸みが失われ, Ⅲ類棺身に近づいていくことが指摘できる。

太田氏は畿内の家形石棺に対象を限定しており, 岡山県築山古墳棺には触れていないが, 築山古墳棺は突起付加位置が1類で, 突起形状は1a類[4]である。頂部に明確な平坦面を確認できない。馬門ピンク石製家形石棺は基本的に棺蓋斜面に突起を造る2類で, 横長の1a類の突起も他に認められない。一方で棺蓋斜面から垂直面にまたがる位置に縄掛突起を造る特徴や, 頂部に平坦面を造らない特徴は, 長持形石棺1類に確認でき, 長持形石棺との共通性が窺がえる資料である。一つの要素では石棺の位置付けが困難であるが, 出土した副葬品や埴輪からTK23〜TK47型式段階に古墳が築造されたと考えられる。長持山古墳2号棺との先後関係が問題となるが, 築山古墳棺が前出する可能性もある。

(3) 竜山石製家形石棺の特徴と編年 (第98図)

播磨考古学研究集会の基礎的集成が行なわれ, 播磨では棺蓋に突起を持たない1m以下の小型棺も合わせて400近い竜山石系家形石棺が存在することが明らかになった (第7回播磨考古学研究集会 2006)。今回は播磨の事例は基本的に検討から外しているが, 播磨の事例は年代が判明する資料はほとんどないものの, 7世紀以前に溯る資料は少ないと考えている。

内面をあまり刳り込まず, 棺蓋を厚く仕上げ, 組合式も刳抜式との共通性が高い棺蓋が使用されるのが特徴である。畿内の事例は副葬品や横穴式石室の形態から時期の推定できる資料が多く, 家形石棺自身も時間的変化が明瞭である。太田氏は狐井城山古墳4号棺→天磐舟棺→新宮山古墳棺→見瀬丸山古墳前棺→水泥南古墳羨道棺→岬墓古墳棺→小谷古墳棺→磯長谷小裏棺→菖蒲池古墳棺へと編年する (太田 2004)。棺蓋縄掛突起の方形化, 突起の消失, 頂部平坦面の段階的拡大が確認でき, 筆者も大型棺については氏と同意見である。

さて, 上述の編年案と他の要素を確認しておくと, 狐井城山古墳は出土した埴輪から5世紀末から6世紀初頭の年代が指摘されており (坂 2002), 追葬棺と推察される4号棺もさほどの時期差はないと考えておきたい。天磐舟棺は突起1・2型式であり, 太田氏の指摘通り, 棺蓋長辺斜面に大型の円柱形の縄掛突起を造り, 小口の垂直面に方形の突起を造る様相は二上山白石製の鴨稲荷山古墳棺に類似し, 同時期のものと推定すれば, MT15型式からTK10型式古段階の所産と考えられる。新宮山古墳の横穴式石室は7群に位置付けられ, TK43型式段階である。見瀬丸山古墳は石室形態が7群で, 表採された須恵器がTK43型式の特徴をもつものである (宮内書陵部陵墓課 1993)。水泥南古墳が石室形態が7群で, TK209型式段階, 岬墓古墳と小谷古墳の横穴式石室の形態が8群で, TK217型式段階に位置付けられる。菖蒲池古墳は石室の大部分が埋設し

第 4 章　畿内系家形石棺の成立と石棺秩序の変容　179

ており，不明な部分が多いが，菖蒲池古墳棺と同様な形態と思われる家形石棺の棺身が奈良県西宮古墳で確認でき，石室の形態が 9 群で，TK217 型式段階に位置付けられる。石棺の編年と他の古墳の要素や須恵器の年代とは対応しており，矛盾はないと考えている。

　細かい変化を見ていくと，突起付加位置は 1 類（狐井城山 4 号棺）→ 3 類（天磐舟棺）→ 4 類（新宮山棺）→ 5 類（見瀬丸山前棺・牧野棺）→ 6 類（水泥南羨道棺）→ 7 類（岬墓棺）→ 8 類（小谷棺）

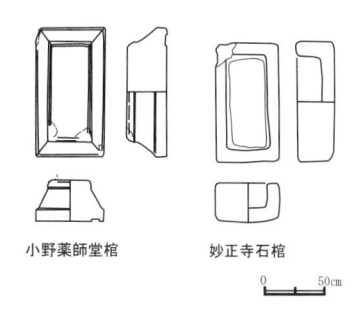

第 94 図　播磨の小型棺

→ 9 類（磯長小裏山棺）→ 10 類（菖蒲池棺）へと変化することが確認できる。突起形状は 1a 類（狐井城山 4 号棺）→ 2a 類（天磐舟棺）→ 3a 類（新宮山棺）→ 3c 類（水泥南羨道棺）→ 3b 類（岬墓棺）へと変化する。突起付加位置は，当初小口側は斜面と垂直面にかけて縄掛突起を造り，長辺側が縄突起を斜面に造る天磐舟棺・親宮山古墳棺（TK10～TK43 型式段階）の配置から，小口側，長辺側ともに斜面に造る見瀬丸山古墳前棺・牧野棺（TK43～TK209 型式段階）の配置へ変化し，突起が小口側・長辺側共に垂直面に造られる見瀬丸山古墳奥棺・水泥南羨道棺（TK209～TK217 型式段階）の配置へと変化し，最後に斜面から突起を造り出し，垂直面に横長長方形の縄掛突起を造り出す岬墓古墳棺（TK217 型式段階）の縄掛突起の配置が出現する。

　突起形状は狐井城山 4 号棺の小型の円形突起（1b 類）が，天磐舟棺では大型化し（2a 類），突起 0・2 型式から突起 1・2 型式へ変化する。TK43 型式段階には新宮山棺のように縄掛突起の方形化（3a 類）が認められ，TK217 型式では棺蓋突起が消滅する。

　上部平坦面指数は狐井城山古墳棺・天磐舟棺（0.20）→ 新宮山棺（0.32）→ 見瀬丸山奥棺（0.34）→ 牧野棺（0.37）→ 水泥南羨道棺（0.45）→ 岬墓棺（0.49）→ 小谷古墳（0.50）と変化しており，次第に拡大していく様相が確認できる。大型棺については上記の様相と合わせて無理なく形態の変化が追えることを確認しておきたい。畿内では刳抜式の竜山石製家形石棺は 7 世紀後半まで確認でき，播磨では石棺長約 100cm 以下のものや，棺蓋が菖蒲池古墳の形態（10 類）を意識したものが製作されており（第 94 図），比較的長期間家形石棺の製作が続き，石櫃へと変化していく様子が確認でき，8 世紀まで連続していると推察される。

見瀬丸山古墳家形石棺の問題点　さて，竜山石製の家形石棺の編年を考察する上で重大な問題を提起した奈良県見瀬丸山古墳の家形石棺についても言及しておきたい（第 95 図）。見瀬丸山古墳は墳丘長 310m の後期最大の大型前方後円墳で，全長 28.4m を測る大型横穴式石室に 2 基の竜山石製家形石棺が確認された（宮内庁書陵部陵墓課 1993）。玄室の奥壁側に置かれた石棺（以下奥棺）は石室の主軸に直交して置かれ，玄室入口側に置かれた石棺（以下前棺）は石室の主軸に並行して置かれている。

　特に問題と指摘されているのは，前棺が奥棺より古い様相を呈していることである。奥棺は蓋石長 242cm，蓋石幅 144cm，蓋石高 42cm を測る突起 1・2 型式の石棺である。突起付加位置は 6 類，突起形状は 3a 類，上部平坦面指数は 0.42 である。前棺は蓋石長 275cm，蓋石幅 145cm，蓋石高

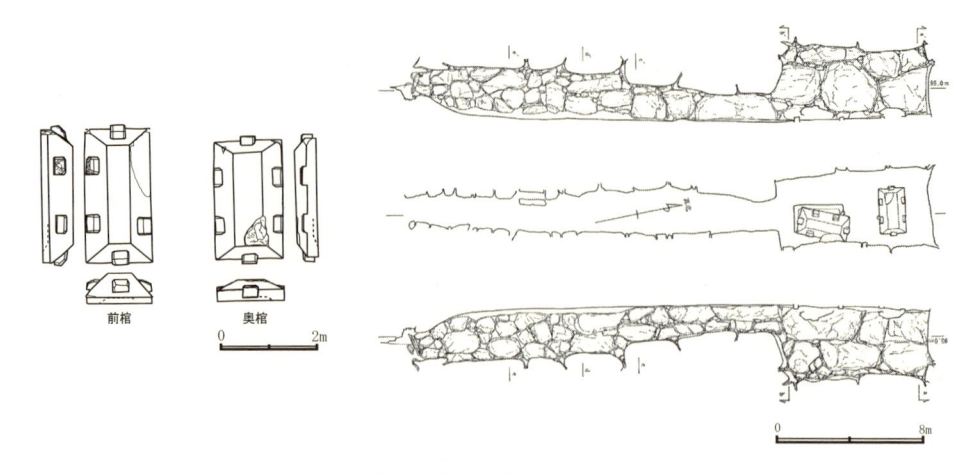

第95図　見瀬丸山古墳横穴式石室と家形石棺

63cmを測る突起1・2型式の石棺である。突起付加位置は5類，突起形状は3a類，上部平坦面指数は0.34である。和田晴吾氏が指摘するように，総じて奥棺が新しい要素を持ち，前棺が古い要素を持つことは認めてよい（和田1992b）。一方で白石氏は奥棺が前棺に比べ薄く造られており，組合式家形石棺の影響を受けたもので，年代差とすることに慎重な態度を示している（白石1995）。関川氏も棺蓋の厚い一群と薄い一群があり，系統差と捉えている（関川1998）。

　白石氏と関川氏の提言を受け，蓋の高さを幅で割った数値（高幅比）を確認してみると（第43表，第44表），竜山石製に限らず，刳抜式家形石棺の高幅比は0.35を上回る数値がほとんどであり，前棺の0.44は平均的な数値である。一方奥棺は0.30と，刳抜式でもっとも低い数値であり，0.35を下回るものは総じて石棺長が2m前後か，2mを下回るものが多い。ところが，組合式家形石棺では，0.30は比較的高い数値ではあるものの，一般的な数値である。嵯峨植木屋棺の棺蓋が0.31と奥棺に近い数値であり，奥棺が組合式の棺蓋に近いという白石氏と関川氏の指摘は正しいと考える。問題は竜山石製の刳抜式家形石棺で，このような棺蓋の薄い一群がいつ成立したかである。

　6世紀代の竜山石製の家形石棺は総じて少なく，生産地の播磨でも6世紀に溯ると思われる資料は，天磐舟棺を除けば，確定できる資料はない。6世紀代の竜山石製組合式家形石棺は，突起位置と突起形状，石室形態から，大阪府耳原古墳の奥棺と京都府大覚寺1号墳の玄室奥棺と玄室入口棺の3棺が確認できるが，全て高幅比0.35を上回り，刳抜式と同様の厚い棺蓋を用いている。7世紀代には竜山石製家形石棺の生産が増加し，組合式棺が増加する点と，見瀬丸山古墳奥棺で確認できる6類の突起付加位置と3a類の突起形状の組合せは，やはり6世紀末から7世紀代の資料や播磨の組合式家形石棺に多いことを考慮すると，見瀬丸山古墳奥棺はやはり7世紀代に成立するものと考える。

　ただ，京都府大覚寺1号墳の玄室奥棺と玄室入口棺の2棺は，石棺の形状に対し，頂部平坦面指数が高い数値であり，同時期の刳抜式より平坦面の拡大化が進んでいる可能性がある。この点は組合式家形石棺の棺蓋頂部平坦面指数の扱いに慎重さが求められ，見瀬丸山古墳奥棺の頂部平

坦面指数が高い数値である点は関連すると推察され，奥棺を古く位置付ける可能性もないとは言えないが，突起付加位置と突起形状の組合せを優先して考えるべきであろう。

見瀬丸山古墳のような大型古墳で，石棺長240cmを測る大型棺にこのような薄い棺蓋を用いたのは異例である。前棺が石棺長270cmで，高幅比0.44の棺蓋の厚い資料であることは，やはり前棺が古墳の主たる被葬者のもので，奥官が石棺長で下回り，このような組合式棺に近い棺蓋を使用したことは，前棺の被葬者との差別化（階層差）をはかった所産と考えておきたい。土生田純之氏が指摘するように[5]，奥棺を運ぶ際に横穴式石室の改築と石棺の配置の移動が行なわれたものと推察される（土生田1999）。

組合式家形石棺の推移　上述したように大覚寺1号墳の2棺と，耳原古墳奥棺が出現期の事例である。大覚寺1号墳は径56mの円墳である。玄室に2基，羨道に1基の計3基の竜山石製組合式家形石棺が確認された（宮内庁書陵部陵墓課2002）。玄室奥棺は突起付加位置が2類（突起0・2型式），突起形状が3a類，頂部平坦面指数が0.45である。玄室入口棺は突起付加位置が5類（突起1・2型式），突起形状が3a類，頂部平坦面指数は0.40である。石棺は突起付加位置と突起形状からTK43型式段階の特徴を有しているが，頂部平坦面指数が高めの数値である。石室形状は6群，2振りの単鳳環頭大刀の柄頭が確認でき，総じてTK43型式段階に古墳の築造が始まり，さほど時期を隔てず，玄室入口棺も追葬されたと考えたい。耳原古墳は径28mの円墳である。横穴式石室の玄室に2基の石棺が，石室の主軸に並行して置かれている。奥壁側の奥棺が組合式であり，前棺が刳抜式である。古くから開口し，副葬品は知られていない（梅原1935c）。奥棺の棺蓋は突起付加位置が4類，突起形状は3a類である。頂部平坦面指数は0.35である。TK43型式段階の所産と思われる。横穴式石室の形状（6群）とも対応している。

上述の2古墳の事例から，竜山石製組合式家形石棺はTK43型式段階には出現していることは確実である。6世紀代は数が少なく，増加するのは7世紀代である。竜山石製の組合式の石棺部材は二上山白石製と異なり，各部材がそれぞれ1枚で構成されており，複数の石材をつなぎ合わせるようなことはしない。これは石材の硬度や性質とも関連していると思われる。播磨の組合式棺は頂部平坦面が広いものが多い。兵庫県きつね塚古墳では，横穴式石室に突起を持たない8類棺蓋の組合式家形石棺が横穴式石室の主軸に並行して置かれており，横穴式石室の形態や出土須恵器から，7世紀末から8世紀初頭の年代が指摘されている（西脇市史編纂委員会1983）。組合式家形石棺も8世紀を前後する時期まで使用されていると判断できる。竜山石製組合式家形石棺の編年については，今後の課題であるが，頂部平坦面指数のみを編年の基準とするのは危険であり，総合的な検討が望まれる。

(4)　二上山白石製家形石棺の特徴と編年（第98図）

内面の刳り込みが浅く，棺蓋を厚く仕上げる特徴は竜山石製と同様である。畿内では二上山系の白色凝灰岩（以下二上山白石）製の数が多く，時期の比定できる資料が多い。刳抜式の竜山石製家形石棺同様変化の方向は明瞭である。太田氏は市尾墓山古墳→権現堂1号棺→市尾宮塚古墳棺→藤ノ木古墳棺→条ウルガミ古墳棺→赤坂天王山古墳棺→金山古墳羨道棺→弁天社古墳羨道棺→

二子塚古墳北棺へと編年する（太田2004）。大型の縄掛突起が方形化に向かい，縄掛突起が消失する。頂部平坦面が段階的に拡大し，棺身は当初丸みを持つものか，裾広がりの台形状のものが認められるが，しだいに箱型化していくことが読み取れ，基本的に大型棺の変化は筆者も同意見である。

　やや細かく古墳の年代と変化方向性を確認していくと，市尾墓山古墳は横穴式石室の形態が3群，出土した須恵器がMT15型式である（高取町教育委員会1984）。権現堂古墳は横穴式石室の形態は4群，出土した須恵器はTK10型式の特徴が認められる（河上1992）。市尾宮塚古墳は石室形態は5群で調査時にTK10型式後半段階の須恵器が出土している（高取町教育委員会1998）。藤ノ木古墳は石室の形態が5群で，TK43型式の須恵器が出土している（斑鳩町教育委員会1990）。條ウルガミ古墳は，横穴式石室の形態が6群である（御所市教育委員会編2003）。TK43型式〜TK209型式段階に位置付けられる。赤坂天王山古墳は石室の形態が6群であるが，條ウルガミ古墳より石材が大型化して，用石法が一段階整理されている。金山古墳は石室形状は7群で，TK209型式の須恵器が出土している（中村浩2010）。塚本古墳は横穴式石室の上部と羨道部分が破壊されていて不明な部分が多い（奈良県立橿原考古学研究所編1983）が，7群よりは8群に近い石室形態と判断した。TK209〜TK217型式段階と思われる。弁天社古墳は石室形態は7群であるが，羨道棺であることからTK209型式段階以降の所産である。三ッ塚7号墳は墳丘が約5mと著しく縮小した方墳で，横穴式石室は石棺を覆う程度の無袖式である。出土した須恵器はTK217型式の後半段階の資料である。石棺は同様に突起が消失したもので，時期が明確な定点となる資料である（奈良県立橿原考古学研究所編2002b）。二子塚古墳は一辺60×25mの長方形墳である。南北に石室があり，それぞれの横穴式石室に棺蓋の頂部が丸みを持つ家形石棺が納められている（北野1958）。年代的位置付けが難しいが，横穴式石室は石棺を納めるだけの無袖の小型の石室である。後出した事例と判断してよい。以上のように古墳の年代と石棺変化は対応していることを確認できる。

　細部の形態を確認していくと，突起付加位置は1類（市尾墓山古墳棺）以後2類（市尾宮塚古墳棺・藤ノ木古墳棺）と3類（鴨稲荷山古墳棺）が並存し，以後4類（條ウルガミ古墳棺）→5類（赤坂天王山古墳棺）→6類（水泥南古墳玄室棺）→7類（金山古墳羨道棺）と変遷し，その後突起は省略される。

　突起形状は2a類（市尾墓山古墳棺）→2b類（権現堂古墳棺・鴨稲荷山古墳棺長片側）→2c類（條池南古墳棺）→2d類（市尾宮塚古墳棺）→3a類（藤ノ木古墳棺・赤坂天王山古墳棺）へと順調に変化するものの，3a類以後→3c類（金山古墳棺）→3d類（水泥南古墳棺）という変化と3a類→3b類（塚本古墳棺）という変化に分岐していると推察される。

　頂部平坦面指数は市尾墓山古墳棺が0.20，笛吹神社古墳棺が0.18と低い数値であるが，その後0.23（権現堂古墳棺）→0.23（市尾宮塚古墳）→0.28（條池南古墳）→0.36（藤ノ木古墳）→0.37（條ウルガミ古墳棺）→0.43（赤坂天王山古墳棺）→0.39（金山古墳玄室棺）→0.41（水泥南古墳棺）→塚本古墳棺と拡大する様相が確認できる。赤坂天王山古墳棺が突出して広い数値となっており，注目されるが，基本的な変化の方向は一致しており，あくまで一つの要素として扱うべきであろう。

棺身は市尾墓山古墳ですでにⅢ類が出現しているが，鴨稲荷山古墳は中央がやや膨らむⅠ類，市尾宮塚古墳棺，條池南古墳棺は棺身上端に最大幅があり，底部に向かい狭くなる様相を看取でき，Ⅰ類の範疇で理解した。藤ノ木古墳棺はⅡ類棺身である。以後全てⅢ類に統一される様相が見て取れる。

横口式石槨との関係　さて表42には家形石棺と形態の共通する石棺系の横口式石槨を参考として含めている。二上山白石を利用している石棺系の横口式石槨は変化の方向が同様の可能性があり，かつお互いに影響を与えているようである。第96図は形態の近い家形石棺と石棺系の横口式石槨を並べたものである。大阪府お亀石古墳の横口式石槨は家形石棺に横口を設けたもので，突起付加位置が7類，突起形状は3d類，頂部平坦面指数は0.43で，突起付加位置と突起形態が一致する水泥南古墳玄室棺や塚本古墳棺と類似している。大阪府松井塚古墳横口式石槨は既に突起が消失しており，頂部平坦面が0.60と高い数値を示す。同様に縄掛突起が消失し，頂部平坦面指数が高い数値を示すものに奈良県押熊棺がある。頂部平坦面指数は0.70と松井塚古墳横口式石槨より高い数値を示し，大阪府徳楽山古墳の横口式石槨や，刳抜式と組合式という違いがあるものの，高松塚古墳の横口式石槨に近い形態とも判断でき（増田2003b），家形石棺の消滅時期を検討する上で重要であろう。松井塚古墳からは飛鳥Ⅲに位置付けられる土器が出土しており（山本2004），後出する押熊棺は7世紀後半から末の年代が予想される。

なお松井塚古墳の石槨と押熊棺の棺蓋垂直面は，蓋の高さの二分の一を越えており，その点に注目するならば，突起付加位置8類の棺蓋縄掛突起が消滅した家形石棺は，大阪府大窪・山畑5号→大阪府飛鳥棺・弁天社古墳羨道棺→三ッ塚7号墳棺→押熊棺の順に棺蓋垂直面の幅の割合が増加しており，頂部平坦面指数以外の要素でも編年的検討ができる可能性がある（第97図）。大阪府仏陀寺古墳横口式石槨は，大阪府小口山古墳横口式石槨同様，蓋と身が一体となったものであるが，石槨の頂部が丸みを帯びたもので，突起付加位置9類の二子塚古墳の2棺と共通する。

以上のように石棺系の横口式石槨は家形石棺と共通する要素が多く，年代的検討も両者の並行関係にも注意する必要があろう。二上山白色製家形石棺の消滅時期は，増田氏も横口式石槨との形態と頂部平坦面指数との関係から，TK48型式段階のおよそ7世紀末の年代を推定している（増田2003b）。参考になるが，筆者は独立墳においてはTK217型式の後半段階には採用が終焉に向かい，小型棺や極小棺が小数ながらさらに後出すると予測していて，TK46型式からTK48型式

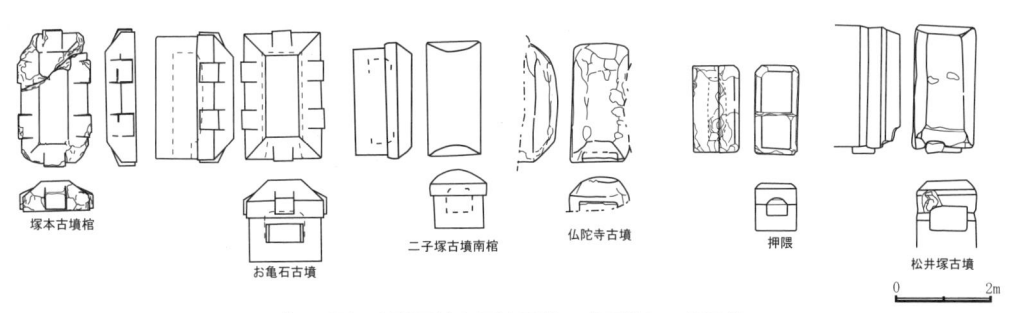

第96図　家形石棺と石棺系横口式石槨との共通性

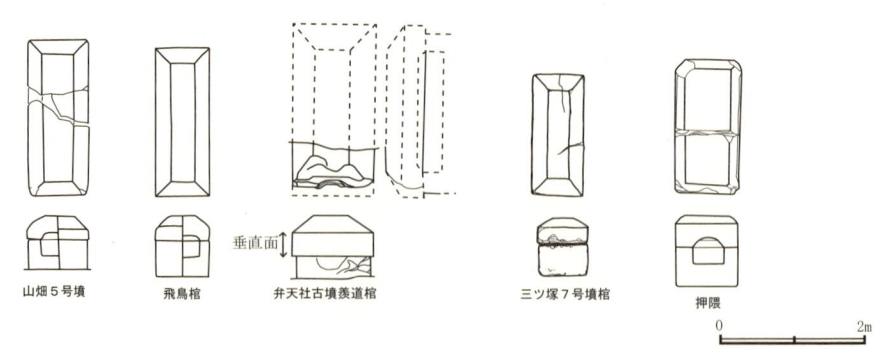

| 山畑5号墳 | 飛鳥棺 | 弁天社古墳羨道棺 | 三ツ塚7号墳棺 | 押隈 |

第97図　棺蓋垂直面の幅の拡大化

段階になると考えている。
　二上山白石は横口式石槨の石材としてはその後も使用され、さらに石櫃にも家形石棺が方形化・小型化したようなものがあり、8世紀に入っても埋葬施設の石材として、継続して使用されている。
　組合式石棺の推移　大型の刳抜式家形石棺の変遷と横口式石槨との関係について説明した。次は組合式家形石棺について検討しておきたい。組合式家形石棺の変遷については増田氏の先駆的な検討がある（増田1977b）。刳抜式の棺蓋と同様の変化を示すものと、当初から薄く製作されて、頂部平坦面が広く、縄掛突起が造られていないものがあり、その様相は複雑で、かつ和田氏や増田氏の指摘するように、型あるいは系統に地域的隔たりが確認できる（和田1976、増田1977b）。筆者は組合式家形石棺の分類と編年の構築まで素案を提出できないので、おおよその推移を確認しておきたい。
　出現期のものは大阪府南塚古墳棺が挙げられる。右片袖の横穴式石室に2基の家形石棺が置かれている。奥棺は横穴式石室の主軸に直交して置かれ、前棺は主軸に並行して置かれている。石室形状は4群で、出土した馬具や須恵器からTK10型式段階に築造されたと思われる（川端・金関1955）。石棺は2棺とも扁平な板状石材で構築され、棺蓋に縄掛突起を持たない。南塚古墳より後出し、同様に板状の石材を用いるものに京都府物集女車塚古墳の家形石棺があり、こちらも右片袖の横穴式石室の奥壁に、石室の主軸に直交して置かれている。物集女車塚古墳棺は、棺蓋の長辺に5個ずつ突起が造られる突起0・5型式で、棺身小口側と底石にも縄掛突起が造られる特異なものである（向日市教育委員会1988）。石室の形態は5群、出土須恵器と馬具からTK10型式後半段階に位置付けられる。
　大和では奈良県芝塚2号墳が出現期の事例として挙げることができる。芝塚2号墳は径25m程の円墳であり、横穴式石室の大部分は破壊されていたが、突起1・2型式の組合式家形石棺がほぼ完存していた。出土須恵器はMT15型式に位置付けられている（奈良県立橿原考古学研究所編1986）。石棺の棺蓋は刳抜式と大差ない造りで、突起付加位置は4類、突起形態は2c類で、TK10型式後半段階の特徴を示している。須恵器の型式とは時期差があるが、今後正式報告が刊行され、遺物の内容と出土位置が判明した段階で再考したい。他に奈良県小山2号墳は直径30mの円墳で、左片袖の横穴式石室に、2基の組合式家形石棺が主軸に並行して置かれていた（奈

良県立橿原考古学研究所編1986)。特に玄室中央に置かれた奥棺は，突起付加位置は2類で，突起形態は不明瞭であるが2b類と思われる。権現堂古墳棺の棺蓋と共通する特徴が認められる。出土須恵器にMT15型式からTK10型式のまとまりがあり，奥棺に伴うと報告書に指摘されており，横穴式石室は大部分が破壊されているが，袖部に立石を確認でき，5群である。石棺，横穴式石室，須恵器の特徴はTK10型式段階の様相を示している。芝塚2号墳棺と小山2号墳棺の状況から，淀川水系の周辺地域に対して，大和周辺では当初から刳抜式と同形の棺蓋を製作することに特徴が認められる。

二上山白石製の組合式棺は，おおよそTK10型式に出現することは認めてよく，刳抜式から一段階遅れるようである。棺蓋に着目すれば，棺蓋が厚く，縄掛突起が棺蓋斜面に付くものが古く，棺蓋が薄く，棺蓋垂直面に縄掛突起の大部分が占めるものが総じて新しい傾向が認められるが，確実とは言えない。頂部平坦面は，狭いものが古い可能性はあるが，幅広いものも並存しており，年代の指標にはならない。二上山白石製組合式家形石棺は，特に底石などが石棺を造り余った石材など多様な形態のものをうまく組み合わせてしまうものがあり，刳抜式に比べ石材の厚みなどは規格性が高い。

北今市2号墳は一辺15mの方墳であり，組合式家形石棺を直葬していた（奈良県立橿原考古学研究所編2006)。石棺の棺蓋は3枚継ぎである。東側2枚が，棺蓋が厚く縄掛突起が棺蓋斜面に造られ，頂部平坦面が狭いものを使用しているのに対し，西側1枚が，他の2枚に比べ棺蓋が薄く，縄掛突起は棺蓋垂直面に及ぶもので，頂部平坦面が広いものを使用している。明らかに東側2枚とは異なる規格の石材であり，こうした石材が同一の石棺で使用されていることは，時期の決定の難しさを示している。現状では副葬品や石室の形状を加味しながら総合的に判断するべきであろう。

二上山白石製組合式家形石棺の終末については，畿内ではTK209型式以後の明確な事例がなく，盛期はTK43型式からTK209型式段階である。河内の高安古墳群では板状の石材を多用し，棺蓋に縄掛突起を造らず，当初から頂部平坦面が幅広な箱形を呈する山畑型が分布しており，神立7号墳追葬棺がTK217型式の新段階まで利用されていることが判明している（花田2008)。しかしTK217型式まで利用された事例は他に認められず，おおよそ7世紀前葉で利用が停止しているようである。これは刳抜式や竜山石製の家形石棺（刳抜式・組合式）が7世紀の末頃まで利用される状況とは対照的であり[6]，家形石棺の利用に対するなんらかの規制が行なわれたことを示している。

(5) 石材と形態の関係について

馬門石製，竜山石製，二上山白石製の家形石棺の変遷について述べた。大田氏の指摘通り，互いに影響を及ぼしているので，この点について筆者も確認しておきたい。太田氏は3つ変化を指摘した。①上部平坦面は各石材により拡大のスピードが異なること。②突起幅は馬門石製が拡大していくのに対し，二上山白石製は突起幅がしだいに減少していく様相が見られ，竜山石製は天磐舟棺を除けば，次第に拡大傾向にあり，各石材が異なる方向に変化する。③突起付加位置や突

起形態はいくつかの画期を挟みながら変化する。

　①については太田の指摘通りで，馬門ピンク石製は当初から平坦面指数は低い数値で，拡大幅は大きくない。竜山石製は既に狐井城山古墳2号棺の長持形石棺1類の棺蓋に平坦面が認められ，家形石棺の4号棺も比較的高い数値を示す。二上山白石製は段階的に拡大していく様子が窺えるが，他の石材より拡大スピードが速い。6世紀代は他の石材に比べ生産量がもっとも多いことに起因するものであろう。石棺の年代を一律に頂部平坦面指数に求めるのは危険であることが理解される。

　②については馬門石製家形石棺は他の石材の家形石棺より早く成立しているので，当初の形態を維持しているのに対し，二上山白石製は馬門石製家形石棺の形態を基礎としながらも，意匠が異なることが注目される。縄掛突起の形態や幅の変化は，家形石棺のデザインと密接な関係があるものと考えられる。

　③についてはやはりいくつかの画期を挟みながら大きな変化があるので，筆者も先行研究を参考に（和田1976，増田2003b），3つの画期を設定したい。

　画期の設定　まず二上山白石製家形石棺と竜山石製家形石棺の成立するMT15型式段階に画期1を求め，二上山白石製組合式家形石棺が出現し，馬門ピンク石製，二上山白石製，竜山石製のそれぞれの棺蓋縄掛突起が方形化に向かい，意匠が統合に向うTK10型式後半（MT85型式）段階に画期2を認め，竜山石製が増加し，二上山白石製組合式家形石棺が消滅し，突起0・0型式（突起付加位置8類）が出現すると推察されるTK209型式期を画期3とする。

　和田氏と増田氏は馬門ピンク石製家形石棺が出現するTK23〜47型式に画期を求める（和田1976，増田2003b）。確かに馬門ピンク石製家形石棺の出現は一つの画期であるが，すでに第2章第3節で触れたように，長持形石棺1類と九州製の突起1・0型式の舟形石棺（高木氏の北肥後型），馬門ピンク石製家形石棺（高木氏の中肥後型）は並存しており，倭王権は長持形石棺1類を頂点とした階層構造に九州製の舟形石棺，家形石棺を取り込んだものの，その後MT15型式段階に畿内型横穴式石室と二上山白石製家形石棺の採用後，馬門ピンク石製家形石棺の性格及び採用層が変化したと推測しており，MT15型式段階を画期1とした。画期2以後，各石材で異なる特徴が統合に向かい，縄掛突起が方形で統一される。画期3以後は，二上山白石製組合式家形石棺でも小山2号墳2号棺や栗原カタソバ11号墳棺など，縄掛突起が消失した棺蓋が確認でき，TK209型式段階の弁天社古墳の羨道棺は，追葬棺であるためやや後出するものの，棺蓋縄掛突起がない8類の棺蓋であり，8類棺蓋の突起0・0型式がこの時期に成立した可能性があり，縄掛突起を持つ型式と並存していると考えておきたい。

　以上の画期は画期1が和田氏の二つ目の画期，増田氏のⅡ期，画期3が和田氏の3つ目の画期，増田氏のⅣ期の開始期にあたる。画期1の前段階，TK208型式後半からTK23〜TK47型式段階の馬門ピンク石製家形石棺の成立期を畿内1期，画期1と画期2の間を畿内2期（MT15型式〜TK10型式古段階），画期2と画期3の間を畿内3期（TK10型式新段階〜TK209型式段階），画期3以後を畿内4期（TK209型式段階以後）として家形石棺の形態の変化をまとめたものが第98図で

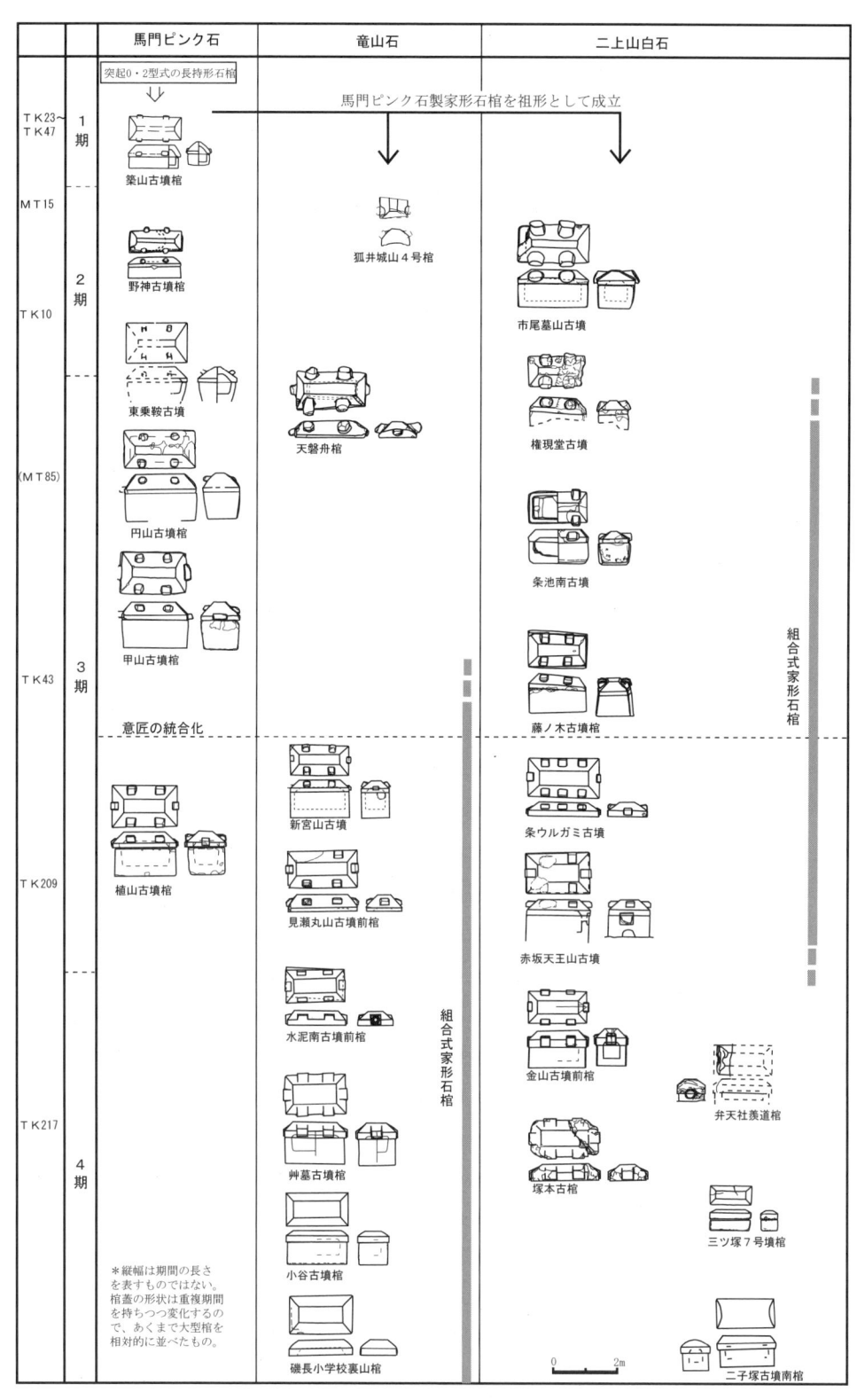

第4章　畿内系家形石棺の成立と石棺秩序の変容　187

第98図　家形石棺編年表

ある。

画期の意義と形態の変化との関係は，筆者が畿内に分布する家形石棺の動向だけでは理解できないのではないかと考えていて，後節で畿内の家形石棺の石棺秩序を考察し，畿内系家形石棺の拡散した地域様相を検討した上で，もう一度畿内の家形石棺の形態と画期との関係を述べたい。

(6) 系譜について

さて，畿内の家形石棺の石棺秩序を復元的に考察する前に系譜の問題について補足したい。すでに第2章3節で基本的な考えを述べているが，家形石棺の成立後の状況と太田氏の見解に対する筆者の見解も含めて，もう少し言及したい。

馬門ピンク石製家形石棺は製作地である九州に分布が認められず，高木恭二氏は倭王権の特注品と考えた。その系譜は岡山県造山古墳前方部に所在する刳抜式の長持形石棺の存在や（第100図），すでに突起0・2型式の棺蓋が長持形石棺1類に確認できることから，長持形石棺1類に求めた（高木1994）。

一方で，太田氏は棺蓋の内部を刳り抜き，薄く製作する手法と，長持山古墳2号棺の棺蓋縄掛突起が方形で，棺蓋斜面に突起が造られる様相は九州系家形石棺に認められる様相であり，系譜を九州系家形石棺に求めた。また，竜山石製家形石棺は天磐舟棺の縄掛突起が円形で，棺蓋斜面と垂直面の境界に造られ，横方向に垂直に伸びること，縄掛突起の下面が湾曲して下方に伸びる点や，棺蓋が厚く造られる。これらの特徴は，久津川車塚古墳棺など新しい時期の長持形石棺1類に認められ，系譜を長持形石棺1類に求めた。二上山白石製家形石棺は市尾墓山古墳棺の縄掛突起が垂直面と斜面の境界に造られ，縄掛突起が垂直に造られることから，長持形石棺1類か，その影響を受けて成立した竜山石製家形石棺に系譜を求めている（太田2004）。以上の太田氏の見解をまとめたものが第99図である。

筆者は基本的には高木氏の指摘するように，馬門ピンク石製家形石棺は長持形石棺1類に系譜求められると考えている。たしかに棺蓋斜面に縄掛突起を造りだす手法は肥後南部の九州系家形石棺1類（高木氏の南肥後型）や，和歌山県大谷古墳棺のように，九州の石材で製作された組合式石棺に認められる。しかし，造山古墳前方部に既に馬門ピンク石で刳抜式の長持形石棺の製作が確認でき，太田氏は畿内の事例でないため除外されたが，築山古墳棺はまさに棺蓋斜面と垂直面の境に円形の縄掛突起を垂直に造り出しており，長持形石棺1類の特徴が確認でき，新庄屋敷山古墳棺に類似する（第100図）。

また，馬門ピンク石製家形石棺（中肥後型）に影響されて造られたと推察される宮崎県野田石棺は，棺身小口部に長方形の突起が造られている（第100図）。棺身にも検討を加えておくと，長持形石棺成立時に，祖形となった木棺の板材の丸みが長側辺の部材に転写されており，畿内系家形石棺のⅠ類棺身はさらにその長持形石棺1類の長側辺の丸みを意識して成立したと判断できる。九州系家形石棺は箱形石棺に系譜を持つと考えられ（佐田・高倉1972），棺身は垂直に造られるのとは対称的である。以上の理由から馬門ピンク石製家形石棺は長持形石棺1類に系譜を求められると判断した。長持形石棺を刳抜式で製作することに始まり，畿内に輸送を開始したが，製作と

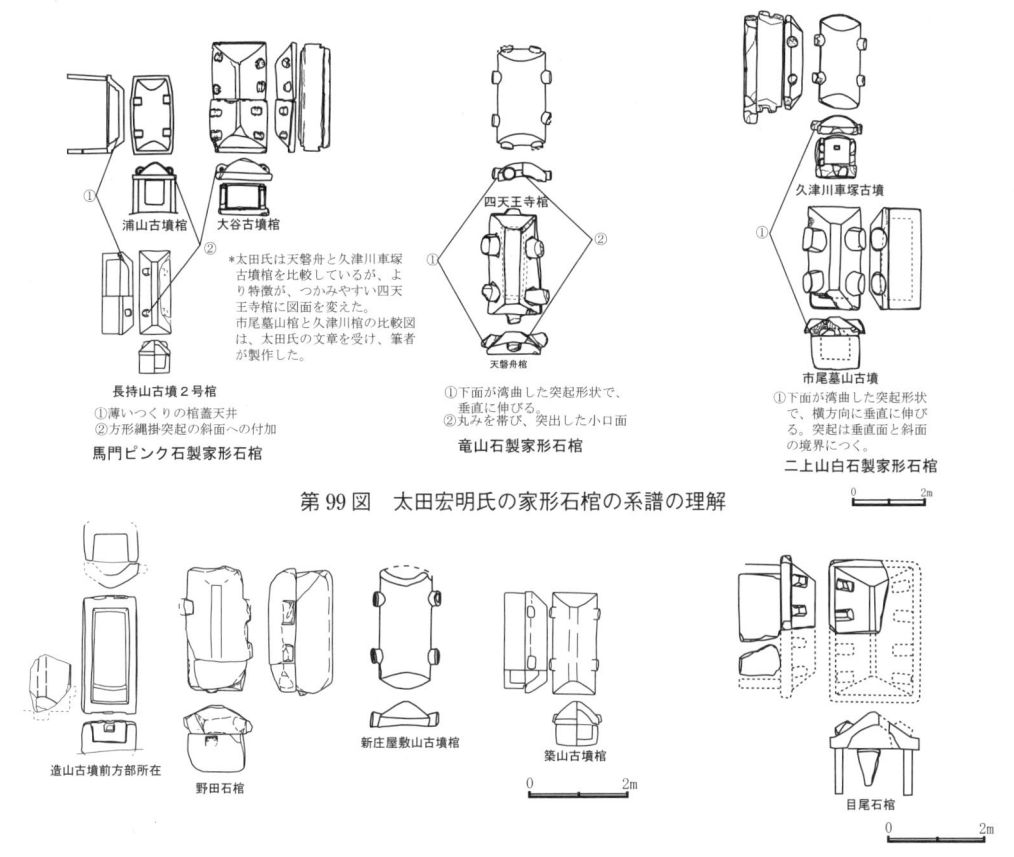

第 4 章　畿内系家形石棺の成立と石棺秩序の変容　189

①浦山古墳棺　大谷古墳棺
＊太田氏は天磐舟と久津川車塚古墳棺を比較しているが、より特徴の、つかみやすい四天王寺棺に図面を変えた。
市尾墓山棺と久津川棺の比較図は、太田氏の文章を受け、筆者が製作した。

長持山古墳2号棺
①薄いつくりの棺蓋天井
②方形縄掛突起の斜面への付加
馬門ピンク石製家形石棺

四天王寺棺
天磐舟棺
①下面が湾曲した突起形状で、垂直に伸びる。
②丸みを帯び、突出した小口面
竜山石製家形石棺

久津川車塚古墳
市尾墓山古墳
①下面が湾曲した突起形状で、横方向に垂直に伸びる。突起は垂直面と斜面の境界につく。
二上山白石製家形石棺

第 99 図　太田宏明氏の家形石棺の系譜の理解

造山古墳前方部所在　野田石棺　新庄屋敷山古墳棺　築山古墳棺　目尾石棺

第 100 図　長持形石棺と馬門ピンク石製家形石棺　　　第 101 図　環状縄掛突起の穿孔省略例

　搬出を推し進めた肥後南部の勢力に採用された環状縄掛突起を持つ九州系家形石棺 1 類（高木氏の南肥後型）の影響が馬門ピンク石製家形石棺に及んだため、縄掛突起の配置位置や突起形状に個体差が認められるのではないかと考えている。長持山古墳 2 号棺の長方形に近い突起の形態を、太田氏は南肥後型の環状縄掛突起が退化したものと推測している（太田 2004 註 25）。福岡県目尾石棺は環状縄掛突起の穿孔が省略された形態で、方形に近く、3 面の面取りが確認できる（第 101 図）。たしかにその可能性は認められ、こうした点もその一例である。さらに最終段階の長持形石棺 1 類の朱千駄古墳棺や狐井城山古墳 1 号棺は長辺の突起位置が斜面に移動しており、朱千駄古墳の突起の一つは形状が円形で、斜上方に向くように造られている。馬門ピンク石製家形石棺の突起形状に類似し、影響を受けていると判断できる（第 102 図）。九州で製作された馬門ピンク石製家形石棺・南肥後型の九州系家形石棺 1 類が長持形石棺 1 類及び相互に影響を与えているのではないかと考えている。
　二上山白石製家形石棺と竜山石製家形石棺の系譜についても説明しておきたい。筆者は竜山石製家形石棺と二上山白石製家形石棺は、馬門ピンク石製家形石棺の突起 0・2 型式という突起の配置、棺身に縄掛突起を造らない特徴、刳抜式という基本形態を基に、さらに突起の大型化など意匠を変更して成立したものと捉えている。たしかに太田氏の指摘通り、天磐舟棺や市尾墓山古

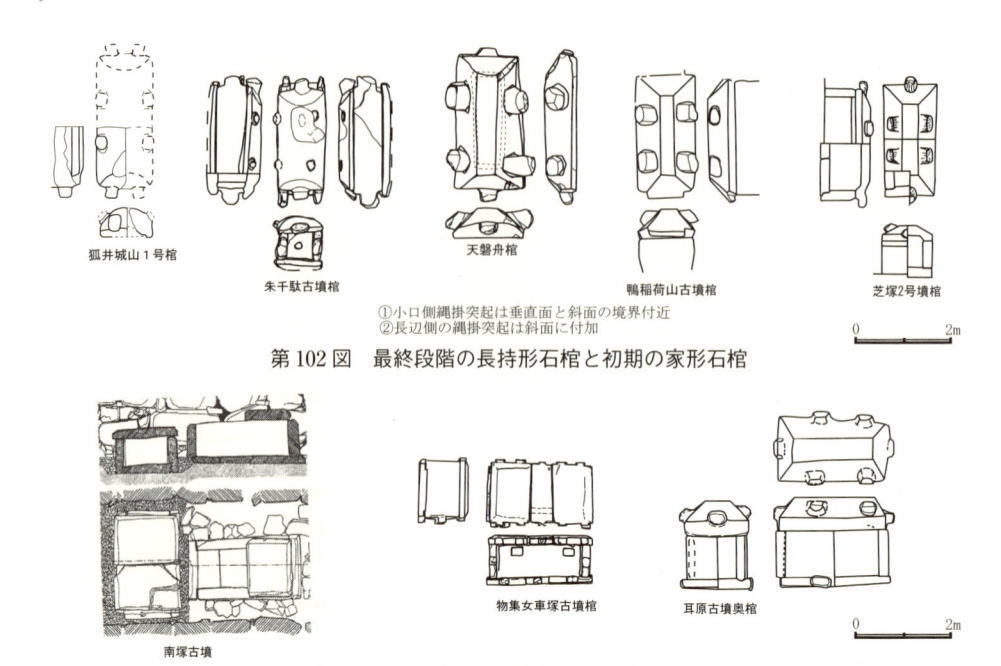

第102図　最終段階の長持形石棺と初期の家形石棺

①小口側縄掛突起は垂直面と斜面の境界付近
②長辺側の縄掛突起は斜面に付加

第103図　棺身に縄掛突起を持つ家形石棺

墳棺の突起付加位置や突起形態に長持形石棺1類の特徴が認められることは認めてよい。天磐舟棺の縄掛突起の付加位置は3類で，すでにこの配置は朱千駄古墳棺に確認できる。二上山白石製の出現期の事例である鴨稲荷山古墳棺や芝塚2号墳棺も同じ突起付加位置が確認でき，情報が共有化されているようである（第102図）。

　意匠を変更したものの，前代の長持形石棺の形態的特徴が遺存しており，畿内3期まではこの特徴は残るようである。小林行雄氏は南塚古墳の2基の家形石棺の内，奥棺は長側辺で短側辺を挟む方法で，長持形石棺1類の方法と同様であるのに対し，前棺は短側辺で長辺を挟む家形石棺に認められる方法であり，6世紀中葉に組合方法の変化を推定している（小林1964）。付け加えておくと，奥棺は棺身中央まで小礫で埋設して固定しており，長持形石棺の埋設法である（第103図）。その他物集女車塚古墳棺は短側辺及び底石に縄掛突起を造り，耳原古墳奥棺も底石に縄掛突起を造り出している（第103図）。こうした特徴も長持形石棺の伝統と判断されよう。

　筆者は剤抜式で突起0・2型式の棺蓋という形態的特徴（原則）の系譜を説明しているのに対し，太田氏は二上山白石製及び竜山石製家形石棺に認められる長持形石棺1類の形態的特徴の遺存状況から系譜を説明しようとしているので，見解が異なると思われる。

註
1) 棺蓋天井の厚さを棺蓋の高さで割った数値で，馬門ピンク石製は内面を深く刳り込み，薄く仕上げるものから，次第に厚仕上げるものへ変化すると指摘している（太田2004）。
2) 突起の幅を棺蓋の長さで割った数値で，次第に突起幅が拡大することを指摘している（太田2004）。
3) 太田氏は畿内の横穴式石室について検討を加え，畿内型石室すべてが共通した変化を見せる部位（属性）

と地域性・階層性等が反映されやすい部位があることを明らかにした（太田1999）。この結果袖部と羨道側壁が共通した変化を示すことを明らかにし，袖部と羨道側壁の分類の組合せから，畿内の横穴式石室を1群から9群に分類し，各群が時間的に変化したことを明らかにした（太田2003）。筆者も太田氏の編年案に従っている。参考までに各群の代表例を示しておく。

　　1群椿井宮山塚古墳，2群勢野茶臼山古墳，3群市尾墓山古墳，4群権現堂古墳，珠城山1号墳，5群市尾宮塚古墳，東乗鞍古墳，藤ノ木古墳，6群平林古墳，烏土塚古墳，赤坂天王山古墳，7群見瀬丸山古墳，牧野古墳，水泥南古墳，8群小谷古墳，岬墓古墳，9群岩屋山古墳，ムネサカ1号墳，西宮古墳。

4）1a類は築山古墳棺を考慮して筆者が補足したもので，太田氏の1a類を1b類に，氏の1b類を1c類に変更した。
5）土生田純之氏は見瀬丸山古墳の横穴式石室の構造を検討し，奥棺を除く要素は6世紀後半に収斂されることを指摘し，一般に7世紀代に入って使用が認められる漆喰が認められ，「7世紀初頭の追葬による奥棺の搬入とその際の石室の補修」の可能性を指摘している（土生田1999）。
6）ただし，竜山石製組合式家形石棺は山城や播磨では7世紀代にも多数確認できると予測しているが，大和と河内では二上山白石製同様7世紀前葉以後の明確な事例はほとんど知られていないことが注目される。

第4節　畿内における家形石棺の石棺秩序

　すでに和田氏の研究により，畿内における家形石棺は分布に偏在性が認められ（第104図），限定された被葬者に採用されていたことは間違いない。葛城地域の家形石棺の分布を丹念に検討した神庭滋氏によれば，葛城地域ではA：馬見丘陵とその周辺，B：二上・岩橋・葛城山麓地域，C：巨勢山地域の3つの地域に分布のグループとしてのまとまりがある。Aグループは家形石棺を土壙に直葬し，一過性のもので，7世紀初頭には終了するのに対し，Bグループ，Cグループは早くから家形石棺を導入し，特にBグループでは組合式家形石棺の数が多いものの，これは決してこの地域に群集墳が多いことと関連するものではなく，家形石棺を採用しない大型群集墳も多く，家形石棺の採用が主体的あるいは従属的な関係の中で，何らかの選択や規制が存在したことを指摘している（神庭2003）。

　河内一浩氏は羽曳野市東南部の飛鳥・駒ヶ谷地域地域に分布する群集墳（飛鳥千塚）に採用された石棺について検討し，①家形石棺が採用され，②刳抜式と組合式があり，後者が多く，③組合式は追葬に用いられる，という指摘を行なっている（河内2010）。生駒山西麓を中心に分布する高安古墳群の検討を行なった花田勝広氏の研究成果（花田2008）を参考にすれば，高安古墳群ではTK10型式後半段階に組合式家形石棺が採用され，6世紀後半に盛期があり，7世紀代には群集墳も盛期を過ぎ，家形石棺も突起0・0型式の大窪・山畑5号墳棺などの刳抜式が確認できるものの，例外的な存在で，ほとんど確認できないようである。上記の和田氏，神庭氏，河内氏，花田氏の研究成果から，家形石棺の石材や刳抜式・組合式という構造には何らかの規制があり，群集墳への導入時期も，若干の時期差が認められるようである。

　本来的には和田氏の行なった研究のように，分布と石材と型式が密接に結びつく「型」を設定

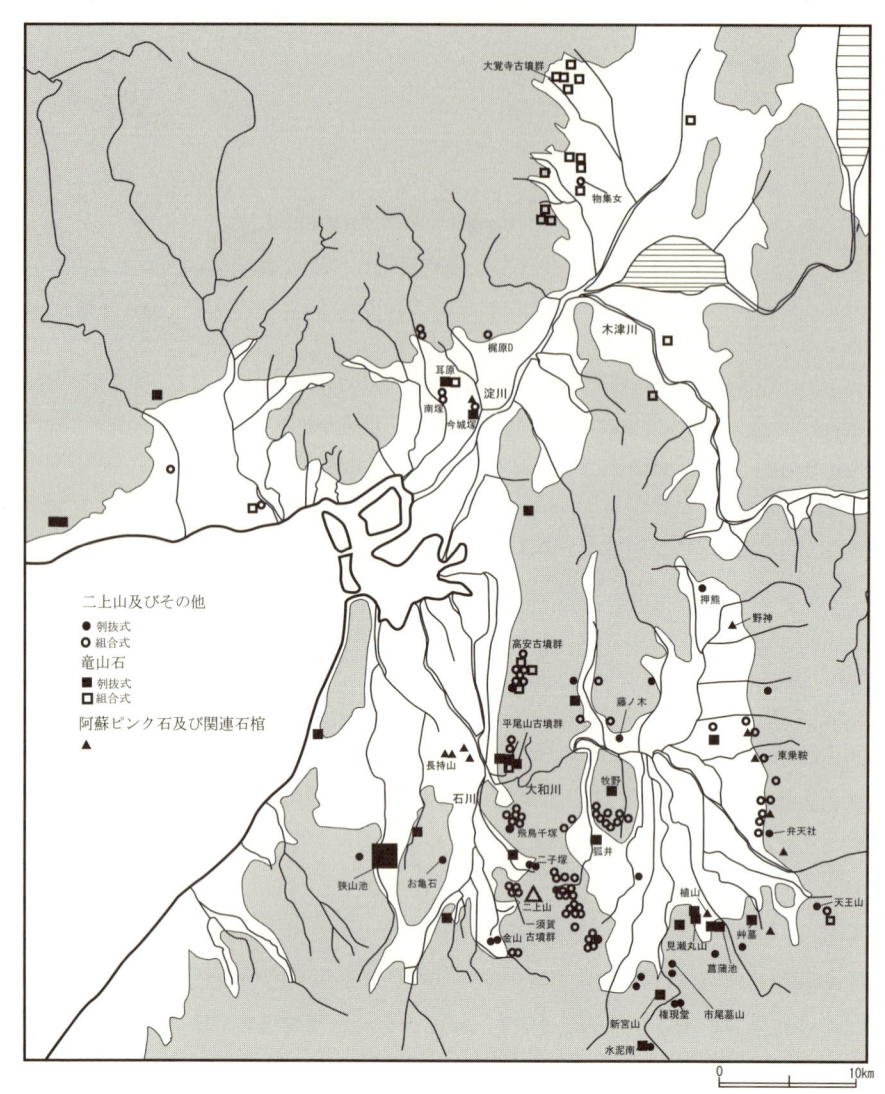

第104図　畿内における家形石棺の分布

し，大型古墳や各群集墳における家形石棺の導入背景を検討し，その後に家形石棺の意義を検討したいが，筆者はまだそこまで，検討が進んでいないので，ここでは家形石棺の突起型式と石材，規格に着目し，家形石棺の石棺秩序を復元的に考察し，その一助としたい。

(1)　石棺の規格性（第32表～第35表）

まず石棺の規格を検討するにあたり，①家形石棺の棺蓋の長さと幅の関係，②家形石棺の棺蓋の長さと，石棺の総高・棺蓋高・棺身高との関係について作成したのが，第32表～第35表，第44表・第45表である。以下その検討結果について指摘できることを詳述する。

①　家形石棺棺蓋の長さと幅について（第32表）

まず第32表を確認すると，以下A～Fの6グループを確認できる。

A群　棺蓋長約260cmから270cm，棺蓋幅約140から150cmの一群

B群　棺蓋長約250cm，棺蓋幅約150cmから160cmの一群
C群　棺蓋長約230cmから240cm，棺蓋幅140cmから160cmの一群
D群　棺蓋長約200cmから240cm，棺蓋幅約70cmから140cmの一群
E群　棺蓋長約180cmから200cm，棺蓋幅約70cmから100cmの一群
F群　棺蓋長約170cm未満，棺蓋幅約60cmから70cmの一群

　A群は刳抜式のみである。石材は馬門ピンク石，二上山白石，竜山石の全ての石材を含む。時期は2期から4期のものまで確認できる。突起型式は1・2型式が多いが，0・2型式，0・3型式，1・3型式が確認できる。

　B群は刳抜式のみである。石材は馬門ピンク石，二上山白石，竜山石の全ての石材を含む。時期は3期から4期のものである。突起型式は1・2型式が多いが突起0・0型式も確認できる。

　C群は1例組合式を含むが基本的に刳抜式である。石材は馬門ピンク石，二上山白石，竜山石の全ての石材を含む。突起型式は0・0型式と1・2型式である。

　D群は分布密度が濃く，一つのグループとしたが，棺蓋長230cm，棺蓋幅110cmを境に二分できる可能性がある。刳抜式と組合式の両者が確認できる。石材は馬門ピンク石，二上山白石，竜山石の全ての石材を含む。時期は1期から4期のものを含む。突起型式は刳抜式が0・2型式，1・2型式，1・0型式，0・0型式である。組合式が0・2型式，0・3型式，0・4型式，0・5型式，1・2型式，2・2型式である。

　E群はほぼ組合式である。石材は二上山白石，竜山石である。時期は3期から4期のものである。突起型式は刳抜式が0・2型式，0・0型式，組合式が0・3型式，0・0型式である。

　F群は全て刳抜式で，棺蓋長に個体差が認められる。石材は二上山白石，竜山石である。時期は4期のもののみである。突起型式は0・0型式である。

② 家形石棺棺蓋の長さと家形石棺の高さについて（第33表）

　第33表から大別3つのグループを抽出できる。
a群　棺蓋長240cmから270cm，総高140cmから170cmの一群
b群　棺蓋長200cmから240cm，総高110cmから160cmの一群
c群　棺蓋長160cmから230cm，総高50cmから110cmの一群

　a群は刳抜式のみである。棺蓋長約270cmと棺蓋長250cmのものでさらに分離も可能である。石材は馬門ピンク石，二上山白石，竜山石の全ての石材を含む。時期は2期から4期のものまで確認できる。突起型式は1・2型式が多いが，0・2型式，0・3型式，0・0型式が確認できる。

　b群は刳抜式が多数を占めるものの，小数ながら組合式を含む。石材は馬門ピンク石，二上山白石，竜山石の全ての石材を含む。時期は1期から4期のものまで確認できる。突起型式は刳抜式が1・2型式，0・2型式，0・0型式，組合式が2・2型式，1・2型式，0・2型式である。

　c群は刳抜式が小数で，組合式が多数を占める。石材は馬門ピンク石，二上山白石，竜山石の全ての石材を含む。時期は1期から4期のものまで確認できる。突起型式は刳抜式が1・2型式，0・2型式，0・0型式，組合式が1・2型式，0・2型式，0・3型式，0・4型式，0・5型式，0・0型

第32表　棺蓋長と棺蓋幅との関係

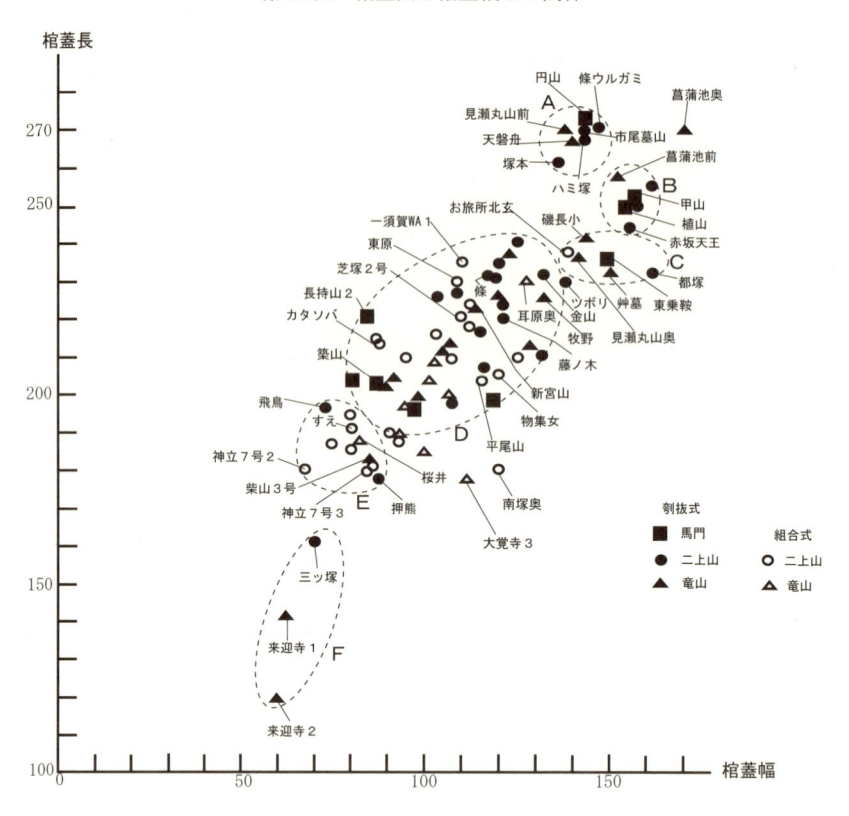

第33表　棺蓋長と家形石棺の高さとの関係

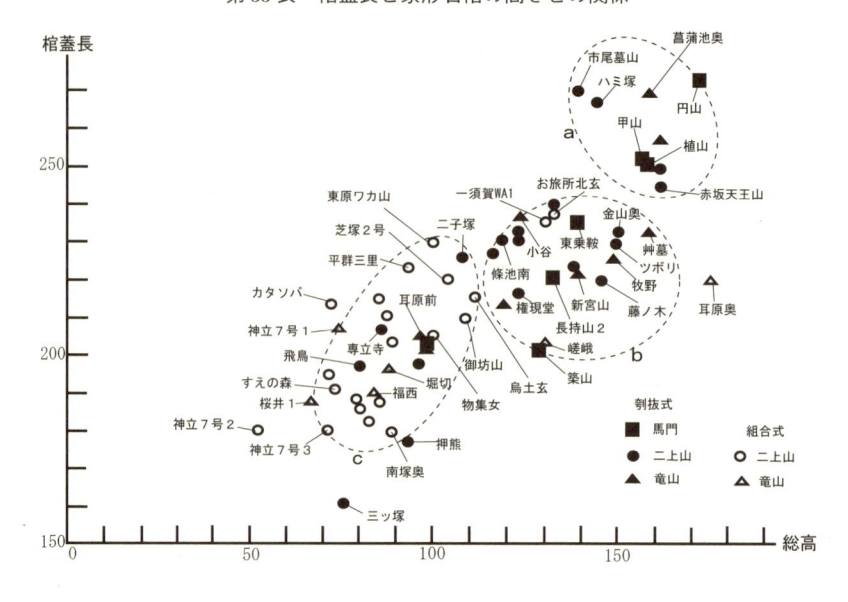

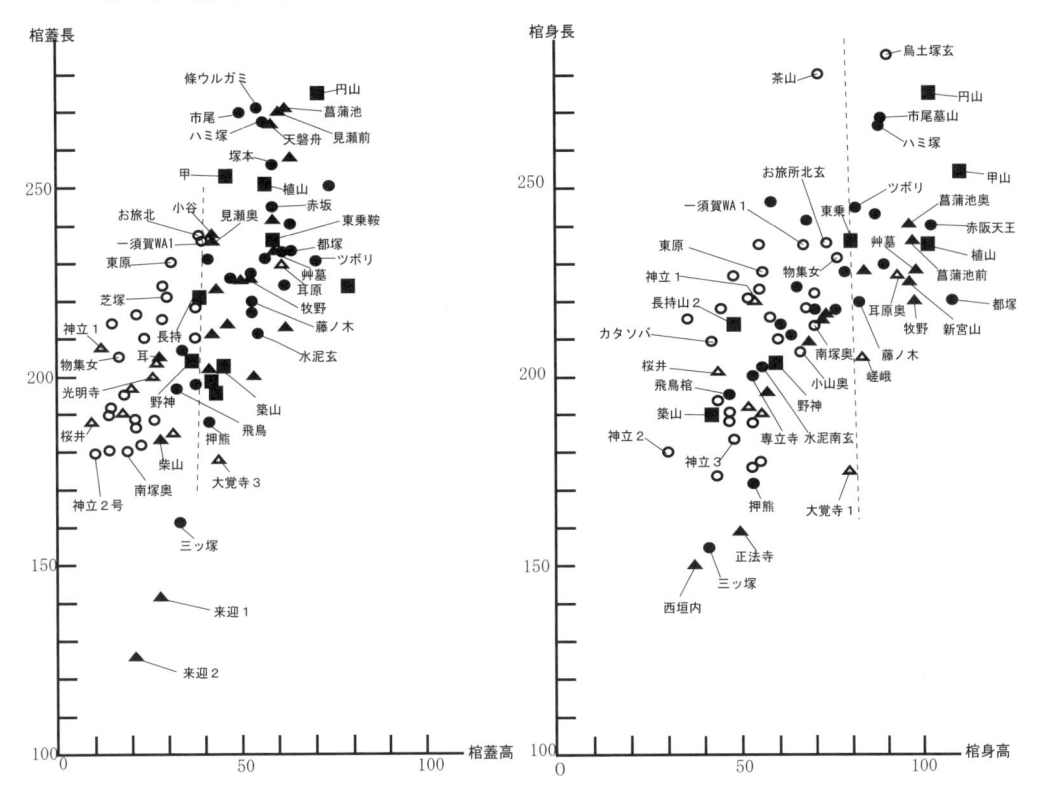

第34表　棺蓋長と棺蓋高との関係　　　　第35表　棺身長と棺身高との関係

式である。

　さらに棺蓋長と棺蓋高，棺身長と棺身高の関係を示したのが第34表，第35表である。表から指摘できる事実は以下の通りである。

　棺蓋高約40cmが刳抜式と組合式との境界となること。同じ棺蓋長でも高さが異なるものが多い。棺蓋高に注目すれば，刳抜式は40cmから50cmが平均的で，60cmを越えるものは少ない。組合式は棺蓋高20cm前後が平均的であり，30cmを超えるものは少ない。

　特に棺身に注目すると，棺身高80cmで刳抜式と組合式が2分される。刳抜式では棺身長と棺身高は比例しており，総じて棺身長が高くなるに従い棺身高も高い数値となる。組合式は棺身長の数値と関係なく，棺身高約50cmから60cmにまとまりが確認でき，刳抜式とは異なる規格が確認できる。

(2) 階層構造の把握

　上記確認した事実を基に石棺の規格と階層について，復元的に考察したい。

　棺蓋長と棺蓋幅の関係　抽出したA～Fのグループについて言及すると，F群を除けばまとまりをもっており，家形石棺の規模に規格を確認できる。A群では2期から4期までの資料が確認できることから，家形石棺の成立当初から規格が存在し，長期間維持されていることが判明する。また，全ての石材が確認できることから，石材を越えた情報の共有を確認できる。F群は

4期に確認できる小型棺で，個体差も大きい。当初からの規格でないと判断できよう。

　組合式は250cmを超えるものはなく，A群とB群には確認できない。組合式の棺蓋の規模には規制があったと考える。

　さて全体的には棺蓋長250cm以上（A群），250cm前後（B群），200cmから240cm（C・D群），200cm（E群）以下と大別できる[1]。既に関川氏は藤ノ木古墳の棺蓋を検討した際に，大和の刳抜式石棺に上述したようなグループに大別でき，10cm〜30cm程度の違いをもってまとまることを指摘している（関川1990）。

　筆者の検討は大和だけではなく，畿内に範囲を広げ，かつ組合式を含めたものであるが，関川氏の検討結果は妥当であることを追認した。では棺蓋長と棺蓋幅に認められるこの規格性は家形石棺成立時に創出されたものであろうか。既に第2章第3節で指摘したように長持形石棺1類の石棺規模が250cmで大別でき，250cm以上，250cm前後，230cm〜250cm，200cmから220cmとまとまり，突起型式対応することを述べた。したがって筆者は家形石棺に認められる規格は，長持形石棺1類から家形石棺に引き継がれた要素と捉えており，長持形石棺1類同様ある程度の階層性を反映していると考える。

　棺蓋長と高さの関係　a〜cグループに分類できるように，棺蓋長に対して家形石棺の高さについても規格を確認できる。全てのグループに2期から4期の事例が確認でき，一貫した規格に沿った高さの情報を継続して確認できる。同じくa〜cのグループに全ての石材が確認でき，情報の共有化を窺がうことができる。一部の例外を除けば総高約110cmを境界として，刳抜式と組合式を区分することが可能である。総じて刳抜式が高く製作されており，棺蓋長と同様組合式には規制が認められる。

　棺蓋長・棺身長と高さとの関係　刳抜式と組合式の境界は明瞭であるが，同規模の棺蓋長あるいは棺身長でも，棺蓋あるいは棺身の高さを変えていることは注目される。刳抜式は棺身の規模が大きくなれば，棺身の高さも総じて増すのに対し，組合式は棺身長の規模に関係なく，棺身高50〜60cmが多い。当初から規格制の高い石材を使用するため，平均した数字が反映すると予測できる。つまりこの数値を大幅に超えた場合は，組合式棺でも特別なサイズと判断できるのである。

　刳抜式と組合式との関係　まず基本的に刳抜式と組合式では刳抜式の方が製作に大型の石材を使用することから，製作における石材の使用量から見て明らかに刳抜式が優位であると判断でき，上記したように組合式では石棺長や石棺高に規制が確認でき，相対的に刳抜式が上位に位置付けられる。二上山白石製の組合式に着目すると，石棺長が240cm前後のお旅所北古墳棺や一須賀WA1号墳棺は，棺蓋などの部材が1枚か2枚であり，総じて石棺の規模が大きいものほど棺蓋の部材は大型のものが使用され，規模の小型のものほど各部材に多数の石材を繋ぎ合わせる傾向が認められる。

　突起型式　長持形石棺1類では，突起型式が石棺の規模と対応し階層差を反映したが，家形石棺では突起型式は規模と対応せず，0・2型式→1・2型式→0・0型式と変化すると考えられ，時期差を反映すると捉えられている。しかし天磐舟棺や鴨稲荷山古墳棺など突起1・2型式が

TK10型式段階には確認でき，突起0・2型式とはTK43型式段階まで並存している。この突起型式の差をどのように理解するか課題が残されている。突起型式の差による石棺の規模に差はなく，現時点では突起型式から刳抜式の階層について言及するのは困難である。ただし市尾宮塚古墳棺や條池南古墳，藤ノ木古墳，専立寺境内所在棺は中型棺であり，畿内3期については突起1・2型式より相対的に下位の型式の可能性を推測しておきたい。

一方組合式について検討すると，数の多い二上山白石製は，刳抜式と共通する突起1・2型式や突起0・2型式を採用している石棺が最も規模の大きいグループに位置付けられ，数が少ない[2]。刳抜式と同様の突起型式の採用には規制を確認でき，突起0・2型式や1・2型式は他の突起型式より上位に位置付けられる。組合式では長辺に突起が多いため，刳抜式も含め，棺蓋縄掛突起の数を重要視しない見解も認められるが，0・3型式など突起の多いものは，蓋石，側壁，底石など各部材に使用される石材が複数枚となり，総じて小型のものが多い。突起型式と石棺の規模，石材の供給量は関連しており，筆者は当然ながら突起型式を重要視する立場である。竜山石製の組合式家形石棺は二上山白石製に比べ，突起型式にバリエーションがなく，ほぼ刳抜式の突起型式と対応し，石材も各部材1枚の石材が利用されることが確認できる。

石材　馬門ピンク石・竜山石・二上山白石の全ての石材で最大規模のものが確認でき，石材の差を階層に直接結びつけるのは困難である。ただし第2章第3節で触れたように，継体天皇陵と推察される今城塚古墳で竜山石と馬門ピンク石，二上山白石が確認され，二上山白石は組合式の破片であり，馬門ピンク石製家形石棺を採用する古墳には二上山白石製組合式家形石棺が追葬されることから，馬門ピンク石より二上山白石が相対的に下位の石材と予想される。

欽明天皇陵と推察される見瀬丸山古墳では2基の家形石棺が竜山石製であり，より伝統的な石材が大王に使用されていると判断し，継体陵でも竜山石が大王の石材として利用されたと判断している。したがって竜山石が馬門ピンク石より相対的に上位の石材と推察している。

（3）石棺秩序の復元的考察（第105図）

家形石棺の階層について規模・突起型式・石材の観点から検討を行なった。以下まとめておきたい。

① **石棺の規模による階層**　まず棺蓋長と棺蓋幅から抽出したA〜F群の内，A〜E群は全ての石材に共通した規格と判断し，この規模の差を基本的な階層差と捉える。さらに棺蓋長と石棺総高から導き出されたa〜cのグループも階層差を示していると考える。AからEで示された石棺の規模（規格）による基本的な階層は若干ながらa〜c群の高さの階層（規格）によって細分が可能である。

② **構造による階層**　①と関連するが，規模と構造の関連から刳抜式を上位とし，組合式を下位とする。

③ **突起型式による階層**　突起型式は1・2型式と0・2型式が刳抜式の基本であり，組合式では，石材の供給と関連するが，1・2型式と0・2型式は使用が制限されている。他の突起型式より上位に位地すると判断する。

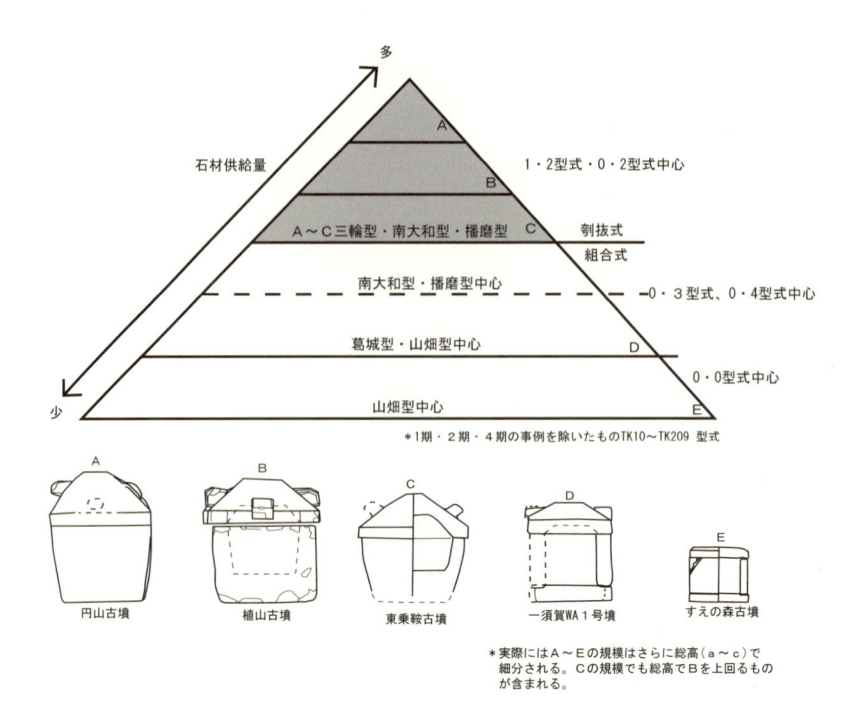

第105図　3期における規模と構造に認められる階層構造模式図

④　**石材による階層**　基本的に竜山石を最上位と判断し，馬門ピンク石，二上山白石の順に階層が低くなると判断する。

　畿内の家形石棺に認められる石棺秩序は①から④が複合した複雑なもので，かつ相対的なものである。組合式家形石棺は総じて群集墳中に多く，刳抜式家形石棺は大型墳や群集墳のなかでも独立墳に多いことは確認できるが，墳丘長約60mの前方後円墳である烏土塚古墳や径40mの大型円墳である越塚古墳に組合式家形石棺が確認でき，墳形や墳丘規模[3]が整合的に対応するわけではない。

　5世紀代の長持形石棺1類の石棺秩序は，突起型式が石棺の規模及び墳丘形・墳丘規模と対応したのと比べると，対称的である。特に二上山白石製組合式家形石棺が出現し，消滅するまでの畿内3期の規模による基本的な畿内の石棺秩序を模式図にしたのが第105図である。A〜Eのランクに石材の供給量と構造（刳抜式・組合式），さらに和田氏の「型」との対応を示した。さらに突起型式と総高により細分されるが，基本的な石棺秩序を示せていると判断した。長持形石棺1類のように墳形や墳丘規模が明確に対応しないが，総じて上部が独立墳に，下部が群集墳に多い傾向は認めてよいと思われる。

　残念ながら畿内4期の石棺秩序については，判明していることは少ない。突起0・0型式や極小棺が出現するものの，大型棺と中型棺は首長墳に採用されており，石棺の規格は維持されている。横口式石槨や漆塗棺など「持ち運ぶ棺」が増加する時期であり，今後その点や家形石棺の性格の変質も含め検討を行なうことを課題としたい。

（4） 和田晴吾氏の見解との対応

最後に畿内の家形石棺の代表的見解である和田氏の見解（和田 1976）を確認し，筆者の見解との相違点を抽出しておきたい。

和田氏の見解の要約　和田氏は素材（石材）と形態（型式）と需要のあり方（分布）が有機的に結びついたものを「型」と認識し，「三輪型」，「南大和型」，「葛城型」，「山畑型」，「播磨型」の5つの型と九州刳抜式石棺群，東大和組合式石棺群，石川右岸組合式石棺群の3つの石棺群を抽出した（第106図）。

これらの「型」及び「石棺群」が特定の石工集団により特定の地域で製作され，特定の人々に採用されたと考え，「型」や「石棺群」が豪族層の動向と密接に結びつくことを指摘する。畿内各地の有力豪族がそれぞれ独自の石工集団を組織して，独自の型式をとる家形石棺を製作し，石棺の型式に氏族の個性を表現したと推定した。二上山の石材は南大和型－葛城型－山畑型の順に量的に明確に劣り，石材の規制が石棺の型式に強い影響を与えることから，ほぼ同じ程度の政治勢力を持つ豪族層の間でひとつの政治的秩序付けが石材の量的な差として表れたと推定する。特に最も石材の入手で優位を占めた南大和型を採用した奈良盆地南部の勢力が，古墳のあり方からみても大和王権の中で極めて優位な位置を占めていたと推察し，「南大和型」を中心とした一つの政治的な秩序があったと推定した。

二上山白色凝灰岩で製作された「葛城型」「山畑型」「東大和組合式石棺群」はそれぞれの分布地で階層的な使い分けがされないのに対し，「播磨型」は組合式は群集墳に確認できるのに対し，刳抜式は独立墳に確認でき，階層的な使い分けを確認でき，この結果から二上山製の「南大和型」と「石川右岸組合式石棺群」の両者は本来一つのセットとしてあったもので，階層的な使い分けの結果が奈良盆地と大阪平野を分けることになったと推察する。

特に6世紀末から7世紀になると「南大和型」が分布を広げ，「播磨型」が急増するのに対し，二上山製組合式家形石棺は7世紀前葉に姿を消し，「南大和型」と「播磨型」が該期の家形石棺

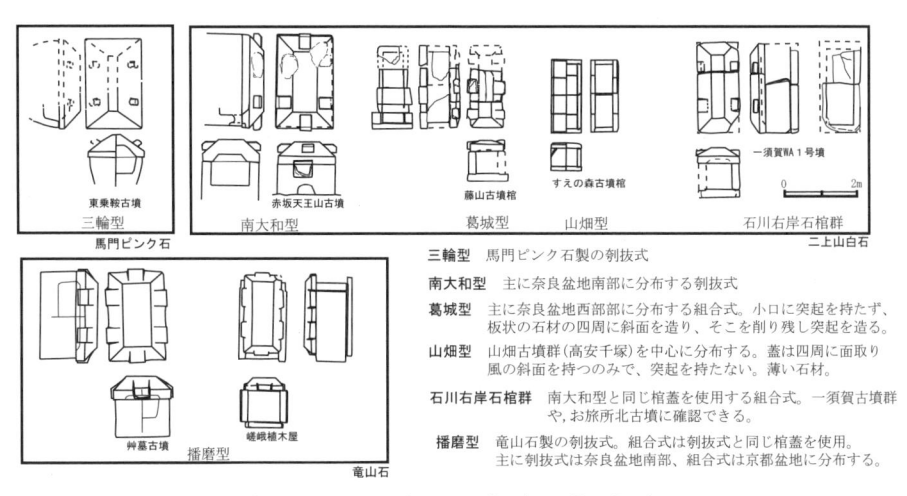

第106図　和田晴吾氏の「型」と「石棺群」

の占める比重が増し，畿内の家形石棺の斉一化を促した。畿内的な家形石棺は各地に分布するが，全て「南大和型」か「播磨型」を模倣したものか，「播磨型」そのものが遠方に輸送されたもので，東九州から関東にまで，強い影響を与えたことを指摘する。「播磨型」は白石太一郎氏が設定した「岩屋山式横穴式石室」に採用されており（白石1973），公葬的性格が窺がえる「岩屋山式横穴式石室」と「播磨型」は同一の石材加工技術を採用しており，同一の石工集団に組み込まれていた可能性が高く，「播磨型」が該期に「公的な石棺型式」としての性格を獲得したと捉えた。6世紀末以後に，豪族層の分立やある種の政治的秩序が「南大和型」と「播磨型」両勢力のもとに止揚・統合されたと推定し，「南大和型」と「播磨型」の時期別分布の状況から，「南大和型」を蘇我氏の私的棺，「播磨型」を大和政権の「公的棺」と推定した。

　和田氏の見解は現在でも有効であるが，その後畿内の家形石棺の出土量が増加し，若干別の解釈が可能な部分があると考えている。

　現在でも和田氏の指摘した「型」は有効であり，分布地域の中心も変化は認められない。さらに和田氏が指摘したように政治的秩序が石材の供給量に表れており，「型式」もこの石材の供給量と密接な関係があり，最も大型の石材を消費する「南大和型」を中心とした政治的秩序の存在は認めてよいと考えている。筆者と和田氏の見解で一致する点は石材の供給量に認められる政治的秩序である。これを筆者は「石棺秩序」と呼称している。

　各豪族層が石工を編成し，独自の型式をとる家形石棺を製作したとする推定に筆者は異なる見解を持っており，もう少し制度的側面を認めようというのが筆者の見解である。前節で指摘したように石棺の規模，構造，突起型式，石材により複雑な階層構造が存在すると考えており，この「石棺秩序」を主導したのが，和田氏の「南大和型」や「播磨型」を採用した政治勢力と考える。畿内にほぼ同じ程度の政治勢力を持つ豪族層の中で，石棺の規模，突起型式，構造（刳抜式・組合式），石材に差が確認できるのは，この「石棺秩序」を主導した勢力との関係が微妙に反映したのではないかと考える。

　和田氏の見解提出後，「葛城型」が主に分布する地域に，芝塚2号墳棺のように棺蓋が刳抜式と共通するものが認められ（奈良県立橿原考古学研究所1986），御坊山1号墳棺も刳抜式と共通している棺蓋と見なせると思われる。「葛城型」より丁寧に製作されており，石材も大型である。従来刳抜式の「南大和型」と共通する棺蓋を使用した組合式は石川右岸地域に多いため，「石川右岸組合式石棺群」と捉えられたが，「葛城型」とは地域差ではなく階層差と考えたほうが適当ではないかと思われる。

　各豪族層が独自に石工を編成していた点については，室生火山群の噴火により形成されたいわゆる「榛原石」の古墳と寺院のへの利用の在り方を詳細に追求し，この石材を磚に加工した石工集団を高句麗系の技術者集団と推定し，蘇我石川麻呂系に私的に組織されたとする菅谷文則氏の見解がある（菅谷1985）。近年調査され，出土した須恵器から横口式石槨が6世紀末には一部の被葬者に採用されていたことを明らかにした大阪府シシヨ塚古墳では（大阪府教育委員会2009），花崗岩を切石に加工する高度な石材加工技術者集団が確認でき，シシヨ塚古墳の被葬者に私的に

組織された可能性も当然考えられる。豪族層が石工集団を私的に組織できたことは認めているが，その点と家形石棺を採用できたか，どうかは切り離して考える立場である。検討が非常に難しいが，「型式」と組合せ方法や工具痕を中心にさらなる分析を加えて考察することが必要である。この点を補強するために第5章で家形石棺の製作技術と製作者集団の考察を行なうことにしたい。

　簡単に筆者の見解と和田氏の相違点を確認した。このような石棺秩序の意義については当初述べたように各地の畿内系家形石棺を触れた上で改めて考察したい。

註
1) 本章ではA群とB群を大型棺（棺蓋長約250cm以上），C群とD群を中型棺（石棺長約200cmから240cm），E群を小型棺（石棺長約170cm～200cm），それ以下のものを極小棺とする。
2) 上林史郎氏は一須賀WA1号墳の再検討を行なった。丘陵頂部に選地し，径30mの大型墳丘を造り，内部には15mに及ぶ両袖式の横穴式石室を内蔵し，副葬品として，金銅装単鳳環頭大刀，金銅製冠，金銅製履，金環を保有し，一須賀古墳群内の渡来系氏族の首長墓と再評価した（上林2001）。一須賀WA1号墳の組合式家形石棺は突起0・2型式の家形石棺を採用しており，墳丘や副葬品，横穴式石室に対応した型式を採用している。
3) 墳形・墳丘規模との対応や棺との機能差については重要な課題と認識しているが，今回は果たせなかった。また，家形石棺を納める横穴式石室の規模との相関関係も含め，整理したいと考えている。これらの課題について，墳形・墳丘規模と横穴式石室との関係では，青木敬氏が墳丘と石室の位置関係から，墳丘優先型，石室優先型，折衷型に分類し，墳丘優先型は前方後円墳築造周縁地域に根強く残るものの，終末期古墳になると石室優先型や折衷型の一元的波及により駆逐されるものの，以前関東地方では残ること，後期古墳では墳丘長60m前後が一つの序列の目安となるが，これを引き継ぐ関東地方と，石室優先型を築き，墳丘規模が縮小する畿内との社会構造の差異について言及していることが参考になる（青木2007）。
　横穴式石室の規模や副葬品に見られる階層性については，尼子奈美枝氏が馬具の所有形態を大きくはA類からC類に設定し，これが横穴式石室の玄室規模と相関関係にあり，大和ではA→C類の順で玄室規模が縮小することを確認した。さらに検討を進め，こうした馬具の所有形態と石室規模に見られる地域格差が後期大和政権と各地域との関係とその深度が反映すると捉え，地域的検討を進め，後期大和政権と地域との関係を検討している（尼子1993, 2003）。尼子氏の指摘する階層や後期大和政権との地域関係は家形石棺の分析とも関連して，参考になる点が多い。
　また，和田晴吾氏の指摘した墳形と横穴式石室の規模による階層的序列の形成について（和田1992a），梅本康広氏が畿内の横穴式石室の時期ごとの規格の抽出とその規格の配布について言及している（梅本2007）。これらの先学の検討を参考に，今後さらに検討を加えたい。

第5節　山陽地方の家形石棺

　日本列島各地に畿内系家形石棺が拡散するが（第107図），各地の状況を畿内の家形石棺の石棺秩序と比較検討を行ないたい。なお検討に先立ち筆者の立場を述べておくと，基本的に在地の石材で製作された家形石棺については，畿内の家形石棺の変遷観は対応しないと考えている。特に頂部平坦面指数は参考にしない。そこで各地の家形石棺の突起型式と規模（規格）に着目し，畿

内の家形石棺の規模や突起型式との対応を検討することにしたい。

(1) 山陽地方の家形石棺の研究史

間壁氏の集成と石材の分析が研究の基礎となっている。それによれば，備前，備中では馬門ピンク石，竜山石以外に岡山県井原市周辺に産出する貝殻石灰岩（以下浪形石）を使用しており（第108図），浪形石という在地の石材を使用した勢力に対し，竜山石を使用した勢力はより大和志向の勢力であったのではないかと考察した（間壁他1974a）。さらに備後，

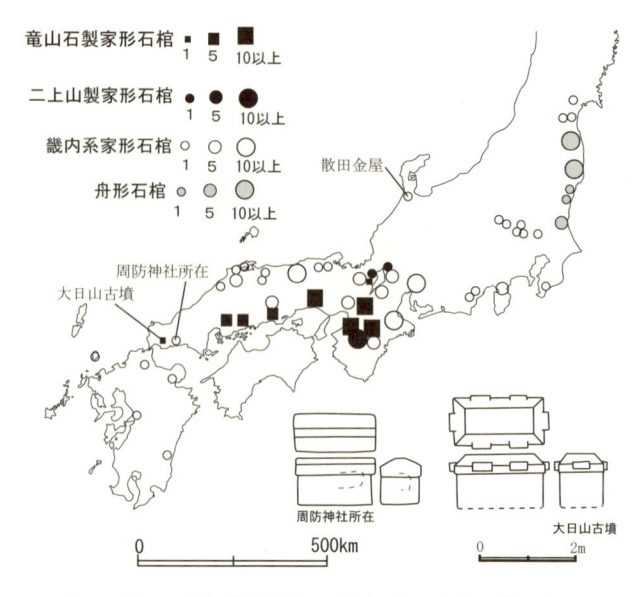

第107図 5世紀後半以降の家形石棺・舟形石棺分布図

安芸，周防の家形石棺の集成と石材の分析を行ない，備後と安芸，周防に竜山石製家形石棺が輸送されていることを明らかにした。さらに漠然とした分布ではなく特定地域に集中することを指摘し，畿内の家形石棺との形態の比較，横穴式石室や周辺の寺院などから，畿内及びその中枢氏族との関係を推定している（間壁他1977）。さらに和田氏により，竜山石製の家形石棺（播磨型）が6世紀末葉から7世紀前葉にかけて急増し，分布が拡大することなどや畿内の状況から公的な棺としての性格を指摘されている（和田1976）。

その後も岡山県内の事例については村上幸雄氏や，倉林眞砂斗氏の総括的な検討があり，特に浪形石の使用は吉備[1]全体でも限定的であり，こうもり塚古墳や江崎古墳など，備中の大型墳に使用される事例が多く，求心的な集団構造の一端を窺がえる資料として注目され，竜山石製家形石棺は八幡大塚2号墳を除けば浪形石製消滅以後使用され，突起のない小型のもが多数認められ，前段階とは異なる状況であることが指摘されている（村上1987，倉林1992，2005）。安芸の家形石棺については妹尾周三氏が整理を行ない，安芸に分布する竜山石製家形石棺の型式学的検討と年代的考察，御年代古墳の横穴式石室に見る高度な加工技術や隣接する横見廃寺との関係などから，蘇我氏との関係を推察している（妹尾1995）。

以上の主な研究を基に筆者も検討を行ないたい。

(2) 畿内の石棺秩序との比較

先学の指摘通り山陽地方の家形石棺は集中して分布する傾向があり，このまとまりの認められる地域ごとに検討を行ないたい。

備前・備中 馬門ピンク石製，浪形石製，竜山石製，花崗岩製の家形石棺が確認できる。馬門ピンク石製の築山古墳棺は畿内の家形石棺の検討で触れたように出現期の事例で，ここでは触れない。その後6世紀中葉頃に浪形石製家形石棺の製作が始まる。浪形石製はこうもり塚古墳（前

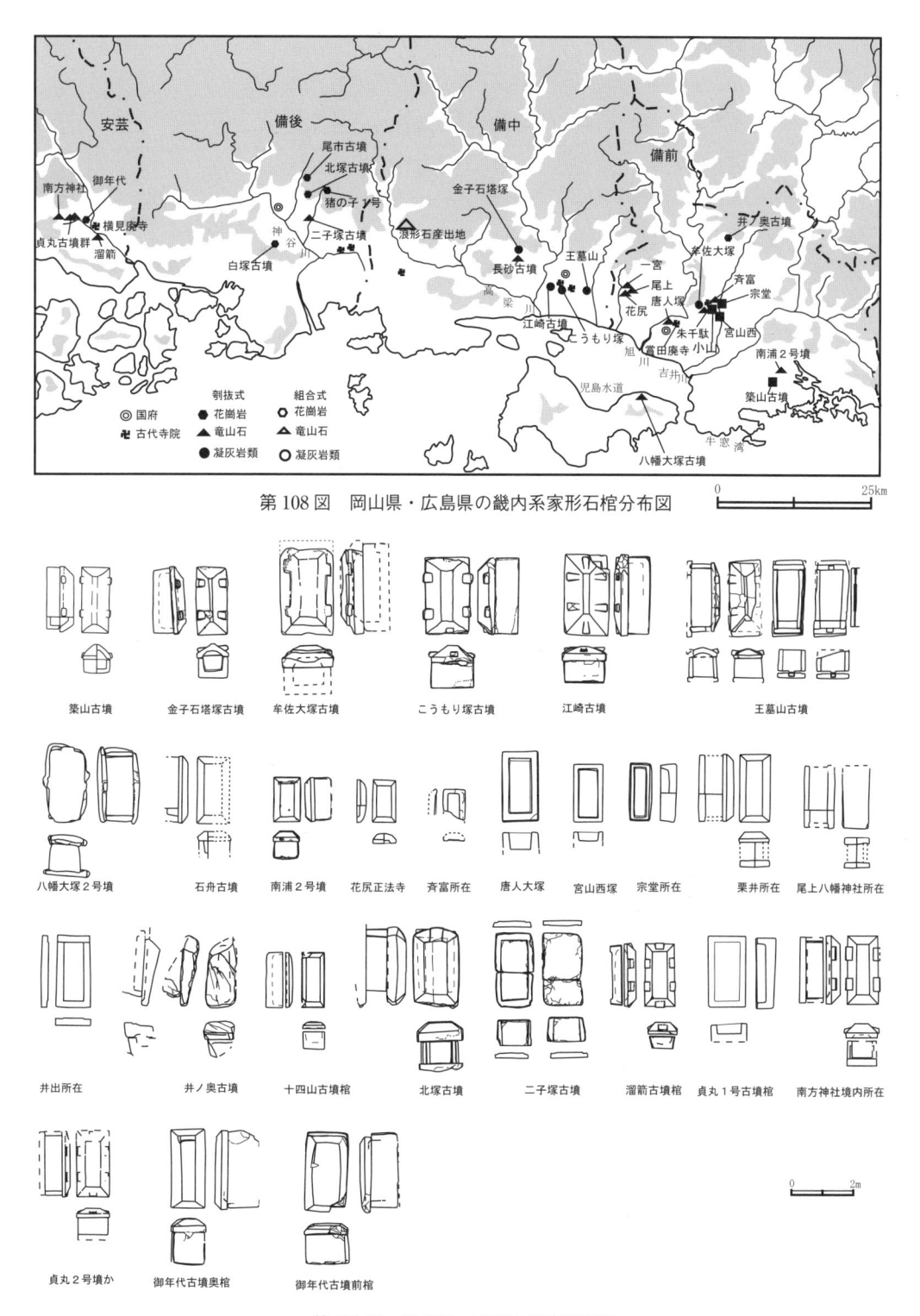

第4章　畿内系家形石棺の成立と石棺秩序の変容　203

第108図　岡山県・広島県の畿内系家形石棺分布図

第109図　岡山県・広島県の家形石棺

方後円墳100m)，江崎古墳（前方後円墳45m），金子石塔塚古墳（円墳径26m），牟佐大塚古墳（円墳30m），王墓山古墳（円墳20m）の5例確認できる。出土遺物や出土須恵器はMT85型式からTK209型式段階に納まり，限定された時期に使用されている。これは筆者の畿内3期にほぼ該当する。前方後円墳という墳丘形態と墳丘規模から明らかなように，こうもり塚古墳の被葬者が主導して採用したものである。総じて独立墳に採用され，大型の横穴式石室に採用されるが，こうもり塚古墳と後続する首長墓である江崎古墳以外は径30m以下の円墳である。

　山陽地方の家形石棺の基礎的な検討を行なうため，各石材ごとに棺蓋幅と棺蓋長[2)]の関係を示す第37表を作成した。浪形石製家形石棺の規模はこうもり塚古墳が畿内のC群，江崎古墳棺は畿内のA群に近い位置に，金子石塔塚古墳と王墓山古墳がD群，牟佐大塚古墳棺が石棺長270cmを越えており，畿内の規格に当てはまらない規模である。総じて畿内の家形石棺の規模と類似する。

　備中に限定すれば，こうもり塚古墳棺，江崎古墳棺は突起1・2型式で金子石塔塚古墳，王墓山古墳棺は突起0・2型式でさらに組合式である。墳径・墳丘規模と石棺の規模から考察すると，突起1・2型式と突起0・2型式の差は階層差と理解するのが妥当である（第36表）。特に備中の浪形石製家形石棺の石棺秩序を復元的に図示したものが第110図である。類例が少ないので，今後若干の変更する可能性があるものの，大勢は変わらないと判断する。備前の牟佐大塚古墳棺は石棺の規模でこうもり塚古墳と江崎古墳棺を上回るものの，突起0・2型式である。突起1・2型式の使用に規制が働いたと考えられる。

　このように浪形石製家形石棺は，石棺の規模・突起型式・構造（刳抜式と組合式）からなる畿内3期の石棺秩序を正確に導入し，吉備の首長層に共有されていた。導入を主導したこうもり塚古墳棺は規模がC群で，石棺高が130cmのb群であり，この規格が倭王権との関係を示唆すると考えるならば，突起1・2型式を採用し，畿内の石棺秩序では上位に位置するものの，最上位ではないことが重要である。こうもり塚古墳は該期の吉備のみならず，畿内以西の最大の前方後円墳である。5世紀代の造山古墳や作山古墳のように，畿内の大王墓と墳丘規模を競うような勢力ではないが，造山古墳・作山古墳以後の吉備の大首長と考えてよい。こうした首長が地元とはいえ，西方約20km離れた位置に産出する浪形石を使用して家形石棺を製作する背景は，吉備の首長達の表象とする理解（亀田2008）が妥当であると考えているが，浪形石製の家形石棺は畿内の石棺秩序を無視したものは製作できない状況であったと考える。

　さらにTK209型式段階以後は浪形石製家形石棺が消滅し，竜山石製の家形石棺や横口式石槨が採用されるようになり，前代の社会が変質していく状況が窺える。やや大型の唐人塚古墳の家形石棺と宮山西塚古墳の家形石棺の棺蓋は不明であり，突起型式は不明であるが，他の事例は突起0・0型式で200cm以下の事例が多く，150cmを下回るものも認められる。出土位置や供伴遺物が不明な事例が多いため年代的位置づけは難しいが，小型で頂部平坦面指数が全て0.50を超えるので，7世紀中葉から後半の事例が多いことは指摘できる。こうした竜山石製家形石棺が，こうもり塚古墳や江崎古墳の周辺にも認められないことも指摘しておきたい。

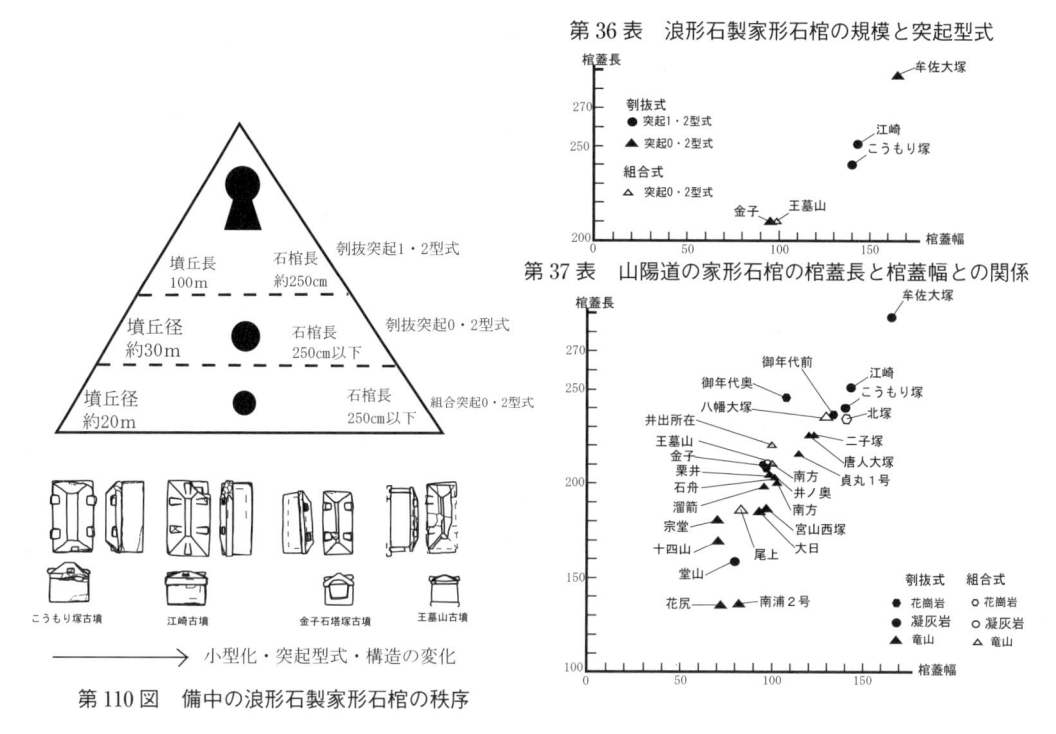

第36表　浪形石製家形石棺の規模と突起型式

第37表　山陽道の家形石棺の棺蓋長と棺蓋幅との関係

第110図　備中の浪形石製家形石棺の秩序

竜山石製で，唯一6世紀代に溯るのは児島の東北部に位置した八幡大塚2号墳の家形石棺である。八幡大塚2号墳は径35mの円墳である，片袖の横穴式石室に家形石棺が納められていた。石棺は組合式で，家形石棺というよりは長持形石棺に類似する。棺蓋突起は1・1型式で，畿内には確認できない型式である。出土須恵器からTK43型式段階に位置付けられる。石棺内には百済系の金製垂飾付耳飾や銀製の鍍金うつろ玉，大刀，鉄鏃，鉄製矢筒が確認できる。児島は瀬戸内海の交通の要衝であり，『日本書紀』の欽明天王17（556）年7月の条に児島に蘇我稲目を遣わし，屯倉を設置した記事があり，八幡大塚2号墳の被葬者は児島の屯倉に関連する被葬者と推測されている（吉田2005）。

　備後　芦田川流域は尾市1号墳，曾根田白塚古墳，猪子1号墳など，横口式石槨が集中して製作される特異な地域である（第108図）。各横口式石槨と畿内の横口式石槨との比較が行なわれ，基本的に畿内の系譜を引き，一部の横口式石槨が在地でアレンジされたことが指摘され，地方出身ながら中央で官僚として活躍した品治氏の墳墓と推定されている（白石2007）。

　畿内系家形石棺も確認でき，十四山古墳から出土したとされる石棺は突起0・0型式の竜山石製である。石棺系の横口式石槨か組合式家形石棺か判断が難しいが，北塚古墳棺は家形石棺の特徴を良く残している。さらに近年芦田川流域の最後の前方後円墳である二子塚古墳が調査され，後円部の横穴式石室の玄室南側から竜山石製家形石棺が出土した。棺蓋は板状の組合式で，備前の尾上八幡神社所在棺に類似する。出土した須恵器はおおむねTK209型式段階で，6世紀末から7世紀初頭に築造されたと指摘されている（福山市教育委員会2007）。

　二子塚古墳は墳丘長68mの前方後円墳である。玄室は奥壁側（北側）に鉄釘が確認でき，木棺

が置かれていたと指摘されている。石棺は玄室入り口側であり，追葬棺と判断できる。上位の墳形・墳丘規模に対し，組合式で，突起0・0型式と階層が低い石棺を利用していることは，当初の被葬者の棺ではないことによるものであろう。羨道側の須恵器はTK217型式段階のものを含み，竜山石製の家形石棺は7世紀前半でも中葉に近い時期のもと考えられる。十四山古墳は既に消滅しており副葬品も判明しないが，棺の棺蓋は全体的に丸みを帯び，大阪府磯長谷小学校裏所在の棺蓋（9類）に類似する。頂部平坦面指数も0.62と幅広で，7世紀後半の資料である。北塚古墳棺は花崗岩製で，横口式石槨が製作された時期に同様に花崗岩を加工して製作したものと思われる。7世紀中葉以降の製作と考えたい。備後の家形石棺は7世紀代（畿内4期）の資料であることを確認しておきたい。

　安芸　沼田川の支流である尾原川流域には，花崗岩を切石加工した複室構造の横穴式石室に2基の花崗岩製の家形石棺を納める御年代古墳の他に，数基の竜山石製家形石棺が知られている（第108図）。

　まず竜山石製家形石棺から検討を行ないたい。溜箭古墳棺は刳抜式である。突起付加位置は5類，突起形状は3b類，平坦面指数は0.55である。棺蓋長198cm，棺蓋幅96cmを測る。南方神社所在棺は組合式である。突起付加位置は斜面に縄掛突起を造る5類，突起形状は3b類である。棺蓋長210cm，棺蓋幅100cmを測る。平坦面指数は0.42である。貞丸古墳群に隣接する大日堂に所在する組合式家形石棺は，突起付加位置は5類，突起形状は3b類，平坦面指数は0.50である。全形が判明するわけではないが石棺の規模は棺蓋長約200cm，棺蓋幅104cmを測る。縄掛突起は非常に薄い造りである。貞丸1号墳棺は棺蓋が不明で棺身のみである。棺身長215cm，棺身幅115cmを測る。

　安芸の竜山石製家形石は全て突起形状が横長の長方形で，斜面に造りだす特徴が認められる。畿内の突起付加位置が5類の竜山石製家形石棺は牧野古墳が挙げられるが，安芸の家形石棺は縄掛突起が薄く造られており，丁寧ではない。既に指摘したように竜山石製の組合式家形石棺の棺蓋は形態上は刳抜式と同一であるが，頂部平坦面は刳抜式より広い傾向にあり，年代の検討は慎重を要する。南方神社棺が頂部平坦面も狭く，縄掛突起も水平に近い突出なので，古く位置付けられる。7世紀初頭から前半にかけての年代を推定しておきたい。

　大日堂所在棺は突起付加位置は5類であるものの，突起が薄く下方向に向いており，南方神社棺より後出することは間違いない。突起がかなり退化した薄い造りであることを考慮して，7世紀中葉の年代を想定したい。溜箭古墳棺は縄掛突起が斜面から下方に伸びており，突起付加位置は異なるものの，畿内の事例では六ッ目河原城所在棺や岬墓古墳棺が参考となり，7世紀中葉に近い年代を想定したい。貞丸1号墳棺は棺蓋が不明であるため，石棺から年代の検討は困難である。妹尾氏の指摘通り貞丸2号墳の横穴式石室は一部逆「L」字状に加工した切石が認められ，御年代古墳の技術者が関与している可能性があるのに対し，1号墳は花崗岩の粗い割石が積み上げられており，1号墳の横穴式石室は古い様相を呈し，御年代古墳より前出することを確認できる（妹尾1995）。

御年代古墳は墳丘は不明なものの，花崗岩の1枚石を利用し一部逆「L字」状の切石加工を行ない嵌め込む手法を用いる複室構造の横穴式石室が構築されている。奥室と前室に各1基ずつ花崗岩製の家形石棺が置かれている。奥棺の規模は棺蓋長245cm，棺蓋幅108cm，頂部平坦面指数は0.41である。前棺の規模は棺蓋長240cm，棺蓋幅135cm，頂部平坦面指数は0.68である。奥棺と前棺共に突起0・0型式である。花崗岩製の横穴式石室と共に家形石棺も加工されたと推定される。石棺の規模はD群に納まるものである。奥棺の規模や形態は小谷古墳棺に近いが，奥棺はやや細身で頂部平坦面指数が狭い。竜山石製の家形石棺との比較は慎重にならなければならないが，全て1枚石の石材を用い，横穴式石室に一部切石状の加工が見られ，7世紀中葉を前後する時期を推測しておきたい。

周防 確実な事例は2例である（第107図）。山口県の佐波川沿いは古墳集中地域であり，大日山古墳も佐波川右岸沿いの山裾に位置する。対岸には後に国府と国分寺・国分尼寺が造立される。大日山古墳は前方後円墳の可能性も指摘されているが，現状では径23m程の円墳である。横穴式石室は白石太一郎氏の「岩屋山式」に類似し，玄室中央に竜山石製の家形石棺が安置されている（大林2000）。石棺は棺蓋長185cm，棺蓋幅93cm，頂部平坦面指数0.62を測る。突起付加位置は7類，突起形状は3a類である。突起が完全に垂直面に降りており，石棺はTK209型式からTK217型式段階の所産と思われる。石棺は兵庫県中山白鳥塚古墳棺と良く似ている。横穴式石室の構造が太田氏の指摘する8群の横穴式石室に類似し，総合してTK217型式段階に位置付けたい。

大日山古墳から西に約20km，前期古墳で著名な竹島古墳の北方約4kmに所在したという堂山古墳から出土した家形石棺が確認できる。石材は山口県徳山市周辺に産出する砂岩系の石材（平野石）とされる（間壁他1977）。石棺は突起0・0型式で，石棺長158cm，石棺幅80cm，頂部平坦面指数0.30を測る。畿内の家形石棺の情報を基に在地の石材で製作したものである。在地の石材で製作したものは頂部平坦面指数を当てはめることはできない。縄掛突起をもたないことから7世紀代の所産と考えたい。

(3) 小 結

山陽地方の畿内系家形石棺の様相を確認した。備前・備中に分布する浪形石製家形石棺と八幡大塚2号墳の家形石棺を除けば，7世紀に入り竜山石製家形石棺が採用されている状況は共通する。石棺の棺蓋や規模からは7世紀前半から後半の資料が各地に確認でき，長期間輸送されていたことは明らかである。被葬者については各地の古墳の動向を含めて検討しなければならないが，特に150cm以下の小型棺の被葬者は在地の官僚層の可能性が示唆される。

6世紀代に溯る資料は備前・備中の2地域である。浪形石製家形石棺については，備中中枢勢力が畿内の棺制に倣いながらも独自の古墳秩序を表現する目的で開発されたと推測する亀山行雄氏の見解がある（亀山2010）。この意見は一面では賛成であり，強大な勢力を誇った吉備勢力の系譜上にあるこうもり塚古墳の被葬者が浪形石の開発を行ない，吉備の勢力内の古墳秩序を表現し，同族関係を示すような表象物であることは筆者も賛成であるが，これは単に模倣したもので

はない。こうもり塚古墳棺や江崎古墳棺の規模（高さも含む）が畿内の石棺秩序の中では最上位のものには及ばないことは明らかであり，規模が制限されている。こうもり塚古墳の被葬者は倭王権の承認を得て，畿内の石棺秩序を導入していると考えた方が妥当であり，こうもり塚古墳と江崎古墳棺の突起型式や規模が倭王権との関係を端的に示していたと考える[3]。

註
1) 吉備の語は本来備前・備中・備後・美作の総称であるが，ここでは特に備前・備中を指す言葉として用いている。
2) 棺蓋が不明なものは棺身の長さと幅を計測した。
3) 土生田純之氏は6世紀後半段階に畿内政権が吉備の運営に積極的に関わった姿勢が屯倉の運営から確認できることを確認し，屯倉の効果的な運営には在地首長の協力が不可欠であり，畿内型石室の範疇に入る大型の横穴式石室の被葬者を畿内政権の屯倉運営に協力した被葬者と推定する。さらに畿内政権に参加した結果の部分的復権で，過去の巨大古墳造営時のような権威ではないことを指摘している（土生田2008b）。筆者はこの畿内政権の参加した段階の関係が浪形石製家形石棺の規模と突起型式に反映したと推定している。なお亀田修一氏は瓦の分析から，畿内中枢との関わりが明確化するのは8世紀前半〜中葉の平城宮式軒瓦の採用以後で，瓦を通してみた大和政権の吉備地域支配は8世紀前半の律令国家完成以降とする（亀田2008）。

第6節　九州地方

　九州には数例の畿内系家形石棺が分布している。類例は少ないものの重要な地域に分布しており，その点について説明する（第111図）。

　豊前地域　京都平野の古墳の特徴として前期・中期古墳が明確ではなく，後期以降に古墳の築造が明確になることが指摘されている（下原2006）。長狭川では6世紀中葉以降，八雷古墳（前方後円墳74m）→庄屋塚古墳（前方後円墳90m）と扇八幡古墳（前方後円墳59m）→箕田丸山古墳（墳丘長40m）という二つの首長墓の系譜が認められ，その後TK209型式段階に大型方墳の橘塚古墳（方墳39m）が築造され，後続して径41mの大型円墳である綾塚古墳が築かれる。7世紀初頭から前半の築造である。この首長墓系譜は下原幸裕氏により，『日本書紀』に見られる「長狭県」の県主の一族の奥津城と指摘されている（下原2006）。

　家形石棺は綾塚古墳に確認でき，巨石を使用した横穴式石室の奥壁に平行して置かれている。突起1・2型式で，この型式は九州の明確な畿内系家形石の中では綾塚古墳のみである。在地の凝灰岩を加工したものである。石棺の規模は棺蓋長252cm，棺蓋幅144cmと畿内のA群とB群に近接した規模で，総高約150cmはa群に対応する。畿内4期に該当するため，畿内3期の石棺秩序を当てはめるのには慎重になりたいが，突起型式と規模は畿内の石棺秩序でも相対的に上位の位置付けになることを確認しておきたい。

　豊後地域　大分県別府湾沿岸の大分川下流域は後期・終末期古墳の流れが明確であり，弘法穴

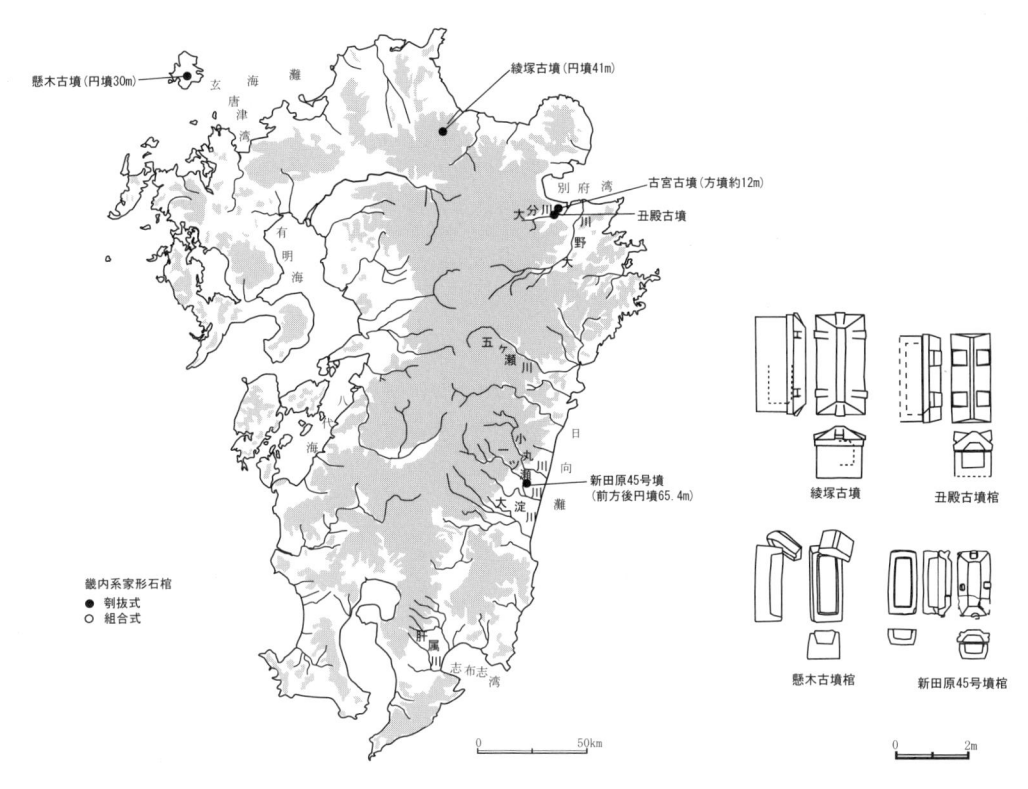

第111図　九州における畿内系石棺の分布　　第112図　九州地方の畿内系家形石棺

古墳（円墳13m）以後千代丸古墳と丑殿古墳が築造されている。丑殿古墳は墳丘は明確ではないが横穴式石室の奥壁に直交する形で家形石棺が置かれている。石棺は花崗岩製で，棺蓋は突起0・2型式である。規模は棺蓋長230cm，棺蓋幅100cmと畿内のD群，総高102cmは畿内のc群と対応する。丑殿古墳の年代がやや不明確であるが，横穴式石室の形態から7世紀初頭から前半の築造と考えられる。その後7世紀第3四半期には横口式石槨を伴う古宮古墳が築造される。高橋照彦氏は横口式石槨は阿武山古墳や巨勢山323号墳と同等の規模を有し，これらの被葬者と同様な地位にいる人物と指摘している（高橋照2009）。

壱岐地域　長崎県壱岐島は対馬と並んで玄界灘沿岸部から韓半島に向う海峡沿いに位置する。壱岐島では後期・終末期古墳が確認でき，出土した遺物と横穴式石室の構造から，6世紀中葉以降対馬塚古墳（前方後円墳63m）→双六古墳（前方後円墳91m）→笹塚古墳（円墳40m）→兵瀬古墳（円墳53.5m）→鬼の窟古墳（円墳45m）→懸木古墳（円墳約30m）と連綿と首長墳が確認できる（田中聡2009）。懸木古墳は7世紀初頭の築造であり，3室構造の横穴式石室の奥壁に平行して刳抜式の家形石棺が置かれていた。石棺は在地の白色凝灰岩か軟質の玄武岩製と考えられている。棺蓋が欠けているものの，突起0・0型式と予想される。石棺の規模は棺身長203cm，棺身幅80cmを測る。石棺の規模はD群でも規模の小さいものであることを確認しておきたい。

日向地域　一ツ瀬川流域の下流の新田原台地に築造された宮崎県石舟古墳群は3基の前方後円

墳と方墳1基が知られており，その中の石舟45号墳は墳丘長65.4mの前方後円墳であり，後円部に横穴式石室，前方部に家形石棺と木棺が直葬されていた。古墳は出土須恵器と鉄鏃の形態からMT15型式～TK10型式段階と考察されている（津曲2008）。石棺は突起1・1型式と，畿内で確認できない型式である。ただその点を除けば畿内の家形石棺に良く似ている。突起の形状が方形化が進んだもので，上記の年代より後出する様相を示している。追葬されたTK10型式段階以降と指摘できる。石棺の規模は棺蓋長170cm，棺蓋幅89cmを測る。畿内の規模ではE群の規模と対応する小規模な石棺である。

小　結

九州地方の家形石棺は，日向[1]の事例を除けば7世紀代の製作であり，各地域に1基確認でき，分布地域は豊後・豊前・壱岐と瀬戸内海からの航路状に分布する。綾塚古墳と丑殿古墳の築造はさほど時期差がないが，畿内3期の石棺秩序との対応では，綾塚古墳棺が上位の階層に位置付けられるのに対し，丑殿古墳棺は規模や突起型式から比較的下位の階層と対応する。倭王権との関係が反映している蓋然性は高いと考える。

註

1) 五ヶ瀬川流域（延岡地域）は5世紀代から舟形石棺が製作され，6世紀にいたっても畿内系の家形石棺の影響を受けた石棺が製作されていることが林田氏により紹介されている（林田2001）。今回はこれらの事例については，一応除外している。

第7節　山陰地方の家形石棺

まず山陰の家形石棺の研究史を確認し，研究成果を確認しておきたい。

（1）研　究　史

山陰の地にいち早く訪れ，出雲の大念寺古墳や上塩治築山古墳などの多くの古墳を詳細に報告したのはWilliam Gowland氏である。氏の山陰の古墳の調査は帰国後に発表された。石棺については他地域と比較して横口を持つことが特異であることが指摘されている（William Gowland 1897・1907）。氏は訪れた古墳の詳細なスケッチと記述を行なっており，特に上塩治築山古墳の二つの石棺のうち大石棺のみ横口に切り込みがあり，小石棺には横口に切り込みがないように記載されていること，上塩治築山古墳の発見当初の島根県による簡単なスケッチ図に横口部に切り込みがないことから，この時期に相次いで「後世の加工」が行なわれたことの手がかりともなった（西尾良1986，渡辺貞1999）。その後多くの考古学者が出雲の地に訪れ，古墳の紹介が行なわれるが（大野延1898，柴田1910），特に梅原末治氏は古墳の紹介に留まらず，古墳の石室や出土遺物の実測図を掲載し，考古学の視点を持ち込んだ意味は大きい（梅原1918～1920，1923）。野津左馬之助氏の『島根懸史』における山陰の横穴式石室の集成にもその継承が認められ（野津1925），出雲の後期古墳研究の基礎となった。

その後しばらくは山陰の家形石棺の研究は活発ではなかったが，戦後小林行雄氏の研究により，畿内の家形石棺と九州の家形石棺の地域性が明確に示され（小林1951），家形石棺の研究基盤が確立すると，畿内の家形石棺に類似し，横口を持たない石棺を納める上島古墳の報告や（池田1954），京都府向日市物集女車塚古墳の石室と石棺に類似する埋葬施設を有する薄井原古墳の報告などが相次ぎ，資料数が増加した（島根県教育委員会1962）。

こうした山陰の石棺を網羅的に集成し，基礎的な検討を加えたのは山本清氏である。氏は山陰の家形石棺を「刳抜式」と「組合式」に大別し，横口の有無と蓋石の形態で細分した。その結果出雲の家形石棺は平入横口式であるのに対し，因幡では対照的に横口を持たない畿内の家形石棺に類似する石棺が在地化することを明らかにした（山本1970）。ここで山陰の家形石棺の特徴があらためて指摘され，山陰の家形石棺の基礎が確立された。

1980年代に入り上塩冶地域を中心とする出雲西部の主要古墳の石室や石棺の精密な実測図が刊行されたこともあり（島根県教育委員会・建設省出雲工事事務所1980），出雲の後期古墳の研究は大きく前進する。和田晴吾氏は出雲の家形石棺を蓋の形態・棺身部の横口構造・石材の用石法に着目し，出雲市を中心とした西部の「刳抜式石棺群」「組合式石棺群」，安来市・松江市を中心とする東部の「組合式石棺群」，その中間地域にあたる中部の「組合式石棺群」の4群に大別し，4期区分する。出雲東部は九州の文化を体系的に受け入れ「平入横口式」という出雲の地域色を発露するのに対し，出雲西部は畿内の様相を留めると指摘し，出雲の家形石棺を体系的に整理した（和田1983b）。

さて山陰の家形石棺の研究ではないが，1980年代は出雲西部地域を中心とする横穴式石室と出雲東部地域を中心とする石棺式石室の重要な研究が多数認められる。土生田純之氏は出雲西部の横穴式石室は石室の壁面構成と切石石材の使用の点から大きく3期に区分できることを指摘し，出雲東部の石棺式石室の羨道部分にこの視点を応用できることを示唆した（土生田1983）。角田徳幸・西尾克己氏は自然石・割石から切石への石材加工の変化，使用石材の大型化などから3期区分し，特にⅢ期における切石1枚指向は出雲東部の石棺式石室の影響と見なし，出雲西部における横穴の築造の開始とともに支配秩序の変化を想定する（角田・西尾1989）。出雲考古学研究会は石棺式石室の正確な実測図を作成し，狭義の石棺式石室を定義したうえで，玄室平面形や羨道幅などに着目し，4期区分した（出雲考古学研究会1987）。このように出雲西部地域の横穴式石室と出雲東部地域の石棺式石室の状況が整理され，出雲東西の埋葬施設の編年の平行関係がつかめるようになった。

また渡辺貞幸氏により山代二子塚古墳や山代方墳の精密な測量と出土遺物の報告がなされ，各古墳の正確な位置付けが行なわれた。従来は出雲東西の勢力の観念が先行した部分があることを指摘し，あらためて古墳の年代を整理し，出雲西部地域の大念寺古墳と出雲東部地域の山代二子塚古墳が築造される時期に政治構造が二極化したことを明らかにした。現在の出雲の政治構造の東西論の基礎が確立された（渡辺1983・1985・1986a・1986b）。

1990年代に入り山陰考古学研究集会において山陰の家形石棺が特集された（山陰考古学研究集

会編1995)。山陰の家形石棺が全て集成され，副葬品や埋葬施設も図化されており，古墳の内容まで踏み込める資料集となっている。ここで大谷晃二氏は地域ごとに盛行する属性（棺蓋平面形・棺身の仕障・袖石・敷石）が違うことに着目し，棺蓋の頂部が分銅形で，立面長方形の袖石，敷石を有する安来平野地域，U字形の剃り込みをつける仕障を設ける大橋川南岸地域，板状の蓋石による箱形棺が盛行する宍道湖沿岸地域，組合式家形石棺において横断L字形の底石と平面L字形の短辺を持ち，奥壁を持たない神戸川下流域という地域性を明らかにし，その変遷を示した。さらに石棺の製作を単一の工人集団が行なったのではなく，各地域の工人が近隣地域との関わりを持ちながら製作したと指摘したのである（大谷晃1995）。

同じく牧本哲雄氏は鳥取県の家形石棺が因幡地方に集中的に分布し，石棺の形態は在地色が強いものの，畿内の影響が強いこと，畿内の横穴式石室に系譜を持つ中高天井式石室を採用することなど，古墳時代後期を通じて畿内地域との関係が窺えることを指摘している（牧本1995）。

さて，すでに調査された古墳の再検討も進み，西尾克己氏は『上塩治築山古墳の研究』において，神戸川下流域の剃抜式家形石棺を3類に区分し，棺の大きさ，横口の形態，縄掛突起の数は被葬者の性格に起因すると指摘し，剃抜式の家形石棺が出雲西部の首長墓に限られ，発展することなく姿を消したことを指摘した（西尾克1999）。大谷氏は『御崎山古墳の研究』において大橋川南岸の石棺に認められるU字形の意匠はこの地域に限定されるもので，御崎山古墳の大石棺にはこの意匠が認められないことから，この意匠を最初に採用する古天神古墳より前出する可能性を指摘している（大谷晃1996）。

新資料として注目されるのは未盗掘古墳として注目を集めた島根県出雲市（旧平田市）に所在する中村1号墳である。構築時期は切石製の複室構造の横穴式石室が上塩治築山古墳の石室に類似することなどから6世紀後半頃と予想され，出雲西部地域では確認されてない灯明台石を有すること，小口板の内面にコの字の剃り込みを有すること，奥壁を有することなど，神戸川下流域の組合式家形石棺との共通点が確認できる（平田市教育委員会2004）。

最近では継体天皇の奥津城の可能性が高い今城塚古墳が発掘され，石棺の破片などから，九州の宇土半島から石棺が運びこまれたことが判明したこと（森田1999・2003）から，第7回九州前方後円墳研究会「大王のひつぎ海を渡る－宇土馬門石製家形石棺の謎－」が開催された（石棺文化研究会編2004）。ここで角田氏は畿内の家形石棺を祖形に在地化が図られた因幡東部，肥後の横口式家形石棺や石屋形を元に独自の形態を持つ家形石棺（石棺式石室）を生み出した出雲東部，畿内系家形石棺を祖形としながらも出雲東部との交渉から九州的な要素を家形石棺に取り入れた出雲西部という地域区分を改めて指摘している（角田2004）。このような研究集会により，山陰地域の実相がより具体的に把握された。

さらに日本考古学協会2010年度兵庫大会で石棺が特集され，大谷氏は出雲東部地域の家形石棺が頂部分銅形の平坦面を有する棺蓋に袖石や敷石を備える安来平野，袖石や敷石を持たないがU字形の仕障を持つ意宇平野，平坦な蓋石に横口を持たないものが多い宍道湖沿岸の3つの地域に区分できることを指摘し，工人や思想や儀礼の差と理解する。こうした棺形態の地域差と石材

の分析から他地域との交流を具体的に説明する。出雲東部地域では首長層は石棺式石室を用いた独特の葬送儀礼を共有する関係で結ばれるが，家形石棺を使用する群集墳被葬者と差別化が図られることを指摘する。

出雲西部地域では①出雲西部を統合した大首長，②その一族の有力首長墳，③西部各地の在地首長層，④群集墳の横穴式石室や横穴墓という階層が確認でき，刳抜式は①と②のみであり，棺配置は①が奥壁に向って左，②が奥壁に向って右配置と棺配置でも差が設けられていることを指摘した。因幡東部（鳥取県東部）には中高式天井石室という地域型石室の分布範囲に家形石棺が分布し，TK209型式以後分布が認められるとする。近畿地方の首長層との結びつきの中で，石棺を用いる葬送儀礼と家形石棺の地位表象を知り，在地に導入したと考えた（大谷晃 2010b）。

(2) 山陰の家形石棺の成果

すでに山陰地方の家形石棺の研究は特に大谷晃二氏と角田徳幸氏が整理されていて，その分布の意義，階層構造と埋葬施設の差別化，形態と石材の地域性を元にした交流関係の追及など多くの成果が認められ，付け加えられることは少ない。ここでは，大谷氏と角田氏の成果を基に，畿内の石棺秩序からの比較という視点で，若干の検討を行ないたい。

(3) 石棺秩序の検討

山陰には家形石棺を指向したと思われる切石製の石棺を含めれば，90例ほどの家形石棺が分布する（第113図）。出雲にはその大半が認められるのみならず，出雲西部地域と出雲東部地域では，墳丘形態，埋葬施設が異なり，地域性が明らかである（第113図）。使用される家形石棺の形態や階層構造が異なるので，各地域ごとに説明したい。

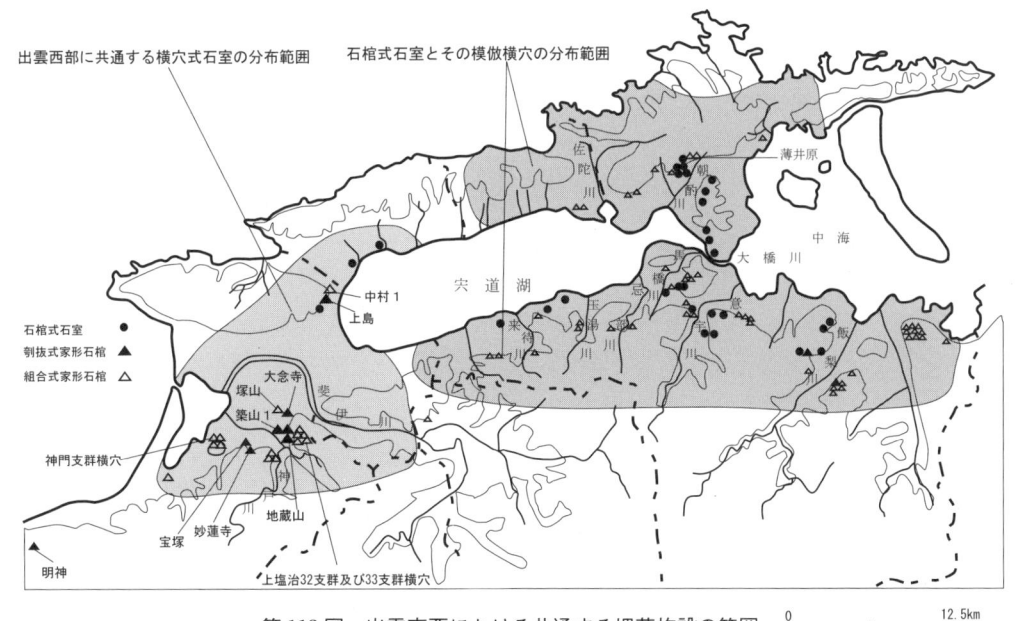

第113図　出雲東西における共通する埋葬施設の範囲

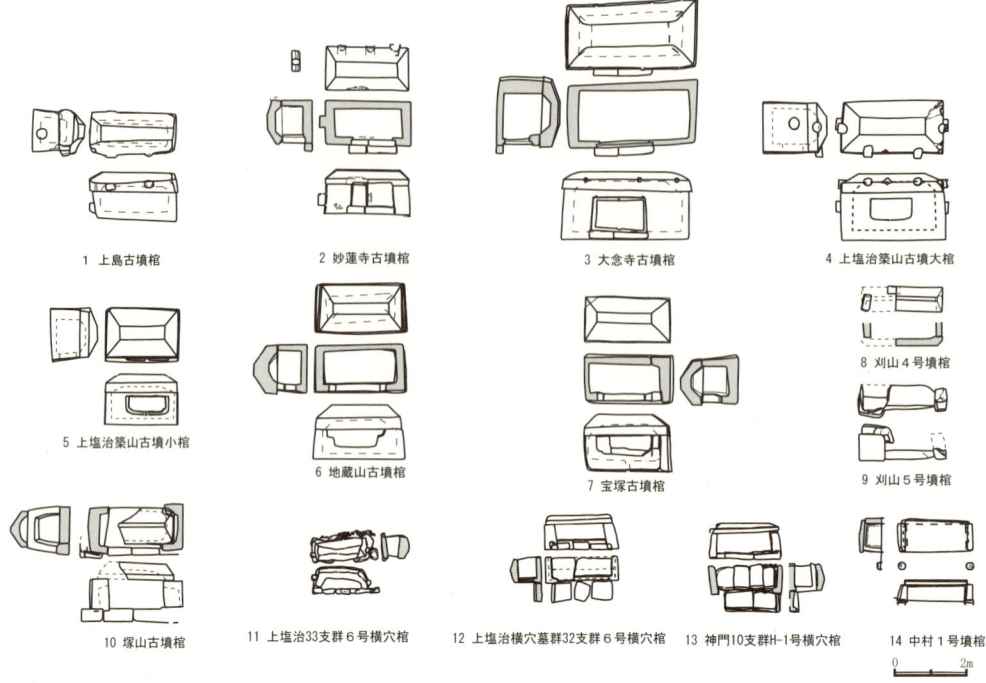

第114図　出雲西部地域の家形石棺

出雲西部地域　大谷氏の指摘した階層構造を以下のように大きく整理した。
①出雲西部を統合した大首長（**刳抜式家形石棺左配置**　大念寺古墳，上塩治築山古墳，地蔵山古墳）
②その一族の有力首長墳（**刳抜式家形石棺右配置**　妙蓮寺古墳，宝塚古墳）
③④西部各地の在地首長層や群集墳・横穴の被葬者（**組合式家形石棺**　刈山4号墳・同5号墳，塚山古墳，半分古墳，中村1号墳など）

このように，刳抜式が上位で，組合式が下位の棺である。特に出雲西部の刳抜式家形石棺の規模を確認したものが第38表である。大念寺古墳棺の規模は畿内の家形石棺の規模を大きく上回るものである。対して上塩治築山古墳棺の規模は棺蓋長270cm，棺蓋幅140cmであり，畿内のA群の規模と見事に一致する。大念寺棺古墳棺，上塩治築山古墳棺の総高約180cmは畿内のa群とほぼ一致する。このことは同時期の畿内3期の石棺秩序を理解した上で，大念寺古墳棺はあえてそれを上回る規模で製作を行ない，上塩治築山古墳棺は畿内のA群と同規模の家形石棺を製作したと考えられる。上塩治築山古墳とほぼ同時期の妙蓮寺山古墳棺も規模が畿内のD群，総高がb群であり，畿内の家形石棺の規模と同一である。

特に上島古墳棺，妙蓮寺山古墳棺，宝塚古墳棺はほぼ同規模[1]であり，石棺の規模に一定の規則が反映していると推察される。上塩治築山古墳小棺，宝塚古墳棺，地蔵山古墳棺は形態が非常に類似するが，第38表で明らかなように棺蓋幅120cmのラインで①と②の階層の差別化が認められる。

したがって次のように理解する。

①出雲西部では大念寺古墳の被葬者が畿内の石棺秩序を在地の社会，葬送儀礼に適した形で導する。刳抜式が上位で，組合式が下位の被葬者に対応し，規模によりさらに区分される。円形の突起や横口を持つ点は肥後地域の影響や思想が読み取れ，在地の論理と理解される。

第 38 表　出雲の家形石棺の棺蓋長と棺蓋幅との関係

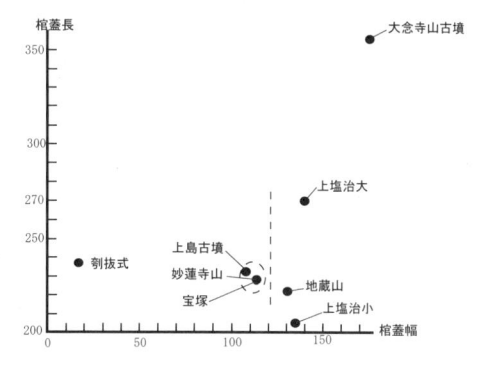

②大念寺古墳の被葬者は畿内の石棺秩序を理解した上で，畿内の家形石棺の規模を上回る棺を創出した。これは特に在地の中で大念寺古墳の被葬者が特別な地位についていたことを石棺からも表象したと推察される。

③上塩冶築山古墳棺や妙蓮寺山古墳棺は畿内 3 期の石棺の規模と対応し，特に上塩冶築山古墳棺は畿内の最上位の家形石棺と同規模のものを利用する。棺蓋も突起 1・2 型式であり，畿内における格式の高い突起型式を利用する。

④①〜③の状況は畿内の石棺秩序を独自にアレンジし，導入したもので，畿内からの規制が及んでいるとは考えがたい状況であることを示している。特に 6 世紀後半という畿内の石棺秩序が最も複雑な時期の出雲の事例を取り上げ，比較検討を行なった。7 世紀段階には地蔵山古墳棺の規模が縮小し，6 世紀段階の様相とは異なることが予想されるが，その点は課題にしたい。

出雲東部地域　この地域は上位の首長層が石棺式石室を，下位の首長層が組合式家形石棺を使用することが判明している。こうした石棺式石室や組合式家形石棺（石屋形）が九州の肥後地域との関係が深いことは既に多くの研究があり，交流の諸相も指摘されている（小田 1986，角田 1993・1995・2008，高木恭 1995，和田 1983b など）。したがって家形石棺とはいえ畿内の家形石棺とは系譜が異なり[2]比較研究は意味を成さないので，出雲東部地域については検討を控えたい。

伯耆・因幡地域　地域色の強い出雲の家形石棺に対して，隣接する伯耆（鳥取県西部）と因幡（鳥取県東部）の家形石棺は畿内の家形石棺の形態と同様であり，系譜を畿内の家形石棺に求めてよい。伯耆の家形石棺は古くから報告されている（梅原 1924a）が，古墳の情報が乏しいので特に分布が集中する因幡地域の状況について検討を行ないたい（第 115 図）。

因幡地域は特に小田川・蒲生川流域の古墳群に集中が見られる。小田川の河口に近い丘陵裾部に築造された小畑古墳群では，調査の結果 3 号墳，5 号墳，7 号墳から家形石棺が出土した。出土須恵器が TK209 型式に対比され，6 世紀末から 7 世紀初頭に 3 基の古墳がほぼ同時期に築造されたことが明らかにされている（(財)鳥取県埋蔵文化財教育財団 2002）。3 基の中では 1 辺 27m と規模の大きい 3 号墳では組合式の家形石棺が確認された。突起 0・4 型式の棺蓋を採用し，棺身の組合方法は畿内の家形石棺と同じ方法で組み立てられている。棺蓋長辺の突起が垂直面に造られる点に違いがあるが，奈良盆地西部に分布が集中する二上山白石製家形石棺（葛城型組合式家形石棺）に類似する（角田 2004）。5 号墳棺は小破片であるが，棺蓋高が約 50cm に復元でき，か

つ棺身との合目が印籠造りで，他の2基の石棺より規模が大きく丁寧なものと推量される。7号墳棺は棺蓋・棺身共に2枚の石材を利用した刳抜式である。棺蓋が一枚欠けている。棺蓋と棺身の長辺に縄掛突起が造られるが，あえて重ならない位置に配置しているようである。特に3号墳棺の形態と組合技法が畿内の家形石棺と一致することは注目され，正確な模倣か，畿内の家形石棺製作工人の関与が推測される。

小畑古墳群から4km下流側に位置する高野坂古墳群では第Ⅱ支群の2号墳，第Ⅴ支群の9号墳・10号墳で家形石棺が確認された（岩美町教育委員会1992）。10号墳棺は棺蓋の幅に対して厚みのあるもので，他の因幡の事例が幅に対して相対的に薄く扁平な印象を持つものとは区別される。突起0・3型式であり，小畑3号墳棺と同様畿内の家形石棺に類似する。高野坂古墳群は円墳が相対的に多いようであるが，10号墳は2段築製の方墳であることが注目される。高野坂古墳群の3基は全て刳抜式であるが，2号墳棺は長辺に1個ずつ突起を造りだすバランスを欠いたもので，形態が崩れたものである。

その他に千代川流域に位置する新井2号墳棺が突起1・2型式に復元される。棺蓋は扁平な形態で，突起の形状は大谷氏の指摘通り兵庫県御輿塚古墳の突起1・2型式の棺蓋と類似する（大谷晃2010b）。

因幡の家形石棺は幅に対して高さが低い扁平な棺蓋が多く，棺蓋垂直面に突起を造りだす事例が多い。これは大谷氏が指摘する通り播磨の7世紀代の家形石棺に類例が多く，播磨の家形石棺の影響が強い地域である（大谷晃2010b）。ただし，小畑3号墳棺は突起の位置以外は二上山白石製と類似することは確認した通りである。伯耆と因幡の家形石棺の規模を確認したものが第39表であるが，畿内の家形石棺の規模を逸脱する事例はないものの，明確な傾向を筆者はつかめなかった。小畑古墳群と高野坂古墳群内で，石棺の規模や突起型式，構造で差別化が行なわれていた可能性はあるが，現時点では保留としたい。ただし群集墳内に円墳が築造される中で，方墳が家形石棺を内蔵し，豊富な武器・馬具類を持つことが方墳の優位性を示すことは認めてよい。研究史で明らかにされているように，時期が判明する古墳は全て6世紀末以降であり，7世紀代に盛行する。畿内4期に該当し，この時期に竜山石製家形石棺（播磨型）の需要が増え，広範囲に分布することと関連する可能性が高い。

大谷氏は因幡の家形石棺の製作背景について，群集墳の被葬者が近畿地方（特に播磨）の首長と結びつきを深めるなかで，石棺を用いる葬送儀礼や地位表象としての家形石棺の効果を知り，自らの墓に採用したと想定し，各古墳で石棺の造りの手本に異なるタイプの石棺が認められ，近畿の首長の造墓労働を行なった際に知った石棺の型式が模倣されたのではないかと指摘した（大谷晃2010b）。

筆者は被葬者像については検討の余地があるのではないかと考えている。大谷氏の指摘通り，因幡地域の家形石棺は突起型式や形態に個体差が認められるが，棺蓋が欠けているものや，破片のものが多く，簡単に評価は下せない。注目すべきは特定地域の特定の古墳群に家形石棺の集中が認められることである。これは全国的にも同様な傾向が認められ，家形石棺を評価する際に重

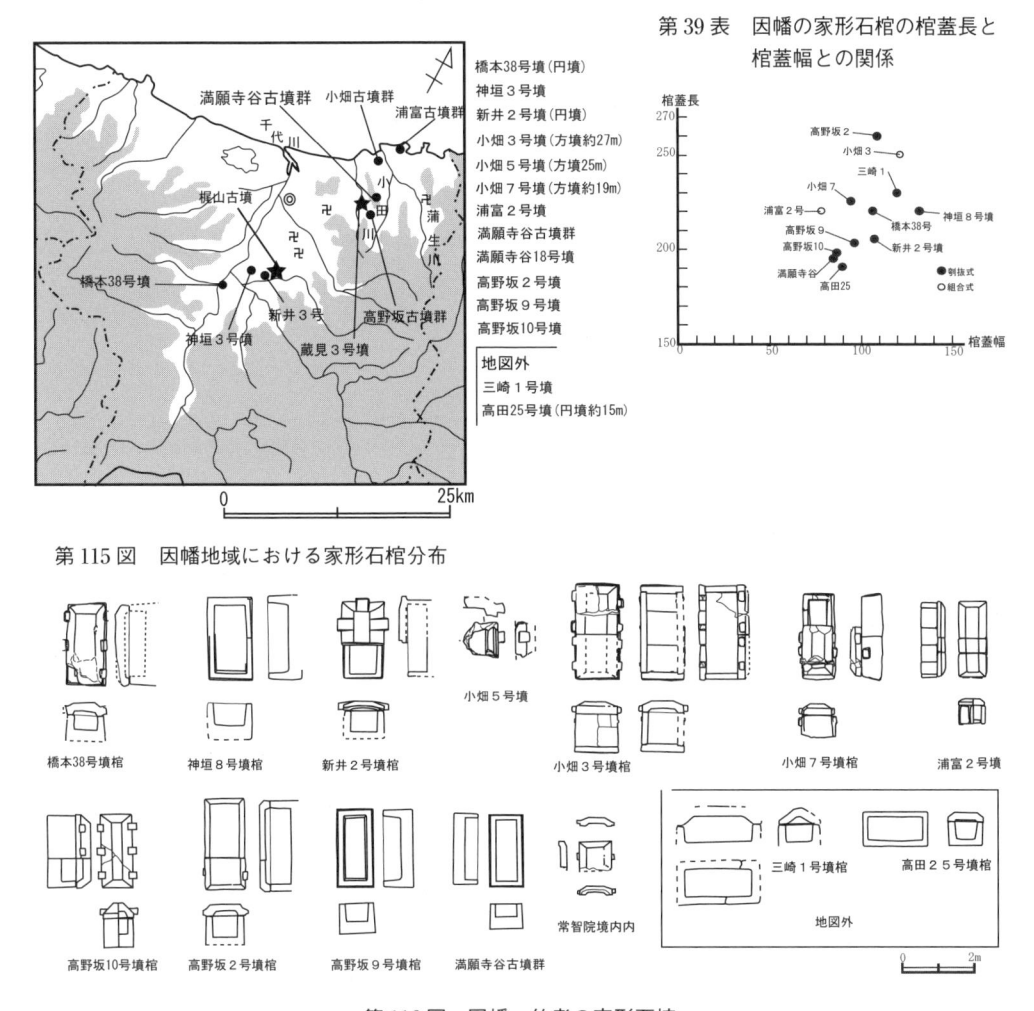

第4章　畿内系家形石棺の成立と石棺秩序の変容　217

第115図　因幡地域における家形石棺分布

第39表　因幡の家形石棺の棺蓋長と棺蓋幅との関係

第116図　因幡・伯耆の家形石棺

要な視点である。畿内の古墳造りに参加し，家形石棺の情報を取得したから製作できるものではないと考える。

　この点について高野坂古墳群が重要な情報を提供している。高野坂10号墳では6世紀末頃に家形石棺が安置された後，7世紀後半に追葬が行なわれた。追葬の際に銅製蛇尾や銅製壺鐙，鉸具が出土しており，報告者は中央政府とのつながりを持った被葬者を推定しており，高野坂古墳群に隣接する上ミツエ遺跡からは，7世紀後半の円面硯や転用硯が出土し，小田川上流域広庭遺跡では規格性の持った掘立柱建物に硯や瓦，鞴や羽口が伴い，これらの遺跡を続日本紀に見られる銅の生産に関係する官衙的正確を持つものと想定し，10号墳の追葬された被葬者との関連を示唆している（岩美町教育委員会1992）。10号墳の初葬の被葬者と時間差が認められるが同族と予想され，倭王権との関係がさらに遡る可能性は家形石棺の存在から推測される。

　この地域の他の終末期古墳に目を向けると，塩見川流域では不整形ながら左右対称の八角形墳

である蔵見3号墳，千代川流域には横口式石槨の影響を受けた横穴式石室に彩色壁画を持つことで知られる梶山古墳が築造されていることが注目され，特に6世紀末から7世紀初頭以降倭王権と密接な関係が認められる古墳や群集墳が多い地域[3]と推察される。

註
1) 上島古墳出土家形石棺は棺身短辺側の底部付近に円形の突起が造りだされており，長持形石棺を意識した造りと思われる。妙蓮寺古墳にも同様な突起が棺身に造られ，上塩治築山古墳では，棺身中央に突起が造り出されることは注目される。上島古墳棺の石棺とほぼ同規模の石棺を造るなど，上島古墳棺が一つの規範となっていることは認めてよいと思われる。西尾克己氏と角田氏は上島古墳棺が出雲西部の刳抜式家形石棺の祖形となると評価している（角田2004，西尾克1999）。
2) 出雲東部地域では例外的に薄井原古墳の横穴式石室と家形石棺が京都府物集女車塚古墳例に類似することが知られている。物集女車塚古墳の被葬者は広域な活動を行なったことが指摘されており（豊島2005），注目される。
3) 特に因幡では，畿内の横穴式石室の影響を受けた中高天井式石室が知られている（下高1989）。

補記
　本書執筆中，未盗掘古墳として注目を集めた中村1号墳の報告書が刊行された。綿密な調査により多くの成果が確認された。
　特に葬送儀礼は注目され，埋葬後遺体が朽ちかけたころ石室に進入し，遺体を取り出し，副葬品を破損した上で再配置し，須恵器を供え，さらに石室内に土砂がたまったころ再度石室に入り，玄室の家形石棺の棺蓋を破壊・反転させ，大刀を立て掛けるなどの行為を行なっていることが指摘された。この行為は「再生阻止儀礼」と報告されており，各地で確認されることが指摘されている（坂本2012b）。副葬品や須恵器の破損，配置時期，遺体の扱いなど多くの問題が提起された。
　報告書には副葬品，須恵器，横穴式石室，葬送儀礼についての検討・考察が行なわれており，一地域におさまらない，重要な成果を確認できる。筆者の検討と関連して注目されるのは，墳丘と横穴式石室の玄室規模の組合せから抽出できる階層構造が重要であることを指摘し，A〜C類の階層を明らかにした考察である（坂本2012a）。本書では十分に生かせなかったが，出雲西部の刳抜式家形石棺を納める古墳はA類に該当し，組合式家形石棺はB類からC類に該当することを確認できる。今後この成果を組み込み，さらに検討を行ないたい。
出雲市教育委員会 2012『出雲市の文化財報告書15　中村1号墳　本文編』
坂本豊治 2012a「第7章総括　第2節　石室と墳丘規模からみた中村1号墳」『出雲市の文化財報告書15　中村1号墳　本文編』，出雲市教育委員会
坂本豊治 2012b「第8章　結語」『出雲市の文化財報告書15　中村1号墳　本文編』，出雲市教育委員会

第8節　伊勢地域の家形石棺

　三重県の一志町を中心に家形石棺が分布している（第117図）。この地域に産出する泥砂岩（以下井関石）を加工して製作しており，竹内英昭氏が基本的な整理を行なっている。氏によれば，井関石を使用した石棺はほとんど加工を施さない組合式石棺に採用されるA類，組合式の石棺で，

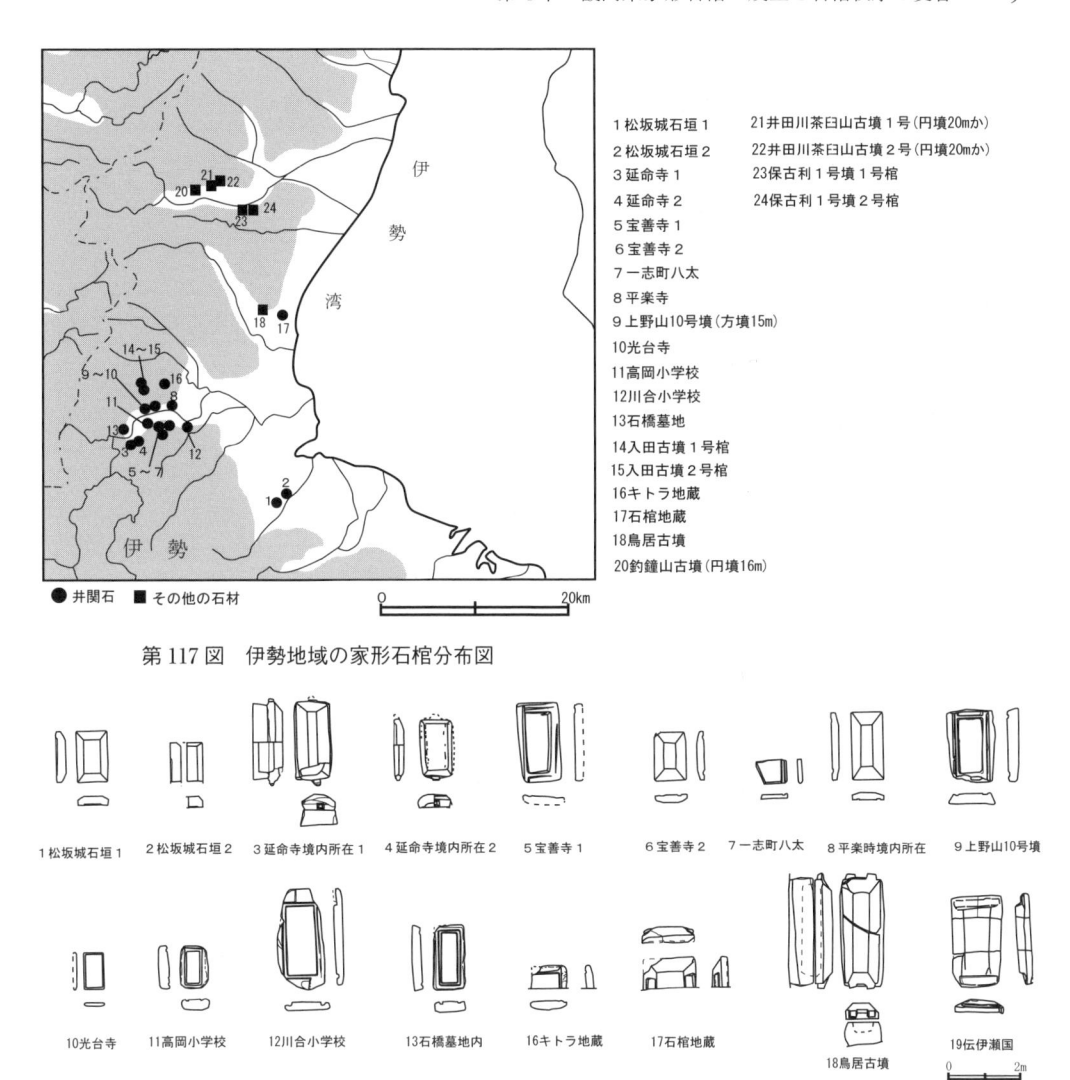

第4章　畿内系家形石棺の成立と石棺秩序の変容　219

第117図　伊勢地域の家形石棺分布図

1 松坂城石垣1	21 井田川茶臼山古墳1号（円墳20mか）
2 松坂城石垣2	22 井田川茶臼山古墳2号（円墳20m）
3 延命寺1	23 保古利1号墳1号棺
4 延命寺2	24 保古利1号墳2号棺
5 宝善寺1	
6 宝善寺2	
7 一志町八太	
8 平楽寺	
9 上野山10号墳（方墳15m）	
10 光台寺	
11 高岡小学校	
12 川合小学校	
13 石橋墓地	
14 入田古墳1号棺	
15 入田古墳2号棺	
16 キトラ地蔵	
17 石棺地蔵	
18 鳥居古墳	
20 釣鐘山古墳（円墳16m）	

● 井関石　■ その他の石材

第118図　伊勢地域の家形石棺

1 松坂城石垣1　2 松坂城石垣2　3 延命寺境内所在1　4 延命寺境内所在2　5 宝善寺1　6 宝善寺2　7 一志町八太　8 平楽時境内所在　9 上野山10号墳

10 光台寺　11 高岡小学校　12 川合小学校　13 石橋墓地内　16 キトラ地蔵　17 石棺地蔵　18 鳥居古墳　19 伝伊瀬国

棺蓋あるいは底石に四周の溝を彫り，側壁を受ける部分を加工するB類，刳抜式のものをC類とした。時期はA類のものが，TK10型式段階に確認され，A類より加工が進んだB類とC類はより後出することが指摘されている。B類とC類で年代が判明するものは，C類の鳥居古墳からTK209型式の須恵器が確認され，B類の上野山10号墳が7世紀後半の遺物を伴うことから7世紀代と予想され，B類とC類がある程度の期間並存する可能性が高く，より加工が困難なC類が卓越する可能性があり，被葬者の身分差による使い分けが行なわれていた可能性を想定する。特にB類やC類は加工技術が高く，ある程度の専業集団を想定でき，その石工の系譜については畿内のルート上に位置し，6世紀前半にも組合式石棺が多数認められる名張地域に求めている（竹内1992）。

　竹内氏の研究を参考に伊勢地域の家形石棺を概観すると（第118図），刳抜式は延命寺所在棺の

2基が突起1・0型式で，鳥居古墳が突起2・0型式であり，いずれも長辺側に突起を持たない。石棺地蔵例が刳抜式ならば突起0・2型式の可能性が高く，長辺に突起を持つ事例として伊勢地域で唯一である。

突起1・0型式は，大阪府耳原古墳前棺と兵庫県丁1号墳棺が突起1・0型式であり，関連する可能性はあるが，畿内系家形石棺では小数の突起型式である。鳥居古墳の突起2・0型式は畿内では確認できない。棺身は中央が膨らむことが注目される。長持形石棺1類には狐井城山古墳2号棺のように2・0型式を確認でき，棺身の膨らみが長持形石棺を意識したものならば，長持形石棺1類の影響が比較的遅くまで残る地域と捉えられる可能性を指摘しておきたい。鳥居古墳棺や延命寺所在棺1が，長さに対し幅狭で，前代の竪穴系の長持形石棺や舟形石棺の比率と近いことも同様の理由で説明できる。

組合式の家形石棺は底石上面に四周の溝を彫ることが特徴で，畿内の家形石棺，特に二上山白石製には確認できない組合方法である。竜山石製も四周に溝を彫るものは，兵庫県天神町所在底石などわずかに確認できるのみである。したがって二上山白石製や竜山石製の製作集団が直接関与したと考慮する必要はない。現時点では竹内氏の見解に従っておきたい。

石棺の規模に注目すると，鳥居古墳と伝伊勢国出土例を除けば，石棺長約200cmの群[1]，石棺長150cmから180cmの一群，石棺長150cm以下の一群に大別できる。150以下のものは人体の埋葬は不可能であり，石櫃と捉えた方が妥当である。鳥居古墳例が初期の事例とするならば，7世紀代に使用の中心があり，次第に規模が縮小していくと考えるのが妥当である。伊勢地域の事例はほぼ古墳から遊離した事例である。細かな点に言及できないが，刳抜式と組合式で階層差の可能性が推測できる（竹内1992）が，石棺の規模は年代差の可能性を考慮しておきたい。特に突起0・0型式の棺蓋が多いことは特徴的であるが，7世紀代に入り，突起0・0型式が増加し，規模が縮小しながら8世紀前後まで使用される状況は，濃尾地方や山陽地方と共通しており，伊勢地方の事例も全国的な葬制の変革と対応していることを最後に確認しておきたい。

註
1) 川合小学校の底石は長さ270cmを越えるが，溝の外側の彫り残しが約70cmあり，実際には200cmの規模に入れるのが妥当である。

第9節　濃尾地方の家形石棺

すでに研究が蓄積されており，その動向が詳細に検討されている。研究史を詳しく整理し，ささやかながら指摘できる点を付け加えておきたい。

（1）　濃尾地方の家形石棺の研究史

美濃と尾張地方の家形石棺の集成と検討を行なったのは，服部哲也氏である。氏は濃尾地方の家形石棺が36例程確認でき，刳抜式と組合式に2大別し，縄掛突起の有無で細分し4型式に区

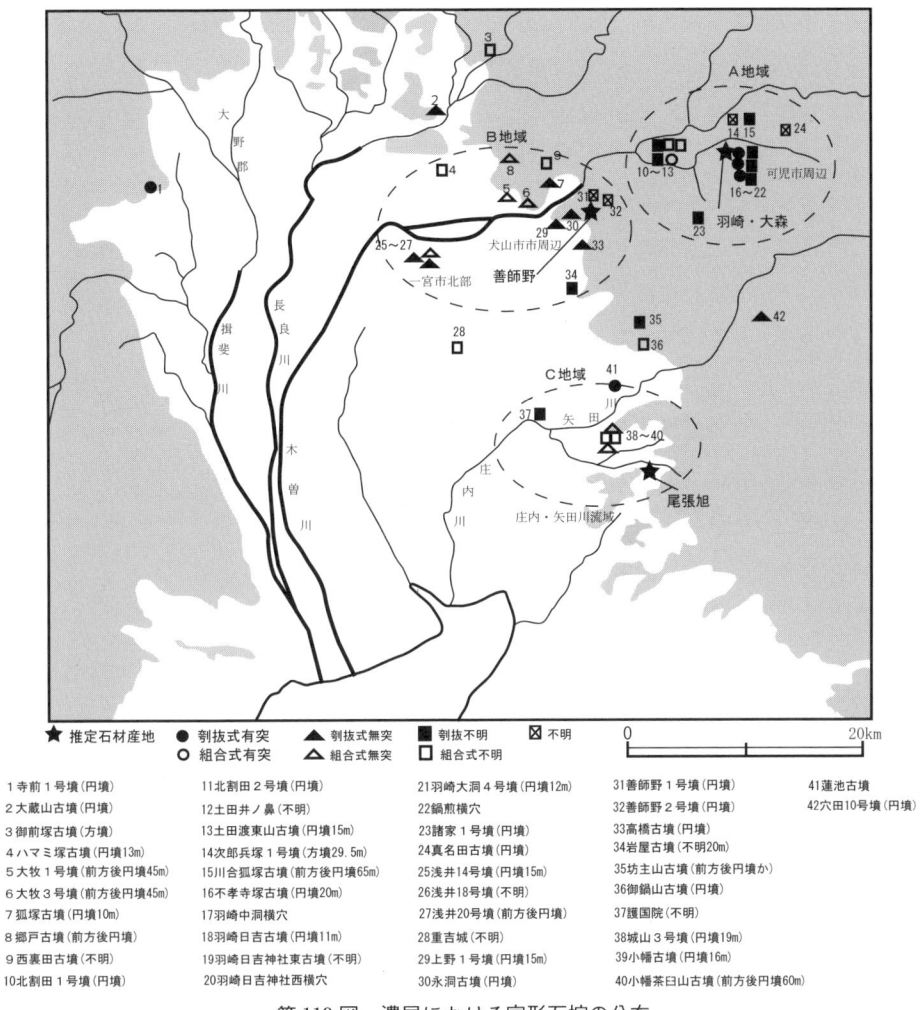

第4章　畿内系家形石棺の成立と石棺秩序の変容　221

```
★ 推定石材産地    ● 刳抜式有突    ▲ 刳抜式無突    ■ 刳抜不明    ⊠ 不明
                ○ 組合式有突    △ 組合式無突    □ 組合式不明
                                                      0        20km
```

1 寺前1号墳(円墳)	11 北割田2号墳(円墳)	21 羽崎大洞4号墳(円墳12m)	31 善師野1号墳(円墳)	41 蓮池古墳
2 大蔵山古墳(円墳)	12 土田井ノ鼻(不明)	22 鍋煎横穴	32 善師野2号墳(円墳)	42 穴中10号墳(円墳)
3 御前塚古墳(円墳)	13 土田渡東山古墳(円墳15m)	23 諸家1号墳(円墳)	33 高橋古墳(円墳)	
4 ハマミ塚古墳(円墳13m)	14 次郎兵塚1号墳(方墳29.5m)	24 真名田古墳(円墳)	34 鶴屋古墳(不明20m)	
5 大牧1号墳(前方後円墳45m)	15 川合狐塚古墳(前方後円墳65m)	25 浅井14号墳(円墳15m)	35 坊主山古墳(前方後円墳か)	
6 大牧3号墳(前方後円墳45m)	16 不孝寺塚古墳(円墳20m)	26 浅井18号墳(円墳)	36 御鍋山古墳(円墳)	
7 狐戸古墳(円墳10m)	17 羽崎中洞横穴	27 浅井20号墳(前方後円墳)	37 護国院(不明)	
8 郷戸古墳(前方後円墳)	18 羽崎日吉古墳(円墳11m)	28 重吉城(不明)	38 城山3号墳(円墳19m)	
9 西裏田古墳(不明)	19 羽崎日吉神社東横穴(不明)	29 上野1号墳(円墳15m)	39 小幡古墳(円墳16m)	
10 北割田1号墳(円墳)	20 羽崎日吉神社西横穴	30 永洞古墳(円墳)	40 小幡茶臼山古墳(前方後円墳60m)	

第119図　濃尾における家形石棺の分布

分した。家形石棺の分布地域は木曽川流域の可児市周辺・犬山市周辺・一宮周辺,庄内・矢田川流域に分布のまとまりがあり,この分布地域と上述の型式が密接な関係にあることを明らかにした。

　木曽川流域の可児市周辺では,有突刳抜式と有突組合式が分布し,特に有突刳抜式が多く分布する。犬山市・一宮周辺では無突刳抜式,無突組合式が分布し,特に無突刳抜式が多い。庄内・矢田川流域では無突刳抜式・無突組合式・有突刳抜式が分布し特に無突組合式が多い。さらに石材を奥田尚氏が分析し,同一の岩石が使用されているという指摘を受け,石材の産出地を推定した。可児市周辺羽崎・大森地区と犬山市の大森地区では同種の石材が確認できることから,この2地区で石材が切り出されたと推定し,石棺の分布と対応することを指摘した。庄内・矢田川流域の小幡古墳棺のみ石材が異なることから,同種の石材が認められる尾張旭地区を推定した。石材産出地と石棺の分布と型式が密接な関係を持つことを明らかにした。

　年代の検討では愛知県小幡茶臼山古墳棺と京都府物集女車塚古墳棺や大阪府南塚古墳棺との類

似を指摘し，当初から完成された形態であり，畿内の二上山白石製家形石棺の製作者集団が関与したことを推定し，6世紀の中葉から8世紀前後の時期まで使用されることを明らかにした。さらに出現期・展開期・終末期の3期に区分した。出現期（6世紀後半）の家形石棺は可児市周辺で製作され，庄内・矢田川流域などの遠隔地に運ばれるのに対し，7世紀に入ると可児市周辺域以外でも石材が開発され，各分布域と石材が結びつく3つのグループが形成される。各地域の首長層による開発が進むことを指摘し，7世紀中葉頃から無突剞抜式の中・小型棺が増え，首長層から家父長層へ被葬者が変化するとする。終末期である8世紀前後は古墳の衰退期であり，葬制の変化とともに家形石棺も消滅するとしている（服部1983，服部・奥田1991）。

詳細に服部氏の研究内容を述べたが，若干事例が増加した現在でも氏の指摘した内容は正鵠を射ており，変更する余地はほとんどない。

氏の検討内容に沿った形で，研究を進めたのは瀬川貴文氏である。瀬川氏はまず家形石棺の規模から全長2.5m以上の大型棺，2m前後の中型棺，1.5m前後の小型棺，1m未満のものを超小型棺とする。服部氏の4型式を踏襲するものの，系譜が異なるものを大文字アルファベットで，系譜と限定できないものの，形態等に明らかに違いがあるものを小文字アルファベットで細分する。

有突起剞抜式は，岐阜県羽崎中洞横穴棺は形態が畿内の家形石棺に類似し，一方岐阜県寺前1号墳棺は扁平で内面剞抜が丸みを帯びることから，前者を有突孔剞抜式a，後者を有突孔剞抜式bと分類する。無突剞抜式は石棺の規模から，大・中型棺を無突剞抜式a，小型棺・極小棺を無突剞抜式bと分類する。無突組合式は2系統に分けられ，蓋に斜面がほとんど形成されず，わずかに縁を整えたもので，棺蓋高20cm以下の薄いものである。これを無突組合式Aとし，棺蓋に斜面・垂直面が形成されるもので，棺高が20cm以上のものを無突組合式Bとした。有突組合式は岐阜県土田渡古墳棺のみであり，これを有突組合式A類とし，これが特異な形態であり，

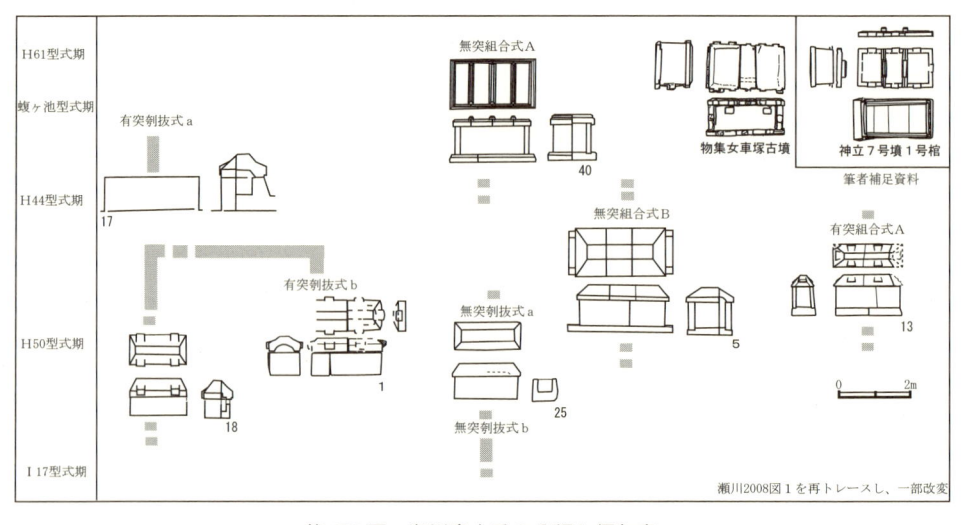

第120図　瀬川貴文氏の分類と編年案

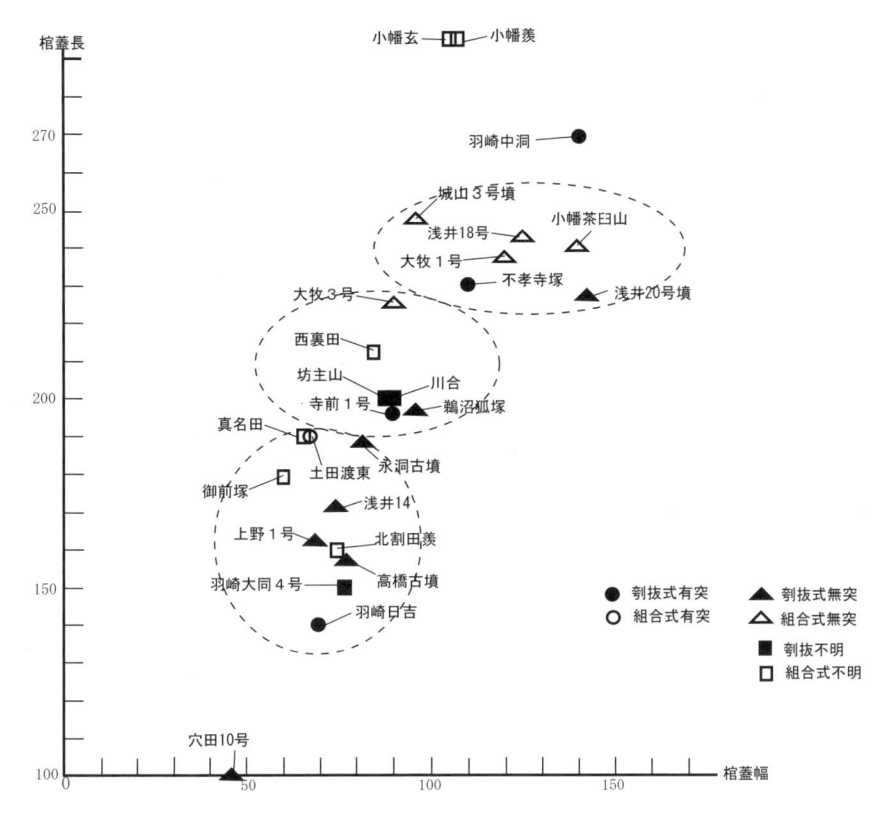

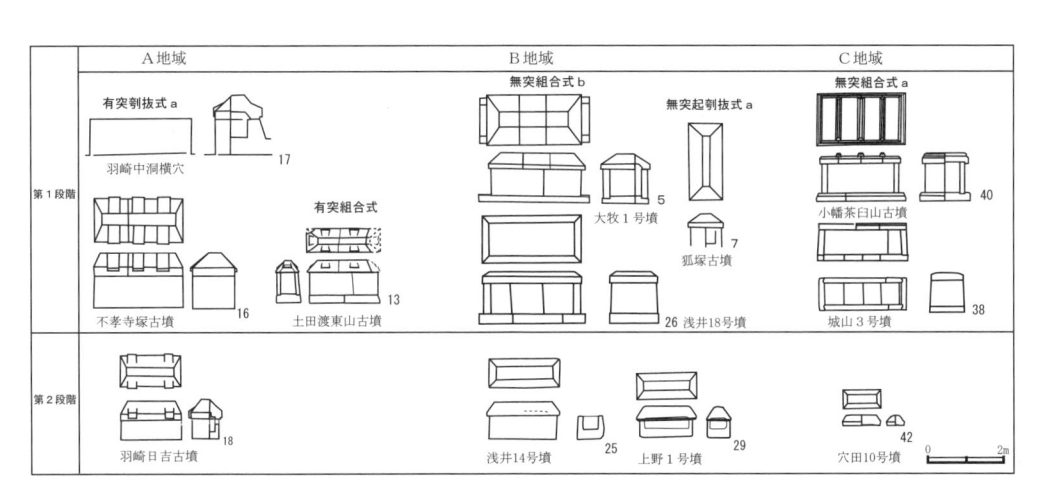

第4章　畿内系家形石棺の成立と石棺秩序の変容　223

第40表　濃尾地方の家形石棺の棺蓋長と棺蓋幅との関係

第121図　濃尾の家形石棺の形態の変化

　さらに畿内の組合式家形石棺同形のものが出土する可能性を考慮し，有突組合式Bを設定した。出土須恵器と横穴式石室の形態から第120図のように整理した。

　H61型式期からH44型式期（TK10型式新段階〜TK209型式段階）を1段階，H44型式期後半からI17型式期（TK209型式〜TK48型式段階）を2段階とすると，1段階は無突組合式Aが名古

大地周辺，無突起組合式Bが木曽川中流域（各務原・一宮付近），有突剝抜式が木曽川上流域（可児市付近）に分布し，各型式が特定地域に分布し，併存している状況であり，古墳の形態や規模から各地の首長層に採用されている。

2段階になると規模や副葬品で突出した古墳で家形石棺が採用された状況は見出し難く，階層性も検討が難しいが，前段階の被葬者とは性格が異なることを指摘している。特に第1段階は各型式が異なる地域に分布するものの，尾張南部に位置する小幡茶臼山古墳の家形石棺石材も木曽川流域の石材を使用しており，石切場付近の集団が主体的に造った棺が輸送したのではなく，棺を使用する側が石材の入手・加工に関与し，その輸送を行なったとする。ただ尾張南部では庄内・矢田川上流域の石切場を開発した後も木曽川流域の石材が利用されており，埴輪や横穴式石室では可児市周辺と尾張南部は交流が認められる地域であり，そうした状況が反映すると指摘している（瀬川2005, 2008）。

（2） 畿内の石棺秩序との比較

服部氏と瀬川氏の研究成果以上のことを指摘するのは現時点では難しいので，氏等の研究成果をまとめ，若干の考察を行ないたい。

服部氏と瀬川氏の研究成果から作成したのが，第121図，第40表である。木曽川流域の可児市周辺（以下A地域），犬山市・一宮市周辺（以下B地域），庄内・矢田川流域（以下C地域）にそれぞれ分布の中心があり，石材開発地も付近に推定されている。瀬川氏の2段階区分に従い，各地域の家形石棺を並べたものが第121図である。両氏の指摘通り，1段階は地域ごとに石棺の型式が異なる。

畿内の家形石棺の型との対応を考慮すれば，A地域が「南大和型」を意識した石棺群，B地域は突起を持たないものの，剝抜と同形の棺蓋を持つ「石川右岸石棺群」，あるいは「葛城型」を意識した石棺群，C地域が板状の石材を多用する「山畑型」[1]に類似した石棺群と捉えることも可能である。こう考えてよければ，最初に石材が開発され，剝抜式が多く認められるA地域を介して，倭王権で使用された各「型」が地域ごとに伝えられた可能性も考慮されるのではないであろうか。各型式は倭王権側の石棺秩序を反映していると捉えることも可能である[2]。

この点は各地域の古墳の動向とも合わせて考慮しなければならないが，分布・型式・石材が密接に結びつく状況は畿内の状況と類似しており，注目される。石棺の規模を確認する（第40表）と，290cmを越える小幡古墳棺を除けば，畿内の家形石棺の規模と良く類似する。異なる点は本来階層の低い組合式棺が約250cm前後の大型棺に多く，かつ前方後円墳にも採用されていることである。

以上の点が注意されるが，7世紀代に小型棺や極小棺が出現し，形態が統一される状況は，畿内や山陽地方と同一の状況であり，濃尾地方独自の変化ではないと考える。

註
1）小幡茶臼山古墳棺と物集女車塚古墳棺の類似は服部氏や瀬川氏の指摘通りであるが，大阪府神立7号墳

の事例も酷似しており,「山畑型」の情報が正確に伝播したことが判明する(第120図右上)。
2) 筆者は階層構造と捉えたが,「型」が氏族の動向を示すという和田氏の理解に立てば,A～Cの各地域に異なる氏族が交流を行ない,各石棺の「型」が採用されたということになる。

第10節　駿河・伊豆地域

特に駿河東端・伊豆北部に分布が集中する。いずれも群集墳からの出土であり,鳥取東部地域の状況に良く似ている。研究史を確認し,地域様相に触れた上で検討を行ないたい。

(1) 研究史

駿河・伊豆地方には横穴の造り付けのものを除いても11基程の家形石棺を確認でき,その石材は細かな比定には問題があるものの,駿河湾と狩野川に挟まれた山麓部には複数の凝灰岩が路頭しており,これらのどこかの白色凝灰岩(以下伊豆石)を切り出したものと推定されている(増島2008)。

伊豆石で製作された家形石棺では,多数の副葬品が出土した賤機山古墳が著名である(静岡市文化財協会1997)が,駿河・伊豆地方の家形石棺について検討した研究は少ない。賤機山古墳の家形石棺を畿内の事例と比較した大塚初重氏の研究(大塚1988)や,増田一裕氏が列島の家形石棺の検討を行なった中で,賤機山古墳棺・丸山古墳羨道棺を挙げて,A3系統としている(増田2003b)。

菊地芳修氏が,駿河東端地域・伊豆北部の家形石棺は狩野川・横瀬川の合流付近に集中的に分布し,水運の要衝であることから,駿河中部の賤機山古墳棺や丸山古墳棺は海路で輸送された可能性を指摘した(菊地吉2008)。最初に家形石棺を使用した賤機山古墳棺も伊豆石を利用していることから,駿河東端・伊豆北部の家形石棺も何らかの影響を受けているのではないかと推定している。

最近調査された原分古墳は家形石棺が出土した下土狩西1号墳に近接する径17mの円墳である。横穴式石室には家形石棺の破片が認められ,突起1・3型式に復元された。副葬品は馬具類に銀象嵌円頭大刀・鉄鏃束・弓金具が出土した。出土須恵器や副葬品から7世紀中葉の早い時期に築造され,7世紀後葉まで追葬が行なわれたことが明らかにされた(静岡県教育委員会2008)。

(2) 畿内の石棺秩序との比較

まず石棺の分布を確認すると,駿河中部地域(以下A地域)と駿河東端・伊豆北部地域(以下B地域)の2地域に分布が集中する(第122図)。両地域の直線距離は約50kmである。

駿河・伊豆地方の家形石棺の規模について確認したものが表41である。棺蓋長230cm以下の一群と棺蓋長240cm以上の一群に2分される。規模の大きい洞石棺は石棺系の横口式石槨とも捉えることができ,規格が異なると推察される。

年代について確認したい。A地域では賤機山古墳が横穴式石室,副葬品,出土須恵器からTK43型式段階,丸山古墳は玄室棺内部の蓋坏の形態から遠江の須恵器編年のⅢ期後葉から末葉

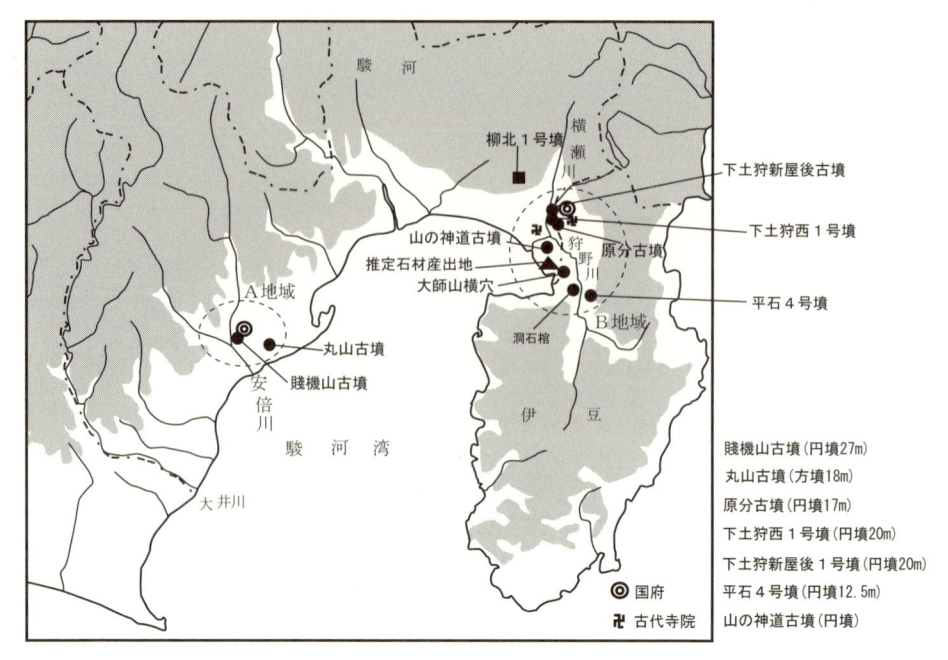

第122図　駿河・伊豆地域の家形石棺分布図

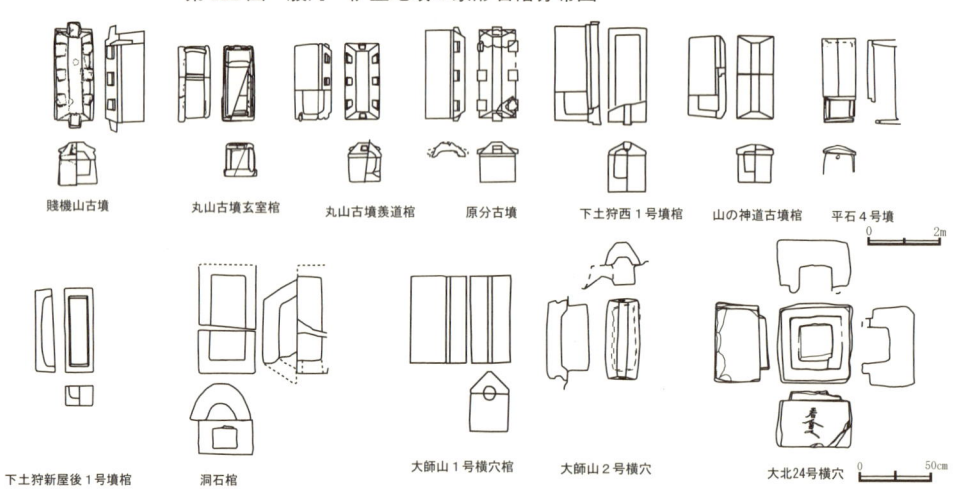

第123図　駿河・伊豆地域の家形石棺

（TK209型式段階），羨道棺は遺物が伴わないが，羨道から出土する須恵器がさほど時間差がないようでありほぼ同時期と考えて，7世紀前半の資料と考えておきたい。

　B地域では原分古墳の玄室石棺周辺の副葬品の年代が7世紀中葉と推定され，近接する下土狩西1号墳は副葬品や出土須恵器から7世紀中葉に位置付けられ，墳丘規模や副葬品にいたるまで，原分古墳との共通点が指摘されている（井鍋2008）。

　平石4号墳は横穴式石室の奥壁前から遠江須恵器編年のⅣ期前葉の蓋坏が出土し，供伴した鉄刀は福島雅儀氏の直茎両区鉄刀に分類され，TK209型式からTK217型式の須恵器を伴うことを

指摘している（福島雅 2005）。羨道の石棺は玄室の副葬品や須恵器からさらに後出すると予測され，7世紀中葉以降の所産と考えられる。

大師山1号横穴は出土遺物が確認できないものの，他の支群の出土遺物や構造から7世紀中葉頃と推定されている。家形の棺蓋を持つ造り付けの石棺が確認できる2号横穴も同様の年代が推定されている。洞古墳の横口を持つ家形石棺はお亀石古墳など石棺系の横口式石槨の影響が予想される。棺蓋が高く厚みのあるように造られる様相は，大師山2号横穴の棺蓋に類似し，7世紀中葉以降の製作と判断できる。したがってA地域は6世紀後半から7世紀前半に家形石棺が製作されるのに対し，B地域は7世紀中葉以降に製作されたと考えられる。

第41表　駿河・伊豆地域の家形石棺の棺蓋長と棺蓋幅との関係

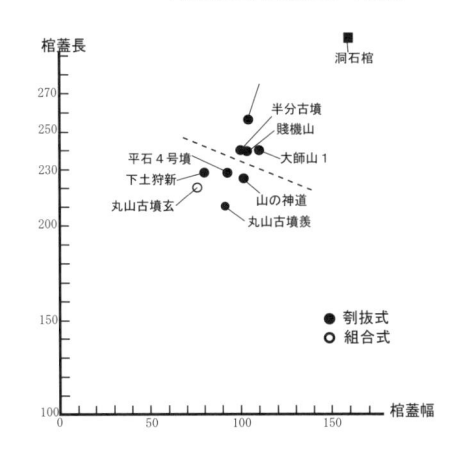

最後に畿内の石棺秩序との対応について触れておきたい。賤機山古墳，丸山古墳，半分古墳で突起1・3型式が採用されていることが注目される。畿内では條ウルガミ古墳でこの突起型式が採用されており，系譜が求められるかどうかが問題となる。畿内では突起1・2型式が最も格式が高いと判断しており，條ウルガミ古墳棺はこの型式を採用できないが棺蓋長270cmという巨大な石棺を造れる実力を持った被葬者か，突起1・2型式を採用しないで，組合式棺の突起型式を参考に突起1・3型式の刳抜式棺を創出した被葬者と考えている。ただし條ウルガミ古墳の所在する巨勢谷付近ではこの型式は確認できず，1代限りの限定品であり，特殊な被葬者であったと考えられる。

條ウルガミ古墳棺と賤機山古墳の被葬者との間に関係が結ばれ，棺蓋の情報が伝わったかどうかについては現時点では筆者は判断できないが，賤機山古墳の横穴式石室も畿内に系譜が辿れることが指摘されており（菊地 2003），この時期に畿内から家形石棺の情報とセットで導入されたことが推察される。

賤機山古墳の家形石棺の規模は畿内のD群，石棺の総高もb群であり，畿内の家形石棺の規模では最上位ではないことが指摘できる。丸山古墳では玄室棺に長持形石棺に良く似た組合式石棺が採用されていた。岡山県八幡大塚2号墳も，竜山石製の組合式石棺が長持形石棺1類に良く類似しており，石棺導入期に長持形石棺1類の形態を指向した組合式石棺が製作されることが認められるようである。突起1・0型式は階層の低い型式であるが，6世紀代の資料に当てはめて考察するのは危険である。羨道棺は賤機山古墳棺と同様突起1・3型式であるが，棺蓋の形態はより畿内の家形石棺のものに近づいている。畿内の石棺の規模に当てはめると，規模は畿内のD群でもE群に近い規模であり，総高はc群で，組合式棺の規模に近い。突起型式の位置付けに問題が残るものの，畿内3期の石棺秩序に対応させると中間クラスに該当することを確認しておきたい。

B地域の家形石棺は，出土古墳が判明するものは群集墳か横穴であり，独立墳に採用された様相は窺がえない。注目されるのは石棺の規模であり（第41表），原分古墳棺や大師山横穴棺が賤機山古墳棺と同規模であり，原分古墳では突起型式も一致することである。石棺の製作にあたって賤機山古墳の石棺の規格を模範とした可能性があり，菊地氏の指摘通り，A地域との関係が認められるのではないかと考えている。石棺の規模は2グループに分けられるが，井鍋誉之氏によれば，駿河東部の有力古墳は，7世紀前半代を通して横穴式石室の大型化が進行し，石棺と釘付式木棺を使用することが有力墳に認められる埋葬法で，地域内の階層秩序が明確化することが指摘されている（井鍋2008）。両者は畿内で採用される棺であり，B地域周辺で畿内の情報を基にした，棺の使い分け，石棺規模の使い分けによる階層秩序が存在した可能性は視野に入れておきたい。

　原分古墳や下土狩西1号墳など群集墳の中でも有力な古墳に家形石棺が採用され，豊富な馬具や装飾付大刀を保持している。井鍋氏は狩野川・横瀬川流域の地域社会に根ざす人々が置かれていた特殊な役割が7世紀中葉の有力古墳を樹立させる要因であり，副葬品などから，その役割に畿内中枢や駿河中央部に密接に関わっていたと捉える（井鍋2008）。

　B地域の大師山横穴群に隣接した大北横穴群は多数の石櫃が利用される特殊な横穴群であり，24号横穴の石櫃は「若舎人」の銘文（第123図）が彫られている（伊豆長岡町教育委員会1981）。被葬者と倭王権の関係を示す資料である。この地域は伊豆の国府・国分寺が造営され，やや距離があるものの，愛宕山山麓側には上円下方墳で著名な清水柳北1号墳が築造され，埋葬施設に伊豆石製の石櫃が利用されている。このような地域相からB地域は倭王権と駿河中央部と密接な関係を持ち，家形石棺が採用されたと判断するのが妥当である。

第11節　東北・関東地方

　群馬県に分布の集中が確認されている（第126図）。その意義については右島和夫氏により追及されている。右島氏の研究は毛野の古墳時代の動向を明らかにした重要な研究であり，その内容について触れておきたい。

（1）　右島和夫氏の見解

　6世紀代は県内各地に前方後円墳が多数確認できるが，前方後円墳の築造が停止すると，各地で目立った終末期古墳は確認できないものの，唯一総社古墳群のみ規模の大きな終末期方墳が築造されるようになることから，この時期に毛野の諸勢力が総社古墳群の下に一本化されることを指摘した。総社古墳群では前方後円墳終焉後，7世紀前半に愛宕山古墳（方墳56m），7世紀中葉ないし第3四半期に宝塔山古墳（方墳60m），7世紀第4四半期に蛇穴山古墳（方墳30m）と大型の方墳を築造し，愛宕山古墳と宝塔山古墳には家形石棺が，宝塔山古墳と蛇穴山古墳には漆喰が確認でき，倭王権との密接な関係が想定され，毛野の勢力の一本化は倭王権の後ろ盾を得て進められたことを明らかにした。

第4章　畿内系家形石棺の成立と石棺秩序の変容

第124図　関東地方内陸部の家形石棺分布図

1 愛宕山古墳棺　2 宝塔山古墳棺　3 今泉八幡山古墳棺　4 庚申塚古墳（縮尺不定）　5 西長岡横塚28号墳　6 小山市宇宇倉棺

第125図　関東地方の家形石棺

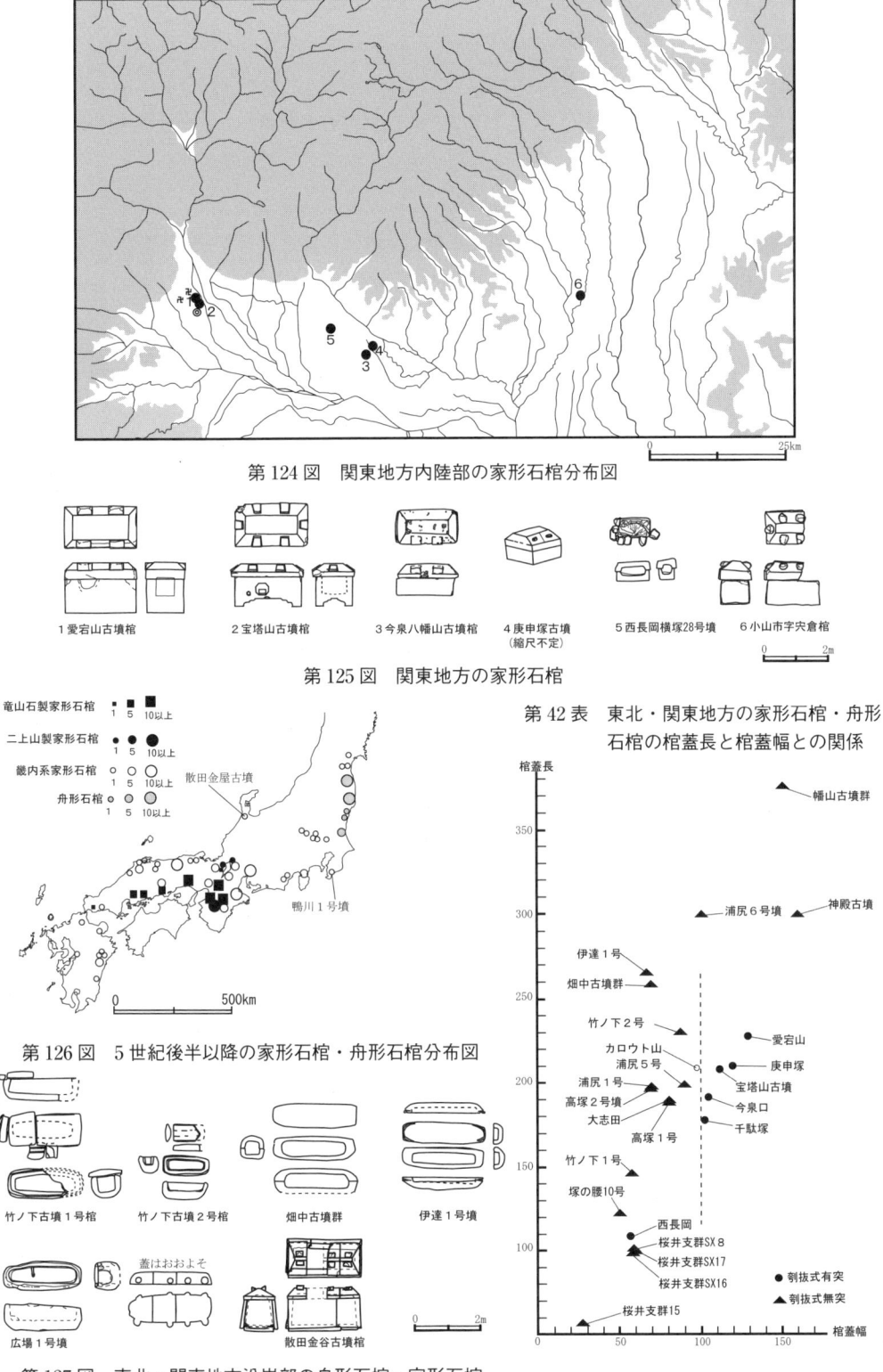

第126図　5世紀後半以降の家形石棺・舟形石棺分布図

竹ノ下古墳1号棺　竹ノ下古墳2号棺　畑中古墳群　伊達1号墳

広場1号墳　　　　　　　　　　　　散田金谷古墳棺

第127図　東北・関東地方沿岸部の舟形石棺・家形石棺

第42表　東北・関東地方の家形石棺・舟形石棺の棺蓋長と棺蓋幅との関係

一方毛野東部地域には最終段階の前方後円墳に 60m の前方後円墳である今泉八幡山古墳が築造され、愛宕山古墳と同時期には約 30m の方墳である巌穴山古墳が築造されている。付近では須恵器生産と埴輪生産が組織的に行なわれ、7 世紀後半以降は大規模な鉄生産始まる地域であることが着目され、今泉八幡山古墳と巌穴山古墳の間を東山道を通過し、下野・東北に通じることが明らかになっておりヤマト王権の重要な政治的拠点であることを指摘している。こうしたヤマト王権との密接な結びつきは、ヤマト王権が東山道を介した東国との交流に力点を置いたことにあり、毛野の勢力は中央集権的な支配体制を実現し、律令体制を目指す東国の動向の中でその一翼を担う役割を果たしたと評価している（右島 1985・2011a）。

群馬県内の家形石棺の意義は右島氏の見解の中で述べられた通りであり、分布図（第 124 図）を確認しても、毛野西部地域の総社古墳群と毛野東部地域の今泉八幡山古墳など太田市付近に分布し、この 2 地域が倭王権と密接な関係を持っていたことは明らかである。その意義については右島氏の見解通りと判断しており、筆者は石棺の規模と形態から若干の検討を行ないたい。

(2) 事例の検討

東北・関東地方の家形石棺の規模を落としたものが第 42 表である。石棺長は愛宕山古墳が最大で、230㎝を越えるものはない。石棺の規模を畿内のものと対応させると、愛宕山古墳は畿内の D 群の内に納まるものである。同じ突起 0・2 型式で、若干先行する今泉八幡山古墳棺と庚申塚古墳棺は D 群でも規模の小さい方に属し、愛宕塚古墳棺に及ばない。突起型式と規模に倭王権や地域内での関係が表れると考えてよければ、愛宕塚古墳棺と今泉八幡山古墳棺・庚申塚古墳棺の突起 0・2 型式の採用は倭王権の石棺秩序の中で決定されたと推察され、毛野東部の 2 例が愛宕山古墳棺の規模に及ばない点は毛野地域内での階層が表象された可能性が考えられる。

7 世紀第 3 四半期に築造された宝塔山古墳の家形石棺は規模が縮小するものの、突起 1・2 型式であることが注目される。畿内ではすでにこの時期は突起型式による表象が変質した可能性があり、ほとんど突起を持たないものが多数である。この時期に採用した意義については説明が難しいものの、前段階の畿内の石棺秩序で最も格式の高い突起 1・2 型式を採用することで、毛野の地域内での序列を明確に示したと考えたい。

西長岡横塚 28 号墳棺は家形石棺が在地で変化した小型棺という位置付けにある（島田 2001）。石棺の小型化、頂部平坦面の拡大化は他の地域でも認められる状況であり、列島の葬制の変化に対応した石棺とも捉えることが可能で、1 例ながらも重要であると考えている。このことは章のまとめで再論する。

なお栃木県小山市に位置する径約 70m の 2 段築成の円墳である千駄塚古墳の脇に凝灰岩製の家形石棺が置かれている。出土した古墳は千駄塚古墳群内の一古墳と考えられており、詳細な情報は不明である（竹澤 1981）。石棺長約 180㎝と刳抜式では小型棺に属すものの、突起は 1・2 型式と格式の高いものである。年代は突起形状が不整な楕円形を呈しており、畿内の突起形状を考慮して 6 世紀後半と考えられている（増田 2003b）。突起は水平に突出しており、畿内の 5 類棺蓋に対応し、6 世紀後半から 7 世紀初頭の事例の突起付加位置に類似するが、在地製のため、細か

な年代は推定できない。この家形石棺については課題としておきたい。

東北・関東地方　千葉県から福島県の太平洋沿岸部に形態の類似した舟形石棺が分布している（第126，127図）。年代の判明するものは和田編年10期以降のものであり，6世紀代になお舟形石棺が製作された地域であることが明らかにされている（徳江1994）。特に茨城県から福島県に分布の中心があり，車崎正彦氏により，「常磐型石棺」と呼称され，群馬県旧赤堀村16号墳棺との類似や埴輪の製作技術の検討を経て，群馬県からの伝播を推測している（車崎1980）。

第128図　千葉県広場一号墳石棺出土状況

以上のような研究があるものの，出土事例が現在にも遺存するのは数例で，実態はなお不明な点も多い。筆者も上記の研究成果を参考にしているが，若干気になる事例もあるため，数例を取り上げ，今後の課題を明確にしたい。

最初に取り上げたいのが，千葉県の広場1号墳である。海成段丘の砂丘上に位置した古墳で，1926年に偶然石棺が発見され，調査が行なわれた（千葉県1927）。それによると径21m程の円墳であり，その後出土遺物が安藤鴻基・杉崎茂樹・永沼律朗氏により再報告され，出土遺物や石棺の様相から6世紀後葉の築造と指摘されている（安藤他1980）。

筆者が注目したいのは，千葉県により報告された蓋と出土状況である（第128図）。安藤氏らの検討時にはすでに棺蓋は破片となっており，現状では確認できないが，棺蓋は3枚から構成され，長辺の突起を4つずつ造りだす突起0・4型式である。棺蓋は小口が丸みを帯びて，一端が他端より狭いことが分かる。棺身も同様に小口側は丸みを帯び，他方がやや幅が狭くなる。ただ棺身横断面形は箱形を呈する。平面形態は群馬県の台所山古墳に類似し，広場古墳棺が棺蓋長辺に突起を4つずつ造るのに対し，台所山古墳棺も棺身長辺に突起を3つ，棺蓋長辺に2つずつ造りだすので，一見良く似ているのである。しかし，台所山古墳棺は棺蓋の突起を重視すべきで，突起0・2型式である。さらに広場1号墳棺に比べ扁平である。無視できない点も認められるのである。

筆者はこの石棺は畿内の家形石棺の情報と在地の舟形木棺2類（平面形C形式）の情報が合わさったものではないかと考えている。突起0・4型式は畿内の組合式家形石棺で確認でき，石棺の製作時に在地の舟形木棺2類の影響が色濃く反映され，蓋の形態が特に舟の形態を指向したものと推定している。房総半島と三浦半島沿いの洞穴遺跡にはまさに丸木舟を棺に使用する事例が認められ（館山市立博物館2010），大寺山洞穴遺跡のように甲冑を副葬し，倭王権とも繋がりを持った首長の存在も確認されていることも付け加えておきたい。

茨城県伊達1号墳棺と畑中古墳群棺はまさに舟の形態と一致する。棺蓋・棺身の小口が斜めに立ち上がり，特に畑中古墳群は舳先と艫の区別が容易である。石棺の製作技術が導入された際に，在地の舟形木棺2類を模倣したと考えられる。

福島県竹ノ下古墳は滑津川下流域の丘陵頂部に築造された円墳である。墳丘盛土面に限定すれば径3m程の規模である。内部に2基の舟形石棺が埋設されていた。特に2号石棺は1号石棺に

比べ大型で，棺内に大刀2振，鹿角装の刀子，鉄鏃の束が確認された（いわき市教育委員会1970）。出土した鉄鏃と大刀の型式から6世紀後半の築造と考えてよい。2棺とも棺蓋に板状の石材を用い，棺身は中央部が膨らみ，小口が丸みを帯びたものである。特に小型の1号石棺は小口部の一端が他端より幅が狭くなり，幅の狭い側の端部は丸みを帯び，斜めに立ち上がる。舳先と艫の区別と推定され，舟形木棺2類の影響が想定される。棺蓋は板上であるが，図面で判断する限り，わずかに中央部が高くなることが注目される。

　竹ノ下古墳以外にも滑津川流域には舟形石棺が多数確認でき，特に集中する神谷作古墳群，久保ノ作古墳群，牛転古墳群には刳抜式石棺や組合式石棺が多数確認でき，写真やスケッチが残されている（いわき市史編さん委員会1976，磐高史学研究会1949，1950，1951）。これによれば神谷作102号墳の棺身や久保ノ作古墳群，牛転古墳群の棺身は，中央がやや膨らみ，小口側が丸みを持ち，一端が他端より広くなることが確認でき，竹ノ下古墳棺と同様な形態が判明する。さらにこの地域の古墳群には金澤邦男氏のスケッチが残されており，板状棺蓋を持つ石棺に加え，屋根状の棺蓋を持つ石棺のスケッチが残されている。福島県の中央よりやや北に位置する南相馬市の新田川流域の桜井古墳群や宮田川流域の浦尻古墳群からも類似した石棺が出土したことが知られている（南相馬市教育委員2007，2008）。これらの石棺の規模を第42表で確認してみると，約200cmと約100cmにまとまりがあるが，300cmを越える大型のものも認められる。狭長な事例が多く，群馬県の家形石棺とは幅90cmラインで，明瞭に区別できる。

（3）小　結

　福島県から茨城県の太平洋沿岸部に，縄掛突起を持たず小口が丸みを持つ隅丸方形の舟形石棺が特定地域，特定古墳群に分布することは重要であり，同様な社会背景のもと，石棺の製作が行なわれたと考えられる[1]。車崎氏の指摘通り群馬県の旧赤堀村16号墳棺や台所山古墳棺に類似した形態のものが認められるが，系譜関係かどうかはまだ問題が残されている。群馬県の舟形石棺も千葉県から福島県の太平洋沿岸部の舟形石棺も舟形木棺2類の影響を受けており，そのため類似した形態に見える可能性も十分にある。千葉県広場1号墳の縄掛突起の配置や，竹ノ下古墳棺は棺身横断面形が箱型で，棺蓋の中央がわずかに厚みを持つことが注目され，家形石棺の影響を考えられないか検討するのも一考の余地があるのではないかと考えている。

註
1）栃木県御蔵山古墳から出土した舟形石棺も棺蓋が板石であったことが知られ（神風1888），福島県の事例と共通する。この石棺も同様な政治背景，あるいは首長同士の交流により製作された可能性が想起される。

第12節　羽咋地域

　石川県散田金谷古墳は子浦川流域の志雄谷に位置する径30mの円墳である（志雄町教育委員会1980）。横穴式石室の奥壁に平行して組合式家形石棺が安置されていた。棺蓋は4枚で構成され，

1枚欠けているものの，突起0・4型式と推察される（第127図）。突起は長方形を呈するが，小型で，バランスが悪い。棺蓋幅約100cm，棺蓋長230cm，総高127cmを測る。部材の組合方法に特徴があり，長側壁が短側壁を挟み，側壁が底石の外側に置かれる。畿内の組合式家形石棺は側壁が底石の上に乗り，短側壁が長側壁を挟むことを原則とすることから，組合方法に差異が確認できる。散田金屋谷古墳棺の組合方法は九州系家形石棺や出雲系家形石棺にみとめられる技法であり，製作工人の系譜を示す可能性が高い。出土須恵器からTK43型式段階に位置付けられる。

河村好光氏の検討によれば，散田金谷古墳群は羽咋地域の6割近い横穴墳が集中し，眉丈山南端＝羽咋ブロックと押水ブロックの2つの政治勢力が統合された結果散田金谷古墳群が形成されたことを指摘し，散田金谷古墳出現以後一系列の横穴式石室墳群と複数の横穴群からなる重層的な構造が成立したとする（河村1980）。河村氏は志雄谷が越中から羽咋に抜ける幹線で重要な軍事的用地と推定しており，散田金屋古墳は志雄谷を押さえた画期的な首長と推察される。家形石棺の製作は河村氏の指摘するような社会背景のもと倭王権との交流を端に製作が行なわれたと思量される。規模は畿内のD群と対応し，組合式では比較的大型である。

第13節　畿内系家形石棺の成立と波及

時期的検討

最後に畿内における家形石棺の展開と各地における畿内系家形石棺の展開を上記の4期区分と対応させてまとめておきたい（第129図）。

畿内1期（5世紀後半）

TK23～TK47型式段階，和田編年の9期に対応する。第2章・第3章で詳説したので，簡単に触れるが，突起0・2型式の長持形石棺1類を祖形として馬門ピンク石製家形石棺が成立する。その分布は肥後から瀬戸内海の航路状と古市古墳群内に確認でき，5世紀代の肥後製の舟形石棺（北肥後型）や馬門ピンク石製家形石棺を採用した被葬者は桃崎氏の想定した遠距離海上交通に関わる職掌（桃崎2007）や倭王権のもとで海運に長けた肥後の首長と交渉を行なった人物と考えておきたい。長持形石棺1類と舟形石棺（北肥後型），馬門ピンク石製家形石棺は並存しており，長持形石棺1類を頂点とした石棺秩序の中に舟形石棺と家形石棺が組み込まれていたと判断している。

東北地域では宮城県念南寺古墳に馬門ピンク石製家形石棺を模倣した家形石棺が採用されている。念南寺古墳は墳丘長50mの前方後円墳で，北肥後型や馬門ピンク石製家形石棺を採用した古墳が墳丘長約50m前後の前方後円墳や径約30～40mの円墳であること一致し，同様な社会背景のもと採用されたと推察される。この時期に最北の前方後円墳岩手県角塚古墳が築造されること（林1989）から，倭王権の影響が北方にも伸張していたことが判明する。

畿内2期（5世紀末～6世紀前半）

MT15型式段階からTK10型式古段階，和田編年の10期にほぼ該当する。長持形石棺1類が

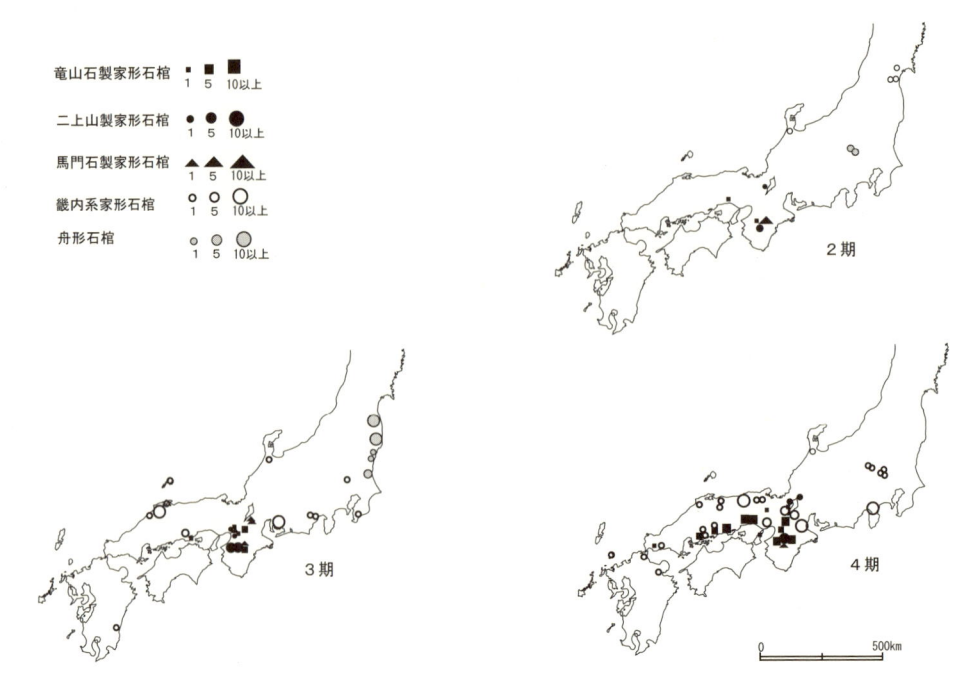

第 129 図　5 世紀後半以降の家形石棺・舟形石棺の分布推移図

狐井城山古墳の被葬者を最後に終焉を迎える。ただし追葬棺に竜山石製家形石棺が確認でき、天磐舟棺もこの時期の製作と考えられるので、長持形石棺1類以後竜山石の使用は停止おらず継続して家形石棺の製作が行なわれていることを確認しておきたい。二上山白石製家形石棺が馬門ピンク石製家形石棺をモデルに成立する。この時期に肥後製の舟形石棺は輸送が停止し、馬門ピンク石製家形石棺は奈良盆地東部に分布を移す。瀬戸内海の航路状に肥後製の石棺が確認できなくなり、馬門ピンク石製家形石棺の分布の変化と対応するものであろう。前段階とは異なる背景、異なる被葬者に利用されたと考えるのが妥当である。

　この時期の類例は多くないものの、竜山石製家形石棺は盆地の西部、馬門ピンク石製家形石棺は盆地の東部（三輪型）、二上山白石製は盆地の南部（南大和型）に分布の中心があり、石材ごとに分布差があり、氏族の動向と関連することが推察される。ただし二上山白石製、竜山石製共に馬門ピンク石製を祖形として成立し、石棺の規格を共有しており、ある程度共通した秩序を具えていたことは明らかである。

　東北地方では宮城県二塚古墳、同県一塚古墳に家形石棺が使用される。一塚古墳の棺蓋縄掛突起は大型の円形縄掛突起を水平に造ることに特徴があり、市尾墓山古墳棺の棺蓋縄掛突起の造作と共通する。二上山白石製家形石棺の情報を基に製作されたもので、念南寺古墳以後も倭王権との交流を確認できる。

畿内 3 期（6 世紀中葉から 7 世紀前半）

　TK10 型式新段階〜TK209 型式段階に及ぶ。和田編年の 11 期に該当する。二上山白石製・竜

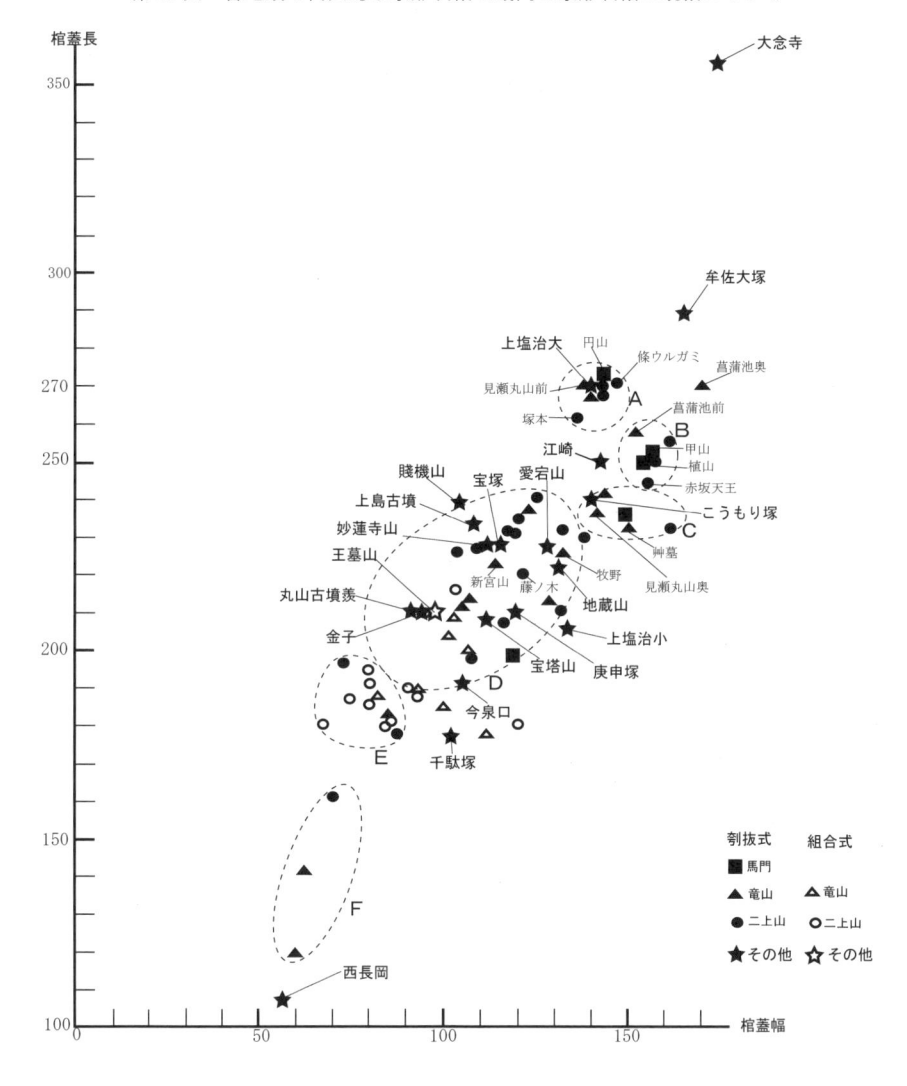

第4章　畿内系家形石棺の成立と石棺秩序の変容　235

第43表　各地域の代表的な家形石棺と畿内の家形石棺の規格について

山石製の組合式家形石棺が創出され，馬門ピンク石・二上山白石・竜山石の各家形石棺で確認できた特徴が次第に統合され，形態の統一が進む。葬制の整備が行なわれたことが推察され，突起型式・石棺の規模・石材・構造（刳抜式・組合式）を複合した石棺秩序が成立する（第106図）。

　奈良盆地南部を中心に竜山石製と二上山白石製の刳抜式家形石棺が多く分布しており，石棺秩序の整備に奈良盆地南部の勢力が主体的に関わっていたと推察される。和田氏が明らかにした石材の量に規定された石棺の「型」が揃う時期であり，筆者は氏族の動向は反映するとしても，より制度的に整備されたものと捉えており，奈良盆地南部の勢力との距離感が構造や石材，突起型式に反映され，前方後円墳にも組合式家形石棺が採用されるような状況が認められるのではないかと考えている。3期の家形石棺の石棺秩序は，墳形や墳丘規模に対応した突起型式と規模が一致する長持形石棺1類の石棺秩序と異なり，相対的なもので，群集墳の被葬者が含まれることが

特徴と考えられる。

このような石棺秩序は刳抜式に限定すれば，突起1・2型式，突起0・2型式という突起の配置，棺蓋長に顕著に確認できるA～E群の規格は長持形石棺1類に求めることができ，長持形石棺1類の石棺秩序を基本に創出されたと考えられる。

3期に畿内で共通する石棺秩序が整備され，制度化が進むと，各地に畿内系家形石棺が波及する。第5節から第11節で指摘したように各地で異なる受容形態を示すが，第43表で示したように基本的に畿内の家形石棺の規模と一致する。特に出雲と吉備では畿内3期の石棺秩序を体系的に導入し，影響が及ぶ地域社会の首長層の秩序付けを行なう。

吉備ではこうもり塚古墳の被葬者により導入されたと推察されるが，こうもり塚古墳棺もその後継者の江崎古墳棺も突起1・2型式を採用しながらも，畿内の最上位クラス規模には及ばない。吉備の首長に一定の規制が及び，その規模（C群）がまさに倭王権との関係を示していたと推察される。一方で出雲西部の状況は大念寺古墳棺が突出した規模を誇り，後継者である上塩冶築山古墳棺も見瀬丸山古墳前棺とほぼ同規模で，突起1・2型式を採用する。横口の採用，九州の家形石棺や舟形石棺に系譜を持つ小型の円形突起など独自色が強く，畿内の石棺秩序を模倣したもので，畿内の規制が及んでいる様相は見出しがたい。こうした吉備と出雲西部の異なる様相は，それぞれの倭王権との関係を反映した結果と解釈したい。

4期（7世紀前半～7世紀後半）

TK217型式段階からTK46型式段階に対応する。特にTK217型式段階の前半を境に，前半と後半に2分すると，前半に二上山白石製組合式家形石棺が消失し，突起0・0型式も3期には出現した可能性が認められるが，確実なのはこの時期である。特に播磨型が増加する。後半には突起0・0型式が増加し，E群やF群などの小型棺，極小棺が製作され，規模の縮小が認められる。ただし独立墳では大型棺も使用されており，2極化が進む。

棺蓋突起や二上山白石製組合式家形石棺の消失は石棺秩序が変容したことを示している。これは6世紀末から7世紀初頭以降の社会の変化と連動するものであろう。画期3は古墳からは前方後円墳の築造停止，新式群集墳の衰退，横口式石槨の採用が確認でき，さらに寺院の造営と金属器模倣土器の出現など多岐に渡り，社会の変革の様相が複数の視点から明らかにされている。残念ながら筆者は畿内4期については明確な石棺秩序を復元できていないが，家形石棺の性質が変化したと推察される。

特に播磨型が公的な性格を持ち，播磨型やそれを模倣した家形石棺が西日本を中心に広範囲に分布していることが指摘されており（和田1976），示唆的である。

近畿の終末期古墳と群集墳の検討を行なった安村俊史氏は，一般的な群集墳（後期群集墳）は6世紀後葉に盛期を迎え，7世紀初頭に衰退し，その後追葬はなされるものの，7世紀中葉から後葉には追葬も認められなくことを指摘し，7世紀代に造墓を行なう群集墳（終末期群集墳）は，群集墳の数においても，1群集墳内の古墳の数においても，後期群集墳からは大幅に減少しており，墓域などに対して6世紀以上に強い規制が働いていると予測する。こうした終末期群集墳を築造

した集団は単に有力氏族というだけではなく，中央政権から政権を支えていくための知識や技術などを保有するために必要とされるような氏族で，原初的な編戸によって戸主としての地位が確立していた氏族と捉える。このような氏族は具体的に渡来系の氏族が多かったのではないかと想定している（安村 2008）。

　安村氏の見解を参考にすれば，二上山白石製組合式家形石棺は後期群集墳に多用されており，後期群集墳とともに消滅したと捉えることが可能である。7世紀代に平尾山古墳群や飛鳥千塚など河内の群集墳を中心に増加する「播磨型」の中型棺の被葬者は，前段階とは異なった立場の被葬者と考えられる。和田晴吾氏の指摘するように，この時期に主要な古墳が限定され，「播磨型」や「南大和型」が当時の家形石棺の中で占めた比重はさらに大きくなるのである。

　畿内以外の地域では「播磨型」が瀬戸内海の航路状，山陽地方を中心に分布を伸ばす。小型棺・極小棺も目に付き，7世紀の前半から後半にかけて長期間採用されているようである。九州地方では独立墳に一代限り採用され，毛野地域では東西の独立墳に採用されるが，総社古墳群の優位性が確認できる。因幡や駿河東端・伊豆北部では群集墳を中心に家形石棺が採用される状況が確認でき，濃尾地域では畿内の様相とある程度一致し，3期には複数の地域で異なる型式の家形石棺が採用されていたが，4期以後形態が統一され，小型棺・極小棺が増加し，被葬者もまた変化したことが指摘されている（服部 1983）。

　4期もまた地域ごとに異なる様相が確認でき，倭王権と各地域との関係が反映していると考えるのが妥当であろう。特に3期と4期に遠隔地に畿内系家形石棺が波及する現象はさまざまな要因が考えられ，この点は終章で古墳時代の石棺秩序を考察する際に言及したい。

第44表　畿内の刳抜式家形石棺分析表

番号	古墳名	墳形	規模	石材	時期	棺蓋突起型式	突起付加位置	突起形状	棺身形態	平面面積比	高幅比	長幅比	蓋石長	蓋石幅	蓋石高	棺身長	棺身高	総高
1	築山古墳	前方後円墳	82m	阿蘇	1	0・2	1類	1a類	Ⅲ類	0.19	0.52	2.31	202.5cm	87cm	45.5cm	190cm	42cm	129cm
2	長持山古墳	円墳	40m	阿蘇	1	0・2	1類	1b類	—	0.2	0.46	2.63	221.5cm	84cm	39cm	214cm	48cm	132cm
3	野神古墳	前方後円墳	—	阿蘇	2	0・2	1類	1b類	Ⅱ類	0.18	0.45	2.53	204cm	80.5cm	37cm	204cm	約60cm	97cm
4	金屋石棺	—	—	阿蘇	2	0・2	1類	1c類	—	0.17	0.43	2.02	196cm	97cm	43cm	—	—	—
5	兜塚古墳	前方後円墳	40m	阿蘇	2	0・2	1類	1c類	—	—	0.35	1.67	約199cm	119cm	42cm	204cm	約80cm	139cm
6	東乗鞍古墳	前方後円墳	72m	阿蘇	2	0・2	1類	1c類	Ⅰ類	0.16	0.39	1.58	236cm	148.5cm	59cm	275cm	101cm	171cm
7	円山古墳	円墳	28m	阿蘇	3	1・2	3類	3a類	Ⅰ類	0.22	0.49	1.91	274cm	143cm	71cm	255cm	110cm	156cm
8	甲山古墳	円墳	24m	阿蘇	3	1・2	4類	3a類	Ⅰ類	0.24	0.44	1.61	253cm	157cm	46cm	235cm	101cm	158cm
9	植山古墳	方墳	40m	阿蘇	3	1・2	4類	3a類	Ⅲ類	0.32	0.37	1.61	250.5cm	155cm	57cm	268cm	89cm	139cm
10	市尾墓山古墳	前方後円墳	66m	阿蘇	2	0・2	1類	2a類	Ⅲ類	0.20	0.34	1.88	270cm	143cm	50cm	218cm	70cm	123cm
11	舎利尊勝堂古墳	円墳	25m	二上山	2	0・2	1類	2b類	—	0.18	—	—	—	—	—	—	—	—
12	権現堂古墳	円墳	—	二上山	2	0	—	—	Ⅰ類	0.23	0.46	(1.88)	(217cm)	115cm	53cm	218cm	55cm+	105cm+
13	市尾宮塚古墳	前方後円墳	44m	二上山	3	0・2	1類	2d類	Ⅰ類	0.28	0.44	1.97	231cm	114cm	50cm	227.5cm	77.5cm	119.5cm
14	條池南古墳	—	16m	二上山	3	0・2	1類	2c類	Ⅰ類	0.28	0.36	1.78	207cm	117cm	42cm	200cm	53cm	87cm
15	尊立寺境内	—	—	二上山	3	0・2	2類	3a類	Ⅲ類	0.25	0.29	1.8	220cm	116cm	34cm	220cm	92cm	145cm
16	藤ノ木古墳	円墳	40m	二上山	4	0・2	2類	3a類	Ⅱ類	0.38	0.44	1.94	231cm	121cm	53cm	224cm	65cm+	122cm+
17	鴨稲荷山古墳	前方後円墳	46m	二上山	3	1・2	3類	2b類	Ⅰ類	0.23	0.48	1.44	231cm	119cm	57cm	220cm	108cm	172cm
18	都塚古墳	方墳	28m	二上山	3	1・2	5類	3a類	Ⅲ類	0.28	0.39	1.58	233cm	161.5cm	64cm	240cm	102+	161cm
19	赤坂天王山古墳	方墳	52m	二上山	3	1・2	5類	3a類	Ⅲ類	0.43	0.38	1.76	245cm	155cm	59cm	240cm	89cm	150cm
20	金山古墳1	双円墳	78m	二上山	4	1・2	5類	3a類	Ⅲ類	0.39	0.46	1.85	233cm	132cm	61cm	230cm	76cm	138cm
21	金山古墳2	双円墳	78m	二上山	4	1・2	7類	3c類	Ⅲ類	0.40	0.51	1.93	224cm	121cm	62cm	218cm	80cm	150cm
22	ツボリ山古墳	円墳か	約20m	二上山	4	1・2	6類	3a類	Ⅲ類	0.45	0.58	1.61	(230cm)	119cm	70cm	245cm	55+	110cm+
23	水泥南古墳	円墳	14m	二上山	4	1・2	7類	3d類	Ⅲ類	0.41	0.41	1.88	211cm	131cm	55cm	203cm	88cm	—
24	塚本古墳	方墳	39m	二上山	4	1・2	7類	3b類	Ⅲ類	0.36	0.43	1.84	256cm	136cm	59cm	—	54cm	—
25	條ウルザミ古墳	—	—	二上山	4	1・3	4類	3c類	Ⅲ類	0.37	0.37	1.86	271cm	147cm	56cm	267cm	88cm	144cm
26	八三塚古墳	方墳	46m	二上山	4	0・3	—	—	Ⅲ類	0.30	0.39	2.45	267cm	143cm	29cm	204cm	—	—
27	山畑5号墳	円墳	13.6m	二上山	4	0・0	8類	—	Ⅲ類	0.47	0.35	2.69	206cm	84cm	33cm	195cm	47cm	80cm
28	飛鳥宿	—	—	二上山	4	0・0	8類	—	Ⅲ類	0.46	0.45	2.3	197cm	73cm	54cm	155cm	41cm	75cm
29	弁天社古墳	—	—	二上山	4	0・0	8類	—	Ⅲ類	0.44	0.49	2.02	161cm	110cm	41cm	172cm	52cm	93cm
30	三ツ塚7号墳	方墳	6m	二上山	4	0・0	8類	—	Ⅲ類	0.41	0.48	2.08	178cm	70cm	52cm	211cm	64cm	116cm
31	押熊	—	—	二上山	4	0・0	9類	—	Ⅲ類	0.70	0.46	2.17	227cm	88cm	48cm	214cm	60.5cm	108.5cm
32	二子塚古墳1	長方形墳	60×25m	二上山	4	0・0	9類	—	Ⅲ類	—	0.45	1.59	226cm	109cm	74cm	243cm	86.5cm	160.5cm
33	二子塚古墳2	長方形墳	60×25m	二上山	4	1・2	7類	3d類	Ⅲ類	0.43	0.46	1.83	250cm	104cm	38cm	197cm	58cm	96cm
34	お亀石古墳	方墳	21m	二上山	4	0・0	8類	—	Ⅲ類	0.53	0.47	1.92	198cm	157cm	64cm	241cm	68+	132cm
35	徳楽山古墳	円墳	15m	二上山	4	0・0	8類	—	Ⅲ類	0.60	0.35	1.58	240cm	108cm	—	—	—	—
36	松井塚古墳	円墳	30m	二上山	4	0・0	8類	—	Ⅲ類	0.60	0.51	1.95	255cm	125cm	—	—	—	—
37	小口山古墳	方墳	—	二上山	4	0・0	9類	—	Ⅲ類	—	—	—	234cm	161cm	—	—	—	—
38	仏陀寺古墳	—	—	二上山	4	0・0	—	2a類	—	0.29	0.61	—	—	120cm	—	—	—	—
39	狐井城山4号	前方後円墳	140m	竜山石	2	0・2	1類	—	—	—	—	—	—	105cm	64cm	—	—	—
40	狭山池G	—	—	竜山石	3	0・2	2類	3a類	—	—	—	—	—	—	49cm	—	—	—

第4章　畿内系家形石棺の成立と石棺秩序の変容　239

番号	古墳名	墳形	規模	石材	時期	棺蓋突起型式	突起付加位置	突起形状	棺身形態	平坦面指数	高幅比	長幅比	蓋石長	蓋石幅	蓋石高	棺身長	棺身高	総高
41	天磐舟	—	—	竜山石	2	1・2	3類	2a類	—	0.29	0.42	1.90	266.5cm	140cm	59.5cm	—	—	—
42	新宮山古墳	円墳	25m	竜山石	3	1・2	4類	3a類	Ⅲ類	0.32	0.38	1.96	223cm	114cm	43.5cm	225cm	96cm	139.5cm
43	見瀬丸山前	前方後円墳	310m	竜山石	3	1・2	5類	3a類	—	0.34	0.44	1.92	275cm	145cm	63cm	—	—	—
44	牧野古墳	円墳	60m	竜山石	3	1・2	5類	3a類	Ⅲ類	(0.37)	(0.39)	(1.71)	(226cm)	(132cm)	(51cm)	(220cm)	(98cm)	149cm
45	水泥南古墳袋	円墳	14m	竜山石	4	1・2	6類	3c類	Ⅲ類	0.45	0.39	1.88	226cm	120cm	50.5cm	214cm	—	—
46	見瀬丸山奥	前方後円墳	140m	竜山石	4	1・2	6類	3a類	—	0.42	0.30	1.67	242cm	144cm	42cm	—	—	—
47	狭山池A	—	—	竜山石	4	1・2	7類	3b類	—	—	0.55	2.04	200cm	98cm	54cm	—	—	—
48	狭山池B	—	—	竜山石	4	1・2	7類	3b類	—	0.36	0.48	1.65	213.5cm	129cm	62cm	—	—	—
49	平尾山63-19	—	—	竜山石	4	1・2	7類	3b類	Ⅲ類	0.43	0.35	2.0	214cm	107cm	46cm	217cm	73cm	119cm
50	烏坂寺	—	—	竜山石か	4	1・2	7類	3b類	—	0.48	0.40	2.0	211cm	105cm	42cm	—	—	—
51	六ツ河原城	—	—	竜山石	4	1・2	7類	3b類	Ⅲ類	0.53	0.45	2.26	202cm	89cm	41cm	196cm	57cm	98cm
52	艸墓古墳	方墳	28m	竜山石	4	1・2	7類	3b類	Ⅲ類	0.49	0.39	1.55	233cm	150cm	60cm	228cm	98cm	158cm
53	耳原古墳	円墳	28m	竜山石	4	1・0	—	—	Ⅰ類	0.50	0.32	2.22	205cm	92cm	28cm	210cm	68cm	96cm
54	小谷古墳	方墳	35m	竜山石	4	0・0	8類	—	Ⅲ類	0.50	0.34	1.92	237cm	123cm	42cm	228cm	83.5cm	123.5cm
55	柴山3号墳	円墳か	—	竜山石	4	0・0	8類	—	—	—	0.32	2.15	183cm	85cm	(28)	—	—	—
56	来迎寺1号	—	—	竜山石	4	0・0	8類	—	—	0.56	0.45	2.29	142cm	62cm	28cm	—	—	—
57	来迎寺2号	—	—	竜山石	4	0・0	8類	—	—	0.56	0.35	2.1	126cm	60cm	21cm	—	—	—
58	正法寺	—	—	竜山石	4	0・0	—	—	Ⅲ類	—	—	—	—	—	—	159cm	50cm	—
59	西迫内古墳か	円墳か	8m	竜山石	4	0・0	—	—	Ⅲ類	—	—	—	—	—	—	150cm	38cm	—
60	磯長小嶺	—	—	竜山石	4	0・0	9類	—	—	0.42	0.41	1.68	241.5cm	143cm	59cm	—	—	—
61	国中神社	—	—	竜山石	4	0・0	10類	—	—	0.49	0.37	—	—	100cm	37cm	—	—	—
62	菖蒲池1	方墳	30m	竜山石	4	0・0	10類	—	Ⅲ類	—	0.36	1.58	270cm	170cm	62cm	241cm	96cm	158cm
63	菖蒲池2	方墳	30m	竜山石	4	0・0	10類	—	Ⅲ類	—	0.42	1.69	258cm	152cm	64cm	246cm	97cm	161cm
64	西宮古墳	方墳	36m	竜山石	4	0・0	(10類)	—	Ⅲ類	—	—	—	—	—	—	216.5cm	72.5cm	—

第45表　畿内の組合式家形石棺分析表

番号	古墳名	墳形	規模	石材	時期	突起型式	平坦面指数	高幅比	長幅比	蓋枚数	蓋石長	蓋石幅	蓋石高	底石枚数	棺身長	棺身幅	側壁高	総高
1	一須賀O6号	円墳	20m	二上山	3	0・2	0.28	0.31	1.68	1	210cm	125cm	39cm	—	—	—	—	—
2	一須賀wA1号	円墳	30m	二上山	3	0・2	0.31	0.37	2.14	2	235.5cm	110cm	41cm	2	(235)cm	(109)cm	67cm	130cm
3	御坊山1号墳	円墳	20m	二上山	3	0・2	0.37	0.36	—	2	(210)cm	107cm	38cm	3	226cm	112cm	48cm	109cm
4	小山2号墳奥	円墳	30m	二上山	3	0・2	0.22	0.20	1.88	—	—	110cm	22cm	3	207cm	97cm	66cm	104cm
5	服部川62号墳	円墳	18.6m	二上山	3	0・2か	—	—	2.21	—	—	—	26cm	4	177cm	80cm	55cm	119cm
6	平群三里古墳	円墳	12m	二上山	3	0・3	0.63	0.26	2.7	1か	224cm	112cm	29cm	3	223cm	101cm	55cm	93cm
7	一須賀O4号	円墳	20m	二上山	3	0・3か	0.29	—	1.75	2	—	118cm	—	2	210cm	120cm	60cm	—
8	お旅所北古墳裏	円墳	28m	二上山	3	0・3	0.34	0.26	2.14	2	182cm	85cm	23cm	3	174cm	101cm	44cm	82cm
9	櫟山古墳	円墳	20m	二上山	3	0・3	0.44	0.25	2.32	3	186cm	80cm	21cm	4	193cm	71cm	44cm	80cm
10	北今市2号墳	方墳	18m	二上山	3	1・3か	0.49	0.34	2.68	3	188cm	75cm	26cm	5	215cm	89cm	36cm	79cm
11	東原ワカ山古墳	—	—	二上山	3	0・3	0.41	0.28	2.11	3	230cm	109cm	31cm	5	228cm	105cm	56cm	100cm
12	藤山古墳	—	—	二上山	3	0・3か	0.39	0.32	(2.50)	3	(215)cm	86cm	29cm	5	215cm	91cm	58cm	106cm
13	北今市1号墳	円墳	25m	二上山	3	0・3か	0.42	—	1.96	3か	—	102cm	—	3	216cm	110cm	—	—
14	安韶浄土寺	—	—	二上山	3	0・3	0.36	0.33	—	3か	(218)cm	112cm	38cm	—	—	—	—	—
15	ホケノ山古墳	前方後円墳	80m	二上山	3	0・3	0.63	0.25	2.21	3	210cm	95cm	24cm	4	175cm	95cm	53cm	87cm
16	梶原D1号	円墳	25m	二上山	3	0・3	0.46	0.25	2.46	3	188cm	99cm	25cm	3	222cm	96cm	70cm	113cm
17	五条山古墳	—	—	二上山	3	0・3か	(0.60)	0.15	(2.11)	3か	(190)cm	90cm	14cm	—	—	—	—	—
18	茶山古墳	円墳	約10m	二上山	3	0・4か	0.50	0.25	2.26	2	216cm	120cm	30cm	4	279cm	132cm	71cm	115cm
19	西ノ山古墳	—	—	二上山	3	0・4	0.22	0.21	2.09	2	188cm	103cm	21.5cm	4	218cm	104cm	45cm	85cm
20	大和狐塚古墳	方墳	—	二上山	3	0・4	0.46	0.23	2.06	2	188cm	93cm	21cm	3	188cm	90cm	53cm	85cm
21	芝塚2号墳	円墳	30m	二上山	3	1・2	0.31	0.27	2.0	2	220cm	110cm	30cm	—	—	—	55cm	103cm
22	お旅所北古墳玄室	円墳	28m	二上山	3	1・2	0.46	0.27	1.70	3	237cm	139cm	39cm	4	235cm	132cm	73cm	132cm
23	小山2号墳前	円墳	30m	二上山	3	0・0	0.53	0.18	2.44	4	195cm	80cm	30cm	4か	188cmか	74cm	47cm	71cm
24	カタンパ11号墳	—	—	二上山	4	0・0	0.72	0.17	2.50	2	214cm	87cm	15cm	2	209cm	89cm	42cm	72cm
25	南塚古墳奥棺	前方後円墳	50m	二上山	2	0・0	0.88	0.14	1.50	2	180cm	120cm	19cm	2	214cm	103cm	70cm	89cm
26	南塚古墳前棺	前方後円墳	50m	二上山	2	0・0	0.81	0.18	1.87	2か	180cm	116cm	21cm	2	218cm	124cm	70cm	106cm
27	すえの森古墳	—	—	二上山	3	0・0	0.85	0.18	2.38	4	191cm	(80)cm	14cm	4	188cm	80cm	48cm	73cm
28	神立7号墳2号	円墳	約15m	二上山	4	0・0	0.83	0.14	2.64	5	180cm	68cm	10cm	6	180cm	65cm	30cm	52cm
29	神立7号墳3号	円墳	約15m	二上山	4	0・0	0.86	0.16	2.14	4	180cm	84cm	14cm	4	183cm	80cm	48cm	71cm
30	星塚古墳	円墳	40m	二上山	3	0・0か	—	—	2.09	—	—	110cm	—	3	230cm	110cm	—	—
31	谷脇古墳	円墳	18m	二上山	3	0・0か	—	—	3.0	—	—	55cm	20cm	3	235cm	55cm	55＋cm	76＋cm
32	烏土塚古墳玄室	前方後円墳	61m	二上山	3	2・3か	—	—	1.90	—	—	160cm	20cm	1	285cm	160cm	90＋cm	110＋cm
33	二塚古墳前方部	前方後円墳	60m	二上山	3	0・0	—	—	(1.90)	—	—	87cm	—	2	(160)cm	87cm	—	—
34	馬塚古墳	—	—	二上山	3	0・0	—	—	1.82	—	—	124cm	—	3	226cm	124cm	—	—
35	兄川底古墳奥	—	—	二上山	3	0・0	—	—	1.82	—	—	115cm	—	3	210cm	115cm	—	—
36	烏土塚古墳羨道	前方後円墳	61m	二上山	3	0・0	—	—	2.0	—	—	90cm	17＋cm	3	180cm	90cm	—	—
37	一須賀O6	円墳	20m	二上山	3	0・0	—	—	2.15	—	—	100cm	—	3	215cm	100cm	—	—
38	安部山4号墳	円墳	20m	二上山	3	0・0	—	—	2.55	—	—	80cm	—	3	204cm	80cm	—	—
39	一須賀O5号墳	円墳	18m	二上山	3	0・0	—	—	(1.90)	—	—	102cm	—	4	194cm	102cm	—	—
40	首子8号墳	円墳	12m	二上山	3	0・0	—	—	2.88	—	—	61cm	—	3	173cm	61cm	—	—

第4章　畿内系家形石棺の成立と石棺秩序の変容

番号	古墳名	墳形	規模	石材	時期	突起型式	平坦面指数	高幅比	長幅比	蓋枚数	蓋石長	蓋石幅	蓋石高	底石枚数	棺身長	棺身幅	側壁高	総高
41	北今市1号墳2	円墳	25m	二上山	3	—	—	—	1.99	—	—	—	—	4	205cm	103cm	—	—
42	秦献塔山2号墳	—	—	二上山	3	—	—	—	2.36	—	—	—	—	4	201cm	85cm	—	—
43	切戸2号墳	円墳	14m	二上山	3	—	—	—	1.96	—	—	—	—	4	212cm	108cm	—	—
44	新宮原古墳	—	—	二上山	3	—	—	—	2.50	—	—	—	—	4	225cm	90cm	—	—
45	新屋26号墳	円墳	16m	二上山	3	—	—	—	2.22	—	—	—	—	6	267cm	120cm	—	—
46	山畑25号墳	円墳	—	二上山	4か	—	—	—	2.04	—	—	—	—	4	200cm	98cm	—	—
47	弥宮池1号墳	—	—	二上山	3	—	—	—	2.27	—	—	—	—	6	189cm	90cm	—	—
48	平林古墳	前方後円墳	62m	二上山	3	—	—	—	2.34	—	—	—	—	4	185cm	79cm	—	—
49	兄川底古墳前棺	—	—	二上山	3	—	—	—	2.0	—	—	—	—	12	202+cm	100cm	—	—
50	鳥ノ山1号墳	方墳	16m	二上山	3	—	—	—	2.0	—	—	—	—	3	220cm	110cm	52cm	—
51	平尾山34号墳	円墳	12m	二上山	4	2・2	0.5	0.22	1.75	2	204cm	116cm	26cm	1	170cm	—	62cm	88cm
52	物集女車塚古墳	前方後円墳	46m	二上山	3	0・5	0.82	0.14	1.7	3	205cm	120cm	17cm	3	231cm	120cm	76cm	105cm
53	大覚寺1号墳	円墳	56m	竜山石	3	0・2	0.45	0.36	1.86	2か	—	87cm	32cm	1	175cm	94cm	80cm	112＋cm
54	大覚寺1号墳3	—	—	竜山石	3	—	—	—	—	—	—	—	23cm	—	—	—	—	—
55	大覚寺2号墳	方墳	28m	竜山石	4	0・2か	0.56	0.19	—	—	—	113cm	22cm	—	—	—	—	—
56	大覚寺3号墳	方墳	13m	竜山石	4	0・2	—	—	—	1か	—	—	21cm	—	—	—	—	—
57	大覚寺1号墳2	円墳	56m	竜山石	3	1・2	0.39	0.39	1.60	1	178cm	111cm	44cm	—	226cm	145cm	93cm	175cm
58	耳原古墳奥棺	円墳	28m	竜山石	3	1・2	0.35	0.56	1.81	1	230cm	127cm	71cm	1	210cm	—	—	—
59	光明寺古墳群2	—	—	竜山石	4	1・2	0.49	0.24	(1.86)	1	(200)cm	107cm	26cm	1	205cm	102cm	83cm	130cm
60	嵯峨植木屋	—	—	竜山石	4	1・2	0.56	0.31	2.01	1	204cm	101cm	32cm	1	—	—	—	—
61	堀田7号墳	—	—	竜山石	4	1・2	0.47	0.32	1.85	1	185cm	100cm	31.5cm	—	—	—	—	—
62	阿古屋墓	—	—	竜山石	4	0・0	0.57	0.35	—	1	—	88cm	31cm	—	—	—	—	—
63	荒蒔墓地	—	—	竜山石	4	1・3か	0.54	0.26	—	2	—	110cm	29cm	—	—	—	—	—
64	神立7号墳1	円墳	約15m	竜山石	4	1・3か	0.79	0.13	2.03	3	208cm	102cm	12cm	4	220cm	102cm	52cm	74cm
65	福西13号墳	—	—	竜山石	4	0・0	0.55	0.20	2.04	2	190cm	93cm	18.5cm	2	190cm	88cm	55cm	84cm
66	桜井1号墳	円墳	—	竜山石	4	0・0	0.91	0.10	2.08	4	188cm	82cm	9cm	4	201cm	96cm	44cm	67cm
67	堀切6号横穴	横穴	—	竜山石	4	0・0	—	0.21	2.07	2	197cm	95cm	20cm	2	192cm	93cm	52cm	88cm
68	越塚古墳	—	40m	竜山石	4	—	—	—	1.76	—	—	—	—	2	214cm	121cm	—	—
69	走田9号墳	円墳	12m	竜山石	4	—	—	—	1.84	—	—	—	—	2	207cm	72cm	—	—
70	出雲井8号墳	円墳	—	竜山石	4	—	—	—	2.05	—	—	—	—	2	205cm	100cm	—	—

第5章　製作技術から見た石棺の系譜

　本章では第1章から第4章で検討した内容を製作技術から検証することを目的とする。筆者がこの章を設けた理由に，石棺に残された工具痕研究の少なさと，形態から製作工人の系譜を追及する研究が多いことに疑問を感じたからである。たとえば畿内系家形石棺では，遠隔地に形態の整った家形石棺が採用された場合は畿内の工人が派遣されたと想定され，形態が崩れたものが採用された場合は，情報が伝播したものを在地の工人が製作したと考える研究が多い。

　この点について筆者が疑問を感じたのは群馬県太田市の今泉八幡山古墳の報告書を参照した際に，出土した家形石棺は横穴式石室の開口方向側は縄掛突起が表現されるものの，奥壁側の見えない側は縄掛突起が省略された形の崩れたもの（第125図）であり，当初筆者も畿内から工人が派遣されたことに疑問を感じていた。その後報告書の掲載写真を再度確認したところ，写真で判断するかぎり，チョウナ削り技法が明確ではなく，ノミ叩き技法あるいは小叩き技法かと推察される硬質石材の加工技法が中心であり，該期の竜山石製家形石棺と同等の技術が使用され，この技術を保有する倭王権側から工人が派遣されたと考えたほうが妥当であると考えるにいたった。

　さらに青木敬氏が横穴式石室の石室構築集団と土木技術集団の検討を行なった際に，「横穴式石室の構築技術差は工人差，石室構造差は葬送観念の差」と指摘した尾崎喜左雄氏の見解（尾崎1961）を受けて，古墳築造に関わる技術集団の弁別を丹念に行ない，地域性を視野に入れた研究を展開したことにも影響を受けた（青木2004）。つまり石棺の形態も受容する側の首長の葬送観念が反映されるため，一度形態を切り離し，製作工人は別の方法で抽出するべきなのではないかと考えるにいたった。すなわち，石棺の組合方法・部材の結合方法と石棺に残された工具痕が最も製作者集団の実態を表し，特に工具痕が最もその実相を示すと考え，工具痕の検討を行なうことにした。しかし多くの石棺を観察したものの，筆者もこうした視点が最近まで欠けており，石棺の工具痕の詳細な写真や拓本を掲載できない。したがって筆者が再観察を行ない，さらに工具痕が報告書に詳細に掲載されている事例を中心に取り上げ今後の見通しを述べたい。

第1節　製作技術についての研究史

　古墳時代の石造物の加工技術を体系的に整理したのは和田晴吾氏である。以後氏の研究成果を援用あるいは対比した研究が主流となるので，研究史をそれ以前のものと2区分して報告する。

　研究の黎明（1期）　具体的な加工技術を検討し，石工技術の復元を試して見た研究はほとんどない。尾崎喜左雄氏は群馬県内の横穴式石室の編年を考察する上で石材の積方，加工度合いなど石材の取り扱い方を検討している。石材をいかなる道具で加工したかという問題には触れないものの，自然石，剥石，割石，削石，裁石に分け，時期的変化を考察されている（尾崎1949，1966）。

坪井清足氏は7世紀以降の墓制の変貌を概観する中で奈良県益田岩船に認められる縦横に走る細い溝が，亀石下部の格子状の溝に類似し，当時の花崗岩の表面仕上げ技法として注目する（坪井1961）。西谷慎二氏は兵庫県石宝殿に着目し，益田岩船も同種の石造物と捉え，両者の精確な実測図の作成と計測値，観察結果をまとめている（西谷1968）。

　丸山竜平氏は近江石部の検討を行なった。論旨は多岐にわたるが，近江では6世紀中葉までは凝灰岩製石棺が各地域の最高首長に利用され，伊香郡の石作神社を支配した物部系の石工工人により製作され，石工は近江首長層の共有的技術工人であったとする。6世紀後葉以降になると花崗岩製の石棺が増え，百済からの渡来系の技術者が一旦大和の東漢直の直接的支配化に置かれ，まもなく近江甲賀地方の地域首長で東漢氏と同族関係をなす鹿臣氏の直接的支配下におかれ，金勝山の北西麓，甲賀郡石部町に移り住み，その後も東漢直に蕃上し飛鳥も含め各地の石室や石槨，飛鳥寺礎石などを製作した。大和の凝灰岩を産出する二上山の石切場では今来の石工工人渡来以後も凝灰岩製の石棺を製作しており，彼ら石工は大和朝廷を支えた地域首長から徴発され，二上山に蕃上し，石切場が開発される。大王とその一族以外の各地域首長はここで切り出された石材を私有の工人により石棺を製作したとする（丸山1971）。

　若干時期が前後するが小林行雄氏は日本書紀の神后・応神紀の朝鮮半島記事が多いことに着目し，前方後円墳の築造技術，石棺の出現，甲冑や工具に見る鉄工技術の発達，攻玉技術の革新など4世紀後葉において新たに出現した技術は大陸系文化を採用した結果とみる（小林1965）。石棺を製作する道具や技術は朝鮮半島から輸入したものと推定し，軟質の石材の加工から始まり，花崗岩や安山岩の硬質石材の加工まで発展したのではなく，当初から花崗岩を加工する努力をはらっており，体系的な技術の導入を予想している。和田氏の石造物製作技術の検討はこの体系的技術を明らかにしたもので，画期的である（和田1983a）。

　古墳時代の石造物の製作技術を検討する前に和田氏は畿内の家形石棺の検討を行なった。詳細は上述したので省くが，氏は「型」と「石棺群」を設定し，これが特定の石工集団に製作されたと考え，古墳時代後期にいたっても特定の首長の元にそれぞれ特定の石工が編成されることを推定した。特に組合式家形石棺ではその組合方法と結合方法に畿内の家形石棺の特徴が顕著で，底石の上に側壁が乗り，短側壁で長側壁を挟む方法が九州や出雲の組合式石棺の組合方法と区別されることを指摘した。さらに畿内では同一の組合方法であるものの，石棺群で結合技法が異なることを指摘し，石工集団の抽出に組合方法と結合技法の検討が有効であることを明らかにしている（和田1976）。

　その後氏の研究を基に竜山石製の長持形石棺の主体的な結合技法を北原治氏が，竜山石製組合式家形石棺の結合方法の小地域性を十河良和氏が，出雲の組合式家形石棺の結合方法の小地域性を大谷氏が明らかにし，石工集団の把握が行なわれた（北原1999，十河1993，大谷1995）。

　1970年代後半～80年第初頭にかけて奥田尚氏と増田一裕氏が二上山付近の石切場の紹介と肉眼観察による二上山系石材で製作された石棺の石切場の推定，未製品の報告，石材の採掘方法の推定を行なった（奥田1977・1982，奥田・増田1979・1981，増田・奥田1980）。特に岩屋峠西方の石

切場の工具の痕跡から，石棺石材の採掘方法を四周に溝を掘り，最後に底面を割り取る掘割技法を予想する。奥田氏や増田氏の努力により石切場の観察の重要性が認識された。

体系的研究の開始（2期） 和田氏の研究はそれまで個別の事例や製品の一部の工具痕が報告されてきたのに対し，まず各地の民俗事例や絵巻・図会の検討から石工技術の復元的検討を行ない，具体的に古墳時代の石造物（特に石棺）に残る工具痕から，製作技術を仕上げの技法・粗作りの技法・石材採取の方法とその工程を整理し，石工技術は古墳時代初頭と飛鳥時代初頭の2回，大陸・朝鮮半島から波及したことを明らかにした。どの首長も自由に石工集団を組織できるわけではなく，地域首長連合に一集団，畿内首長連合に一組織程度で，それぞれの連合体の中枢のみ維持・管理と石棺の配布についての権利を持つと指摘した。石棺の配布は極めて政治的で，石工とその技術は優れて政治的に編成されていると指摘した（和田 1983a・1991）。

和田氏の工具痕の詳細な観察と製作技法の復元は序章第4節で触れた通りである。氏の研究以後，古墳時代の石造物の工具痕の検討が和田氏の製作技術，製作工程を意識した表記となる。和田氏の体系的な製作技術の研究が一つの到達点を示し，1980年代前半以降製作技術に関わる研究はさほど多くない。以下製作技術や工人の編成に関わる論考も含めた。

白崎卓氏は福井市竜ヶ岡古墳出土石棺の工具痕の検討を行ない，結論として「粗作り」ではチョウナと小型ツルハシが使用され，チョウナは大小2種類があること。石材は厳密な計画性があり，割付線は鉄器によるもので，「仕上げ」は二つのグループが棺蓋と棺身をそれぞれ担当し，特に棺蓋が丁寧に仕上げられたと指摘した（白崎 1986）。

実際に小山谷古墳棺レプリカを製作した石工の田中昭三氏の見解と和田氏の見解を基に1石棺の詳細な検討が行なわれた意義は大きい。小型のツルハシが使用されたとする点については古墳時代にこのような工具が溯るかは難しいと思われるが，工具痕の方向や石棺の向きを考慮し複数のグループにおける製作を考慮した点や，棺蓋が丁寧に仕上げられたという点は特に重要である。

田邊朋宏氏は福井県の笏谷石製の石棺の埋葬方法を検討し，従来石棺直葬の場合「最終的な場」は蓋との合わせ目と考えられてきたが，土層の変化や棺外副葬品の位置，工具痕の分析から合口より下部の棺身上部であることを明らかにし，越前の大首長と足羽山の首長は笏谷石製の石棺が共通し，同様な祭祀が行なわれていたことを指摘した（田邊朋 2008）。最終的な埋葬儀礼の場と工具痕の変化の対応は明瞭で，最終的な埋葬儀礼時の可視範囲（棺身上部から棺蓋）は丁寧に仕上げるのに対し，不可視範囲（棺身下部）は荒く仕上げていることが判明した。白崎氏の棺蓋を丁寧に仕上げるという指摘も含め，和田氏が石工は古墳祭式の実行に深く関与していたとの指摘（和田 1983a）を補強するものであろう。

近年の製作実験も多大な成果を上げている。2005年には馬門ピンク石製家形石棺を宇土半島から大阪まで海上航路で運ぶ実験航海が行なわれ，研究面でも多大な成果を上げた（石棺文化研究会 2007）。その中で馬門ピンク石を加工して家形石棺を製作した高濱英俊氏は，奈良県植山古墳棺を観察し，複数種類のノミの痕跡から，石棺の製作に複数の工人が携わったことを指摘している。実際に石棺の製作過程が克明に記録されており，石棺石材の切り出し，製作時における石

材の色むらの回避，棺蓋・棺身の反転，運搬，製作期間など，貴重な情報が提供された（高濱2007）。また印籠構造の場合，蓋を合わせる作業の困難さから，仕上げを終え一回で本体に蓋を設置したとの指摘は，古墳祭祀における遺体の搬入がいつ行なわれるかという問題とも関連するものであろう。

　石棺ではないが，奈良県高取町の終末期古墳である束明神古墳の凝灰岩製の石槨の復元製作の記録と石材の積方，運搬の労力に対する考察は古墳時代の石造物の製作を考える上で参考となる。

　なお平成18年度に熊本県立装飾古墳館の企画展示で「阿蘇の灰石展」が行なわれた。この解説図録の中で，阿蘇溶結凝灰岩の中でも「Aso-4火砕流堆積物」と呼ばれる噴火時の溶結凝灰岩は石棺や装飾古墳の石材に利用され，地元の石工に「灰石」と呼ばれたこの石材について，装飾古墳の石材の加工や彩色などのさまざまな伝統技術の紹介や技術検討が行なわれた。伝統的な石工の石材の硬軟における道具の使い分けや，石工の石材の硬軟の目利とエコーチップ硬度試験の対応などが図られた（熊本県立装飾古墳館2006）。伝統技術と科学分析からの裏付けなどのデータの蓄積や研究方法の確立は今後も他の地域でも行なわれることが望まれる。

　奥田氏と増田氏の検討以後，明確に古墳時代の石切場と判明するような事例は確認されていなかった。石切場は明確に時期の判明する遺物が共伴しなければ，時期の決定が難しい。そうした中で熊本県宇土市馬門石切場内の馬門丁場跡の発掘調査では，1区から掘立柱建物跡，古墳時代中期の土師器，2区からピット群と古墳時代後期の土師器甕や須恵器杯，土師器破片が出土した。層位的に遺構・遺物の把握が行なわれ，特にピット群にはピンク石の石屑が見つかり，古墳時代の採石に伴う遺構の可能性が指摘された（宇土市教育委員会2006，藤本2007）。

　池田朋生氏は馬門石切場から出土した古墳時代後期の土器が供伴する石屑を，製品片，剥片・砕片，転石に分け，工具痕を分析した。「チョウナ削り」が顕著で，「チョウナ叩き」が無い点が確認され，作業工程を見る上で留意すべきとした。剥片の存在から剥片剥離という工程が存在し，さらに荒仕上げと整形の段階に分けられ，剥片の打面形状から作業工程が判明すると推定し，石切場隣接地における「粗取り」「粗整形」の工程が加えられるとする（池田2007）。

　大陸・朝鮮半島の石工の実態と工具痕についての研究は少ない。川西宏幸氏は東アジアの石工技術を検討し，中国，朝鮮半島，日本では墳墓の構造物として石造構造物が出現することが東アジアの特徴であることを指摘し，中国の事例では前漢代から石造物の利用が始まり，画像石に残る工具痕の分析によれば直線の線刻を平行に施すことに特徴があり，宋代に編まれた『営造法式』の石作に関する記述（竹島1970）との対応を行ない体系的に6工程に整理した。こうした石造技術の伝播を検討し，日本には13世紀に伝播するが，古墳時代では石棺が製作されるので，石工の技術の伝播は認められるものの，線刻技術は認められないとする。なお朝鮮半島では高句麗が早く3世紀には中国流の調整技法を受け入れ，その後花崗岩を積極的に利用したとする（川西2005・2007）。氏の検討は貴重な例であり，今後は日本の古墳時代の石造物加工技術の系譜を解明するためにも中国と韓半島の事例の検討は必要不可欠である。

　文献や土木史からの研究も認められる。北垣聰一郎氏は兵庫県高砂市の石宝殿の検討を経て，

「作石」とは正倉院文書の「法華寺金堂」の造営に見る「作石工」が「山作工」と「真作工」を総合したもので,「作」は石材の最終加工を含むことを指摘する。「山作」は山取りから粗加工,「真作」は最終調整とする。石材は用途に応じて13種目に分かれるある種の加工石材であり,『播磨風土記』に記載のある「石作」氏の職掌とは整形加工に適した軟質石材の切り出しと加工であったことを指摘した（北垣1987b・1994）。北垣氏は古代の石工道具の検討や土木史の中で近世の石垣構築集団の検討などその論考は多岐にわたり，古墳時代の石工集団とその組織を考える上で参考となる（北垣1987a・1994・1999・2003・2005・2007）。

板楠和子氏は文献に見える「石作」「石部」を収集したところ，西から播磨，摂津，和泉，山背，近江，尾張，美濃の7箇国で，畿内とその東西に偏在的に分布し，竜山石製長持形石棺，家形石棺の分布地と対応する地域が多く，5世紀代の竜山石製長持形石棺の製作時期には朝廷の争議に石作工人が奉仕する体制ができた可能性を想定する（板楠1995）。

中林隆之氏は石作系氏族の系譜について丁寧な検討が加えられていないこと，実際に伴造－部民制的体制によって王権に奉仕した時期が『風土記』や『新撰姓氏録』の伝承から4，5世紀に石部などの組織されたと推定されていることに注目し，再検討を行なった。石材加工などに関わる現業部門での技術刷新の進展状況と氏族集団の中央権力による政治的な編成・配置の動向とは関連があるものの相対的には別次元の問題であり，氏族の検討からは，葬送儀礼に密接に関連する竜山石製石棺の確保・集配の役割を果たした石作連氏や同氏を含む「火明命」系譜を有した尾張系氏族は，6世紀前半以降の部民制やミヤケ制の中央集権の体性整備事業との関わりにおいて把握できることを指摘している。

5世紀代の竜山石長持形石棺の生産・流通をめぐる政治構造については餝磨郡から賀茂郡一体に勢力をもった「播磨（針磨）氏」を構成する集団と宍禾郡・伊保郡域を拠点とした「伊和氏」という二つの連携する集団が葛城氏と密接な「吉備氏」配下の山部前身集団の協力のもと竜山石製長持形石棺が製作され，「葛城氏」が領導する王権の意向のもと畿内近辺に運ばれ，雄略死後から継体擁立の諸過程を経て尾張系の石作連氏により掌握・管理されたという見通しを示している（中林2010）。こうした文献から指摘あるいは推定される「石作」「石部」の動向について考古学的検討をどう行なうかは研究方法も含め課題である。

最後に壁画古墳として著名な奈良県高松塚古墳の石材を詳細に観察した廣瀬覚氏の研究成果について詳細に触れたい（廣瀬2011）。高松塚古墳は二上山白色凝灰岩の「切石」を16枚組み合わせて構築された横口式石槨である。石槨の解体調査に伴い，重要な情報が確認された。

特に石槨の製作技術については粗作りの段階には先端が三角形を呈する工具を用いた叩き，チョウナによる削りや叩き，小型のノミによると思われる削り技法が確認でき，とりわけチョウナ叩き技法が合欠や段差の削り出しに多用された。仕上げの技法には粗作り時のチョウナ叩きの面をノミで薄く削り取る技法と，ひき続いてチョウナ叩き技法を重ねて平滑な面を作り出す方法が認められる。工具の痕跡からチョウナの幅を復元し，数種類が使用されたこと，さらにチョウナ叩き技法でも粗作りの際には刃の厚いものを，仕上げの際には刃の薄い工具を使用する使い分

けが認められることを指摘する。

　ノミの刃先についても数種類が認められ，接合面付近に多く使用されることを指摘している。高松塚古墳の石槨の石材加工は技法のみならず，工具についても工程や部位に応じた一定の使い分けがあったことを明らかにした。さらに石槨の構築と石材加工との関連を考察し，天井石や床石，壁石が組上げの際にどの程度加工されており，構築過程でどのような仕上げが行なわれるか検討を行ない，各部位の加工のタイミングが極めて合理的な判断がなされて，組上げられたことを指摘している。以上の検討を踏まえ，チョウナ叩き技法は軟質で破損しやすい二上山白色凝灰岩を連続的に叩いて徐々に厚みを減少させていくことに目的があり，石材の特性を踏まえたものとする。その際に加工の目印が「朱線」であり，7世紀後半以降の二上山白色凝灰岩の製品に集中的に見られ，これは成形技法としてのチョウナ叩き技法の採用と一体的なものとして評価できる蓋然性が高いとする。

　最後に課題と展望として，古墳時代の二上山製の家形石棺は削り技法による成形や仕上げを基調とし，チョウナ叩き技法が主体的でないことから，飛鳥時代以降硬質石材の加工技術として発展したノミやチョウナによる敲打技法が軟質石材にも利用された可能性を指摘し，飛鳥時代以降の寺院や宮殿の礎石・基壇外装など，二上山系の石材の大量消費されるため，とりわけ7世紀後半以降石工技術の統合や集団の再編成が進んだ可能性を指摘している。

　詳細に廣瀬氏の見解を紹介したが，廣瀬氏の検討と対比させるためにも古墳時代の石材加工技術の課程を詳細に復元し，石工集団の実態を復元することが望まれよう。

成果と課題

　研究史を確認したところ，和田氏の体系的な整理以後，九州や北陸などで若干の検討があるものの，工具痕をメインにした研究は少ない。報告書では製作工程を検討した丁寧な記載もあるが，「チョウナ削り技法」という記載のみで，写真や実測図も載せないものも多く，各地で情報のバラツキが認められる。刳抜式石棺など上位の埋葬施設については意識されることも多いが，群集墳の凝灰岩製箱形石棺や竪穴式小石槨の石材加工技術はほとんど記載や写真，拓本も認められず，現在基礎情報が不足しているのではないかと思われる。今後は工具痕の掲載方法も検討が必要ではないかと考えている。

　特に和田氏の整理と廣瀬氏の検討は古墳時代から飛鳥時代の石工技術の推移を示しており，古墳時代的な加工技術と協業体製が律令時代的体制へと変化する様相が工具痕の分析で可能であることを示唆している。筆者もこの点を念頭に置きつつ，各形態，地域の情報を整理し，石棺の工具から技術伝播の様相を整理したい。

扱う資料

　まず資料として筆者が第1章から第4章で検討を行なった，割竹形石棺，舟形石棺，長持形石棺，家形石棺を取り上げる。

　最初に讃岐で製作された割竹形石棺・舟形石棺と長持形石棺1類の製作技術を確認し，4，5世紀の舟形石棺の製作技術と比較を行なう。最後に畿内の家形石棺の技術系譜について考察し，

各地の畿内系家形石棺の情報と比較することを目的としたい。

第2節　讃岐の石棺と長持形石棺

第1章では讃岐で製作された刳抜式石棺の製作技術にも検討を行なっており，鷲の山石製と火山石製で製作技術が異なることを指摘した（第12図）。合わせて参照していただきたい。

(1) 鷲の山石製石棺

製作技術　磨臼山古墳の棺身外面では，側面の段より上は幅3～4cm程のややの刃先によるチョウナ叩き技法，段より下は凹凸と一部幅2～3cm，長さ2～3cmのU字の削り痕があり，まずノミ叩き技法を行なった後に一部チョウナ削りを試しているのではないかと判断した（図版1）。蓋の合目と枕は特に丁寧なチョウナ叩き技法で最終調整が行なわれる。

大阪府安福寺の境内にある割竹形石棺は玉手山古墳群の7号墳か3号墳から出土したと推定され，重要な資料である。蓋の内面については細かい線状の痕跡らしきものがあり，チョウナ叩き技法の可能性があるが，長期間手水として利用されており，工具痕かどうか判断を保留した。蓋外面がまず突帯から上の直弧文が彫られる文様帯は小数ながら先端の尖った工具の叩き技法が確認でき，突帯から下の蓋斜面部が同様の先端が尖った工具の叩き技法と幅1cm程のチョウナ削り技法が斜めに施されており，恐らくノミ叩き技法の後，チョウナ削り技法で最終調整が行なわれたと考えられる（図版1）。近年大阪市立大学により3次元計測が行なわれた（大阪市立大学日本史研究室2010c）。表紙の拡大図に筆者の指摘した痕跡が認められる。その他の事例も含め，以下のように整理する。

　粗造りの技法　ノミ叩き技法。

　仕上げの技法　ノミ小叩き技法，チョウナ叩き技法，チョウナ削り技法。

(2) 火山石製石棺

製作技術　赤山古墳棺など初期の事例にはチョウナ叩き技法やノミの叩き技法（第12図）かと思われる痕跡が確認されるが，実見したけぼ山古墳棺棺身では幅1cmのチョウナ削りが顕著で，軟質な石材に適した技術に変化していったと推察される。大代古墳棺も全面チョウナ削り加工で幅0.9～1.2cm，ピッチ5～10cm，内面を割り抜く際の叩き痕跡がわずかに残ると指摘されている（財徳島県埋蔵文化財センター2005）。

　粗造りの技法　現状では不明。

　仕上げの技法　赤山古墳1号棺に一部ノミ小叩き技法か。他はチョウナ削り技法を基調。

(3) 竜山石製長持形石棺

製作技術　特に群馬県御富士山古墳の長持形石棺は竜山石製ではないものの，凝灰岩に竜山石製と同様な技術痕跡が確認でき，より軟質なため工具痕が良く残されている（図版1第130図）。全面に先端の尖ったノミによる叩き技法が確認でき，短側壁外面下部にはチョウナ叩き技法による細い線状の工具痕が明瞭に残る。ノミの刃先は筆者が確認したかぎり3種類ある。長側壁外面上面に認められるもので，①刃幅3.2～3.6cm，刃の厚さ0.4～0.6cmを測り，わずかに中央部が厚く，

図　版　1

安福寺所在棺　　内面に細かな筋条の痕跡と細かな凹凸

安福寺所在棺　　長辺突帯より上は細かな凹凸
　　　　　　　　下は向かって左上方向のチョウナ削り技法

磨臼山古墳棺　　長辺段より上と下で異なる工具痕

磨臼山古墳棺　　段より上はチョウナ叩き技法
　　　　　　　　段より下はノミ叩き技法後チョウナ削り技法

磨臼山古墳棺　　小口も長辺の段より上と下で異なる工具痕
　　　　　　　　段より下はノミ叩き技法後チョウナ削り技法

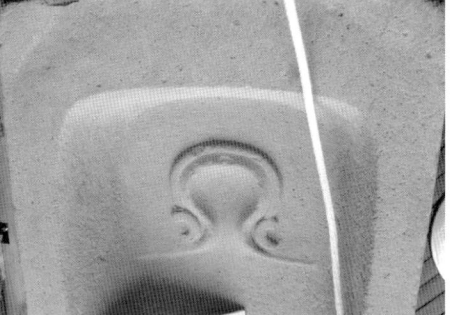

磨臼山古墳棺　　内面は全面チョウナ叩き技法

御富士山古墳棺　全面ノミ小叩き技法
　　　　　　　　小口下部にチョウナ叩き技法

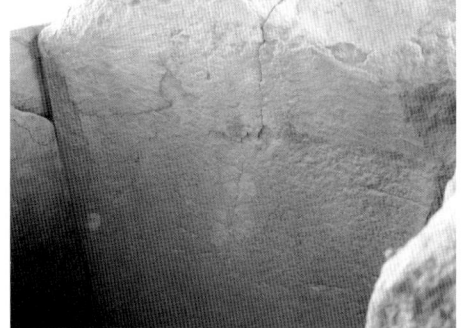

御富士山古墳棺　外面よりさらに細かい工具によるノミ小叩き技法

讃岐の割竹形石棺と長持形石棺1類の技術の共通性

図 版 2

佐賀県熊本山古墳棺　滋賀県雪野山古墳木棺に類似

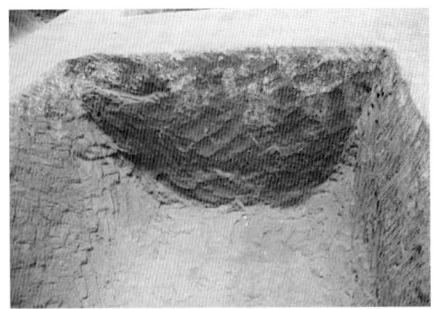

熊本山古墳棺棺身小口　小口はやや幅のあるU字の匙面
側面は幅の狭い平刃の工具痕
蓋との合目はチョウナ叩き

熊本山古墳棺棺身外側　段を境に上がチョウナ叩き
下がチョウナ削り

熊本山古墳棺棺身側面　上の写真の側面の拡大

高城山3号墳棺　棺身四周に突帯が廻る

高城山3号墳棺棺身小口　突帯を境に工具痕が変化

院塚古墳2号棺棺身全景

同2号棺棺身小口　突起下部(側面突帯より下部)
は工具痕が明瞭

同2号棺棺身内面　内面は中央やや下で工具痕の
方向が変化
上が横方向のチョウナ叩き
下が棺底に向けてチョウナ削り

九州舟形石棺の工具痕

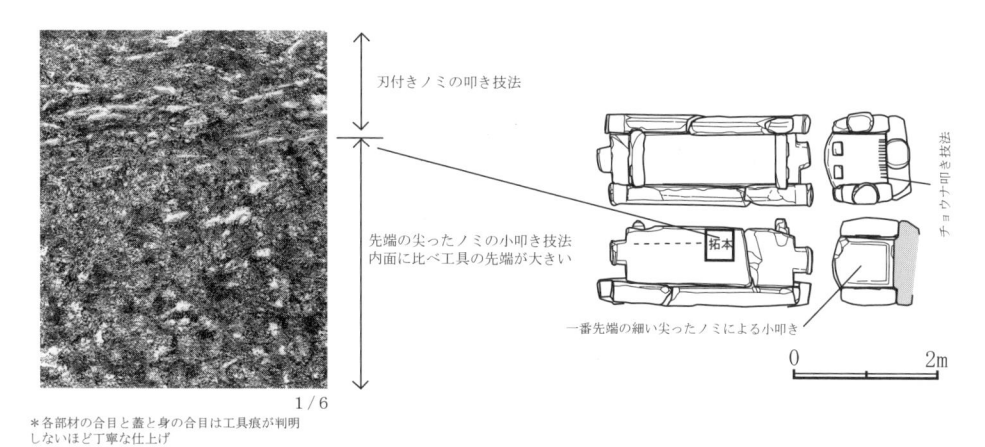

第 130 図　伊勢崎市御富士山古墳長持形石棺の工具痕

爪痕のような痕跡になるもの。その下部には点状の痕跡が多数認められ，②径0.4〜0.6cmの円形の尖ったノミによる小叩き痕跡である。棺身内面にはこれよりさらに細かい③径0.2cm以下の点状の痕跡が確認でき，より先端が細く尖った工具による小叩き技法で最終調整が行なわれている。工具痕跡は①→②→③の順で細かくなり，本来これが仕上げの工程になると予想される。なお岡山県朱千駄古墳棺や奈良県室宮山古墳棺では，②よりは③に近い工具痕跡が確認できる。

　粗造りの技法　ノミ叩き技法か。

　仕上げの技法　少なくとも3種類の工具によるノミ叩き・小叩き技法と，チョウナ叩き技法。

第3節　4, 5世紀代の舟形石棺・長持形石棺3類の製作技術

(1)　九州地域（第131図・第132図，図版1）

　製作技術　九州における石棺の工具痕を概括するのは難しいので，いくつかの例を述べて傾向を示しておきたい。

　まず石棺出現期の事例を確認すると，沖出古墳棺は棺蓋の蓋の合目と棺身の底部底面にチョウナ叩き技法が認められる（第131図1）。底部底面ではチョウナ叩きを向って右上がり，右下がりというように一列ごとに向きを変えている。上面から内面は研磨（磨き）が指摘される（稲築町1989）。

　谷口古墳の長持形石棺は底部底面に幅3cm程の匙面が認められる以外はほぼ全面チョウナ叩き技法で，一部ノミを連打して溝をつくる部分（報告書では粗作りの際のタガネ連打方）が確認される。内面は丁寧なみがきの痕跡が認められる。報告書の指摘通り，埋設して見えない部分はチョウナ削り技法，部材の結合部や外観を整える部分はチョウナ叩き技法，死者が直接関係する内部はみがき技法（佐賀県浜玉町教育委員会1991）が行なわれているようである。（第131図3）。

　熊本山古墳では蓋及び身との合目，棺身側面の上部はチョウナ叩き技法が確認できるが，棺身中央の刳り込み内部では小口側が幅2cm前後の匙面をなす工具痕であるが，隣接する側面では幅1cm程の細かい平刃によるチョウナ削り技法が確認できる。棺身側面の段より上は丁寧なチョウ

ナ叩き技法，下がチョウナ削り技法で，棺身設置面（不可視範囲）は粗く仕上げる（図版2）。

院塚古墳棺も同様に棺身外面では突帯より下部は不定方向のチョウナ削り技法，突帯上部から内面中央まではチョウナ叩き技法，内面刳り抜きの中央より下部は底面に向けてチョウナ削り技法が丁寧に行なわれ，作業単位が明確である（図版2 第132図）。

出現期の事例はおおよそ丁寧な造りで，チョウナ叩き技法，みがき技法，チョウナ削り技法を部位によって使いわけている。その他熊本県を中心に佐賀県，福岡県，大分県，宮崎県の石棺などの一部を実見したが，和田編年8期初頭に位置付けられる楢崎古墳の九州系家形石棺2類には，チョウナ叩き技法は蓋と身の合目など一部のみで（第131図2），チョウナ削り技法が主要な仕上げとなる。チョウナ削り技法は丁寧な部位（可視範囲など）は幅1cm程の平刃が多く，粗い部分はやや幅広の工具による匙面が認められる（宇土市教育委員会1986）。

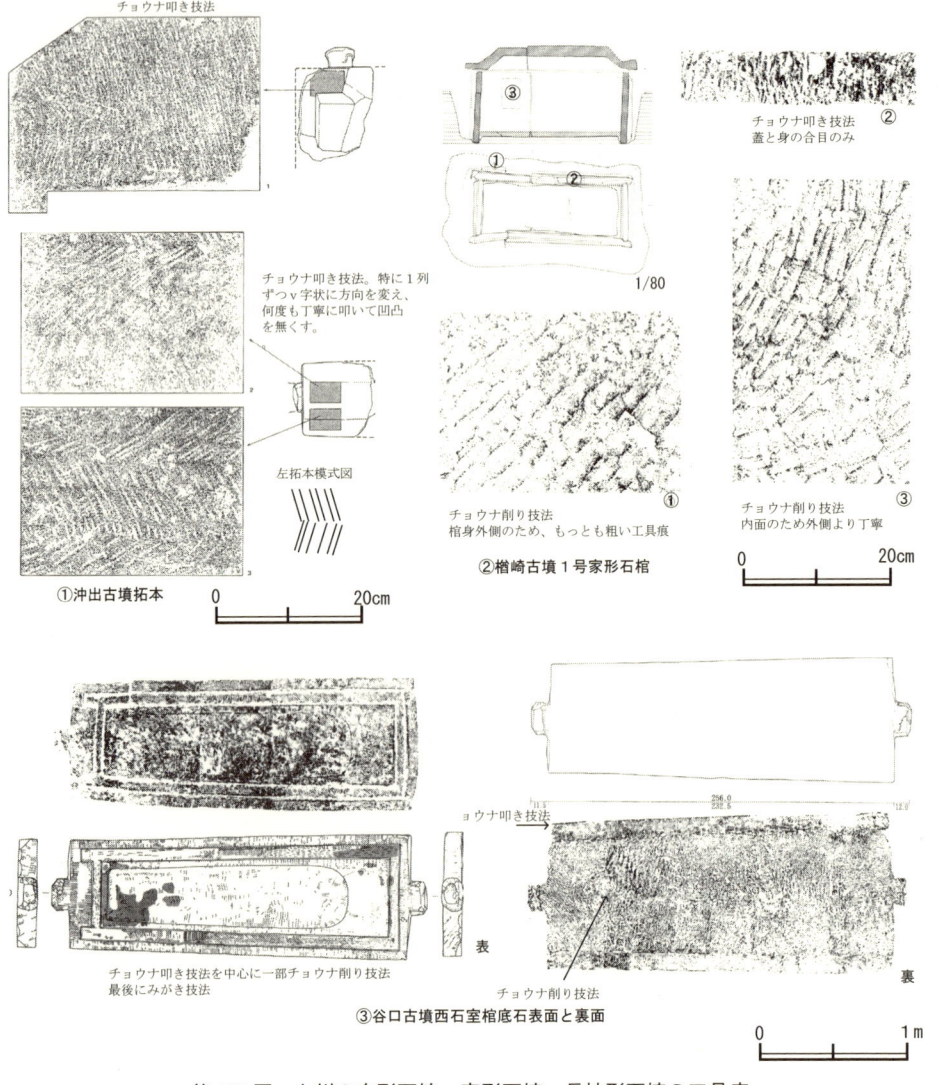

第131図　九州の舟形石棺・家形石棺・長持形石棺の工具痕

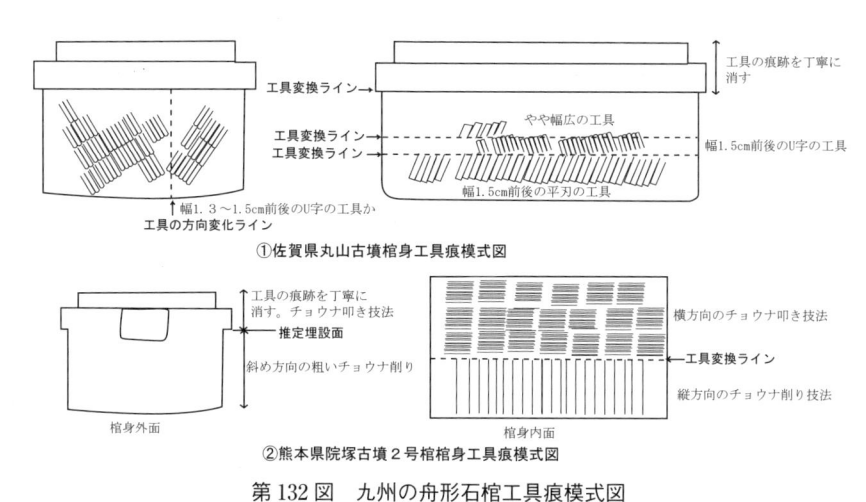

①佐賀県丸山古墳棺身工具痕模式図

②熊本県院塚古墳2号棺棺身工具痕模式図

第132図　九州の舟形石棺工具痕模式図

　上位階層の事例では蓋内面など，手を抜きがちな部分も丁寧な調整が認められ，工具の痕跡が薄いものも多い。上位階層と下位階層の製品によって，製品の仕上げに差が認められる（たとえば同一古墳では，福岡県石神山古墳の大中小の3基の石棺）。技術的に叩き技法が少なくなり，削り技法が多くなるものの，上位階層のものは一貫して丁寧である。ただし宮崎県の持田16号墳（前方後円墳46m）出土の石棺は内外面のチョウナ削り技法の工具の痕跡が明瞭で，あまり丁寧な造りではない。これが九州内における技術の退化具合の地域差を示すのかどうかは今後の課題としたい。

出現期
　粗造りの技法　ノミ叩き技法（谷口古墳），チョウナ削り技法。
　仕上げの技法　チョウナ叩き技法，チョウナ削り技法，磨き技法（ナラシ技法）。

盛行期
　粗造りの技法　チョウナ削り技法。
　仕上げの技法　チョウナ削り技法，チョウナ叩き技法（蓋との合目）。

（2）　出雲地域

　製作技術　北光寺古墳の石棺破片には，蓋側面や縄掛突起にチョウナ叩き技法が，蓋内面にはみがき技法（報告書ではならし技法），棺身には幅2cm程で先端が匙面を呈するチョウナ削り技法が報告されている（島根県教育庁文化財課古代文化センター・島根県教育庁埋蔵文化財センター2007）。部位による工具の使い分けが判明する。出雲中部の玉造築山古墳棺は外面は崩壊が激しいものの内面に幅2～3cm前後の匙面を持つ工具痕を観察したが，出雲の具体的な製作技術の動向は今後の課題としたい。

（3）　丹後地域

　製作技術　出現期の蛭子山古墳の花崗岩製舟形石棺をガラス越しに観察した限り，長持形石棺1類と同様の凹凸が確認でき，やや粗いと判断できる箇所（特に棺身）は鷲の山製の磨臼山古墳

棺身のノミ叩き技法と推察される工具痕跡に似た粗い凹凸痕跡を確認できる。したがって粗造りにノミ叩き技法，仕上げの技法にノミ小叩き技法が行なわれたと考えておきたい。

馬場の内古墳の長持形石棺2類の棺蓋内面を観察する限り，チョウナ削り技法で仕上げており，軟質石材の加工法である。丹後の長持形石棺模倣棺は，竜山石製とは異なる点が3つあり，①短側壁に円形の突起を設けること。②底石に複数の縄掛突起を対で造り出すこと。③石棺部材に溝を彫り込み，組み立てることである。竜山石製では①は方形突起であり，②では基本的短辺側に1個ずつ造り出すのが基本である。③は特に底石は段を造り長側壁を乗せるもので，製作者が異なることを示しおり，石材加工技術の点でも異なる。

出現期舟形石棺

　粗造りの技法　ノミ叩き技法。

　仕上げの技法　ノミ叩き技法，ノミ小叩き技法。

長持形石棺2類

　粗造りの技法　不明。

　仕上げの技法　チョウナ削り技法。

　(4)　北陸（第133図）

製作技術　和田晴吾氏が北陸を一つのモデルとしたように工具痕の検討が進んでいる（和田1983a，中司1984，白崎1986，田邊2008）。それによれば当初チョウナ叩き技法やみがき技法を最終調整とした高度な製作技術を保持していたが，次第に省略が進み，最後には粗いチョウナ削り技法の仕上げのみとなることが指摘されている。

和田編年7期に築造された福井県泰遠寺古墳（帆立貝形古墳約60m）から出土した棺身が残されており，中司氏の詳細な観察と報告がある（中司1984）。蓋と身の合目にはチョウナ叩き技法が確認され，一列ごとに工具痕の向きを変える丁寧な仕上げ調整で，さらに幅1.2cm，ピッチ約3cmほどの平刃の刃先によるチョウナ削り技法が確認できる。棺身外側側面は刃幅2cm以上の粗いチョウナ削り技法が確認でき，底部の湾曲面には刃幅1cmの平刃の工具によるチョウナ削り技法が看取される。一方棺身内面の垂直面は，刃幅約1cm程度の工具を垂直にしてチョウナ削り後，この工具痕跡に直交する形で，同じようにチョウナ削りを施す。小口の縄掛突起基部上面には先端の尖った工具による連続した小孔が確認でき，ノミ小叩き技法と推察される（第133図）。

泰遠寺山古墳棺の観察から，5世紀第2四半期頃の越前の上位首長棺には，わずかにノミ叩き技法が確認され，蓋と身の合口にはチョウナ叩き技法が確認され，棺身内外面にはチョウナ削り技法が施される。蓋との合目や棺身内面は工具の向きを変えて再度調整を行なう丁寧なものである。ただし外面は全体的に粗いチョウナ削りである。鳥越山古墳棺蓋には幅2cm前後のチョウナ削り（刃先の形態は不明確）が連続して確認され，凹凸が激しく表面を平滑に仕上げる様子は見られない。

鳥越山古墳は泰遠時山古墳に後続する墳丘長53.7mを測る前方後円墳で5世紀中葉の築造である。泰遠寺山古墳棺より外面の仕上げが粗く，より製作工程の省略化が進んでいることを確認

できる。上位階層の古墳において最終仕上げの粗いチョウナ削り技法の卓越している点は中部九州の首長墳の最終調整とは異なり，技術の省略化に地域差があったことが判明する。

出現期

　粗造りの技法　チョウナ削り技法。

　仕上げの技法　チョウナ削り技法，チョウナ叩き技法，ノミ小叩き技法。

盛行期（5世紀中葉）

　粗造りの技法　チョウナ削り技法。

　仕上げの技法　チョウナ削り技法，チョウナ叩き技法，一部ノミ小叩き技法。

（5）　東北・関東地方（第134図〜第136図）

長持形石棺及び関連箱形石棺

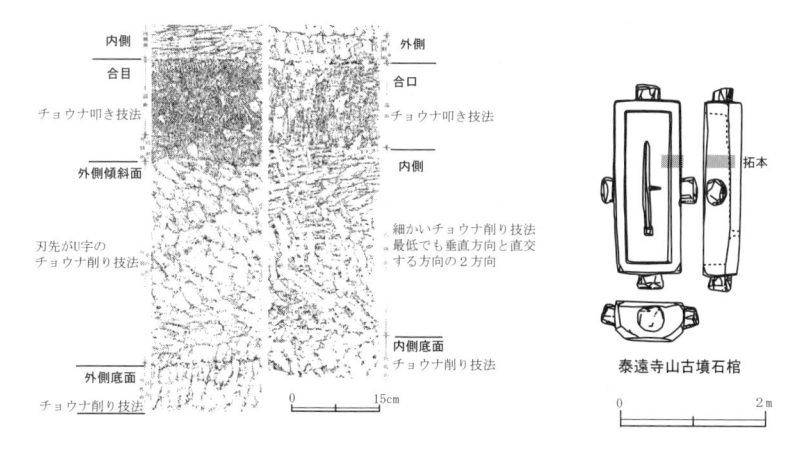

第133図　福井県泰遠寺山古墳の工具痕

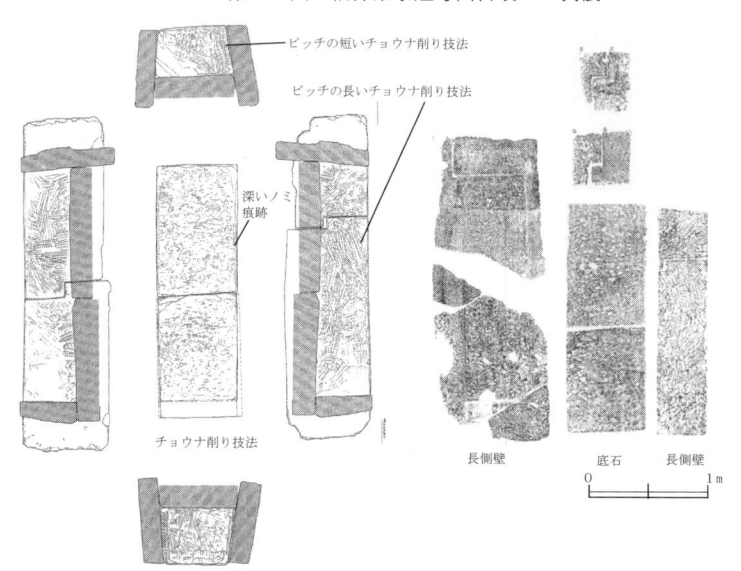

第134図　東京都野毛大塚古墳の工具痕

製作技術

　まず群馬県を除いた東北・関東地方の例では大型の箱式石棺は製作技術と組合方法が異なり，畿内から工人が派遣された様子はみとめられない。大型前方後円墳の築造を契機に畿内からの情報を基に石材を加工できる集団を組織し，製作に及んでいる。

　野毛大塚古墳棺では石棺全ての工具痕の実測図と拓本が掲載されている（野毛大塚古墳調査会編1999）。幅1.5cmと幅2.0cmのチョウナ削り技法が顕著で，底面には幅5cmの深いノミ痕が指摘されている。幅2cmの匙面を持つチョウナ削りはそのピッチが20cmに及ぶものがあり，この時期の他の石棺製作地では筆者は類例を知らない。ただし，チョウナ削り技法は方向を変えて何度も削られており，非常に丁寧なものである（第134図）。数センチのピッチで丁寧な部分も確認でき，複数の製作工人の中の技術差なのか，工程差なのか若干の検討を要する。今後確認したい。

舟形石棺

　早い事例として和田編年5期から6期に製作されたと推察されるのが現在会津大塚山古墳の墳頂に置かれている棺蓋がある。安山岩あるいは安山岩質凝灰岩で，硬質である。表面に凹凸が多く認められ，ノミ叩き技法かノミ小叩き技法の痕跡の可能性がある。

毛野地域

　製作技術　製作技術を観察するかぎり群馬の舟形石棺の最終仕上げはチョウナ削り技法であり，御富士山古墳で認められる竜山石を加工するような硬質石材を加工する技術は伝達されない。

　井出二子山古墳棺では棺蓋など最終調整に幅2cm前後の平刃のチョウナ削り，棺蓋内面を刳り抜くのに幅3〜4cmの平刃の工具が使用され，内面の角部に浅く刺さった痕跡が連続した線状に見える（高崎市教育委員会2009）。棺身の一部に幅6cm前後の平刃のチョウナ削りが確認される（第135図左）。

　保渡田八幡塚古墳棺では①幅4〜2cm前後の平刃の工具，②幅2〜4cm前後角の丸い丸刃状工具，③幅8cm前後の角の丸い丸刃状の工具が確認され，①の工具で粗整形を行ない，②の工具で横位方向に連続で削り曲面を仕上げ，礫槨で埋まる棺身外側下半は③の工具が認められること（第135図右）が指摘されている（群馬町教育委員会2000）。井出二子山古墳棺と八幡塚古墳棺はさらに工具痕をほとんど消すような丁寧な箇所が観察され，みがき技法の一種（ならし技法）が存在すると推察される。同一古墳群でも若干工具痕が異なるようである。

　旧赤堀村16号墳棺は，棺身内面と蓋と身の合口，合目付近の棺蓋及び棺身外面は非常に丁寧で，工具痕跡が確認できない。みがき技法で工具痕を消していると推測できる。合目付近より外側の棺身及び棺蓋外面には，刃幅2.5cmから3cm，先端が丸みを帯びた工具によるチョウナ削りが一列ずつ数単位確認できる（第136図）。

毛野地域

　粗造りの技法　チョウナ削り技法。
　仕上げの技法　チョウナ削り技法，みがき技法（ナラシ技法）。

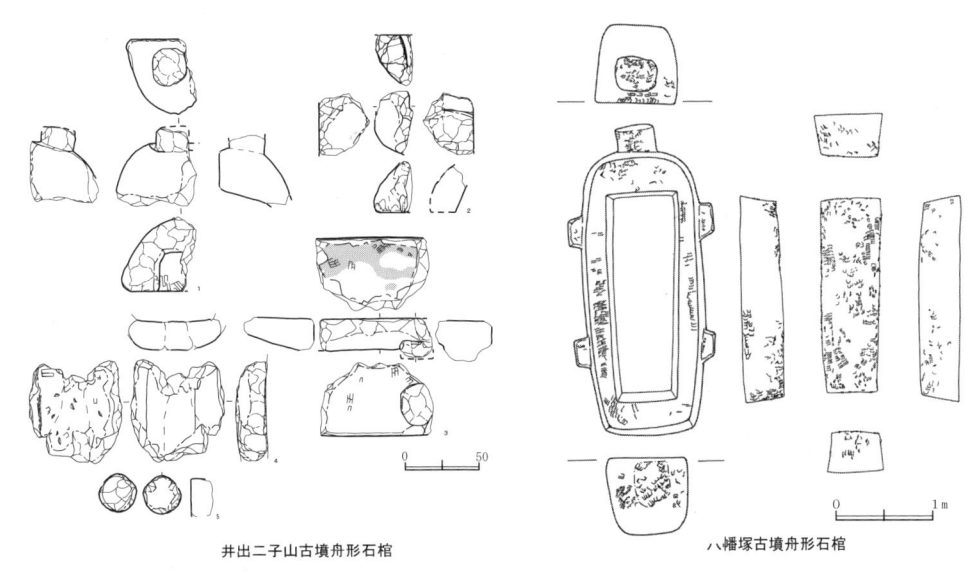

第5章 製作技術から見た石棺の系譜　257

井出二子山古墳舟形石棺　　　　　　　　　八幡塚古墳舟形石棺

第135図　群馬県保渡田古墳群出土舟形石棺の工具痕

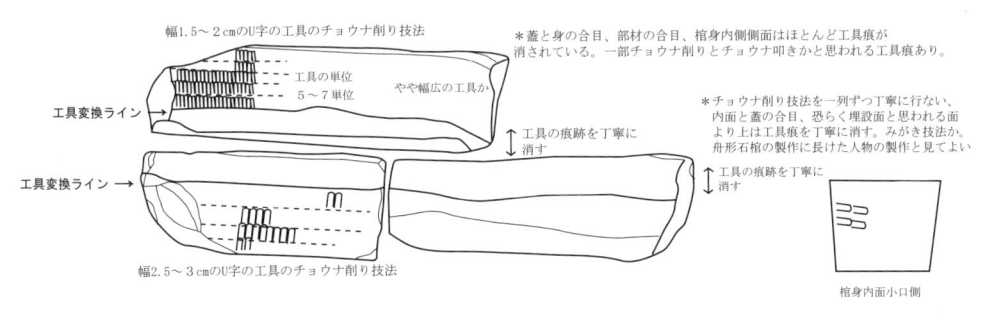

第136図　群馬県旧赤堀村16号墳工具痕模式図

第4節　家形石棺の製作技術

二上山白石製，馬門ピンク石製，竜山石製の石材ごとに検討を行なう。

（1）　二上山白石製家形石棺（第137図）

物集女車塚古墳の組合式家形石棺が最も丁寧な報告がなされている（第137図　向日市教育委員会1988）。基本的に全面チョウナ削り技法が行なわれているが，拓本を観察するかぎり数種類の工具が確認でき，刃幅約2cmで刃先がわずかに丸みをもつもの，刃幅約1cmの平刃のもの。刃幅約2cm，刃先がU字状のもの。刃幅4～6cm前後の刃先が丸みを持つものなどが確認できる。工人差もあると思われるが，刃幅の大きいものから刃幅の狭いものの順で，製作されたと推察される。

ホケノ山古墳の組合式家形石棺は，蓋との合目には長さ5cm，幅0.5cmのチョウナ叩き技法，その他の部分は幅5cm，長さ5cmのチョウナ削り技法，一部ナラシ技法により工具痕が消されていると報告される（奈良県立橿原考古学研究所2008）。

その他の組合式家形石棺の観察結果は省略するが，基本的にチョウナ削り技法であり，刃幅の広いものも多いが，刃幅1cm前後の平刃の痕跡が確認できる。

上位の刳抜式家形石棺で明瞭に工具痕を残すのは金山古墳の2棺である。全体的な観察は石室のスペースとの問題で確認できなかったが，棺身長辺には刃幅1.5cm，長さ2cmの平刃の工具により1列ずつ単位をそろえてチョウナ削り技法が行なわれた箇所を確認した。赤坂天王山古墳では，最終調整面がほとんど剥がれかけているが，玄室入り口側の棺蓋小口の縄掛突起周辺にチョウナ削り技法の痕跡があり，刃幅約1.5cm，の平刃の工具と判断した。

粗作りの技法 チョウナ削り技法

仕上げの技法 チョウナ削り技法，合口などにチョウナ叩き技法 ナラシ技法

(2) 馬門ピンク石製家形石棺

特に工具痕が明瞭なのが，東乗鞍古墳棺である。棺蓋斜面，棺蓋垂直面，棺身外面を中心に観察したところ，棺蓋斜面は刃幅約1.3〜1.5cmの平刃の工具で削るチョウナ削り技法が確認できる。ピッチは2cm程である。やや不明瞭であるが，横1列が同じ単位幅で削られているようである。棺蓋垂直面は同様なチョウナ削り技法が確認できるが，ピッチが4cm程になるものも認められる。棺身も同じ工具によるチョウナ削り技法であるが，上面が垂直な工具痕が確認できるのに対し，途中から直交する工具痕が横方向に認められる。方向を変えてチョウナ削り技法を丁寧に行なった痕跡が確認できる。工具痕から判断する限り，棺蓋に使用されているものより刃先が丸みを帯びており，刃幅約2cm，ピッチ約2cmから4cmの工具でチョウナ削り技法が行なわれる。棺身中央から下はさらに幅広の工具を用いたチョウナ削り技法が確認できる。少なくとも3種類の工具が使用されている。

滋賀県の円山古墳と甲山古墳は近距離で観察していないが，報告書に工具痕の判明する写真が

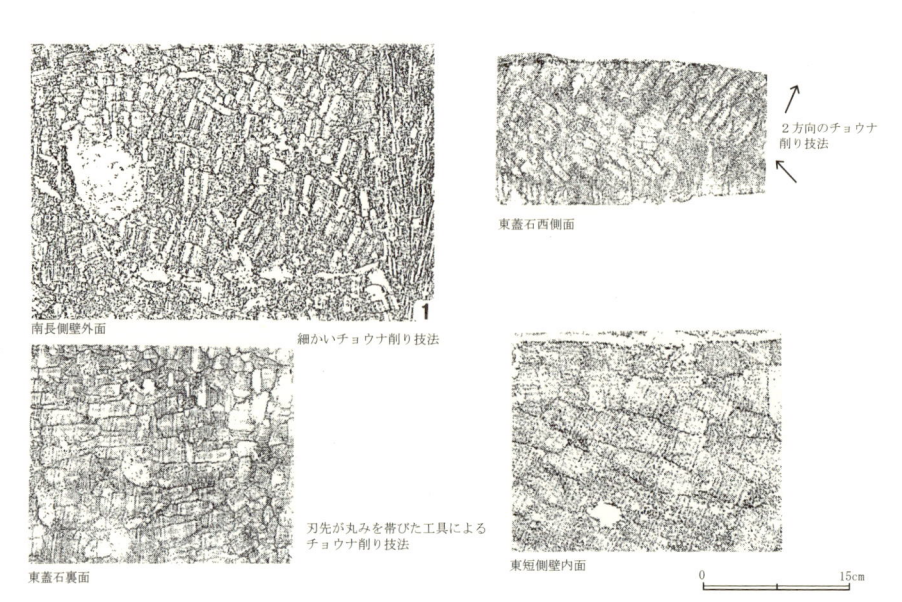

第137図 物集女車塚古墳家形石棺の工具痕

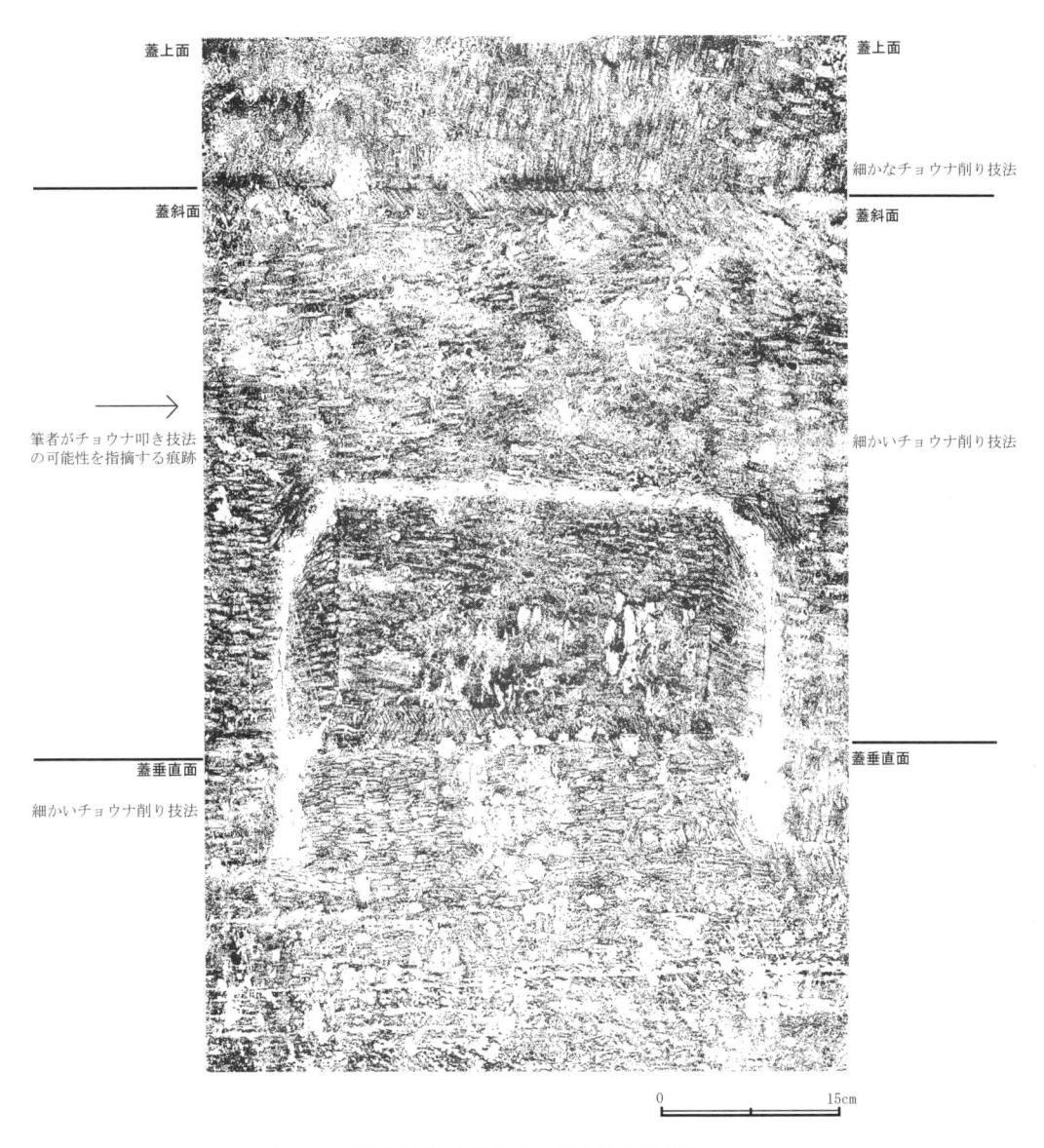

第 5 章　製作技術から見た石棺の系譜

蓋上面　　　　　　　　　　　　　　　　　　　　　蓋上面

　　　　　　　　　　　　　　　　　　　　　　　　細かなチョウナ削り技法

蓋斜面　　　　　　　　　　　　　　　　　　　　　蓋斜面

→
筆者がチョウナ叩き技法　　　　　　　　　　　　　細かいチョウナ削り技法
の可能性を指摘する痕跡

蓋垂直面　　　　　　　　　　　　　　　　　　　　蓋垂直面
細かいチョウナ削り技法

0　　　　15cm

第138図　見瀬丸山古墳奥棺の工具痕

掲載されている（野洲町教育委員会2001　円山古墳（図版26・27），甲山古墳図（図版54・57））。円山古墳の内面は全てチョウナ削り技法である。棺蓋・棺身に平刃の刃先の工具痕が明瞭である。不明確ではあるが，棺蓋には一部刃先がU字状に見える箇所も認められる。合口もチョウナ削り技法で，チョウナ叩き技法の痕跡は写真で判断するかぎり認められない。

　甲山古墳も全面にチョウナ削り技法が確認できる。棺身内面は上部が横方向，下部が向って斜め右上がりの方向にチョウナ削り技法が行なわれている。

　以上の様相から馬門ピンク石製家形石棺はチョウナ削り技法が卓越することを確認しておきたい。

粗造りの技法　チョウナ削り技法。

　　仕上げの技法　チョウナ削り技法。

(3)　竜山石製家形石棺

　粗作りについては不明な点が多いが，最終調整はノミの小叩き技法であり，竜山石製家形石棺には細かな凹凸を確認できる。竜山石製長持形石棺と同様の仕上げ技法である。しかし無視できない事例が1例存在する。

　見瀬丸山古墳の奥棺は報告書によると，チョウナ削り技法で最終調整されており，特異な事例であることが指摘されている（宮内庁書陵部陵墓課1993）。拓本が掲載されており，確認すると（第138図），棺蓋頂部や斜面には指摘通りチョウナ削り技法の痕跡を確認できるが，筆者が気になるのは縄掛突起付近に厚さ約0.4cm，幅約2cm前後の工具痕がチョウナ削り技法に重なって見える部分があり，チョウナ叩き技法の痕跡に良く似ている。縄掛突起の下の棺蓋垂直面に点状の痕跡が認められ，ノミの叩き技法の痕跡にも見え，さらに横方向に線状の痕跡が確認できる。確認できるチョウナ削り技法も二上山白石製や馬門石製より幅が狭く，二上山白石製や馬門石製を製作した工人と考えるのは難しいと推測される。竜山石は複数系統の石材の総称で，生産地から長石系，高室石系，竜山石系に細分される。竜山石でも軟質な石材があり，チョウナ叩き技法で成形し，細かなチョウナ削り技法で仕上げが行なわれた可能性は想定できないだろうか。実際に報告書には前棺と別の石材産出地が予想されている。

　　粗作りの技法　ノミ叩き技法。

　　仕上げの技法　ノミ小叩き技法，チョウナ叩き技法，チョウナ削り技法。

第5節　課題と展望

(1)　製作技術と地域様相

　筆者も全ての石棺を実見したわけではないが，おおよその傾向は問題ないのではないかと考えている。第2節から第4節の検討と第1章の検討から指摘できる点は以下の通りである。

①鷲の山石製の刳抜式石棺と竜山石製長持形石棺は製作技術が共通する。

②鷲の山石製の刳抜式石棺と火山石製の刳抜式石棺の製作技術は埋葬法を含め，各地に伝播する。熊本山古墳や院塚古墳など出現期の事例には共通する製作技術が確認できる。

③讃岐を介して各地に伝播した石材加工技術は在地に定着する地域としない地域があり，石材に対する観念に地域性が認められる。

④在地に定着しても，技術の省略化（退化）に地域性があり，特に肥後と北陸では対照的であるが，これは北陸が限定された被葬者に使用され，製作頻度が高くないのに対し，肥後では下位の首長層も上位の首長層と同様の棺蓋を使用することに特徴があり，大量な消費が石材加工技術の保持をある程度促したと捉えられる。これは③の石材の観念とも関係する。

⑤群馬県では御富士山古墳の長持形石棺の製作技術は在地化せず，倭王権から派遣された技術者は帰郷すると考えられる。

⑥群馬県の舟形石棺の製作技術は，石棺製作に長けた工人が参加しており，他の舟形石棺製作地から技術者が招来されている。製作技術から見ると肥後や出雲などが候補地になるが，東部九州や出雲の様相が今後さらに判明してくれば，形態や特徴と合わせて考察できる。

⑦二上山白石製家形石棺と馬門ピンク石製家形石棺の製作技術は共通性が高く，ともにチョウナ削り技法が卓越する。ただし，二上山白石製は蓋と身の合目にはチョウナ叩き技法も確認でき，今後詳細に検討が必要である。

（2） 技術系譜の考察

上記の点についていくつか取り上げ若干の考察を行ないたい。まず④と⑥の問題について取り上げるならば，群馬県に舟形石棺が導入される5世紀後半に丁寧な製作技術を保持している地域として，肥後が注目される。北陸は上位層の石棺も外面は粗いチョウナ削り技法であり，外せるのではないかと考える。6世紀前半に群馬県に東山道を介して横穴式石室が導入されるが（右島2002），小林孝秀氏は系譜は畿内に求めることができず，横穴式石室の導入には朝鮮半島の諸動向を含めた多様な背景が求められると指摘する（小林2011）。横穴式石室が導入される前段階にすでに多様な交流関係が舟形石棺の形態や製作技術から指摘できる可能性がある。

次に取り上げるのは⑦の問題である。二上山白石製家形石棺は特に3期の組合式家形石棺の後期群集墳の採用とともに多量に製作される。この大量生産を支えた技術集団の系譜についての検討はほとんど行なわれてこなかった。注目される研究は安村氏の高井田山横穴群の検討成果である。安村氏は高井田横穴群の形態や副葬品を検討し，当初豊前に系譜を求められる横穴形態が，6世紀中葉には肥後系のものに変わることに着目し，このような横穴の被葬者は中央集権のもとに組織化された何らかの生産活動に関わる被葬者と考え，具体的に石棺の製作集団と捉えた。阿蘇溶結凝灰岩を加工した集団が九州から移住し，二上山製白石製家形石棺の生産に参加したという仮説を提示している（安村2008 pp215〜217）。既に指摘したように馬門ピンク石と二上山白石製の家形石棺は製作技術が共通し，二上山白石製の家形石棺は当初から，石棺造りに手馴れた集団が参加している。筆者は安村氏の仮説を実証できる可能性が十分あると考えており，今後もこの視点について検討を行ないたい。6世紀中葉以降の二上山白石製組合式家形石棺の爆発的増加と7世紀前葉の突然の終焉は，倭王権の動向と密接な関係があると予想でき，石工集団の動態は重要な課題である。

（3） 今後の課題について

まず畿内系家形石棺の波及先であるが，実見した結果その様相は複雑と考えており，今後写真や拓本を提示して詳細に報告したい。一部触れるならば，群馬県では総社愛宕山古墳の家形石棺は丁寧なチョウナ削り技法後ナラシ技法で工具痕を消している様相が窺がえる。同時期の今泉八幡山古墳棺はノミの小叩き技法が確認でき，製作技術が異なる様相が確認できる。今泉八幡山古墳棺は畿内から竜山石を加工する工人が派遣されていることは間違いないが，愛宕山古墳棺については保留としたい。鳥取県の小畑古墳群は3号棺と7号棺ではチョウナ削り技法を確認できるが，3号棺は非常に丁寧で，その部材組合技法からも二上山白石製家形石棺を製作した集団の参

加を推測できる。7号棺は3号棺に比べチョウナ削り技法が粗い仕上げであるが，一部ナラシ技法も確認できる。

　硬質石材を加工した畿内系家形石棺は宝塔山古墳や綾塚古墳，丑殿古墳に確認でき，畿内から技術者が派遣されたと指摘できる。現在細かな写真や拓本を提示できないので，今後畿内の事例と比較検討を進めたいが，前に指摘したように，6世紀末から7世紀初頭以後，各地に「播磨型」やそれと同形の硬質石材を加工した家形石棺が輸送または製作される状況が読み取れ，畿内での家形石棺の生産体制の変化と，石棺の輸送や工人の派遣が行なわれると考えている（石橋 2004）。

　古墳時代中期以降は軟質石材を加工する集団と硬質石材の加工する集団は明確に分けられ，硬質石材を加工する集団は和田氏の指摘する通り竜山石を加工する集団のみとなり，大王の棺の製作という特殊な事情が製作技術を保持させたのである（和田 1983a）。その現象は6世紀代も同様であるが，廣瀬氏の検討結果は少なくとも7世紀の後半には硬質石材と軟質石材の加工技術者集団が統一されていくことを示していると思われる[1]。

　筆者はまだ7世紀以降の寺院の石材の検討を行なっていないので，詳しく言及できないが，和田氏が明らかにした2回目の技術波及が6世紀末にあり，家形石棺の生産体制も変化する様相が確認できる。7世紀後半までにさらに石工が編成されていくのか，寺院造営に伴う2回目の技術波及と家形石棺の生産体制の変化に見るように6世紀末から7世紀初頭の画期が石工集団全体の編成に関わるのか，寺院に使用される加工技術と石材も視野に入れ，検討を行ないたい。

註
1) たとえば斉明天皇の時代に製作されたと推定される奈良県酒舟石遺跡やその周辺の遺跡から，軟質の砂岩のブロックが多数確認でき，チョウナ叩き技法の痕跡が認められる（明日香村教育委員会 2006）。

補記
　本稿執筆中に後記の文献に接した。本書には香芝市平野塚穴山古墳石槨の3次元レーザー測量調査の成果（廣瀬 2012）やキトラ古墳の石槨の調査成果が報告されている（若杉・廣瀬 2012）。横口式石槨の規格や朱線，加工技術，漆喰など製作者集団に関する重要な知見が確認できる。二上山白石製の横口式石槨と家形石棺の製作技術や技術者集団を検討する際の重要な成果が蓄積しており，今後これらの成果を検討したい。
独立行政法人国立文化財機構奈良文化財研究所 2012『奈良文化財研究所紀要 2012』
廣瀬　覚 2012「Ⅰ研究報告　香芝市平野塚穴山古墳石槨の3次元レーザー測量調査」『奈良文化財研究所紀要 2012』，独立行政法人国立文化財機構奈良文化財研究所
若杉智宏・廣瀬　覚 2012「Ⅱ-3　飛鳥地域等の調査　キトラ古墳の調査－第170次」『奈良文化財研究所紀要 2012』，独立行政法人国立文化財機構奈良文化財研究所

終　章　石棺秩序と古墳時代社会

　本書では古墳時代前期から終末期まで一貫して石棺を資料として取り扱い，検討を行なってきた。もう一度内容を整理し，その成果と課題を明らかにしたい。

（1）　讃岐における石棺製作の開始

　讃岐における石棺製作の開始について，この地で自生したとする説と倭王権あるいは近畿の勢力が関与したとする2つの見解に分かれていたことを研究史で確認した。鷲の山石製と火山石製の石棺の製作技術の様相が異なること，分布範囲も重ならないことから，石材産出地と密接に結びついた製作者集団がそれぞれ存在したと考えた。こうした高度な石材加工技術は讃岐で自生したとは考えられず，当時すでに竪穴式石槨などの構築に石材加工技術が確認できる倭王権側から，讃岐中央部と讃岐東部の首長それぞれに技術提供が行なわれたと考えた。

　こうした技術提供の背景は石棺の創出と密接に関わるものである。和田晴吾氏の指摘するように，遺体を密封する鎮魂・辟邪の思想から荘厳で堅牢・不朽な棺が求められ，高度な石材加工技術の伝播が「据え付ける棺」である石棺の創出を可能としたのであるが（和田1995・2002・2006），該期には白色円礫や竜山石など埋葬施設にかかわる石材が遠隔地から畿内に運ばれる状況を確認するかぎり，石棺を造るにあたり，石材もまた特別なものが遠隔地から選別されたと考えられる。鷲の山石と火山石で製作された石棺は倭王権やそれを支える河内の首長の要請のもと，密接な関係を築いた讃岐の首長に技術提供が行なわれ，石棺の製作・輸送が行なわれたと考えたい。讃岐の首長もまた，石材と技術者の管理を行ない，自身の埋葬施設にも石棺を採用し，自らの所属する地域首長連合の同族を表象する棺として採用したのである。

　さてここで注意しなければならないのは，要請主体者は讃岐の首長に石棺の形態について注文を行なうが，それは自らの葬送観念や思想を反映した形態を取る。安福寺棺を観察するかぎり，頭部側が広く，脚部側が狭く製作され，畿内の上位首長層で使用された割竹形木棺を短縮させた形態をとる。棺蓋と棺身の合目には直弧文が彫られ，厳重に封印される。直弧文を際立たせ，埋設面との境に造られた突帯は直弧文とともに棺身・棺蓋ともに一周するのである。讃岐特に鷲の山石製石棺を共有した首長は，採用するにあたり直弧文は導入せず，突帯は省略されるか，長辺にのみ製作され，棺形態も在地の木棺の形態が色濃く反映する。地域首長の観念が反映するのである。同じ石材で製作された石棺において，畿内と讃岐で若干の形態差が確認できるのはこうした背景が推測できるのである。

　この問題は地域間交流を考察する上で，重要な手掛かりとなる。

　筆者は各地で舟形石棺の製作が始まるのは倭王権側の動向とも密接に関連することを指摘し，讃岐の首長層とその下で石棺を製作した工人が大きな役割を果たしたと考えた。その伝播形態を

九州での検討から下記のパターンに類型化した。

Ａ：祖形となった讃岐製石棺と近似するもの。

Ｂ：地域的変容や舟形木棺２類の影響は認められるものの突起型式や形態・製作技術や突帯に対応する埋葬法など讃岐製石棺との共通性が明確なもの。

Ｃ：舟形木棺１類・２類の形態を基本として一部讃岐製石棺の特徴（製作技術・突帯とそれに対応する埋葬法）が加わったもの。

Ｄ：舟形木棺１類・２類の形態を基本とし，形態からは讃岐産石棺の特徴・影響が見え難いもの。

　突帯に着目すれば，讃岐で在地化し，長辺のみに製作された突帯が，形骸化しつつも九州でも同様に長辺に認められる。倭王権が技術者を直接派遣したと考えるよりは，讃岐の首長を介して各地に石棺製作工人が派遣されたと考えるのが妥当であると判断した。やはり各地で受容する際に在地首長の他界観や葬送観念が反映するため，形態だけでは系譜が判別できない事例が多いが，突帯などの形態的特徴，製作技術，埋葬法を総合的に検討すれば讃岐産石棺との関わりが大きいことが判明する。

　筆者はこの点に着目し，讃岐から直接埋葬法や製作技術が伝播した地域・時期を１次波及さらに伝播した地域から製作技術が波及した地域・時期を２次波及として区別した。１次波及地域が特に，丹後や越前，北部九州，中部九州など，半島の窓口となる地域に多く，倭王権側が各地の在地首長層の勢力を取り込み，あるいは介して半島や大陸との活発な交流を行なうが，そのような中で構築されたネットワークを通して，石棺工人が移動したと考えた。４世紀中葉から後半にかけての時期と推定される。百済や伽耶南部諸国との交流が活発化し，古墳の副葬品に筒型銅器など半島南部の首長墳からも確認できる資料が増加するのもこの時期の特徴である（福永1998）。

　また，１次波及地域の石棺の分布は，木下尚子氏が整理した古墳時代前期の貝の道[1]のＡグループの範囲に収まり（木下1996），氏の指摘した貝輪を持つ古墳の中に，向野田古墳，岩崎山４号墳，新庄天神山古墳，竜ヶ岡古墳など，石棺を持つ古墳の占める割合が高いことも注目される（第139図）。

　木下氏はＡグループの貝釧は非着装の儀式的な古墳文化の意味を持つもので，畿内的色彩が強い古墳に認められることから，畿内政権が貝の道に関与していたことを指摘し，特に瀬戸内から東海・北陸地方の南海産貝釧は，畿内政権を経由してもたらされたと想定している。さらに南島から九州への水揚げには宇土半島付近の海人など肥後の勢力が担ったことを指摘している（木下1996 26～27頁，34～35頁）。

　氏の復元した貝の道は，海運のルートやそれを担った勢力，倭王権側の意図が反映しており，第一次波及地域の石棺の分布・時期と補完して考察することが可能となるだろう。

（２）　竜山石製長持形石棺の創出

　讃岐において石棺が製作され，祖形的な長持形石棺が一部採用され始める和田編年３期から４期は，畿内においても竪穴式石槨に納める棺は多様であった。石棺の採用は一部であり，割竹形木棺，一部には舟形木棺１類が採用されていた。棺形態が統一されているような状況は窺がえな

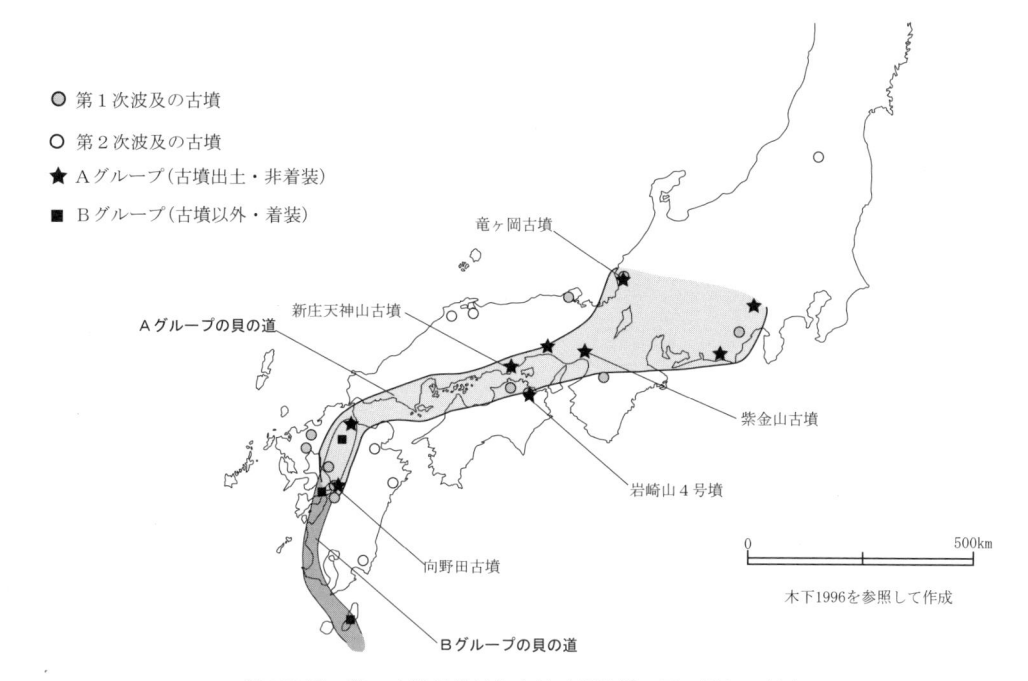

第 139 図　第一次波及地域と古墳時代前期の貝の道との対応

いようである。

　さらに長持形石棺 3 類を納めたと思われる櫛山古墳では，竪穴式石槨が全長約 7m 以上あり，推定される棺の規模よりはるかに大型の石槨が使用されていたことになる。佐紀陵山古墳には舟形石棺の棺蓋と思われるものがあり，間壁氏の指摘通り火山石製の舟形石棺と考えると，石槨長約 7.4m を測り，やはり同様に棺の規模と石槨の規模に大きな差[2]が認められる（第 21 図③）。

　このような状況が中期の長持形石棺 1 類の成立とともに改変し，畿内の大型古墳の棺は長持形石棺 1 類に統一され，さらに石棺の規模と突起型式により階層が表現され，規模に見あった竪穴式石槨が採用される。岡林氏の指摘するように棺形式による地位の表示が一層明確化するのである（岡林 2006 32〜33 頁）。

　長持形石棺 1 類は近畿首長連合内の立場と同族関係を表象する棺として利用され，長持形石棺の模倣はほとんどされることはなく，厳格な規制が働いていたことが考えられる。

　幕末の盗掘記事から佐紀古墳群において長持形石棺が成立していた可能性が高いと判断しているが，盗掘記事から判明する石棺の規模はその後の竜山石製に比べ小型であり，中期の竜山石製長持形石棺（1 類）は古市古墳群成立期の大王墓と推察される津堂城山古墳の長持形石棺 1 類において完成したと考える。長持形石棺 1 類には今尾氏の指摘するように，前期古墳で採用された複数の棺の要素が取り込まれているが（今尾 1994・1995・1997），一部には讃岐の要素が確認できる（第 33 図）。前段階における讃岐の石工の広範な活動を考慮すると，長持形石棺 1 類の製作に讃岐の石工工人が参加している可能性はやはり考慮される。

第1章及び第2章ではあまり触れなかったが，讃岐産石棺は在地では250cmから260cmと230cmから240cmにまとまりがある（第11表）。これは長持形石棺1類の石棺の突起型式と規模が特に250cmを境に大きく分けられ，上記の讃岐産石棺の規模に250cm以上の大型棺，230cm以下の小型棺を加え，突起型式を整備したような印象を受ける。畿内の讃岐産石棺の事例が限定され，その規模の使い分けが不明確であるが，讃岐産石棺の規模は製作地である讃岐と輸送先である畿内と共通し，特に讃岐では墳形と墳丘規模も対応する。

　こうした石棺秩序が長持形石棺1類の石棺秩序の原型となる可能性も十分に考慮する必要があるのではないかと考える。筆者は畿内の家形石棺の石棺秩序は長持形石棺1類から引き継がれる要素があることを第4章で確認しており，遠くは讃岐産石棺にその源流があり，変容しながらも長持形石棺1類を経て，受け継がれていたと考えておきたい。

（3）　竜山石製長持形石棺と在地凝灰岩製長持形石棺・舟形石棺との関係

　和田氏は古墳時代中期（氏の第3段階）は「畿内首長連合」と「地域首長連合」が並存する重層的な「首長連合体制」で，前者に長持形石棺が，後者に割竹形石棺・舟形石棺が採用され，首長連合のあり方が石棺に具現化することを指摘した（和田1998a）。舟形石棺は5世紀の首長連合にあって，この体制のなかでは，王権から政治的に遠い位置にあったと推定される地域連合内で，首長専用の棺として利用されたと指摘されている（和田1998b）。

　基本的には和田氏の理解に賛成であるが，「畿内首長連合」と「地域首長連合」の関係についてもう少し舟形石棺から検討が行なえるのではないかと考えた。また，割竹形石棺と舟形石棺の区別は曖昧で，早くから割竹形石棺から舟形石棺へ変化すると考えられてきた（高橋1915a）。こうした代表的見解に若干の検討を加えたのが第3章である。

　毛野の舟形石棺が代表的事例であるが，長持形石棺1類の石棺秩序を舟形石棺で表現している。越前の舟形石棺も長持形石棺1類成立以後形態が統一され，突起型式が変化することが確認でき，倭王権との関係が棺蓋突起に示されていた可能性は高いと思われる。刳抜式である点は倭王権の規制と思われるが，越前や毛野の一部の大型古墳の被葬者は，地域首長連合内における地位と倭王権との関係を重層的に突起型式で表現していた可能性も想起される。舟形石棺は割竹形石棺から推移したことは認めてよいが，地域や時期により階層構造の情報（規模や突起型式）や形態（在地の木棺形態）の情報など複数の要素が加味されていく。地域ごとにその系譜や意義を追求しなければならない。

　和田氏の見解を踏まえた上で考えるならば，毛野や越前などの舟形石棺を採用する勢力は倭王権側からは無視できない遠隔地の勢力と考えることができ，そのため，特に舟形石棺に長持石棺の階層に関わる情報が反映したと考えたい。

　特に長持形石棺1類で格式の高い型式は突起2・2型式である。この型式は極めて規制が強く，舟形石棺も含め，限られた事例しか確認できない（第88図）。舟形石棺は3例であるが，免鳥長山古墳は古市・百舌鳥古墳群成立期に対応し，二本松山古墳と井出二子山古墳の時期は5世紀後半の雄略朝の時期に対応すると考えられる。

山田俊輔氏の研究を参照すれば，古墳秩序に2つの画期が認められる。1つ目が4世紀後葉（中期前半），2つ目が雄略朝の画期に対応し，墳丘規模が拮抗した古墳が割拠した時期から卓越した墳丘規模を持つ集約した存在へと収斂していく点で共通し，2つの画期が東アジアの動態に密接な関連があることを指摘した。一つ目の画期は高句麗の南下政策により，朝鮮半島南部の勢力が圧迫を受けた時期に対応し，二つ目の画期は宋の滅亡と中国冊封関係の離脱であり，特に2つ目の画期と雄略朝の政策（地域経営）について詳述し，古墳の動態から有明海沿岸地域と関東地方という2つの周辺部が大きな役割を担ったと指摘している。

　東アジアと関連して，有明海沿岸地域は白石氏の指摘するように百済との交流を（白石1998），関東地方は『三国史記』に倭と百済の王権が靺鞨とも連携して南下する高句麗に反撃を加えたとする鈴木靖民氏の指摘を受け（鈴木2002），東北・北海道・靺鞨へと至る拠点として関東地方が拠点となったことを推定している（山田2008）。

　山田氏の見解に石棺の動態から見た筆者の見解を付け加えたい。1つ目の画期は上述したように石棺の第一次波及の時期から長持形石棺1類が成立する時期と一致する。すでに述べたように，第1次波及の時期・地域は半島との関係が認められる地域や海運と関連する地域と考えられる。

　特に2つ目の画期[3]は肥後の舟形石棺（北肥後型）と馬門ピンク石製家形石棺（中肥後型）が瀬戸内海の航路上と古市古墳群に運ばれる分布状況を示し（第140図），桃崎氏の指摘するように海上航路の整備などが行なわれた時期と推察される（桃崎2007）。

　これらの九州製の石棺について高木恭二氏の研究成果を改めて確認したい。氏は水野氏が八幡茶臼山古墳と大谷古墳の阿蘇溶結凝灰岩製の石棺が紀氏と関わりのある地域・古墳に納められているとの指摘を受け（水野1985），八幡茶臼山古墳棺や大谷古墳棺は熊本県の氷川流域で製作された南肥後型と関わりのある石棺で（第140図右下），氷川流域の首長は紀氏と関係を結んだと考えた。さらに岡山県造山古墳前方部所在の舟形石棺や近接する千足古墳の石障系石室と熊本県鴨籠石棺や同県ヤンボシ塚古墳の石障系石室の分析から，宇土半島基部の勢力は5世紀前半には吉備氏の傘下に入り，5世紀後半には吉備氏との繋がりを背景にヤマト政権中枢まで石棺を運ぶような立場になり[4]，吉備氏に陰りがみられる5世紀末以降は吉備氏を介さず畿内に石棺を運ぶようになったと指摘する（高木1986・2003・2008）。

　特に宇土半島基部の勢力は5世紀後半以降に，長持形石棺に系譜を持ち，ヤマト政権の特注品である「中肥後型」を畿内に輸送するが，このような長距離輸送はヤマト政権の権力を誇示する絶好のデモンストレーションであり，さらに在地で使用される石材と輸送される石材は石切場で厳密に区別されていたことが指摘されている（高木1995・2008）。

　2つ目の画期とほぼ同時期に熊本県菊地川流域からは北肥後型が，宇土半島基部からは倭王権からの特注品である中肥後型が畿内に輸送されることは（第140図），倭王権との肥後勢力との密接な関係が認められ，まさに倭王権側の特注品である中肥後型の製作から輸送は政治的デモンストレーションであり，実験航海の成果からも，航海途中の寄港地の首長の協力が不可欠で（宇野2006・2007），海上交通に関わる首長と大規模海上輸送路の整備が雄略朝期に進んだ可能性を指摘

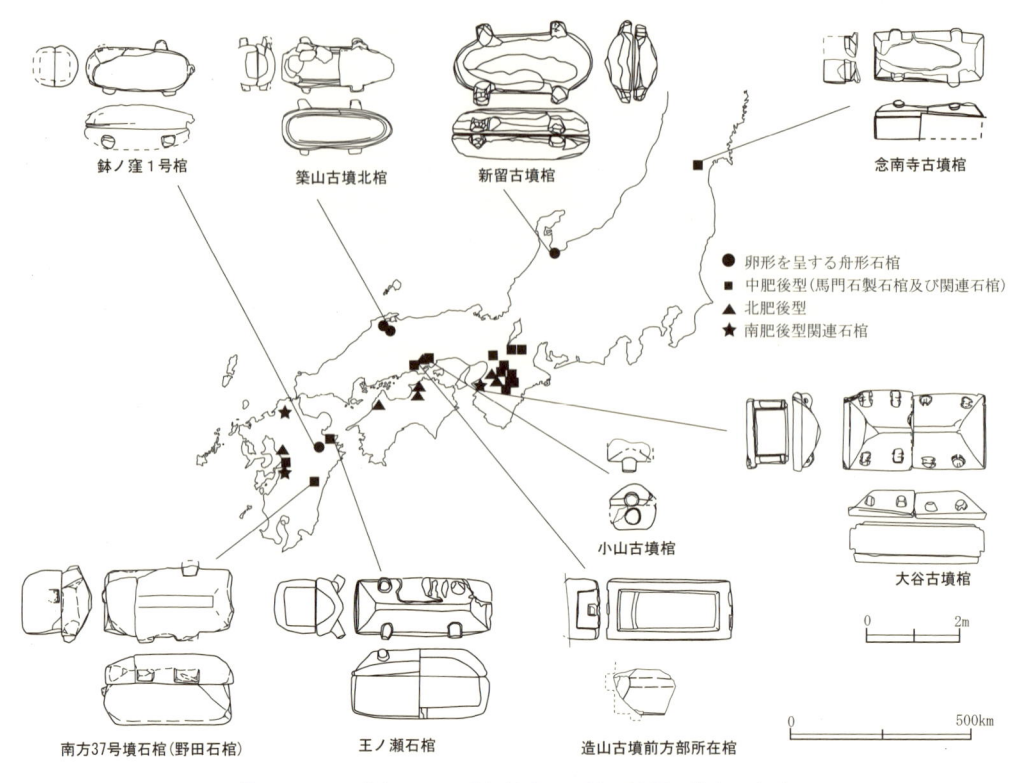

第140図 5世紀から6世紀前半の石棺の輸送と情報の伝達

した桃崎氏の見解も高木氏の研究成果と合わせて考えると理解しやすい。

　同時期に日本海沿岸と関東地方では倭王権の承認を得て，突起2・2型式の舟形石棺が二本松山古墳と井出二子山古墳に採用されるのである。さらに石材は在地性であるが，馬門ピンク石製家形石棺と同形の家形石棺が，宮城県念南寺古墳に確認された意義は大きいであろう（第140図上）。念南寺古墳の墳丘規模が，瀬戸内海の航路上の北肥後型や馬門ピンク石製家形石棺を採用した古墳の規模と一致することは偶然ではないと考える。また，この時期には日本海沿岸部にも丸みを持つ特徴的な舟形石棺が確認でき（第140図左上），瀬戸内海沿いと合わせて，情報あるいは石工の移動が活発であったことが窺がえる。山田氏の見解と石棺の動向はある程度対応することを確認しておきたい。

(4)　家形石棺の成立と展開

　畿内の家形石棺を4期に区分して整理した。馬門ピンク石製家形石棺をモデルに竜山石製と二上山白石製が造られ始める2期については，分布や石材，突起型式に地域差があり，石棺秩序がどのようなものか明確ではない。ただし石材を越えて家形石棺は規模が統一されており，共通の規格のようなものが存在していたと考えている。

　特に3期に家形石棺の石棺秩序が整備され，上位首長層から，群集墳の被葬者まで家形石棺が採用される。筆者の復元した石棺秩序は和田氏の「型」についての理解が若干異なる。氏は豪族

層が私的に石工集団を編成し，石材を入手して家形石棺を製作したとする。石材の供給量が石棺の型式を決定すると捉える。筆者は豪族層が私的に石工集団が編成されることは認めても，家形石棺の製作は制限されていたと考えた。

特に6世紀中葉から7世紀初頭に製作が集中する二上山白石製組合式家形石棺[5]は約200例近くあり，これらは石棺の長さや，高さが決められており，刳抜式より相対的に下位の棺として規模が規定されていた（第33表～第35表）。また，第5章で確認したように，馬門ピンク石製家形石棺と二上山白石製家形石棺の技術基盤は同じ可能性が高く，肥後から移住した集団が二上山白石製家形石棺の製作を担ったと考える安村氏の仮説は重要な提言と考える（安村2008）。安村氏の説に従い，倭王権主導により移住が行なわれ，製作組織の編成と墓域の決定が行なわれたと考えるならば，各地の豪族層がそれぞれ家形石棺を製作したとは考え難いのである。特に3期の葬制の整備に伴い，群集墳の被葬者への家形石棺の採用による多量生産に対応するため，肥後から技術者集団を移住させた可能性を視野にいれておきたい。

和田氏は中期の畿内の生産体制が，畿内各地に盤踞する首長がそれぞれの地で特定の職掌を分担し，それぞれに特有の技術と技術者を組織し，特定の製品を生産した，首長連合体制に特有の生産体制であったのに対し，後期には畿内の枠を越えた範囲での分業体制が成立し，全国的な広域的分業・貢納体制に再編されたと指摘した（和田2003）。氏の見解を参考にすれば，二上山系石材の開発に適した石棺造りの集団を移住させ，貢納体制に組み込んだと考えることが可能ではないであろうか。

畿内3期の石棺秩序は奈良盆地南部の首長層に整備され，群集墳の被葬者にまで及んだものであった。豪族層から群集墳の被葬者まで同じ棺と埋葬施設が採用されたのである。畿内及びその周辺には，和田氏の「新式群集墳」が増加する。氏は高麗尺によって秩序付けられた畿内型横穴式石室が定型化し，尺単位の規模の差で統一的に秩序付けがなされ，より直接的に有力家長層を取り込んだと考察し，新式群集墳や古墳の構成も勘案し「欽明朝の古墳規制」を評価している（和田1992a・1996b 70～74頁）。3期の石棺秩序は同様な背景を推測できるであろう。1期と2期とは異なる様相を確認でき，ここに一つ大きな画期を認めてよいと思われる。

畿内4期には後期群集墳の衰退とともに二上山白石製組合式家形石棺が消失し，5世紀の長持形石棺成立以来，石棺の格式を表現してきた縄掛突起の省略が始まる[6]。家形石棺の意義が変質し，石棺秩序も不要のものとなるのである。前方後円墳の築造停止に見られるように造墓の規制が進み，家形石棺に採用される被葬者も限定されるのである。推古朝の政治体制の変化にともない，このような変化が認められると推察される（和田1976，水野1970）。6世紀中葉に続いての画期である。畿内では特に河内の群集墳に「播磨型」の中型棺が多く分布し，大和では大型墳で家形石棺が継続して利用されている。7世紀代に造墓を開始する河内の終末式群集墳の被葬者が原初的な編戸によって戸主としての地位を確立していた中央政権を支えた渡来系氏族と考察する安村氏の見解（安村2008・2010）を参考にすれば，この地に多い「播磨型」は公的な性格を帯びたものとして理解できるのである。

さて，独立墳では家形石棺は7世紀中葉までは継続して使用されているようである。菖蒲池古墳の家形石棺は屋根や四柱を表現したことで著名な事例であるが，規模は石棺長270cmと大型で，畿内1期からの規模を維持している。石棺製作の規範の名残が確認できるのである。斉明天皇の陵墓と推察され，重要な成果が確認された牽牛子塚古墳にも触れたい。調査の結果対辺22m，高さ4.5mを測る八角形墳で，墳丘裾部には二上山凝灰岩製切石やバラスを敷き占め，二上山白色凝灰岩を刳り抜いた大型の横口式石槨の周辺も安山岩の切石が取り囲んでおり，重厚な閉塞が何重にも行なわれていることが確認された（明日香村教育委員会2010a）。さらに牽牛子塚古墳に接して築造された越塚御門古墳は，墳丘は不明なものの石英閃緑岩を加工した横口式石槨が確認された（明日香村教育委員会2010b）。

牽牛子塚古墳が斉明天皇陵であると考えるならば，越塚御門古墳の被葬者は斉明陵に接して築かれた大田皇女の陵の蓋然性が高い。牽牛子塚古墳からは麻布を漆で固めた夾紵棺が使用されており（明日香村教育委員会1977），斉明天皇の崩御した661年前後には家形石棺も衰退していたと考えられる。

ただし付け加えなければいけないことは，藤原京の石材利用に関する調査成果である。青木敬氏は大極殿南門の基壇外装の石材に着目し，大極殿南門北面（大極殿側）は竜山石を利用し，南面では二上山系と思われる石材が利用されていることに着目し，この石材が南門の機能に関わる問題と捉えた。天皇御出の空間として南門が重要視され，天皇が通行あるいは天皇の視界に入る範囲の北面は竜山石を利用しており，大極殿側にのみ意図的に竜山石が利用された背景に，竜山石が長持形石棺以来常に最高クラスの石材として利用された大王と関わりの深い石材で，外側である南側からの威容を示すだけではなく，内側からの要素も重視されたことを指摘する（青木敬2010b）。

藤原京の完成が691年であることを考慮すれば，家形石棺の衰退以後も古墳時代以来の石材に対する意識が強く残されており，竜山石の意図的な使用が行なわれていたと理解できる。こうした石材への強烈な意識や伝統性が7世紀中頃に横口式石槨や「持ち運ぶ棺」が採用されてもなお，大型古墳に家形石棺が認められることと関連するのであろう。

(5) 畿内系家形石棺の拡散

さて，畿内3期に石棺秩序が形成されると，以後各地に畿内系家形石棺が拡散する（第141図）。倭王権の地域支配の様相を分析できる重要な現象である。

重要な点は3期から4期の早い時期の畿内系家形石棺はその地域の有力な首長墓に採用されることである。吉備の浪形石製家形石棺や畿内型の範疇に入る大型横穴式石室を採用した集団の被葬者は，土生田純之氏の指摘する通り，屯倉経営に協力した在地勢力の有力者と推定でき（土生田2008b），さらに菱田哲郎氏は7世紀前葉にかけて畿内の横穴式石室と同じ構造ではなくとも，壁体表面を構成する石材が平滑に仕上げられ，最終的に切石になるなど，畿内と石室の指向が一致し，地域の中の最有力者から採用されることに王権の意図を読み取り，このような有力者が国造の地位にあったと推察し，墓制においてその地位を明示するものとして採用されたと指摘して

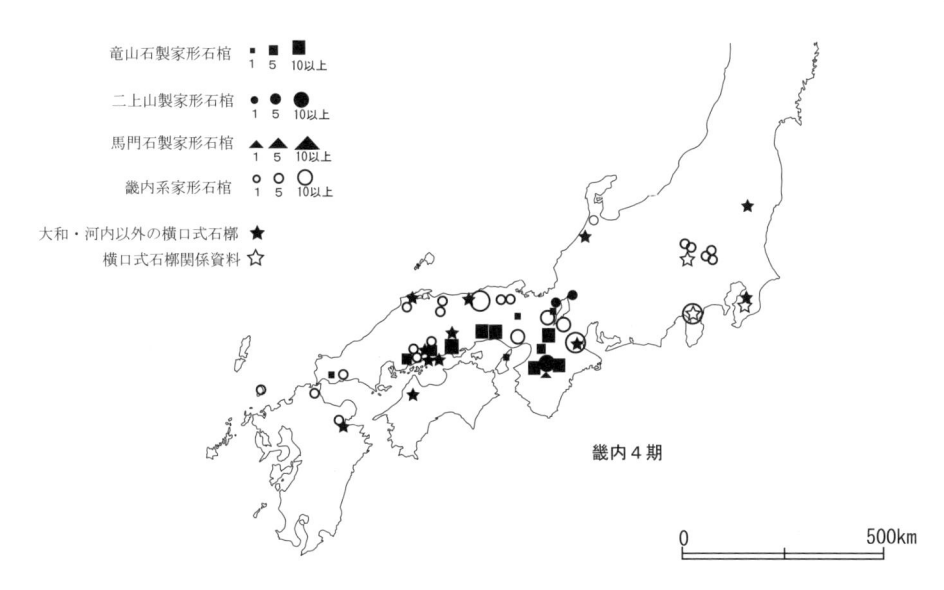

終章　石棺秩序と古墳時代社会　271

第141図　畿内4期の家形石棺と横口式石槨の分布

いる（菱田2007）。

　国造制は各地の最有力豪族を任命し，倭王権の地域支配の一端を担ったものと考えられている（篠川2001，舘野2004）。菱田氏は備中こうもり塚古墳や出雲西部の古墳（大念寺古墳，上塩冶築山古墳），毛野の愛宕山古墳などを参考に挙げているが，これらの古墳には家形石棺が確認できるのである。吉備と出雲の家形石棺は畿内の石棺秩序から考察すると対称的な様相を示し，こうもり塚古墳では突起1・2型式を採用するものの，規模は畿内の最上位に及ばないのに対し，出雲西部では大念寺古墳棺は突出した規模を測り，後続する上塩冶築山古墳棺では突起1・2型式で，畿内の最上位の首長層と同規模のものを製作している。備中こうもり塚古墳の被葬者は屯倉に協力し，政権内での地位が突起型式と規模が表現されたのに対し，出雲の家形石棺は規制が及んでおらず，倭王権と同等かそれ以上の規模のものが製作されたのである。石棺秩序からは倭王権と地域との関係を王権側と地域側から考察が可能であり，かつ菱田氏が推測したような墓制における地位表示が，具体的に検討できると判断している。

　因幡や駿河東端・伊豆北部では群集墳の被葬者に家形石棺が採用されている。具体的な地域相は課題であるが，試しに畿内4期の畿内系家形石棺と横口式石槨の分布を重ねると，両者の分布が重なる地域が多いことに気づく。倭王権と密接な関係のある地域に採用されており，単に畿内の墓制を模倣したと解釈するよりは，倭王権の政治的意図が反映していたと捉えるのが妥当である。地域の有力首長層と群集墳の首長層に採用されるあり方は，倭王権の地域支配の様相が地域ごとにどのようなものか具体的に分析する資料として有効である。

　特に畿内4期の分布を確認すると，瀬戸内海沿岸から北部九州・壱岐にかけて分布が広がっており，やはり海上交通のルート沿いであることが注目される。推古朝以後の遣隋使や遣唐使などの倭王権が重視した対外交渉などの政策にともなう地域編成が，特に山陽地方を中心に分布する

「播磨型」に反映している可能性も十分考えられよう。今後地域側の様相をさらに検討し，被葬者について追求したい。

(6) 「持ち運ぶ棺」について

本書では石棺を重点的に検討したため，特に後期古墳や終末期古墳に見られる釘付式木棺や，夾紵棺などの漆塗棺には触れることができなかった。釘付式木棺の構造の変化や釘の形態，系譜については研究が蓄積しているが[7]，釘付式木棺や漆塗棺に取り付けられる鐶座金具，釘の材質に対する研究はまだ課題が多いと思われる。

百済の横穴式石室墳の木棺を整理した吉井秀夫氏によれば，横穴式石室に用いられた木棺は棺釘の数と種類，鐶座金具の装飾の有無，棺材表面の装飾や飾り金具の有無，木棺の規模などの諸要素（装飾度合い）の組合せから，大きく2分でき，被葬者の階層性を反映している可能性を指摘し（吉井1995），横穴式石室や木棺，装身具にみられる階層性[8]は互いに関連すると考えている（吉井2010 196～206頁）。

さらに日本では畿内型の横穴式石室の成立に鉄釘が伴うものの，鐶座金具を持つ木棺や装飾性の高い木棺の出現は早くて6世紀末のころで，横穴式石室とそれに伴う墓制が日本で受容される際に少なからず変容が生じ，その変容の様相とその要因を探ることが，日本古墳時代後期の特質と，社会構造の復元に重要であると指摘する（吉井1995 478～479頁）。

畿内型石室に採用されたのは上位層では前代の伝統と石材，石棺秩序を継ぐ「据え付ける棺」である家形石棺であることと関連すると推察されるが，執行された儀礼も含め，その特質について今後追求していきたい。その後の横口式石槨や「持ち運ぶ棺」[9]がどのように導入され，どのような階層的に対応するのか，吉井氏の指摘を念頭に整理し，百済の様相と比較することを課題として挙げたい。

(7) 成果と課題について

以上特に石棺を中心に検討し，古墳時代の社会について考察を行なった。筆者の検討成果を従来の研究と区別するならば，以下のようになる。

① 前期古墳の刳抜式石棺の製作技術と埋葬法に着目し，讃岐から製作技術と埋葬法がどのように受容されるかを地域ごとに考察した。

② 竜山石製長持形石棺の石棺秩序を復元的に考察し，各地の舟形石棺との比較を行なった。舟形石棺は単なる地方王者の棺ではなく，倭王権との関係が考慮される事例や地域があり，倭王権との関係や地域首長連合内の分析に有効であることを考察した。

③ 畿内の家形石棺は，特に6世紀中葉に長持形石棺の石棺秩序を核に，家形石棺の石棺秩序が整備されると考えた。

④ 各地の認められる畿内系家形石棺を畿内の石棺秩序と対比させ，倭王権と地域首長との関係を考察できることを示した。

⑤ 石棺の形態は首長層の他界観や政治的関係が強く表出するため，一度形態を切り離して工具痕の分析を進め，技術レベルの復元と工人組織について検討が必要であると考えた。

⑥　特に丸木舟など舟の形態を模倣した舟形木棺2類の分布と時期を整理し，舟形石棺の分布と重なる地域が多く，その影響を受けること。さらに舟形木棺は関東に多く，後期の大型古墳にもなお残存し，中小古墳ではさらに後出する可能性があることを指摘した。畿内とは対照的的な様相を示し，他界観や習俗を考察する上で重要な資料であり，舟形石棺の分析と合わせて心性面にも検討できる可能性を示した。

　課題については多数あるが，石棺秩序で示した成果と副葬品や墳丘の研究成果との対応がまず挙げられよう。さらに本書では長持形石棺や家形石棺など倭王権で採用された棺の分析が多くを占めたため，倭王権側からの視点が強くでてしまった観があるが，今後は地域側からの視点をさらに推し進めて補完したい。また，今回資料として挙げていない重要な事例が多いことや，製作技術の情報が第3者に検証できる提示方法を示していないことも反省している。

　設定した画期と歴史事象や対外関係についてほとんど触れることができなかった。小野山節氏や和田晴吾氏，都出比呂志氏が明らかにした画期や勢力の動向，体制の変化について視野を広げて今後言及することを目標としたい（小野山1970，和田1998a，都出1989・1991）。さらに古墳時代を東アジアの動態の中で考察することは重要な視点であり，今後はその点も意識した検討を行ないたい。

註
1）　木下尚子氏は古墳時代の南島と九州・西日本地域の交易関係を南島産貝釧から分析した。古墳時代前期の貝釧は，古墳出土の非着装グループ，九州から南島に分布する古墳以外からの出土の着装グループに分けられ，Bグループが伝統的な貝の道，九州から畿内を結ぶAグループが古墳時代的な貝の道で，畿内政権が二つの貝の道に関与していたことを指摘している。中期以降も非着装を畿内的，着装を九州的・弥生時代的習俗として整理し，貝の道やそれに関わる勢力，文化的側面，貝釧の製品の変化，その背景についてまとめている（木下1996）。貝の道を通した肥後と豊後，倭王権との関係や，中期以降明確化する東の貝の道など，舟形石棺や長持形石棺を理解する上でも重要な見解が示されている。
2）　小林行雄氏は竪穴式石室を平面形の法量からA〜Cの3群に分け，短小なA群，長大なB群，石棺を覆う幅広なC群に分け，畿内を中心としてA群とB群の分布域の差や，棺内と棺外の副葬品の配置と空間認識，石棺の独立と竪穴式石室の消失など多くの視点を示した（小林1941）。その後都出比呂志氏は全国の竪穴式石室を整理し，埋葬頭位や石材にみる地域性の分析に加え，法量と木棺型式，埋葬施設の型式に被葬者の政治的社会的地位に位置付けられるような「棺制」が成立するとした（都出1986）。前方後円墳成立期から石室の規模に階層が反映していたが，特に前期後半（氏の第3期）以後古墳分布の拡大とともに，首長の地位を区別するシステムが確立し，長持形石棺成立後，長大型の石室の意義が低下したことなどが指摘されている。

　　櫛山古墳や佐紀陵山古墳の様相は，長大型の竪穴式石槨の意義が変質する前のもので，石棺の出現など過度的様相を示している。
3）　特に5世紀後半の雄略朝期の社会の変化については，第3章第7節註2を参照。
4）　川西宏幸氏は円筒埴輪の最下段のタガにみられる技法を「押圧技法」と「断続ナデ技法」と命名した。氏の編年のⅣ期からⅤ期に見られることを指摘し，特に備前・備中・美作のⅣ期の埴輪に多く確認でき，地域色として見なせること（川西1978），5世紀後半に吉備から九州に「押圧技法」が伝播したことを指

摘している（川西 1986）。その後も野崎貴博氏が検討を進め，「押圧技法」の伝播と阿蘇溶結凝灰岩製石棺の分布が密接な相関関係を示し，吉備，特に砂川中流域の集団と肥後の菊池川流域の集団との独自の交流により埴輪製作技法が伝播したことが指摘されている（野崎 1999）。

5) 日本考古学協会 2010 年度兵庫大会実行委員会 2010 を参照。全ての石材が二上山系のものか判断できないのであるが，多くは二上山白石製と考えている。石材加工技術と生産組織，石切場の対応は大きな課題である。

6) 小林行雄氏は畿内の家形石棺がその最後の段階に夾紵棺などの箱形の形態に変わることを新しい棺形式の接近と評価し，突起の排除なども関連するとしている（小林 1951）。

7) 鉄釘に付着した木目の分析から木棺形態の復元を行なった福岡澄男氏の報告（福岡 1969）以後，木棺の連結金具の基本的な形態の整理と推移は田中彩太氏が行ない（田中 1978），その後岡林孝作氏は横穴式石室に採用される釘で連結した木棺を在来の組合式木棺と区別して「釘付式木棺」と呼称し，百済から初期横穴式石室とともに付帯して伝えられたと推定する（岡林 1994）。他に田中氏が鉄釘の小型化を指摘したのと関連して，木棺の木材の幅が次第に薄くなり，軽量化を指向することを千賀久氏が指摘した（千賀 1994）。さらに近年では金田善敬氏が鉄釘の頭部の形態に着目して，鍛冶集団の復元や地域性，木棺の移動について考察している（金田 1996，2002，2003）。

　関東地方では群馬県での出土が目立つが，栃木県では秋元陽光氏の集成では 4 古墳であり，終末期に利用されるとしている（秋元 2005）。「釘付式木棺」の研究は畿内を中心に進んでいるが，全国的には基礎的検討が不足しているように見受けられる。

8) 山本孝文氏は熊津期と泗沘期の百済の考古資料，具体的には横穴式石室・装身具・百済土器を検討し，各物質資料の定型化・斉一化が王権による段階的身分秩序の維持と関連すると判断し，その段階的推移と，諸資料が地方統治や再編にどのように関わるか検討を行なっている。

　特に熊津期から泗沘期（6 世紀中葉）にかけて横穴式石室の構造・規模と銀花冠飾の装飾度合いとサイズ，帯金具の材質などが対応するよう整備され，さらに 6 世紀末から 7 世紀初頭に都城である扶餘周辺の土器をはじめとする生活文化（土器様式の変化や木簡の使用などの中国化）の整備など中央集権化が進んでいることが指摘されている（山本 2008）。これらの諸現象に見られる画期と倭国への影響について今後考察したい。

9) 日本の「持ち運ぶ棺」の材質や鐶座金具を簡単に確認すると，材質は夾紵棺や漆塗木棺，漆塗籠棺など，木棺や布，植物性の籠等を芯にして，漆で塗り固めたもので，さらに漆を塗らない木棺などが加わる。これらに取り付けられた鐶座金具は，金銅製と鉄製があり，さらに忍冬文形や六花形などのさまざまな飾り金具が付くようである。釘の材質も鉄製，鉄地銀張り，銅製のものが確認できる。夾紵棺が 8 例と，天武・持統陵や斉明天皇陵の可能性が高い牽牛子塚古墳，叡福寺北古墳など王陵級の古墳から出土しており，限定された被葬者の棺であることは間違いないが，これらの「持ち運ぶ棺」の材質や飾り金具による装飾が階層をどの程度反映するのかなど大きな問題が残されている。堀田啓一氏が墳形・内部構造・棺形式の変化を第 1 画期（推古朝），第 2 画期（大化改新），第 3 画期（天武・持統朝）と関連づけて整理し（堀田 2003），土生田純之氏が 7 世紀の墓制変遷の歴史的意義について，内的要因と外的要因からまとめている（土生田 2005b）。今後筆者もこれらの先学を基に前段階（畿内 3 期）からの様相と百済の様相を視野にいれながら検討を加えたい。畿内の様相を整理した上で，埼玉県八幡山古墳（円墳 80m）出土夾紵棺と青銅製八花形飾金具，銅鋺（塩野 2004），東京都熊野神社古墳（上円下方墳 32m）出土の鉄釘と鎹かと思われる鉄製品（府中市教育委員会・府中市遺蹟調査会 2005），千葉県森山塚古墳出土鉄釘と鐶座金具（國學院大學文学部考古学研究室 1984）などの各地終末期古墳の棺について言及したい。

参考文献

相川龍雄　1938　「前橋古墳群」『毛野』第3巻2号，毛野研究会

青木　敬　2003　『古墳築造の研究－墳丘からみた古墳の地域性－』，六一書房

青木　敬　2004　「横穴式石室と土木技術」『古墳文化』創刊号，國學院大學古墳時代研究会

青木　敬　2005　「第4節　鉄釘」『府中市埋蔵文化財発掘調査報告　第37集　武蔵府中熊野神社古墳』，府中市教育委員会・府中市遺跡調査会

青木　敬　2007　「古墳における墳丘と石室の相関性」『日本考古学』第23号，日本考古学協会

青木　敬　2010a　「第5章考察　第2節　白色円礫－その機能と変遷－」『大阪市立大学考古学研究報告　第4冊　玉手山1号墳の研究』，大阪市立大学日本史研究室編

青木　敬　2010b　「飛鳥・藤原地域における7世紀の門遺構－石神遺跡・飛鳥京遺跡・藤原京跡などの調査事例－」『第13回　古代官衙・集落研究会報告書　官衙と門　報告編』，奈良文化財研究所

青木豊昭　1980　「第3章考察　第1節六呂瀬山古墳群の位置づけ―越前における大首長墓について―」『福井県埋蔵文化財調査報告　第4集　六呂瀬山古墳群　国道364号線建設に伴う発掘調査報告書』，福井県教育委員会

青木豊昭　1984　「越前の石棺について」『西谷山2号墳発掘調査報告』，福井県立博物館準備室

青木豊昭　1994　「北陸の刳抜式石棺について」『古代文化』第46巻5号，古代学協会

赤塚次郎　1999　「容器形石製品の出現と東海地域」『考古学ジャーナル』No453，ニューサイエンス社

阿河鋭二・松田朝由　2008　「第5章　まとめ」『さぬき市埋蔵文化財調査報告　第6集　さぬき市内遺跡発掘調査報告書　一つ山古墳　岩崎山4号墳』，さぬき市教育委員会

秋間俊夫　1985　「『死者の歌』－斉明天皇の歌謡と遊部」『古代歌謡』，日本文学研究資料叢書

秋元陽光　2005　「栃木県における前方後円墳以降と古墳の終末」『第10回　東北・関東前方後円墳研究大会シンポジウム　前方後円墳以後と古墳の終末　発表要旨集』，東北・関東前方後円墳研究会

阿南　亨　2007　「古墳時代の船と航海－考古資料を中心として－」『大王の棺を運ぶ　実験航海－研究編－』石棺文化研究会

尼子奈美枝　1993　「後期古墳の階層性－馬具所有形態と石室規模の相関関係から－」『関西大学考古学研究室開設四拾周年記念　考古学論叢』，関西大学文学部考古学研究室

尼子奈美枝　2003　「古墳時代後期における中央周縁関係に関する予察」『ヒストリア』第183号，大阪歴史学会

安藤鴻基・杉崎茂樹・永沼律郎　1980　「千葉県鴨川市広場1号墳とその出土遺物」『古代房総史研究』第1号，古代房総史研究会

安藤信策　1975　「山城の石棺」『京都考古』第16号，京都考古刊行会

池田朋生　2006　「熊本県下の石工道具Ⅱ例」『県立装飾古墳館　研究紀要』第6集，熊本県立装飾古墳館

池田朋生　2007　「古墳時代「阿蘇石」の加工技術について」『大王の棺を運ぶ　実験航海－研究編－』，石棺文化研究会

池田正男　2002　「何人カノ筆二成ル雲部車塚古墳」『兵庫県埋蔵文化財研究紀要』第2号，兵庫県教育委員会埋蔵文化財調査事務所

池田満雄　1954　「出雲上島古墳の調査」『古代学研究』第10号，古代学研究会

石井謙治　1995　「和舟Ⅰ・Ⅱ」『ものと人間の文化史』76，法政大学出版局

石崎善久　2001　「舟底状木棺考－丹後の刳抜式木棺－」『京都府埋蔵文化財論集第4集』，財団法人京都

府埋蔵文化財センター

石田茂輔　1967　「日葉酢媛命御陵の資料について」『宮内庁書陵部紀要』第19号　宮内庁書陵部陵墓課　後『書陵部紀要所収　陵墓関係論文集』，学生者に所収

石野博信　1995　「前期古墳の新事実」『季刊考古学第52号　特集前期古墳とその時代』，雄山閣

石野博信　2009　「視点⑤「小さな古墳の大きな木棺」」『平成21年度特別展　木棺と木簡―下田東遺跡を考える―』，香芝市二上山博物館

石橋　宏　2004　「家形石棺の再検討」『古墳文化』創刊号，國學院大學古墳時代研究会

石橋　宏　2006　「出雲の家形石棺とその交流」『博望』第6号，東北アジア古文化研究所

石橋　宏　2009a　「第Ⅴ章．考察　第4節　井出二子山古墳舟形石棺の提起する問題」『高崎市文化財調査報告書第31集（2）史跡保渡田古墳群　井出二子山古墳　史跡整備事業報告書　第2分冊』，高崎市教育委員会

石橋　宏　2009b　「Ⅳ論考集　附論1『列島史における井出二子山古墳の意義』発表要旨②　井出二子山古墳出土木棺の系譜とその意義」『第18回特別展　第26回群馬の博物館展　山麓の開発王　井出二子山古墳の世界―史跡整備終了記念展―』，かみつけの里博物館

石橋　宏　2010a　「長持形石棺再考」『國學院大學学術資料館　考古学資料館紀要』，國學院大學研究開発推進機構学術資料館考古学資料館部門

石橋　宏　2010b　「長持形石棺－その階層構造と波及についての粗描－」『土曜考古』第33号，土曜考古学研究会

石橋　宏　2011a　「石棺の形態と製作技術の伝播に関する予察」『第16回　東北・関東前方後円墳研究大会シンポジウム　〈もの〉と〈わざ〉　発表要旨集』，東北・関東前方後円墳研究会

石橋　宏　2011b　「第2章　石棺－舟形石棺秩序を中心に－」『季刊考古学・別冊17　古墳時代毛野の実像』，右島和夫・若狭　徹・内山敏行編，雄山閣

石橋　宏　2012　「木棺研究の成果と石棺研究の成果について－舟形木棺を中心に－」『土壁』第12号，特集米澤容一氏追悼号，考古学を楽しむ会

石橋　充　1995　「常総地域における片岩使用の埋葬施設について」『筑波大学　先史学・考古学研究』第6号，筑波大学先史学・考古学研究編集委員会

石原道弘編訳　1985　『新訂魏志倭人伝・後漢書倭伝・宋書倭国伝・隋書倭国伝』，岩波文庫

石部正志　2008　「第2章　弥生・古墳時代前期の丹後地方」『市民の考古学5　倭国大乱と日本海』，甘粕　健編，同成社

出雲考古学研究会編1987『古代の出雲を考える6　石棺式石室の研究－出雲地方を中心とする切石造り横穴式石室の検討－』，出雲考古学研究会

出雲考古学研究会編1995『古代の出雲を考える8　横穴式石室にみる山陰と九州－石棺式石室をめぐって－』，出雲考古学研究会

泉森　晈　1967　「斑鳩町竜田御坊山古墳発見の環座金具とその類例について」『関西大学考古学研究所年報1　末永先生古希記念特輯』，関西大学考古学研究会

泉森　晈　1973　「奈良県北葛城郡香芝町発見の石棺について」『古代学研究』第67号，古代学研究会

遺蹟遺物研究会　1930　「八幡原古墳と青梨木古墳の出土品」『上毛及上毛人』第161号，上毛郷土史研究会

磯部武雄　1983　「古代日本の舟葬について（上）」『信濃』第35巻第12号，信濃史学会

磯部武雄　1989　「舟葬考　古墳時代の特殊葬法をめぐって」『藤枝市郷土博物館紀要』VOL1，藤枝市郷

土博物館

板楠和子　1995　「石棺と石作部」『古代王権と交流 8　西海と南東の生活・文化』，新川登亀男編，名著出版

板楠和子　2007　「宇土半島のピンク石石棺と額田部」『大王の棺を運ぶ　実験航海－研究編－』，石棺文化研究会

板橋旺爾　2006　「古代航海よみがえる」『大王の棺海をゆく　謎に挑んだ古代船』，大王のひつぎ実験航海実行委員会・読売西部本社編　海鳥社

一瀬和雄　2009　『シリーズ「遺跡を学ぶ」055　古墳時代のシンボル　仁徳陵古墳』，新泉社

逸見吉之助　1974　「X 線回折法による岩石の同定」『倉敷考古館研究集報』第 9 号，倉敷考古館

伊藤　晃　1986　「小山古墳」『岡山県史』第 18 巻　考古資料，岡山県

伊藤　晃　1986　「唐人塚古墳」『岡山県史』第 18 巻　考古資料，岡山県

伊藤玄三　1978　「会津大塚山第 2 号墳の調査」『福島考古』第 19 号，福島県考古学会

伊東信雄　1935　「日本上代舟葬説への疑問」『考古学雑誌』第 25 巻第 12 号，日本考古学会

伊藤勇輔・豊岡卓之　2001　「櫛山古墳の新資料」『橿原考古学研究所紀要　考古学論攷』第 24 冊，奈良県立橿原考古学研究所

稲葉昭智　2000　「終わりに　古墳時代　3. 舟形木棺について」『財団法人君津郡市文化財センター発掘調査報告書第 163 集　西谷古墳群・西谷遺跡』，財団法人君津郡市文化財センター

井鍋誉之　2008　「第 3 章古墳時代終末期における駿河東部の有力古墳」『静岡県埋蔵文化財調査研究所調査報告　第 184 集　原分古墳　平成 19 年度（都）沼津三島線重点街路事業（地方特定）工事に伴う埋蔵文化財発掘調査報告書　調査報告編』

井上喜久治　1891　「河内玉手山安福寺ノ手洗鉢」『東京人類学雑誌』第 66 号，東京人類学会

井上義光・名倉聡　2007　「葛城王墓の霊柩船―巣山古墳第 5 次調査―」『月刊文化財　船』1 月号（520 号），文化庁文化財部監修

今尾文昭　1983　「古墳祭祀の画一性と非画一性－前期古墳の副葬品配列から考える－」『橿原考古学研究所論集』第 6，橿原考古学研究所編，吉川弘文館

今尾文昭　1994　「灯籠山古墳埴質枕にともなう棺―伝中山大塚古墳資料の再検討―」『考古学雑誌』第 80 巻第 1 号　日本考古学会

今尾文昭　1995　「木棺―棺形態の二，三」『季刊　考古学第 52 号　特集前期古墳とその時代』，雄山閣

今尾文昭　1997　「王者の棺―棺にあらわれた古代の諸王」『別冊歴史読本　最前線シリーズ　日本古代史「王権」の最前線　巨大古墳の謎を解く』，新人物往来社

妹尾周三　1995　「古墳時代終末期の安芸地方－御年代古墳と竜山石製家形石棺を中心として」『芸備』第 24 集，芸備友の会

今西康宏　2011　「今城塚古墳にみる石材流通とその背景－石棺石材を中心に－」『第 60 回　埋蔵文化財研究集会　石材の流通とその背景－弥生～古墳時代を中心に－　発表要旨集』，第 60 回埋蔵文化財研究集会事務局編

今西　龍　1915　「西都原第 21 号塚」『宮崎県西都原古墳調査報告』，宮崎県

磐高史学研究会　1949　『考古』第 2 号

磐高史学研究会　1950　『考古』第 7 号

磐高史学研究会　1957　『考古』第 10 号

岩崎卓也　1976　「舟形石棺をめぐる二，三の問題」『史潮』新 1 号，歴史学会

岩崎卓也　　1987　「埋葬施設からみた古墳時代の東日本」『考古学叢考　中』，吉川弘文館
William Gowland 1907: The Dolmens and Burial Mounds in japan. *Archaeologia*, Vol.55.
　　　　　　1897: The Burial Mounds and Dolmens of the Early Emperors of Japan. *The Journal of the Royal AnthropologicalInstitute of Great Britain and Ireland*, vol.37.（上田宏範校注・稲本忠雄訳『日本古墳文化論』創元社 1981 所収）
上田　睦　　2003　「古墳時代中期における円筒埴輪の研究動向と編年」『埴輪論叢』第 5 号，埴輪検討会
上野恵司　　1996　「東国古墳の石室にみる出雲の影響」『考古学の諸相』，坂詰秀一先生還暦記念会
上原敏伸　　2001　「讃岐の刳抜式石棺」『故事』天理大学考古学研究室紀要第 5 冊，天理大学考古学研究室
宇垣匡雅　　1987　「竪穴式石室の研究－使用石材の分析を中心に－（上）（下）」『考古学研究』第 34 巻第 1・2 号，考古学研究会
宇垣匡雅　　1993　「造山古墳前方部所在石棺について『古代吉備』第 15 号，古代吉備研究会
宇垣匡雅　　2006　『日本の遺跡 14　両宮山古墳　二重濠をもつ吉備の首長墓』，同成社
牛島晋治　　2004　「熊本県菊池郡七城町所在　山崎古墳出土舟形石棺について」『専修考古学』第 10 号，専修大学考古学会
宇野愼敏　　2006　「海路・寄港地の選定と航海の実際」『大王の棺海をゆく　謎に挑んだ古代船』，大王のひつぎ実験航海実行委員会・読売西部本社編，海鳥社
梅澤重昭　　1990　「前方後円墳の空白時期と帆立貝形古墳の出現」『群馬県史』通史編，群馬県
梅澤重昭　　1999a　「8　姥山古墳」『新編高崎市史資料編 1　原始古代 1』，高崎市史編さん委員会
梅澤重昭　　1999b　「42　不動山古墳」『新編高崎市史資料編 1　原始古代 1』，高崎市史編さん委員会
梅原末治　　1912　「河内小山村城山古墳の石棺及び遺物について」『歴史地理』第 3 巻第 4 号，日本歴史地理学会
梅原末治　　1913　「摂津国三島郡耳原村の一古墳」『考古学雑誌』第 3 巻第 7 号，日本考古学会
梅原末治　　1914　「近時調査せる河内の古墳（上）（河内調査報告 8)」『考古学雑誌』第 5 巻第 3 号，日本考古学会
梅原末治　　1916a　「河内枚方町字万年山の遺蹟と発見の遺物に就きて」『考古学雑誌』第 7 巻第 2 号，日本考古学会
梅原末治　　1916b　「大和国佐味田宝塚の構造とその出土の古鏡に就て」『考古学雑誌』第 7 巻第 3 号，日本考古学会
梅原末治　　1917a　「肥後国上杉村の一石棺」『人類学雑誌』第 32 巻 5 号，東京人類学会
梅原末治　　1917b　「摂津国三島群岡本村前塚の石棺に就いて」『考古学雑誌』第 3 巻第 4 号，日本考古学会
梅原末治　　1918a　「丹波国南桑田郡篠村の古墳」『考古学雑誌』第 9 巻第 1 号，日本考古学会
梅原末治　　1918b　「出雲における特殊古墳（上）」『考古学雑誌』第 9 巻第 3 号，日本考古学会
梅原末治　　1919　「出雲における特殊古墳（中の上）」『考古学雑誌』第 9 巻第 5 号，日本考古学会
梅原末治　　1920a
梅原末治　　1920b　「河内国小山城山古墳調査報告」『人類学雑誌』第 35 巻 8・9・10 号，東京人類学会
梅原末治　　1922　「周防国三田尻附近の石室古墳」『考古学雑誌』第 28 巻第 8 号，日本考古学会
梅原末治　　1923　「出雲国八束郡岡田山古墳調査報告」『中央史壇』第 7 巻 5・6 合冊号，国史講習会
梅原末治　　1924a　「因伯二国における古墳の調査」『鳥取県史蹟名勝地調査報告』第 2 冊，鳥取県
梅原末治　　1924b　「壇場山古墳の調査」『人類学雑誌』9 巻 2 号，東京人類学会

梅原末治　1924c　「備前国西高月村の古墳」『歴史と地理』13 巻 4 号，史学地理学同攷会

梅原末治　1930　「出雲国八束郡の一装飾古墳」『歴史と地理』26 巻 3 号，史学地理学同攷会

梅原末治　1931　「桑飼村蛭子山・作り山古墳の調査」『京都府史蹟名勝天然記念物調査報告』第 12 冊，京都府

梅原末治　1932a　「富合村玉丘古墳」『兵庫県史蹟名勝天然記念物調査報告』第 9 輯，兵庫県

梅原末治　1932b　「2　大阪市内の主要な遺跡（2）　四天王寺の石棺蓋」『大阪府史蹟名勝天然記念物調査報告』第 3 冊，大阪府

梅原末治　1932c　「3　泉南郡淡輪村の古墳」『大阪府史蹟名勝天然記念物調査報告』第 3 冊，大阪府

梅原末治　1933　「第 3 章第 2 節　石船塚と其の石棺」『讃岐高松岩清尾山石塚の研究』京都大学文学部考古学研究報告第 12 冊，濱田耕作編，京都帝國大學

梅原末治　1935a　「第 4　大和桜井町艸墓古墳」『日本古文化研究所報告』第 1，日本古文化研究所

梅原末治　1935b　「第 5　大和平群村西宮古墳」『日本古文化研究所報告』第 1，日本古文化研究所

梅原末治　1935c　「第 7　摂津耳原古墳」『日本古文化研究所報告』第 1，日本古文化研究所

梅原末治　1937a　「第 3　河内磯長御嶺山古墳」『日本古文化研究所報告』第 4，日本古文化研究所

梅原末治　1937b　「第 11　備前行幸村花光寺山古墳」『日本古文化研究所報告』第 4，日本古文化研究所

梅原末治　1938a　「第 6　備前和気郡鶴山丸山古墳」『日本古文化研究所報告』第 9，日本古文化研究所

梅原末治　1938b　「附造山古墳遺存の石棺」『日本古文化研究所報告』第 9，日本古文化研究所

梅原末治　1940a　「竹野郡産土山古墳の調査上」『京都府史蹟名勝天然記念物調査報告』第 20 冊，京都府

梅原末治　1940b　「本邦上代高塚の内部構造に就いて」『史林』第 25 巻第 3 号，史学研究会

梅原末治　1953　「肥前玉島村谷口の古墳」『佐賀県文化財調査報告』第 2，佐賀県教育委員会

梅原末治　1955a　「向日町妙見山古墳」『京都府文化財調査報告』第 21 冊，京都府教育委員会

梅原末治　1955b　「竹野郡産土山古墳の調査下」『京都府文化財調査報告』第 21 冊，京都府教育委員会

梅原末治　1956　「岡山県下の古墳調査記録（一）」『瀬戸内海研究』第 8 号，瀬戸内海総合研究会

梅原末治　1957　「岡山県下の古墳調査記録（二）」『瀬戸内海研究』第 9・10 合併号，瀬戸内海総合研究会

梅本康弘　2003　「山城の円筒埴輪編年概観」『埴輪論叢』第 5 号，埴輪検討会

梅本康弘　2007　「畿内大型横穴式石室の構造－石室規模にみる秩序形成の基礎的検討－」『研究集会　近畿の横穴式石室』，横穴式石室研究集会事務局編

大久保徹也　1990　「下川津遺跡における弥生後期から古墳時代前半期の土器について」『瀬戸大橋建設に伴う埋蔵文化財発掘調査報告Ⅶ　下川津遺跡』，（財）香川県埋蔵文化財センター編

大久保徹也　1997　「第 5 章　まとめ」『四国横断自動車道に伴う埋蔵文化財発掘調査報告書　第 25 冊　中間西井坪遺跡Ⅰ』，（財）香川県埋蔵文化財センター編

大久保徹也　2000　「四国北東部地域における首長層の政治的結集－鶴尾神社 4 号墳の評価を巡って－」『古代学協会四国支部第 14 回　前方後円墳を考える　研究発表資料集』，古代学協会四国支部

大久保徹也　2001　「1 讃岐　2 下川津 B 類の定義」『第 22 回庄内式土器研究会　追加資料』，庄内式土器研究会

大久保徹也　2002　「四国北東部地域における地域的首長埋葬儀礼様式の成立時期をめぐって」『論集　徳島の考古学』，徳島考古学論集刊行会

大久保徹也　2004　「第 1 章第 4 節　讃岐の古墳時代政治秩序への試論」『古墳時代の政治構造　前方後円墳からのアプローチ』，青木書店

大久保徹也　2005　「石棺型式共有の背景」『季刊考古学』第 90 号，雄山閣
大阪府立近つ飛鳥博物館　1998　『大阪府立近つ飛鳥博物館図録 16　平成 10 年度秋季特別展　大化の薄葬令－古墳のおわり－』
大阪府立近つ飛鳥博物館　2010　『大阪府立近つ飛鳥博物館図録 50　平成 21 年度冬季特別展　ふたつ飛鳥の終末期古墳－河内飛鳥と大和飛鳥－』
大竹弘之　1999　「九州横口式家形石棺のゆくえ」『同志社大学考古学シリーズ』Ⅶ，同志社大学考古学研究室
大谷晃二・清野孝之　1996　「安来市毘売塚古墳の再検討」『島根考古学会誌第』第 13 集，島根考古学会
大谷晃二・松山智弘　1999　「横穴墓の形式とその評価」『田中義昭先生退官記念論集　地域にねざして』
大谷晃二　1994　「出雲地域の須恵器の編年と地域色」『島根考古学会誌』第 11 集，島根考古学会
大谷晃二　1995　「出雲の古墳時代後期の切石石棺」『第 23 回　山陰考古学研究集会　古墳時代後期の棺－家形石棺を中心に－』，第 23 回山陰考古学研究集会
大谷晃二　1996　「第 4 章　総括」『島根県立八雲立つ風土記の丘研究紀要Ⅲ　御崎山古墳の研究』，島根県教育委員会・島根県立八雲立つ風土記の丘
大谷晃二　1997　「出雲国」の成立－東部勢力の動向」『古代出雲文化展』，島根県教育委員会
大谷晃二　1999　「上塩冶築山古墳をめぐる諸問題」『上塩冶築山古墳の研究』，島根県古代文化センター
大谷晃二　2001a　「上石堂平古墳と出雲西部の横穴式石室」『上石堂平古墳群』，平田市教育委員会
大谷晃二　2001b　「出雲東部の大首長の性格と権力」『第 8 回東海考古学フォーラム　東海の後期古墳を考える』，三河古墳研究会
大谷晃二　2010a　「(1) 割竹形石棺・舟形石棺－出雲地方を中心に－」『日本考古学協会 2010 年度兵庫大会研究発表資料集』，日本考古学協会 2010 年度兵庫大会実行委員会
大谷晃二　2010b　「(3) 家形石棺集成－出雲・因幡を中心に－」『日本考古学協会 2010 年度兵庫大会研究発表資料集』，日本考古学協会 2010 年度兵庫大会実行委員会
大谷晃二　2011　「第 1 章　古墳文化の地域的様相　三　山陰」『講座日本の考古学 7　古墳時代上』，広瀬和雄・和田晴吾編，青木書店
大谷晃二・林健亮・松本岩雄・宮本正保　1998　「丹花庵古墳の測量調査」『古代文化研究』第 6 号，島根県古代文化センター
大谷輝彦　2012　「壇場山古墳と壇場山古墳群」『第 12 回播磨考古学研究集会の記録　大型古墳からみた播磨』，第 12 回播磨考古学研究集会実行委員会編
大谷　基　2004　「名生館官衙遺跡の舟形木棺」『宮城考古学』第 6 号，宮城県考古学会
太田宏明　1999　「畿内型石室の属性分析による社会組織の検討」『考古学研究』第 46 巻第 1 号，考古学研究会
太田宏明　2003　「畿内型石室の変遷と伝播」『日本考古学』第 15 号，日本考古学協会
太田宏明　2004　「畿内系家形石棺の変遷と系統の統合」『古代文化』第 56 巻 12 号，古代学協会
太田宏明　2007a　「横穴式石室における伝播論〜横穴式石室における伝播過程比較検討方法論の提唱〜」『研究集会　近畿の横穴式石室』，横穴式石室研究集会事務局編
太田宏明　2007b　「畿内地方に分布する馬門石製家形石棺」『大王の棺を運ぶ実験航海—研究編—』，石棺文化研究会
太田宏明　2010　「考古資料の分類単位と過去の社会組織－横穴式石室の分類・整理を通じたモデルの提唱－」『考古学雑誌』第 94 巻第 2 号，日本考古学会

大塚初重　1988　「賤機山古墳の家形石棺」『静岡県市研究』5号，静岡県教育委員会

大野延太郎　1898　「旅中所見」『東京人類学雑誌』第14巻151号，東京人類学会

大野宏和　2001　「香川における刳抜式石棺について～赤山1・2号石棺を中心にして」『花園大学考古学研究論叢』，花園大学考古学研究室20周年記念論集刊行会

大林達夫　2000　「131　大日古墳」『山口県市　資料編考古1』，山口県

大林太良　1965　『葬制の起源』，角川書店

大道弘雄　1912a　「大仙陵畔の大発見（上）」『考古学雑誌』第2巻第12号，日本考古学会

大道弘雄　1912b　「大仙陵畔の大発見（下）」『考古学雑誌』第3巻第1号，日本考古学会

大和久震平　1974　「Ⅴ考察　1棺の考察」『七廻り鏡塚古墳　栃木県下都賀郡大平町』，大平町教育委員会

岡崎　敬・本村豪章　1982　「島田塚古墳」『末廬国　佐賀県唐津市・東松浦郡の考古学的研究』，唐津湾周辺遺跡調査会編，六興出版

岡崎　敬　1982　「正観寺石棺」『末廬国　佐賀県唐津市・東松浦郡の考古学的研究』，唐津湾周辺遺跡調査会編，六興出版

岡林孝作　1994　「木棺系統論－釘を使用した木棺の復元と位置づけ－」『橿原考古学研究論集』第11，吉川弘文館

岡林孝作　2002　「木槨・竪穴式石室」『日本考古学協会2002年度橿原大会研究発表要旨集』，日本考古学協会2002年度橿原大会実行委員会

岡林孝作　2003　「前・中期古墳における納棺と棺の運搬」『初期古墳と大和の考古学』，石野博信編　学生社

岡林孝作　2005　「古墳時代「棺制」の成立」『季刊考古学』第90号，雄山閣

岡林孝作　2006a　「Ⅱ　棺と槨」『新近畿日本叢書　大和の考古学第3巻　大和の古墳Ⅱ』，監修奈良県立橿原考古学研究所，河上邦彦編，近畿日本鉄道株式会社

岡林孝作　2006b　『古墳時代木棺の用材選択に関する研究　平成15年度～平成17年度科学研究費補助金基盤研究（C）(2)』

岡林孝作　2008a　「割竹形木棺の小口部構造をめぐる問題点」『菅谷文則編　王権と武器と信仰』，同成社

岡林孝作　2008b　「附論　下池山古墳木棺の復元的検討」『橿原考古学研究所研究成果　第9冊　下池山古墳の研究』，奈良県立橿原考古学研究所

岡林孝作　2008c　「第4章第1節8　木棺」『橿原考古学研究所研究成果　第10冊　ホケノ山古墳の研究』，奈良県立橿原考古学研究所

岡林孝作　2009　「Ⅰ　遺存木棺資料による古墳時代木棺の分類」『古墳時代におけるコウヤマキ材の利用実態に関する総合的研究　平成18年度～平成20年度科学研究費補助金基盤研究（B）(1)』

岡林孝作　2010　「木棺」『日本考古学協会2010年度兵庫大会研究発表資料集』，日本考古学協会2010年度兵庫大会実行委員会

岡林孝作・日高　慎・奥山誠義・鈴木裕明　2008a　静岡市杉ノ畷古墳出土木棺の研究」『MUSEUM　東京国立博物館研究誌』第614号，東京国立博物

岡林孝作・日高　慎・奥山誠義・鈴木裕明　2008b　「山形市衛守塚二号墳の研究」『MUSEUM　東京国立博物館研究誌』第616号，東京国立博物館

岡本東三　2000　「舟葬再論－「死者の舟」の表象－」『大塚初重先生頌寿記念考古学論集』，頌寿記念会編，東京堂出版

荻田昭次　1973　「第二部　勝部遺跡における諸問題　Ⅱ弥生時代木棺の系譜」『勝部遺跡』，豊中市教育委員会

置田雅昭　1982　「ウテビ山2号墳発掘調査報告」『考古学調査研究中間報告』五，埋蔵文化財天理教調査団

奥田　尚　1977　「古墳の石材とその産地について－石棺材を中心として－」『古代学研究』第82号，古代学研究会

奥田　尚　1982　「中河内の古墳の石棺材」『古代学研究』第97号，古代学研究会

奥田　尚　1983　「組合式家形石棺と石工集団」『古代学研究』101号，古代学研究会

奥田　尚　1994　「畿内を中心とした家形石棺の石室材」『橿原考古学研究所論集』第12，奈良県立橿原考古学研究所編，吉川弘文館

奥田　尚　2002　『石の考古学』，学生社

奥田尚・増田一宏　1979　「古代の石切場跡－その1－岩屋峠西方」『古代学研究』第91号，古代学研究会

奥田尚・増田一宏　1981　「古代の石切場跡－その2－ドンズルボー付近」『古代学研究』第95号，古代学研究会

小栗明彦　2003　「大和の円筒埴輪編年」『埴輪論叢』第5号，埴輪検討会

小栗明彦　2006　「「雄略朝」期前後の畿内古墳階層構造」『シンポジウム記録5　畿内弥生社会の再検討・「雄略朝」期と吉備地域・古代山陽道をめぐる諸問題』，考古学研究会例会委員会編

長　洋一　2006　「「大王のひつぎ」輸送と筑紫君と火君」『大王の棺海をゆく　謎に挑んだ古代船』，大王のひつぎ実験航海実行委員会・読売西部本社編，海鳥社

尾崎喜佐雄　1949　「横穴式石室編年への一考察」『史学会報』5輯，群大史学会，後『上野国の古墳と文化』1977に所収

尾崎喜佐雄　1961　「横穴式古墳における埋葬法と石室の型」『日本考古学研究』，後『上野国の古墳と文化』1977に所収

尾崎喜佐雄　1966　『横穴式古墳の研究』，吉川弘文館

小田冨士雄　1979　「第2節　1号遺跡」『宗像　沖ノ島　本文　第3次学術調査隊』，宗像大社復興期成会

小田富士雄　1980　「横穴式石室の導入とその源流」『日本古代史講座』4，学生社

小田富士雄　1986　「島根県の九州系初期横穴式石室再考」『山陰考古学の諸問題』，山本清先生喜寿記念論集刊行会

越智淳平　2009　「豊後地域における終末期古墳の様相」『第12回　九州前方後円墳研究会　長崎大会　終末期古墳の再検討』，九州前方後円墳研究会

乙益重隆　1967　「熊本市万日山古墳」『考古學集刊』第3巻3号，東京考古学会

乙益重隆　1970　「古墳文化各説　九州」『新版　考古学講座』5，〈原始文化〉下，雄山閣

乙益重隆　1972　「熊本県八代郡大王山古墳」『日本考古学年報』11号，日本考古学協会

小野山　節　1970　「五世紀における古墳の規制」『考古学研究』第16巻第3号，考古学研究会

香川考古刊行会　2006　『香川考古』第10号特別号

賀川光夫　1985　「五遺骸以上合葬の一例－大分県大分市木上世利門古墳－」『考古学雑誌』第44巻第1号，日本考古学会

角田徳幸　1993　「石棺式石室の系譜」『島根考古学会誌』第10集，島根考古学会

角田徳幸　1995　「出雲の後期古墳文化と九州」『風土記の考古学3　出雲国風土記の巻　山本清編』，同成社

角田徳幸　2004　「山陰地域の家形石棺」『第7回九州前方後円墳研究会・第1回石棺文化研究会資料集　大王のひつぎ海を渡る』

角田徳幸　2005　「出雲における後期古墳の墳丘構造」『島根考古学会誌』第22号，島根考古学会

角田徳幸　2008　「第2章　出雲の石棺式石室」『古墳時代の実像』，土生田純之編，吉川弘文館

角田徳幸・西尾克己　1989　「出雲西部における後期古墳文化の検討」『松江考古』第7号，松江考古学談話会

科研費研究「近畿地方における大型古墳群の基礎的研究」（研究代表者　白石太一郎）研究グループ編　2008『近畿地方における大型古墳群の基礎研究』，六一書房

香芝市教育委員会・香芝市二上山博物館　2002　『第18回特別展　二上山麓の終末期古墳と古代寺院─平野古墳群と尼寺廃寺跡─』

勝部明生　1967　「前期古墳における木棺の観察」『関西大学考古学研究所年報1　末永先生古希記念特輯』，関西大学考古学研究会

勝部智明　1996　「宍道湖周辺の来待石製舟形石棺について」『宍道町歴史叢書　来町石研究 (1)』，島根県宍道町教育委員会

勝部智明　1998　「出雲の石棺」『継体大王と越の国　シンポジウム・石棺が語る継体王朝』　まつおか古代フェスティバル実行委員会編，福井新聞社

門脇禎二　1984　『葛城と古代国家　《付》河内王朝論批判』，講談社学術文庫

金沢邦男　1937　「第1次高久古墳地帯調査概略」『岩磐史談』第2巻第4号，岩磐郷土研究会

金田善敬　1996　「古墳時代後期における鍛冶集団の動向－大和地方を中心に－」『考古学研究』第43巻第2号，考古学研究会

金田善敬　2002　「岡山県根岸古墳出土の二種類の鉄釘」『環瀬戸内海の考古学』，古代吉備研究会

金田善敬　2003　「古墳時代の鉄釘」『考古資料大観7　弥生・古墳時代　鉄・金銅製品』，小学館

鎌木義昌・亀田修一　1986　「八幡大塚2号墳」『岡山県史』第18巻　考古資料，岡山県

鎌木義昌・亀田修一　1987　「金子石塔塚古墳」『総社市史』考古資料編，総社市

神風山人　1888　「下野宇都宮にて掘り出せし石棺及び古器物」『東京人類学会会誌』第3巻第8号，東京人類学会

上林史郎　2001　「一須賀WA1号墳の再検討」『大阪府立近つ飛鳥博物館　館報』6

亀井明徳　1982　「谷口古墳」『末盧国　佐賀県唐津市・東松浦郡の考古学的研究』唐津湾辺遺跡調査会編，六興出版

亀田修一　1998　「花光寺山古墳」『長船町史』資料編上巻，長船町

亀田修一　1998　「築山古墳」『長船町史』資料編上巻，長船町

亀田修一　1998　「南浦2号墳」『長船町史』資料編上巻，長船町

亀田修一　2004　「日本の初期の釘・鎹が語るもの」『考古学研究会50周年記念論文集』，考古学研究会

亀田修一　2008　「第1章　吉備と大和」『古墳時代の実像』，土生田純之編，吉川弘文館

亀山行雄　2010　「(3) 家形石棺集成　山陽」『日本考古学協会2010年度兵庫大会研究発表資料集』，日本考古学協会2010年度兵庫大会実行委員会

川勝政太郎　1957　『日本石材工芸史』，綜芸社

河上邦彦　1984　「墓山古墳をめぐる諸問題」『市尾墓山古墳』，高取町教育委員会

河上邦彦　1992　「大和巨勢谷の横穴式石室の検討」『有坂隆道先生古希記念日本文化史論集』，後，河上 1995 に所収

河上邦彦　1995　『後・終末期古墳の研究』，雄山閣

河上邦彦　2008　「巣山古墳出土の船形木製品の復元と意義」『橿原考古学研究所論集』第 15，橿原考古学研究所編，八木書店

川崎利夫　1997　「第一章第四節　置賜の王と古墳文化」『米沢市史　原始・古代・中世』，米沢市史編さん委員会編

川部浩司　2007　「四国北東部地域の壺形埴輪」『橿原考古学研究所論集』第 15，橿原考古学研究所編，八木書店

川西宏幸　1978　「円筒埴輪総論」『考古学雑誌』第 64 巻第 2 号，日本考古学会

川西宏幸　1986　「後期畿内政権論」『考古学雑誌』第 71 巻第 2 号，日本考古学会

川西宏幸　2004　「第 4 章伝播体系の変容」『同型鏡とワカタケル　古墳時代国家論の再構築』，同成社

川西宏幸　2005　「古代世界の石材加工」『考古論集』，川越哲志先生退官記念事業会編

川西宏幸　2007　「東アジアの石工技術－線刻技法の展開」『日中交流の考古学』，茂木雅博編，同成社

河野一隆　1986　「山城国組合式家形石棺の研究」『第 38 とれんち』，京都大学考古学研究会

川端眞治・金関　恕　1955　「摂津豊川村南塚古墳調査報告」『史林』第 38 巻第 5 号，京都大学史学研究会

河村好光　1980　「後期古墳の編成秩序とその展開」『考古学研究』第 27 巻第 1 号，考古学研究会

神田高士　1990　「大分の舟形石棺」『おおいた考古』第 3 集，大分県考古学会

神田高士・後藤幹彦・田中裕介・諸岡　郁・渡部幹雄　1993　「緒方町越生にある漆生古墳群の観察－大久保 2 号石棺の実測と大久保 1 号墳の測量調査から－」『大分考古』第 6 集，大分県考古学会

神庭　滋　2000　「Ⅳ主要古墳・遺跡の紹介　屋敷山古墳」『開館記念特別展「葛城の埴輪」』，新庄町歴史民俗資料館

神庭　滋　2003　「葛城の家形石棺―分布論を中心に―」『古代近畿と物流の考古学』，石野博信編，学生社

菊田　徹　1985　「海部の古墳」『えとのす』第 29 号，新日本教育図書株式会社

菊丘吉修　2003　「静清地域の横穴式石室の形態」『静岡県の横穴式石室』，静岡県考古学研究会

菊地吉修　2008　「論考　伊豆の古墳とその特質」『季刊考古学別冊 16　東海の古墳風景』，中井正幸・鈴木一有編，雄山閣

菊地芳朗　2010　『古墳時代史の展開と東北社会』，大阪大学出版会

岸　熊吉　1934　「木棺出土の三倉堂遺跡及遺物調査報告」『奈良県史蹟名勝天然記念物調査報告』第 12 冊，奈良県

岸　俊男　1984　「画期としての雄略朝－稲荷山鉄剣銘付考－」『日本古代の国家と宗教』上，吉川弘文館

岸本一宏　1998　「竜山石製長持形石棺の特徴と埋葬方向」『網干善教先生古希記念　考古学論集上巻』，網干善教先生古希記念論文集刊行会

岸本一宏　2008　「池田古墳をめぐる若干の検討」『王権と武器と信仰』，菅谷文則編，同成社

岸本直文　2005　「和泉における 4 世紀の政治変動」『前方後円墳の築造規格からみた古墳時代の政治変動の研究』，平成 13 年度－平成 16 年度科学研究費補助金（基盤研究 B）研究成果報告書，研究代表者岸本直文

岸本直文　2010　「第 7 章　玉手山 1 号墳と倭王権」『大阪市立大学考古学研究報告第 4 冊　玉手山 1 号墳

の研究』，大阪市立大学日本史研究室編
北垣聰一郎　1987a　『石垣普請』，法政大学出版局
北垣聰一郎　1987b　「播磨国の石宝殿と石作氏」『日本書紀研究』第15冊〈政治・制度編〉，塙書房
北垣聰一郎　1994　「『播磨風土記』にみる石作りについて」『風土記の考古学2　播磨国風土記の巻』，同成社
北垣聰一郎　1999　「Ⅱ．束明神古墳をめぐる社会科学的研究　1．束明神古墳石槨の構造的特質について」『橿原考古学研究所研究成果第2冊　束明神古墳の研究』，河上邦彦編著
北垣聰一郎　2003　「石材加工技術とその用具」『古代近畿と物流の考古学』，石野博信編，学生社
北垣聰一郎　2005　「第5章第3節　近世の石切技術」『高砂市文化財調査報告12　竜山石切場－竜山採石遺跡詳細分布調査報告書－』，高砂市教育委員会
北垣聰一郎　2007　「古代の重量物運搬と修羅」『大王の棺を運ぶ　実験航海－研究編－』，石棺文化研究会
喜田貞吉　1914a　「上古の陵墓―太古より奈良朝に至る―」『皇陵』歴史地理増刊　後，小林行雄編1971に所収
喜田貞吉　1914b　「古墳墓の年代について」『考古学雑誌』第4巻第8号，日本考古学会
喜田貞吉　1914c・1915　「古墳墓年代の研究」『歴史地理』第24巻3，5，6号，第25巻3-6号，日本歴史地理学会，後，小林行雄編1971に所収
北野耕平　1958　「河内二子塚調査概報」『古代学研究』第19号，古代学研究会
北原　治　1998　「長浜市石田町所在の石棺について」『紀要』第11号，財団法人滋賀県文化財保護協会
北原　治　1999　「竜山石の長持形石棺」『古代文化』第51巻10号，古代学協会
北山峰生　2005　「舟形石棺小考」『玉手山古墳群の研究』Ⅴ－総括編－，柏原市教育委員会
北山峰生　2006　「磨臼山古墳石棺をめぐる一試考」『香川考古』第10号特別号，香川考古刊行会
北山峰生　2010　「第5章考察　第3節　石枕小考－伝渋谷出土石枕について－」『大阪市立大学考古学研究報告第4冊　玉手山1号墳の研究』，大阪市立大学日本史研究室編
北山峰生　2011a　「古墳時代前期における石棺の移動」『第60回　埋蔵文化財研究集会　石材の流通とその背景－弥生～古墳時代を中心に－　発表要旨集』，第60回埋蔵文化財研究集会事務局編
北山峰生　2011b　「2埋葬施設の諸相　③割竹形石棺・舟形石棺と長持形石棺」『古墳時代の考古学3　墳墓構造と葬送祭祀』，北條芳隆・福永伸哉・一瀬和夫編，同成社
木下尚子　1996　「古墳時代南島交易考－南海産貝釧と貝の道を中心に－」『考古学雑誌』第81巻第1号，日本考古学会
木下之治・小田冨士雄　1967　「熊本山船型石棺墓」『佐賀県文化財調査報告書第16集』
熊本県装飾古墳館　2006　『平成18年度前期企画展　阿蘇の灰石展　解説図録』
九州前方後円墳研究会　2006　『第9回　九州前方後円墳研究会　大分大会　前期古墳の再検討』
九州前方後円墳研究会　2007　『第10回　九州前方後円墳研究会　宮崎大会　中期古墳の再検討』
九州前方後円墳研究会　2009　『第12回　九州前方後円墳研究会　長崎大会　終末期古墳の再検討』
九州前方後円墳研究会　2010　『第13回　九州前方後円墳研究会　鹿児島大会　九州における首長墓系譜の再検討』
京都大学総合博物館編1997『京都大学総合博物館春季企画展展示図録　王者の武装―5世紀の金工技術』
清野謙次　1904　「備前国に於いて発見せし二個の石棺」『考古界』第5篇第5号　考古学会
草原孝典　2001　「唐人塚古墳石室の測量調査」『岡山市埋蔵文化財調査の概要－1999（平成11年度）－』，

岡山市教育委員会

葛原克人　1986　「朱千駄古墳」『岡山県史』第18巻　考古資料，岡山県

葛原克人・近藤義郎・鎌木義昌　1986　「こうもり塚古墳」『岡山県史』第18巻　考古資料，岡山県

工藤伸正　1999　「第3編　考察　第2章舟形木棺についての一考察」『森北古墳群』，会津坂下町教育委員会・創価大学

國木健司　1993　「第8章　まとめと考察」『石塚山古墳群』，綾歌町教育委員会

熊谷公男　2006　「古代の舞台　畿内とその近国　二　文献史学から見た畿内と近国－氏族分布論」『列島の古代史－ひと・もの・こと　1　古代史の舞台』，岩波書店

倉林眞砂斗　1992　「石棺」『吉備の考古学的研究』下，山陽新聞社

倉林眞砂斗　2005　『吉備考古ライブラリィ12　石棺と陶棺』，吉備人出版

蔵富士　寛　1997　「石屋形考」『先史学・考古学論究Ⅱ』，龍田考古会

蔵富士　寛　1999　「装飾古墳考」『白木原和美先生古希記念献呈論文集　先史学・考古学論究Ⅲ』，龍田考古会

蔵富士　寛　2000　「環有明・八代海地域の古墳動態からみた政治変動」『熊本古墳研究会10周年記念シンポジウム資料集　継体大王と6世紀の九州－磐井の乱前後の列島情勢に関連して－』，熊本古墳研究会

蔵富士　寛　2004　「九州の家形石棺」『第7回九州前方後円墳研究会・第1回石棺文化研究会　大王の棺海を渡る－宇土馬門石製家形石棺の謎－』，第7回九州前方後円墳研究会・第1回石棺文化研究会大会事務局編

蔵富士　寛　2007　「阿蘇石製石棺」『大王の棺を運ぶ実験航海―研究編―』，石棺文化研究会

蔵富士　寛　2010　「石屋形・石棚－石屋形・石棚の出現・展開とその歴史的意義（予察）－」『甲元眞之先生退任記念　先史学・考古学論究Ⅴ』，龍田考古会

蔵本晋司　1995　「高松市三谷石船古墳の再検討」『香川考古』第4号，香川考古刊行会

蔵本晋司　1999　「讃岐における古墳出現の背景－東四国系土器群の提唱とその背景についての若干の考察」『四国横断自動車道建設に伴う埋蔵文化財発掘調査報告　中間西井坪遺蹟Ⅱ』，香川県教育委員会

蔵本晋司　2000　「四国北東部における前方後円墳創出期の諸様相」『古代学協会四国支部第14回大会　前方後円墳を考える』研究発表要旨集，古代学協会四国支部

蔵本晋司　2003　「四国北東部地域の前半期古墳における石材利用についての基礎的研究」『関西大学考古学研究室開設五十周年記念考古学論叢』，関西大学考古学研究室五拾周年記念考古学論叢刊行会

蔵本晋司　2004　「丸亀市吉岡神社古墳の再検討－供献土器のあり方を中心に－」『香川県埋蔵文化財センター研究紀要』ⅩⅠ，香川県埋蔵文化財センター

蔵本晋司　2005　「鶯の山石棺からみた讃岐の前期古墳と対外交渉」『さぬき国分寺町誌』，国分寺町

車崎正彦　1980　「常陸久慈の首長と埴輪工人」『古代探叢－滝口宏先生古希記念考古論集－』，滝口宏先生古希記念考古学論集編集員会編，早稲田大学出版部

群馬県古墳時代研究会　1999　「カロウト山の石棺」『群馬県内の横穴式石室　東毛編』

原始古代部会　1995　「若宮八幡北古墳の埴輪」『高崎市史研究』第4号，高崎市史編さん委員会

黄　暁芬　1995　「楚墓から漢墓へ―埋葬施設における開通志向の実現」『史林』第78巻第5号，後に『中国古代葬制の伝統と変革』勉誠出版に所収

黄　暁芬　2000　『中国古代葬制の伝統と変革』，勉誠出版

御所市教育委員会編　2003『古代葛城とヤマト政権』，学生社

古代学協会　2008　『古代文化　特輯　王陵系埴輪の地域波及と展開（上）（下）』第59巻4号・5号
児玉真一　2005　「第5章　総括」『若宮古墳群Ⅲ－月岡古墳－吉井町文化財調査報告書第19集』，吉井町教育委員会
後藤守一　1924　「漆山古墳実査報告」『考古学雑誌』第14巻第13号，日本考古学会
後藤守一　1932　『墳墓の変遷』，雄山閣
後藤守一　1933　「第4　墳丘の内部　木炭槨」『上野国佐波郡赤堀村今井茶臼山古墳』，帝室博物館
後藤守一　1935a　「西都原発掘の埴輪舟　其の一」『考古学雑誌』第25巻第8号，日本考古学会
後藤守一　1935b　「西都原発掘の埴輪舟　其の二」『考古学雑誌』第25巻第9号，日本考古学会
後藤守一　1958　「古墳の編年研究」『古墳とその時代（1）　古代史研究第三集』，古代史談話会編，朝倉書店
小浜　成　2003　「円筒埴輪の観察視点と編年の方法―畿内円筒埴輪編年に向けて―」『埴輪論叢』第4号，埴輪検討会
小浜　成　2006　「四　須恵器からみた埴輪・古墳の年代」『平成17年度冬季企画展　重要文化財指定記念　年代のものさし　陶邑の須恵器』，大阪府立近つ飛鳥博物館
小林孝秀　2005　「剖り抜き玄門を有する横穴式石室の比較検討－下野の事例とその評価をめぐる基礎的作業－」『専修考古学』第11号，専修大学考古学会
小林孝秀　2011　「上毛野・下毛野の横穴式石室－導入と地域色－」『季刊考古学・別冊17　古墳時代毛野の実像』，右島和夫・若狭　徹・内山敏行編，雄山閣
小林隆幸　1989　「Ⅴ章考察　B．埋葬施設　1.11号墳の棺構造」『新潟県三条市　保内三王山古墳群　測量・発掘調査報告書』，三条市教育委員会
小林行雄　1941　「竪穴式石室構造考」『紀元二千六百年記念史学論文集』，京都帝國大学，後『古墳文化論考』，平凡社に所収
小林行雄　1944　「古代日本の舟葬について」『西宮』第3号，後『古墳文化論考』に所収
小林行雄　1951　「家形石棺」（上）・（下）『古代学研究』第4号・第5号，古代学研究会
小林行雄　1957　「六　後記」『大阪文化財調査報告第5輯　松岳山古墳の調査』，大阪府教育委員会
小林行雄　1959a　「古墳の変遷　2木棺・石棺・陶棺」『世界考古学大系3　日本Ⅲ　古墳時代』，平凡社
小林行雄　1959b　「こうやまき」『図解　考古学辞典』，水野清一・小林行雄編，東京創元社
小林行雄　1962　「長持山古墳の調査」『大阪府の文化財』，大阪府教育委員会
小林行雄　1964　「石棺木櫃」『続古代の技術』，塙書房
小林行雄　1965　「神后・応神紀の時代」『朝鮮学報』第36輯，朝鮮学会
小林行雄編　1971　『論集日本文化の起源1　考古学』，平凡社
小林行雄　1976　『古墳文化論考』，平凡社
小林行雄　2002　「円山陵墓参考地・入道塚陵墓参考地調査報告」『書陵部紀要』第53号，宮内庁書陵部陵墓課
近藤義郎　1956　「牛窓湾をめぐる古墳と古墳群」『私たちの考古学』第10号，考古学研究会
近藤義郎　1977　「前方後円墳の成立」『考古論集　慶祝松崎寿和先生六十三歳記念論集』
近藤義郎　1983　『前方後円墳の時代』，岩波書店
近藤義郎　1986　「前方後円墳の誕生」『岩波講座日本考古学』第6巻，岩波書店
酒井清治　2009　「第6章考察　菅ノ沢窯跡群の操業秩序と年代について」『群馬・金山丘陵窯跡群Ⅱ―菅ノ沢遺跡（須恵器窯跡群・古墳群）・巌穴山古墳の発掘調査報告―』，駒沢大學考古学研究室

佐田茂・高倉洋彰　1972　「第5章I　九州の家形石棺」『筑後古城山古墳－大牟田市大字宮崎所在の家形石棺とその研究－』，九州大学文学部考古学研究室編　古城山古墳調査団

佐藤禎宏　2004　「〔Ⅲ庄内地域〕1庄内地域の古墳」『奥羽史研究叢書8出羽の古墳時代』，川崎利夫編，高志書院

山陰考古学研究集会編1995『古墳時代後期の棺—家形石棺を中心に』，第23回山陰考古学研究集会

塩野　博　2004　『埼玉の古墳　北埼玉・南埼玉・北葛飾』，株式会社さきたま出版会

重藤輝行　2007　「埋葬施設—その変化と階層性・地域性」『第10回　九州前方後円墳研究会宮崎大会　九州島における中期古墳の再検討　発表要旨・資料集』，九州前方後円墳研究会

重藤輝行　2010　「筑後・肥前の首長墓系譜」『第13回　九州前方後円墳研究会鹿児島大会　九州における首長墓系譜の再検討　発表要旨・資料集』，九州前方後円墳研究会

篠川　賢　2001　『日本史リブレット5　大王と地方豪族』，山川出版

柴田常恵　1910　「出雲雑記（二）」『東京人類学雑誌』第25巻293号，東京人類学会

島田孝雄　2001　「群馬県における家形石棺について」『群馬県古墳時代研究会資料集　第6集　群馬県内の横穴式石室Ⅳ（補遺編）』，群馬県古墳時代研究会

清水潤三　1968　「古代の舟—日本の丸木舟を中心に」『船』，須藤利一編，法政大学出版局

清水潤三　1975　「日本古代の舟」『日本古代文化の探求　船』，大林太良編，社会思想社

清水宗昭・高橋　徹　1982　「大分の石棺」『九州考古学』第56号，九州考古学会

下垣仁志　2003a　「古墳時代前期倭製鏡の編年」『古文化談叢』第49集，九州古文化研究会

下垣仁志　2003b　「古墳時代前期倭製鏡の流通」『古文化談叢』第50集，九州古文化研究会

下垣仁志　2005　「第4章　倭王権の文物・祭式の流通」『国家形成の比較研究』，前川和也・岡村秀典編　学生社

下川伸也　2006　「「海王」船団の航海」『大王の棺海をゆく　謎に挑んだ古代船』，大王のひつぎ実験航海実行委員会・読売西部本社編，海鳥社

下高瑞哉　1989　「鳥取県東部における中高式天井石室に関する一考察」『島根考古学会誌』第6集，島根考古学会

下津谷達夫　1960　「舟形の埋葬施設をめぐる諸問題」『考古学研究』第7巻1号，考古学研究会

下原幸裕　2006　『西日本の終末期古墳』，中国書店

城倉正祥　2004　「第5章考察　4.7号墳墳出土埴輪の基礎的検討」『大阪市立大学考古学研究報告第1冊　玉手山7号墳の研究』，大阪市立大学日本史研究室

白井久美子　1995　「高柳銚子塚古墳をめぐる諸問題」『日本考古学』第2号，日本考古学協会

白井久美子　2002　『千葉大学考古学研究叢書2　古墳から見た列島東縁世界の形成』

白石太一郎　1966　「畿内の後期大型群集墳に関する一試考－河内高安千塚及び平尾山千塚を中心として－」『古代学研究』第42・43合併号，古代学研究会

白石太一郎　1973a　「岩屋山式の横穴式石室について」『論集　終末期古墳』，塙書房，森　浩一編，初出は『ヒストリア』第49号，大阪歴史学会，1967

白石太一郎　1973b　「大型古墳と群集墳」『考古学論攷』第2冊，奈良県立橿原考古学研究所

白石太一郎　1982　「畿内における古墳の終末」『国立歴史民俗博物館研究紀要』第1集，国立歴史民俗博物館編

白石太一郎　1985　『古墳の知識Ⅰ　墳丘と内部構造』，東京美術

白石太一郎　1987　「大鷲神社古墳発見の石枕とその提起する問題」『千葉史学』第10号，千葉歴史学会

白石太一郎　1995　「第2部　古代史のなかの藤ノ木古墳」『日本の古代遺跡を掘る5　藤ノ木古墳』，読売新聞社

白石太一郎　1998　「江田船山古墳の被葬者」『古墳の語る古代史』，（財）歴史民俗博物館振興会

白石太一郎　1999　「終末期横穴式石室の型式編年と暦年代」『考古学雑誌』第85巻1号，日本考古学会

白石太一郎　2000　「葛城地域における大型古墳群の動向」『古墳と古墳群の研究』，塙書房

白石太一郎　2003　「山ノ上古墳と山ノ上碑」『古墳時代の日本列島』，青木書店

白石太一郎　2003　「二つの古代日韓交渉ルート」『熊本古墳研究』創刊号，熊本古墳研究会

白石太一郎　2007　「備後の横口式石槨をめぐって」『大阪府立近つ飛鳥博物館　館報』11

白石太一郎　2008　「倭国王墓造営地移動の意味するもの」『近畿地方における大型古墳群の基礎研究』科研費研究「近畿地方における大型古墳群の基礎的研究」（研究代表者　白石太一郎）研究グループ編，六一書房

白石太一郎　2009　「五条野丸山古墳の被葬者をめぐって」『大阪府立近つ飛鳥博物館　館報』12

白石太一郎　2010a　「基調講演　高安千塚の造墓集団を考える」『八尾市文化財紀要15　高安千塚シンポジウム記録集2　やおの歴史遺産「高安千塚」を語る－河内の大型群集墳とその時代－』，八尾市教育委員会文化財課

白石太一郎　2010b　「大阪府河南町金山古墳の再検討」『大阪府立近つ飛鳥博物館　館報』13

白石太一郎　2011　「葛城の二つの大王－顕宗陵と武烈陵の問題－」『大阪府立近つ飛鳥博物館　館報』14

白石太一郎　2011　『古墳と古墳時代の文化』，塙書房

白石太一郎・杉山晋作・車崎正彦　1984　「群馬県お富士山古墳所在長持形石棺の再検討」『国立歴史民俗博物館調査報告』第3集，井上光貞前館長追悼号，国立歴史民俗博物館

白崎　卓　1986　「竜ヶ岡古墳出土石棺の製作技法について」『福井考古学会会誌』第4号，福井考古学会

新原正典　1991　「北部九州の刳抜式石棺」『児島隆人先生喜寿記念論文集　古文化論叢』児島隆人先生喜寿記念論文集

菅谷文則　1985　「榛原石考－大化前後におけるある石工集団の興廃－」『末永先生米寿記念献呈論文集　乾』末永先生米寿記念会

杉井　健　2010　「肥後地域における首長墓変動の画期と古墳時代」『第13回九州前方後円墳研究会　鹿児島大会　九州における首長墓系譜の再検討』，九州前方後円墳研究会

鈴木一有　2002　「九州における古墳時代の鉄族」『考古学ジャーナル』No496，ニューサイエンス社

鈴木敏郎　2001　「論考編4．湖西窯古墳時代須恵器編年の再構築」『第1会東海土器研究会　須恵器生産の出現から消滅』第5分冊　補遺・論考編，東海土器研究会

鈴木靖民　2002　「倭国と東アジア」『日本の時代史2　倭国と東アジア』，鈴木靖民編，吉川弘文館

清家　章　2010　「古墳における棺と棺材の選択」『日本考古学協会2010年度兵庫大会研究発表資料集』，日本考古学協会2010年度兵庫大会実行委員会

瀬川貴文　2005　「岐阜県大垣市寺前1号墳出土石棺と濃尾の家形石棺」『考古学フォーラム』17，考古学フォーラム編集部

瀬川貴文　2008　「論考　木曽川の水運と石室・石棺の広がり」『季刊考古学別冊16　東海の古墳風景』，中井正幸・鈴木一有編，雄山閣

関川尚功　1990　「Ⅱ　大和の刳抜式家形石棺」『斑鳩　藤ノ木古墳　第1次調査報告書』，奈良県立橿原考古学研究所，斑鳩町教育委員会編

関川尚功　1995　「大和東南部の大型横穴式石室について」『橿原考古学研究所論集』第十一，吉川弘文

館

関川尚功　1998　「見瀬丸山古墳と欽明天皇陵」『橿原考古学研究所論集』第13，吉川弘文館

関川尚功　2011　「天理市櫛山古墳出土の滑石製品」『橿原考古学研究所紀要　考古学論攷　第34冊』，奈良県立橿原考古学研究所

石棺文化研究会編2007『大王の棺を運ぶ　実験航海―研究編―』

瀬戸谷　晧　『シリーズ但馬Ⅱ　但馬の古代2』，但馬文化協会

大王のひつぎ実験航海実行委員会・読売新聞西部本社　2006　『大王のひつぎ海をゆく　謎に挑んだ古代船』，海鳥社

第7回　播磨考古学研究集会実行委員会　2006　『第7回　播磨考古学研究集会　資料集　石棺からみた古墳時代の播磨』

第7回　播磨考古学研究集会実行委員会　2007　『第7回播磨考古学研究集会の記録　石棺からみた古墳時代の播磨』

第10回　東海考古学フォーラム浜北大会・静岡県考古学会シンポジウム実行委員会　2002　『古墳時代中期の大型墳と小型墳－初期群集墳の出現とその背景－』，東海考古学フォーラム・静岡県考古学会

高尾好之・山本恵一・渡井英誉　2010　「静岡県沼津市発見の辻畑古墳」『ふたかみ邪馬台国シンポジウム10　邪馬台国時代の東海と近畿』，香芝市教育委員会・香芝市二上山博物館

高上　拓　2010　「石棺資料集成（1）割竹形・舟形石棺集成　地域概要　四国」『日本考古学協会2010年度兵庫大会研究発表資料集』，日本考古学協会

高木恭二　1979・1980　「環状縄掛突起を有する石棺について―特にその石棺材の産地をめぐって―（1），（2）」『熊本史学』第53号・第54号，国史学会

高木恭二　1981　「肥後南部の石棺資料」（1）『宇土市史研究』第2号，宇土市史研究会・宇土市教育委員会

高木恭二　1982　「肥後南部の石棺資料」（2）『宇土市史研究』第3号，宇土市史研究会・宇土市教育委員会

高木恭二　1983a　「肥後南部の石棺資料」（3）『宇土市史研究』第4号，宇土市史研究会・宇土市教育委員会

高木恭二　1983b　「石棺輸送論」『九州考古学』第58号，九州考古学会

高木恭二　1986　「鴨別と鴨籠」『文明のクロスロード　Museum Kyushu』通巻21号，博物館等建設推進九州会議

高木恭二　1987　「九州の舟形石棺」『東アジアの考古と歴史』

高木恭二　1993　「石棺の移動は何を物語るか」『新視点日本の歴史2　古代編1』，新人物往来社

高木恭二　1994　「九州の刳抜式石棺」『古代文化』第46巻5号，古代学協会

高木恭二　1995　「石棺式石室と肥後－宇土半島基部における源流的要素－」『古代の出雲を考える8　横穴式石室にみる山陰と九州－石棺式石室をめぐって－』，出雲考古学研究会

高木恭二　1998　「阿蘇石製石棺の分布とその意義」『継体大王と越の国シンポウジウム・石棺が語る継体王朝』，福井新聞社

高木恭二　2003　「第四章第三節　特色ある石棺の文化」『新編宇土市史』通史編第1巻，宇土市史編纂委員会編

高木恭二　2008　「石棺から見た古墳時代の九州」『八代の歴史と文化18　火の君，海を征く！―古墳からみたヤマトと八代』，八代市立博物館未来の森ミュージアム

高木恭二　2010a　「割竹形石棺・舟形石棺」『日本考古学協会 2010 年度兵庫大会研究発表資料集』，日本考古学協会

高木恭二　2010b　「舟形石棺・家形石棺の一様相－矩形穿孔と環状縄掛突起－」『坪井清足先生卒寿記念論文集』（下巻），坪井清足先生の卒寿をお祝いする会

高木恭二・蔵富士　寛　2011　「九州産石棺の分布と生産」『第 60 回　埋蔵文化財研究集会　石材の流通とその背景－弥生～古墳時代を中心に－　発表要旨集』，第 60 回埋蔵文化財研究集会事務局編

高木恭二・渡辺一徳　1990a　「石棺研究への一提言―阿蘇石の誤認とピンク石石棺の系譜―」『古代文化』第 42 巻第 1 号，古代学協会

高木恭二・渡辺一徳　1990b　「二上山ピンク石製石棺への疑問－九州系舟形石棺から畿内系家形石棺への推移」『九州上代文化論集』，乙益重隆先生古希記念論文集刊行会

高木正文　2000　「装飾古墳の地域性」『熊本古墳研究会 10 周年記念シンポジウム資料集　継体大王と 6 世紀の九州－磐井の乱前後の列島情勢に関連して－』，熊本古墳研究会

高木正文　2007　「第 4 章第 5 節　舟形石棺と江田石場」『菊水町史通史編』，菊水町史編纂委員会編，和水町

高田貫太　2003　「垂飾付耳飾をめぐる地域間交渉－九州地域を中心に－」『熊本古墳研究』創刊号，熊本古墳研究会

高田恭一郎　1989　「赤坂町井の奥古墳の剌抜式石棺」『古代吉備』第 11 号，古代吉備研究会

高槻市立今城塚古代歴史館　2012　『開館 1 周年記念特別展　阿武山古墳と牽牛子塚古墳―飛鳥を生きた貴人たち―』

高野　学・河内一浩　2010　羽曳野市教育委員会　2008　『羽曳野市内遺跡調査報告－平成 19 年度－』羽曳野市埋蔵文化財調査報告書 65，羽曳野市教育委員会

高橋克壽　1997　「古墳の造営主体―葺石と埴輪から考える」『別冊歴史読本　最前線シリーズ　日本古代史「王権」の最前線　巨大古墳の謎を解く』，新人物往来社

高橋克壽　2002　「古墳の葺石」『文化財論叢Ⅲ』，奈良文化財研究所

高橋克壽　2012　「播磨の大型古墳と畿内政権」『第 12 回播磨考古学研究集会の記録　大型古墳からみた播磨』，第 12 回播磨考古学研究集会実行委員会編

高橋健自　1914a　「喜田博士の「上古の陵墓」を読む」『考古学雑誌』第 4 巻第 7 号，日本考古学会

高橋健自　1914b　「再び喜田博士の古墳論を評す」『考古学雑誌』第 4 巻第 9 号，日本考古学会

高橋健自　1915a　「石棺石槨及び壙を論ず」『考古学雑誌』第 5 巻第 10 号，日本考古学会

高橋健自　1915b　「石棺石槨及び壙を論ず」『考古学雑誌』第 5 巻第 10 号，日本考古学会

高橋健自　1919　「出雲国八束郡大草古天神古墳発掘遺物」『考古学雑誌』第 9 巻第 5 号，日本考古学会

高橋健自　1922　「考古学上より見たる邪馬台国」『考古学雑誌』第 12 巻第 5 号，日本考古学会

高橋健自　1924　『古墳と上代文化』，雄山閣

高橋照彦　2009　「律令期葬制の成立過程－「大化薄葬令」の再検討を中心に」『日本史研究』第 559 号，日本史研究会

高濱英俊　2007　「石棺復元を終えて」『大王の棺を運ぶ　実験航海―研究編―』，石棺文化研究会

高橋浩二　2011　「第 1 章　古墳文化の地域的様相　七　北陸」『講座日本の考古学 7　古墳時代上』，広瀬和雄・和田晴吾編，青木書店

高畠　豊　2004　「第 4 章　考察・まとめ」『大分市埋蔵文化財発掘調査報告書　第 51 集　辻古墳群　坂ノ市地区土地区画整理事業に伴う埋蔵文化財発掘調査報告書』，大分市教育委員会

竹内英昭　1992　「一志の石工集団」『三重県埋蔵文化財センター研究紀要第1号』，三重県埋蔵文化財センター

竹澤　謙　1981　「14　千駄塚古墳群」『小山市史』資料編・原始古代，小山市史編さん委員会編

竹田　旦　1999　「第3編　考察　第1章舟形木棺と海洋他界観」『森北古墳群』，会津坂下町教育委員会・創価大学

但馬考古学会　1985　「但馬の長持形石棺」『古代学研究』第107号，古代学研究会

舘野和巳　1992　「畿内のミヤケ・ミタ」『新版［古代の日本］⑤　近畿Ⅰ』，角川書店

舘野和巳　2004　「ヤマト王権の列島支配」『日本史講座第1巻　東アジアにおける国家の形成』，歴史学研究会・日本史研究会，東京大学出版会

館山市立博物館　2010　『館山湾の洞窟遺跡　－棺になった舟。黄泉の国への憧憬－』

辰巳和弘　1992　『埴輪と絵画の古代学』，白水社

辰巳和弘　1996　『「黄泉の国」の考古学』，講談社現代新書

辰巳和弘　1999　「舟葬再論－東殿塚古墳出土の舟画をめぐって」『同志社大学考古学シリーズⅦ　考古学に学ぶ－遺構と遺物－』，同志社大学考古学シリーズ刊行会

辰巳和弘　2011　『他界へ渡る船　「黄泉の国」の考古学』，新潮社

田中彩太　1978　「古墳時代木棺に用いられた緊結金具」『考古学研究』第25巻第2号，考古学研究会

田中史生　2001　「第6章第1節　岩屋遺跡の古墳群について」『岩屋遺跡・平床Ⅱ遺跡　中国横断自動車道尾道松江線建設予定地内埋蔵文化財発掘調査報告書6』，島根県教育委員会・日本道路公団中国支社

田中晋作　1982　「古墳群の群構造からみた古墳被葬者の性格上」『古代学研究』第98号，古代学研究会

田中晋作　1983　「古墳群の群構造からみた古墳被葬者の性格下」『古代学研究』第99号，古代学研究会

田中晋作　2001a　「第1章　古墳群の構造変遷からみた古墳被葬者の性格」『百舌鳥・古市古墳群の研究』，学生社

田中晋作　2001b　「第2章　埋葬・埋納施設と副葬・埋納品からみた古墳被葬者の性格」『百舌鳥・古市古墳群の研究』，学生社

田中聡一　2009　「終末期古墳の再検討　壱岐」『第12回　九州前方後円墳研究会　長崎大会　終末期古墳の再検討』，九州前方後円墳研究会

田中大輔　2006　「坩形石製品の研究」『國學院大學大學院紀要』第37輯－文学研究科－國學院大學大學院

田中大輔　2007　「古墳時代における文物拡散の覚書」『史学研究集録』第32号，國學院大學大学院史学専攻大学院会

田中英夫　1975　「長持形石棺の再検討」『古代学研究』第77号，古代学研究会

田中英夫　1985　「古墳時代における和泉石工集団－その作品と系譜－」『末永先生米寿記念献呈論文集　乾』末永先生米寿記念会

田中良之　1995　『古墳時代親族構造の研究』，柏書房

田辺昭三　1981　『須恵器大成』，角川書店

田邊哲夫　1951　「肥後の船型石棺に就いて」『西日本史學』第7号，西日本史學会

田邊朋宏　2008　「越前笏谷石製石棺の埋葬形態の復元」『吾々の考古学』，和田晴吾先生還暦記念刊行会

田邊朋宏　2010　「石棺資料集成（1）割竹形・舟形石棺集成　地域概要　北陸」『日本考古学協会2010年度兵庫大会研究発表資料集』，日本考古学協会

玉城一枝　1982　「讃岐地方における前方後円墳の墳形と築造時期についての一考察」『考古学と古代史』，同志社大学考古学シリーズ 1

玉城一枝　1985　「讃岐地方の前期古墳をめぐる二，三の問題」『末永先生米寿記念献呈論文集』乾

千賀　久　1977　「〈資料紹介〉奈良市南京終町野神古墳出土の馬具」『古代学研究』第 82 号，古代学研究会

千賀　久　1994　「後期古墳の木棺―重い木棺から軽い木棺へ―」『考古学と信仰』同志社大学考古学シリーズ 4

津曲大祐　2008　「南九州の後期古墳」『第 11 回　九州前方後円墳研究会　佐賀大会　後期古墳の検討』，九州前方後円墳研究会

辻川哲郎　2007　「蛭子山古墳群」『加悦町史』資料編第 1 巻，加悦町史編纂委員会編，与謝野町役場

辻田淳一郎　2009　「北部九州における竪穴式石槨の出現」『史淵』第 146 輯，九州大学大学院人文科学研究院

辻田淳一郎　2010　「北部九州の前期古墳における竪穴式石槨と葬送儀礼」『史淵』第 147 輯，九州大学大学院人文科学研究院

辻田淳一郎　2011　「初期横穴式石室における連接石棺とその意義」『史淵』第 148 輯，九州大学大学院人文科学研究院

辻　秀人　2006　『シリーズ「遺跡を学ぶ」』029　東北古墳研究の原点　会津大塚山古墳，新泉社

津金沢吉茂・飯島義男・大久保美香　1981　「群馬の森を中心とする地域の歴史について」『群馬県立歴史博物館紀要』第 2 号，群馬県立歴史博物館

津金沢吉茂　1983　「古代上野国における石造技術についての一試論」『群馬県立歴史博物館紀要』第 4 号，群馬県立歴史博物館

都出比呂志　1986　『竪穴式石室地域性の研究　昭和 60 年度科学研究費補助金（一般 C）研究成果報告書』，大阪大学文学部国史研究室

都出比呂志　1988　「古墳時代首長墓系譜の継続と断絶」『待兼山論叢』22，史学編，大阪大学文学部

都出比呂志　1991　「日本古代の国家形成論序説―前方後円墳体制の提唱―」『日本史研究』第 343 号，日本史研究会

都出比呂志　1996　「国家形成の諸段階－首長制・初期国家・成熟国家」『歴史評論』第 551 号，

都出比呂志　2005　『前方後円墳と社会』，塙書房

坪井清足　1961　「墓制の変貌」『世界考古学大系』4，（日本 4），平凡社

坪井正五郎　1912　「河内小山村城山古墳の調査」『人類学雑誌』28 巻 7 号，東京人類学会

出口晶子　2001　「丸木舟」『ものと人間の文化史』98，法政大学出版局

出宮徳尚　1986　「牟佐大塚古墳」『岡山県史』第 18 巻　考古資料，岡山県

寺井貞次　1935　「讃岐における前方後円墳」『考古学雑誌』第 25 巻第 5 号，日本考古学会

東京国立博物館　1983　『東京国立博物館図版目録　古墳遺物編　（関東Ⅲ）』

同志社大学考古学研究会編 1973『同志社考古』10 号記念特集　丹後地域の古式古墳，同志社大学考古学研究会出版局

十河良和　1993　「加古川流域産家形石棺についての一考察―組合式石棺の棺身について」『関西大学考古学研究室開設四十周年記念　考古学論叢』

十河良和　2003　「和泉の円筒埴輪編年概観」『埴輪論叢』第 5 号，埴輪検討会

十河良和　2004　「堺市百舌鳥赤畑町光明院所在の長持形石棺」『堀田啓一先生古希記念献呈論文集』，堀

田啓一先生古希記念献呈論文集作成委員会

時枝　務　2001　「失われた前方後円墳の近代資料－群馬県高崎市岩鼻二子山古墳の場合」『立正考古』第40号，立正大学考古学研究会

徳江秀夫　1992　「上野地域の舟形石棺」『古代学研究』第127号，古代学研究会

徳江秀夫　1994　「関東・東北地方の剌抜式家形石棺」『古代文化』第46巻第5号，古代学協会

徳江秀夫　1998　「コラム　関東・東北の石棺」『継体大王と越の国　シンポジウム・石棺が語る継体王朝』，まつおか古代フエスティバル実行委員会編，福井新聞社

徳江秀夫　1999a　「12　平塚古墳」『新編高崎市史資料編1　原始古代1』，高崎市市史編さん委員会

徳江秀夫　1999b　「28　上並榎稲荷山古墳」『新編高崎市史資料編1　原始古代1』，高崎市市史編さん委員会

徳江秀夫　1999c　「41　岩鼻二子山古墳」『新編高崎市史資料編1　原始古代1』，高崎市市史編さん委員会

鳥居治夫　1973　「文献から見た石作りとその同族」『近江』，近江考古学研究会

鳥居龍蔵　1918　「日向古墳調査報告」『宮崎県史蹟調査報告』第三冊

豊岡卓之・卜部行弘　1996　「Ⅴ総括編第2章　後円部上部の築造と埋葬施設」『中山大塚古墳　奈良県立橿原考古学研究所調査報告第82冊』，奈良県立橿原考古学研究所

豊島直博　2005　「第Ⅳ部　考察8　武器・武具からみた井ノ内稲荷塚古墳・物集女車塚古墳の被葬者像」『大阪大学文学研究科考古学研究報告第3冊　井ノ内稲荷塚古墳の研究』，大阪大学稲荷塚古墳発掘調査団

中井正弘・奥田豊　1976　「伝仁徳陵古墳後円部の埋葬施設について」『考古学雑誌』第62巻第2号　日本考古学会

中司照世　1984　「第6章　考察」『松岡町埋蔵文化財調査報告書　第1集　泰遠寺山古墳』，松岡町教育委員会

中司照世　1993　「5日本海中部の古墳文化」『新版　古代の日本⑦　中部』，角川書店

中司照世　1997　「古墳時代の社会」『福井市史』通史編1　古代・中世，福井市

中司照世　2001　「椀貸山・神奈備山両古墳群と横山古墳群」『福井県立博物館紀要』第8号，福井県立博物館

中野知照・松本美佐子・神谷伊鈴・飯野　学　1992　「第4章　総括」『岩美町文化財調査報告書　第17集　高野坂古墳群発掘調査報告書』，岩美町教育委員会

中林隆之　2010　「石作氏の配置とその前提」『日本歴史』第751号，日本歴史学会編集　吉川弘文館

中原幹彦　2000　「熊本における須恵器生産開始の実態－県央地域を中心として－」『熊本古墳研究会10周年記念シンポジウム資料集　継体大王と6世紀の九州－磐井の乱前後の列島情勢に関連して－』熊本古墳研究会

長町　彰　1916　「讃岐国大川郡津田岩崎山古墳群」『考古学雑誌』第7巻第3号，日本考古学会

長町　彰　1918　「讃岐に於ける石枕ある二，三の石棺について」『考古学雑誌』第9巻第1号，日本考古学会

長町　彰　1919　「讃岐に於ける石枕ある二，三の石棺について（補遺）」『考古学雑誌』第9巻第10号，日本考古学会

長町　彰　1928　「讃岐考古収録　四，石枕付石棺」『考古学雑誌』第18巻第2号，日本考古学会

中村　浩　2010　「大阪府南河内郡河南町所在　金山古墳の年代とその被葬者像－とくに出土須恵器の検

討から－」『立命館大学考古学論集Ⅴ』，立命館大学考古学論集刊行会

中村　弘　2011　「竜山石と石棺材」『第60回　埋蔵文化財研究集会　石材の流通とその背景－弥生～古墳時代を中心に－　発表要旨集』，第60回埋蔵文化財研究集会事務局編

名児耶明他　1979　『当麻曼荼羅縁起絵巻』『日本絵巻大成』24，中央公論社

南雲芳昭　1999　「34　若宮八幡北古墳」『新編高崎市史資料編1　原始古代1』，高崎市市史編さん委員会

奈良市埋蔵文化財調査センター編　2006　『第24回平城京展　古墳の残像－都の造営で壊された古墳・残された古墳－』，奈良市教育委員会

奈良国立文化財研究所飛鳥資料館　1981　『飛鳥時代の古墳』

奈良国立文化財研究所飛鳥資料館　1996　『斉明紀』

新納　泉　1987　「戊辰年銘大刀と装飾付の編年」『考古学研究』第34巻3号，考古学研究会

新納　泉　1992　「6　巨大墳から巨石墳へ」『新版古代の日本④　中国・四国』，角川書店

仁木　聡　2011　「第Ⅱ部第2章　古墳時代前半期における本州島西部の枕について－山陰地方における古墳被葬者集団の地域間交流の分析を中心にして－」『古代出雲の多面的交流の研究』，島根県古代文化センター

西尾良一　1986　「大社造と横穴式石室－神戸川下流域の横穴式石室と大社造における非対象空間との対比について－」『山陰考古学の諸問題』，山本清先生喜寿記念論集刊行会

西尾良一　2004　「石棺式石室を内部施設とする古墳の築造中祭祀とその社会秩序」『島根考古学会誌』21・22合併号，島根考古学会

西尾克己　1995　「地域報告　石見・隠岐」『古墳時代後期の棺－家形石棺を中心に』，第23回山陰考古学研究集会

西尾克己　1995　「古墳・横穴墓からみた古代社会－六，七世紀の出雲東部と西部の様相－」『風土記の考古学3　出雲国風土記の巻』，山本清編，同成社

西尾克己　1999　「第8章考察　出雲西部における上塩治築山古墳の石室と石棺の位置付け」『上塩治築山古墳の研究』，島根県古代文化センター

西川　宏・今井　堯・是川　長・高橋　護・六車恵一・潮見　浩　1966　「瀬戸内」『日本の考古学』Ⅳ，河出書房新書

西川　宏　1970　「前半期の古墳文化－讃岐と出雲を中心に－」『古代の日本』4，角川書店

西川　宏　1986　「王墓山古墳」『岡山県史』第18巻　考古資料，岡山県

西口陽一　1987　「石・古墳・淡路」『考古学研究』第34巻第2号，考古学研究会

西嶋剛広　2010　「慈恩寺経塚古墳の検討」『甲元眞之先生退任記念　先史学・考古学論究Ⅴ』，龍田考古会

西谷真治　1968　「石の宝殿」『天理大学学報』59

西谷真治　1982　「長持形石棺－成立と其の背景－」『考古学論考　小林行雄博士古希記念論文集』，小林行雄博士古希記念論文集刊行委員会編

西　弘海　1978　「土器の時期区分と型式変化」『飛鳥・藤原宮発掘調査報告Ⅱ』，奈良国立文化財研究所

西　弘海　1986　『土器様式の成立とその背景』，真陽社

西光慎治　2006　「第5章第2節砂岩について」『明日香村文化財調査報告書　第4集　酒船石遺跡発掘調査報告書－付．飛鳥東垣内遺跡・飛鳥宮ノ下遺跡－』，明日香村教育委員会

日本考古学協会2010年度兵庫大会実行委員会　2010　『日本考古学協会2010年度兵庫大会研究発表資料集』，日本考古学協会

野崎貴博　1999　「埴輪製作技法の伝播とその背景」『考古学研究』第 46 巻第 1 号，考古学研究会

野津佐馬之助　1924　「島根県内の石室」『島根縣史』4，島根県

乗岡　実　1997　「宮山西塚古墳の測量調査」『岡山市埋蔵文化財調査の概要－1997（平成 9 年度）－』，岡山市教育委員会

朴　天秀　2007　『講談社選書メチエ 398　加耶と倭　韓半島と日本列島の考古学』，講談社

羽柴雄輔　1890　「山形県漆山古墳発見の石棺」『東京人類学会雑誌』第 51 号，東京人類学会

羽柴雄輔　1901　「羽前国東村山郡漆山村衛守塚の古墳」『東京人類学会雑誌』第 180 号，東京人類学会

橋本達也　2000　「四国における古墳築造の動態」『古代学協会四国支部第 14 回　前方後円墳を考える研究発表資料集』，古代学協会四国支部

橋本達也　2006　「唐人大塚古墳考」『鹿児島考古』第 40 号，鹿児島県考古学会

橋本達也　2010　「古墳築造南限域の前方後円墳－鹿児島県神領 10 号墳の発掘調査とその意義－」『考古学雑誌』第 94 巻第 3 号，日本考古学会

橋本博文　1986　「金象嵌円頭大刀の編年」『考古学ジャーナル』No266，ニューサイエンス社

橋本博文　1994　「3「王賜」銘鉄剣と五世紀の東国」『古代を考える　東国と大和王権』，原島礼二・金井塚良一編，吉川弘文館

長谷部言人　1924　「石棺の封鎖装置」『人類学雑誌』39 巻 7，8，9 号，東京人類学会

服部哲也　1983　「濃尾地方の家形石棺」『花園史学』第 4 号，花園大学史学会

服部哲也・奥田尚　1991　「濃尾地方の石棺」『古代学研究』126 号，古代学研究会

花田勝広　2008　「高安千塚の基礎的研究」『八尾市文化財 13　高安古墳群の基礎的研究』，八尾市教育委員会文化財課

埴輪検討会編 2003a「円筒埴輪共通編年（案）『埴輪論叢』第 4 号，埴輪検討会

埴輪検討会編 2003b『埴輪論叢』第 5 号，埴輪検討会

羽曳野市教育委員会編 1998『河内飛鳥と終末期古墳　横口式石槨の謎』，吉川弘文館

土生田純之　1983　「横穴式石室に見る古代出雲の一側面」『関西大学考古学研究室開設参拾周年記念考古学論集』

土生田純之　1987　「横浜市三渓園所在の石棺」『横田健一先生　古希記念　文化史論叢上』，横田健一先生古希記念会

土生田純之　1994　「畿内型石室の成立と伝播」『古代王権と交流 5　ヤマト王権と交流の諸相』，名著出版

土生田純之　1996　「葬送墓制の伝来をめぐって─北関東における事例を中心に─」『古代文化』，第 48 巻第 1 号，古代学協会

土生田純之　1997　「横穴式石室における諸形態とその要因」『専修人文論集』，専修大学学会

土生田純之　1999　「8　最後の前方後円墳－古墳文化の転機－」『古代を考える　継体・欽明長朝と仏教伝来』，吉村武彦編，吉川弘文館

土生田純之　2001　「後期古墳の研究課題」『第 8 回東海考古学フォーラム　東海の後期古墳を考える』，東海考古学フォーラム三河大会実行委員会・三河古墳研究会編

土生田純之　2004　「首長墓造営地の移動と固定－畿内中心主義の克服に向けて－」『福岡大学考古学論集─小田冨士雄先生退職記念事業集』，小田冨士雄先生退職記念事業会編

土生田純之　2005a　「ワカタケル大王後の前方後円墳と副葬品」『季刊　考古学』第 90 号，雄山閣

土生田純之　2005b　「5　終末期の横穴式石室と横口式石槨」『古代を考える　終末期古墳と古代国家』，

白石太一郎編，吉川弘文館

土生田純之　2006a　「国家形成と王墓」『考古学研究』第52巻第4号，考古学研究会

土生田純之　2006b　『古墳時代の政治と社会』，吉川弘文館

土生田純之　2008a　「序章　古墳時代の諸相」『古墳時代の実像』，吉川弘文館

土生田純之　2008b　「終章　古墳時代の実像」『古墳時代の実像』，吉川弘文館

土生田純之　2009　「②弥生文化と古墳文化」『弥生時代の考古学1　弥生文化の輪郭』，設楽博己・藤尾慎一郎・松木武彦編，同成社

土生田純之　2011　『歴史文化ライブラリー319　古墳』，吉川弘文館

林田和人　1995　「東九州の舟形石棺」『宮崎考古』第14号，宮崎考古学会

林田和人　2001　「宮崎県の考古資料（3）」『宮崎考古』第17号，宮崎考古学会

原田　修・久貝　健・島田和子　1976　「高安の遺跡と遺物」『大阪文化誌』季刊第2巻・第2号，財団法人大阪文化財センター

春成秀爾・出宮徳尚・近成久美子　1971　「岡山市牟佐大塚古墳」『古代吉備』第7号，古代吉備研究会

林　謙作　1989　「北辺の古墳」『古代史復元6　古墳時代の王と民衆』，都出比呂志編，講談社

坂　靖志　1997　「五世紀越前の大首長墓系譜に見られる2つの画期」『発掘された北陸の古墳報告会資料集』，まつおか古代フェスティバル実行委員会

坂　靖　2002　「第4章　馬見古墳群の円筒埴輪」『橿原考古学研究所研究成果　第5冊　馬見古墳群の基礎資料』，河上邦彦編，橿原考古学研究所

坂　靖　2002　「大和の円筒埴輪」『古代学研究』第178号，古代学研究会

坂　　　2007

坂　靖・青柳泰介　2011　『シリーズ「遺跡を学ぶ」079　葛城の王都　南郷遺跡群』，新泉社

東中川忠美　1986　「Ⅴ．総括　古墳時代1．古墳群の構成と特質1-2」『佐賀県文化財調査報告書　第84集　九州横断自動車道関係埋蔵文化財発掘調査報告書（5）　久保泉丸山遺跡』上巻，佐賀県教育委員会

東森市良・池田満雄　1973　『出雲の国』，学生社

樋口隆康　2002　「第3章　古墳の構造」『岩崎山第4号墳発掘調査報告書　快天山古墳発掘調査報告書』，津田町教育委員会・綾歌町教育委員会

菱田哲郎　2007　『諸文明の起源　古代日本国家形成の考古学』，京都大学出版会

菱田哲郎　2008　「第1章第3節　加西の古墳時代」『加西市史第1巻　本編1　考古・古代・中世』，加西市史編さん委員会・福永文夫・菱田哲郎・今津勝紀編

広瀬和雄　1973　「丹後地域の古式古墳」『同志社考古』10号，同士社大学考古学研究会

広瀬和雄　1991　「前方後円墳の畿内編年」『前方後円墳集成中国・四国編』，山川出版社

廣瀬　覚　2010　「近畿における前期古墳の埴輪－西日本への展開を視野に－」『中国・四国前方後円墳研究会　円筒埴輪の導入とその画期　発表要旨集　前期古墳出土埴輪集成』，第13回松山大会実行委員会

廣瀬　覚　2011　「石材加工技術からみた高松塚古墳の横口式石槨」『総合研究会（第21回）資料集』，奈良文化財研究所

兵庫県考古学談話会『竜山石』研究グループ　2003　「自然科学的調査に基づく播磨地方南西部『竜山石』の産地同定」『播磨学紀要』第9号，播磨学研究所

深澤敦仁　2004　「第3章4　多田山4号墳」『財団法人群馬県埋蔵文化財調査事業団調査報告書第328集

多田山古墳群　第 1 分冊』，財団法人群馬県埋蔵文化財調査事業団
深澤敦仁　2008　「第 10 章　まとめ」『群馬県埋蔵文化財調査事業団調査報告書　第 426 集　成塚向山古墳群　太田地域における前期古墳の調査　北関東自動車道（伊勢崎～県境）地域埋蔵文化財発掘調査報告書』
福岡澄男　1969　「鉄釘接合木棺の復元と鉄釘について」『滋賀県文化財調査報告書』4，滋賀県教育委員会
福井県立博物館　1989　『第 11 回特別展　石をめぐる歴史と文化－笏谷石とその周辺－』
福井万千　1984　「最近の話題から　家形石棺の移転－十四山古墳と二本松古墳」『草戸千軒』No132，広島県草戸千軒町遺跡調査研究所
福島武雄　1923a　「古墳行脚（石棺の部）（一）」『上毛及上毛人』第 71 号，上毛郷土史研究会
福島武雄　1923b　「古墳行脚（石棺の部）（二）」『上毛及上毛人』第 72 号，上毛郷土史研究会
福島武雄　1923c　「古墳行脚（石棺の部）」『上毛及上毛人』第 75 号，上毛郷土史研究会
福島武雄　1928　「恵下の積合せ石棺に就て」『上毛及上毛人』第 133 号，上毛郷土史研究会
福島　甫　1924　「間の山古墳（臺所山）と其の発掘品」『上毛及上毛人』第 102 号，上毛郷土史研究会
福島　甫　1926　「（臺所山古墳と其の発掘状況）」『上毛及上毛人』第 110 号，上毛郷土史研究会
福島雅儀　2005　「古代金属装鉄刀の年代」『考古学雑誌』第 89 巻第 2 号，日本考古学会
福永伸哉　1994　「仿製三角縁神獣鏡の編年と製作背景」『考古学研究』第 41 巻 1 号，考古学研究会
福永伸哉　1996　「第 3 章　埋葬施設の構造　(5) 木棺」『雪野山古墳の研究　報告編』，八日市教育委員会・雪野山古墳発掘調査団
福永伸哉　1998　「第 1 章　対半島交渉から見た古墳時代倭政権の性格」『青丘学術論集』第 12 集，財団法人韓国文化研究振興財団
福永伸哉　2005　「第Ⅱ部第 2 章 3　画文帯神獣鏡と三角縁神獣鏡のはざまで」『三角縁神獣鏡の研究』，大阪大学出版会
福山敏夫　1943　「奈良時代における法華寺の造営」『日本建築史の研究』，桑名文星堂
藤井利章　1979　「家形石棺と古代氏族」『橿原考古学研究所論集』第 4，橿原考古学研究所編，吉川弘文館
藤井利章　1982　「一．津堂城山古墳の研究」『藤井寺市史紀要』第 3 集，藤井寺市
藤澤　敦　1995　「4 古墳時　404 裏町古墳，405 兜塚古墳，406 一塚古墳，407 二塚古墳」『仙台市史　特別編 2　考古資料』，仙台市史編さん委員会編
藤澤　敦　2004　「第六節陸奥の首長墓系譜」『古墳時代の政治構造　前方後円墳からのアプローチ』，青木書店
藤田和尊　2001　「Ｖ　埋葬施設」『鴨都波 1 号墳調査概報』御所市教育委員会編　学生社
藤田和尊　2002　「巨大な横穴式石室と石棺」『季刊考古学』第 80 号，雄山閣
藤田憲司　1977　「讃岐の石棺」『倉敷考古館研究集報』第 12 号，倉敷考古館
藤田憲司　2003　『吉備考古ライブラリィ　こうもり塚と江崎古墳』，吉備人出版
藤野一之　2009　「Hr－FA の降下年代と須恵器の歴年代」『上毛野の考古学Ⅱ』，群馬考古学ネットワーク
藤野一之　2011　「5 坂戸市大河原遺跡の調査」『第 44 回　遺跡発掘調査報告会　発表要旨』　埼玉考古学会・(財) 埼玉県埋蔵文化財調査事業団・埼玉県立さきたま史蹟の博物館
藤本貴仁　2007　「馬門石付近における石切場の調査」『大王の棺を運ぶ　実験航海－研究編－』，石棺文

化研究会

藤原清尚　2003　「大和に運ばれた古墳石材「竜山石」を見る―岩石観察からみた石材採石地の細分類―」『古代近畿と物流の考古学』，石野博信編，学生者

藤原光輝　1962　「組合式木棺について」『近畿古文化論攷』，橿原考古学研究所編

舟木　聡　2004　「広瀬町立歴史民俗資料館所蔵の古墳写真」『島根考古学会誌』第20・21集合併号，島根考古学会

古瀬清秀　1985　「原始・古代の寒川町」『寒川町史』，香川県寒川町

古瀬清秀　1988　「古墳時代」『香川県史』第1巻，香川県

古谷　毅　1991　「第3章第2節　後期古墳の問題点」『原始・古代日本の墓制』，山岸良二編，同成社

帆足文夫　1967　「経塚古墳発掘報告」『白梅』第15号，玉名女子高等学校，後，天水町教育委員会1998に所収

北條芳隆　1999　「讃岐型前方後円墳の提唱」『国家形成期の考古学』，大阪大学考古学研究室

北條芳隆　2000　「第Ⅱ部第1章　前方後円墳と倭王権」『古墳時代像を見直す　成立過程と社会変革』，青木書店

北條芳隆　2004　「墳墓研究の現在」『考古学研究50周年記念論文集　文化の多様性と比較考古学』，考古学研究会

北條芳隆　2009　「「大和」原風景の誕生―倭王権が描いた交差宇宙軸」『死の機能　前方後円墳とはなにか』，小路田泰直編，岩田書院

細川晋太郎　2006　「刳抜式石棺の創出」『香川考古』第10号特別号，香川考古刊行会

堀田啓一　2003　「石室と棺」『季刊考古学第82号　終末期古墳とその時代』，雄山閣

本庄考古学研究室　2004　「出雲の主要古墳一覧（改訂版）」『島根考古学会誌』第20・21集合併号，島根考古学会

本田奈津子　1994　「古墳時代前期の讃岐と畿内」『文化財学論集』，文化財論集刊行会

本田奈津子　1999　「蓋外面に突帯をもつ刳抜式石棺と長持形石棺の関係について」『（財）大阪府文化財調査センター研究調査報告』第2集，（財）大阪府文化財調査センター

間壁忠彦　1970　「沿岸古墳と海上の道」『古代の日本』4，角川書店

間壁忠彦　1985　「備前丸山古墳の周辺―岡山県備前市新庄に所在する石室蓋材から」『論集日本原史』，吉川弘文館

間壁忠彦　1990　「越前の石棺」『福井市史』資料編1　考古，福井市

間壁忠彦　1994　『石棺から古墳時代を考える　型と材質が表す勢力分布』，同朋社出版

間壁忠彦・間壁葭子　1974a　「石棺石材の同定と岡山県の石棺をめぐる問題」『倉敷考古館研究集報』第9号，倉敷考古館

間壁忠彦・間壁葭子　1974b　「岡山県丸山古墳ほか長持形・古式家形石棺の石材同定」『倉敷考古館研究集報』第10号，倉敷考古館

間壁忠彦・間壁葭子　1975　「長持形石棺」『倉敷考古館研究集報』第11号，倉敷考古館

間壁忠彦・間壁葭子　1976a　「長持形石棺補遺」『倉敷考古館研究集報』第12号，倉敷考古館

間壁忠彦・間壁葭子・山本雅靖　1976b　「Ⅰ石材からみた畿内と近江の家形石棺」『倉敷考古館研究集報』第12号，倉敷考古館

間壁忠彦・間壁葭子　1977　「山陽道西部の家形石棺」『考古論集』，松崎寿和先生退官記念事業会

間壁忠彦　1994

間壁忠彦・間壁葭子　1995　「播磨竜山石についての石棺についての一視点」『西谷眞治先生古希記念論文集　古墳文化とその伝統』，金関　恕・置田雅昭編，勉誠社

牧本哲雄　1995　「鳥取県における家形石棺について」『古墳時代後期の棺―家形石棺を中心に』，第23回山陰考古学研究集会

増島　淳　2008　「第4章　石棺材質調査」『静岡県埋蔵文化財調査研究所調査報告　第184集　原分古墳　平成19年度（都）沼津三島線重点街路事業（地方特定）工事に伴う埋蔵文化財発掘調査報告書　構造解析編』

増田一裕　1977a・b　「畿内系家形石棺に関する一試考」（上）（下）『古代学研究』第83・84号，古代学研究会

増田一裕　2001　「家形石棺の系統と被葬者」『群馬県の横穴式石室』Ⅳ，群馬県古墳時代研究会

増田一裕　2003a・2003b・2004　「家形石棺の基礎的分析」（上）（中）（下）『古代学研究』第162・163・164号，古代学研究会

増田一裕・奥田尚　1980　「レンガ色安山岩製棺蓋未製品の発見」『古代学研究』第93号，古代学研究会

まつおか古代フェステバル実行委員会編 1998『継体大王と越の国』，福井新聞社

松井政信　2005　「第9章　まとめ」『石舟山古墳・鳥越山古墳・二本松山古墳　平成13年～平成15年度町内遺跡範囲確認調査報告書』，松岡町教育委員会・永平寺町教育委員会

松尾充晶　2001　「第6章　装飾付大刀の評価と諸問題」『かわらけ谷横穴群の研究』，島根県古代文化センター

松田朝由　2007　「第6章　まとめ」『さぬき市埋蔵文化財調査報告　第4集　さぬき市内遺跡発掘調査報告書　一つ山古墳　赤山古墳　糞神塚古墳』，さぬき市教育委員会

松田朝由　2010　「第3章　まとめ」『さぬき市埋蔵文化財調査報告　第8集　さぬき市内遺跡発掘調査報告書　龍王山古墳　けぼ山古墳』，さぬき市教育委員会

松田朝由　2011　「第3章　まとめ」『さぬき市埋蔵文化財調査報告　第9集　さぬき市内遺跡発掘調査報告書　けぼ山古墳　津田湾古墳分布調査』，さぬき市教育委員会

松田隆嗣　1981　「瓜生堂・巨摩廃寺遺跡出土木製遺物の樹種について」『巨摩・瓜生堂』，大阪府教育委員会

松前　健　1960　『日本神話の新研究』，南雲堂桜楓社

松本岩雄　1990　「山陰」『古墳時代の研究』10，雄山閣

松本和彦　2010　「四国北東部の埴輪の様相－讃岐を中心に－」『中国・四国前方後円墳研究会　円筒埴輪の導入とその画期　発表要旨集　前期古墳出土埴輪集成』，第13回松山大会実行委員

松本信広　1954　「古代伝承に表れた車と船」『日本民俗学』4，後松本信広編 1971 に所収

松本信広編 1971『論集　日本文化の起源3　民族学Ⅰ』，平凡社

松本雅明　1973　「古墳文化の成立と大陸」『九州文化論集1　古代アジアと九州』，平凡社

丸山竜平　1971　「近江石部の基礎的研究－近江・大和の石棺とその石工集団」『立命館文学』第312号，立命館大學人文学会

右島　1985　「前橋市総社古墳群の形成過程とその画期」『群馬県史研究』第22号，群馬県史編さん委員会

右島和夫　1988　「保渡田の三古墳について」『三ツ寺Ⅰ遺跡』，群馬県埋蔵文化財調査事業団

右島和夫　1990a　「鶴山古墳出土遺物基礎調査Ⅴ」『群馬県立歴史博物館調査報告書』第6号，群馬県立歴史博物館

右島和夫　1990b　「古墳からみた五・六世紀の上野地域」『古代文化』第42巻7号，古代学協会

右島和夫　1992　「古墳からみた六・七世紀の上野地域」『国立歴史民俗博物館研究報告』第44集，国立歴史民俗博物館編

右島和夫　2002　「古墳時代上野地域における東と西」『群馬県立歴史博物館』第23号，群馬県立歴史博物館

右島和夫　2008　「古墳時代における畿内と東国—5世紀後半における古東山道ルートの成立とその背景—」『研究紀要』第13集，（財）由良大和古代文化研究協会

右島和夫　2011a　「総論　古墳時代の毛野・上毛野・下毛野を考える」『季刊考古学・別冊17　古墳時代毛野の実像』右島和夫・若狭　徹・内山敏行編　雄山閣

右島和夫　2011b　「後期後半から終末期の下野野」『季刊考古学別冊17　古墳時代毛野の実像』，右島和夫・若狭　徹・内山敏行編，雄山閣

右島和夫　2011c　「第1章　古墳文化の地域的様相　九　関東【関東北部】」『講座日本の考古学7　古墳時代上』，広瀬和雄・和田晴吾編，青木書店

右島和夫・徳田誠志　1998　「東国における石製模造品出土古墳」『高崎市史研究』第9号，高崎市史編さん委員会

右島和夫・若狭　徹・内山敏行編 2011『季刊考古学別冊17　古墳時代毛野の実像』，雄山閣

三島　格　1964　「熊本県八代郡上北山古墳」『考古学雑誌』第49巻第1号，日本考古学会

三島　格他　1977　「山下古墳調査外報－玉名市山部田字山下」『熊本史学』第50号

水野正好　1970　「群集墳と古墳の終焉」『古代の日本』5，角川書店

水野正好　1985　「遠路に運ばれる石棺に－茶臼山古墳ほか」『図説発掘が語る日本史　4近畿編』，水野正好編，新人物往来者

宮本一夫　2009　「第7章第4節　久里双水古墳の歴史的位置付け」『唐津市文化財調査報告書　第95集　久里双水古墳』，唐津市教育委員会

六車恵一　1965　「讃岐津田湾をめぐる四，五世紀ごろの謎」『文化財協会報』特別号7，香川県文化財保護協会

六車恵一　1967　「讃岐における古式古墳」『古代学研究』第52巻，古代学研究会

村上幸雄　1987　「石棺と陶棺」『吉備の考古学』，福武書店

牟礼町石の民俗資料館　1998　『牟礼町・庵治の石工用具』

茂木雅博　1990　『天王陵の研究』，同成社

桃崎祐輔　2007　「阿蘇ピンク石石棺出土古墳の被葬者像」『大王の棺を運ぶ　実験航海—研究編—』，石棺文化研究会

守岡正司　1996　「来待石を使った古墳」『宍道町歴史叢書　来町石研究（1）』，島根県宍道町教育委員会

森　浩一　1972　「奈良，大坂における横口式石槨の系譜」『壁画古墳高松塚』，奈良県立橿原考古学研究所

森　浩一　2003　「失われた時を求めて—百舌鳥大塚山古墳の調査を回顧して—」『堺市博物館報』第22号，堺市博物館

森　幸三　2012　「玉丘古墳と玉丘古墳群」『第12回播磨考古学研究集会の記録　大型古墳からみた播磨』第12回播磨考古学研究集会実行委員会編

森貞次郎　1957　「大牟田市黒崎の舟形石棺」『九州考古学』第2号，九州考古学会

森下英治　1997　「第6章　考古学的考察」『四国横断自動車道に伴う埋蔵文化財発掘調査報告第28冊

　　　　　　国分寺六ツ目古墳』，香川県教育委員会，(財)香川県埋蔵文化財調査センター
森田克行　1999　「今城塚古墳」『季刊考古学』第68号，雄山閣
森田克行　2003　「今城塚古墳の調査成果」『日本考古学』15号，日本考古学協会
森田克行　2006　『日本の遺跡7　今城塚と三島古墳群　摂津・淀川北岸の真の継体陵』，同成社
八尾市教育委員会　2009　『八尾市文化財紀要14　高安千塚シンポジウム記録集　やおの歴史遺産「高安
　　　　千塚」を語る－やまんねきの歴史遺産と自然を生かした町づくり－』
八尾市教育委員会文化財化　2010　『八尾市文化財紀要15　高安千塚シンポジウム記録集2　やおの歴史
　　　　遺産「高安千塚」を語る－河内の大型群集墳とその時代－』
八木奘三郎　1899　『日本考古学』後編，嵩山房
八木奘三郎　1901　「丹波国多紀郡雲部村の古墳発見品」『東京人類学雑誌』第189号，東京人類学会
安村俊史　2003　「河内における円筒埴輪編年」『埴輪論叢』第4号，埴輪検討会
安村俊史　2008　『群集墳と終末期古墳の研究』第4号，清文堂
安村俊史　2010　「平尾山古墳群における造墓集団」『八尾市文化財紀要15　高安千塚シンポジウム記録
　　　　集2　やおの歴史遺産「高安千塚」を語る－河内の大型群集墳とその時代－』，八尾市教育委員会文
　　　　化財課
柳沢一男　1987　「石製表飾考」『東アジアの考古と歴史』
柳沢一男　1995　「日向の古墳時代前期首長系譜とその消長」『宮崎県史研究』第9号，宮崎県
柳沢一男　2000　「九州における首長系譜の変動と有明首長連合」『熊本古墳研究会10周年記念シンポジ
　　　　ウム資料集　継体大王と6世紀の九州－磐井の乱前後の列島情勢に関連して－』，熊本古墳研究会
山尾幸久　2009　「基調講演2　6世紀の中河内と渡来人」『八尾市文化財紀要14　高安千塚シンポジウム
　　　　記録集　やおの歴史遺産「高安千塚」を語る－やまんねきの歴史遺産と自然を生かした町づくり－』，
　　　　八尾市教育委員会文化財課
山口裕平　2009　「豊前における終末期古墳の再検討」『第12回　九州前方後円墳研究会　長崎大会　終
　　　　末期古墳の再検討』，九州前方後円墳研究会
山田晶久（編）2003　『考古資料大観』第8巻，弥生・古墳時代　木・繊維製品，小学館
山田俊輔　2008　「雄略朝の王権と地域」『史観』第158冊，早稲田大学史学会
山田俊輔　2011　「第2章　毛野の埴輪」『季刊考古学・別冊17　古墳時代毛野の実像』，右島和夫・若狭
　　　　徹・内山敏行編，雄山閣
山根千佳・佐田　茂　2007　「肥前・筑前・筑後の舟形石棺と家形石棺－家形石棺の形式分類を含めて－」
　　　　『佐賀大学文化教育学部研究論文集』第11集第2号，佐賀大学文化教育学部
山本　彰　2004　「河内松井塚古墳と出土土器」『堀田啓一先生古希記念　献呈論文集』，堀田啓一先生古
　　　　希記念献呈論文集作成委員会
山本　清　1956　「須恵器より身たる出雲地方石棺式石室の時期について」『島根大学論集－人文科学』6号，
　　　　島根大学
山本　清　1960　「山陰の須恵器」『島根大学開学十周年記念論文集』，島根大学
山本　清　1964　「古墳の地域的特色とその交渉――山陰の石棺式石室を中心として――」『山陰文化研究紀要』
　　　　第5号，島根大学
山本　清　1966　「山陰の石棺についてⅠ」『山陰文化研究紀要』第7号，島根大学
山本　清　1967　「山陰の石棺についてⅡ」『山陰文化研究紀要』第8号，島根大学
山本　清　1970　「山陰の石棺についてⅢ」『山陰文化研究紀要』第10号，島根大学

山本　清　1971　「山陰の石棺についてⅣ」『山陰文化研究紀要』第11号，島根大学
山本　清　1989　『人類史叢書8　出雲の古代文化』，六興出版
山本ジェームズ　2008　「畿内家形石棺にみる棺蓋短側辺突起の変化」『早稲田大学大学院文学研究科紀要』53-4，早稲田大学大学院文学研究科
山本孝文　2008　「考古学から見た百済後期の文化変動と社会」『百済と倭国』，辻　秀人編，高志書院
山本雅康・間壁忠彦　1974　「ⅩⅤⅢ王墓山古墳（赤井西古墳群1号）」『倉敷考古学研究集報』第10号，倉敷考古館
八幡一郎　1943　「日本古式墳墓の歴史的意義」『南洋文化雑考』
横田明日香　2006　「讃岐における舟形石棺の一様相」『香川考古』第10号特別号，香川考古刊行会
吉井秀夫　1995　「百済の木棺−横穴式石室墳出土例を中心として−」『立命館文学』第542号，立命館大学文学部人文学会
吉井秀夫　2007　「古代東アジア世界からみた武寧王陵の木棺」『茂木雅博編　日中交流の考古学』，同成社
吉井秀夫　2010　『諸文明の起源13　古代朝鮮墳墓にみる国家形成』，京都大学出版会
吉川真司　2004　「律令体制の形成」『日本史講座第1巻　東アジアにおける国家の形成』，東京大学出版会
吉田　晶　1998　『倭王権の時代』新日本新書490
吉田　晶　2005　「三　児島と海の道」『古代を考える　吉備』，門脇禎二・狩野　久・葛原克人編，吉川弘文館
吉留秀敏　1989　「九州の割竹形木棺」『古文化談叢』第20号発刊記念論集（中），九州古文化研究所
米田克彦　1998　「出雲における古墳時代の玉生産」『島根考古学会誌』第15集，島根考古学会
米田庄太郎　1917　「天鳥舟」『文芸』第2・3号，後，松本信広編1971に所収
読売新聞西部本社・大王のひつぎ実験航海実行委員会編2006『大王の棺海をゆく　謎に挑んだ古代船』，海鳥社
両丹考古学研究会・但馬考古学研究会編2001『両丹考古学研究会・但馬考古学研究会　交流会発足15周年記念誌　北近畿の考古学』，両丹考古学研究会・但馬考古学研究会編
若狭　徹　1995　「上野西部における五世紀後半の首長墓系列」『群馬考古学手帳』5，群馬土器観会
若狭　徹　2002　「古墳時代の地域経営」『考古学研究』第49巻2号，考古学研究会
若狭　徹　2007　『古墳時代の水利社会研究』，学生社
若狭　徹　2008　「5。岩野屋丘陵の開発と山名伊勢塚古墳−佐野三家をめぐる雑考」『高崎市文化財調査報告書第223集　山名伊勢塚古墳−前方後円墳の確認調査』，高崎市教育委員会
若狭　徹　2009　「第Ⅴ章．考察　第7節　井出二子山古墳の歴史的意義」『高崎市文化財調査報告書第231集（2）史跡保渡田古墳群　井出二子山古墳　史跡整備事業報告書　第2分冊』，高崎市教育委員会
若狭　徹　2011　「第1章　中期の上毛野−共立から小地域経営へ−」『季刊考古学・別冊17　古墳時代毛野の実像』，右島和夫・若狭　徹・内山敏行編，雄山閣
若杉竜太　1997　「九州石棺考」『先史学・考古学論究Ⅱ　熊本大学文学部考古学研究室創設25周年記念論文集』，竜田考古会
若林勝那　1891　「石棺ノ内部ニ存セル彫刻ノ発見」『東京人類学雑誌』第66号，東京人類学会
若林勝那　1892　「讃岐国多度郡遠藤山ノ石棺」『東京人類学雑誌』第71号，東京人類学会

脇坂光彦　1999　「広島県尾市・御年代古墳」『季刊考古学』第 68 号，雄山閣

和田晴吾　1976　「畿内の家形石棺」『史林』第 59 巻第 3 号，京都大学史学研究会

和田晴吾　1983a　「古墳時代の石工とその技術」『北陸の考古学』，石川考古学会

和田晴吾　1983b　「出雲の家形石棺」『展望アジアの考古学』

和田晴吾　1987　「古墳時代の時期区分をめぐって」『考古学研究』第 34 巻第 2 号，考古学研究会

和田晴吾　1989a　「葬制の変遷」『古代史復元 6　古墳時代の王と民衆』，都出比呂志編，講談社

和田晴吾　1989b　「畿内横口式石槨の諸類型」『立命館史学』第 10 号，立命館史学会

和田晴吾　1991　「8　石工技術」『古墳時代の研究』5 生産と流通Ⅱ，雄山閣

和田晴吾　1992a　「14　群集墳と終末期古墳」『新版［古代の日本］⑤　近畿Ⅰ』，角川書店

和田晴吾　1992b　「見瀬丸山古墳の石棺」『季刊考古学別冊 2　見瀬丸山古墳と天皇陵』，猪熊兼勝編，雄山閣

和田晴吾　1994a　「近畿の刳抜式石棺」『古代文化』第 46 巻 6 号，古代学協会

和田晴吾　1994b　「古墳築造の諸段階と政治的階層構成—五世紀代の首長制の体制に触れつつ—」『古代王権と交流 5　ヤマト王権と交流の諸相』，荒木敏夫編，名著出版

和田晴吾　1995　「棺と古墳祭祀」『立命館文学』第 542 号，立命館大学人文学会

和田晴吾　1996a　「大王の棺」『仁徳天皇陵』，大阪府立近つ飛鳥博物館図録 8

和田晴吾　1996b　「見瀬丸山古墳・藤ノ木古墳と六世紀のヤマト政権」『情況　日本の古代をひらく』，情況出版

和田晴吾　1997　「石の棺と古墳時代の動向」『AERAMook　考古学がわかる』，朝日新聞社

和田晴吾　1998a　「古墳時代は国家段階か」『古代史の論点 4』，都出比呂志・田中琢編，小学館

和田晴吾　1998b　「畿内の石棺−長持形石棺と家形石棺」『継体大王と越の国　シンポジウム・石棺が語る継体王朝』，まつおか古代フェスティバル実行委員会編，福井新聞社

和田晴吾　2000　「丹後の石棺」『季刊考古学別冊 10　丹後の弥生王墓と巨大古墳』，広瀬和雄編，雄山閣

和田晴吾　2002　「石棺の出現とその意義」『立命館文学』第 578 号，立命館大学人文学会

和田晴吾　2003a　「閉ざされた棺と開かれた棺」『立命館大学考古学論集Ⅲ』，立命館大學考古学論集刊行会

和田晴吾　2003b　「古墳時代の生業と社会−古墳秩序と生産・流通システム」『考古学研究』第 50 巻第 3 号，考古学研究会

和田晴吾　2004　「古墳文化論」『日本史講座第 1 巻　東アジアにおける国家の形成』，東京大学出版会

和田晴吾　2005　「第 5 章第 1 節　古代の石切技術」『高砂市文化財調査報告 12　竜山石切場−竜山採石遺跡詳細分布調査報告書−』，高砂市教育委員会

和田晴吾　2006　「石造物と石工」『列島の古代史 5　ひと・もの・こと　専門技能と技術』，岩波書店

和田晴吾　2007　「Ⅱ論考　1 東アジアの開かれた棺」『渡来文物からみた古代日韓交流の考古学的研究』，和田晴吾編

和田晴吾　2008　「黄泉国と横穴式石室」『吾々の考古学』，和田晴吾先生還暦記念論集刊行会

和田晴吾　2009　「古墳の他界観」『国立歴史民俗博物館研究報告第 152 集　古代における生産と権力とイデオロギー』，国立歴史民俗博物館

和田千吉　1900a　「石棺考」『考古』第 1 編第 1 号，考古学会

和田千吉　1900b　「石棺考（続）」『考古』第 1 編第 2 号，考古学会

和田千吉　1900c　「石棺考（続）」『考古』第 1 編第 3 号，考古学会

和田千吉　1900d　「石棺考（続）」『考古』第1編第4号，考古学会
和田千吉　1900e　「石棺考（続）」『考古』第1編第6号，考古学会
和田千吉　1901　「大阪四天王寺に現存する石棺の蓋と茶臼山とに就いて」『考古界』第1編第7号，考古学会
和田千吉　1909　「周防国吉敷郡赤妻の古墳」『考古界』第8編第五号，考古学会
和田千吉　1916　『日本遺跡遺物図譜』，遺跡遺物研究会　後『復刻日本考古学文献集成Ⅱ期6　日本遺跡遺物図譜』，後第一書房1985に所収
渡辺一徳・高木恭二　2002　「遺物保存整理と科学的分析調査　石棺材の石材について」『史跡古市古墳群峯ヶ塚古墳後円部発掘調査報告書』，羽曳野市教育委員会
渡辺貞幸　1979・1980　「ガウランド氏と山陰の古墳（上）・（中）・（下）」『八雲立つ風土記の丘』No37・39・40，島根県立八雲立つ風土記の丘資料館
渡辺貞幸　1983　「松江市山代二子塚古墳をめぐる諸問題」『山陰文化研究紀要』第23号，島根大学
渡辺貞幸　1984　「岡田山1号墳研究の現状と問題点」『島根考古学会誌』第1集，島根考古学会
渡辺貞幸　1985　「松江市山代方墳の諸問題」『山陰地域研究（伝統文化）』1
渡辺貞幸　1986a　「大念寺古墳の歴史的位置」『島根考古学会誌』第3集，島根考古学会
渡辺貞幸　1986b　「山代・大庭古墳群と五・六世紀の出雲」『山陰考古学の諸問題』，山本清先生喜寿記念論集刊行会
渡辺貞幸　1995　「弥生・古墳時代の出雲」『風土記の考古学3　出雲国風土記の巻』，山本清編，同成社
渡辺貞幸　1999　「第2章　発見の経緯と研究略史」『上塩治築山古墳の研究－島根県古代文化センター調査研究報告書4－』，島根県古代文化センター
渡辺貞幸　2002　「Ⅵ「大橋川の谷の古墳群」再考」『松江市手間古墳発掘調査報告　薬師山古墳出土遺物について』，島根大学法文学部考古学研究室
渡部明夫　1990　「讃岐の刳抜式石棺について」『香川史学』第19号，香川歴史学会
渡部明夫　1994　「四国の刳抜式石棺」『古代文化』第46巻第6号，古代学協会
渡部明夫　1995　「香川の刳抜式石棺―石棺の創出と移動」『瀬戸内海における交流と移動』古代王権の交流と移動，名著出版
渡部明夫　2002　「付章2　快天山古墳石棺の再検討及び最近の刳抜式石棺の調査例について」『岩崎山第4号墳発掘調査報告書　快天山古墳発掘調査報告書』，津田町教育委員会・綾歌町教育委員会

遺跡文献
【宮城県】
仙臺市史編纂委員会　1981　『仙臺市史』第3巻別編1，仙臺市
仙台市史編さん委員会　1995　『仙台市史』特別編2　考古資料，仙台市
仙台市教育委員会　2000　『仙台市文化財調査報告書第243集　大野田古墳群・王ノ壇遺跡・六反田遺跡－仙台市富沢駅周辺区画整理事業関係遺跡発掘調査報告書Ⅰ－』
古川市教育委員会　2002　『宮城県古川市文化財調査報告書第30集　名生館官衙遺跡ⅩⅩⅡ　灰塚遺跡』
宮城県教育委員会　1998　『宮城県文化財調査報告書第177集　壇の越遺跡　念南寺古墳』

【福島県】
会津坂下町教育委員会・創価大学　1999　『森北古墳群』
いわき市教育委員会　1970　『いわき市平・竹の下古墳緊急発掘報告』

いわき市史編纂委員会編 1976 『いわき市史』第8巻　原始・古代・中世資料，いわき市

福島県　1964　『福島県史』第6巻資料編1，考古資料

双葉町教育委員会　1987　『清戸迫甲群1号横穴墓・塚ノ腰10号古墳』

南相馬市教育委員会　2007　『南相馬市埋蔵文化財調査報告書　第8集　南相馬市内遺跡発掘調査報告書3』（浦尻古墳群）

南相馬市教育委員会　2008　『南相馬市埋蔵文化財調査報告書　第10集　南相馬市内遺跡発掘調査報告書4』（浦尻古墳群）

【山形県】

山形県　1982　『山形県史』第1巻，原始・古代・中世

米沢市史　1997　『米沢市史』第1巻，原始・古代・中世編，米沢市

【栃木県】

宇都宮市教育委員会　1990　『宇都宮市埋蔵文化財調査報告第28集　茂原古墳群』

大平町教育委員会　1974　『七廻り鏡塚古墳　栃木県下都賀郡大平町』

小川町教育委員会　1988　『三輪仲町第1次・第2次調査報告』

小山市史編さん委員会編 1981 『小山市史』資料編・原始古代，小山市

三木文雄編著　1986　『那須駒形大塚』，吉川弘文館

【茨城県】

茨城県西茨城郡岩瀬町教育委員会　1969　『常陸狐塚』

（財）茨城県教育財団　2001　『茨城県教育財団文化財調査報告書第177集　一般県道日立東海線道路改良工事地内埋蔵文化財発掘調査報告書　愛宕山古墳』

高萩市史編さん委員会　1969　『高萩市史』上，高萩市役所

那珂町史編さん委員会　1988　『那珂町史』自然環境・原始古代編，那珂町

常陸太田市史編さん委員会　1984　『常陸太田市史』通史編上巻，常陸太田市役所

【群馬県】

赤堀村教育委員会　1978　『群馬県佐波郡赤堀村文化財調査報告書8　赤堀村地蔵山の古墳2－伊勢崎北部土地改良事業に伴う埋蔵文化財調査報告書－』

伊勢崎市　1987　『伊勢崎市史』通史編1，原始古代中世

大田市　1996　『大田市史』通史編　原始古代

太田市教育委員会　1986　『西長岡横塚古墳群発掘調査概報』

太田市教育委員会　1996　『今泉口八幡山古墳発掘調査報告書　今泉口急傾斜地崩壊対策事業に伴う埋蔵文化財発掘調査』

甘楽町史編さん委員会　1979　『甘楽町史』，甘楽町

甘楽町教育委員会　1996　『西大山遺跡』

群馬県　1928　『上毛古墳綜覧』

群馬県　1936　『群馬県史跡名勝天然記念物調査報告　第3輯　多野郡平井村白石稲荷山古墳』，後藤守一・相川龍雄編著

群馬県史編さん委員会　1981　『群馬県史』資料編3，原始古代3

群馬県企業局・（財）群馬県埋蔵文化財調査事業団　2004　『多田山住宅団地造成事業に伴う埋蔵文化財調査報告書　第1集　多田山古墳群』

群馬町教育委員会　2000　『群馬町埋蔵文化財調査報告　第57集　保渡田八幡塚古墳　史跡保渡田古墳群

八幡塚古墳保存整備事業報告書　調査編』

群馬町教育委員会　2004　『群馬町埋蔵文化財調査報告　第67集　足門寺屋敷Ⅲ遺跡・三ッ寺大下Ⅳ遺跡・保渡田薬師塚古墳　町立テニスコート・町立南保育園・井出地区排水路新設に伴う発掘調査』

群馬町誌編纂委員会編　1998　『群馬町誌』資料編1　原始古代中世，群馬町誌刊行委員会

(財) 群馬県埋蔵文化財調査事業団・東日本高速道路株式会社　2008　『(財) 群馬県埋蔵文化財調査事業団調査報告書　第426集　成塚向山古墳群　太田地域における前期古墳の調査　北関東自動車道（伊勢崎～県境）地域埋蔵文化財発掘調査報告書』

高崎市遺跡調査会　1995　『高崎市遺跡調査会報告書第46号　上並榎稲荷山古墳　分譲住宅建設に伴う古墳周濠部の調査報告書』

高崎市市史編さん委員会編 1999『新編高崎市史』資料編1　原始古代1，高崎市

高崎市教育委員会　1974　『高崎市文化財調査報告書第3集　八幡原遺跡　高崎市下滝南部圃場整備事業に伴う埋蔵文化財発掘調査報告』

高崎市教育委員会　1992　『観音塚古墳調査報告』

高崎市教育委員会　2009　『高崎市文化財調査報告書第231集　史跡保渡田古墳群　井出二子山古墳　史跡整備事業報告書』

帝室博物館　1933　『上野国佐波郡赤堀村今井茶臼山古墳』，後藤守一編著

富岡市史編さん委員会　1987　『富岡市史』自然編　原始・古代・中世編，富岡市

藤岡市史編さん委員会　1993　『藤岡市史』資料編　原始・古代・中世，藤岡市

前橋市史編さん委員会　1971　『前橋市史　第1巻』，前橋市

【埼玉県】

埼玉県教育委員会　1980　『埼玉稲荷山古墳』

坂本和俊・安藤文一ほか　1981　「塚内4号墳」『春日部市史』第1巻考古資料

(財) 埼玉県埋蔵文化財調査事業団　1981　「安光寺古墳の発掘調査」『関越自動車道関係埋蔵文化財発掘調査報告 XI』

(財) 埼玉県埋蔵文化財調査事業団　2005　『埼玉県埋蔵文化財調査事業団報告書　第302集　熊谷市北島遺跡 X　熊谷スポーツ文化公園建設事業関係埋蔵文化財発掘調査報告書－Ⅴ－〈第1分冊〉』

【千葉県】

木更津市教育委員会　1998　『千葉県木更津市　千束台遺跡群発掘調査報告書Ⅳ　塚原22号墳・62号墳　塚原遺跡（22号墳墳丘下区域）』

國學院大學文學部考古学研究室　1984　『國學院大學文学部考古学実習報告第7集　森山塚　千葉県富津市飯野古墳群』，杉山林継編

(財) 市原市文化財センター・株式会社一研　1999　『財団法人市原市文化財センター調査報告書第42集　市原市大厩浅間様古墳調査報告書』

(財) 市原市文化財センター・市原市教育委員会　2004　『財団法人市原市文化財センター調査報告第89集　上総国分寺台遺跡調査報告 XⅡ　市原市辺田古墳群・御林跡遺跡』

(財) 香取郡市文化財センター　1999　『香取郡市文化財センター調査報告書第59集　後田遺跡』

(財) 君津郡市文化財センター・東急不動産株式会社　1996　『財団法人君津郡市文化財センター発掘調査報告書第116集－千葉県袖ヶ浦市－　寒沢遺跡・寒沢古墳群・愛宕古墳群・上用瀬遺跡』

(財) 君津郡市文化財センター・君津郡市中央病院組合　2000　『財団法人君津郡市文化財センター発掘調査報告書第163集－千葉県木更津桜井－　西谷古墳群・西谷遺跡－君津中央病院新病院建設に伴う埋

蔵文化財調査－』

(財)千葉県史料研究財団編 2003『千葉県の歴史』 資料編 考古2(弥生・古墳時代), 千葉県

千葉県 1927 「三 東篠村廣場古墳」『史蹟名勝天然記念物調査 第4輯』, 後, 安藤ほか1980に所収

千葉大学考古学研究室 1994 『千葉県館山市大寺山洞穴第1次発掘調査概報』

千葉大学考古学研究室 1995 『千葉県館山市大寺山洞穴第2次発掘調査概報』

千葉大学考古学研究室 1996 『千葉県館山市大寺山洞穴第3・4次発掘調査概報』

千葉大学考古学研究室 1997 『千葉県館山市大寺山洞穴第5次発掘調査概報』

富津市教育委員会 1979 『富津市文化財調査報告書Ⅱ 史跡 弁天山古墳保存整備事業報告書』

【神奈川】

久地伊屋之免遺跡発掘調査団編 1987『川崎市高津区 久地伊屋之免遺跡』, 高津図書館友の会郷土史研究部

【東京都】

狛江市 1985 『狛江市史』

世田谷区史編さん委員会 1975 「4 砧中学校古墳群」『世田谷区史料 第8集 考古編』, 東京都世田谷区

世田谷区教 1982 「砧中学校七号墳」『嘉留多遺跡』

野毛大塚古墳調査会編 1999『野毛大塚古墳 第1分冊 本文編』, 世田谷区教育委員会・野毛大塚古墳調査会

府中市教育委員会・府中市遺跡調査会 2005 『府中市埋蔵文化財発掘調査報告 第37集 武蔵府中熊野神社古墳』

【静岡県】

浅羽町教育委員会 1999 『五ヶ山B2号墳』

伊豆長岡町教育委員会 1981 『大北横穴群』, 大北横穴群調査団

庵原村教育委員会 1961 『三池平古墳』, 内藤晃・大塚初重編

磐田市教育委員会 1989 『安久路2・3号墳発掘調査の写真集』, 磐田市埋蔵文化財センター編

加藤学園沼津考古学研究所・大仁町教育委員会 1973 『平石4号墳－北伊豆における切石製石棺埋設の古墳』, 小野真一・藪下 浩編

(財)静岡県埋蔵文化財調査研究所 1990 『川合遺跡 遺構編 本文編』

(財)静岡県埋蔵文化財調査研究所 1997 『静岡県埋蔵文化財調査研究所調査報告第74集 北神馬土手遺跡他Ⅰ 平成5・6年度 東部運転免許センター建設に伴う埋蔵文化財発掘調査報告書』

(財)静岡県埋蔵文化財調査研究所 1998 『静岡県埋蔵文化財調査研究所報告第109集 元島遺跡Ⅰ(遺構編 本文) 平成6・7・8・9年度太田川住宅宅地基盤特定治水施設に伴う埋蔵文化財発掘調査報告書』

静岡県教育委員会 1953 『静岡賤機山古墳』, 後藤守一・斉藤 忠編

静岡県袋井市教育委員会 1990 『若作遺跡 若作古墳群－三甲株式会社東海工場新設事業 日成電気株式会社袋井工場新設事業に伴う緊急発掘調査報告－』

静岡県文化財保存協会 1976 『静岡県文化財調査報告書第14集 大師山横穴群』

静岡県埋蔵文化財調査研究所 2008 『静岡県埋蔵文化財調査研究所調査報告 第184集 原分古墳 平成19年度(都)沼津三島線重点街路事業(地方特定)工事に伴う埋蔵文化財発掘調査報告書』

静岡市教育委員会・静岡工業高等学校 1962 『駿河丸山古墳』

静岡市文化財協会　1997　『史跡賤機山古墳保存整備完成記念　甦る賤機山古墳』

焼津市教育委員会　1984　『焼津市埋蔵文化財発掘調査概報Ⅲ－昭和57年度版』

沼津市教育委員会　1990　『沼津市埋蔵文化財発掘調査報告第48集　清水柳北遺跡発掘調査報告書その2』

浜北市教育委員会　2000　『内野古墳群』

浜松市博物館　『浜松市半田山古墳群（Ⅳ中支群―浜松医科大学内）』

藤枝市教育委員会　1983　『志太広域都市計画蓮華寺池公園事業に伴う文化財調査概要　若王子・釣瓶落古墳群』

【岐阜県】

各務原市教育委員会編 1983『各務原市史』考古・民俗編　考古（本文），各務原市

各務原市埋蔵文化財調査センター　2000　『各務原市文化財調査報告第30号　ふな塚古墳発掘調査報告書－大牧4号墳－』

各務原市埋蔵文化財調査センター　2003　『各務原市文化財調査報告第37号　大牧1号墳発掘調査報告書－同2・3号墳の発掘調査』

可児市　2005　『可児市史』第1巻　通史編　考古・文化財

【愛知県】

犬山市教育委員会・犬山市史編さん委員会編 1983『犬山市史』資料編3　考古　古代・中世，犬山市

新修名古屋市史資料編編集委員会編 2008『新修名古屋市史』資料編　考古1，名古屋市

名古屋市健康福祉局　2010　『愛知県名古屋市　平手町遺跡　クオリティライフ21城北事業用地における第6次発掘調査報告書』

【三重県】

三重県　2005　『三重県史』資料編　考古1

【富山県】

富山大学人文学部考古学研究室編 2007『阿尾島田古墳群の研究－日本海中部沿岸域における古墳出現過程の新研究－』

【石川県】

鹿西町教育委員会　2005　『史跡雨の宮古墳群　国指定史跡雨の宮古墳群整備事業に伴う発掘調査報告書』

志雄町教育委員会　1980　『散田金谷古墳』，志雄町教育委員会

【福井県】

斉藤　優　1960　『足羽山の古墳』

鯖江市教育委員会　1987　『鯖江市埋蔵文化財調査報告　西山古墳群』

福井県教育委員会　1980　『福井県埋蔵文化財調査報告　第4集　六呂瀬山古墳群　国道364号線建設に伴う発掘調査報告書』

福井県教育庁文化課　1984　『福井県立博物館建設準備室研究調査報告　西谷山古墳群（西谷山2号墳発掘調査報告）』，福井県立博物館建設準備室

福井県清水町教育委員会　2002　『清水町埋蔵文化財発掘調査報告書Ⅴ　小羽山古墳群　小羽山丘陵における古墳の調査』

福井県清水町教育委員会　2003　『清水町埋蔵文化財発掘調査報告書Ⅶ　風巻神山古墳群　風巻丘陵における古墳の調査』

福井市　1990　『福井市史』資料編1　考古

福井市教育委員会　2007　『免鳥古墳群　範囲確認調査概要報告書』

松岡町教育委員会　1983　『松岡町文化財調査概要　手繰ヶ城山古墳・石舟山古墳・二本松山古墳の埴輪（手繰ヶ城山古墳の調査Ⅲ）』

松岡町教育委員会　1984　『松岡町埋蔵文化財調査報告書　第1集　泰遠寺山古墳』

松岡町教育委員会　1999　『松岡町埋蔵文化財調査報告書　第2集　泰遠寺山古墳Ⅱ』

松岡町教育委員会・松岡古墳群を守る会　1978　『松岡町文化財調査概要　手繰ヶ城山古墳（松岡3号墳）の調査Ⅱ』

松岡町教育委員会・永平寺町教育委員会　2005　『石舟山古墳・鳥越山古墳・二本松山古墳　平成13年～平成15年度町内遺跡範囲確認調査報告書』

【滋賀県】

近江町教育委員会　2005　『近江町文化財調査報告書第28集　定納古墳群』，大手前大學史学研究所オープン・リサーチ・センター

蒲生町史編纂委員会　1995　『蒲生町史』第1巻　古代・中世，蒲生町

志賀町史編集委員会編1996『志賀町史』第1巻，滋賀県志賀町

高月町教育委員会　2006　『高月の主要古墳Ⅱ』

野洲町　1987　『野洲町史』第1巻通史編1

野洲町教育委員会　2001　『史跡大岩山古墳群　天王山古墳・円山古墳・甲山古墳　調査整備報告書』

八日市市教育委員会　1996　『雪野山古墳の研究　報告編　考察編』，雪野山古墳発掘調査団編（団長都出比呂志）

竜王町史編纂委員会編1987『竜王町史』上巻，滋賀県竜王町役場

【京都府】

網野町教育委員会　1993　『京都府網野町文化財調査報告　第7集　離山古墳・離湖古墳発掘調査概要』

岩滝町教育委員会　2000　「大風呂南墳墓群」『岩滝町文化財調査報告書第15集』

梅原末治　1920b　『久津川古墳研究』

大宮町教育委員会　1998　『京都府大宮町文化財調査報告書第14集　三坂神社墳墓群・三坂神社裏古墳群・有明古墳群・有明横穴群』

加悦町史編纂委員会編2007『加悦町史』資料編第一巻，与謝野町役場

京丹後市史編さん委員会編2010『京丹後市史資料編『京丹後市の考古資料』』，京丹後市役所

京都大学考古学研究会　1971　『嵯峨野の古墳時代－御堂ヶ池群集墳発掘調査報告』

京都府　1940　『京都府史蹟名勝天然記念物調査報告第20冊』（産土山古墳）

京都府教育委員会　1955　『京都府文化財調査報告第21冊』（産土山古墳）

京都府教育委員会　1960　『京都府文化財調査報告第22冊』（広沢古墳・福西古墳）

京都府教育委員会　1961　『京都府史蹟名勝天然記念物調査報告第14冊』（作り山古墳・蛭子山古墳）

京都府教育委員会　1968　『埋蔵文化財発掘調査概報』（光明寺古墳）

京都府教育委員会　1969　『埋蔵文化財発掘調査概報』（八幡茶臼山古墳・堀切6号横穴）

京都府教育委員会　1970　『埋蔵文化財発掘調査概報』（法王寺古墳・馬場の内古墳）

京都府教育委員会　1976　『埋蔵文化財発掘調査概報』（大覚寺古墳群）

（財）京都府埋蔵文化財調査研究センター　1988　「古殿遺跡」『京都府遺跡調査報告書第9冊』

（財）京都府埋蔵文化財調査研究センター　1997　『京都府遺跡調査報告書第23冊〔瓦谷古墳群〕』

（財）京都府埋蔵文化財調査研究センター　1994　「左坂古墳群」『京都府遺蹟調査概報第60冊』

（財）京都府埋蔵文化財調査研究センター　1995　「金谷古墳群（1号墳）『京都府遺蹟調査概報第66冊』

（財）京都府埋蔵文化財調査研究センター　1997　「奈具岡北古墳群」『京都府遺蹟調査概報第76冊』

（財）京都府埋蔵文化財調査研究センター　1999　『京都府遺蹟調査概報第87冊』

（財）京都府埋蔵文化財調査研究センター　1999　「左坂古墳群」『京都府遺蹟調査概報第89冊』

（財）京都府埋蔵文化財調査研究センター　2000　「浅古谷南遺跡」『京都府遺蹟調査概報第93冊』

（財）京都府埋蔵文化財調査研究センター　2009　「茶臼ヶ岳古墳群」『京都府遺蹟調査報告集第131冊』

城陽市史編さん委員会編 1999『城陽市史』第三巻，城陽市役所

峰山町教育委員会　1998　『京都府峰山町埋蔵文化財調査報告書第18集　大田南古墳群／大田南遺跡／矢田城跡第2～第5次発掘調査報告書』

峰山町教育委員会　2004　『赤坂今井墳丘墓発掘調査報告書（京都府峰山町埋蔵文化財調査報告書第24集）』

向日市教育委員会　1988　『向日市埋蔵文化財調査報告書　第23集　物集女車塚古墳』

向日市教育委員会　1992　『向日市埋蔵文化財調査報告書　第33集』財団法人向日市埋蔵文化センター（来迎寺棺）

【大阪府】

大阪市立大学日本史研究室編 2004『大阪市立大学考古学研究報告第1冊　玉手山7号墳の研究』

大阪市立大学日本史研究室編 2010a『大阪市立大学考古学研究報告第4冊　玉手山1号墳の研究』

大阪市立大学日本史研究室編 2010b『玉手山3号墳の発掘調査概報』

大阪市立大学日本史研究室編 2010c『大阪府柏原市　安福寺の割竹形石棺　住考研リーフレットNO2』

大阪大学文学部国史研究室　1964　『河内における古墳の調査』

大阪府教育委員会　1952　『金山古墳および大薮古墳の調査』（『大阪府文化財調査報告書』二）

大阪府教育委員会　1957　『大阪府文化財調査報告書　第五輯　河内松岳山古墳の調査』

大阪府教育委員会　1996　『平成6・7年度有形文化財・無形文化財等総合調査報告書』（耳原古墳）

大阪府教育委員会　2009　『加納古墳群・平石古墳群－府営中山間地域総合整備事業「南河内こごせ地区」に伴う発掘調査－』

柏原市教育委員会　2000　『玉手山古墳群の研究Ⅰ－埴輪編－』

柏原市教育委員会　2001　『玉手山古墳群の研究Ⅱ－墳丘編－』

柏原市教育委員会　2003　『玉手山古墳群の研究Ⅲ－埋葬施設編－』

柏原市教育委員会　2004　『玉手山古墳群の研究Ⅳ－副葬品－』

柏原市教育委員会　2005　『玉手山古墳群の研究Ⅳ－総括編－』

（財）大阪府文化財センター　2000　『椋場石切場跡』

（財）大阪府文化財センター　2003　『久宝寺遺蹟・龍華地区発掘調査報告書Ⅴ』

（財）八尾市文化財調査研究会　1993　『（財）八尾市文化財調査研究会報告38　高安古墳群　芝塚古墳』

堺市教育委員会　1999　『堺の文化財―百舌鳥古墳群―』

境市教育委員会　2010　『百舌鳥古墳群の調査』3

高槻市教育委員会　1960　『高槻叢書第十四集　土保山古墳発掘調査概報』

高槻市教育委員会　1993　『高槻市文化財調査報告書　第16冊　塚穴古墳群』

高槻市教育委員会　2008　『史跡・今城塚古墳―平成18年度・第10次規模確認調査―』

富田林市教育委員会　2003　『新堂廃寺・オガンジ池・お亀石古墳』富田林市埋蔵文化財調査報告第35

富田林市史編集委員会　1988　『富田林市史』第1巻，富田林市役所

羽曳野市教育委員会　2001　『羽曳野市内遺跡調査報告－平成4年度－』羽曳野市埋蔵文化財調査報告書

羽曳野市教育委員会　2002　『史蹟古市古墳群　峯ヶ塚古墳後円部発掘調査報告書』

羽曳野市教育委員会　2008　『羽曳野市内遺跡調査報告－平成17年度－』羽曳野市埋蔵文化財調査報告書61

羽曳野市教育委員会　2008　『羽曳野市内遺跡調査報告－平成19年度－』羽曳野市埋蔵文化財調査報告書65

羽曳野市史編纂委員会編 1994『羽曳野市史』第3巻　史料編1，羽曳野市

東大阪市教育委員会　1975　『東大阪市埋蔵文化財調査概要　1973年度』，東大阪市遺跡保護調査会

藤井寺市教育委員会　1989　『岡古墳』

藤井寺市教育委員会　1993　『新版古市古墳群』

八尾市立歴史民俗資料館　1994　『河内愛宕塚古墳の研究』

吉井秀夫編 1998『久米田貝吹山古墳　第1次～第4次調査概報』立命館大学文学部学芸員課程研究報告　第7冊

【奈良県】

明日香村教育委員会　1977　『史蹟牽牛子塚古墳』，編集代表網干善教

明日香村教育委員会　2006　『明日香村文化財調査報告書　第4集　酒船石遺跡発掘調査報告書－付，飛鳥東垣内遺跡・飛鳥宮ノ下遺跡－』

明日香村教育委員会　2010a　『牽牛子塚古墳　明日香村の文化財⑮』

明日香村教育委員会　2010b　『越塚御門古墳　明日香村の文化財⑯』

斑鳩町教育委員会　1990　『藤ノ木古墳第1次調査報告書』，奈良県立橿原考古学研究所編

香芝市二上山博物館　1994　『高山火葬墓・高山石切場跡』

香芝町史調査委員会　1976　『香芝町史』，香芝町役場

上牧町市編集委員会編 1977『上牧町史』，上牧町役場

橿原市教育委員会　2001　『奈良県橿原市植山古墳発掘調査概要』（植山古墳）

関西大学考古学研究会　1968　『関西大学考古学研究年報』2（都塚古墳）

宮内庁書陵部陵墓調査室　1993　「畝傍陵墓参考地石室内現状調査報告」『書陵部紀要』第45号

広陵町教育委員会　1987　『広陵町文化財調査報告第1冊　史蹟牧野古墳』　奈良県立橿原考古学研究所編

菅谷文則・久保哲正・大山真充編 1975『新庄屋敷山古墳―史跡整備に伴う範囲確認調査の記録―』，橿原考古学研究所編　奈良県新庄町

高取町教育委員会　1984　『高取町文化財調査報告第5冊　市尾墓山古墳』　奈良県立橿原考古学研究所編

高取町教育委員会　1998　『奈良県高取町　国史跡　市尾宮塚古墳石室調査資料』

當麻町教育委員会　1986　『北葛城郡當麻町　首古遺跡群－當麻圃場整備事業にともなう発掘調査』，奈良県立橿原考古学研究所編

當麻町教育委員会　1994　『當麻町埋蔵文化財調査報告書第3集　平林古墳』，奈良県立橿原考古学研究所編

奈良県教育委員会　1956a　『奈良県史跡名勝天然記念物調査抄報』第7輯，奈良県立橿原考古学研究所編，（星塚古墳）

奈良県教育委員会　1956b　『奈良県史跡名勝天然記念物調査抄報』第8輯，奈良県立橿原考古学研究所編，（茶山古墳・擽山古墳・高塚古墳・馬塚古墳）

奈良県教育委員会　1957　『奈良県文化財調査報告』第1集，（兄底古墳）

奈良県教育委員会　1960　『奈良県文化財調査報告（埋蔵文化財編）』第3集，（珠枝山古墳・越塚古墳）
奈良県教育委員会　1960　『奈良県史跡名勝天然記念物調査抄報』第14輯，奈良県立橿原考古学研究所編，（水泥南古墳）
奈良県教育委員会　1961　『奈良県史跡名勝天然記念物調査報告第19冊　桜井茶臼山古墳　附櫛山古墳』
奈良県教育委員会　1962　『大和二塚古墳』奈良県史跡名勝天然記念物調査報告第21冊，奈良県立橿原考古学研究所編
奈良県教育委員会　1972　『烏土塚古墳・ツボリ山古墳・三里下垣内池古墳・椿井・竜田山出土の陶棺・平隆寺旧境内等緊急調査』奈良県史跡名勝天然記念物調査報告第27冊，奈良県立橿原考古学研究所編
奈良県教育委員会　2006　『栗原カタソバ遺跡群』　奈良県史跡名勝天然記念物調査報告第69冊，奈良県立橿原考古学研究所編
奈良県立橿原考古学研究所　1959　『室大墓』，秋山日出男・網干善教編
奈良県立橿原考古学研究所　1979　『奈良県遺跡調査概報』1978年度，（御坊山2号墳）
奈良県立橿原考古学研究所　1982　『奈良県文化財調査報告書第39集　飛鳥・磐余地域の後，終末期古墳』
奈良県立橿原考古学研究所　1983a　『奈良県遺跡調査概報』1981年度，（松里園古墳）
奈良県立橿原考古学研究所　1983b　『奈良県遺跡調査概報』1982年度，（塚本古墳）
奈良県立橿原考古学研究所　1984　『奈良県遺跡調査概報』1983年度，（和爾下神社古墳）
奈良県立橿原考古学研究所　1986　『奈良県遺跡調査概報』1985年度，（芝塚2号墳）
奈良県立橿原考古学研究所　1994a　『奈良県文化財調査報告書第67集　鳥谷口古墳－奈良県北葛城郡當麻町染野所在の終末期古墳－』
奈良県立橿原考古学研究所　1994b　『奈良県遺跡調査概報』1993年度，（島の山1号墳）
奈良県立橿原考古学研究所　1997　『奈良県遺跡調査概報』1996年度第2分冊，（弥宮池1号墳）
奈良県立橿原考古学研究所　1998　『奈良県遺跡調査概報』1997年度第3分冊，（小山2号墳）
奈良県立橿原考古学研究所　1999a　『奈良県遺跡調査概報』1998年度第3分冊，（弥宮池南5号墳）
奈良県立橿原考古学研究所　1999b　『橿原考古学研究所研究成果第2冊　束明神古墳の研究』，河上邦彦編著
奈良県立橿原考古学研究所　2001　『橿原考古学研究所研究成果　第4冊　大和前方後円墳集成』
奈良県立橿原考古学研究所　2002a　『奈良県文化財調査報告書第98集　棚機神社東古墳－附棚機神社古墳測量調査報告－』
奈良県立橿原考古学研究所　2002b　『三ツ塚古墳群　橿原考古学研究所調査報告第81冊』
奈良県立橿原考古学研究　2002c　『橿原考古学研究所研究成果　第5冊　馬見古墳群の基礎資料』
奈良県立橿原考古学研究所　2003　『奈良県文化財調査報告書第102集　ハミ塚古墳』
奈良県立橿原考古学研究所　2006　『奈良県遺跡調査概報』2005年度第2分冊，（北今市古墳群）
奈良県立橿原考古学研究所　2008　『橿原考古学研究所研究成果　第9冊　下池山古墳の研究』
奈良県立橿原考古学研究所　2009　『桜井茶臼山古墳の調査　現地見学会資料』
奈良市史編集審議会編　1968『奈良市史』考古編，奈良市
大和高田市史編纂委員会　1984　『改訂　大和高田市史　前編』，大和高田市役所

【和歌山県】
　和歌山市教育委員会　1959　『大谷古墳』，樋口隆康・西谷真治・小野山　節編

【兵庫県】

尼崎市役所　1980　『尼崎市史』第11巻
加古川市史編さん委員会編 1989『加古川市史』第1巻本編Ⅰ，加古川市
新修神戸市史編集委員会編 1989『新修神戸市史』歴史編Ⅰ　自然・考古，神戸市
高砂市教育委員会　2005　『高砂市文化財調査報告12　竜山石切場－竜山採石遺跡詳細分布調査報告書－』
高砂市教育委員会　2009　『高砂市文化財調査報告書13　時光寺古墳発掘調査報告書』
高砂市教育委員会　2010　『高砂市文化財調査報告14　石の宝殿調査報告書』
高砂市史編さん専門委員会編 2007『高砂市史』第4巻　史料編地理・考古・古代・中世，高砂市
龍野市教育委員会　1996　『龍野市文化財調査報告16　新宮東山古墳群－土採りに伴う緊急発掘調査－』
西宮市史編纂委員会編 1967『西宮市史』第七巻資料編4，西宮市史
西脇市史編纂委員会編 1983『西脇市史』本編（通史篇　播織篇），西脇市
姫路市市史編集専門委員会編 2010『姫路市史』第7巻下　資料編考古，姫路市
兵庫県加西市教育委員会　1990　『加西市埋蔵文化財報告4　玉丘古墳―史跡保存整備国庫補助事業に係る調査整備報告―』
兵庫県加西市教育委員会　1993　『加西市埋蔵文化財報告13　小谷遺跡（第4次）－加西市立北条小学校建設に伴う埋蔵文化財発掘調査賀概要報告書－』，兵庫県加西市教育委員会
兵庫県教育委員会　2002　『兵庫県文化財調査報告第241冊　朝来郡和田山町　梅田東古墳群－播但連絡道路（5期事業）に伴う埋蔵文化財発掘調査報告書Ⅲ－』
兵庫県教育委員会　2003　『兵庫県文化財調査報告第259冊　カヤガ谷墳墓群・大谷墳墓群・坪井遺跡－小野川放水路事業に伴う埋蔵文化財発掘調査報告書（Ⅳ）－』
兵庫県三木市編 1970『三木市史』，三木市役所
和田山町・和田山町教育委員会　1972　『城の山・池田古墳』

【岡山県】

岡山県史編纂委員会編 1986『岡山県史』第18巻　考古資料，岡山県
長船町史編纂委員会編 1998『長船町史』資料編（上），長船町
総社市史編纂委員会編 1987『総社市史』考古資料編，総社市

【広島県】

（財）東広島市教育文化振興事業団　2004　『史蹟三ッ城古墳発掘調査報告書－史蹟三ッ城古墳保存整備事業に係る発掘調査－』
広島県　1979　『広島県史』考古編
福山市教育委員会　2007　『広島県史蹟　二子塚古墳発掘調査報告書－2002年度（平成14年度）～2005年度（平成17年度）－』
福山市教育委員会　2008　『尾市第1号古墳発掘調査報告書－2002年度（平成14年度）～2007年度（平成19年度）－』
三原市役所　1977　『三原市史』第1巻通史，三原市役所

【山口県】

山口市教育委員会　1997　『山口市埋蔵文化財調査報告第67集　赤妻古墳』，山口市教育委員会文化課編

【香川県】

綾歌町教育委員会　1998　『平尾山墳墓群』
綾歌町教育委員会　2004　『快天山古墳発掘調査報告書』
大川郡誌編集委員会　1926　『大川郡誌』

参考文献

大久保徹也編 2010 『連携事業パンフレット vol. 1 舟岡山古墳群第4次調査』，徳島文理大学文学部文化財学科

香川県教育委員会 1980 『舟岡山古墳調査報告』

香川県教育委員会 1984 『香川県埋蔵文化財調査概報 大日山古墳・原間古墳・吉岡神社古墳・御産盥山古墳・磨臼山古墳・鶴ヶ峰4号墳』

香川県史蹟名勝天然記念物調査報告会 1928 「第二 岩清尾山大古墳群」『史蹟名勝天然記念物調査報告第3集』，香川県

香川県史蹟名勝天然記念物調査報告会 1928 「第四 赤山古墳」『史蹟名勝天然記念物調査報告第3集』，香川県

香川県史蹟名勝天然記念物調査報告会 1930 「岩崎山古墳群」『史蹟名勝天然記念物調査報告第5集』，香川県

(財) 香川県埋蔵文化財調査センター編 1997『国分寺六ツ目古墳』

(財) 香川県埋蔵文化財センター編 1997『四国横断自動車道に伴う埋蔵文化財発掘調査報告書 第25冊 中間西井坪遺跡Ⅰ』

さぬき市教育委員会 2006 『さぬき市埋蔵文化財調査報告 第3集 鵜の部山古墳 大串石切場 一つ山古墳』

さぬき市教育委員会 2007 『さぬき市埋蔵文化財調査報告 第4集 さぬき市内遺跡発掘調査報告書 一つ山古墳 赤山古墳 糞神塚古墳』

さぬき市教育委員会 2008 『さぬき市埋蔵文化財調査報告 第6集 さぬき市内遺跡発掘調査報告書 一つ山古墳 岩崎山4号墳』

さぬき市教育委員会 2010a 『さぬき市埋蔵文化財調査報告 第8集 さぬき市内遺跡発掘調査報告書 龍王山古墳 けほ山古墳』

さぬき市教育委員会 2010b 『けほ山古墳発掘調査現地説明会資料』

さぬき市教育委員会 2011 『さぬき市埋蔵文化財調査報告 第9集 さぬき市内遺跡発掘調査報告書 けほ山古墳 津田湾古墳分布調査』

津田町教育委員会・綾歌町教育委員会 2002 『岩崎山第4号墳発掘調査報告書 快天山古墳発掘調査報告書』

濱田耕作編 1933『讃岐高松岩清尾山石塚の研究』京都大学文学部考古学研究報告第12冊，京都帝國大學

和田正夫・松浦正一 1951 「快天山古墳発掘調査報告」『史蹟名勝天然記念物調査報告15』，香川県

【徳島県】

財団法人徳島県埋蔵文化財センター編 2005『徳島県埋蔵文化財センター調査報告書第62集 四国横断自動車道に伴う埋蔵文化財発掘調査報告書』

【鳥取県】

岩美町教育委員会 1992 『岩美町文化財調査報告書 第13集 高野坂古墳群発掘調査概報Ⅱ』

岩美町教育委員会 1992 『岩美町文化財調査報告書 第17集 高野坂古墳群発掘調査報告書』

(財) 鳥取県教育文化財団・鳥取県埋蔵文化財センター 2002 『鳥取県教育文化財団調査報告書 75 一般国道9号改築工事（駟馳山バイパス）に係る埋蔵文化財発掘調査報告書鳥取県岩美郡岩美町 小畑古墳群』

鳥取県埋蔵文化財センター編 2008『鳥取県の考古学 第4巻 古墳時代Ⅰ 古墳』

鳥取県埋蔵文化財センター編 2009『鳥取県の考古学 第5巻 古墳時代Ⅱ くらしと社会』

【島根県】

出雲市教育委員会　1995　『十間川河川改修工事に伴う埋蔵文化財発掘調査報告書　小浜山横穴墓群Ⅰ（神門横穴墓群第10支群）本編』

出雲市教育委員会　1996　『十間川河川改修工事に伴う埋蔵文化財発掘調査報告書　小浜山横穴墓群Ⅱ（神門横穴墓群第10支群）観察表・写真図版編』

出雲市教育委員会　2007　『出雲市埋蔵文化財発掘調査報告書　第17集　上島古墳出土遺物　日御碕神社境内遺跡　鷺隧道』

（財）松江市教育文化振興事業団　1994　『（財）松江市教育文化振興事業団文化財調査報告書第2集　論田4号墳発掘調査報告書（付編　論田横穴群概要報告）』

（財）松江市教育文化振興事業団　1994　『（財）松江市教育文化振興事業団文化財調査報告書第3集　菅沢谷横穴群発掘調査報告書』

島根県教育委員会　1962　『薄井原古墳調査報告』

島根県教育委員会　1964　『妙蓮寺山古墳調査報告書』

島根県教育委員会　1969　『島根県埋蔵文化財調査報告書第Ⅰ集』

島根県教育委員会　1974　『島根県埋蔵文化財調査報告書第Ⅴ集』

島根県教育委員会　1984　『高広遺跡発掘調査報告書－和田団地造成工事に伴う発掘調査－』

島根県教育委員会　1987　『出雲岡田山古墳』

島根県教育委員会　1989　『古曽志遺跡群発掘調査報告書－朝日ヶ丘団地造成工事に伴う発掘調査－』

島根県教育委員会　1991　『島根県埋蔵文化財調査報告書第ⅩⅦ集』

島根県教育委員会　2002　『馬場遺跡・杉ヶ撓遺跡・客山墳墓群・連行遺跡　国道431号線バイパス建設予定地内埋蔵文化財発掘調査報告書Ⅶ』

島根県教育委員会　2002　『田中谷遺跡・塚山古墳・下がり松遺跡・角谷遺跡　法吉団地建設に伴う埋蔵文化財発掘調査報告書』

島根県教育委員会　2011　『主要地方道松江島根線改築工事に伴う埋蔵文化財発掘調査報告書1　苅捨古墳・西川津遺跡』

島根県教育委員会・建設省出雲工事事務所　1980　『出雲・上塩治地域を中心とする埋蔵文化財調査報告』

島根県教育委員会・建設省出雲工事事務所　1998　『斐伊川放水路建設予定地内埋蔵文化財発掘調査報告書Ⅳ　上沢Ⅱ遺跡・狐廻谷古墳・大井谷城跡・上塩治横穴墓群（第7・12・22・23・33・35・36・37支群）』

島根県教育委員会・建設省松江国道工事事務所　1993　『一般国道9号（安来道路）建設予定地内　埋蔵文化財発掘調査報告書（越峠遺跡・宮内遺跡）』

島根県教育庁文化財課・埋蔵文化財センター　1998　『中国横断自動車道尾道松江線建設予定地内埋蔵文化財発掘調査報告書　来待石石切場遺跡群』

島根県教育委員会・建設省松江国道工事事務所　1994　『臼コクリ遺跡・大原遺跡　一般国道9号（安来道路）建設予定地内埋蔵文化財発掘調査報告書Ⅴ』

島根県教育委員会・建設省松江国道工事事務所　1995　『平ラⅡ遺跡・吉佐山根1号墳・穴神横穴墓群　一般国道9号（安来道路）建設予定地内埋蔵文化財発掘調査報告書10』

島根県教育委員会・建設省松江国道工事事務所　1997　『岸尾遺跡・島田遺跡　一般国道9号（安来道路）建設予定地内埋蔵文化財発掘調査報告書　西地区Ⅴ』

島根県教育委員会・建設省松江国道工事事務所　1997　『島田池遺跡・鶏貫遺跡　一般国道9号（安来道路）

建設予定地内埋蔵文化財発掘調査報告書　西地区Ⅷ　本文編（第1分冊）』
島根県教育委員会・建設省松江国道工事事務所　1997　『島田池遺跡・鶏貫遺跡　一般国道9号（安来道路）建設予定地内埋蔵文化財発掘調査報告書　西地区Ⅷ　本文編（第2分冊）』
島根県教育委員会・建設省松江国道工事事務所　1997　『岩屋口北遺跡・臼コクリ遺跡（F区）　一般国道9号（安来道路）建設予定地内埋蔵文化財発掘調査報告書13』
島根県教育委員会・建設省松江国道工事事務所　1998　『渋山池古墳群　一般国道9号（安来道路）建設予定地内埋蔵文化財発掘調査報告書西地区ⅩⅠ』
島根県教育委員会・島根県立八雲立つ風土記の丘　1996　『八雲立つ風土記の丘研究紀要Ⅲ　御崎山古墳の研究』
島根県教育委員会・日本道路公団中国支社　2001a　『岩屋遺跡・平床Ⅱ遺跡　中国横断自動車道尾道松江線建設予定地内埋蔵文化財発掘調査報告書6』
島根県教育委員会・日本道路公団中国支社　2001b　『湯の奥遺跡・登安寺遺跡・湯後遺跡・土井・砂遺跡　中国横断自動車道尾道松江線建設予定地内埋蔵文化財発掘調査報告書12』
島根県教育庁文化財課　埋蔵文化財センター　2007　『島根県古代文化センター調査研究報告書36　北光寺古墳発掘調査報告書』
島根県古代文化センター　1999　『上塩治築山古墳の研究』
島根県古代文化センター　2001　『かわらけ谷横穴墓群の研究』
島根県古代文化センター　2011　『古代出雲の多面的交流の研究』
島根県宍道町教育委員会　1993　『宍道町歴史史料集（古墳時代編Ⅰ）宍道町の横穴墓，横穴式石室集成』
島根大学考古学研究会　1968　『菅田考古第10号　十王免横穴群発掘調査報告』
平田市教育委員会・島根県出雲土木建築事務所　2001　『平田市埋蔵文化財発掘調査報告書　第8集　上石堂平古墳群』
平田市教育委員会　2004　『平田市埋蔵文化財発掘調査報告書　第12集　中村1号墳』
松江市教育委員会　1998　『向山古墳群発掘調査報告書』，松江市教育委員会
松江市教育委員会・（財）松江市教育文化振興事業団　2005　『松江市文化財調査報告書　第98集　ソフトビジネスパーク進入路予定地内　菅田横穴墓群・薦沢砦跡』

【福岡県】

飯塚市教育委員会　1989　『飯塚市文化財調査報告書第11集　辻古墳』
稲築町教育委員会　1989　『沖出古墳　稲築町文化財調査報告第2集』
大牟田市教育委員会　1975　『大牟田市文化財調査報告書第5集　潜塚古墳』
大牟田市教育委員会　1981　『大牟田市文化財調査報告書第15集　倉永茶臼塚古墳』
大牟田市教育委員会　1983　『大牟田市文化財調査報告書第19集　石櫃山古墳』
大牟田市教育委員会　2002　『大牟田市文化財調査報告書第56集　潜塚古墳Ⅱ』
小田冨士雄　1979　「第2節　1号遺跡」『宗像　沖ノ島　本文　第3次学術調査隊』，宗像大社復興期成会
九州大学文学部考古学研究室編1972『筑後古城山古墳－大牟田市大字宮崎所在の家形石棺とその研究－』，古城山古墳調査団
久留米市史編さん委員会編1994『久留米市史』第十二巻　資料編，久留米市
高田町教育委員会　2006　『高田町文化財調査報告書第9集　石神山古墳』
福岡県教育委員会　1980　『二丈浜玉道路関係埋蔵文化財調査報告書』

福岡市教育委員会　1986　『福岡市埋蔵文化財調査報告書第142集　丸隈山古墳Ⅱ』
福岡市教育委員会　1982　『藤崎遺跡　福岡市西区百道所在遺跡の調査報告　福岡市埋蔵文化財調査報告書第80集』
八女市教育委員会　1985　『八女市文化財調査報告書第13集　童男山11・12号墳』
吉井町教育委員会　2005　『若宮古墳群Ⅲ　－月岡古墳－　吉井町文化財調査報告書第19集』

【佐賀県】

唐津市教育委員会　2009　『唐津市文化財調査報告書　第95集　久里双水古墳』
唐津湾周辺遺跡調査会編1982『末盧国　佐賀県唐津市・東松浦郡の考古学的研究』，六興出版
佐賀県教育委員会　1967　『佐賀県文化財調査報告書第16集　熊本山船型石棺墓』
佐賀県教育委員会　1975　『佐賀市金立西隈古墳』
佐賀県教育委員会　1983　『佐賀県文化財調査報告書第66集　西原遺跡　九州横断自動車道関係埋蔵文化財発掘調査報告書3』
佐賀県教育委員会　1986　『佐賀県文化財調査報告書　第84集　九州横断自動車道関係埋蔵文化財調査報告書（5）　久保泉丸山遺跡』上巻
佐賀県浜玉町教育委員会　1991　『史跡谷口古墳保存修理事業報告書』

【熊本県】

植木町教育委員会　1978　『慈恩寺経塚古墳』
植木町教育委員会　1995　『植木町文化財調査報告書第4集　慈恩寺経塚古墳Ⅱ』
植木町教育委員会　1996　『植木町文化財調査報告書第8集　石川山古墳群Ⅱ』
宇土市教育委員会　1978　『宇土市埋蔵文化財調査報告書第2集　向野田古墳』
宇土市教育委員会　1986　『宇土市埋蔵文化財調査報告書第13集　ヤンボシ塚古墳・楢崎古墳』
宇土市教育委員会　2006　『宇土市埋蔵文化財調査報告書第28集　轟貝塚・馬門石石切場跡－宇土市内遺跡範囲確認調査報告書－』
鹿央町史編さん委員会編1989『鹿央町史』上巻，鹿央町
鹿央町史編さん委員会編1990『鹿央町史』下巻，鹿央町
鹿本町教育委員会　1986　『鹿本町文化財調査報告書第1集　頂塚古墳発掘調査報告書』
鹿本町役場　2005　『鹿本町史』下巻
菊水町教育委員会　1999　『菊水町文化財調査報告書　松坂古墳』
菊水町史編纂委員会編2007『菊水町史』江田舟山古墳編，和水町
菊池市市史編纂委員会　1982　『菊池市史』上巻，菊池市
熊本県　1925　『熊本縣史蹟名勝天然記念物調査報告』第2冊
熊本県教育委員会　1965　「院塚古墳調査報告」『熊本県文化財調査報告第六集　玉名地方』
熊本県教育委員会　1975　『熊本県文化財調査報告第16集　塚原』
熊本県教育委員会　1983　『熊本県文化財調査報告第58集　上ノ原遺跡Ⅰ』
熊本県教育委員会　1984　『熊本県文化財調査報告第68集　熊本県装飾古墳総合調査報告書』
熊本県教育委員会　1987　『熊本県文化財調査報告第86集　京塚古墳』
熊本県教育委員会　1989　『熊本県文化財調査報告書第104集　北上原古墳・瀬戸口横穴墓群』
熊本県教育委員会　1991　『熊本県文化財調査報告書第114集　灰塚古墳・県営畑地帯総合土地改良事業に伴う埋蔵文化財調査』
熊本市教育委員会　1999　『熊本市埋蔵文化財調査年報第2号－平成4年度～平成8年度－』

熊本市教育委員会　1969　『西山地区文化財調査報告書』

熊本県城南町教育委員会　1986　『塚原古墳群発掘調査報告』

熊本県城南町教育委員会　1988　『塚原古墳群発掘調査報告』

城南町史編纂委員会　1974　『城南町史』，城南町

不知火町史編さん委員会　1972　『不知火町史』，宇土群不知火町

玉名市教育委員会　1966　『小路古墳調査報告』

玉東町史編さん委員会　1994　『玉東町史』，西南戦争編・資料編　玉東町

天水町教育委員会　1998　『天水町文化財調査報告書第1集　小塚古墳　熊本県玉名郡天水町大字部田見城ノ平に所在する小塚古墳発掘調査報告書』

天水町教育委員会　2001　『天水町文化財調査報告書第2集　大塚古墳』

濱田耕作・梅原末治・島田貞彦　1919　『九州に於ける装飾ある古墳』京都帝國大學文学部考古学研究報告第3冊　京都帝國大學

宮原町教育委員会　1976　『室ノ山古墳』

山鹿市史編さん委員会　1985　『山鹿市史』上巻，山鹿市

【大分県】

大分県教育委員会　1967　『大分県竹田市戸上七ッ森古墳』

大分県教育委員会　1968　『大分県文化財調査報告書第15輯　中ノ原・馬場古墳緊急発掘調査』

大分市　1987　『大分市史』上

大分市教育委員会　2002　『大分市埋蔵文化財発掘調査報告書　城南遺跡第3次調査　永興千人塚古墳発掘調査報告書』

大分市教育委員会　2003　『国指定史跡　亀塚古墳整備事業報告—保存整備事業（ふるさと歴史の広場事業）−』

大分市教育委員会　2004　『大分市埋蔵文化財発掘調査報告書　第51集　辻古墳群　坂ノ市地区土地区画整理事業に伴う埋蔵文化財発掘調査報告書』

佐賀町教育委員会・別府大学文化財研究所　2004　『国史跡築山古墳』

竹田市史刊行会　1983　『竹田市史』上巻

三重町　1987　『大分県三重町誌総集編』

【宮崎県】

鳥居龍蔵　1935　『上代の日向延岡』

【鹿児島県】

橋本達也　2009　『News Letter』No22，鹿児島大学総合博物館

東串良町教育委員会　1992　『東串良町埋蔵文化財調査報告書第1集　唐人古墳群』

挿図・表出典

挿図

序章

- 第 1 図　筆者作成
- 第 2 図　鹿西町教育委員会（2005），（財）大阪府文化財センター（2003），雪野山古墳調査団編（1996），大平町教育委員会（1974），埼玉県教育委員会（1980），千葉大学考古学研究室（1997），高槻市教育委員会（1960）香芝市二上山博物館（2009），岡林孝作（2009）を再トレース
- 第 3 図　津田町教育委員会・綾歌町教育委員会（2004），佐賀県教育委員会（1967），高木正（2007），徳江（1994），濱田編（1933），北山（2006），高崎市教育委員会（2009），藤井（1982），京都府（1940），高取町教育委員会 1984，若杉 1997，宇土市教育委員会 1986，島根県古代文化センター（1999），島根県教育委員会・建設省松江国道工事事務所（1997）を再トレース
- 第 4 図　筆者作成
- 第 5 図　筆者作成
- 第 6 図　清水（1975）を再トレース
- 第 7 図　岡林・日高・奥山・鈴木（2008），大谷基（2004），会津坂下町教育委員会・創価大学（1999），伊藤（1978），福島県（1964），三木（1986），大平町教育委員会（1974），岡林（2009），岩瀬町教育委員会（1969），（財）茨城県教育財団（2001），（財）千葉県史料研究財団（2003），（財）市原市文化財センター・株式会社一研（1999），（財）市原市文化財センター・市原市教育委員会（2004），（財）埼玉県埋蔵文化財調査事業団（1981），（財）埼玉県埋蔵文化財調査事業団（2005），川越市（1972），千葉大学考古学研究室（1997），狛江市（1985），埼玉県教育委員会（1980）を再トレース
- 第 8 図　埼玉県教育委員会（1980），磯部（1983），袋井市教育委員会（1990），（財）静岡県埋蔵文化財調査研究所（1998），富山大学人文学部考古学研究室編（2007），清水町教育委員会 2002，清水町教育委員会 2003，峰山町教育委員会（2004），兵庫県教育委員会（2003），龍野市教育委員会（1996），島根県教育委員会（2011），綾歌町教育委員会（1998），香川考古刊行会（2006），福岡市教育委員会（1982），唐津市教育委員会（2009），熊本市教育委員会（1999），小田（1979）を再トレース
- 第 9 図　和田（1991）を一部改変

第1章

- 第 10 図　北山（2005）
- 第 11 図　香川考古刊行会（2006）を参考に筆者作成
- 第 12 図　写真図版は筆者撮影，讃岐市教育委員会（2007），（2008）
- 第 13 図　筆者作成
- 第 14 図　（財）香川県埋蔵文化財センター（1997）
- 第 15 図　筆者作成
- 第 16 図　大阪大学文学部国史研究室（1964）
- 第 17 図　筆者作成
- 第 18 図　筆者作成
- 第 19 図　北山（2005），津田町教育委員会・綾歌町教育委員会（2004），讃岐市教育委員会（2007）を一部改変して筆者作成

挿図・表出典　321

第 20 図　津田町教育委員会・綾歌町教育委員会（2004），讃岐市教育委員会（2007），（2008），（2011），（財）徳島県埋蔵文化財センター編（2005），梅原（1933），（1938）北山（2005），（2006），蔵本（2005）を再トレース，一部改変して筆者作成

第 21 図　今尾（1994），奈良県立橿原考古学研究所（2008），細川（2006），石田（1967），讃岐市教育委員会（2011），梅原（1933），間壁（1985），大阪府教育委員会（1957）を一部改変，再トレース

第 22 図　宇垣（1987），蔵木（2003），橋本（2000），北條（1999）を基に筆者作成

第 23 図　稲築町教育委員会（1989），京都府教育委員会（1969），讃岐市教育委員会（2007），天水町教育委員会（1998），北山（2006），熊本県教育委員会（1965），天水町教育委員会（2001），三島格他（1977），九州前方後円墳研究会（2006），佐賀県教育委員会（1967），雪野山古墳調査団編（1996），宇土市教育委員会（1978），高木正（2007）を再トレースして，筆者作成

第 24 図　熊本県教育委員会（1965），福井市（1990）を再トレース

第 25 図　梅原（1931）を再トレース，筆者作成

第 26 図　福井市（1990），北山（2005），讃岐市教育委員会（2007を再トレース

第 27 図　庵原村教育委員会（1961）

第 28 図　稲築町教育委員会（1989），林田（1995）を再トレース

第 29 図　林田（1995），大谷・清野（1996）を再トレース

第 30 図　福井市（1990），徳江（1994）に一部筆者の観察を加味して実測・再トレース

第 31 図　筆者作成

第 32 図　庵原村教育委員会（1961），石田（1967），梅原（1938）を再トレース

第 2 章

第 33 図　大阪府教育委員会（1957），石田（1967），今尾（1994），藤井（1982）を再トレースして，筆者作成

第 34 図　筆者作成

第 35 図　筆者作成

第 36 図　筆者作成

第 37 図　筆者作成

第 38 図　筆者作成

第 39 図　筆者作成

第 40 図　藤井（1982），奈良県立橿原考古学研究所（1959），第 7 回播磨考古学研究集会実行委員会（2006），間壁他（1975），泉森（1973），梅原（1920），（1932），宇垣（2006），城陽市史編さん委員会編（1999），高砂市教育委員会（2009），中井・奥田（1976），菅谷・久保・大山（1975），北原（1999）を再トレースして，筆者作成

第 41 図　筆者作成

第 42 図　筆者作成

第 43 図　1，藤井（1982），2～4，18，間壁他（1975），5，中井・奥田（1976），6，十河 2004，7，梅原（1920），8～9，奈良県立橿原考古学研究所（2002），10～11，北原（1999），12～13 泉森（1973），14，菅谷・久保・大山（1975），15，奈良県立橿原考古学研究所（1959），16，梅原（1932），17，城陽市史編さん委員会編（1999），19～27，第 7 回播磨考古学研究集会実行委員会（2006），28，高砂市教育委員会（2009），29，梅原（1932），30，宇垣（2006），31，池

田（2002），32．但馬考古学会（1985）を再トレース
- 第44図　筆者作成
- 第45図　中村（2011），高砂市教育委員会（2009）を再トレース

第3章
- 第46図　筆者作成
- 第47図　京都府（1940），同志社大学考古学研究会編（1973），間壁他（1975）を再トレース
- 第48図　筆者作成
- 第49図　筆者作成
- 第50図　筆者作成
- 第51図　福井市（1990），福井市教育委員会（2007），松岡町教育委員会・永平寺教育委員会（2005）を再トレース
- 第52図　筆者作成
- 第53図　筆者作成
- 第54図　菱津古墳棺は佐藤2004に和田1916の情報を加味したもの。経ノ塚古墳棺は筆者略側，会津大塚山古墳所在棺は徳江1994に筆者が一部実測を加えた。他は菊地（2010），宮城県教育委員会（1998），白井（1995），千葉県史料研究財団編（2003），野毛大塚古墳調査調査会編（1999），富津市教育委員会1979を再トレース
- 第55図　筆者作成
- 第56図　筆者作成
- 第57図　筆者作成
- 第58図　筆者作成
- 第59図　筆者作成
- 第60図　筆者作成
- 第61図　群馬町教育委員会（2000），藤岡市史編さん委員会（1993），群馬町誌編纂委員会編（1998）を再トレースして，筆者作成
- 第62図　高崎市史編さん委員会編（1999），高崎市教育委員会（2009），群馬町教育委員会（2000），藤岡市史編さん委員会（1993），群馬町誌編纂委員会編（1998），徳江（1992）を再トレースして，筆者作成
- 第63図　A地域，徳江（1992），B地域，藤岡市史編さん委員会（1993），D地域，高崎市史編さん委員会編（1999），E地域，高崎市教育委員会（2009），群馬町教育委員会（2000），群馬町誌編纂委員会編（1998），F地域，群馬県史編さん委員会（1981），徳江（1992），G地域，徳江（1992），H地域，白石・杉山・車崎（1984），徳江（1992）を再トレースして，筆者作成
- 第64図　筆者作成
- 第65図　筆者作成
- 第66図　帝室博物館（1933），藤岡市史編さん委員会（1993），群馬県企業局・（財）群馬県埋蔵文化財事業団（2004），島根県教育委員会（2002），埼玉県教育委員会（1980）
- 第67図　筆者作成
- 第68図　筆者作成
- 第69図　1．大谷・清野（1996），3〜5，7〜9，12〜13，17，19，23．山本（1989），6．舟木（2004），10，11，15，16，20．大谷（2010a），18．間壁他（1975），23．大谷・林・松本・宮本（1998）

挿図・表出典

第 70 図　林田（1995），山本（1989）を再トレース
第 71 図　山本（1989）を再トレース
第 72 図　大谷（2010a），島根県教育委員会・日本道路公団中国支社（2001）を再トレース，筆者作成
第 73 図　筆者作成
第 74 図　第 69 図と同様，筆者作成
第 75 図　若杉 1997，高木（1981，1982，1983a）を参考に筆者作成
第 76 図　稲築町教育委員会（1989），若杉（1997），間壁他（1975），浜玉町教育委員会（1991），唐津湾周辺遺跡調査会編（1982）を再トレース
第 77 図　（若杉 1997，高木 1981，1982，1983a）を参考に筆者作成
第 78 図　三島他（1977），若杉（1997）を再トレース
第 79 図　藤井（1982），若杉（1997），植木町教育委員会（1995），日本考古学協会 2010 年度兵庫大会実行委員会（2010），間壁他（1975）を再トレース
第 80 図　熊本県教育委員会（1991），菊水町教育委員会（1999），若杉（1997）を再トレース
第 81 図　菊水町史編さん委員会編（2007）
第 82 図　佐賀県教育委員会（1986），佐賀県教育委員会（1975），若杉（1997），大牟田市教育委員会（1983），間壁他（1975）を再トレース
第 83 図　若杉（1997），福井市（1990），池田（2002）を再トレース
第 84 図　林田（1995），若杉（1997），神田（1990）を再トレース
第 85 図　林田（1995），若杉（1997），橋本（2006），（2010）を再トレース
第 86 図　筆者作成
第 87 図　筆者作成
第 88 図　筆者作成
第 89 図　筆者作成

第 4 章

第 90 図　太田（2004）を再トレース
第 91 図　太田（2004）を再トレースして一部改変
第 92 図　増田（2003a）を再トレース
第 93 図　筆者作成
第 94 図　第 7 回播磨考古学研究集会実行委員会（2006）を再トレース
第 95 図　宮内庁書陵部陵墓調査室（1993）
第 96 図　奈良県立橿原考古学研究所（1983a），富田林市史編集委員会（1985），北野（1958），羽曳野市教育委員会編（1998），増田（1977）を再トレース
第 97 図　花田（2008），羽曳野市史編纂委員会 1994，増田（1977），奈良県立橿原考古学研究所（2002）を再トレース
第 98 図　馬門ピンク石．石棺文化研究会編（2007），奈良市史編集審議会編（1968），野洲町教育委員会（2001），橿原市教育委員会（2001），竜山石．泉森（1973），第 7 回播磨考古学研究集会実行委員会（2006），日本考古学協会 2010 年度兵庫大会実行委員会（2010），宮内庁書陵部陵墓調査室（1993），奈良県立橿原考古学研究所（1982），二上山白石．高取町教育委員会（1984），日本考古学協会 2010 年度兵庫大会実行委員会（2010），斑鳩町教育委員会（1990），奈良県

教育委員会(1960)，藤田(2002)，奈良県立橿原考古学研究所(1982)，大阪府教育委員会(1952)，奈良県立橿原考古学研究所 (1982)，増田 (1977)，，奈良県立橿原考古学研究所 (2002)，北野 (1958) を再トレース

第 99 図　太田 2004 を参考に筆者作成
第 100 図　石棺文化研究会編 (2007)，林田 (1995)，菅谷・久保・大山 (1975) を再トレース
第 101 図　若杉 1997 を再トレース
第 101 図　若杉 1997 を再トレース
第 102 図　北原 (1999)，宇垣 (2006)，第 7 回播磨考古学研究集会実行委員会 (2006)，日本考古学協会 2010 年度兵庫大会実行委員会 (2010)，奈良県立橿原考古学研究所 (1985)
第 103 図　川端・金関 (1955)，向日市教育委員会 (1988)，大阪府教育委員会 (1996) を再トレース
第 104 図　筆者作成
第 105 図　筆者作成
第 106 図　筆者作成
第 106 図　筆者作成
第 107 図　大林 (2000)，間壁他 (1977) を再トレース，筆者作成
第 108 図　筆者作成
第 109 図　石棺文化研究会編 (2007)，総社市史編纂委員会 (1987)，山本・間壁 (1974)，岡山県史編纂委員会 (1986)，倉林 (1992)，倉林 (2005)，長船町史編纂委員会 (1997)，福井 (1984)，福山市教育委員会 (2007)，三原市役所 (1977)，広島県 (1979)，日本考古学協会 2010 年度兵庫大会実行委員会 (2010) を再トレース，
第 110 図　筆者作成
第 111 図　筆者作成
第 112 図　清水・高橋 (1982)，若杉 (1997) を再トレース
第 113 図　筆者作成
第 114 図　島根県教育委員会・建設省出雲工事事務所 (1980)，(1998)，大谷 (1995)，山本 (1989)，島根県古代文化センター (1999)，平田市教育委員会 (2004) を再トレース
第 115 図　筆者作成
第 116 図　牧本 (1995)，(財) 鳥取県教育文化財団・鳥取県埋蔵文化財センター (2002)，岩美町教育委員会 1992，角田 (2004)，日本考古学協会 2010 年度兵庫大会実行委員会 (2010) を再トレース
第 117 図　筆者作成
第 118 図　竹内 (1992)，三重県 (2005)，日本考古学協会 2010 年度兵庫大会実行委員会 (2010) を再トレース
第 119 図　服部 (1983) を参考に筆者作成
第 120 図　瀬川 (2008) を再トレースして，一部改変
第 121 図　服部・奥田 1991，各務原市埋蔵文化財センター (2000)，(2003)，可児市 (2005)，日本考古学協会 2010 年度兵庫大会実行委員会 (2010) を再トレース
第 122 図　筆者作成
第 123 図　静岡市文化財協会 (1997)，静岡市教育委員会・静岡工業高等学校 (1962)，静岡県埋蔵文化財調査研究所 (2008)，加藤学園・沼津考古学研究所・大仁町教育委員会 (1973)，大塚 (1999)，

挿図・表出典　325

　　第124図　静岡県文化財保存協会（1976），伊豆長岡町教育委員会（1981）を再トレース
　　第124図　筆者作成
　　第125図　右島（1985），小山市史編纂委員会（1981），日本考古学協会2010年度兵庫大会実行委員会（2010），太田市教育委員会（1986），小山市史編纂委員会（1981）を再トレース
　　第126図　筆者作成
　　第127図　いわき市教育委員会（1970），徳江（1994），安藤・杉崎・永沼（1980），志雄町教育委員会（1980）を再トレース
　　第128図　安藤・杉崎・永沼（1980）を再トレース
　　第129図　筆者作成
第5章
　　第130図　拓本は筆者採拓
　　第131図　①．稲築町教育委員会（1989），②．宇土市教育委員会（1986），③．佐賀県浜玉町教育委員会（1989）
　　第132図　筆者作成
　　第133図　中司（1984）
　　第134図　野毛大塚古墳調査会（1999）
　　第135図　高崎市教育委員会（2009），群馬町教育委員会（2000）
　　第136図　筆者作成
　　第137図　向日市教育委員会（1988）
　　第138図　宮内庁書陵部陵墓調査室（1993）
終章
　　第139図　木下（1996）を参考に筆者作成
　　第140図　筆者作成
　　第141図　羽曳野市教育委員会編（1998）伊藤聖浩氏作図を参考に筆者作成，

表
　序章
　　第 1 表　上．和田（2009）を再トレース，下．和田（1995），（2009）より筆者作成
　　第 2 表〜第 5 表　筆者作製
　　第 6 表　和田（1991）
　　第 7 表　筆者作成
第1章
　　第 8 表〜第 12 表　筆者作成
第2章
　　第 13 表〜第 21 表　筆者作成
第3章
　　第 22 表〜第 27 表　筆者作成
第4章
　　第 28 表　太田（2004）を一部改変
　　第 29 表　太田（2004）を一部改変

第 30 表～第 45 表　筆者作成

【図版】
　第 5 章
　　図版 1　筆者撮影・構成
　　図版 2　筆者撮影・構成

【掲載許可】
　　香川県磨臼山古墳出土舟形石棺の画像　　　　　善通寺市教育委員会
　　宮城県経ノ塚古墳出土長持形石棺略側図　　　　東北大学大学院文学研究科考古学研究室
　　群馬県御富士山古墳出土長持形石棺の画像と拓本　伊勢崎市教育委員会
　　熊本県高城山 3 号墳，同院塚古墳 2 号棺の画像　熊本市立熊本博物館
　　鳥取県小畑 7 号墳出土家形石棺　　　　　　　　鳥取県埋蔵文化財センター

あとがき

　本書は，筆者が2011年度に國學院大學に提出した学位申請論文『古墳時代石棺秩序の復元的研究』に大幅に手を加えたものである。

　本書の内容は石棺の様相を全国的，通史的にまとめたものであるが，当初からそのような目的があったわけではなく，紆余曲折を経て，最終的にこのような形になったというのが，本当のところである。簡単にその経緯を振り返りたい。

　大学進学時から歴史を勉強したいとは考えていたが，大学2年時の夏季に地元栃木県佐野市で群集墳と前方後方墳の発掘に参加して考古学に興味を持ち，3年時では考古学を選択した。大学の夏季の考古学実習では，ゼミの先輩達が参加して下さり，考古学以外のことでも多くのことを御指導いただいた。実習の終了後，先輩達が古墳時代研究会（通称古墳研）という研究会を開いているのを知り，冬頃から参加させていただいた。ここでは先輩達から，古墳時代の基礎文献や発表の仕方など多くのことを御教授いただいた。

　修士課程に進学し，自分の研究に悩んでいるところに先輩から家形石棺と横穴式石室との関係についての研究が面白いと進められ，その後各地の家形石棺を行脚するようになった。博士課程に進学し，古墳研では会誌を出そうという機運が高まり，筆者も会誌『古墳文化』創刊号に家形石棺の研究史と列島の家形石棺の動態について検討したものを載せることができた。

　さて次はどのように研究を進めようかと考えながら，大学の図書館から小道を渡り，研究室へ向うところ，先輩の青木敬さんと専修大学の土生田純之先生にお会いした。青木さんから先生をご紹介いただき，土生田先生からは「家形石棺だけじゃだめだ。石棺全体を含めて，古墳時代の葬制に位置付けるような視点や棺制的な視点をもって研究するように」という旨のお言葉をいただいた。この時からおぼろげながら石棺全体を見渡す研究がしたいと考えるようになった。幸いにも土生田先生にはその後も御指導をいただき，多くのことを御教示いただいている。

　その後約3年間群馬県高崎市で嘱託を勤めることができた。高崎市では著名な山の上古墳の眼下に位置する山名古墳群の伊勢塚古墳の調査と報告書の作成を専修大学と共同で行ない，その後保渡田古墳群中の井出二子山古墳の報告書の作成に携わることができた。井出二子山古墳出土舟形石棺の規模や棺蓋突起の数が，同時期の畿内の長持形石棺と類似しているのではないかと考え，報告書の考察で触れた後，その整理にとりかかった。まずは長持形石棺を理解することが必要と考え，長持形石棺の研究史と系統の整理を『國學院大學資料館紀要』第26号に，続けて長持形石棺の階層構造を復元し，舟形石棺との比較検討を行なったものを『土曜考古』第33号に掲載でき，その成果を発展させてそれぞれ第2章と第3章に納めることができた。

　また，井出二子山古墳の報告書作成後，かみつけの里博物館で開催された第18回特別展示『山

麓の開発王　井出二子山古墳の世界』に伴う業務で，井出二子山古墳出土舟形石棺の棺蓋の復元作業に携われた。棺蓋小口が非常に丸みを持つことに疑問を持ち，縄掛突起の形態や数は長持形石棺と同様であるが，棺の小口の形態は他地域の舟形石棺よりも栃木県栃木市（旧大平町）七廻り鏡塚古墳出土舟形木棺に良く似ていると感じた。その後，新潟県胎内市教育委員会水澤幸一さんのご好意で前期の大型円墳として著名な城の山古墳の木棺痕跡を見学することができ，木棺の勉強をしながら図面をながめているうちに，「石棺の情報や石工が移動しても，石棺の形態は首長の意向が反映し，在地の木棺の形態が取り込まれるのでは」と考えるようになり，石棺の研究に木棺の研究は不可欠と思い，学位論文の序章に木棺の項を設けることができた。その後さらに全国の舟形木棺を集成し，舟形石棺との関係を検討したものを『土壁』第12号に掲載でき，本書ではさらにその成果を発展させたものを納めることができた。

　また，前述の特別展に伴うミニシンポジウムで発表の機会を賜り，その打ち上げの温泉宿で高崎市教育委員会の山本ジェームズさんと石棺の工具痕の話をしたのがその後印象に残り，一度しっかり石棺の工具痕跡を調べようと考えた。資料を収集し，実際に茨城県笠間市で硬質石材を昔ながらの道具で加工している青木一郎さんにお話を聞き，道具の使い方を御指導いただいたのは大変参考になった。ちょうど『第16回東北・関東前方後円墳研究会』で（モノ）と（ワザ）の伝わり方について発表の機会を賜り，石棺の製作技法についてまとめた要旨を発展させたものを第5章に納めることができた。

　特に5世紀代を中心に長持形石棺と舟形石棺の階層構造を調べた後に，家形石棺には長持形石棺の階層構造はどのようにつながるのか，また，長持形石棺の製作以前に畿内へ石棺を輸送した香川県の石棺の階層構造や系譜，各地との関係はどのようなものか，その点が気になり，香川県の石棺を観察して検討したものを『考古学雑誌』第96巻第1号にまとめ，第1章に納めることができた。家形石棺の階層構造については第4章に見通しを納めることができた。

　このようにしてなんとか本書のような形に仕上げることができた。問題点は非常に多く，終章でも指摘しておいたが，特に筆者は上円下方墳であることが判明して重要な成果をあげた東京都府中市熊野神社古墳の発掘調査に約10箇月程参加しており，実際に石室から出土した鉄釘を間近で観察する機会があったが，本書では終末期古墳の埋葬施設や棺，装具，鉄釘には触れることができなかったことを特に悔やんでいる。

　学位論文の審査にあたっては主査の吉田恵二先生，副査の椙山林継先生，和田晴吾先生より格別な御指導・御配慮をいただいた。審査を引き受けていただいた先生方に心より御礼申し上げます。特に吉田恵二先生には学部3年時から懇切丁寧に御指導・御鞭撻をいただいた。「常に広い視野をもって研究するように」と，背中をおしていただき，学位論文を書きあげることができた。本書の出版も先生のお薦めで，國學院大學出版助成を得て刊行することができた。先生の御指導と御高配に心より感謝申し上げます。

　審査では吉田先生，椙山先生，和田先生から多くのヒントと問題点を御指摘いただいた。特に和田先生からは問題点も含め，棺研究の課題や研究法など多くのことを御教授いただいた。先生

方から御指摘いただいた点は筆者の今後の研究の指針となるもので，本書の成果を一里塚として，今後さらに発展させて学恩に応えることを誓いたい。

多くの方に御指導いただいた。特に大学の先輩である青木敬さんには学部生のころから御指導いただき，大変お世話になりました。特に青木さんが博士論文を作成し，出版するのを間近で見させていただいたことが，筆者が博士論文の作成を目指す契機となった。東京都多摩市教育委員会の桐生直彦さんからは多くの貴重な情報を御教授いただくとともに，学位申請論文並びに本書の作成に多くの御助言をいただいた。先輩の深澤太郎さんには研究のおもいつきから相談にのっていただき，大學の資料館の貴重な資料を気軽に見学させていただいた。同期で友人の田中大輔さんとは各地の古墳見学に出かけ，時には一緒に石棺を見て古墳談義をしたことが大変参考になった。東京都府中市熊野神社古墳と群馬県高崎市山名伊勢塚古墳の発掘調査並びに同高崎市井出二子山古墳の報告書の作成では他大学の院生や年の近い講師の方から多くのことをご教授いただいた。特に山田俊輔さんには中期の石棺について，多くのことを御教示いただいた。本書の成果に直接反映してはおりませんが，毎年参加させていただく國學院大學栃木短期大學の考古学実習の調査では，小林青樹先生から特に弥生時代を中心とした最新の研究成果を御教示いただき，大変刺激を受けた。

本書の成果は群馬県の舟形石棺の階層構造を一つのモデルに同時期の長持形石棺や前後の石棺の階層構造の様相を検討したものであり，群馬県での調査成果を骨子としている。特に高崎市教育委員会若狭徹さんに御指導をいただき，発表の機会を賜りました。古墳の発掘から報告書の作成，古墳時代の研究や遺跡の活用まで多くのことを御教授いただき，学問上はもちろん，それ以外にも支援を賜りました。同市教育委員会田口一郎さんにも多くのことを御教授いただき，研究のヒントと宿題をいただきました。かみつけの里博物館の学芸員（当時）若狭真澄さんには井出二子山古墳出土舟形石棺の復元や博物館のミニシンポジウムに際して大変お世話になりました。群馬県では本当に多くの方に支援していただき，充実した3年間を過ごすことができた。

また，栃木県佐野市に戻ってからは(財)とちぎ未来づくり財団の津野仁さんと池田敏宏さんが主催する勉強会に参加させていただき，発表の場を賜った。このおかげで次第に本の体裁に整えることができた。

資料収集にあたり，東北地方の事例について大栗行貴さん（当時福島大学大学院生）と金田拓也さん（当時福島大学学生），山陽地方の事例について白石裕司さん（当時立正大学大学院生）のご協力を得ました。また，本書作成にあたり朝倉一貴，蔵野泰洋，枝野孝彦の院生諸氏（國學院大學）から御協力を得た。

資料の調査・見学に際し多くの機関・研究者の方からご協力を得たが，特に下記の機関には大変お世話になった。筆者のリサーチ不足で，偶然現地で資料館や博物館に石棺が置かれているのを知り，その場で見学あるいは調査させていただいたことがある。本来は事前にアポイントメントを取らなければならないところ大変ご迷惑をお掛けしたと反省している。この場を借りてお詫び申し上げる。

また，六一書房の八木環一会長は本書の出版を快く引き受けていただき，会長は勿論，六一書房の皆様や編集を担当していただいた武井則道様からもさまざまな御高配を賜った。

　その他多くの方にも御教示・御協力いただいた。逐一お名前を挙げることはできませんが，本書を作成できたのは多くの皆様の御協力と支援あってのことであり，上に挙げた方々と合わせて皆様に心より御礼申し上げます。

　最後に私事であるが，筆者を常に励まし支えてくれた父母に感謝したい。

（機関）
伊勢崎市教育委員会・伊勢崎市赤堀歴史民俗資料館・宇土市教育委員会・大牟田市立三池カルタ・歴史資料館・柏原市教育委員会・熊本市立熊本博物館・國學院大學考古学研究室・考古学を楽しむ会・西都原考古博物館・佐賀県立博物館・さぬき市教育委員会・善通寺市教育委員会・高崎市教育委員会・玉名市立歴史博物館こころピア・東北大学大学院考古学研究室・南山大学人類学博物館・東大阪市立郷土博物館・福島大学考古学研究室・みやま市教育委員会・立命館大学考古学研究室

　本書の刊行にあたっては國學院大學博士論文出版助成を受けている。

著者略歴

石橋　宏（いしばし　ひろし）

　1978年　栃木県佐野市生まれ
　2012年　國學院大學大學院博士課程後期修了　博士（歴史学）
　現　在　國學院大學大學院特別研究員

主要論文

「家形石棺の再検討」（『古墳文化』創刊号，國學院大學古墳時代研究会，2004年）
「長持形石棺再考」（『考古学資料館紀要』第26輯，國學院大學研究開発推進機構学術資料館考古学資料館部門，2010年）
「長持形石棺－その階層構造と波及についての粗描－」（『土曜考古』第33号，土曜考古学研究会，2010年）

古墳時代石棺秩序の復元的研究

2013年3月1日　初版発行

著　者　石橋　宏
発行者　八木　環一
発行所　株式会社　六一書房
　　　　〒101-0051　東京都千代田区神田神保町 2-2-22
　　　　TEL　03-5213-6161　　FAX　03-5213-6160
　　　　http://www.book61.co.jp　　E-mail info@book61.co.jp
　　　　振替　00160-7-35346
印　刷　藤原印刷　株式会社

ISBN978-4-86445-024-9 C3021　　Ⓒ Hiroshi Ishibashi 2013　　Printed in Japan